新版
世界各国史
16

スペイン・ポルトガル史

立石博高 編

山川出版社

タホ川対岸からのトレードの眺望　西ゴート王国の首都からイスラーム支配下の地方都市、そしてキリスト教徒王国の主要都市へという転変のなかで、この町はキリスト教、ユダヤ教、イスラームの異文化接触の舞台となり、共生と排除が繰り返された。

アルハンブラ宮殿の全景　イベリア半島の中世は、アル・アンダルス(イスラーム支配地域)との交流や葛藤をぬきにしては考えられない。ネバーダ山脈の麓グラナダに築かれたこの宮殿は、1492年の陥落までイベリア・イスラームの最後の輝きとなった。

リスボンのテージョ河畔に立つ「発見のモニュメント」　大航海時代の幕をあけたのは15世紀のポルトガルであった。エンリケ航海王子はその推進者としてなかば神格化されており、1960年に建てられたこの碑では、カラベラ船を手にして舳先に立っている。

16世紀初めの世界地図　ポルトガルとスペインは競いあって新天地に向かった。すぐれた地図・海図がつくられ、航海と探検の指針となった。1519年ロポ・オメンが製作した世界地図(地球の四方から風が吹きつけている)には、「新世界ブラジル」が左端に描かれている。

スペイン無敵艦隊　「太陽の沈まぬ帝国」のフェリーペ２世は、大型ガレー船を主体とする大艦隊を誇った。しかし、1588年に、その偉容から「無敵艦隊」と呼ばれた130隻の艦隊をイギリスに送ったが敗北を喫して、帝国の威信は大きく損なわれた。

「異端判決宣告式」（フランシスコ・リシ画）　アウト・デ・フェと呼ばれた異端判決宣告式は、異端者を裁く場にとどまらず、民衆を集めた見せしめのスペクタクル、カトリックの教訓劇であった。図は、1683年、マドリードのマヨール広場での模様を描いたもの。（プラド美術館蔵）

「5月2日」(フランシスコ・デ・ゴヤ画)　1808年5月2日、マドリード民衆の蜂起は、首都に駐屯していた圧倒的なナポレオン軍によって数時間で鎮圧された。しかしこれは、民衆が武器をとる「革命の時代」19世紀の始まりを告げる事件となった。(プラド美術館蔵)

「ゲルニカ」(パブロ・ルイス・ピカソ画)　スペイン内戦が起こるとファシズム諸国は反乱軍側を積極的に支援した。1937年4月26日、ドイツ航空部隊はバスク地方の聖都ゲルニカを大量爆撃によって破壊した。これに抗議してピカソは、大作「ゲルニカ」を完成させた。(ソフィア王妃美術館蔵)

まえがき

ヨーロッパ大陸の南西端に位置するイベリア半島は、現在スペインとポルトガルという二つの国家を包摂している。約五九万平方キロのうち、スペインがおよそ六分の五を、ポルトガルがその残りを占めているわけである。ちなみに、島嶼部を加えるとスペインの領土は五〇万四七八二平方キロ、ポルトガルは九万二三八九平方キロである。ピレネー山脈を挟んだフランスとスペインの勢力争いのなかで、この山麓には一つの緩衝的要素としてアンドーラ公国(面積四五三平方キロ)という小国が中世に生まれて現在にいたっているが、ここではその問題は扱わないことにしたい。

さて、スペインとポルトガルというイベリア半島の二つの国家は、一見すると非常に対照的である。現在ポルトガル語を公用語とするポルトガルはヨーロッパでもめずらしい「一国家一言語」の王国として十二世紀なかばに誕生し、海外領土を別にすれば同じ国家領域を保ちながら近代国民国家へと成長している。それにたいして現在スペイン語(カスティーリャ語とも呼ぶ)を公用語とするスペインは、中世に成立した諸国にまたがるスペイン王国《モナルキーア・イスパニカ》として近世にはいったが、それら諸国の全体的統合は困難をきわめて、結局、近代国民国家へと変容する過程では「一国家一言語」の国を標榜しながらも現実には「多言語・多民族」

の国であり、中央と周辺諸地域の対立をつねにはらんでいた。現在スペインは、自治州国家体制として一応の制度的安定をみているが、カタルーニャ、バスク地方など少数言語地域《ナシオナリダー》の地域的復権の動きはいぜんとして強い。

しかし両者には、共通するところも非常に多い。そもそもポルトガル王国が成立するまでの歴史をみると、以下、本書で語られることだが、ポルトガルとスペインという区切り方は意味をもたなかった。イベリア半島は、ローマ、西ゴートの時代には、ヒスパニアないしイスパニアと包括的に呼ばれて単一的支配(ただし全体に統合されていたわけではない)のもとにおかれ、イスラームの時代にも、アル・アンダルスと呼ばれてやはり単一的支配のもとにおかれていた。中世後期には、レコンキスタのなかで成立した諸国の組み合わせ次第では、スペイン王国ではなく、ポルトガルとほかの諸国との連合国家がイベリアに誕生することも可能であった。さらに一五八〇年からの六〇年間には、スペイン国王がポルトガル国王を兼ねる(いわゆるポルトガル併合)という時代もあった。

しかも両国はともに、十五世紀から十六世紀のいわゆる大航海時代に勇名を馳せながら、近代化・資本主義化の過程ではヨーロッパ諸国に大きく遅れをとっている。十九世紀を通じて、自由主義国家の建設には大きな混乱と困難をともなった。そのなかで、大土地所有制度や教会支配を温存して成立した寡頭主義的・中央集権的自由主義体制にたいして、イベリア全体を領域とする民主的・連邦主義的な国家構想が提起されたことさえあった。

二十世紀にはいっても両国は、非常に似かよった歩みをたどっている。ポルトガルには、一九二六年の第一共和政の崩壊後にサラザールの独裁体制が誕生し、七四年四月革命まで非民主主義的体制が存続した。同じくスペインでも、第二共和政とスペイン内戦をへて三九年フランコ独裁体制が成立し、それは七五年十一月まで続いている。その後、ポルトガルのほうがより多くの混乱をともなったものの、どちらも大きな流血事件をみずに民主化の過程を歩みだし、八六年一月に両国は同時にECへの加盟を果たしている。

このようにスペインとポルトガルは、国土面積も人口も前者が圧倒的にまさるものの、イベリアという地理的環境と、イベリアの地がおかれた地政学的条件のなかで、かなりの程度まで共通の歴史的諸相をつくりあげてきたといえる。もちろん、ここで環境決定論的立場を主張しようというわけではない。だが、スペインとポルトガルは、一つの半島をわかちあう国家として、たがいに影響しあいながら多くの似かよった歴史的営み《ビベンシアス・イストリカス》を経験せざるをえなかったのである。

以上の理由から、本書『新版世界各国史　スペイン・ポルトガル史』は、これまでの類書とは異なって、およそ十二世紀までは、いまだ誕生していない両国を区別するという矛盾を避けて、イベリア半島の歴史として統合的な叙述をおこなった。その後の時代については、スペインとポルトガルのそれぞれの歴史過程を理解しやすいように、従来にみられる一国史的叙述を採用した。ただ、それを補うかたちで序章においては、それぞれの国家形成の諸特徴を抽出するかたちで、近代以前と以後に分けて、スペインとポルトガルの歴史的展開の基本的要素《エレメント》を提示した。

EUが政治的にも統合しようとする二十一世紀にはいって、両国の国境はどのような意味をもつことになるのだろうか。十九世紀なかばに、連邦共和主義者フェルナンド・ガリードは、「個人の主権」を出発点として、自治体、州、国家、そして国家連合としての大陸ヨーロッパへと政体の枠を拡大していくことを構想し、「言語、起源、歴史、地理の類似性」を有するイベリア半島には、全部で一八州からなる「イベリア連邦」という国家を築くことを提唱した。二十一世紀が進むうちに各国史の叙述は陳腐となり、「ヨーロッパ内のイベリア」という地域史の叙述を迫られるようになる、と考えるのは夢想にすぎないだろうか。

なお、年表・王朝系図・統治者表と索引については増井実子氏（常葉学園大学講師）の手を煩わせた。ここに記して、その労を謝したい。

二〇〇〇年陽春

立石博高

目次

スペイン・ポルトガル史

序章　イベリアの歴史

1　イベリア半島の地理的環境

四つ辻としてのイベリア

イベリア半島は、ヨーロッパ大陸の南西の角に位置し、西側を大西洋に、東側を地中海に面している。日本の約一・六倍、約五九万平方キロの面積をもち、その形状(東西約一一〇〇キロ、南北約一〇〇〇キロのほぼ方形をなす)を「雄牛の皮」にたとえられるこの半島は、ほぼ北緯四四度(札幌と同緯度)と北緯三六度(東京と同緯度)、西経九度と東経三度のあいだに広がっている。

半島の付け根にあたる北東部は、幅約四三〇キロにわたりピレネー山脈——中央部には三〇〇〇メートル級の峰々が続く——によってフランスと画されている。一方、南西端は、もっとも狭い部分が約一四キロのジブラルタル海峡を挟んでアフリカ大陸に隣接する。いつごろ生まれたのか定かでないがよくいわれる「ピレネーの向こうはアフリカである」とか「アフリカはピレネーに始まる」という言葉は、ピレネー以北のヨーロッパ人がスペインとポルトガルにたいして長くいだいてきたエキゾティシズムと自己優越感をみごとにあらわしている。

もちろんイベリア半島は、有史以前の昔からアフリカの影響を強く受けてきたが、それだけではなかった。半島の周囲八分の七は海に面しており、四〇〇〇キロを上回る海岸線は、古くからイベリアが地中海と大西洋に大きく開かれることを可能にしてきた。半島は、この海岸の長い連なり、そして地中海と大西洋の海流の恩恵によって、外来者を受け入れるのが容易で、また植民者を押し出すのにも都合がよかったのである。加えて、バレアレス諸島とカナリア諸島という二つの中継地の存在が、それをさらに容易にした。イベリアの歴史を、地中海諸民族の到来や、大西洋への進出をぬきにして語ることはできない。

しかも、険しいとされるピレネー山脈も、その両端はけっして交通を妨げるほどのものではなかった。ケルト人やゲルマン諸族の到来が繰り返されただけではない。カンタブリア海側のバスク人、地中海側のカタルーニャ人の言語領域はピレネーを挟んで南北に大きく広がっているのである。ピレネー山脈がフランスとスペインの自然国境として認知されたのは、けっして古いことではなかった。とくに地中海側にあっては、中世にはカタルーニャ伯領が南フランスへとその領土を広げていたし、近世以後には、イベリア半島内のエブロ川以北地域(かつてのスペイン辺境領)がフランス国土の「再統合《レユニオン》」の目標とされた。じっさいにナポレオンは、わずかの期間であるがその併合を実現している。

したがってイベリアの歴史を語る場合には、その位置の独自性をつねに考慮にいれる必要がある。フランスのスペイン史家ピエール・ヴィラールの言葉を借りておこう。「イベリア半島は、アフリカとヨーロ

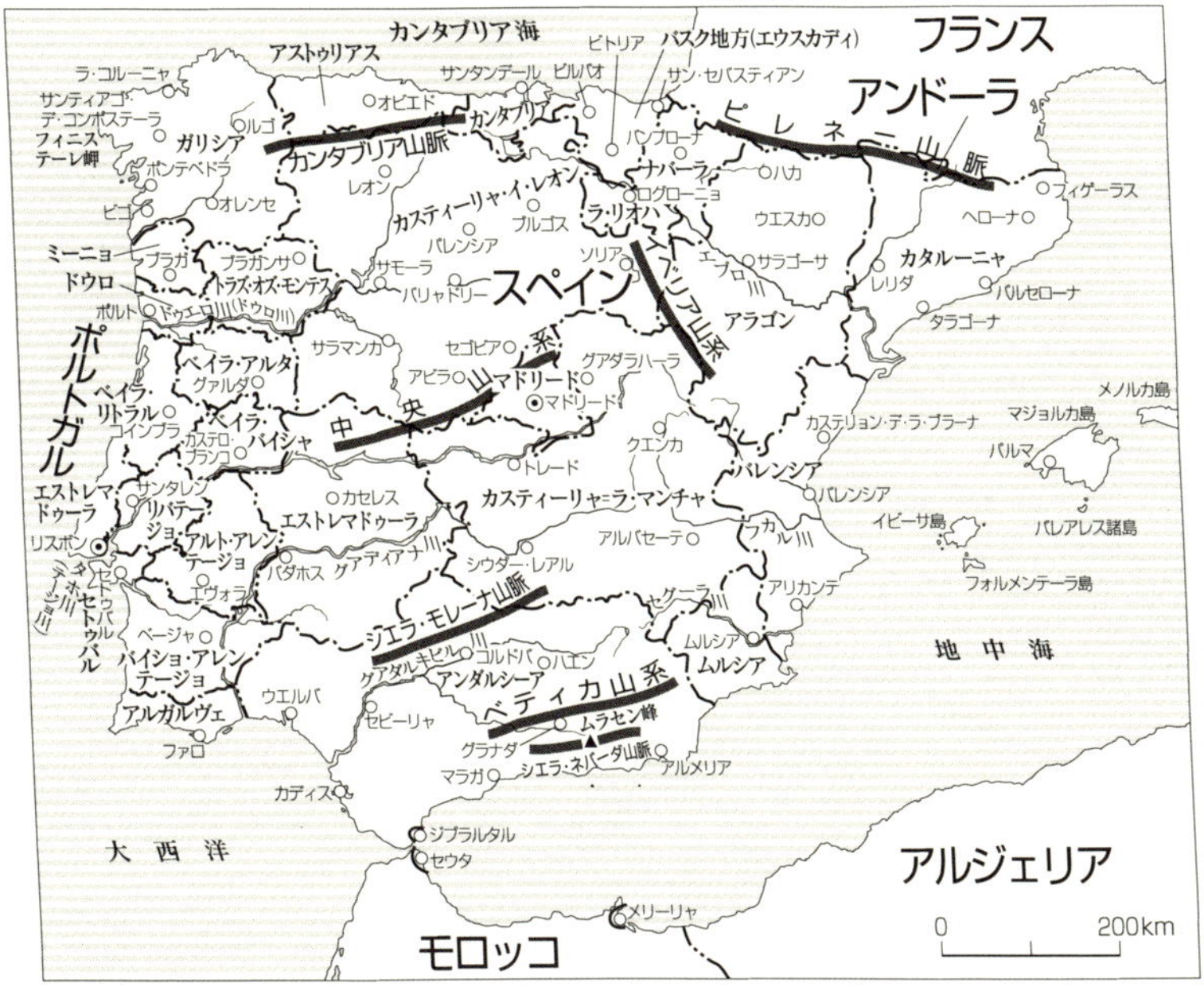

イベリア半島の地形

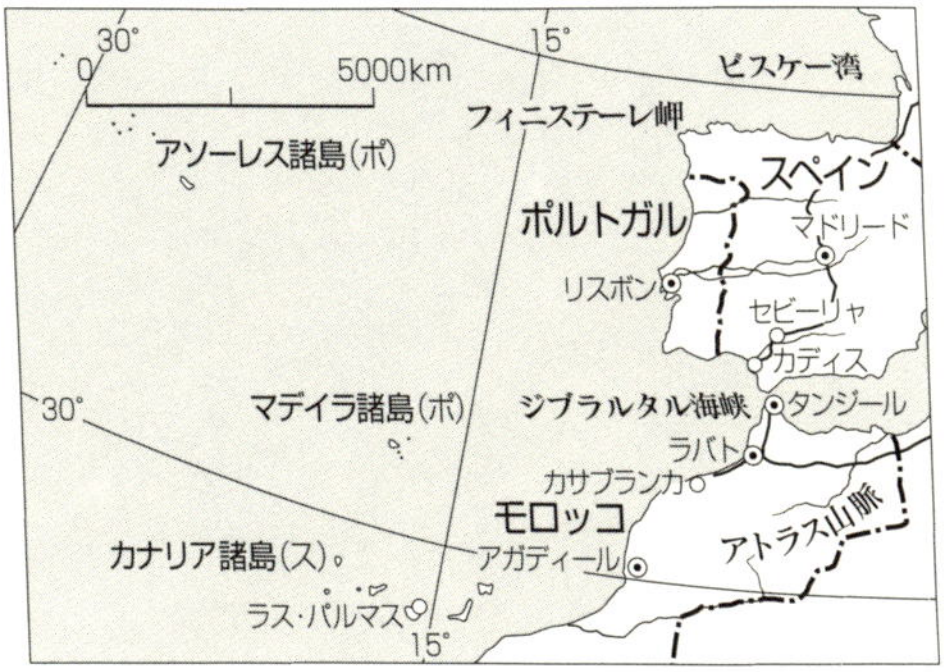

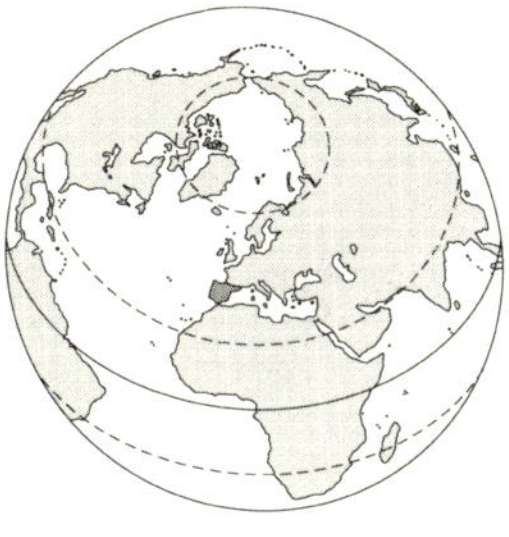

イベリア半島を中心にして見た地球儀

ッパの、大西洋と地中海のあいだに位置する四つ辻《エンクルシハーダ》、出会いの場である。たしかに、へんに起伏のある四つ辻であり、ほとんど障壁ともいえるものだ。だが、出会いの場であることに変わりはなかった。そこには、はるか昔から、さまざまな人間と文明が入り込み、対立し合い、その痕跡を残している」。

半島内諸地域の多様性

だが、イベリア半島海岸部と内陸部の交通は容易ではなかった。少なくとも、十九世紀なかばから鉄道建設が進み、二十世紀にはいってモータリゼーションの波がやってくるまでは、人々の行き来はきわめて困難であった。交通を困難にした主要原因は、イベリアの内陸部を占めるメセータ(平均標高五〇〇〜八〇〇メートルで、約二一万平方キロの広がりをもった台地)と海岸部とを結ぶ航行可能な河川を欠いていたことである。ドゥエロ川(ポルトガル語ではドウロ川)、タホ川(同じくテージョ川)、グアディアナ川、グアダルキビル川、そして地中海に注ぐエブロ川の五大河川は、もともとはいずれも航行可能ではなく、しかも橋を架けることが容易ではなかったために、これらの河川はしばしば諸地域を隔てる境界線となってきた。ちなみに、近代にはいるまでトレードからポルトガル国境までのタホ川にはわずか四つの橋しかなかった。このなかで唯一グアダルキビル川では、セビーリャまでの航行は早くから発達した――防衛上の理由もあって、河口から一〇〇キロに位置するこのセビーリャが、スペイン帝国の時代には大西洋貿易の独占港となった――が、さらに上流へとさかのぼるのは容易ではなく、セビーリャとコルドバのあいだに架かる橋は近代以前には一つもなかったのである。

加えて、メセータ自体が多くの山岳によって分断されていた。北部から南部にかけてはなかほどをわかつかたちで中央山系がはしり(おおよそこの北側を旧カスティーリャ、南側を新カスティーリャと呼ぶ)、さらにトレード山地が南側をふたたび分断する。また北東部にはイベリア山系が断続的にながながと続いている。ポルトガルの海岸沿いに広がる平地に向かって下降していく西部を除いて、メセータは高い山脈に囲まれている。北部ではカンタブリア山脈が海岸とのあいだに立ちはだかり、南部ではシエラ・モレーナ山脈、さらにベティカ山系がアンダルシーアとを大きく区切っている。したがって、海岸平野もポルトガルを除いてはきわめて狭く、スペインではエブロ川とグアダルキビル川の流域だけに内陸に向かって細長く延びている。

こうした急峻な地形が繰り返される土地をもっぱら徒歩で、あるいは騾馬《らば》にまたがって旅するのは、いうまでもなく、困難をきわめた。たとえば、十六世紀末の王国議会の国王陳情には、カスティーリャからアラゴンへの峠では冬に雪が積もると道は失われ、旅人が谷底に命を落とす危険があるので目印の石柱を建ててほしいとある。また、マドリードからセビーリャへの道は王道であったが、盗賊と狼が跋扈《ばっこ》する山脈をこえるのは、十八世紀後半まで、命がけの行為であったとされる。航行可能な河川をもたず道路も険しいイベリア半島では、普通の旅人は、地中海のバルセローナから首都マドリードまで約二週間を、首都からセビーリャまでは約一〇日間を要していたのである。

地形の複雑さと密接にからんで、イベリア半島の気候も、地域ごとに大きく変化する。ピレネー山脈南麓からカンタブリア山脈、ガリシア地方をへてポルトガル北部にいたる帯状地域は、いわゆる「湿潤イベリア」にあたる。年間雨量は八〇〇～一五〇〇ミリで、西岸海洋性気候を示し、夏は涼しく冬もそれほど厳しくはない。それ以南の年間雨量八〇〇ミリに満たない地域は「乾燥イベリア」、すなわち地中海性気候に属する。全体として夏は乾燥し、とくに内陸部では冬が厳しい。しかし、この乾燥イベリア地域は、海洋の影響を受ける地域とそうでないところで大きく異なる。スペインの地中海沿岸部、ポルトガルの大西洋沿岸部では、冬暖かく、夏の暑さもそれほど酷《ひど》くはない。しかし、ポルトガルの内陸部、スペインのメセータでは大陸性の気候を示す。冬は厳寒で、夏は南部海岸に劣らぬ暑さになる。ポルトガルの南部、スペインのアリカンテからアルメリアにかけての海岸部は、極度に乾燥した気候を呈し、数カ月にわたって雨の降らない日が続く。

したがって、イベリア半島には、交通の困難さと自然環境の多様性のなかで、諸地域ごとに非常に異なるさまざまな生活様式が生まれる。とくに近代にいたるまでの農牧業の展開は、こうした条件によって強く規定されてきた。北部の山岳部では、ブナ、カシ、クリなどの森林、草原や牧場が多い。山間のわずかな農地には、トウモロコシやリンゴが栽培され、散居集落が一般的である。また土地の細分化によって、いわゆるミニフンディオ(零細土地所有)が支配的となる。レバンテ地方(バレンシアとムルシア)やその他の地中海地域では、斜面が開墾されて段々畑になっている。またムルシア地方などでは灌漑が進んで、柑橘《かんきつ》類の栽培が盛んである。内陸部メセータでは、小麦畑が大きく広がり、ブドウ栽培もおこなわれるが、生産性は低い。イベリア南部では、肥沃なグアダルキビル川流域は別にして、オリーブ畑、穀物畑が主であり、スペインでもポルトガルでもいわゆるラティフンディオ(大土地所有)のもと粗放的農業が支配的である。また農村はほとんどが集住形態をとる。

以上のような多様性に富んだ地理的環境と農業構造――少なくとも近代までは農業が人々の営みの基本条件であった――を土台にして、イベリア半島の歴史が繰り広げられてきた。そして、この半島を共有する二つの国民国家、スペインとポルトガルの歴史的歩みには、当然のことながらいくつかの共通の要素《エレメント》があった。以下、本書を読み進めていくうえでの一助として、近代以前と以後に分けてそれらの特徴を述べておきたい。

2　近代以前のイベリア

イベリアとイスパニア

本書Ⅰの第一章で述べられるように、先史時代以来イベリア半島には、ピレネー以北、地中海、そして北アフリカからじつにさまざまな民族が渡来した。まずイベロ人が定着し、波状的にケルト人が到来し、ついでフェニキア人、ギリシア人といった地中海諸民族の植民市建設があり、紀元前三世紀にはローマ人による半島征服が進行した。七〇〇年にわたるローマ支配下にラテン語化が圧倒的になるものの(バスク地方は例外として非インド＝ヨーロッパ語のバスク語を残す)、先住民の言葉に加えて、ギリシア語、フェニキア語などが地名などに残っている。「イベリア」の名は、古代ギリシア人が半島先住民をイベレスと呼んだことに由来するが、もともとは漠然とピレネー山脈の南側に広がる地域をさした言葉にすぎなかった。

彼らがコーカサスのグルジア地域に住んだ人々にも同じ名称を与えたことは興味深い。一方、共和国ローマ人たちはこの地を「ヒスパニア」と呼称したが、これはフェニキア語に由来すると考えられる(一説には「ウサギの〈多い〉国」という意味をもつ)。このラテン語「ヒスパニア」に由来して、現在の「スペイン」(英語名)は「イスパニア」とも「エスパーニャ」とも呼ばれるようになったのである。

ここで注意したいのは、もともと「イスパニア」はイベリア半島を属州としたローマ人たちがこの地域全体をさして用いた呼称であり、現在の国家領域「スペイン」に限って使われるようになるのは歴史的にはかなりあとのことである。本書のⅡの部分は、便宜上スペインとポルトガルに分けて歴史過程を叙述するが、十二世紀ポルトガル王国の誕生のころ、イベリア半島に並存していたのは、カスティーリャ、レオン、アラゴン、ナバーラといった諸国であった。やがて十五世紀末から十六世紀初めにかけて、ポルトガル王国を除く半島諸国は一つの王朝支配下におかれる。そこで、「スペイン王国が成立した」と書かれるのがつねであるが、その統一の実態の問題をさしおいても、この叙述は必ずしも正確ではない。イスパニア/エスパーニャ/スペインは、十六・十七世紀のハプスブルク王朝、十八世紀のブルボン王朝の支配を通じて一般的呼称となっていくが、十九世紀初めの旧体制崩壊まで国王は「スペイン国王」を正式名称とするにいたらなかった。「太陽の沈まぬ帝国」の国王フェリーペ二世は、「神のご加護による、カスティーリャ、レオン、アラゴン、両シチリア、ポルトガル、ナバーラ、グラナダ、トレード、バレンシア、ガリシア、マジョルカ、セビーリャ、サルデーニャ、コルドバ、ムルシア、ハエン……の国王」であったのである。一方で、ポルトガル人も、イスパニアをイベリア半島という意味で長く使っていた。ちなみに十六

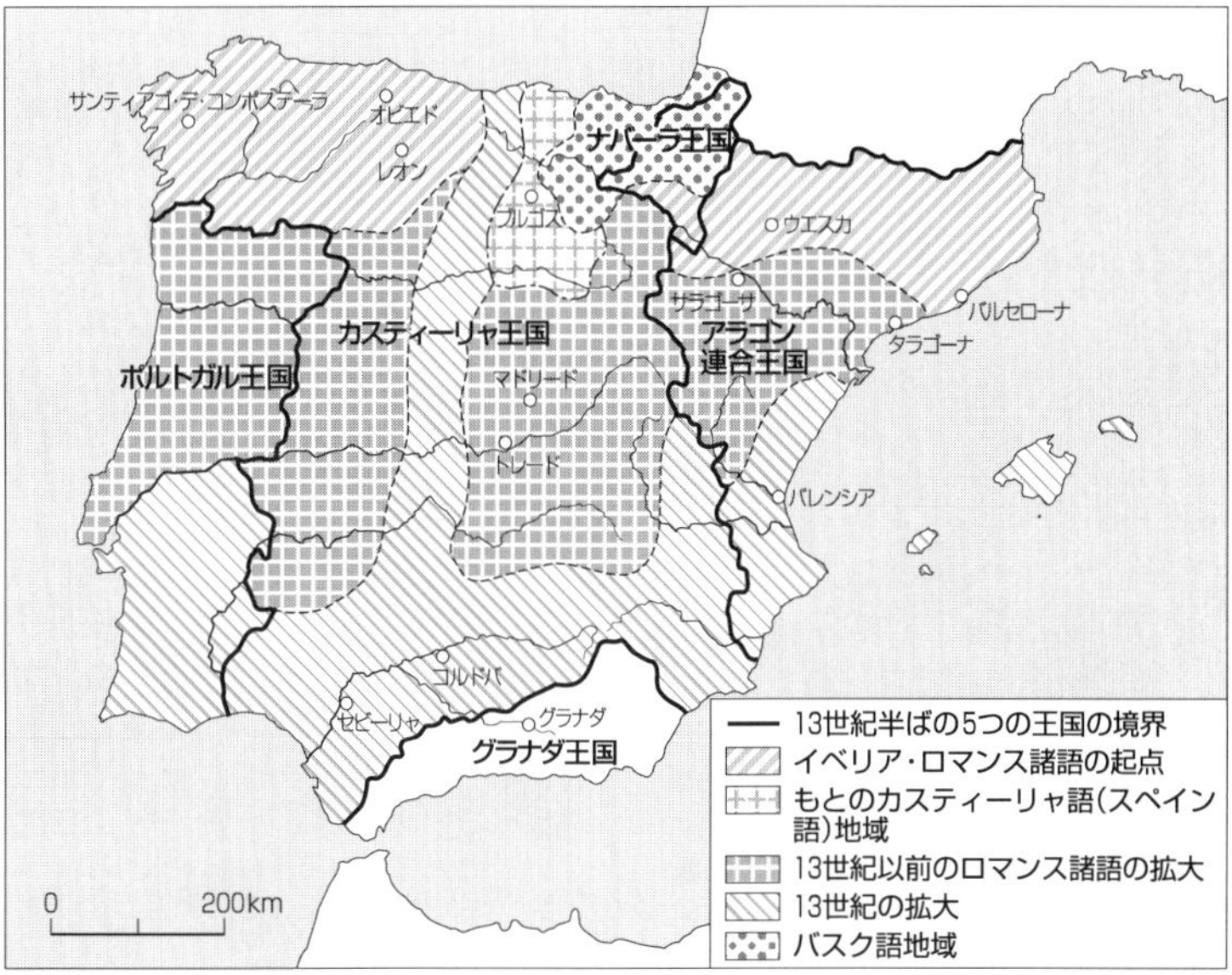

中世イベリアのロマンス諸語の拡大

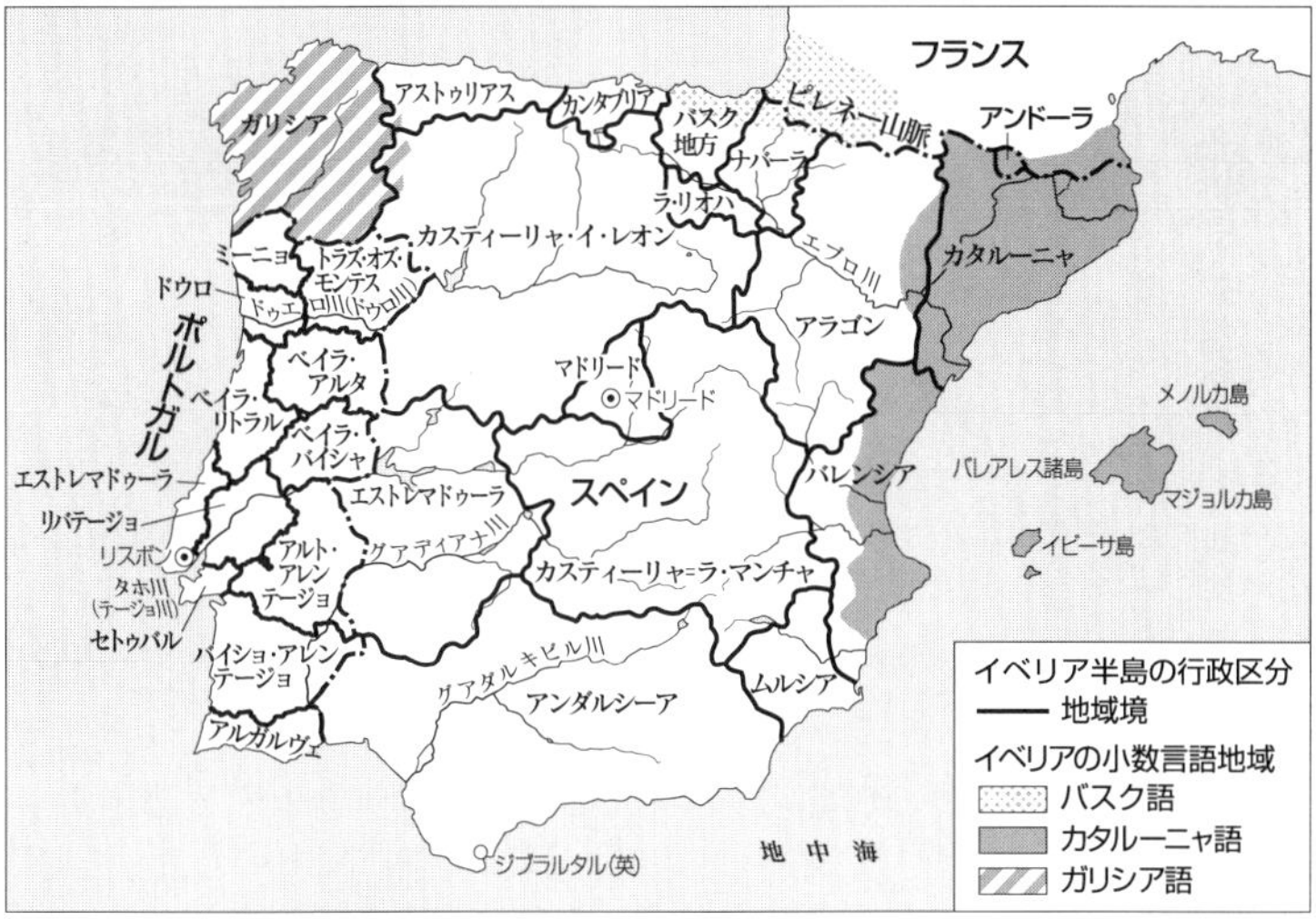

現代イベリアの少数言語地域

世紀後半にポルトガルの建国叙事詩『ウズ・ルジアダス』を書いたカモンイスは、自分たちをカスティーリャ人と区別してルジタニア人（古代ローマの属州区分に由来する）と称する一方で、同じ「イスパニア」の民であるという意識を表明していたのである。

多宗教・多言語社会の形成

先のフェリーペ二世の称号に「ポルトガル」が含まれていたように、一五八〇年から一六四〇年のポルトガル独立反乱まで、イベリア半島には文字どおり「イスパニア」国王が君臨した。しかし、それはかつてのローマ支配の時代、さらには紀元後五世紀から八世紀にかけての西ゴート王国時代のように統一権力が築かれたのではなく、スペイン国王がポルトガル国王をかねるという体制にすぎなかった。この時代は、のちにイベリアの統合を求める人々には一体化実現の歴史的記憶となるのだが、ポルトガルのカスティーリャ化を大きく進めるものではなかった。また、スペイン王国そのものも、この時代には同一王朝支配というゆるやかな統合を実現したにすぎず、そのなかの諸国はそれぞれの政体（統治機関、議会、税制、貨幣など）を維持していたのである。

こうしたイベリア諸国の多様性を理解するには、七一一年のイスラーム勢力の半島侵入と、その後のレコンキスタ（国土回復運動）の過程をみなければならない。北部に生まれたキリスト教諸国はそれぞれに統廃合を繰り返すが、それはアル・アンダルスと呼ばれたイスラーム支配地域の再征服の歩みと密接にからんでいた。しかもそこに生まれたさまざまな政治権力の伸張・衰退のなかで、イベリア半島には多様な言語・文化をもつ諸地域・諸国がつくられていったのである。バスク地方ではバスク語という特殊な言語が残ったが、その他の地域ではイベリア・ロマンス諸語、大きく区分すれば、西からガリシア・ポルトガル語、アストゥリアス・レオン方言、カスティーリャ方言、ナバーラ・アラゴン方言、そしてカタルーニャ語が生まれることになった。ガリシア・ポルトガル語にかんしては、十二世紀にポルトガルが一つの王国となったために、その後のポルトガル語の展開から孤立してガリシア語が形成され、ガリシアはスペイン王国内の少数言語地域の一つとなっていく。カスティーリャ王国の拡大は、カスティーリャ方言を「書記言語」として位置づけ、その他の内陸の言葉を方言としてしまう。一方、カタルーニャの発展は、バレンシアやバレアレス諸島にもその言語圏を広げていく。こうしてイベリア半島には、中世を通じて多言語状況が生み出されていた。ポルトガルは共通の言語をもつ王国となったが、スペイン王国は、カスティーリャ語(のちにはスペイン語と称される)の優位にもかかわらず、さまざまな言語状況をかかえていた。現在のスペインは、一九七八年憲法によって多言語国家であると宣言し、少数言語地域《ナシオナリダー》に「固有の言語《レングア・プロピア》」をもつ権利を保障しているが、そこに到達するには長い道のりを要した。近現代スペインの歴史をみるうえで、言語問題を捨象することはできない。

　さてイベリア／イスパニアの中世には、宗教・民族の多様性も存在していた。キリスト教徒勢力によるアル・アンダルスの征服は、イスラーム勢力の排除というだけではなく残留イスラーム教徒＝ムデハルをキリスト教社会へ包摂することを意味した。さらにローマ時代以来イベリア半島に居住し、この地をヘブライ語でセファラーと呼んでいたユダヤ教徒をふたたびその社会に抱え込むことをも意味した。十一・十二世紀にかけてカスティーリャ国王は、王権をこえた皇帝権を主張したが、それは多宗教・多民族社会に君臨すること、すなわちキリスト教・ユダヤ教・イスラームのうえに立つことを自ら正当化しようとする意図の表れでもあった。こうして中世盛期のイベリア社会には、三宗教の共存・共生のなかでトレードを中心に豊かな文化が生まれたのであった。しかし、地域的・言語的多様性とともに宗教的・民族的多様性をうちにかかえながら中世後期の混乱の時代をむかえると、まずはユダヤ教徒らの宗教的少数者が社会的軋轢《あつれき》のなかで犠牲《スケープ・ゴート》となった。

カトリック的統合と近世社会

スペイン王国の成立は、諸国の政体の解消にはつながらなかったと述べたが、唯一王国全体にわたる制度として異端審問制がつくられる。ユダヤ教徒、イスラーム教徒にたいしてキリスト教への改宗を強制し、これに従わない者を国外追放した。このときに離散《ディアスポラ》をよぎなくされたイベリア系ユダヤ人は以後セファラーの民、セファルディーと称される。その一方、改宗者にたいしてその信仰の正統性を監視したのが、一四七八年に教皇の認可を受けた異端審問制であった。ユダヤ教からの改宗者は「コンベルソ」、イスラームからのそれは「モリスコ」と呼ばれるが、じっさいには隠れユダヤ教徒、隠れイスラーム教徒が多く存在していた。十六世紀初めオランダの人文主義者エラスムスがカスティーリャ王国のアルカラ大学へ招聘されたとき、セム的要素の多い辺境の地イスパニアにはいきたくないとことわったのは、あまりにも有名な話である。しかも、ユダヤ教からの改宗者をスペイン人はマラーノ(豚の意)として軽蔑し、特権諸団体から彼らとその子孫を排除する目的で「血の純潔《リンピエサ・デ・サングレ》」規約をつくったが、皮肉にもヨーロッパ諸国においてスペイン人にたいして発せられる侮辱の言葉は「マラーノ」だったのである。

スペイン王国は、異端審問制をよりどころにして国家統合を推し進めたが、ポルトガル王国もまた、四〇年余り遅れて異端審問制を設立した。ユダヤ教徒にキリスト教への改宗を強要する一方、改宗者である「新キリスト教徒」への弾圧を強めていった。このようにカトリック的統合を国是として選び、「キリスト教的一体性」に拘泥することで、イベリア両王国は、ヨーロッパの対抗宗教改革の牙城となったのである。たしかに両国は宗教改革の国内混乱を避けえたが、その代償として、宗教的寛容が社会に根づくのを大きく遅れさせた。宗教と政治の分離の実現には、十九世紀から二十世紀にかけての多くの混乱を必要とすることになる。第二次世界大戦後も残ったイベリアの二人の独裁者、サラザールとフランコは、ともにカトリシズムを国家理念としていた。

イベリア両王国はともに「大航海時代」への道を開いたが、これは大西洋と北アフリカに開かれたイベリア半島の地理的位置の有利さをぬきには考えられない。また、レコンキスタを完成させたエネルギーが外に向かったとき、偉大な発見・征服《コンキスタ》・植民事業がなしとげられたといわれる。キリスト教の宗教的使命と現世的富の追求によって、「(半島の)レコンキスタから(新天地の)コンキスタ」に向かったというわけだ。一四九二年のコロンブスのアメリカ到達、九八年のヴァスコ・ダ・ガマのインド到達はあまりに有名である。ポルトガルとスペインは、九四年トルデシーリャス条約によって世界を二分し、アジアとの香辛料貿易、新大陸との大西洋貿易を「独占」した。しかし、その規模を過大評価してはならない。十六世紀にアジアからリスボンに着く船は年に四～六隻であり、新大陸からセビーリャに着く船も年に十数隻にすぎなかった。

「大航海時代」にポルトガルとスペインが優位に立っていたころ、ヨーロッパ諸国は国内混乱の時代にあった。十五世紀には百年戦争が続き、十六世紀には宗教改革の混乱にみまわれていた。だが十七世紀には、オランダ、イギリスが大西洋に進出し、ヨーロッパ大陸における「スペインの優位」もフランスのルイ十四世の覇権政策によってくずされる。対抗宗教改革と異端審問制によって国内的まとまりを実現していたイベリア両王国は、十七世紀「科学の世紀」の動きに乗り遅れ、十八世紀啓蒙主義の影響を大きく受けることもなかった。

3　近代国民国家のスペインとポルトガル

自由主義国家の形成

スペインとポルトガルでは、啓蒙主義の浸透と啓蒙的諸改革が不徹底に終わったが、アンシャン・レジーム(旧体制)解体と自由主義的国民国家《エスタード・ナシオン》形成もまた不十分なものにとどまった。ナポレオン軍のイベリア半島侵入をきっかけに両国とも自由主義者の動きが活発化するが、六年間にわたる戦争で国内は疲弊し、ポルトガルはブラジル市場をイギリスに奪われ、スペイン領アメリカの大半は独立に向かうなど、経済的困難が深まった。一八二〇年春にはスペインで革命が成功し、一八一二年に制定し一四年に廃止されていたカディス憲法が復活した。同年の秋にはポルトガルでも革命が起こって、カディス憲法を模範とした憲法が制定されて立憲王政が成立した。両国とも封建的諸権利の廃止などとともに、異端審問制の廃止を打ち出した。しかしウィーン反動体制のなか、両国には絶対主義統治が復活する。

その後一八三〇年代には、ポルトガルでもスペインでも絶対主義者と自由主義者とのあいだに内乱(ミゲリスタ戦争とカルリスタ戦争)が生じ、両国ともに王権と穏健派自由主義者の同盟のうえに自由主義改革が進展する。たしかに封建的諸権利は最終的に廃止され、自由主義的経済・社会関係の土台が築かれた。しかし教会・修道院財産の売却がもっぱら競売によっておこなわれるなど、農村ブルジョワジーと旧地主貴族勢力との妥協のなかで、保守的土地所有者層の利益を擁護する寡頭的自由主義体制が確立したのであった。

その後、極端な制限選挙は改められて漸次選挙権が拡大するが、政権交代を保障したのは「カシキスモ」(ポルトガル語ではカシキズモ)であった。地方の有力者(カシーケ)が中央政党の依頼を受けて有権者の投票行動を左右するこの慣行は、議会政治を民衆の要求から疎遠のままにした。また、教会と国家の関係は、教会財産売却問題で悪化したが、ポルトガルは一八四八年と五七年に、スペインは五一年にローマ教皇庁と政教協約を結んで妥協する。両国ともカトリック国教が再確認され、聖職者の体制内化が実現した。イベリアにおいて保守的体制擁護と教権主義《クレリカリスモ》、反政府運動と反教権主義《アンティクレリカリスモ》は同義となる。

イベリア主義

それぞれの国家において政治的展望をみいだせなかった左派自由主義者、民主主義者、さらに共和主義者は、スペインやポルトガルではなく「イベリア」を単位とする国民国家《エスタード・ナシオン》構想を生み出した。その一つが産業ブルジョワジーの利害を反映する構想で、シニバルド・デ・マスの著作『ラ・イベリア』(一八五一年)に代表される。そこでは、イギリスやフランスへの対抗と、「二つのイベリア王国を一つの国家《ナシオン》に統合する」ことでもたらされる利益、つまりドイツ関税同盟にならった経済統合の利益が強調された。しかし、一八五〇年代から六〇年代に広まった構想の力点は、寡頭的《かとう》・中央集権的自由主義体制を支える両国の君主制廃止におかれていた。共和政と連邦(連合)を主張するこの動きは一八四八年パリでの「イベリア民主クラブ」の結成に明らかにみられ、五〇年代にポルトガルではジョゼ・マリア・カザル・リベイロらが『ルジタニア』誌などで論陣を張り、スペインではシスト・カマラ、フェルナンド・ガリードらが「イベリア連邦」を唱えた書物をさかんに著わした。そしてイタリアやドイツの統一国家実現の動き、スイス連邦の発展、そして南北戦争を克服したアメリカ合衆国の発展は、これらイベリア主義者の期待をふくらませた。

しかし、一八六八年九月革命の成功から七三年の第一共和政実現というスペインの政治過程のなかで、イベリア主義が具体的な動きをとることはなかった。国内政治は混乱し、共和派も中央集権体制支持と分権的諸州《エスタードス》体制支持とに大きく分裂した。さらに歴史的区分を尊重するか州規模のバランスを重視するかなど、どのような諸州区分を実現するかでも理念が対立した。ポルトガルを含めた具体的構想がスペインから提起されると、ポルトガル人の多くは「スペイン(併合)の脅威」を感じて反発した。しかもイギリスはイベリア統合を警戒しており、第一共和政が宣言されるや、イギリス政府はフランス政府にたいしてイベリア主義の動きを許容しないと表明した。

スペインで第一共和政が崩壊して王政復古体制が確立すると、イベリア主義は陰をひそめた。スペインもポルトガルもそれぞれのナショナリズムを強化していたからである。興味深いのは、スペインの内部で国家ナショナリズムに対抗する地域ナショナリズムのなかにあらたなイベリア国家構想が生まれていることである。たとえば、『イベリア主義』(一九〇七年)を著わしたカタルーニャのイグナジ・ダ・リベーラは、言語的一体性を重視した。イベリア東部にカタルーニャ、バレンシア、バレアレスのブロックが形成され、イベリア西部にはポルトガルとガリシアのブロックが生まれて、イベリア中央部のカスティーリャのブロックと拮抗するという体制を構想した。

イベリア主義のポスター　19世紀から20世紀初めの国民国家形成の時代に，スペイン，ポルトガルという枠組みをこえた，イベリアを単位とする連邦国家構想が生まれている。

独裁国家の成立

一九一〇年にポルトガルでは革命が起こり、第一共和政が成立した。しかし政教分離などの反教権的措置は伝統的諸階層の反発を引き起こし、共和党内部の分裂も重なって政治は混乱した。二六年、軍事反乱が成功して共和政は崩壊し、三二年にサラザールが首相に就任して、翌年には社会カトリシズムを理念とする「新国家」憲法が公布された。二十世紀にはいって高まった政治的・社会的混乱への恐れから、軍部、ブルジョワジー、地主、教会、右翼知識人らは、強権の行使に伝統的社会秩序の維持を託したのであった。議会制民主主義は否定されて、組合協同体主義《コーポラティズム》に基づく独裁国家が、七四年のいわゆる「カーネーション革命」まで存続することになる。

スペインにもまた独裁体制が成立するが、その過程はもっと血なまぐさいものとなった。プリモ・デ・リベーラ将軍の独裁をへて成立した第二共和政において、左派陣営の力は右派陣営と拮抗していたし、カタルーニャやバスク地方の地域ナショナリズムの運動が状況を複雑にしていたからである。共和国政府の進めた政教分離は、カトリック国教に拘泥する伝統的勢力の結集をうながしたが、逆に右派軍部の蜂起にはバスク地方のような保守的地域ナショナリズムも反発した。三年にわたってスペイン内戦が続き、一〇〇万人ともいわれる犠牲者が生み出された。そして、この闘いに勝利したフランコ独裁体制は、「イスパニダー(イスパニア精神)」を前面に押し出した。それは、一つにはポルトガルと同様にナショナル・カトリシズムを理念にしていたが、もう一つには「スペイン人なら帝国の言葉を話せ!」のスローガンにあらわれるように、スペイン語(カスティーリャ語)による国家的一体性の護持という考えに支えられていた。スペインが本来かかえていた多言語・多文化状況を認めようとしないこの「イスパニダー」の主張の根底には、二十世紀になって大きく台頭した少数言語地域の言語・文化復権運動《ナシオナリダー》にたいする保守的反発意識があったのである。

フランコ独裁は「ユダヤ人、フリーメーソン、共産主義」の陰謀であるとして、地域ナショナリズムの動きを厳しく取り締まった。このことは逆に、反独裁の運動とカタルーニャ語やバスク語の復権運動を結びつけることになった。スペインの民主化は、自らが多言語社会であることの承認から始まることになる。

民主化とEC加盟

ポルトガルとスペインの独裁体制の長期にわたる存続は、冷戦の産物でもあった。一九五〇年代にスペインとポルトガルの反共姿勢は、西側から好意的な目でみられ始めたのである。六〇年代にはいるとスペインにはヨーロッパからの観光客が押し寄せ、経済の自由化が進行した。バスク地方などの急進的ナショナリズムを厳しく弾圧する一方で、ある程度の開放《アペルトゥーラ》に向かったのが、フランコ体制末期であった。

　これにたいしてポルトガルのサラザール体制末期は混乱を深めた。アンゴラ、ギニア・ビサウ、モザンビークというアフリカ植民地をかかえ、その植民地権益を死守しようとする集団は、一九六八年のサラザール引退以後も体制の堅持を続けていた。しかし植民地戦争を維持しつづけることは不可能であり、七四年四月左派将校の指揮する「国軍運動」が反乱

セビーリャ万博　スペインは，1992年を「二つの世界の出会い」500周年として祝った。セビーリャでは万国博覧会，バルセローナではオリンピックが開かれて，「スペイン・ブーム」の年となった。

を起こした。この革命は無血のうちに成功し、「カーネーション革命」と呼ばれる。七六年には西欧諸国のなかでもっとも急進的といわれる憲法が公布された。だが、遅れた農村構造と植民地からの引揚者問題などが桎梏《しっこく》となって、政治の不安定が長く続いた。

反対に「カーネーション革命」の刺激を受けたスペインでは、一九七五年十一月フランコ死去をきっかけに民主化が比較的順調に進行した。一九七八年憲法によって、政教分離を実現し、多言語社会であることを認めて自治州国家体制を築いたのである。いずれにしろ、紆余曲折をへて八六年、安定した議会政治を実現したイベリアの両国は、EC（ヨーロッパ共同体）に同時加盟した。そしてスペインは九二年セビーリャ万博を、ポルトガルは九八年リスボン万博を成功させた。しかし、いぜんとして問題も多い。EU（ヨーロッパ連合）の経済・通貨統合に乗り遅れまいとして経済の構造調整を急いだが、とくに農業部門の生産性は低い。スペイン国内のバスク地方では過激な分離独立運動が続いている。カタルーニャでも、地域・国家・EUへの帰属意識がうまく並存しているといわれるが、その「固有の言語」による地域統合をますます強めている。

イベリアを構成する国民国家ポルトガルとスペインの未来、そしてスペイン内の少数言語諸地域の将来を描くことはむずかしい。しかし、二十一世紀にさらに拡大をめざすヨーロッパ連合において、イベリアという地理的単位、すなわちかつての「イスパニア」があらたなまとまりをもって自己主張することも考えられるだろう。

I 中世イベリア諸国家の誕生まで

第一章　アルタミーラからローマ帝国まで

1　先史時代

旧石器時代

イベリア半島に人類が出現した時期がいつなのか、その人類がどこからやってきたのかについては、正確には知られていない。考古学の調査によれば、人類が居住していた形跡は約五〇〜四〇万年前にさかのぼるとされる。これらイベリア半島の最古の住人は原人類で、火を使い、石斧・石刃をはじめとする石器をつくり、洞窟に居住していた。

イベリア半島ではじめて化石人類の人骨が出土したのは、一八四八年、半島南端のジブラルタル付近であった。これを含めて、その後数カ所で発見された化石人骨は、いずれもネアンデルタール人に属する。彼らは、約二〇万年前ころからイベリア半島で活動していたものとみられる。この間に旧石器文化は中期をむかえ、石器はより小振りで精密なものになり、また埋葬の習慣など宗教的心性を示すようにもなった。

ネアンデルタール人の活動は、最後のビュルム氷河期まで続いた。

最後の氷河期にむかう時期に、ホモ＝サピエンス（現生人類）の活動が始まった。イベリア半島の現生人類はクロマニョン人で、最後の氷河期前後に、ピレネー山脈をこえてフランス方面から到来したとみられている。彼らの残した後期旧石器文化はマドレーヌ文化と呼ばれ、南フランスと文化圏を共有する。後期旧石器時代、道具は一層の進歩をみせた。鋭い断面をもつ石刃や鑿《のみ》をはじめ、鏃《やじり》を使った弓矢、石の穂先を使った銛《もり》や槍などが発明され、氷河時代終盤の厳しい時代を生きぬくために役立った。また釣針などの骨角器が用いられるようになったのも、後期旧石器時代である。

後期旧石器時代のもっとも有名な遺跡は洞窟壁画である。洞窟の壁面の岩に牛や馬、鹿や山羊などの動物を描いたもので、ピレネー山脈をあいだに挟んで、南フランス・ドルドーニュ地方と、北スペイン・カンタブリア地方に分布する。これらは紀元前二万五〇〇〇年から紀元前一万年までの時期に描かれたとみられている。このうち代表的なものはアルタミーラ洞窟である。発見は一八七九年で、とりわけ野牛をモチーフにとったものは、写実的で力強い描写と、豊かな色彩が鮮烈な印象を与え、先史美術の傑作と驚嘆された。制作された時期は、約一万五〇〇〇年前ころとみられる。人目にふれない洞窟の奥深くに描かれた壁画の目的については、一般に、狩りの成果の豊かさを祈る呪術的なものであったとされている。

新石器時代

約一万年前に氷河時代は終わり、気候は温暖化した。寒冷な気候に適応して後期旧石器文化を築いた人々にとって、この気候の変化はこのましいものではなかったらしく、続く中石器時代は、イベリア半島にとっては沈滞の時代となった。この時期については、北部ピレネー山中には絵を描いた石を特徴とするアジル文化、カンタブリアから大西洋岸に貝塚を残したアストゥリアス文化、東部地中海岸と南部に残る洞窟絵画など、いくつかの遺跡が発掘されている。

ほぼ同じ時期に、地中海の東端メソポタミアでは農耕が始まっていた。イベリア半島に農耕が伝播した時期については、紀元前五千年紀とも前四千年紀ともいわれる。当初の農耕は鋤《すき》を用いた素朴なものであったようだが、まもなくより大規模な農耕文化が伝わりイベリア半島は本格的な新石器時代にはいる。

新石器時代の遺跡は東南部の地中海沿岸地方に多くみられ、新石器文明の到来が地中海の交易と密接な関係にあったことを物語る。とりわけ半島南端近くのアルメリアが受容の拠点の一つであり、ここから東部地中海岸を北上するルート、南部を西進してポルトガルにいたるルートで、農耕が広まっていったのではないかと考えられている。イベリア半島の新石器時代の代表的な遺物としては、籠《かご》目模様の土器とドルメン(支石墓)がある。籠目模様の土器は、アルメリア近辺、セビーリャからコルドバ付近、東部地中海沿岸に広く出土するほか、西はポルトガルのテージョ(タホ)川周辺、北はバスク地方にも分布し、イベリア半島での新しい農耕技術の広まりを推測させる。

ドルメンをはじめとする新石器時代の巨石文化は、今なお多くの謎につつまれ「太古のロマン」をかきたてるが、一般に、太陽崇拝あるいは死者崇拝などの宗教的な心性からつくられたと考えられている。イベリア半島では、南部のアンダルシーア、北部のガリシア、ピレネー地方、西部のポルトガルに分布する。

アルタミーラの洞窟壁画　赤褐色で描かれた野牛。洞窟は現在封鎖されており，写真はマドリード国立考古学博物館蔵の複製。

ドルメン(支石墓)　新石器文化を代表する巨石の墳墓ドルメン。写真はポルトガル，エヴォラ付近にみられるドルメン群の１基。

青銅器時代

イベリア半島は、紀元前二五〇〇年ころには金属器時代にはいり、初めに銅器が、ついで青銅器が用いられるようになった。これらの金属器は、当初は外来者によって地中海を渡ってもたらされたが、鉱産資源の豊富なイベリア半島では、早い時期から金属器の自作を始めた。イベリア半島の新石器時代と金属器時代には明確な区分はなく、前述した巨石文化も、多くはすでに金属器をともなっている。

新石器文化の受容拠点であったアルメリアでは早くから銅器が用いられ、紀元前二〇〇〇年ころには銅器文化の最盛期をむかえた。巨石の墳墓と、そこから発掘された銅器を中心にしたこの文化を「アルメリア文化」と呼ぶ。集団埋葬の墳墓から、この時期の社会は氏族社会であり、族長のもとにまとめられていたと考えられている。

同じアルメリア付近で、紀元前一五〇〇年ころには青銅器の使用が開始された。ここから紀元前一〇〇〇年ころまで繁栄するアルメリアの青銅器文化を、代表的な遺跡の名称から「エル・アルガール文化」と呼ぶ。この時期には、埋葬は巨石の墳墓から一転して、籠や壺型の棺(甕棺《かめ》)を用いて、個人別に家屋の地下にうめるものになった。

それ以前の多くの文化・技術がアルメリアを拠点に半島に広まったように、エル・アルガールの青銅器文化も、半島南部を西進してポルトガルへ、さらに半島全域に広がった。とりわけ半島北西部ガリシア地方は、青銅器の製造にとって不可欠な錫《すず》を産出することから、南部アルメリア近辺とならんでイベリア半島の青銅器文化の二大中心地を形成した。遠く地中海東岸の交易民族や半島南部の諸都市がガリシアをおとずれ、この地の文化を刺激し発展させたと思われる。また大西洋をこえてブルターニュやアイルランドなどとの交易もさかんにおこなわれた。

紀元前一〇〇〇年ころを境に、イベリア半島の青銅器文化は沈滞の方向に向かう。一時は半島全域に広まった青銅器も、南部のアルメリアと北西部のガリシアの二大中心地以外では衰退した。しかしながら、青銅器時代において、豊かな鉱産資源によって地中海文化圏およびヨーロッパ先史文化圏と強く結びつくことになったイベリア半島は、これ以後もひきつづき、豊富な資源をもつ魅力的な交易対象として、外部の諸民族と交流してゆくことになる。

2　ケルト人・カルタゴ人・ローマ人

イベリア人とケルト人

イベリア半島の先住民が、いつごろ、どこからやってきたのかについても、はっきりとは知られていない。しかしながら、１節で述べた半島南部アルメリアの銅器文化や、それに続く青銅器文化を担った人々は、外来の植民者ではなく、先住民であったと考えられている。これらの人々は、「イベル人(イベリア人)」と呼ばれる。

イベリア人は、紀元前三千年紀、新石器時代にはいるころには姿をあらわしていたとみられる。アルメリア文化の発掘では、古代エジプト人やベルベル人などハム系諸族の特徴に近く、築いた文化も古代エジプト文明や、その影響を受けたクレタ文明に近いとされる。
イベルという名称はギリシア人によるもので、エブロ川に由来する。ギリシア人は半島先住民をイベル人の名でひとくくりにし、半島を「イベル人の住む地＝イベリア」と呼んだが、じっさいには、先述のアルメリアや後述のタルテッソスなど地中海文明の刺激を受けた南部海岸の先進地帯と、北部や内陸部では大きな格差があった。

紀元前一〇〇〇年をすぎたころからピレネー山脈をこえて、インド＝ヨーロッパ系のケルト人が、北からイベリア半島に到来した。移住の波は紀元前五世紀ころまで続き、半島の北部をおさえ内陸部にはいった。さらに南部へも進出したが、海岸部のイベリア人や植民勢力を制圧することはできなかった。

ケルト人はそれまで青銅器時代にあった半島北部や内陸部に鉄器をもたらし、ピレネーを挟んでハルシュタット文化圏をなした。幾何学的なデザインと精巧な細工による武具や装身具、円形の住居など、ケルト文化の特徴的な遺物は、おもに北部と西部に残されている。コインブラなどケルト系に由来するとみられる地名も残る。また、西部に定住したケルト系の一族は、のちにローマ人の前にルシタニ族としてあらわれ、ローマ属州ルシタニア（ルジタニア）の名称のもととなり、ポルトガル前史につながる。

ケルト人のうち、とくに内陸部にはいった者は先住のイベリア人との混血が進んだ。両者の混血民族はケルティベリア人（ケルト＝イベリア人。スペイン語読みでセルティベロ人）と呼ばれる。ケルト文化の特徴は薄められ、独特の混合文化が形成された。たとえば、ケルト系の特徴の一つである円形住居は矩《く》形の住居に取ってかわられたが、円形プランは集落の形態に残った。

ポエニ戦争まで

内陸の動きと並行して、海岸地方では地中海世界との交流が進んでいた。とりわけ紀元前八世紀から紀元前七世紀、フェニキア人やギリシア人など東地中海の諸民族の地中海進出が活発になると、これらの民族が交易を目的に半島をおとずれ、植民活動を展開した。

イベリア半島の諸民族　ローマ進出前のおもな諸民族と植民都市。

彼らを通じてイベリア半島の知識はオリエントやギリシアの著述家にも伝わり、イベリア半島にかんする文献記述がみられるようになる。このうち有名なものとして「タルテッソス」があげられる。ヘロドトスによれば、サモス島の船長コライオスが「ヘラクレスの柱（ジブラルタル海峡）」をこえてこの国を「発見」したのは紀元前六三〇年ころのことである。じっさいにタルテッソスとの交易でもたらされる豊かな物産と「柱のかなた」がかもしだすエキゾティシズムがあいまって、「タルテッソスの王たち」は、ギリシア文芸モチーフの一つとなった。

現実のタルテッソスについては、グアダルキビル川の河口付近の島にあり、後背地が産出する銅と錫にめぐまれ、

エルチェの貴婦人像　繊細な装飾と気品でイベリア美術の精華を示す女性像。ギリシア彫刻の影響がみられる。

青銅を製造して繁栄したが、紀元前五〇〇年ころカルタゴに破壊されたとストラボンが伝えている。ギリシア人がおとずれる以前に、すでにフェニキア人との交易をもっていたので、この町はオリエント世界にも知られていた。旧約聖書に記された町「タルシッシュ」も、このタルテッソスに比定されている。

　フェニキア人のイベリア半島到来の時期には二説がある。彼らが半島につくった最初の植民都市はガディール（現カディス）だが、この町の創建時期について、古代の伝承では紀元前一一〇〇年ころと古く、近代の研究では紀元前八世紀ころとされている。それ以降も、マラカ（現マラガ）など多くの植民都市を建設したフェニキア人は、タルテッソスと金属交易をおこなったほか、イベリア半島の豊かな農産物や水産物の取引に従事した。またフェニキア人のもたらす珍しい物資もイベリア半島の産業を刺激し、貝紫でそめた織物なども生産された。

　ギリシア人も紀元前七世紀には半島周辺に姿をあらわした。タルテッソスとの交易に主として従事したのはギリシア人の一派のフォカイア人である。伝承によればタルテッソスの王アルガントニオスと親交があり、彼の援助で植民活動を展開した。南フランスに植民都市マッシリア（現マルセイユ）を建設したあと地中海岸沿いに南下し、イベリア半島最初のギリシア植民都市エンポリオン（アンプリアス）を半島の東北端に建設したのは紀元前六世紀のことである。ギリシア人の文化的影響が内陸のケルト人やイベリア人におよんでいたことは、陶器や彫像など多くの出土品によって知られる。

カルタゴは、フェニキア人の都市国家ティルスが西地中海の拠点として北アフリカの要衝に建設した植民都市だったが、母市ティルスがアッシリアによって陥落したあと、西地中海でのフェニキア人の交易拠点を手中におさめた。イベリア半島のフェニキア植民都市もカルタゴが引き継いだ。彼らはギリシア人と争って精力的に勢力圏を拡大し、前五四〇年ころ、アラリアの戦いで勝利をおさめてジブラルタル海峡を制圧し、イベリア半島交易からギリシア人を閉め出した。ギリシア人に友好的だったタルテッソスも、紀元前五〇〇年ころにカルタゴの手に落ち、破壊されたと伝えられる。

これ以後、紀元前三世紀にローマ勢力が登場するまでのあいだ、西地中海の交易はカルタゴがほぼ独占することになる。カルタゴは鉱産資源の取引をおこない、半島の現地住民はカルタゴの傭兵として用いられた。またギリシア人植民都市エンポリオンはアラリアの戦い以降も独立を保ち、カルタゴ人やイベリア人との交易を続けた。しかしこの期間については詳しく知られていない。

ローマ属州ヒスパニア

紀元前三世紀なかば、西地中海の覇権をめぐって、カルタゴと新興のローマのあいだでポエニ戦争が開始された。この戦いは、イベリア半島の歴史にとっても重大な転換点となる。

第一次ポエニ戦争(前二六四〜前二四一年)ではイベリア半島の住民もカルタゴの傭兵として用いられたが、カルタゴの敗北に終わった。シチリア島を失ったカルタゴでは、名門バルカ家がイベリア半島の本格的な経営に乗りだした。紀元前二二七年のことである。

まずハミルカルがアクラ・レウケ(現アリカンテ)を建設し、ついで彼の後継者ハスドルバルがカルタゴ・ノヴァ(現カルタヘーナ)をおいて半島支配の拠点とした。バルカ家の支配は内陸部まで進み、カルタゴ・ノヴァの周辺では銀山経営もおこなわれた。

一方ローマも地中海沿岸沿いに北からイベリア半島に進出した。カルタゴとローマは当面の条約を結び、両者の境界線はエブロ川と定められた。サグントゥム(現サグント)は、エブロ川より南だがローマと同盟関係にあり、前二一九年ハンニバルはこの都市を攻め落とした。これをきっかけに、前二一八年、第二次ポエニ戦争が始まった。

ハンニバルはアルプスをこえてイタリア半島に侵入し、十数年間の無敗を誇ったが、ローマに決定的な打撃は与えられなかった。ローマは苦しみつつも大スキピオを送ってイベリア半島のカルタゴ都市を攻撃した。スキピオは前二〇九年にはカルタゴ・ノヴァを攻略し、前二〇六年にはイベリア半島のカルタゴ勢力を駆逐した。前二〇一年、カルタゴ本市近郊のザマの戦いでスキピオがハンニバルを破って、第二次ポエニ戦争はローマの勝利に終わる。カルタゴは海外の植民地をすべて失い、イベリア半島はローマの支配下にはいった。

ローマはポエニ戦争中の前二〇五年に、イベリア半島に属州ヒスパニアをおいていた。この名称がイスパニア(スペイン)のもととなる。獲得当初のヒスパニアは、東海岸の属州ヒスパニア・キテリオールと、南部のヒスパニア・ウルテリオールに分けられた。それぞれ「近いヒスパニア」「遠いヒスパニア」の意味である。

従来から外来者との交渉の多かった海岸地帯の諸都市は、比較的すみやかにローマの支配になじみ、前二世紀の前半中にローマの主権がおよんだようである。植民都市コルドバがおかれたのもこの時期とされている。ローマはさらに内陸部に向かって大規模な軍事活動を展開した。しかし内陸への進出は各地で強固な抵抗に遭遇した。なかでもよく知られるのは南西部のルシタニア人と北東部のケルティベリア人の抵抗である。

前一五四年から前一三八年のルシタニア人の戦いは、ローマの史家リウィウスによれば、羊飼いから盗賊をへて抵抗の指導者になったウァリアトゥスに率いられたものであった。八年のあいだローマ兵をよせつけなかったウァリアトゥスの戦いぶりは、スペイン・ポルトガル両国で英雄的に語り継がれている。

ケルティベリア人の抵抗ではヌマンティアの籠城が有名である。ドゥエロ川上流のソリア付近にあったヌマンティアの城塞にケルティベリア人がたてこもり、小スキピオ率いる六万人のローマ軍にたいして、わずか四〇〇〇の人数で一年半の兵糧攻めにたえた。セルバンテスの『ヌマンティアの包囲戦』にも描かれたこの籠城は、二十世紀、スペイン内戦のマドリード包囲でも思い起こされることになる。

最終的に前一三三年、ヌマンティアは陥落し全滅する。この戦いによって、ローマは半島支配の覇権をほぼ確立した。属州は総督のもとにおさめられ、穀物や鉱産物を地中海世界に供給した。ヒスパニアの穀物がイタリア半島に流入したことによって共和政ローマ社会のバランスが変化し、いわゆる「内乱の一世紀」の激動につながったと説明される場合もある。ローマの社会変化にたいする役割の大小には諸説があるが、ヒスパニアが当時のローマ世界有数の豊かな資源地であったことは事実である。

紀元前一世紀にはいって、前六一〜前六〇年にはカエサルのヒスパニア経営がおこなわれた。カエサルはヒスパリス(現セビーリャ)の命名者としても知られる。前二九〜前一九年にはローマ帝国初代皇帝アウグストゥス親征によるカンタブリア戦争が戦われた。この際にローマへの協力者としてバスク人の名も登場する。この戦争をへて、最後に残った北西部の征服が達成される。

3　ローマ帝国のヒスパニア

パクス・ロマーナのヒスパニア

ローマが帝政期にはいるとともに、現地住民の苛烈な抵抗はほぼ終結し、属州ヒスパニアは安定期にはいった。当初ヒスパニアにおかれた九つのローマ軍団が、ネロ帝期の六三年までにはただ一つに削減されたことも、属州ヒスパニアの相対的な静穏を示している。

「パクス・ロマーナ(ローマの平和)」と語られる紀元一世紀から二世紀にかけて、ヒスパニアのローマ化は、都市部を中心に確実に進展した。ローマ支配以前のイベリア文字は、フェニキア文字とギリシア文字の影響を受けたものだったが、これにかわってローマ字(ラテン文字)が用いられるようになった。言語も、都市部からラテン語になっていった。

初代皇帝アウグストゥスはヒスパニアに積極的な土木事業を展開した。ヴィア・アウグスタ(アウグストゥスの道)と呼ばれるローマ道は、半島南端のカディスを発してグアダルキビル川沿いに地中海岸にいたり、北上してカルタヘーナから南フランスのナルボンヌにいたる幹線道路である。また征服地をにらんだ要所には、植民都市を新設して軍団兵を植民させ、属州統治の拠点とした。エメリタ・アウグスタ(現メリダ)、カエサル・アウグスタ(現サラゴーサ)、ブラカラ・アウグスタ(現ブラガ)をはじめとする一四の植民都市がアウグストゥス時代に建設され、現在でも重要な都市となっている。

アウグストゥス以来の統治者は、旧来からの重要都市にも美麗な改修をほどこし、市壁やフォルム(広場)、劇場や闘技場、橋や水道橋を新設して、都市の景観をローマ的にするとともに、都市の市民に便宜を提供した。世界遺産として有名なセゴビアの水道橋をはじめ、ローマ時代の遺跡は現在もイベリア半島の各地に残る。

セゴビアの水道橋　2層になった花崗岩のアーチが市街地をまたいで連なり，全長は800mをこえる。トラヤヌス帝期の建設とみられる。

ローマ法が適用される都市はアウグストゥス時代から一〇〇をこえ、住民数も三〇万近くにのぼったが、ヒスパニア全体の約一〇〇〇万の人口にたいしては、まだ微々たるものだった。その後、一世紀後半のウェスパシアヌス帝の時代から、現地住民の有力者にもローマ市民権が順次付与されるようになった。パクス・ロマーナの経済発展にともなって、これらローマ市民権を付与された現地有力者が、ヒスパニアの新しい支配層を形成する。彼らは大土地所有者として農場を経営し、安価なブドウと良質のオリーブを地中海世界に輸出しておおいに繁栄した。富裕な私財を投じて公共施設の充実や美化につとめ、ヒスパニアのローマ化を推進する立役者となる者もあらわれた。ローマ市民権は、二一二年のいわゆる「カラカラ勅令」によって、帝国内のすべての属州住民に付与されることになる。

パクス・ロマーナの経済繁栄の恩恵を受けたヒスパニアは、多くの人材を輩出した。コルドバ出身の文化人としては、ネロ帝の師として有名な哲学者セネカ、同時代の詩人ルカヌスなどがいる。ほかに風刺詩人のマルティアリス、学者クィンティリアヌスなど多くの文人が帝国の首都ローマに雄飛し、ヒスパノ・ローマ文学を開花させた。政治的人材としては、九八年にイタリカ出身のトラヤヌスが、属州出身者として最初の皇帝となり、彼の養子ハドリアヌスが皇帝位を継いだ。この二人は五賢帝に数えられる。時代がくだるが、四世紀のテオドシウス帝もヒスパニアの出身である。

五つの属州

アウグストゥスは従来の属州を再編成し、ヒスパニア・バエティカ(南部)、ヒスパニア・ルシタニア(南西部)、ヒスパニア・タラコネンシスの三属州とした。のち三世紀末ディオクレティアヌス帝のとき、タラコネンシスが三つに分割されて、カルタギネンシス(南東部、バレアレス諸島を含む)とガラエキア(北西部)とタラコネンシス(北東部)となり、従来のバエティカ、ルシタニアとあわせて属州は五つになった。

これらはヒスパニアとして一つの行政区分にまとめられた。

南部のバエティカ(ベティカ)はグアダルキビル川流域に設置された属州である。この地域はローマ以前から半島の先進地帯だが、ローマ時代もひきつづき栄えた。属州の都はコルドバにおかれた。治安も比較的安定していたため「元老院領」とされて軍団もおかれなかった。「ローマの平和」をもっとも享受した属州である。コルドバやセビーリャは、グアダルキビル川流域の豊かな後背地帯で産出された農作物、とくに良質のオリーブを輸出して繁栄し、また先にみたようにローマ世界にも多くの人材を送り出した。

ローマ時代のヒスパニア　ディオクレティアヌス帝の時代に区分された5つの属州。これらにアフリカ側のマウリタニアをあわせて「ヒスパニア」とした。

バエティカ以外の属州は皇帝領として軍団がおかれた。南西部のルシタニア(ルジタニア)は、タホ川流域を中心に設置された属州で、東のバエティカとの境界はグアディアナ川で、現在のポルトガル南部とスペインにまたがる。都はメリダにおかれた。

北東部のタラコネンシスはエブロ川流域を中心にした属州で、ギリシア人の植民で古くから開けた海岸地帯と、ローマへの服従がもっとも進まないバスク人やカンタブリア人の居住地の双方を含む。設置初期には海岸部が中心で都はタラゴーナにおかれたが、やがてエブロ川中流の植民都市サラゴーサが発展した。

北西部のガラエキア(ガリシア)はドゥエロ川以北の属州で、現在のポルトガル北部とスペインにまたがる。おもにケルト人の居住地域で、州都はブラガ(ポルトガル北部)。鉱産物が豊かで水産物にもめぐまれ、ビスケー湾をこえてブリタニアやアイルランドとの交易もあった。

南東部のカルタギネンシスは、かつてカルタゴ人の開発した地域を中心とした属州で、州都はカルタヘーナにおかれた。海岸部は農作物にめぐまれ、カルタヘーナ周辺では鉱産資源も産出した。カルタヘーナは地中海に面した港湾都市として栄え、文物の交流が盛んだった。

いずれの属州でも、都市部はローマ化が進んだ。とくに南西部では、コルドバは「小ローマ」の別称をおびるほどで、セビーリャ、カルタヘーナなど大都市では、きわめてローマ的な生活が営まれた。

しかしローマ文明は農村部には浸透しなかったとみられる。ラテン語もローマの神々もローマ法の精神も、農村の住民には根をおろさなかった。ローマ支配下のヒスパニアの宗教は、ローマの神々を一部で習合しながら、古くからのケルト人やイベリア人の信仰、フェニキア、エジプトをはじめとするオリエント的宗教など、多様な多神教を保っていた。

キリスト教と属州ヒスパニア

キリスト教は紀元一世紀にヒスパニアにもたらされた。ヒスパニアへの最初の伝道について記録は残っていないが、使徒パウロによるものと考えられている。また「七人の伝道者」の苦難の活動を語る伝承が残るが、史実よりは説話とみなされている。キリスト教は、当初はローマ化された都市部で受容され、徐々に農村部に浸透し、三世紀にはヒスパニア全域に広まった。

ヒスパニアはキリスト教会にも多方面に人材を輩出した。キリスト教を公認したコンスタンティヌス帝が三二五年に召集したニカエア公会議で主席をつとめたのはコルドバ司教ホシウスである。この公会議はアリウス派を異端とし、アタナシウス派を正統としたことで知られる。四八〇年(または四九一年)にアタナシウス派をローマ帝国国教としたテオドシウス帝も、ヒスパニア出身であった。

キリスト教ラテン文学では、四世紀にユウェンクス、五世紀初めには古代最大のキリスト教詩人プルデンティウスがでた。その『シンマクス駁論《ばくろん》』はキリスト教とローマ帝国の理念的結合をうたうものである。ヒスパニアでは、四世紀後半に半島西部で苦行者プリスキリアヌスが活動した。彼の教えは異端とされたが、六世紀まで半島に残存した。プリスキリアヌス主義に反論した五世紀のオロシウスはアウグスティヌスとも親交があり、異教反駁を主題とした世界史を記述して中世にも大きな影響を与えた。

キリスト教国教化を受けて、ヒスパニア教会は四世紀中にはローマ帝国と一体化した教会組織をつくりあげた。ヒスパノ・ローマという名称は、ローマ的ヒスパニアという意味で、直接キリスト教とはかかわらないが、属州ヒスパニアで「ヒスパノ・ローマ人」のアイデンティティが確立するには、キリスト教の浸透がはたした役割が大きかった。地域としてのヒスパニアの一体意識とローマ文明の後継者としての誇りをともに体現する存在として、ヒスパニアのカトリック教会は、ローマ帝国の崩壊、ゲルマン民族の支配をこえてイベリア半島に根づいていく。

第二章　西ゴート王国の時代

1　ゲルマン民族の到来

ヴァンダル族とスエヴィ族

三七五年、東方から襲来したフン族の圧迫を受けた西ゴート族が、ドナウ川を渡ってローマ帝国領内に足を踏み入れた。彼らは三七八年アドリアノープルの戦いでローマ皇帝ウァレンスを敗死させ、以後帝国内の移動を開始する。「ゲルマン民族移動」の始まりである。テオドシウス帝からバルカンに定住地を与えられた西ゴート族だが、帝の死後ふたたび移動を開始し、四一〇年にはかつての帝国の首都ローマを占領する。

帝国が西ゴート族を警戒していた四〇六年、手薄になったライン川の国境をこえて、東ゲルマン系のヴァンダル族、アラン族、スエヴィ族が大挙してローマ領内に侵入し、四〇九年にはガリア(現在のフランス)を通過してヒスパニアにはいった。ヒスパニアの秩序と治安は動揺し、ローマ帝国は、彼らを「同盟者」としてむかえることで事態を収拾する。

この結果、ヴァンダル族のうちアスティング・ヴァンダル族とスエヴィ族は北西部のガラエキア(ガリシア)に、アラン族は南西部のルシタニアに、シリング・ヴァンダル族は南部のバエティカに、それぞれ「同盟者」として定住した。同盟者とは、ローマ帝国の軍団として指定の領域に定住し、その地の土地の分配を受けつつローマ帝国の防衛を担当する存在で、制度上はローマ帝国の秩序内に位置づけられた軍団とみなされる。同盟者の定住地となった属州では、従来のヒスパノ・ローマ人の行政機構のうえに、軍役担当者としてのゲルマン部族が、部族長を軍司令官として寄留した。土地の分配比率は、原則として三分の一あるいは三分の二とされるが、実態は部族により地域によってさまざまであったようである。

他方、西ゴート族はローマ占領のあと南ガリアに進み、地中海沿岸からヒスパニアをうかがった。四一八年、西ゴート族のヴァリアはローマ皇帝ホノリウスと同盟を結び、半島南部のヴァンダル族を攻撃する。ヴァンダル族は追われてガイセリックの指揮下にジブラルタル海峡をこえてアフリカに渡り、カルタゴを首都としてヴァンダル王国を建国した。半島南西部のアラン族もほぼ駆逐された。

ヴァンダル族やアラン族と混交したスエヴィ族は半島北西部に残り、スエヴィ王国を建国する。領土は旧属州ガラエキアで、首都はブラカラ(現ブラガ)であった。スエヴィ王国は、旧ローマ属州住民の人口が相対的に少ないこの地域で、五八五年に西ゴート王国に併合されるまで一世紀半余り、小規模な独立国家として存続する。

西ゴート族の到来

西ゴート族はウァリア王のとき、首都をトロサ(現トゥールーズ、フランス南部)において建国した。当初の西ゴート王国はおもに南ガリアを支配したが、しばしばローマ皇帝と盟約を交わしてヒスパニアにも出兵し、支配権の拡大を試みた。五世紀なかばのテオデリック王(在位四五三〜四六六)時代の出兵をへて、エウリック王(在位四六六〜四八四)のころには、スエヴィ王国を除くヒスパニアが西ゴート王国の勢力圏にはいった。この王の時代、西ゴート王国は、南ガリアとヒスパニアにまたがる大国となった。

ゲルマン諸部族とローマ系行政組織との関係の実態は、「同盟者」であった当初と大きな変化はなかった。ゲルマン人の君主のもとで、原則的にゲルマン人は軍役を、ローマ人は民政を分担した。ローマ系属州住民は、ローマ帝国属州であった時期と同様に農業や家業に従事し、ローマ系行政機構の徴税システムに従って納税していた。ゲルマン人の自由民は定住地に土地をえて、耕作にたずさわりつつ軍務に服するのが一般的であった。

ヒスパニアでの西ゴート族の定住地は、現マドリード周辺を南の頂点とした逆三角形の地域であった。土地の分配比率は三分の二で、町などの公有地のほかローマ人所有の大所領にもはいった。軍隊の組織は定住した町を単位として構成されたようで、兵卒からなる十人隊、百人隊をティウファドゥスと呼ばれる責任者が指揮し、ティウファドゥスは都市のコメス(伯)によって監督された。そのうえに属州の軍司令官ドゥクスがいた。

西ゴート族はもっとも早くからローマ帝国内にはいった部族で、エウリック王のころには、すでに一世紀のあいだローマ世界で活動していた。移動の過程においてもローマ帝国支配層との接触が多く、部族の指導者層ではローマ文化の受容も進んでいた。

西ゴート王国では、五世紀後半、エウリック王のもとでゲルマン法を成文化した法典が編纂され、王国内のゲルマン人に適用された。これは一般に「エウリック法典」と呼ばれるもので、ゲルマン部族国家で最初の法典であり、ラテン語で記述されていた。また、六世紀初頭の五〇六年にはアラリック王(二世、在位四八四～五〇七)がローマ法の縮刷版を編纂し、こちらは王国内のローマ系住民に適用された。一般に「アラリック法典」と呼ばれるものである。五世紀の後半には西ゴート諸王がローマの法治制度やラテン語を受け入れていたことがうかがえる。なお、このように人によって適用される法が異なる仕組みを「属人法」という。

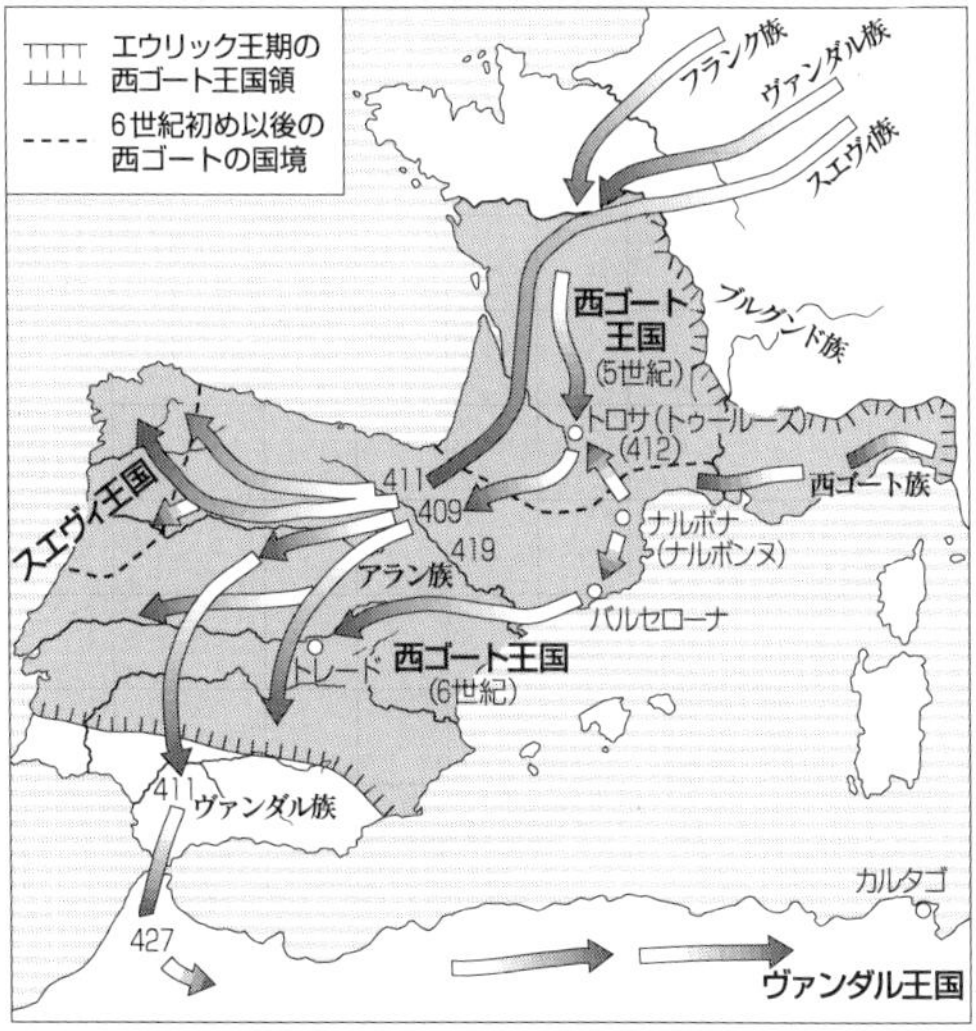

ゲルマン民族の侵入　５世紀初めの侵入開始から６世紀初めに部族王国の領域がほぼ確定するまで。

五世紀の末、フランク族のクローヴィスが即位し、ガリア北部を拠点にフランク王国を建国した。南ガリアを支配する西ゴート王国との軋轢《あつれき》は強まり、五〇七年、クローヴィス王率いるフランク王国と西ゴート王国の戦闘となった。ヴイエの戦いである。この戦いで敗れたアラリック二世は戦死し、西ゴート族はガリアの大半を奪われた。以後、南フランスのローヌ川以西のわずかな領土を残して、西ゴート王国は、ほぼイベリア半島のみを支配する王国となった。南フランスに残った西ゴート領はガリア・ナルボネンシスまたはセプティマニアと呼ばれ、西ゴート王国の滅亡する八世紀初頭まで保たれた。

2　アリウス派からカトリックへ

アリウス派王国の時代

ヴイエの敗戦に続く半世紀、六世紀前半の西ゴート王国の王権は安定しなかった。戦死したアラリック二世のあと、兄ガイサレイクと弟アマラリクが対立し、アマラリクは東ゴートのテオドリック大王(在位四七四〜五二六)の支援を受けて兄を廃位した。テオドリック大王はアマラリクの摂政として西ゴート王国をおさめ、その後アマラリクが単独統治を始めるが、東ゴート出身の部下テウディスによって殺害される。そのテウディスも、さらにつぎの王テウディクルスも部下に暗殺される。ついで即位したアギラも有力者アタナギルドの蜂起によって廃位される。このアギラ廃位によって、ドナウ渡河以来西ゴート族を導いてきたバルト王家の支配は終わった。五〇七〜五五四年のあいだに七人の王が立ち、そのうち五人までが暗殺または廃位されたわけである。西ゴート王権の極端な不安定については、隣国フランク王国の司教、トゥールのグレゴリウスが「西ゴート族は王を暗殺する悪しき習慣をもっていた」と書き残している。

この不安定は、西ゴート族に伝統的な選挙王制の影響とみなされる。ドナウ渡河以前の西ゴート族は、血筋より実力を優先して指導者を選出する部族であった。移動期におのずと権力集中が生じ、バルト家出身の指導者が王位を世襲することになったが、ヴイエの敗戦以後、その慣例がふたたびゆらいだのである。より広くみれば、六世紀西ゴート王国の混乱は「二重国家の脆弱性《ぜいじゃく》」から説明される。支配者西ゴート族は、被支配者であるローマ系住民に比べて圧倒的に少数だった。ローマ属州ヒスパニアの人口はローマ帝国初期には一〇〇〇万人程だったが、その後、とくに民族移動期の混乱のなかで減少し、この時期のヒスパノ・ローマ人は四〇〇万〜六〇〇万人になっていた。これにたいして西ゴート族は二〇万人前後、ゴート人の人口比率は約三％程度だったと考えられている。少数者で支配者である西ゴート族は、旧ローマ帝国属州ヒスパニアの統治システムのうえに寄生し、統治の実質を旧ローマ系官僚に委ねつつ、一方で、かつてローマ帝国と結んだ同盟に基づいた軍事的実権と君主の座を掌握していた。

そのような寄生的支配者である西ゴート族は、独自の民族性をも保っていた。ヒスパノ・ローマ人とゴート人では風貌も習俗も異なり、両者のあいだの結婚は禁止されていた。適用される法も前述のように「属人法」、すなわちゴート人にはゲルマン法、ヒスパノ・ローマ人にはローマ法と定められていた。

さらに西ゴート族は、ローマ侵入以前からアリウス派のキリスト教を信仰していた。アリウス派教会での礼拝はゴート語でおこなわれたので、日常の公用語としてラテン語が普及するようになったのちも、ゴート語を保存する役割をはたした。アリウス派は、マイノリティーであるゴート人がローマ社会に埋没せず民族性を保つよりどころ、いわば民族宗教のような位置づけをもっていた。一方、大多数を占めるヒスパノ・ローマ人はカトリックを信仰していた。アリウス派は一般にカトリックを敵視せず、同じキリスト教徒ととらえる傾向が強かったが、カトリックにとってアリウス派は異端であり、退けるべきものだった。あいいれない要素を多くかかえる両者の協調と融合は、容易には成り立たなかった。

以上がアリウス派期西ゴート王国の「二重性」である。このような「二重国家」の不安定は、西ゴート王国のみならず、ヴァンダル王国やブルグント王国、東ゴート王国など、同様の性格を備えた他の東ゲルマン諸王国についても指摘されている。

しかし、六世紀中に滅亡した他の諸王国にたいして、西ゴート王国は八世紀初めまで存続し、イベリア半島の全体を統治する最初の独立国家となる。その転機は六世紀後半にあった。

ユスティニアヌスの再征服

五二七年に即位した東ローマ皇帝ユスティニアヌスは、ゲルマン民族移動期にひとたび失われた西地中海世界をローマ皇帝権のもとに再統合すべく、活発な征服活動を展開した。まずヴァンダル王国の内訌《ないこう》に乗じて兵を送り、五三四年にはこれを滅ぼした。その直後には東ゴート王国に軍を向け、約二〇年の戦闘ののち、五五五年に東ゴート王国を滅ぼした。一世紀のあいだゲルマン部族王国に支配されていた旧属州アフリカ、旧属州イタリアは、ふたたび東ローマ帝国領となった。「ユスティニアヌスの再征服」と呼ばれる事業である。

東ローマ軍はついで旧属州ヒスパニア、すなわち西ゴート王国に矛先を向けた。おりしも西ゴート王国内では、君主アギラにたいして有力者アタナギルドが兵をあげ、内乱状態にあった。アタナギルド側から支援を求められ、東ローマ軍はイベリア半島南部に上陸した。アギラに勝利したのちアタナギルドは、同盟軍として引き入れた東ローマ軍を撃退しようとしたがはたせず、東ローマ軍は半島の南半分を制圧した。

アタナギルドは五六七年にトレードで死去した。その後五カ月間王位は空白で、つぎのリウヴァ王(一世)は南フランスのナルボンヌで即位した。半島北西部のスエヴィ王国はこの前後にカトリックに改宗し、同じくカトリックのフランク王国と親交を深め、半島南部の諸都市はコルドバを中心に反乱状態にあった。北部山岳地帯のカンタブリア人やバスク人も王権から自立していた。イベリア半島での西ゴート王国の支配権が極度に動揺していたことがうかがえる。この状況下に即位したのが、西ゴート中興の英主と語られるレオヴィギルド王(スペインではレオビヒルド、在位五六八～五八六)であった。

レオヴィギルド王のコイン
ゲルマン王を象徴する長髪で玉座に座る王の肖像入り。時計回りにLIVVIGILDVS(レオヴィギルド)の刻印がある。

兄リウヴァ王からヒスパニアの統治を委ねられたレオヴィギルドは、トレードに赴き、アタナギルドの妃ゴイスインタと再婚して旧勢力内に地歩を獲得したのち、旺盛な軍事活動を展開した。北部カンタブリアやバスクに遠征してこの地域をほぼ平定し、また五五〇年代から続いていた南部の諸都市の反乱を鎮圧した。さらに半島南部の東ローマ軍を大幅に押し戻し、北西部のスエヴィ王国を圧迫して、西ゴート王国の支配権を拡大した。

レオヴィギルドは内政でも王権強化につとめた。ヴイエの敗戦以降イベリア半島の各地を移動していた首都をトレードに定め、西ゴート王としてははじめて、東ローマ皇帝にならって王の衣をまとい玉座に座った。また硬貨も、従来はローマ帝国時代と同様に東ローマ皇帝の肖像を刻印したものが流通していたが、彼の時代に西ゴート王の肖像で鋳造されるようになった。王位を安定させるために多くの敵対者を粛清して財産を没収し、王の金庫を豊かにした。強権をふるうとともに王国の現状にみあった改革もおこなった。エウリック法典を一部改定して、ゴート人とローマ人の結婚を認めたこともその一つである。

これらの政策はゴート人に王権の絶対的権威を学ばせるとともに、ローマ系住民にたいしても、ローマ皇帝にかわる忠誠の対象として西ゴート王をアピールする役割をはたした。レオヴィギルドの強力な指導力のもとで、西ゴート王国は、建国以来の「二重性」を克服し、旧属州ヒスパニアを統合するあらたな国体としての方向づけを与えられたといえるだろう。

しかし、強力な王の政策には、必然的に反発も生じる。レオヴィギルドの晩年に王国をゆるがしたヘルメネギルドの反乱(五七九～五八五年)は、その最大のあらわれだった。西ゴート王国時代の事件としてもっとも有名なこの反乱を、少し詳しく紹介しよう。

ヘルメネギルドの反乱とカトリック改宗

統一を指向するレオヴィギルド王の最後の課題は宗教、すなわちカトリックとアリウス派の対立の問題であった。

年代記では、レオヴィギルドはカトリック迫害をおこなったとされている。しかし詳しく検討すると、圧迫を受けたカトリック聖職者はゴート人に限られていた。またレオヴィギルドは、カトリックとアリウス派を折衷した新しい教義の提案をおこなった。これらのことから、彼の真意は宗教的分裂の克服であったと思われる。この宗教政策が、ヘルメネギルドの反乱の背景として存在した。

反乱勃発までのいきさつはつぎのようである。レオヴィギルドはゴイスインタと再婚する前、先妻によって二人の王子を設けていた。兄がヘルメネギルド、弟はレカレドである。六世紀前半から西ゴート王国とフランク王国は政略結婚を繰り返していたので、ヘルメネギルドも慣例に従って、フランク王国の王女イングンデを妻にむかえた。

フランク王国はカトリックの国であり、王女イングンデもカトリック信者であった。ゴイスインタはイングンデに圧迫を加えたが、イングンデはカトリックをすてなかった。五七九年、レオヴィギルドはヘルメネギルドを共同王として王国南部の統治を委ね、ヘルメネギルドは妻とともにセビーリャへ赴いた。この地でイングンデは、司教レアンデルの協力をえて夫をカトリックに改宗させる。レオヴィギルドは改宗を伝え聞いて翻意をうながしたがヘルメネギルドは応じず、父と息子の緊張は高まり、ついにヘルメネギルドは蜂起した。

当時イベリア半島周辺には、東ローマ軍、フランク王国、スエヴィ王国の三つのカトリック勢力があった。ヘルメネギルドは東ローマ軍に支援を求め、人質として妻子を委ねた。司教レアンデルも反乱への支援を求めてコンスタンティノープルに赴いた。

反乱勃発後もレオヴィギルドは、先に述べたアリウス派とカトリックを折衷した教義を提案したり、北部カンタブリア人への出兵をおこなったりしていたが、五八三年になって反乱鎮圧に乗り出し、セビーリャを包囲した。東ローマ軍はレオヴィギルドからおくられた賄賂《わいろ》によってヘルメネギルドをみすて、敗れたヘルメネギルドはコルドバで逮捕された。

五八五年、ヘルメネギルドは追放先のタラゴーナで命を終えた。年代記の一つは暗殺を示唆《しさ》している。東ローマの人質となったイングンデもコンスタンティノープルへの護送中に命を落とした。イングンデの兄でフランク王のグントラムは、姪の復讐を唱えてセプティマニアに出兵し、レカレドが迎え撃った。また、セビーリャ包囲に出兵したスエヴィ王ミロは戦陣で死去し、まもなくスエヴィ王国は西ゴートに併合された。

翌五八六年にレオヴィギルドも病で生涯を終えた。年代記の一つは臨終の王がカトリックに改宗したことを伝えている。ヘルメネギルドの弟レカレドがつぎの西ゴート王として即位した(一世、在位五八六～六〇一)。レカレドは即位直後の五八七年、私的にカトリックに改宗し、五八九年にはトレードに第三回トレード公会議を召集しアリウス派の放棄と王国のカトリック改宗を宣言した。これに抵抗してアリウス派勢力が陰謀を企てたが失敗した。陰謀の一つには王妃ゴイスインタも連座し、発覚して処刑されている。

以上がアリウス派からカトリックへ向かう数年間の出来事である。王家の「お家騒動」の側面と宗教的対立の側面が入り組んで、具体的ないきさつには不明な点が多いが、「二重国家」の克服という観点からは、つぎのようにまとめられる。

レオヴィギルドは軍事的才能と強力な指導力をもって、イベリア半島での西ゴート王国の主権を確立しようとした。その方針は基本的に、東ローマ帝国にならった中央集権化の方向性をもつものだった。ただし少数支配者西ゴート族の分裂を防ぐため、ゴート人のアリウス派放棄には厳しく対処し、一方カトリックからアリウス派への改宗を容易にする改革をおこない大多数のヒスパノ・ローマ系住民に門戸を開こうとした。彼のもとで全体的には王国のローマ化が進められ、一般にローマ系官僚や住民はこれを歓迎した。

しかしこれに抵抗する勢力もあった。自立傾向の強い南部の諸都市は中央集権化の締めつけを喜ばず、圧迫を受けたカトリックのゴート人や、折衷教義による切崩しに直面したカトリック聖職者は危機感を覚えた。逆にローマ化の推進に反発するゴート人も存在した。王妃ゴイスインタはその中心人物と思われる。

カトリックに転じたゴート人の王子を中心に、南部の都市を拠点にして勃発したヘルメネギルドの乱は、統合と反発がせめぎあう過渡期を象徴する事件であったと位置づけられる。この反乱に際して大多数のヒスパノ・ローマ人がレオヴィギルド支持にまわったことから、彼らの関心はカトリックとアリウス派の宗教対立よりは、イベリア半島の統一と中央集権化の是非にあったとみられる。反乱の鎮圧によって、統合の趨勢が決定的になった。

レオヴィギルドの統合政策のうち不発に終わったものは、アリウス派をベースにした折衷教義による宗教統一であった。兄の反乱に際しては父レオヴィギルドの側で戦ったレカレドだが、アリウス派主導による宗教統一の限界を認識し、即位後にはカトリックによる宗教統一を選択した。トレードの宮廷周辺に残るゴイスインタらゴート人保守勢力の反発を排して王国のカトリック改宗をはたし、父レオヴィギルドの残した課題を達成したのである。

なお、王国のカトリック改宗のあと、アリウス派は比較的すみやかに消滅した。アリウス派の典礼がおこなわれなくなったことにより、ゴート語も六世紀中には姿を消した。

3　七世紀の西ゴート王国

カトリック王国の時代

カトリック改宗後三〇年ばかりはまだ過渡期の動揺が残っていたが、その間にも西ゴート諸王は南部の東ローマ軍と戦い、六二五年までには半島南部の東ローマ軍を駆逐した。ゲルマン民族の侵入以来つねに分裂状態にあったイベリア半島は、約二世紀ぶりに再統一された。約一世紀後のイスラーム勢力の到来まで、西ゴート王国のもとでイベリア半島の統一は相対的に安定して保たれる。

もちろん、その統一は政治上のものにとどまる。社会的にはゴート人とローマ人のほか、ユダヤ人やバスク人などがそれぞれ異質な社会集団を形成していた。身分的にも、有力者と一般人のほか、解放奴隷や奴隷など多様な階層からなっていた。経済的にもけっして一様ではなく、また地域差も大きかった。しかし、うちに多様性をかかえた王国であればこそ、西ゴート王国臣民としての一体意識が強調された側面も見落とせない。

カトリック改宗後も、西ゴートの王権はひきつづき有力者の蜂起や陰謀にさらされた。六〇三年にはリウヴァ二世が廃位され、六二一年のシセブート王の死去にも暗殺説がある。六三一年にスインティラ王が、六四二年にはトゥルガ王が有力者の蜂起で廃位される。六八〇年には「ワムバ廃位事件」なる奇妙なクーデタが生じた。これは後年の巷説では、有力者エルウィックとトレード大司教ユリアヌスが共謀でワムバ王に毒を盛り、人事不省にして修道院に押し込めたとされる事件である。成功しなかった反乱や陰謀も、六三二年のユディラの乱、六五三年のフロイアの乱、六七二年のパウルスの乱、六九三年のシスベルト事件をはじめとして数多く、平均すれば数年に一度は玉座をめぐる争いが生じている。

王権の不安定は王位継承ルールの不在に起因している。西ゴート族には前節にも述べた選挙王制の伝統があり、血筋より実力を優先する考えが根強かった。他方でレオヴィギルド以来、王が息子に位を継がせる新しい手法が登場した。王が在位中に息子を「共同王」として指名し、王の死後は自動的に息子が単独王となる手法である。しかし力にまさる有力者は自動的な王位継承に反発し兵をあげる。これが西ゴート王国滅亡まで続く、王国の頂点での動乱のパターンであった。

玉座をめぐる争いの頻発は、西ゴート王国が七世紀を通じて極端に不安定な国家であった印象を与えやすい。しかし、司法制度のゆきづまりや風俗の乱れ、奴隷の逃亡や軍役の忌避など、社会の末期症状を思わせる現象が法令に言及されるのは、六八〇年代なかば以降のことである。王国の社会は、政権交代のめまぐるしさほどには危機的でなかったとみることができる。文化面、経済面では、七世紀はむしろ実り多い時代であった。

もちろんめまぐるしい政権交代は、七世紀の王国史のさまざまな局面に大きな影響をおよぼした。つぎにみるトレード公会議の役割拡大もその一つである。

トレード公会議

公会議とはカトリック司教の会議である。一般にはローマ教皇が召集する国際的なものが知られるが、王国単位のものや属州単位のものもある。イベリア半島の属州では、四世紀初めにグラナダで開催されたものを最初とし、四〇〇年には第一回トレード公会議が召集された。アリウス派王国期にもトレードやバルセローナやタラゴーナなどの諸都市で開催された。スエヴィ王国でも五六一年と五七二年にブラガ公会議が開かれている。

カトリック改宗の第三回トレード公会議以降は、首都トレードでの開催が一般的となる。おもな議場はトレードの聖レオカディア教会で、西ゴート王国期に第一八回まで一六回の公会議が召集された。トレード以外でも六一九年のセビーリャや六九一年のサラゴーサなど、重要な公会議がもたれることはあった。

カトリック改宗以後、カトリック教会は王権との提携を強めた。西ゴートの王位はつねに競争者に脅かされていたが、カトリック教会は君主を権威づける役割を担って、王権の安定をえようとした。

セビーリャのイシドルスが主席をつとめた六三三年の第四回トレード公会議は、「王位継承にかんする規定」を決議した。この決議は伝統的な選挙王制の考えを取り入れ、王は有力者と聖職者の協議によって選出されるとし、君主にたいする反乱や陰謀は破門をもって禁じている。その後の王が必ずしもこの規定に従ったわけではないが、王国末期にいたるまで、尊重すべきものとして言及される重要な規定であり、教会と公会議は王権の正統性を保証する機能をおびることになった。

レケスウィント王のもとで開催された六五三年の第八回トレード公会議では「西ゴート法典」(後述)の承認が議題とされ、議決には世俗の高位官僚も署名する方式が取り入れられた。公会議の冒頭に王が諮問状によって法案を提出し、司教たちが議論し、大半は王の提案にそった決議がだされ、世俗高官も加わった署名で確認されたのち世俗の立法として公布される、というものである。この方式は以後の公会議に受け継がれ、トレード公会議は、俗事にわたる議論をおこなう「王国会議」となった。

このようなあり方は、かつては「神政政治(神権政治)」といわれ、教会に牛耳られた国家であったと否定的な評価を受けたが、じっさいには、教会の発言権と君主や有力者の実力行使は、時期によってさまざまなバランスを示している。

西ゴート統一法典

西ゴート王国では、前節に述べた「エウリック法典」以来、ゲルマン法とローマ法の二本立ての「属人法」体系であった。とはいえレオヴィギルドによる通婚禁止の解除、つぎのレカレドのカトリック改宗をへて、属人法体系の運用にも不都合がみられるようになったようである。司法制度の整備は、七世紀の王国の懸案であった。

六五四年、レケスウィント王(在位六四九〜六七二)のもとで、新しい法典が発布された。「西ゴート法典」(リーベル・ユーディキオールム)である。それまでの「属人法」にかわって、君主を含む西ゴート王国

レケスウィントの宝冠　エメラルド，サファイア，真珠をちりばめた金冠。装飾は，RECCESVINTHVS（レケスウィント）の文字をかたどる。写真の前面部分には‘VINTHVS’の文字が並ぶ。

のすべての住民が守るべき唯一の法を定めたもので、法典の冒頭部分には「一つの体《からだ》（王国）・一つの頭（王）・一つの魂（法）」という比喩がみられる。なお、西ゴート王国で属人法が廃止されたのはより早い時期であったとする説もあるが、最終的な整備がレケスウィント期におこなわれたことはほぼ確実である。

法典は一二編からなり、理念をうたった第一編のあと、法の運用や訴訟手続きなどを定めた第二編が続き、その後、結婚や相続など民法上の規定や、殺人や窃盗、姦通などの刑罰を定めた刑法、奴隷や解放奴隷にかんする取決めなど具体的な規定がならび、最後の第一二編が異教徒にかんするものとなっている。大部分の条文は「古法」と銘打たれ、カトリック改宗以前のエウリック法典やレオヴィギルドの立法から取り入れられたものだが、七世紀なかばの社会にみあった変更や新法も加えられた。

レケスウィントの加えた変更で目立つものは、司法を担当する官職名である。従来のローマ名が姿を消し、属州はドゥクス、都市はコメス、地区はティウファドゥスの管轄となった。それぞれゴート系の官職である。これは法体系の一本化にともなった制度の整備であるとともに、行政システムのゴート化を進めるものでもあった。もっともこれらの官職にローマ人が就任することは十分に可能で、少数ながらドゥクスなどの高官にもローマ人がいたことが知られている。

レケスウィントの法典のあとも、法典は必要に応じて改定された。大規模な改定は六八一年のエルウィック王のもので、さらに西ゴート王国末期の諸王の立法も追加された。このうちよく知られるものは、後述する反ユダヤ法のほか、八世紀初めのウィティザ王期とみられる神判の取決めである。これは、訴訟の激増にともなって審理を簡略化するため、熱湯を用いて被疑者の正邪を判別するというものである。

西ゴート法典は、王国滅亡後の中世スペインに受け継がれ、「フエロ・フスゴ」と呼ばれて中世末期まで用いられることになる。

ゴート人・ローマ人・ユダヤ人

西ゴート王国住民の圧倒的多数はヒスパノ・ローマ人であった。生産活動も、行政の実務も、教会の聖職も、ほとんどがヒスパノ・ローマ人によって担われていた。他方王国には支配者ゴート人のほか、数パーセントのユダヤ人や、そのほかの民族集団も存在した。

ゴート人には有力者(貴族)と一般人がいた。有力者はおそらく三〇〇家族程で、首都トレードの宮廷をはじめ王国全土の要地でドゥクスなど高位の官職にあった。大土地所有者として莫大な富をもち、実力をたくわえ王位をうかがっていた。また宮廷には王の従士もいた。王と個人的な主従関係を結んで政務や軍務を担う者たちである。七世紀後半には高位聖職者にもゴート人が目立つようになった。一般のゴート人は主として定住地に土地を所有し、奴隷などを使って生産に従事し、軍役にたずさわっていた。ローマ人との通婚が解禁になったのちも、混血はそれほど進まなかったようである。

一般のローマ人の日常生活については、あまり知られていない。自由身分の者は土地をもち奴隷を使って耕作し、七世紀後半には軍役にも従事していた。地域の有力者とのあいだに保護関係を結び、危急に備えるのが一般的であったようである。解放奴隷もほぼ同様で、保護関係は解放前の奴隷所有者とのあいだに結ばれ、世襲される取決めであった。

奴隷は二種ないし三種の区別があった。家内奴隷、農業奴隷、国庫(王室)奴隷である。国庫奴隷は宮廷の専門職を担当し、自身の奴隷を所有する者もいた。家内奴隷は主人の家政や家業を助けたり、専門技能をもつ者で、農業奴隷より上位に位置づけられていた。

ユダヤ人は一世紀ころにはイベリア半島にいたとみられる。キリスト教ローマ帝国期には奴隷所有などが禁じられていたが、アリウス派西ゴート王国期には締めつけがなくなったことにより、活発な経済活動を展開した。彼らは独自の共同体を形成し、ユダヤの習慣や規律を守って生活していた。ヘブライ語の読み書きも教育された。裕福な者は土地や山林を所有し、奴隷を使った農業生産をおこない、海外取引にも活躍した。官職をもつ者もいた。

カトリック改宗で状況は変わった。第三回トレード公会議(五八九年)のユダヤ人の奴隷所有やキリスト教徒との通婚を禁じた決議を皮切りに、シセブート王の六一二年にはキリスト教への改宗を強制する政策がとられた。第四回トレード公会議は、ユダヤ人に官職保有、法廷での証言を禁じ、ユダヤ人の子弟は修道院か敬虔なキリスト教徒家庭で育てるよう命じた。西ゴート法典でも、六五四年にはユダヤ風の習俗が死罪をもって禁じられ、六八一年には再度の強制改宗にともなって誓約書の提出と旅行などの規制が課された(死刑は廃止された)。六九三年には不動産所有、海外取引が禁じられた。その翌年の第一七回トレード公会議では、ユダヤ人が王国転覆の陰謀を企てたとの怪情報に基づいて、ユダヤ人全員の財産を没収し奴隷とする、との決定がくだされるにいたった。

これら一連のユダヤ人弾圧は、西ゴート王国が後世に残した負の遺産として知られる。古くはカトリック教会の独善によるとされ、あるいは西ゴート君主の狂信によるとされたが、背後事情は時々の力関係によって複雑である。ゴート人有力者の抗争と弾圧立法との関係も指摘されている。これは、ユダヤ人共同体が玉座をうかがう有力者を経済的に支援していたため、首尾よく王を擁立できれば寛容政策が、ライヴァルが王となれば弾圧政策がとられた、というものである。

また、王によって政策に振幅が激しかったため、厳格期に強制的に改宗させられたユダヤ人が、寛容期にはユダヤ教に舞い戻る現象もみられた。これを矯正するために、より厳しい政策へとエスカレートした側面も指摘される。

王国内にはほかにもカンタブリア人やバスク人など、なかば自立した民族がいた。レオヴィギルドがいったん平定したのちも、北部の海岸部や山岳地帯に独自の生活圏を営む状況には大きな変化はなかった。七世紀の彼らは、王の遠征があればそのつど服従の誓約を取り交わし、王国内外の動乱に際しては蜂起に参加する場合もある、という動きをみせている。

イシドルス・ルネサンス

西ゴート王国の七世紀は、教会知識人を輩出した時代でもあった。もっとも有名な人物はセビーリャのイシドルス(スペインでは聖イシドーロ、司教在位六〇〇頃〜六三六)である。その主著『語源誌(起源論)』は、ギリシア・ローマの古典古代の知識を集成した一種の百科事典で、西ゴート王国をこえて西洋中世の基本文献となった。また彼の『ゴート人・ヴァンダル人・スエヴィ人の歴史』は、民族移動期から六二五年までのイベリア半島の転変を伝える年代記で、西ゴート王国史を知るうえでもっとも重要な史料の一つとなっている。さらに先にみたように、晩年の六三三年の第四回トレード公会議では主席をつとめ、カトリック教会が西ゴート王権と密接にかかわる契機となる重要な規定を成立させた。なお『偽イシドルス文書』というものも知られている。これはコンスタンティヌス大帝が西ローマ帝国をカトリック教会に寄進したとする書状(コンスタンティヌスの寄進状)を含むもので、西洋中世には教会の優越を証明する証拠とされ、ルネサンス期に偽造文書であることが判明した。イシドルス本人には無関係な文書だが、彼の権威が西洋中世できわめて重んじられていたことを示す偽書である。

イシドルスの兄で師でもあるレアンデルは、王国のカトリック改宗において活躍した人物だが、文化面でもローマ教皇グレゴリウス一世との交友で知られる。

イシドルスの後継者にも多数の教会知識人があらわれた。レケスウィント王から西ゴート法典の編纂を委任されたサラゴーサ司教ブラウリオは、イシドルスを師とあおぎ、彼に『語源誌』執筆を依頼した人物である。ブラウリオを継いでサラゴーサ司教となったタイオには『サミュエル記注解』の著作がある。ブラウリオの弟子でサラゴーサ司教区からトレード司教に抜擢《ばってき》されたエウゲニウス二世も詩人として知られ、その後継者イルデフォンススは『聖マリアの処女性について』を論じた。

エウゲニウス二世の弟子にはトレード大司教ユリアヌス(スペインでは聖フリアン、司教在位六八〇～六九〇)がいる。先に述べた「ワムバ廃位事件」への関与で知られるほか、「キリスト単意説」異端をめぐるローマ教皇との論争でイスパニア教会とローマ教会の断絶をもたらした事績や、出自はユダヤ人でありながら反ユダヤ法の制定に寄与したなど取りざたの多い人物でもあるが、『プログノスティコン』をはじめ多数の著作をもち、その内容も西洋中世初期では最高水準の完成度を評価される俊才であった。

西ゴート時代の柱頭　渦巻きと植物の葉をデザインしたローマ風の柱頭。

また俗人でも、シセブート王はイシドルスを師として文芸に秀で、聖人伝『デシデリウスの生涯と受難』をものし、ゲルマン人君主屈指の文人王として知られる。彼らの活動を、カロリング・ルネサンスより一世紀早い文芸復興と評価して、「西ゴート・ルネサンス」あるいは「イシドルス・ルネサンス」と呼ぶ場合もある。

イシドルスを頂点とするこれらの知識人の活動については、二つの特徴が指摘できる。一つは、体系的な教育への関心の深さである。

先にもふれたように、レアンデルからイシドルスをへてユリアヌスにいたる知識人は、ほとんどが直接の師弟関係で結ばれていた。もう一つは、教会知識人の多くが君主のブレーンとしても活躍していることである。

文芸以外の西ゴート時代の芸術には目立った成果はない。教会建築にみられる彫刻は概して稚拙《ちせつ》で立体感に欠ける。宝飾品としては、宝石をちりばめた王冠が残されている。

西ゴート王国の滅亡

七一〇年にウィティザ王が死去したあと、ふたたび王位継承問題が浮上した。ロデリック(スペインではロドリーゴ)が王として選出されたが、他方でアキラも王位を主張して対立した。イスラーム勢力はアフリカ北岸を西進し、六九八年にはカルタゴを獲得していたが、七一一年にジブラルタル海峡を渡り、イベリア半島に攻め入った。伝承では、ジブラルタル対岸の町セウタの総督ユリアヌス(フリアン)が、ロデリック王に娘を凌辱《りょうじょく》された復讐にイスラーム勢力と同盟して攻撃を始めたと語られる。

イスラーム勢力が半島に上陸した時点で、西ゴート勢力は内紛の分裂状態にあり、有効な防衛戦を組織することができなかった。ロデリックは迎え撃ったが敗れて戦死する。なお抵抗を続けた西ゴート勢力もあったが、一般にロデリック敗死の七一一年をもって西ゴート王国の滅亡とする。

第三章 アル・アンダルスの優位

1 アル・アンダルスの拡大

アル・アンダルスの成立と発展

七一一年、西ゴート王ロドリーゴ(ロデリック、在位七一〇～七一一)は、スペイン北部パンプローナ近郊でバスク人の鎮圧にあたっていた。この間隙に乗じて、前王の名にちなんでビティサ(ウィティザ)派と呼ばれた反ロドリーゴ派貴族は、北アフリカのイフリーキーヤ総督に来援を要請した。同総督は、ウマイヤ朝カリフとの協議のうえ、ベルベル人の庇護民《マウラー》のターリク・ブン・ジヤードに西ゴート王国への侵攻を命じた。そこでターリクは、ベルベル人を中心とする約七〇〇〇人のイスラーム軍を率いてジブラルタルに上陸した。

この報に接したロドリーゴは、ただちにスペイン南部へとって返したが、イスラーム軍に内通したビティサ派貴族の離反にあい、いわゆるグアダレーテ河畔の戦いで敗北した。ターリクはコルドバやムルシアに分遣隊を派遣するとともに、自らは本隊を率いて北上し、西ゴート王国の首都トレードに入城した。翌年さらにイフリーキーヤ総督自身の率いるベルベル人とアラブ人などからなるイスラーム軍がアルヘシーラスに上陸し、西ゴート時代の反ユダヤ法に苦しめられたユダヤ人の支援もえて、セビーリャ、メリダ、サラゴーサを攻略した。以後グラナダ、バルセローナ、リスボンなどイベリア半島の主要都市が制圧され、カンタブリア山麓とピレネー山麓を除くイベリア半島の大部分がイスラームの支配下におかれた。王位をめぐる貴族間抗争に揺れ、自壊作用を起こしていた西ゴート王国は、八世紀初頭イスラームの膨張運動の前に屈し、イベリア半島の大部分がウマイヤ朝の版図に組み込まれたのである。

イスラーム支配下のイベリア半島は、ウマイヤ朝の属州としてアル・アンダルスと称されるようになった。このウマイヤ朝治下のアル・アンダルスで、人口の大多数を占めたのは西ゴート系キリスト教徒のモサラベ(アラブ化された者の意、イスラーム支配下のキリスト教徒をさす)とイスラームに改宗したムワッラドであった。モサラベは多くの場合、イスラーム軍への自発的服属もしくは協定によりその支配を受け入れ、イスラーム権力への服属と人頭税《ジズヤ》などの支払いを条件に、伯《コメス》のもとで土地所有権と信仰の自由、自治権を認められた。マイノリティーであるユダヤ人(ユダヤ教徒)も同様で、アルハマ(ユダヤ人共同体)代表のナギドを介して信仰の自由と自治権を保証された。その一方でキリスト教徒のなかには、所領の安堵と権力維持、イスラーム社会での社会的上昇を目的にイスラームに改宗したムワッラドも続出した。西ゴート貴族に起源をもつトゥデーラのカシー家は、その好例である。

征服者としてアル・アンダルスに定着したイスラーム教徒支配層もけっして一枚岩ではなく、肥沃なイ

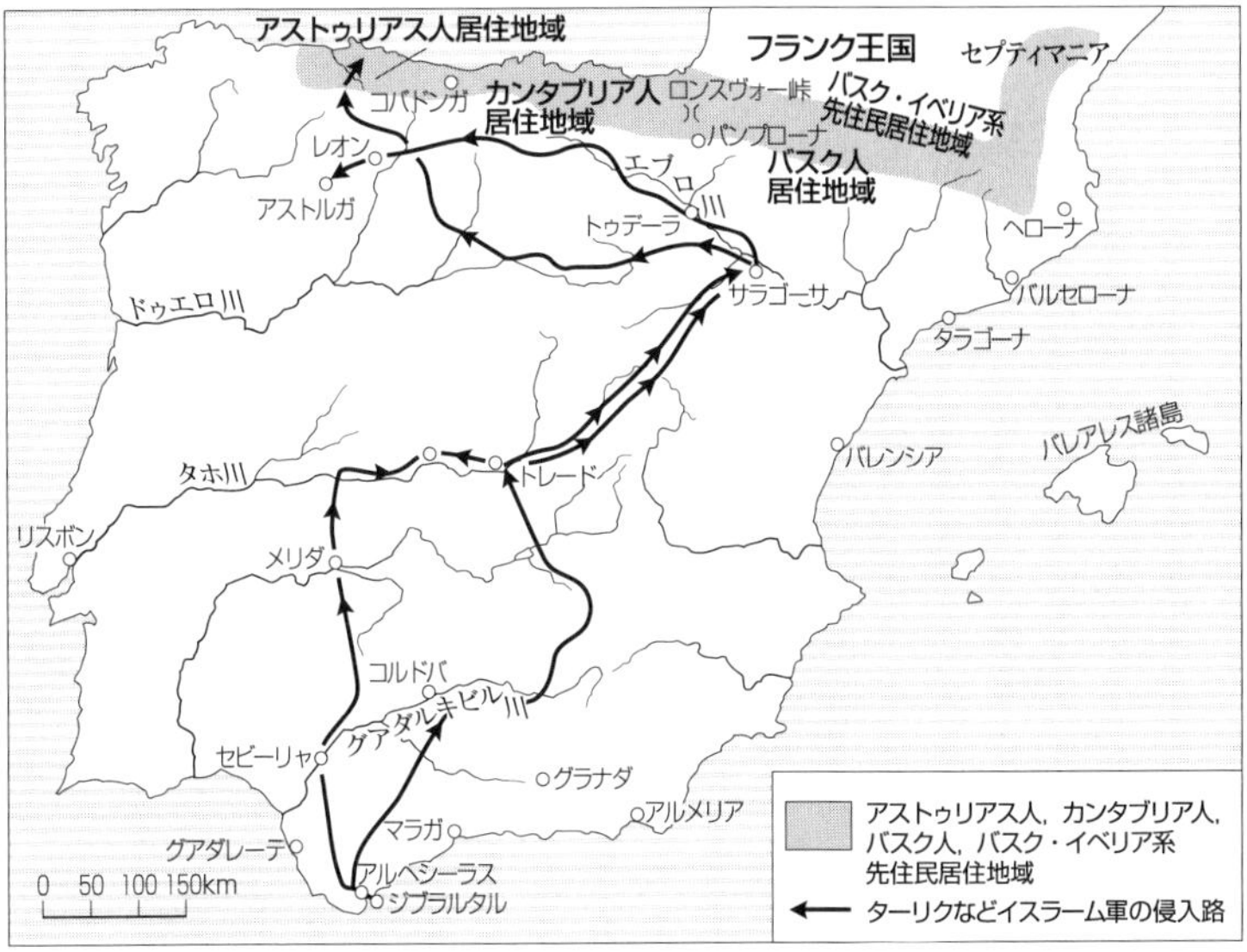

イスラーム侵入時のイベリア半島

ベリア半島南部や東部におもに定着したアラブ人と半島中部や北部への定住を強いられたベルベル人の対立、アラブ人とシリア人との確執《かくしつ》、北アラブ族と南アラブ族の反目などさまざまな対立を内包していた。西ゴート時代の地方行政単位を継承しつつ、政治・行政機構がしだいに整備されていったとはいえ、多様な宗教と民族を包み込んだアル・アンダルス社会は政治的・社会的不安定をまぬがれず、七一六～七四一年の二五年間に一五人もの総督が擁立され、平均在任期間は二年に満たなかった。カール・マルテルの前に敗退した七三二年のトゥール・ポワティエ間の戦い以降、アル・アンダルスの政情は北アラブ族と南アラブ族の内紛、ベルベル人の反乱、フランク王権の攻勢を背景に、極度に混乱していく。これを収拾したのがウマイヤ家のアブド・アッラフマーンであった。

後ウマイヤ朝

アブド・アッラフマーンは、アル・アンダルスのウマイヤ家庇護民や南アラブ族の要請を受けてイベリア半島に渡り、アル・アンダルス総督ユースフ・アルフィフリーを破って、七五六年アミール(司令官、総督)を称した。コルドバを首都とする後ウマイヤ朝の成立である。即位後アブド・アッラフマーン一世(在位七五六〜七八八)は、アッバース朝と結んだ一部の南アラブ族やベルベル人の反乱を鎮圧し、セビーリャやトレード、サラゴーサといった主要都市に腹心の家臣を配置した。同時にベルベル人傭兵やサカーリバ(奴隷貿易などによって獲得したスラブ人をはじめとするヨーロッパ人奴隷)を中心に軍事力を再建し、大臣《ワジール》と侍従《ハージブ》を頂点とする行政機構も整備して、後ウマイヤ朝権力の基礎を築いたのであった。末期にはコルドバのサン・ビセンテ教会を接収し、二重の馬蹄形アーチという独特の構造をもつ大モスクを建設している。

アブド・アッラフマーン二世(在位八二二〜八五二)の時代には、アッバース朝をモデルに行政・財政機構の整備がさらに進められ、国庫収入も大きく伸長した。それに支えられて彼はコルドバの大モスクを拡張し、アストゥリアス王国やスペイン辺境領への軍事遠征(聖戦)を断行した。これに際して大きな役割をはたしたのが、ナバーラ王家と親族関係にあった前述のムワッラド貴族のカシー家である。モサラベ聖職者の殉教やノルマン人の侵入が激化したのも、この時代であり、ノルマン人対策としてアルメリアなどに海軍基地が設立され、沿岸防備体制も強化された。

九世紀後半から十世紀初頭のアル・アンダルスでは、ムワッラド貴族の反乱が多発し、アミール権力は深刻な危機に直面した。当時の社会は西ゴート以来の前期的封建制社会から「貢納社会」への転換期にあ

コルドバの大モスク　アブド・アッラフマーン１世が建設した代表的イスラーム建築の一つで，二重の馬蹄形アーチ構造をもつ。

たったが、国家が直接臣民から徴税する「貢納社会」への転換は、イスラーム的国家構造の定着を意味し、ムワッラド貴族の経済基盤と農民支配を動揺させた。マラガ北西部のボバストロを拠点にムワッラドやモサラベを結集し、ファーティマ朝との外交関係すら樹立したイブン・ハフスーンの反乱は、それへの「異議申し立て」にほかならなかった。しかしこのムワッラドの反乱は九二〇年代までにほぼ鎮圧され、その過程でムワッラド貴族からアラブ人貴族への権力の移動が進んだ。ムワッラド、アラブ人、ベルベル人の社会的統合、要するに「アンダルス人」としての一体感も醸成されつつあった。

九一二年に即位したアブド・アッラフマーン三世(在位九一二～九六一)は、まずムワッラドの反乱鎮圧に全力を傾注し、九三〇年代までにはアル・アンダルス全域を平定した。イブン・ハフスーンの反乱鎮圧後の九二九年には、ファーティマ朝の台頭などイスラーム世界の国際情勢もにらみながらカリフを僭称《せんしょう》し、「アッラーの信仰への擁護者」を自任した。その一方で彼は、ムワッラド官僚にかわりウマイヤ家の家臣やアラブ人、ベルベル人官僚を積極的に登用してカリフ権力の安定につとめ、十世紀なかばには国庫収入が二〇〇〇万ディーナールに達したといわれる。こうした前提のうえに北部のキリスト教諸国への軍事遠征を繰り返し、九三九年シマンカスの戦いでこそ敗退したものの軍事的優位は保持しつづけ、後述するレオン王国の王位継承問題にも介入した。ファーティマ朝にたいしては、オリエント貿易の拠点でもあったアルメリアから艦隊を派遣してセウタやメリーリャを占拠し、北アフリカのマグレブ地方北部に「保護領」を設定した。カリフ軍を構成したのは、地方行政単位から徴兵された正規軍《ジュンド》とサカーリバを中心とする傭兵などであり、サカーリバ軍の増強に反比例して、正規軍の軍事的比重は低下した。対外的にはビザンツ帝国や神聖ローマ帝国との外交関係を維持し、アブド・アッラフマーン三世がコルドバ郊外に造営した王宮都市マディーナ・アッザフラーにはコンスタンティノープルから泉水盤が寄贈されたのである。王宮、庭園、役人や商人の居住地など三層から構成され、一〇〇ヘクタール以上の面積をもつこの王宮都市は、人口一〇万人とも二〇万人とも称された首都コルドバとともに、カリフ権力を象徴するものであった。

　後ウマイヤ朝はアブド・アッラフマーン三世からアル・ハカム二世(在位九六一～九七六)時代に、西地中海の「覇権国家」となり、もっとも安定した時代をむかえる。十世紀なかばにはいってもアル・アンダルスのイスラーム教徒人口の比率は五〇%程度であったが、アル・ハカム二世のもとでコルドバは西方イスラーム文化の中心となり、歴史家のイブン・アル・クティーヤなど多数の知識人が蝟集《いしゅう》し大図書館が建造された。首都コルドバは、郊外区を含めるとバグダードに匹敵する都市へと成長し、その人口増加に対応するため、大モスクが再拡張された。ビザンツ皇帝がアブド・アッラフマーン三世に寄贈した医学書の翻訳を機に、自然科学の水準も飛躍的に向上したのであった。

　つぎのヒシャーム二世(在位九七六〜一〇〇九)時代に侍従として全権を掌握し、カリフ権力を形骸化したのが、アラブ人下級貴族のアーミル家に生まれたアル・マンスールであった。アル・マンスールはアラブ人貴族層を抑制するため、部族制的構造をもつ従来の軍事組織を改変し、あらたな正規軍を組織する一方で、「アンダルス人」に軍役代納金を課した。その資金で、マグレブ地方のベルベル人(この時期にアル・アンダルスに定着したベルベル人を「新ベルベル人」と呼ぶ)やサカーリバ傭兵を大量動員し、大規模な軍事遠征を断行した。バルセローナやキリスト教徒の守護聖人である聖ヤコブを祀ったサンティアゴ教会を略奪し、マグレブ地方への支配も強化して、アル・アンダルスの最大版図を実現したのである。キリスト教諸国へのたび重なる軍事遠征は、アル・マンスールが政治的実権を掌握しつづけるために不可欠の手段でもあった。

マディーナ・アッザフラー　アブド・アッラフマーン３世がコルドバ郊外に造営した大規模な王宮都市で，カリフ権力の象徴でもあった。

アル・マンスールの息子のアブド・アルマリクも、カリフを傀儡《かいらい》として実権を握り、ウマイヤ家をはじめとする伝統的なアラブ人貴族層との対立を深めていった。一〇〇八年アブド・アルマリクのあとを継いだ弟のサンチュエロが、ヒシャーム二世にカリフ位を強要するにおよんで、イスラーム法学者や民衆も巻き込んだクーデタが発生し、サンチュエロは処刑された。ヒシャーム二世の退位後、サンチュエロ支持派の「新ベルベル人」やサカーリバがコルドバから追放され、短命のカリフがつぎつぎと擁立された。こうした政治的混乱のなかで、一〇三一年ついに後ウマイヤ朝が崩壊した。カリフという政治的・社会的統合の絆を失った「モザイク社会」では、「アンダルス人」と「新ベルベル人」、サカーリバの対立が激化し、各地に地方政権が乱立した。アル・アンダルスは第一次ターイファ(群小諸王国)時代に突入したのである。

2　カンタブリア山麓のレコンキスタ運動

アストゥリアス王国とレオン王国

西ゴート王国崩壊直後、イスラーム軍の支配を拒否した西ゴート貴族ペラーヨは、イベリア半島北西部のカンタブリア山麓に逃れ、バスク系の先住民であるアストゥリアス人社会に同化し、その首長と親族関係を結んで国王に選出された。ペラーヨ(在位七一八～七三七)を初代国王とし、初期レコンキスタ(再征服)運動の一角を担ったアストゥリアス王国の成立である。ペラーヨはイスラーム軍の南フランス遠征が失敗した七二二年ころ、コバドンガの戦いではじめてイスラーム軍を破り、カンタブリア山中のカンガス・

デ・オニスを首都とした。七三九年には西ゴート貴族ペドロの息子でペラーヨの女婿《じょせい》にあたるアルフォンソ一世(在位七三九～七五七)が即位したが、それは同じバスク系のアストゥリアス人とカンタブリア人がイスラーム軍への抵抗運動に結集したことを意味する。アルフォンソ一世はウマイヤ朝末期の政治的・社会的混乱を利用して、ドゥエロ川流域への略奪を繰り返し、モサラベを王国内に誘致した。同時にイスラーム軍の侵攻を阻止すべく、ドゥエロ川流域の荒廃化戦略をとった。

もともとアストゥリアス、カンタブリア地方は、ローマや西ゴート王国の実効支配のおよばなかった地域であり、農耕よりも牧畜や略奪の比重が圧倒的に大きく、母系制に基づく氏族制社会が維持された地域であった。カンガス・デ・オニスは異教崇拝の拠点でもあった。こうした基層のうえに西ゴート貴族を国王として受容しつつ成立したのが、アストゥリアス王国であり、アルフォンソ一世の王位継承にみられるように母系制的原理も、九世紀まで機能していた。したがって成立当初のこの王国は西ゴート王国と大きく断絶しており、それを西ゴート王国の継承国家とするレコンキスタ理念は、九世紀以降に創造された「神話」にすぎない。八世紀末までのイスラーム軍との戦争も、略奪戦争の色彩が強い。しかし九世紀以降、西ゴート王国の強い影響下にあったドゥエロ川流域の一部がアストゥリアス王国に組み込まれると、モサラベ人口が一層増加し、牧畜から農耕への生産基盤の移動、母系制的氏族制社会から封建制社会への転換が始まり、キリスト教化も進行した。

アストゥリアス王国の発展にとって決定的であったのは、アルフォンソ二世(在位七九一～八四二)の時代であった。ガリシア地域を併合し、十二使徒の一人聖ヤコブの墓「発見」の知らせを機に、サンティアゴ教会を建立した。聖遺物崇敬の拡大を背景に、聖ヤコブを祀ったサンティアゴ教会と、それを中心に成立した都市サンティアゴ・デ・コンポステーラは、やがて中世ヨーロッパの三大聖地の一つへと成長していくことになる。フランク王国のカール大帝との外交関係も樹立した同王は、新都オビエドに、アーヘンやトレードをモデルとした宮廷・教会組織を再建し、西ゴート王国との連続性を主張した。アルフォンソ三世(在位八六六〜九一〇)は、ムワッラドやモサラベの反乱に揺れるアル・アンダルス社会の動揺をついて、大規模なレコンキスタ運動を展開し、ドゥエロ川流域に進出した。イスラームとの境界域であったポルトガル北部とカスティーリャ地域には、多数の自由農民(自由小土地所有者)を含む複数の伯領が設定された。十世紀初頭には宮廷のモサラベ聖職者が、ペラーヨやアルフォンソ三世を西ゴート王の継承者とするレコンキスタ理念に基づいて『アルフォンソ三世年代記』を編纂し、アストゥリアス王国のドゥエロ川流域への拡大を正当化した。それは、イスラームの支配がまもなく終焉するとの終末論とも深く結びついていた。リエバナのベアトゥスの『黙示録注解』は、その反映であった。

ガルシア一世(在位九一〇〜九一四)のもとで、首都はオビエドからカンタブリア南麓のレオンに移された。これ以降一〇三七年までをレオン王国という。カンタブリア南麓への首都移転は、ドゥエロ川流域の再植民運動《レポブラシオン》を進めるうえでも重要な意味をもった。オルドーニョ二世やラミーロ二世をはじめとする十世紀前半のレオン王は、ナバーラ王やカスティーリャ伯の支援をえて、後ウマイヤ朝とドゥエロ川をめぐる激しい攻防を繰り広げた。だが、レオン王国の軍事的劣性と後ウマイヤ朝の軍事的優位は動かしがたいものであった。聖俗所領の形成や封建制の発展を背景としたレオン王国の王位継承争い、カスティーリャ伯フェルナン・ゴンサレスの分離運動が、それに拍車をかけた。その一方で国王塗油儀礼や「皇帝」理念が導入され、レオン王権の聖性とナバーラ王などへの優位が主張された。狭義の封建制についていえば、政治的機能の弱体性と軍事的機能の肥大化に大きな特色があった。ライン―ロワール間地域と異なって、封建制の人的契機(封主・封臣関係)と物的契機(封)の有機的結合は基本的にみられず、封主と封臣の双方が自由に封主・封臣関係を中断できたばかりか、官職の封建化や世襲化も少なかったのである。

十世紀末になると、一部のレオン貴族と結んだ後ウマイヤ朝のアル・マンスールが、レオン王国中心部にまで侵攻し、サンティアゴ教会やレオン地域を略奪して、レオン王国は危機的状況に陥った。そのためアルフォンソ五世は、首都レオンに聖俗の有力貴族を招集し、王国の再建策を討議した。人口増加をはかるべくレオン市の住民にさまざまな特権を付与し、住民の権利・義務関係を明文化したことも、その一環であった。一〇一七年(もしくは一〇二〇年)の『レオンの都市法』は、その所産にほかならなかった。これには週市に加え、パン屋や肉屋などへの言及もみられ、レオン経済の復興の様子がうかがわれる。アルフォンソ五世のあとを継いで十一歳で即位したベルムード三世(在位一〇二八～三七)下のレオン王国で絶大な影響力を行使したのは、同王の義父にあたるナバーラ王サンチョ三世であった。ナバーラ王との対立を深めたベルムード三世は、一〇三七年にサンチョ三世の次子フェルナンド一世の前に敗死し、ここにレオン王国は潰《つい》えた。

カスティーリャ伯領とポルトゥカーレ伯領

　ブルゴスを中心とするカスティーリャ地域の再征服は九世紀末以降であり、イスラーム軍の主要侵入路にあたったことから多数の城塞が建設された。カスティーリャの語源は、これらの城塞（カスティーリョ）に由来するといわれる。レオン王国の東部境界域を構成したカスティーリャ地域に主として入植したのは、小規模な生産用具をもつバスク人やカンタブリア人であった。多くの無主地・荒蕪《こうぶ》地を含むカスティーリャ地方の再植民運動に際しては、一定期間の土地占有と生産用具の規模に応じて所有面積が決定されるプレスーラ形式がとられた。そのためカスティーリャ地方では、小規模な自有地をもち伯を介して王権に軍役義務や課税負担をおう自由農民が多数創出され、彼らがカスティーリャ社会の中枢を占めた。馬や武器などを所有し騎兵としての装備を自給できた自由農民上層は、封主・封臣関係を前提とすることなしにカスティーリャ伯から土地その他を授封され、免税特権をもつ民衆騎士《カバリェーロ・ビリャーノ》へと社会的上昇をとげることができた。広範な自由農民の存在に支えられた比較的開放的な社会が、初期中世カスティーリャ社会の大きな特色であり、当然のことながら大所領の形成と封建制の発展は遅れた。イスラーム軍の不断の攻撃にさらされた境界域で、しかもモサラベの影響の少ない慣習法地域であったことなどに起因するこうした社会構造が、封建化の進展をみたレオン王国中枢地域との差異を拡大した。カスティーリャ伯領の分離運動は、そうした文脈のなかでとらえられるべきであろう。

　九世紀後半以来ブルゴスを中心とするカスティーリャ地域には、複数の伯領が設定されていたが、九三二年ラミーロ二世は強大なイスラーム軍に対処するため、ララ伯フェルナン・ゴンサレス（在位九三一〜九七〇)を全カスティーリャの伯に任命した。ラミーロ二世没後フェルナン・ゴンサレスは、再征服運動を主導し、レオン王家との婚姻関係や王位継承問題への介入などを通じて、伯権力の自立性を強め、レオン王の宗主権を承認しつつもカスティーリャ伯領を事実上分離させた。ついで十世紀末のカスティーリャ伯ガルシア・フェルナンデスは、レオン王アルフォンソ五世の外戚となり、伯官職の世襲化など王権からの自立を一層強化する。一〇二九年にカスティーリャ伯ガルシア・サンチェスが暗殺されると、同伯家の男系がとだえ、伯領は同伯家出身のナバーラ王妃ムニアを介して、ナバーラ王サンチョ三世の領有するところとなった。サンチョ三世ののち、次子のフェルナンドがカスティーリャ伯領を継承、やがてカスティーリャ王を称してフェルナンド一世となる。フェルナンド一世がレオン王位も継承し、後述するカスティーリャ＝レオン王国が成立するのは、一〇三七年のことであった。

八世紀後半にガリシア地方を併合したアストゥリアス王権は、ガリシア人によるアル・アンダルス西部の再征服・再植民運動を進め、九世紀なかばにはポルトガル北部に達した。ムワッラドやモサラベの反乱によりアル・アンダルス社会が動揺した九世紀後半、アルフォンソ三世は、イブン・ハフスーンとならぶムワッラド貴族でバダホスを拠点にアミール権力からの自立をめざしていたイブン・マルワーンと提携し、ドゥエロ(ポルトガル語読みでドウロ)川河口のポルトゥカーレ、モンデーゴ川下流のコインブラを再植民ないし占拠した。九世紀末ポルトゥカーレを中心とする南部境界域は、ガリシア地方から分離され、ヴィマラ・ペレスを祖とするポルトゥカーレ伯家に委ねられた。現在のポルト近郊のポルトゥカーレは、現地語でポルトガルと呼ばれ、やがてこれがこの国の名称となる。十世紀後半になるとポルトゥカーレ伯とコインブラ伯が、レオン王権からの自立姿勢を鮮明にするが、メンド家に託されたコインブラ伯領は、アル・マンスールの侵攻を受けてふたたびイスラームの支配下に組み込まれた。ノルマン人の侵入が激化するのも、十世紀後半以降である。カスティーリャと同様にイスラームとの境界域であったポルトガル北部では、カスティーリャ程ではないにしても自由農民を中心とする社会が構築され、再征服運動のなかで伯権力も強化された。カスティーリャ伯領と並行して、ポルトゥカーレ伯領の分離運動が進行したことは、注目してよい。

3　ピレネー山麓のレコンキスタ運動

スペイン辺境領からバルセローナ伯領へ

ローマ、西ゴートの実効的支配をまぬがれたピレネー山麓のバスク・イベリア系先住民は、イスラームの侵入後、貴族を含む多くの西ゴート系住民を受容した。優れた軍事技術をもち「ヒスパニア人」と称された西ゴート系住民、とりわけ貴族層は先住民社会の首長層と同化しつつ支配層を構成し、やがてフランク王権の保護下にパリャールス、リバゴルサ両伯に任命される。後ウマイヤ朝成立前後のアル・アンダルスは、政治的・社会的な混乱期にあたり、そうしたなかでフランク王権は、西ゴート系住民やバスク・イベリア系先住民と提携、またイスラーム教徒の内紛を利用しつつ再征服・再植民運動を進めた。そして九世紀初頭、フランス南東部、セプティマニアの西ゴート系住民の支持もえて、ついにバルセローナを攻略

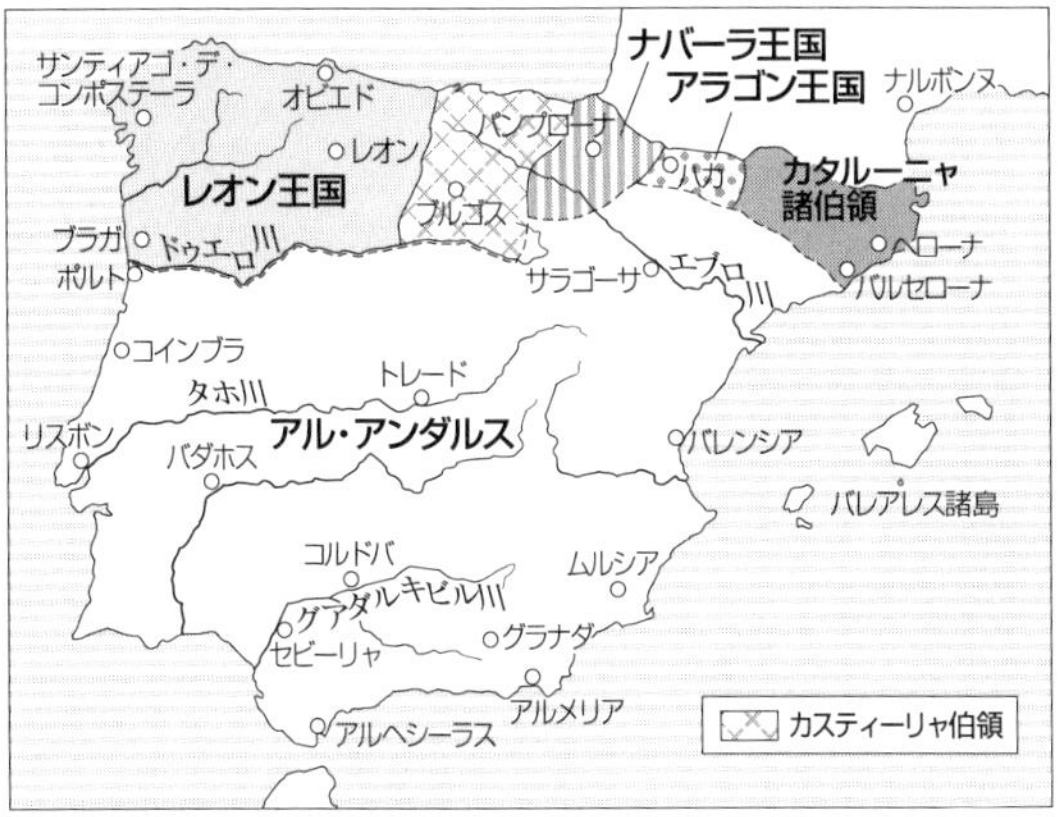

10〜11世紀のイベリア半島

したのであった。西ゴート系貴族のベラ(在位八〇一頃〜八二〇)が、フランク王権により初代のバルセローナ伯に任命され、フランク王権に服属するバルセローナ伯領やヘローナ(ジローナ)伯領など五伯領から構成されるスペイン辺境領が創始された。カタルーニャ教会もフランク王国の教会組織のなかに組み込まれ、バルセローナをはじめとする五司教管区は、ナルボンヌ大司教に従属した。

フランク王権によるカタルーニャ解放は、人口増加と耕地不足のため「飽和状態」にあったピレネー山麓から、無主地・荒蕪地の多い平野部や海岸部への人口移動を引き起こし、その過程で多くの自由農民を創出した。小規模な自有地をもち伯への軍役義務を負担する広範な自由農民の存在は、前述のプレスーラ(カタルーニャではアプリジオと呼ばれた)形式による再植民運動の結果である。それが再征服・再植民運動による国家領の形成、ローマ以来の公法的理念の伝統、伯による軍事・裁判権の行使、イスラーム軍の脅威とあいまって、一〇二〇年代までの比較的強力な伯権力を支えたのである。都市を拠点とした再植民運動の進展にともない政治・行政組織が再建され、住民の安全を保障するための城塞網も整備された。カタルーニャという地名の初出は十二世紀以降であるが、それはカスティーリャと同様に城塞に起源をもつといわれる。

フランク王権が弱体化する九世紀末以降、カタルーニャ諸伯は副伯などの伯役人に補佐されて政治的自立性を強め、伯官職の世襲化が進行した。十世紀にはいるとカタルーニャ諸伯の中心となったバルセローナ伯が在地性を一層強化し、カタルーニャ地方の司教は、フランク王国の公会議への参加を停止した。聖俗所領の形成や封主・封臣関係が一部にみられたにしても、自由農民の広範な存在を前にこれらの政治的役割は小さなものにとどまった。しかもカタルーニャ諸伯はパリャールス、リバゴルサ両伯を除いて、カール大帝時代のカルカソンヌ伯ベロンを共通の祖とする同族意識《リネージ》を保持しており、バルセローナ伯がヘローナ、ウルヘル伯をかねるなど伯領の政治的再編もおこなわれた。こうして十世紀末にカタルーニャ地方の諸伯領は、バルセローナ、ヘローナ、ウルヘル伯領などの四伯領へと統合されたのであった。こうしたなかで九八五年アル・マンスールがバルセローナに侵攻し、これを破壊・略奪したうえ住民を捕虜として連れ帰った。フランク王権にかわったカペー王権が、バルセローナ防衛のための軍事援助をなしえなかったことから、九八七年以降カペー王権との直接的関係は事実上断絶した。アル・マンスールの軍事遠征を機にバルセローナ伯は、コルドバとの関係も見直し、伯ラモン・ボレール一世はセグレ川とエブロ川流域への再征服運動を再開した。

開墾の進展や水車、鉄製農具の普及などにより十世紀後半以降、カタルーニャでは農業生産力の拡充がみられ、バルセローナも都市的成長を開始した。西ヨーロッパとアル・アンダルスの接点としてカタルーニャは、奴隷や西ヨーロッパ産の毛織物をアル・アンダルスに再輸出したばかりか、イスラーム軍の傭兵として多くの人的資源を輸出した。傭兵から送金されてきた大量の金貨・銀貨が、カタルーニャの経済発展をうながし、アル・アンダルスから輸入された絹織物や香辛料などの支払いにも充当された。こうした経済成長こそがカタルーニャ封建制定着の大前提であり、それはベレンゲール・ラモン一世からラモン・ベレンゲール一世時代にあたる一〇二〇〜六〇年代にかけて、政治・社会構造の改変をともないつつ、比較的短期間のうちに実現した。

ナバーラ王サンチョ三世の覇権

パンプローナを中心とするピレネー西部のバスク人は、八世紀以降イスラーム軍とフランク軍の侵攻に直面して部族連合を強化しつつあった。サラゴーサ遠征から帰還するカール大帝を七七八年のロンスヴォーの戦いで破ったのも、こうしたバスク人であった。この勝利後、親ウマイヤ派のバスク人貴族イニゴ・アリスタは、親族にあたるムワッラド貴族のカシー家やウマイヤ家の支持を受けて、ナバーラ王国の初代国王(在位八二〇頃〜八五一)となった。ナバーラはバスク語で「山々に囲まれた平原」を意味するといわれる。九世紀後半以降カシー家との関係悪化にともない、ナバーラ王権はアストゥリアス王権やそれを継承したレオン王権に接近し始めた。そしてサンチョ一世(在位九〇五〜九二六)のもとで、ナバーラ王権はレオン王権と結び、再征服運動を推進してラ・リオハ地方を併合した。この地方への進出は、耕地が少なく人口過剰に苦しむナバーラ王国の社会・経済基盤を一挙に拡充するものであった。

アラゴン伯領を併合したナバーラ王ガルシア一世、十世紀末のアル・マンスールの侵攻をへて、サンチョ三世（在位一〇〇〇～三五）のもとで、ナバーラ王国はイベリア半島におけるキリスト教諸国の「覇権国家」となった。カスティーリャ伯女ムニアを王妃にむかえたサンチョ三世は、カスティーリャ伯領を実質的に支配し、やがて次子のフェルナンドをカスティーリャ伯にすえた。また、フェルナンドをレオン王女と結婚させ、ナバーラ王女をレオン王ベルムード三世に嫁がせて、ナバーラ王国、レオン王国、カスティーリャ伯領にまたがる姻族同盟関係を築いた。そのうえでサンチョ三世はレオン王国を保護下におくとともに、ソブラルベ、リバゴルサ両伯領を併合し、ガスコーニュ伯を封臣としてそこにも宗主権を行使したのであった。バルセローナ伯もサンチョ三世の宮廷に伺候《しこう》し、その権威を尊重した。サンチョ三世の時代は、西ヨーロッパとの関係においても大きな転換期であった。ビク司教オリバを介し教会改革運動に共鳴したサンチョ三世は、アラゴンのサン・フアン・デ・ラ・ペーニャ修道院を改革運動の主要拠点の一つとした。サンティアゴ巡礼路がしだいに開かれ、西ヨーロッパとの活発な経済的・文化的交流も始まった。

II スペインとポルトガルの形成から現代まで

第一部 スペインの歴史的歩み

第一章 キリスト教諸国家の確立

1 後退するアル・アンダルス

ターイファ諸王国とムラービト朝

　後ウマイヤ朝の崩壊は、アル・アンダルス史にとって大きな転換点となった。ウマイヤ家カリフという政治的・社会的・宗教的統合の絆を喪失したアル・アンダルスでは、権力の空白が生じ、そうしたなかで「アンダルス人」と「新ベルベル人」、そしてサカーリバ（スラブ人などのヨーロッパ人奴隷）がターイファと呼ばれる多数の小王国を各地に樹立した。多数の地方権力によって分断支配される第一次ターイファ時代が到来したのである。二〇以上にのぼる小王国のうち主要なものは、「アンダルス人」によるセビーリャ、

オビエド
サンタンデール
サン・セバスティアン
ロンスヴォー峠
ソンポール峠
サンティアゴ・デ・コンポステーラ
ルゴ
ビルバオ
ウエスカ
ソリア
ブラガ
サラゴーサ
レリダ
バルセローナ
ポルト
サラマンカ
トルトーサ
ウクレスの戦い(1108年)
コインブラ
クエンカ
トレード
バレンシア
メリダ
リスボン
バダホス
サグラハスの戦い(1086年)
コルドバ
アリカンテ
ムルシア
ハエン
セビーリャ
グラナダ
アルメリア
マラガ
アルヘシーラス
サンティアゴ巡礼路都市
1 ビトリア
2 ミランダ
3 ブルゴス
4 パンプローナ
5 プエンテ・ラ・レイナ
6 エステーリャ
7 ログローニョ
8 ナヘラ
9 サント・ドミンゴ・デ・ラ・カルサーダ
10 ハカ
11 サングエサ
12 フロミスタ
13 カリオン
14 サアグン
15 レオン
16 アストルガ
17 ポンフェラーダ
18 セブレロ
サンティアゴ巡礼路
1086年のムラービト軍の進路
ムラービト軍による第一次ターイファ諸王国の攻略路(1091〜1110年)
1094年のエル・シッドの進路
第一次ターイファ諸王国
キリスト教諸国家

ムラービト朝進出時のイベリア半島

トレード、サラゴーサ王国、「新ベルベル人」のグラナダ王国、サカーリバの創始したバレンシア王国であった。しかしこれらのターイファ諸王国は相互不信と内紛、レコンキスタ運動の進展を前に、離合集散を繰り返し、キリスト教諸国やマグレブ地方との政治・軍事関係も逆転した。

ターイファ諸王は政治・行政機構を整備し、都市の発展をうながしつつ権力基盤の強化につとめた。だが近隣諸王を圧倒するだけの軍事力をもつターイファ王は存在せず、自生的統一権力の形成は期待できなかった。アル・アンダルスの政治的分裂とターイファ諸王間の抗争は、キリスト教諸国への軍事的優位を消失させ、それへのパーリア(軍事貢納金)の支払いをよぎなくされた。キリスト教諸国に隣接したトレード、サラゴーサ王国のみならず、最強国のセビーリャ王国すらパーリアの支払いをまぬがれなかったのである。ターイファ諸王の権力維持のためのパーリア徴収、近隣諸王との抗争に際してのキリスト教諸王との同盟は、イスラーム教徒民衆とイスラーム法学者の強い批判をあび、もともと正当性を欠いたターイファ権力を一層不安定なものとした。こうしたなかで一〇八五年、イベリア半島中央部に位置する軍事上の要衝トレードが、カスティーリャ＝レオン王アルフォンソ六世(九四ページ参照)により再征服された。トレードの陥落はアル・アンダルスを深刻な危機に直面させ、ターイファ諸王は、北アフリカのムラービト朝のユースフ・ブン・ターシュフィーンに軍事援助を求めた。

ムラービト朝は、イスラームの法学派の一つであるマーリク派の法学者イブン・ヤーシーンが始めたイスラーム改革運動に起源をもつ。彼はセネガル川河口に修道場《リバート》を建て、多くの弟子たち《ムラービトゥン》に厳格な禁欲主義に基づくイスラームの教えを説いた。ムラービト朝のアミールのユースフ・ブン・ターシュフィーン(在位一〇六一〜一一〇六)は、この教えに基づいて周辺部族への聖戦を開始し、一〇六二年に首都マラケシュの建設に着手した。タンジール、セウタなどを攻略し、軍事・行政機構を整備したユースフは、ターイファ諸王からの来援要請を受けてイベリア半島に軍を進め、八六年にサグラハスの戦いでカスティーリャ＝レオン王アルフォンソ六世を撃破した。八八年、ユースフはターイファ諸王の内通により敗北したが、アル・アンダルスの法学者たちの支持と、アッバース朝カリフから認知されたマグレブとアル・アンダルスの支配権を根拠に、ターイファ諸王の廃位を決断する。アル・アンダルスのイスラーム民衆もムラービト朝の支配を歓迎し、一一〇二年までにセビーリャ、グラナダ、バレンシア王国が征服されて、サハラ砂漠からマグレブ、アル・アンダルスにいたる広大な帝国が樹立されたのであった。自生的統一権力を創出できなかったアル・アンダルスにとって、ムラービト朝への従属以外にレコンキスタ運動を阻止する手段は残されていなかったのである。十世紀以来進行していたアル・アンダルスとマグレブ地方の密接な政治的・経済的・社会的関係が、ムラービト朝による併合の歴史的背景となっていたことはいうまでもない。

ユースフのあとを継いだアリー・ブン・ユースフは、一一〇八年ウクレスの戦いでアルフォンソ六世を破り、上辺境区の要衝サラゴーサを占領した。だがサラゴーサは早くも一一一八年にアラゴン王アルフォンソ一世の攻撃を受け陥落した。マグレブ地方ではムワッヒド運動が台頭(八八ページ参照)し始め、アル・アンダルスでは「アンダルス人」との軋轢《あつれき》が表面化しつつあった。コーランとスンナ(ムハンマドの範例や慣行)を厳格に守り、強い聖戦意識に支えられたベルベル人は、キリスト教諸国やモサラベとの妥協をはかるターイファ諸王、神秘主義的傾向をもつアル・アンダルスのイスラーム民衆との亀裂を深めていた。臨時課税の徴収も、ムラービト朝への批判を強める要因となった。そのため一一四六年にムラービト朝のアミールが、ムワッヒド軍との戦いで没すると、アル・アンダルス各地で反乱が発生し、ムラービト朝の軛《くびき》を脱した。アル・アンダルスではグラナダ、マラガ、バレンシアなどの小王国がふたたび分立し、第二次ターイファ時代をむかえた。

ムワッヒド朝からナスル朝グラナダ王国へ

ムワッヒド運動を始めたのはベルベル人のイブン・トゥーマルトで、ムラービト運動を唯一神信仰というイスラームの本質から逸脱した異端と断じた。ムワッヒド運動は、「最高評議会」を頂点とする政治・軍事組織に支えられて拡大し、イブン・トゥーマルトのあとを継いだアブド・アルムーミン(在位一一三〇～六三)のもとで、一一四七年ムラービト朝を倒した。アッバース朝カリフを認めず、自らカリフを称したアブド・アルムーミンは、アル・アンダルスからの援助要請に応えてイベリア半島に上陸し、一一五〇年代までには第二次ターイファ諸王国の大部分を服属させ、アル・アンダルスとマグレブ地方を含む広大な帝国を再建した。十二世紀後半のカリフのユースフ一世は、バレンシア王国を征服してムワッヒド朝アル・アンダルスの最大版図を実現する一方、ヤークーブ・アルマンスールは一一九五年、アラルコスの戦いでカスティーリャ＝レオン王アルフォンソ八世を破った。だがムワッヒド朝も、長期的にアル・アンダルスを防衛することができなかった。アルフォンソ八世は、キリスト教諸王の軍事援助をえて、一二一二年ハエン近くのラス・ナバス・デ・トローサの戦いで、ムハンマド・アンナーシル麾下《きか》のマグレブ＝アル・アンダルス軍を敗退させたからである。この戦いは、イスラームとキリスト教諸国の軍事的関係を決定的に変化させ、軍事力を主要な権力基盤としたムワッヒド朝の支配を大きく動揺させた。

ムワッヒド朝でもベルベル人と「アンダルス人」の対立が再燃し、「アンダルス人」はムワッヒド朝の課税政策への批判を強めた。アル・アンダルスの知識人の多くがマーリク派に属したことから、ムワッヒド朝は彼らの支持をえることもできなかった。こうした状況下での軍事的敗北は、「アンダルス人」の不満を一気に噴出させ、アル・アンダルスとマグレブ地方で反ムワッヒド運動が激化した。一二二八年には両地方の関係が断たれ、アル・アンダルスに権力の空白状態が生まれた。それをついてアル・アンダルスでは、ムルシア王国、バレンシア王国、グラナダ王国などからなる第三次ターイファ諸王国がつくられる。しかしここでもターイファ諸王間の対立が繰り返され、ムルシア王国はグラナダ王国に併合される一方、バレンシア王国は三八年にアラゴン王によって再征服された。カスティーリャ王は三六年にコルドバ、四八年にセビーリャを攻略し、レコンキスタ運動は最終局面にはいった。十三世紀なかばのアル・アンダルスは、ムハンマド一世(在位一二三七～七三)の建てたナスル朝グラナダ王国を残すだけとなった。

グラナダに首都を定めた一二三七年以降、ムハンマド一世はカスティーリャ王に臣従し、セビーリャを攻囲するフェルナンド三世に軍事援助をおこなって、グラナダ領有を認知された。カスティーリャ王の封臣としてムハンマド一世は、前者への助言と援助、パーリア支払い義務をおい、要請があればコルテス(身分制議会)にも参加しなければならなかった。しかしつぎの王アルフォンソ十世が軍事上の要衝ジブラルタルの割譲を求めたことから、一二六三年北アフリカのマリーン朝と提携し、この軍の国内駐屯を認めた。翌年アンダルシーアとムルシアでムデハル(キリスト教徒支配下のイスラーム教徒)の反乱が勃発すると、ムハンマド一世はこれを支援し、対カスティーリャ関係は急激に悪化した。だがマリーン朝との関係もけっして単純な同盟関係ではなく、両国の政治・軍事情勢に応じてさまざまに変化した。グラナダ王国は、カスティーリャ王国とマリーン朝との微妙な政治的バランスのうえに成立していたのである。

アル・アンダルスの社会と文化

ムラービト朝、ムワッヒド朝によるアル・アンダルスとマグレブ地方の政治的統合は、アル・アンダルスの地中海貿易やアフリカ内陸部との貿易を活性化させ、経済発展をうながした。十一～十二世紀にアル・アンダルスの中心都市セビーリャは約八万人、トレードとグラナダはそれぞれ約四万人と約二万五〇〇〇人、バレンシアは約一万五〇〇〇人の人口を擁した。

モサラベ(イスラーム支配下のキリスト教徒)やユダヤ人など多様な宗教と民族をうちに含んだアル・アンダルス社会は、強烈な聖戦意識をもつムラービト朝、ムワッヒド朝のもとで大きく変容した。民族的多様性は持続したものの、モサラベとユダヤ人はイスラームに改宗するか、もしくはキリスト教諸国やマグレブ地方への移住を強制された。中世最大のユダヤ人哲学者マイモニデスもムワッヒド朝下で表面的改宗を強いられたのであり、異教徒との共存の時代は終焉した。その結果アル・アンダルスのイスラーム教徒人口は、十二世紀に約九〇%に達し、十三世紀なかばにはほぼすべての住民がイスラーム教徒となった。

第一次ターイファ時代に、コルドバの知識人は各地の主要都市に分散し、ターイファ諸王の保護を受けた。ムラービト朝、ムワッヒド朝君主も知的活動を保護したことから、十一～十三世紀のアル・アンダルスでは、人文、社会、自然科学など多様な領域で知的営為が積み重ねられた。イブン・ハズムはイスラーム恋愛論の白眉ともいうべき『鳩の首飾り』を著わしているし、イブン・クズマーンの叙情詩はトゥルバドール（南フランスの吟遊詩人）文学との関連が指摘されている。歴史学ではイブン・ハイヤーン、地理学ではアル・イドリーシーや、十二世紀末にメッカ巡礼を実践したイブン・ジュバイルらを輩出した。哲学・神学の領域にあっては、ムラービト朝の大臣をつとめたイブン・バーッジャ、ムワッヒド朝の宮廷医で信仰と理性の調和を説いたイブン・トゥファイルとイブン・ルシュド（アヴェロエス）が有名である。とくにイブン・ルシュドのアリストテレス注釈は、中世スコラ哲学に大きな影響を与えたことでも知られる。自然科学にかんしては、「ケプラー以前のヨーロッパ最初の天文学者」アッ・ザルカーリー、古代ローマの医学者ガレーノスの医学を治療法の基礎にすえたアブー・マルワーンなどがいる。

マイモニデス（上）**とイブン・ルシュド**（下）　マイモニデスはコルドバに生まれた中世最大のユダヤ人哲学者。イスラーム哲学の代表者イブン・ルシュドもコルドバの出身。

2　カスティーリャ王国の成立と発展

カスティーリャ＝レオン王国

一〇三一年の後ウマイヤ朝の崩壊とアル・アンダルスの政治的分裂は、キリスト教諸国の軍事的優位を決定的なものとし、レコンキスタ運動は飛躍的進展をみせた。ムラービト朝、ムワッヒド朝の侵攻により一時的に停滞もしくは後退することはあっても、レコンキスタ運動は着実に伸展し、十三世紀初頭にはアンダルシーア北部に達した。それにともない、ユダヤ人やムデハルといった宗教的マイノリティーも増加したが、ユダヤ人の増加は、主としてムラービト朝、ムワッヒド朝の迫害によるものであった。十一～十三世紀のカスティーリャ＝レオン王国では、ブルゴス、トレード、コルドバ、セビーリャなどに大規模なアルハマ(ユダヤ人共同体)が組織され、信仰の自由と自治権を保証された。宗教的マイノリティーの増加は、差別と緊張をはらんだ「相対的共存」と異文化接触を一層活発なものとした。

十一世紀後半以降、出生率の上昇やフランス人をはじめとする外国人移民の定着により、キリスト教諸国の人口は大幅に増大した。農業技術の改良はほとんどみられなかったが、イスラームとの境界域の再植民運動と北部スペインにおける開墾の進展が、耕地面積の拡大に寄与した。それに支えられて農業生産力も伸長し、王権や領主の開発政策、アル・アンダルスからのパーリア(軍事貢納金)収入の増加、西ヨーロッパとの人的・物的な関係強化とあいまって、商品・貨幣経済と都市の発展をうながしたのである。再植民運動では入植者の軍事的貢献に応じて、再征服された都市内外の土地と家屋が分与されたため、境界域には一時期多数の小土地所有者が創出された。騎士としての装備を自給できた小土地所有者上層は、商業活動などにより大きな経済力を獲得し、都市内外に土地を集積した有力商人とともに、民衆騎士へと社会的上昇をとげた。これらの民衆騎士がとくに広範に生まれたのは、カスティーリャ中部メセータ(中央台地)の広大な属域をもった諸都市であった。都市民兵として軍事力の中核を構成した彼らは、都市裁判権にかかわるアルカルデやフエスといった都市官職を独占し都市寡頭支配層を構成した。その一方で有力貴族や教会・修道院、宗教騎士団による大所領も、着実に成長していた。北部スペインにおいては封建制が一層浸透し、農民の土地緊縛も強化されつつあった。サンティアゴ・デ・コンポステーラはローマやイェルサレムと並ぶ中世ヨーロッパの三大聖地の一つとされ、ヨーロッパ全域から多数の巡礼者を集めた。サンティアゴ巡礼の拡大を背景に、ブルゴス、レオン、サンティアゴ・デ・コンポステーラなどの巡礼路都市の発展も著しく、この時期のカスティーリャ経済の主軸となった。サンティアゴ巡礼路諸都市では巡礼者向けの商業・手工業が発達し、週市や年市が開催されたばかりか、多数のフランス人が定着した。しかしこれらは教会・修道院の支配下におかれた都市が多く、そのため十二〜十三世紀のサアグンやサンティアゴ・デ・コンポステーラで自治権を求める激しいコミューン運動が発生した。

十一世紀後半〜十三世紀のキリスト教諸国では、ナバーラ王国の優位がくずれ、あらたな政治地図がつくられ始めた。これを主として担ったのが、カスティーリャ＝レオン王国とアラゴン王国(一一三七年以降アラゴン連合王国と呼ばれる)、ポルトガル王国であった。フェルナンド一世を初代国王とするカスティーリャ＝レオン王国は、ナバーラ王国やアラゴン王国と争いながら版図を拡大し、アルフォンソ六世(在位一〇六五〜一一〇九)時代の一〇八五年に、かつての西ゴート王国の首都トレードを奪還した。ここにカスティーリャ＝レオン王国の境界域は、タホ川流域まで南下することになった。アルフォンソ六世は教皇グレゴリウス七世より「皇帝」の称号を許され、キリスト教諸国への宗主権を主張したのみならず、多くのターイファ諸王国を保護国としパーリアを徴収した。しかし一〇八六年サグラハスの戦いでムラービト軍に敗れ、戦局は一変する。危機に対処するために、国外に追放したエル・シッドを呼び寄せ、フランス騎士やアラゴン王の来援を求めて軍事力の再建をはかった。二人の王女ウラーカとテレーサをブルゴーニュ出身の有力貴族ライムンド・デ・ボルゴーニャ(レイモン・ド・ブルゴーニュ)、エンリケ・デ・ボルゴーニャ(アンリ・ド・ブルゴーニュ)と結婚させ、ライムンド没後はウラーカをアラゴン王アルフォンソ一世と再婚させたのも、こうした事情による。アルフォンソ六世にかわりムラービト軍の北上を実質的に阻止したのは、ブルゴス近郊の下級貴族の出身とされるエル・シッドであった。同王にうとまれてカスティーリャを追放されたエル・シッドは、ターイファ諸王の一人サラゴーサ王などに仕えたあとバレンシアを領有した。有力貴族へと社会的上昇をとげたエル・シッドは、バルセローナ伯やアラゴン王と提携し、一〇九九年までバレンシアをムラービト軍の攻撃から守りぬいたのである。十二世紀初頭の成立とされる中世スペイン最大の叙事詩『わがシッドの歌』は、この武勲をうたいあげたものである。

サグラハスやウクレスでムラービト軍に敗退を重ねたとはいえ、アルフォンソ六世は王権強化策の一環としてサンティアゴ巡礼の振興と巡礼路都市の開発、教会改革やローマ典礼の導入を積極的に推進し、西ヨーロッパへの開放を決定的なものとした。ローマ教皇庁との関係強化や十字軍思想の流入は、その当然の帰結であり、レコンキスタ運動は十字軍としての性格を強めた。

「皇帝」権は、キリスト教徒、ユダヤ人、イスラーム教徒の支配とカスティーリャ＝レオン王国の政治的優位、神から委ねられたレコンキスタ運動の主導権を根拠としていた。ウラーカとライムンド・デ・ボルゴーニャのあいだに生まれたアルフォンソ七世(在位一一二六〜五七)は、教会改革を支持する初代サンティアゴ大司教ディエゴ・ヘルミレスに支えられて即位し、同様に「皇帝」を称した。近隣諸国との抗争を繰り返しながら、バルセローナ伯やアラゴン王、ナバーラ王、ポルトガル王への宗主権を行使したが、アルフォンソ七世の「皇帝」権は、ポルトガル王国の政治的自立性の強化、アラゴン連合王国の成立、ムワッヒド軍の攻勢の前に一一五〇年代には実効性を失った。

アルフォンソ七世ののち、カスティーリャ＝レオン王国は、カスティーリャ王国とレオン王国に再分裂する。政治的分裂を補完したのが、十二世紀後半にシトー会とアウグスティヌス会の会則に基づいて創建されたカラトラーバ、アルカンタラ、サンティアゴの三大宗教騎士団である。これらは都市民兵とともに、ムワッヒド朝の攻撃からメセータ(中央台地)南部、エストレマドゥーラ、ラ・マンチャ地方を防衛するうえで重要な役割をはたした。

カスティーリャ王アルフォンソ八世の侵攻と貴族の反乱に直面したレオン王アルフォンソ九世(在位一一八八〜一二三〇)は、一一八八年、臨時課税の徴収などを目的に「各都市から選出された」都市代表(市民)を、聖俗の有力貴族から構成される封建会議に招集した。臨時課税の代償として、王権は都市代表に貨幣の品位維持と慣習法の遵守を約束し、ヨーロッパ最初といわれるレオンのコルテス（身分制議会）が成立した。カスティーリャ王アルフォンソ八世（在位一一五八～一二一四）も、ほぼ同時期にコルテスを開催した可能性が高い。イングランド王ヘンリー二世の娘レオノールを王妃としたアルフォンソ八世は、カスティーリャとアキテーヌ地方を結ぶアラバ、ビスカーヤ、ギプスコア地方をナバーラ王国から奪い、一時はガスコーニュ地方の大半も支配した。その一方で一一七九年アラゴン王アルフォンソ二世とカソルラ条約を締結し、未征服のバレンシア地方をアラゴンの勢力範囲、ムルシア地方をカスティーリャの勢力範囲と定めた。一一九五年のアラルコスの戦いでムワッヒド軍の前に敗退したアルフォンソ八世は、一二一二年、ローマ教皇インノケンティウス三世、アラゴン、ナバーラ、ポルトガル軍の支援を受け、ハエン北部のラス・ナバス・デ・トローサの戦いでムワッヒド軍を破った。この戦いは、レコンキスタ運動の帰趨を決した戦闘であり、ここにアル・アンダルスの中枢であるアンダルシーア地方再征服の道が切り開かれたのである。こうした前提のうえに一二三〇年カスティーリャ王国とレオン王国が、フェルナンド三世（在位一二一七～五二）により再統合されてカスティーリャ王国が成立した。以後この二つの王国が分離することはなく、一般にスペイン史では一二三〇年をもってカスティーリャ王国の成立とする。

ポルトガル王国の成立

第一次ターイファ時代の一〇六四年にフェルナンド一世は、イスラーム軍に奪還されたコインブラを攻略し、再征服運動はモンデーゴ川流域まで達した。十一世紀末にはアルフォンソ六世の女婿でテレーサの夫エンリケ・デ・ボルゴーニャが、ガリシア＝ポルトガル伯に任命され、イベリア半島北西部をムラービト朝から防衛した。エンリケはローマ教皇庁と密接な関係を維持しつつ、再植民運動と教会改革を進め、民衆騎士を中心とする都市の自治権強化にもつとめた。こうしたなかで、ドゥエロ(ドウロ)川以南にはより広範な自治権をもつ都市共同体が組織され、領主制の支配的なガリシア地域との地域間格差が鮮明となっていく。この地域間格差は、エンリケのもとでのポルトゥカーレ、コインブラ両伯領の政治的統合、一一〇〇年のブラガ教会の大司教座教会昇格とともに、ポルトガル独立へ向けての大前提となった。エンリケが没すると、テレーサはガリシア地方の有力貴族トラバ伯と結んで、ガリシア、ポルトガルの分離独立を画策し、トラバ伯に境界域の軍事指揮権を委ねた。ガリシア有力貴族の支配をきらうドゥエロ川以南の貴族はテレーサから離反し、エンリケとテレーサのあいだに生まれたアフォンソ・エンリケスのもとに結集した。一一二八年アフォンソは、テレーサとトラバ伯をサン・マメーデの戦いで破り、ポルトガル王国樹立へ向けての第一歩を踏み出した。同時にコインブラに首都を移転し、ポルトゥカーレ伯領とコインブラ伯領を統合して、ポルトガル北部の封建的貴族

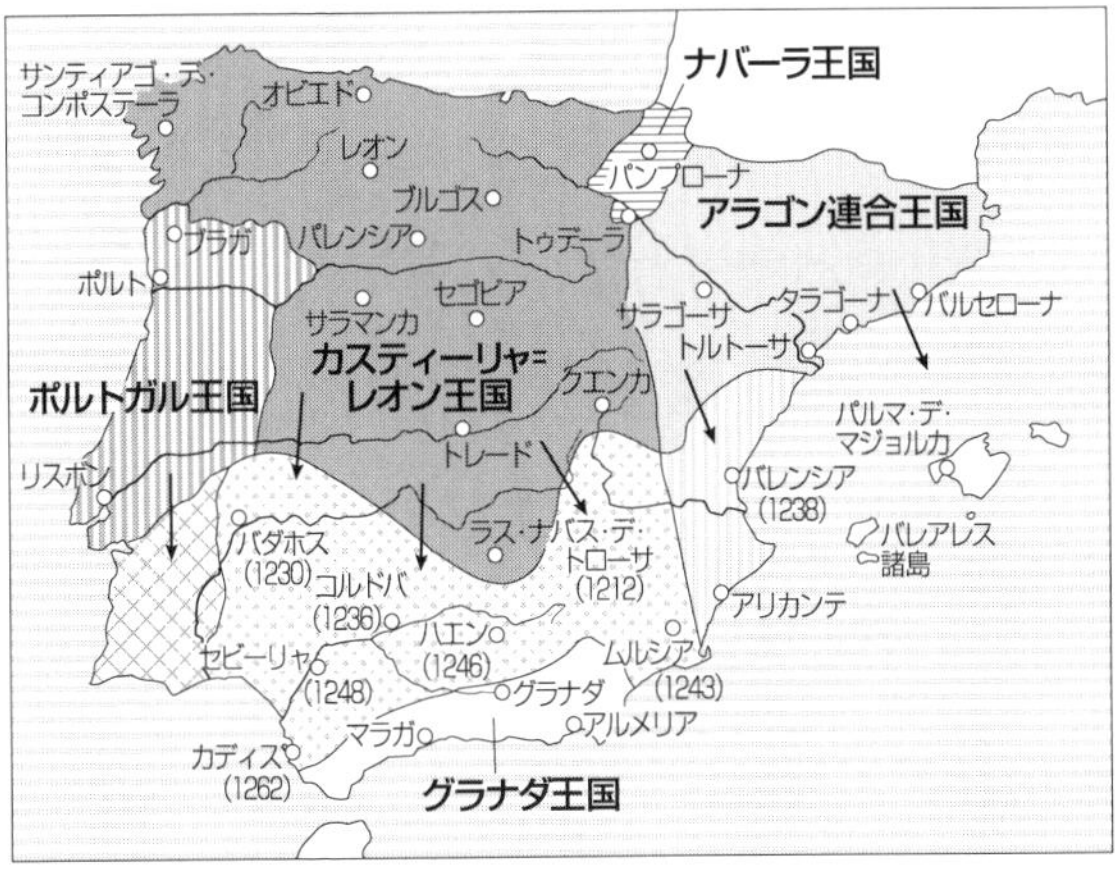

13世紀のレコンキスタ運動とイベリア半島

と中部都市の民衆騎士に支えられた王国を築こうとした。アフォンソの権力基盤の強化は、「皇帝」アルフォンソ七世との対立を引き起こしたが、一一三七年アフォンソはトゥイ条約を結んで、アルフォンソ七世への臣従を条件に、ポルトガル北部国境を確定させた。ついでアフォンソは、オーリケの戦いでイスラーム軍を破り南部境界域を拡大するとともに、ガリシアに侵攻しアルフォンソ七世に王号承認を迫った。一一四三年のサモーラ条約でアフォンソの臣従を条件として王号が認められ、ここにポルトガル王国が成立した。

初代ポルトガル王アフォンソ一世(在位一一四三〜八五)は、サヴォイア伯家やフランドル伯家などと婚姻関係を結び、またローマ教皇の封臣となって王権を一層安定させた。それと並行して再征服運動を進め、一一四七年サンタレンとアル・アンダルス西部の中心都市リスボンを攻略した。アフォンソ一世は、パレスティナへの途上ポルトに寄港したイングランド人、フランドル人、ドイツ人などの十字軍兵士の軍事援助を要請し、テージョ(タホ)川河口の要衝リスボンを再征服したのであった。この都市をムワッヒド軍から防衛するうえで大きな役割をはたしたのが、カラトラバ騎士団規約に基づいて創設されたエヴォーラ騎士団であった。こうしたレコンキスタ運動の実績と王権の安定を踏まえて、一一七九年ローマ教皇庁も、ついにポルトガル王権の承認に踏み切るのである。

カスティーリャ王国と「大レコンキスタ」

ラス・ナバス・デ・トローサの勝利後、カスティーリャ王フェルナンド三世によりアル・アンダルスの中枢であるアンダルシーア諸都市への大規模なレコンキスタ運動が展開された。「大レコンキスタ」が、これである。フェルナンド三世は、内紛に揺れる第三次ターイファ諸王国への攻勢を強め、一二三六年にコルドバ、四三年にムルシア、四六年にハエンを攻略し、グラナダ王ムハンマド一世を臣従させた。そして四八年には、サンティアゴ、カラトラバ両騎士団とグラナダ王などの軍事援助をえ、またブルゴスの有力市民ラモン・ボニファスの率いるカンタブリア艦隊も動員して、セビーリャを陥落させた。こうしてアル・アンダルスの主要都市が陥落し、再征服運動は最終局面にはいった。コルドバとセビーリャは国王都市とされ、広大な属域とトレードの都市法が付与されたし、四四年にはアラゴン王ハイメ一世とアルミスラ条約を結び、アラゴン王国との東部国境も確定させた。

アルフォンソ十世(在位一二五二〜八四)の再征服運動は、カディスなど小規模なものにとどまったが、同王のもとでローマ法の本格的継受や法的・政治的統合が推進され、以後のカスティーリャ史に大きな影響を与えた。これまでのカスティーリャ王国は、複数の王国のゆるい連合による複合国家で、法制度も多様であった。そこでアルフォンソ十世は、ローマ法に基づく『七部法典』や『フエロ・レアル』を編纂させ、カスティーリャ王国の法的・政治的統合をめざした。国王行政機構の整備やコルテスの定期的開催、貴族や廷臣への奢侈《しゃし》禁止令、宮廷儀礼の整備など、ローマ法理念に支えられた王権強化策がつぎつぎと打ち出された。それればかりではない。伝統的「皇帝」理念を強く意識していたアルフォンソ十世は、母后がホーエンシュタウフェン家の出身であることを根拠に、大空位時代の神聖ローマ皇帝位を要求したのであった。だがその改革運動は特権擁護をめざす貴族や都市の強い反発を招き、一二八四年同王は失意のうちに没した。

十二世紀末〜十三世紀のカスティーリャ王国ではセゴビア、トレード、クエンカ、コルドバを中心に毛織物工業が発達し、バスク、カンタブリア両地方でも、王権の主導下にサンタンデールなどの都市で、造船業や鉱山開発が軌道に乗り始めた。アルフォンソ十世は、地方ごとのメスタ（移動牧畜業者組合）の全国メスタへの「再編」、貨幣・度量衡の統一、物価・賃金統制など一連の経済政策を実施し、カスティーリャ王国の経済発展をうながした。なかでも王権の保護下に組織された全国メスタは、中世末期の西ヨーロッパとの羊毛貿易を考えるうえで重要な意味をもつ。セビーリャなどの再植民運動が本格化するのも、アルフォンソ十世の時代であった。再植民に際しては、国王委員会が入植者の軍事的・社会的地位に応じて、これらに都市内外の家屋と土地を分与した。宗教騎士団や教会、有力貴族、王族による大所領が一部に形成されたにしても、入植者の多くはカスティーリャ王国の北部や中部出身の民衆であり、再征服直後のアンダルシーア地方には多数の小土地所有が形成された。しかし再植民運動の進展にともない、当初農村部を中心に寛大な条件で残留を許されたムデハル（キリスト教徒支配下のイスラーム教徒）との軋轢《あつれき》が高まった。一二六四年アンダルシーアとムルシア地方のムデハルは、アルフォンソ十世との対立を深めていたグラナダ王に支援されて、反乱を起こした。この反乱はハイメ一世の軍事援助により鎮圧されたものの、優れた灌漑農業技術をもつ多数のムデハルが追放され、アンダルシーア地方の社会・経済再建に打撃を与えた。ムデハル反乱とイスラーム軍の侵攻などを契機とした再植民運動の停滞は、中世末期の大土地所有形成の遠因となっていく。

一三二五年に親政を開始したアルフォンソ十一世(在位一三一二〜五〇)は、サラードの戦いでマリーン朝とグラナダ軍を破り、四四年にはアルヘシーラスを攻略して、ジブラルタル海峡を解放した。同時にレヒドール制の導入や『七部法典』の実定法化を断行し、王権による都市支配とカスティーリャ王国の法的・政治的統合をはかった。レヒドールは、都市寡頭支配層のなかから国王が任命した上級都市官職保有者であり、寡頭支配層による都市支配の追認と王権の都市支配の強化を意味した。一三四八年のアルカラ条例により、ローマ法を法源とする『七部法典』も、都市法に優越する王国統一法として実効性をもつこととなった。十四世紀前半はカスティーリャ文学においても注目すべき時代であり、『よき愛の書』を著わしたイタの大司祭フアン・ルイス、『ルカノール伯爵』の作者ドン・フアン・マヌエルなどを輩出した。

「トレードの翻訳グループ」とアルフォンソ十世

十二世紀のトレードは、大司教ライムンドとその後継大司教の保護下に古典文化とイスラーム学術研究の中心都市となり、内外の多数の知識人を引きつけた。「トレードの翻訳グループ」は、ユダヤ人やコンベルソ(ユダヤ教からキリスト教への改宗者)、モサラベの協力をえて、古典文化やイスラーム諸学の翻訳を手がけ、「十二世紀ルネサンス」にも影響を与えた。翻訳対象は哲学、神学から自然科学まで多岐にわたったが、大司教ライムンド時代にとくに重視されたのは、神学と哲学であった。ドミンゴ・グンディサルボはイブン・シーナーやアル・ガザーリーの哲学書を訳出し、クレモナのジェラルドはイブン・シーナー、エウクレイデス、アリストテレスなど多数の翻訳を手がけている。サレシェルのアルフレッドはイブン・

シーナーとアリストテレスの著作を訳出する一方、十三世紀後半を代表する知識人のドイツ人ヘルマンは、アリストテレスやアヴェロエス(イブン・ルシュド)の哲学書を翻訳した。

翻訳活動は多くの場合、ユダヤ人やモサラベ協力者がアラビア語文献を「肉声」でカスティーリャ語訳することから始まった。協力者と翻訳者が共通言語であるカスティーリャ語で意思の疎通をはかりつつ、翻訳者がそれをラテン語に書き写したのである。アルフォンソ十世時代にはいると自然科学に重心が移動し、翻訳者の大部分がカスティーリャ人となったのみならず、翻訳書が俗語のカスティーリャ語で表記され、トレードの翻訳活動の国際性が失われた。翻訳活動のあり方に時代差が認められるとはいえ、これらを通じて西ヨーロッパ世界にアリストテレス哲学や新プラトン主義、イスラーム世界の知的伝統が紹介され、西ヨーロッパ世界の知的復興に大きく貢献したのである。

アルフォンソ十世は、ユダヤ人を含む内外の多くの学者や詩人をセビーリャに集め、法学、歴史学、文学、自然科学にかんする広範な翻訳・編纂事業をおこなわせた。十三世紀後半、セビーリャはトレードと並ぶ学術研究の中心地となったのである。最大の法学書は、ヴェネツィア人ヤコボなどに編纂させたカスティーリャ語の『七部法典』であり、刑法、民法、商法、教会法など七部から構成された。歴史書としてはカスティーリャ語による『スペイン史』などがあるが、同王の皇帝選挙を反映して、同書はローマ史に異常なまでの関心をよせている。文学作品としては、聖母マリアの奇跡を集めた四〇〇編以上の詩からなる『聖母マリア賛歌集』が有名である。それはガリシア語で書かれた華麗な図説書で、一部は聖母マリアを崇敬するアルフォンソ十世自身、大部分はガリシアの詩人アイラス・ヌネスの作といわれる。自然科学の分野では、ユダヤ人の協力をえてイスラーム天文学書のカスティーリャ語訳がおこなわれた。『天文学の知識の書』や『完全なる星辰予言の書』は、それを代表するものである。またユダヤ人に天体観測機器を使った天体観測をトレードで実施させ、それに基づきアッ・ザルカーリーの観測結果を修正し、『アルフォンソ天文表』を作成させた。天文学の振興は、天文学の知識を日常生活に応用しようとの意図によるものであった。

カスティーリャ王国ではすでに十三世紀初頭にカスティーリャ北部の都市にパレンシア大学が創設され、サラマンカ大学の基礎も築かれていた。そのうえでアルフォンソ十世は一二五四年にサラマンカ大学に特権を付与し、都市当局に教師と学生の特権尊重を命じた。同大学にはローマ法、教会法、医学、文法、論理学、音楽などの教師が配置されたが、とくに重視されたのは法学教師であった。アルフォンソ十世は文学、法学、歴史学、自然科学研究にラテン語ではなく俗語、とりわけカスティーリャ語を採用した。学術用語としてのカスティーリャ語の利用は、カスティーリャ人の知的能力や教育水準の向上、複合国家の政治・社会統合を目的としたものであったが、それは王権の優位を主張したローマ法理念、「王を頭、臣民を体《からだ》」とする社会有機体論とも密接にかかわっていた。

『聖母マリア賛歌集』　聖母マリアの奇跡を集めたガリシア語の図説詩集。一部はアルフォンソ10世自身の作といわれる。

3　アラゴン連合王国の台頭

アラゴン王国とバルセローナ伯領

アラゴン王国の初代国王となったのは、ナバーラ王サンチョ三世の庶子ラミーロ一世(在位一〇三五〜六三)であった。彼はクリュニー会やローマ教皇庁の保護を受けて勢力を拡大し、ナバーラ王を破り、ソブラルベ、リバゴルサ両地方を併合した。一〇六〇年代にはサラゴーサ王国へのレコンキスタ運動を本格化するが、サラゴーサ王を支援するカスティーリャ軍のためグラウスの戦いで敗退した。ラミーロ一世のあとを継いだサンチョ・ラミレスは、アキテーヌ公などとともにローマ教皇アレクサンドル二世の提唱したバルバストロ十字軍(第一回十字軍の前哨戦として知られる)に参加した。アラゴン王国をローマ教皇庁の直属としたうえで、サンチョ・ラミレスはカスティーリャ＝レオン王アルフォンソ六世と結んで一〇七六年ナバーラに侵攻し、アルフォンソ六世の宗主権承認などを条件に、ナバーラ王国の併合に成功する。

アルフォンソ一世(在位一一〇四〜三四)は、母方を通じてフランス貴族、ローマ教皇庁と緊密な関係を維持したサンチョ・ラミレスの次子で、エル・シッドとの共同軍事行動の経験も有した。同王にとって最大の課題は、一一一〇年にムラービト朝の支配下におかれたサラゴーサの占領と境界域のエブロ川以南への拡大であった。そこで同王はカスティーリャ＝レオン女王ウラーカと結婚し、カスティーリャ＝レオン、アラゴン、ナバーラの政治的統合のうえにサラゴーサ攻略を企図した。しかしウラーカやサンティアゴ大司教、アルフォンソ・ライムンデス(のちのアルフォンソ七世)との亀裂を深め、ウラーカとの結婚を近親婚を理由に解消せざるをえなかった。サアグンやサンティアゴ・デ・コンポステーラのコミューン運動も、こうした動向と深くかかわっていた。

ウラーカとの結婚解消後アルフォンソ一世は、封臣でもあった多数の南フランス貴族を動員してサラゴーサ攻略に乗り出し、一一一八年ついにこれを陥落させた。攻略に大きな役割をはたしたのは、第一回十字軍に参加した国王側近のベアルン副伯がもたらした攻城機であった。サラゴーサはあらたな首都となり、アラゴン王国の境界域はエブロ川をこえカラタユー、ソリア、メディナセーリに達した。その防衛のため同王は、多数の南フランス人を入植させる一方、ベルチーテ騎士団やモンレアル騎士団を創設した。また、ムラービト朝の迫害に苦しむアンダルシーア地方のモサラベを救済し、バレンシア近郊に多くの軍事拠点を確保してムラービト朝下のバレンシアへの圧力も強めた。エル・シッドの旧領バレンシアは、アルフォンソ一世にとって特別の意味をもっていた。地中海経由でイェルサレムにいたり、その地の十字軍に参加するという積年の夢を実現するうえで、橋頭堡としての位置を占めていたからである。しかしアラゴン王国の急速な膨張は、隣接するカスティーリャ＝レオン王国、バルセローナ伯領を刺激し、トゥールーズ伯をはじめとする反アラゴン派南フランス諸侯は、これら両国と結びアラゴン王国を南北から挟撃する姿勢をみせた。一一三二年同王は、バレンシアとならぶイェルサレムへの前進基地を確保すべく、エブロ川下流のフラガ遠征を開始した。しかし、フラガ進出をめぐりバルセローナ伯との対立が深まるなかでムラービト軍との戦いに敗れ、テンプル騎士団などにアラゴン王国を遺贈するとの遺言状を残して没した。

アルフォンソ一世の遺言状を無視してアラゴン貴族は、王弟のラミーロ二世を国王に推戴したが、ナバーラ貴族はこれを認めずアラゴンとナバーラの同君連合国家は解体した。ラミーロ二世は、アルフォンソ七世の宗主権を認知しつつアラゴン王国を守り、トゥールーズ伯家に連なる王妃とのあいだにペトロニーラをもうけた。一一三七年には生後一年ほどのペトロニーラをバルセローナ伯ラモン・ベレンゲール四世と結婚させて退位し、アラゴン王国をバルセローナ伯に委ねた。ここにアラゴン連合王国が成立した。

カタルーニャ地方では十世紀末以降、バルセローナ伯領を中心に政治的統合が進行していたが、一〇三五年ラモン・ベレンゲール一世(在位一〇三五～七六)が即位して、バルセローナ伯の優位が確定する。一〇二〇～六〇年代は封建制社会への転換期、いわゆる「封建革命」の時代にあたり、自由農民の没落と伯権力の弱体化、領主裁判権の強化が生じた。しかしラモン・ベレンゲール一世は、都市と教会の支持を受けて副伯などの領主権力をおさえこみ、カタルーニャ封建国家を構築した。国王の称号こそ用いなかったものの、バルセローナ伯は造幣権や築城権を独占し、『バルセローナ慣習法』の制定にも関与したといわれ、平和維持と封建制社会確立のための法制度整備に着手したのであった。バルセローナ伯領内のすべての有力貴族が伯に従属し、伯の封臣として城塞を保有したばかりか、ウルヘル、ベサルー、セルダーニュ(サルダーニャ)、アンプリアス、ルシヨン(ルサリョ)伯もバルセローナ伯に臣従した。同時にレリダ、サラゴーサ、トルトーサ王からパーリアを徴収し、この収入を使って歴史的にも経済的にも密接な関係にあるラングドック地方への勢力拡大をはかった。一〇七〇年代にはバルセローナ伯家の支配は、トゥールーズ伯領にまでおよび、トゥールーズ伯との対立をはらみながら、ピレネー山脈の南北にまたがる封建国家が樹立されたのである。

ラモン・ベレンゲール三世(在位一〇九六〜一一三一)によるパーリア徴収は、ムラービト軍の攻勢に直面して困難となったが、彼のもとでベサルー、セルダーニュ両伯領が併合され、カタルーニャの政治的統合が一層進んだ。ラモン・ベレンゲール三世は婚姻政策によりプロヴァンス伯領も領有し、エブロ川からローヌ川にいたる地中海岸全域を直接ないし間接支配した。一一二九年にはカタルーニャ独立のシンボルであったタラゴーナ大司教座を再建し、タラゴーナの再植民運動も実現している。同伯没後、長子のラモン・ベレンゲール四世(在位一一三一〜六二)がカタルーニャ諸伯領とカルカソンヌ伯領を、次子のベレンゲール・ラモンがプロヴァンス伯領などを相続した。一一三七年、ラモン・ベレンゲール四世は、先に述べたように王位継承権をもつアラゴン王女ペトロニーラと結婚した。これは言語や法制度を異にする複数の国家からなる同君連合国家、アラゴン連合王国の樹立を意味した。カタルーニャとアラゴンの合同は、レリダやエブロ川下流域へのカスティーリャ＝レオン王国の脅威を排除するとともに、アラゴンの独立、バレンシア再征服の可能性を保証するものでもあった。

アラゴン連合王国の発展

ラモン・ベレンゲール四世は軍事上の要衝トルトーサ、レリダを攻略し、バルセローナ伯の直轄としたうえで、新カタルーニャを構成する両地域への再植民運動を推進した。再征服・再植民運動の進展は、ラモン・ベレンゲール四世の対外的地位を強化し、一一五一年にはカスティーリャ＝レオン王アルフォンソ七世への名目的臣従を条件に、バレンシアとムルシアへの再征服権が認められた。南フランスの有力貴族の支持と神聖ローマ皇帝フリードリヒ一世との外交交渉により、プロヴァンス伯領を保護下におき、またアキテーヌ公でもあったイングランド王ヘンリー二世と同盟して、南フランスへの勢力扶植にもつとめた。内政面では伯のもつ軍事・裁判権、平和維持権を強調した『バルセローナ慣習法』を梃《てこ》にアラゴン連合王国の法的統合を強化し、統一的財政制度の構築も模索した。

南フランス政策をめぐりトゥールーズ伯やフランス王権との対立を深めたアルフォンソ二世(ラモン・ベレンゲール四世の息子、在位一一六二〜九六)は、一一七九年のカソルラ条約でムルシアの再征服権をカスティーリャに譲渡した。伝統的なアラゴン＝イングランド同盟にカスティーリャを組み込んで、南フランスの「覇権」を維持し、あわせてトゥールーズ伯と結んだカペー家の脅威からカタルーニャを防衛しようとしたのである。アルフォンソ二世のもとでアラゴン王権は、サルデーニャやバレアレス諸島への進出も開始した。次王ペドロ二世(在位一一九六〜一二一三)は、カスティーリャ王アルフォンソ八世を支援してラス・ナバス・デ・トローサの戦いに参加する一方、南フランス政策を転換させトゥールーズ伯との提携に踏み切った。その転機となったのは、十三世紀初頭のアルビジョワ十字軍であった。アルビジョワ(カタリ)派は、キリストの神性や旧約聖書の一部を否定した南フランスの異端運動であり、ローマ教皇インノケンティウス三世はその根絶を目的に、北フランスの貴族を中心とした十字軍を組織させ、カペー王権の南フランス領有を認めた。同十字軍は一二〇九年ベジエを焼き払い、カルカソンヌを占拠し、トゥールーズを包囲した。異端根絶のためのアルビジョワ十字軍は、カペー王権、北フランス貴族と南フランス貴族間の戦争へと変質し、アラゴン王の封臣でもあったフォア伯、トゥールーズ伯をはじめとする南フランス諸侯は、アラゴン王ペドロ二世への軍事援助を要請した。カペー王権の進出阻止を主目的に出陣したペドロ二世は、一二一三年に南フランスのミュレで戦死し、アラゴンの南フランス支配は事実上終焉した。

この敗北後アラゴン連合王国全域で、貴族と市民の反乱があいついだ。こうした危機的状況のなかで即位したのが、わずか五歳のハイメ(ジャウマ)一世(在位一二一三～七六)であった。危機を打開するため一二一四年レリダでコルテスが開催され、聖職者、貴族に加えて各都市から一〇名の都市代表が参加した。親政を開始したハイメ一世は、政治・行政・財政機構を再建しつつ、バレアレス諸島とバレンシアの再征服に全力を傾けた。南フランスを喪失したアラゴン連合王国にとって、地中海への進出とバレンシア再征服は最重要課題となっていたためである。同王はカタルーニャ軍を中心にマジョルカ再征服を進め、一二二九年にこれを攻略すると『バルセローナ慣習法』を導入し、バルセローナ人にマジョルカでの商業特権を付与した。マジョルカ再征服後は、コルテスに臨時課税を認めさせ、カタルーニャとアラゴン軍によるバレンシア再征服に着手し、三八年ついにバレンシアを陥落させたのであった。

十三世紀なかば以降ハイメ一世は、国王都市バルセローナの自治権強化につとめ、市参事会とその助言機関である「百人会議」を承認した。さらにアレクサンドリアやチュニスなどにカタルーニャ商人の居留地を開設させ、そこに市参事会で選出され商業裁判権をもつ領事《コンスル》を派遣した。しかし複合国家で地方特権が強いことから、カタルーニャのコルテスに加え、一二四七年にはアラゴンのコルテス開催もよぎなくされた。このアラゴンのコルテスはカタルーニャと異なり四院制で、聖職者、有力貴族、下級貴族、市民からなる独特の構成を保持した。対外的にはフランスのルイ九世とのコルベイユ条約により、南フランスへの要求を正式に放棄する一方、王太子ペドロをシチリアの王位継承権をもつコンスタンサ(コスタンツァ)と結婚させた。ルイ九世の王弟シャルル・ダンジューのシチリア領有を阻むとともに、神聖ローマ皇帝位とシチリア支配をうかがうカスティーリャ王アルフォンソ十世を牽制することに最大の狙いがあった。

ハイメ一世没後アラゴン連合王国は分割され、ペドロ三世(在位一二七六〜八五)がカタルーニャ、アラゴン、バレンシアを、王弟のハイメ二世がマジョルカなどを相続した。ペドロ三世は一二八二年にシチリアで勃発した反フランス暴動「シチリアの晩鐘」を機に、トラパニに上陸しシチリア王位を継承した。だがローマ教皇マルティヌス四世はこれを認めず、ペドロ三世を破門して、その所領を王の義兄弟にあたるカペー家の傍系シャルル・ド・ヴァロワに譲与したのであった。フランス軍はマジョルカ王ハイメ二世と結んでカタルーニャに侵攻したが、敗退しマジョルカも占領された。ペドロ三世はカタルーニャとアラゴンのコルテスの支持をとりつけ、バレンシアのコルテス開催も承認して、危機を巧みにきりぬけたのである。一二九六年以降アラゴン王家は、シチリアを傍系の手に確保し、十四世紀なかばにはマジョルカを直轄領とした。十三世紀末〜十四世紀初頭には国王顧問会議の創設や地方行政制度の整備、コルテスの定期的開催が実現し、コルテス閉会中に臨時課税の徴収・管理にあたるジェネラリタート(議会常設代表部、ディプタシオンともいう)も組織された。バルセローナでは、国王役人が市参事会への従属を強め、都市の自治権が一層強化され、バルセローナの都市法も成立した。実質的に市政を担ったのは、市参事会と「百人会議」(市参事会が主として選出した)であったが、いずれも遠隔地商業や金融業に従事し、都市内外に多くの土地

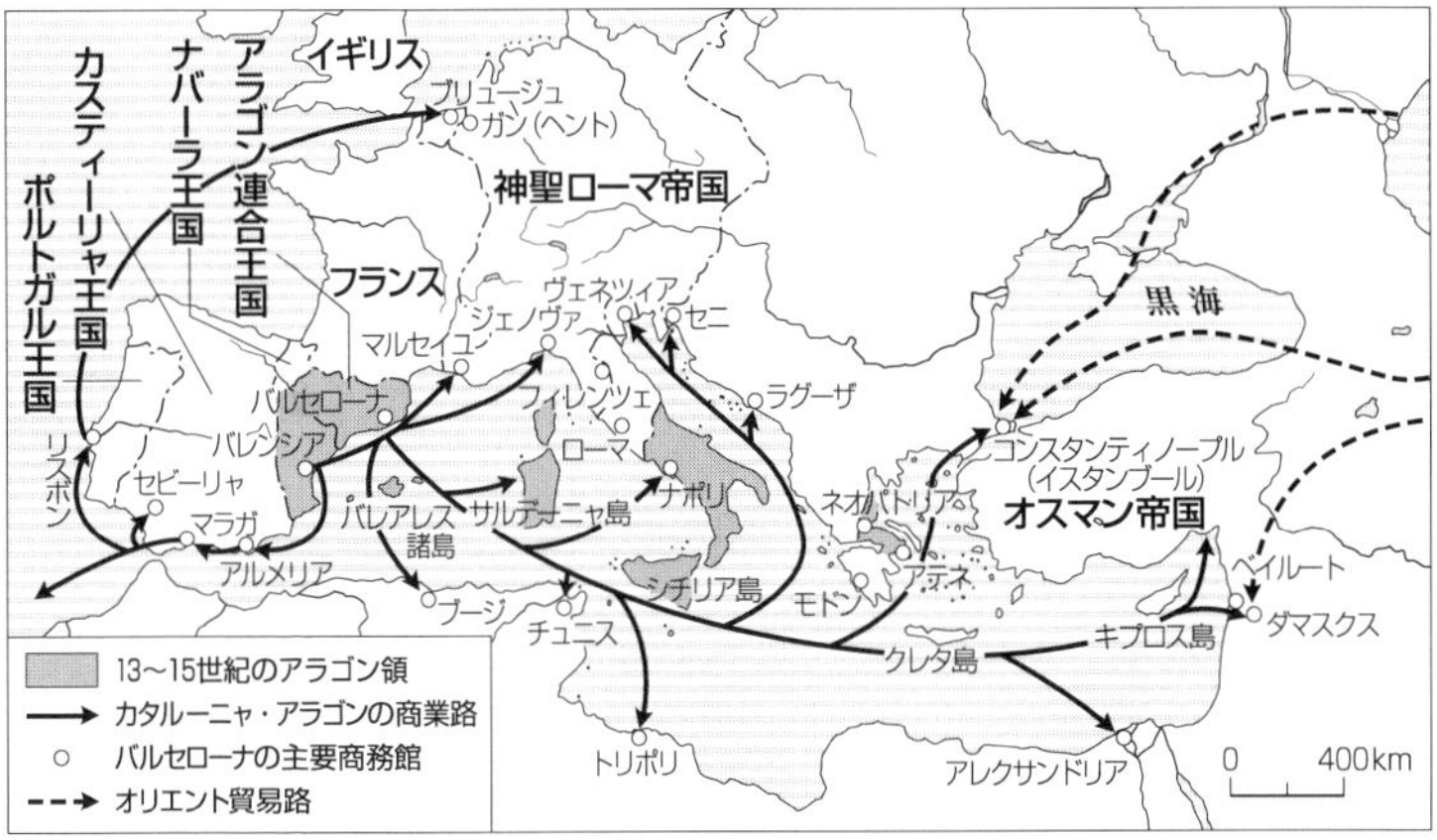

カタルーニャの地中海進出

を集積した「都市貴族」の寡頭政的支配のもとにおかれていた。

十二世紀なかばから十四世紀前半のアラゴン連合王国では、人口の増加や農業生産力の拡充、地中海商業の発展に支えられて都市的拡大がみられ、十四世紀なかばにバルセローナは人口約三万人、バレンシアは約二万五〇〇〇人の都市へと成長していた。バルセローナ、バレンシアなどの都市で金融業や遠隔地商業に加え、毛織物や綿織物工業、造船業が発達し、ギルドも組織された。シチリア経由の「香辛料の道」を介して、アレクサンドリアやコンスタンティノープルとの香辛料貿易が展開され、主要都市に商務館が設置されたばかりか、バルセローナやバレンシアにはコンスラード(商業裁判所)が開設された。カタルーニャ人傭兵のアルモガバレスはエーゲ海に進出し、アテネ公国などを簒奪《さんだつ》した。サルデーニャにも拠点が確保され、強力な艦隊を武器に「アラゴン海洋帝国」が構築された。十四世紀に頂点に達するその地中海貿易は、金融業の発展をうながし、イタリア商人を引受け人とした海上保険制度が導入された。個人銀行も多数設立され、十四世紀なかばにはバルセローナ都市当局が公債を発行して、資金調達に乗り出した。地中海貿易をめぐり、ジェノヴァとの軋轢《あつれき》も激化しつつあった。その一方でレコンキスタ運動の進展にともない、バレンシア地方を中心に多数のムデハル（多くの場合、信仰の自由や自治権を認められた）を抱え込み、また農民の土地緊縛が強化された旧カタルーニャと、比較的多くの自由農民を維持した新カタルーニャとの地域間格差も拡大した。レリダ大学が創設されたのは一三〇〇年であるし、イスラームからの改宗をうながすための宣教師養成学校を創建したフランシスコ会士ラモン・リュイが活動したのも、この時代である。

ナバーラ王国

サンチョ三世のあとを継いだ長子ガルシア三世（在位一〇三五～五四）は、サラゴーサ王国への「保護権」をめぐるカスティーリャ王フェルナンド一世との戦いで敗死し、西部国境地域を失った。サンチョ四世暗殺後の一〇七六年、アラゴン王サンチョ・ラミレスがナバーラ王位を継承した。以後一一三四年までアラゴン王がナバーラ王国を支配した。アラゴン王国との同君連合国家を形成したナバーラ王国では、サンティアゴ巡礼の拡大を背景にパンプローナ、ハカ、エステーリャなどの都市が成長し、これらに都市法が付与された。アルフォンソ一世没後ナバーラ王家に連なる有力貴族ガルシア・ラミレスがナバーラ貴族に擁立されて即位し、ナバーラ王国はアラゴン王国から分離した。しかし王権は弱体であり、カスティーリャ＝レオン王アルフォンソ七世への臣従とラ・リオハ地方の割譲をよぎなくされた。十二世紀末にはカスティーリャ王アルフォンソ八世とアラゴン連合王国のアルフォンソ二世がナバーラ分割をねらって侵攻したため、アラバ、ビスカーヤ、ギプスコア地方をカスティーリャに割譲した。ここにナバーラ王国はレコンキスタ運動から完全に排除され、ピレネー山麓の小国へと転落したのである。一二三四年にサンチョ七世が没すると、王位は同王の甥にあたるシャンパーニュ伯の手に移った。

再征服後もムデハルやユダヤ人が残存した十二世紀のサラゴーサやトゥデーラでは、タラソーナ司教ミゲールの保護を受けて、ケットンのロバートやケルンテンのヘルマンが、天文学、代数学などのイスラーム学術書とコーランの翻訳にたずさわった。イブン・エズラは天文学や数学にかんする新知識をヨーロッパ世界にもたらしたし、トゥデーラのベンヤミンは、コンスタンティノープル、イェルサレム、バグダードを歴訪してオリエント旅行記を書き残している。

シャンパーニュ朝初代国王のテオバルド一世は、フランス貴族を王国の要職に就けナバーラ貴族の特権を侵害したため、後者との対立が表面化した。テオバルド二世はルイ九世の王女と結婚し、フランス王権の後ろ盾によりナバーラ王権の強化をはかったが、第七回十字軍の途上で病没した。十三世紀末に即位した女王フアナ一世は、フランス王フィリップ四世(ナバーラ王としてはフェリーペ一世)と結婚し、一三〇五年カペー朝が始まる。フランス王がナバーラ王をかねたカペー朝は、フランス王シャルル四世が没する二八年まで続くが、実質的にナバーラ王国を支配したのは、フランス王の任命した総督であった。カペー朝のもとでもフランス人貴族が要職を独占したため、二八年、三身分からなるナバーラのコルテスは、エヴルー伯女フアナ二世をナバーラ王に選出した。エヴルー朝が成立し、それとともにナバーラ王国はフランス王権から分離された。

第二章 危機の時代のスペイン

1 最後のイスラーム王国

ムハンマド五世とアルハンブラ宮殿

グラナダ王国ではマリーン朝との関係悪化やアルメリア総督の反乱が生ずるなかで、十四世紀初頭ムハンマド三世が廃位された。カスティーリャ軍のジブラルタル占拠に加え、ムハンマド三世のあとを継いだアミールがマリーン朝の介入により廃位もしくは殺害されて、一三三〇年代前半まで不安定な時代が続いた。ジブラルタルを奪還して危機を克服したグラナダ王国では、一三四〇年、ユースフ一世(在位一三三三〜五四)がレコンキスタ運動の進展を阻むため、マリーン朝に軍事援助を要請した。これを受けてマリーン朝のスルタンがアルヘシーラスに上陸し、ユースフ一世とともにサラードの戦いでアルフォンソ十一世と衝突した。しかしその敗北によって、グラナダ王国を取り巻く国際情勢は大きく変化し、カスティーリャ王国とマリーン朝の勢力均衡を中心とする、グラナダ王国の伝統的外交戦略が破綻した。これ以降マリーン朝は衰退過程にはいり、イベリア半島からほぼ撤退し、マグレブ地方の政治的分裂も顕在化した。そのためグラナダ王国はカスティーリャ王国との軍事バランスを支えるイスラーム国家をみいだすことができず、単独でカスティーリャ王国と対峙せざるをえなくなった。これを救ったのは、十四世紀なかばのペストの流行とそれに続くカスティーリャの王位継承争い、カスティーリャとアラゴンとの対立であった。ユースフ一世は国内の再建につとめ、以後十四世紀末までグラナダ王国は、もっとも安定した時代をむかえる。その頂点が十四世紀後半のムハンマド五世時代である。

ムハンマド五世(在位一三五四～五九、復位一三六二～九一)は、カスティーリャ王ペドロ一世の封臣としてトラスタマラ朝の内乱に介入し、エンリケ・デ・トラスタマラやアラゴン王ペドロ四世と対立した。一三六二年の復位も、ペドロ一世の援助によるところが大であった。カスティーリャ王国やマリーン朝の内乱を利用して、アルヘシーラスとジブラルタルを回復し、トレムセン、チュニス、マムルーク朝との外交関係も樹立した。トラスタマラ朝成立後はエンリケ二世とも和解して、グラナダ王国の平和と安全を確保した。

ムハンマド一世によって造営されたアルハンブラ宮殿を中心に、十四世紀初頭に軍事的機能をあわせもつ王宮都市が形成された。王宮のほかに城壁や防備塔、モスク、浴場、庭園を備え、店舗や私宅も併設された。ムハンマド一世以降、アルハンブラ宮殿の増改築が繰り返されたが、わけても重要なのはユースフ一世とムハンマド五世時代のそれであり、「裁きの門」や「ライオンの中庭」など、現存する建物の多くは両王の手になるものである。イスラーム建築の華ともいうべきアルハンブラ宮殿の主要建造物が、グラ

ライオンの中庭　アルハンブラ宮殿の中庭の一つ。12頭のライオンに支えられた大理石の泉水盤が中庭の中央に配置されている。

ナダ王国のもっとも安定した十四世紀の作であるのはけっして偶然ではない。

自壊するグラナダ王国

一四八〇年ころの段階で人口約三〇万人、面積約三万平方キロの小王国グラナダは、一三九〇年代以降衰退過程にはいり、一四八〇年代には深刻な危機に直面した。グラナダ王国の長期存続を保障したのは、十四世紀後半から十五世紀にかけてのカスティーリャ王国とアラゴン連合王国の危機、グラナダ王国の巧みな外交戦略、貴族間抗争の回避であった。アル・アンダルス各地からのイスラーム教徒の流入、ジェノヴァ商人を介した国際商業も、この存続に寄与した。だが十四世紀末以降の王位継承争い、北アフリカの政治的分裂、カスティーリャ王国の経済回復とカトリック両王(カスティーリャ女王イサベル一世とアラゴン王フェルナンド二世)による政治的統合のもとで、「安全保障」の基盤がつぎつぎと崩壊していった。

一四一〇年、フアン二世の叔父フェルナンドが、アンテケーラを攻略しカスティーリャ王国との関係は緊張する。イスラーム世界での国際的孤立を深めていたグラナダ王国は、これに対処するための外交戦略をもたず、貴族間抗争も激化した。一四一九年反アベンセラーヘ党に擁立されたムハンマド九世が即位し、二七年には、廃位されたムハンマド八世がアベンセラーヘ党やカスティーリャ王フアン二世に支持されて復位した。ポルトガルのマグレブ進出とアフリカ西岸南下にともなって伝統的な北アフリカ貿易が低迷したことも、グラナダ王国の安定を脅かした。以後グラナダ王国では貴族間抗争と王位継承争いが頻発し、カスティーリャ王権の介入もあって、政治的混乱は一層昂進した。アベンセラーヘ党による「クーデタ」は、アミールの目まぐるしい交代とアミール権力の弱体化、社会・経済危機を誘発し、グラナダ王国滅亡の序曲となったのである。

ジブラルタルが陥落した一四六〇年代に即位したアブール・ハサン・アリーは、軍制改革によって軍事力を強化し、アベンセラーヘ党を弾圧するとともに、カスティーリャに侵攻した。カトリック両王は、一四八〇年代以降グラナダ再征服に全力を傾注し、大砲を使ってマラガ、ロンダなどを攻略した。レコンキスタ運動が最終局面にはいっても、貴族間抗争と王位継承争いは継続し、ムハンマド十二世（ボアブディル）がカトリック両王に捕えられる事態にまで発展した。グラナダ王の軍事援助要請に応えるイスラーム諸国は存在せず、経済的にも孤立して戦略物資である穀物輸入に重大な支障が生じた。もともとグラナダ王国では十分な量の穀物が生産できず、サトウキビや乾燥果実、マラガ産絹織物をヨーロッパ、マグレブ諸都市に輸出して穀物を確保していた。この国際貿易を担ったのがジェノヴァ商人であり、マラガなどの居留地に商業特権や裁判権を保障されて定住していた。グラナダ王国は、穀物をはじめとする主要商品の輸出入を彼らに大きく依存していたのであり、ジェノヴァの「経済的植民地」の観があった。だが十五世紀後半以降ジェノヴァ商人の多くは、ジェノヴァ共和国政府の通達やグラナダ沿岸の治安悪化を理由に、グラナダ王国での商業活動(穀物貿易を含む)から撤退し始めた。内乱に揺れ国際的に孤立したグラナダ王国にとって、彼らの撤退は「死亡宣告」にも等しいものであった。しかもムハンマド十二世がカトリック両王への臣従を条件に釈放されたことから、グラナダ王国の内乱は一層激しさを増した。こうしたなかでムハンマド十二世は降伏協定の締結を余儀なくされ、それに基づいて一四九二年一月、カトリック両王がグラナダに入城する一方、ムハンマド十二世はフェズ(アフリカ)に亡命した。グラナダ陥落とともに八〇〇年近くにわたったレコンキスタ運動も、ついに終焉したのであった。

2　カスティーリャ王国の危機と再編

封建制の危機とトラスタマラ朝の成立

一三四八年にカタルーニャに上陸したペストは、翌年カスティーリャに飛び火し、民衆層を中心に多数の人命を奪った。地域差や階層差はあるものの、カスティーリャでは人口の一五〜二〇%が失われたといわれる。十四世紀なかば以降の大幅な人口減少は多数の廃村を生み出し、賃金と物価を高騰させ、生産性の低い小規模保有地を耕作する農民の都市流入を引き起こした。農民の耕作地放棄と都市流入は、賃金や手工業製品の高騰とあいまって、定額貨幣地代に基づく領主経営を圧迫した。

十三世紀の「大レコンキスタ」のなかでアンダルシーア地方に広範に創出された小土地所有者の多くも、

イスラーム軍の脅威やペスト、均分相続による農業生産性の低下を前に、中部・北部カスティーリャに還流した。有力貴族によるアンダルシーア大土地所有の形成は、小土地所有者が放棄もしくは低価格で売却した土地の集積、共有地の簒奪、王権による裁判権の恵与などに由来している。地域差はあるが、十四世紀後半～十五世紀前半が封建制社会の危機と再編の時代であったことはまちがいなく、そうしたなかで貧民の増加や社会対立の激化が顕在化し、反ユダヤ運動も続発した。その起点となったのが、トラスタマラ朝成立期の内乱である。

アルフォンソ十一世がジブラルタル攻囲中にペストで倒れたのち、王位を継承したのはペドロ一世(在位一三五〇～六九)であった。ペドロ一世は有力貴族の弾圧による王権強化策をとり、有力ユダヤ人のサム

1444年の『時の書』 14世紀半ばから繰り返されたペストの流行は死を日常化させ，ヨーロッパ人の心性や造形美術にも大きな影響を与えた。『時の書』はその一例である。

エル・ハーレヴィーやローマ法を学んだ下級貴族出身の文官《レトラード》を積極的に登用し、コルテス軽視の姿勢を貫いた。一三六六年ペドロ一世の異母弟エンリケ・デ・トラスタマラが、カスティーリャ貴族の多くを結集して蜂起し、アラゴン王ペドロ四世や百年戦争期のフランス王権、フランス人傭兵と提携した。これにたいしペドロ一世はグラナダ王と結び、ビスカーヤ公領の割譲を条件にエドワード黒太子の軍事援助を求めた。ここにおいてトラスタマラ朝の内乱は、百年戦争とも密接に連動することとなった。ペドロ一世は一三六七年のナヘラの戦いでエンリケ・デ・トラスタマラを破るものの、ビスカーヤ公領の割譲に消極的であったことからエドワード黒太子が戦線を離脱した。しかもエンリケ・デ・トラスタマラは、ペドロ一世が無数の殺人をおかし、キリスト教徒の犠牲のうえにユダヤ人を保護する「残忍王」であるとの「黒い伝説」を流布させた。軍事的劣勢を補完することができないまま、ペドロ一世は一三六九年にモンティエールの戦いで戦死した。エンリケ・デ・トラスタマラはエンリケ二世(在位一三六九〜七九)として即位し、トラスタマラ朝が創始された。

即位後もペドロ一世支持派の一部貴族や都市の抵抗が続き、エンリケ二世の権力基盤は不安定であった。王は支持派貴族への論功行賞として王領地や爵位を恵与し、ベラスコ家やサルミエント家などの下級貴族を有力貴族に昇格させた。これ以降、旧来の有力貴族家門の多くが没落ないし断絶し、「旧貴族」から「新貴族」への移行が進んだ。「新貴族」は、流通税徴収権を含む領主裁判権や限嗣相続制《マヨラスゴ》に支えられて、世俗大所領を構築し権力基盤を強化した。それがトラスタマラ朝の長期にわたる政治的混乱要因となる一方で、エンリケ二世は内乱で疲弊した王国の再建と権力正当化のためコルテスを頻繁に開催、また一三七一年には国王裁判所を再編して高等法院《アウディエンシア》を開設し王権の安定につとめた。フランスとの同盟を対外関係の基軸にすえたエンリケ二世にとって、脅威となったのは、ペドロ一世の王女コンスタンサと結婚し、カスティーリャの王位継承権を主張したランカスター公ジョンであった。イングランドとの関係悪化は、カスティーリャ船のドーヴァー海峡通行を妨げ、フランドル貿易にも大きな障害となった。そこでエンリケ二世はフランス王シャルル五世と呼応してラ・ロシェル港を封鎖し、イングランド艦隊を撃破した。以後カスティーリャ海軍がビスケー湾とドーヴァー海峡の制海権をほぼ掌握し、フランドルへの安定的な羊毛輸出が可能となった。

「強権的王政」への胎動

エンリケ二世を継いだフアン一世(在位一三七九～九〇)は、ポルトガル王家出身のベアトリスを王妃としており、一三八五年王位継承を求めてポルトガルに侵攻した。リスボンやポルト市民はアヴィス騎士団長ジョアンを擁立し、またイングランドの支援を受け、同年アルジュバロータの戦いでカスティーリャ軍を敗退させた。一三八六年にはランカスター公ジョンがガリシア地方に侵攻し、オレンセに宮廷を構えてカスティーリャ王を称した。こうした危機的状況のなかでフアン一世は、高位聖職者、貴族、都市代表各四名、計一二名から構成される「永続的コルテス機関」としての国王顧問会議《コンセーホ・レアル》の創設に踏み切るのである。しかしガリシア地方の軍事情勢が好転し始めると国王顧問会議から都市代表を排除し、かわって四名の法曹=文官を登用した。この文官の登用は、国王顧問会議の官僚化の出発点となるものであった。同時にランカスター公女カタリーナと王太子エンリケとの結婚を取り決め、モンティエールの戦い以来の王位継承問題を解決し、また王太子(アストゥリアス公)制度も正式導入して、王権の強化につとめた。一三八七年には高等法院の文官裁判官《オイドール》を七名から一〇名に増員し、メディーナ・デル・カンポなど四カ所に設置された高等法院をセゴビアに移転した。フアン一世は王国全土の治安維持や教会・修道院改革にも意を用い、各都市から民兵を供出させてエルマンダー・ヘネラルと呼ばれる治安維持機構を組織したのみならず、ヘロニモ会のグアダルーペ修道院やバリャドリーのサン・ベニート修道院の創建にも尽力した。

つぎのエンリケ三世の治世当初、『七部法典』に基づき摂政府がおかれたが、その構成をめぐって摂政と有力貴族との対立が表面化した。コルテスについていえば、招集された都市代表数は十四世紀末に最大に達したが、王権の安定や国王顧問会議への有力貴族の参画とともに、都市代表数は減少に転ずる。開催頻度もエンリケ二世からエンリケ三世治世初期がもっとも高く、十四世紀後半がコルテスの最盛期であるといってよい。親政を開始したエンリケ三世は、下級貴族を国王顧問会議に積極的に登用し、有力貴族を排除して王権の強化をはかった。都市への統制も強め、コレヒドール(国王代官)の派遣が恒常化し始める。コレヒドールは下級貴族や文官のなかから王権の任命した最上級都市役人で、市参事会を司宰しコルテスへの都市代表選出にも影響力を行使した。コレヒドールを通じ王権は、コルテスをも統制し始めるのである。他方エンリケ三世は、アラゴン連合王国との和平を背景に、アンダルシーア商人やバスク商人の地中海進出を支援した。国王側近クラビーホのチムール帝国派遣は、こうした歴史的文脈のなかで企画された。エンリケ三世はノルマンディーの貴族ジャン・ド・ベタンクールのカナリア諸島征服も援助し、カナリア領有の遠因をつくったことでも知られる。

続くフアン二世がわずか二歳で即位したため、ふたたび摂政府がおかれ、エンリケ三世の王弟フェルナンド・デ・アンテケーラが摂政の一人となった。彼は、一四一〇年にグラナダ王国の戦略上の拠点アンテケーラを攻略し、政治的発言力を強めると同時に、息子たちをサンティアゴ、アルカンタラ両騎士団長などの要職に就けた。当時アラゴン連合王国ではマルティン一世が没し、王位継承問題が浮上していた。彼は一四一二年のカスペ会議でフェルナンド一世として国王に選出され、トラスタマラ家がカスティーリャ王国とアラゴン連合王国双方の玉座を占めることとなった。即位後もフェルナンド一世は、国政の要職を占める「アラゴンの王子たち」やそれに連なる有力貴族と気脈を通じ、カスティーリャ王国に隠然たる勢力を保持した。「アラゴンの王子たち」のうちアルフォンソはフェルナンド一世を継いでアラゴン王となり、フアンはナバーラ王位を確保した。だが、フアン二世やアルバロ・デ・ルーナをはじめとする国王支持派貴族との確執は不可避であり、一四四五年オルメードで戦端が開かれた。「アラゴンの王子たち」はこの戦いに敗れ、フアン二世は「王権の絶対性」を主張し始める。二名の財務総監のもとで国王財政機構が整備され、一四三五年以降コルテスへの参加資格をもつ都市も、カスティーリャ中部のメセータ（中央台地）都市を中心に一七に限定された。高等法院もチャンシリェリーアと改称されて、事実上の首都機能をもつバリャドリーに移転された。

フアン二世に続くエンリケ四世（在位一四五四〜七四）時代のカスティーリャ王国では、国王顧問会議の国政上の位置づけをめぐって、フアン・パチェーコなどの国王側近と有力貴族の対立が再燃した。下級貴族や文官が国王顧問会議の大多数を構成し、王権の権力基盤となっていたためであった。国王顧問会議を再編して王権を制約しようとした有力貴族は、一四六五年エンリケ四世を廃位し、王女フアナをその嫡出ではないとして、王弟アルフォンソを新王に推戴した。しかし貴族権力の強化が都市の自治権を侵害する懸念をいだいた諸都市とエルマンダー・ヘネラルは、ローマ教皇パウルス二世とともにエンリケ四世支持を表明した。フアン・パチェーコによる都市の毛織物工業保護政策も、都市の支持を確保する一助となったにちがいない。こうしたなかでふたたびオルメードで戦端が開かれ、有力貴族が敗退し、新王アルフォンソも急逝した。政治状況の好転にもかかわらず、エンリケ四世は反乱派貴族との和解による王権の安定を優先させ、一四六八年ロス・トロス・デ・ギサンド協定を締結した。これによりエンリケ四世は、フアナではなく異母妹イサベルの王位継承指名をよぎなくされた。イサベルは、反乱派貴族とのつながりも保持しており、エンリケ四世との関係は緊張をまぬがれなかった。そこでイサベルは王位継承を確実なものとするため、一四六九年アラゴン連合王国の王太子フェルナンドとの結婚に踏み切った。この二人の結婚は、内乱の続発するカスティーリャ王国と、深刻な社会的・経済的危機に揺れるアラゴン連合王国双方の安定にとって、転換点を画するものであったといってよい。アラゴンとの提携を背景に、イサベルはエンリケ四世没後のフアナ派貴族などとの王位継承戦争を克服し、近世スペインへの道を切り開いていくことになる。

有力貴族の専横とそれに起因する政治的混乱は、トラスタマラ朝下ではたびたび繰り返された。こうした「アキレス腱」をかかえながらも、歴代国王は、国王行政機構の整備と有力貴族のもつ上級裁判権の吸収に尽力した。対立教皇が擁立された教会大分裂とそれにともなう教皇権の衰微を反映して、カスティーリャ王の教会保護権も強化されつつあった。そのうえで一四七九年トラスタマラ朝によるカスティーリャ王国とアラゴン連合王国の同君連合国家が実現する。カトリック両王のもとでの「強権的王政《モナルキーア・アウトリタリア》」は、十四世紀後半以来進められてきたトラスタマラ朝による王権強化策の到達点にほかならなかったのである。

反ユダヤ運動とコンベルソ問題

十四世紀のカスティーリャ王国では、ブルゴスやトレード、コルドバ、セビーリャなどに信仰の自由と自治権を保障された大きなアルハマ(ユダヤ人共同体)が組織され、ユダヤ人の多くはこれら主要都市のユダヤ人街に居住した。大規模商業や金融業、徴税請負にたずさわり、免税特権を享受した有力者が一部に存在したにしても、ユダヤ人の大多数を占めたのは小売り商業や手工業に従事する民衆層であった。上級アルハマ役人職を独占し、ラビを含めたアルハマ当局を構成したのは、これらの有力ユダヤ人であり、寡頭政的構造が保持された。そのため十四世紀以降、「民主化」を求める民衆との社会的亀裂が深まった。レコンキスタ運動が最終局面にはいった十四世紀には、ユダヤ人を「潜在的キリスト教徒」とする楽観論が消失し、ユダヤ人との「相対的共存」の時代が終焉した。ペストが蔓延し封建制社会が深刻な危機に直面するなかで、ユダヤ人は儀礼殺人をおこない、キリスト教社会の破壊をもくろむ悪魔の手先、本質的に堕落した民とされ、負のイメージが累積されていった。すでに十四世紀初頭以来キリスト教徒民衆を主体とする反ユダヤ運動が、各地で散発的に生じており、トラスタマラ朝成立期の内乱でもそれが繰り返され

ユダヤ人やコンベルソへの不信　悪魔によって目と耳をふさがれ，真実を理解できないユダヤ人を示した図。ユダヤ人の負のイメージの一例。

た。こうした伏線のうえに、一三九一年大規模な反ユダヤ運動がセビーリャで勃発するのである。

セビーリャでは一三七〇年代以来エシハの大司祭フェラント・マルティネスが、激烈な反ユダヤ説教により民衆の心をとらえていた。ファン一世とセビーリャ大司教があいついで没し、権力の空白が生じた一三九一年、セビーリャで大規模なポグロム（ユダヤ人虐殺）が発生した。このニュースは、商業ルート沿いの主要都市にただちに飛び火し、コルドバ、トレード、ブルゴスなどで大規模なユダヤ人虐殺とシナゴーグ破壊を誘発した。キリスト教徒民衆を主体とする最初の全国的規模でのポグロムであり、多数のユダヤ人が虐殺されたばかりか、多くのユダヤ人がキリスト教への改宗を強いられた。十五世紀初頭にはドミニコ会士ビセンテ・フェレールが各地で反ユダヤ説教をおこない、同様に多数のユダヤ人を改宗させた。アルハマ内部の有力者と民衆の対立がそれに拍車をかけ、キリスト教徒支配層とつながり、無神論的傾向を強めていた有力ユダヤ人のあいだからコンベルソ（ユダヤ教からの改宗者）が続出した。ブルゴスの有力ユダヤ人で改宗後ブルゴス司教に任じられたパブロ・デ・サンタ・マリアは、その典型である。

主要都市のアルハマが壊滅的打撃を受け、多数のコンベルソが生み出された十四世紀末以降、ユダヤ人以上にコンベルソが大きな問題となる。コンベルソが「真のキリスト教徒」か否かが問われるようになったのである。反ユダヤ運動が小康状態を維持した一四三二年、ユダヤ人首席ラビのアブラハム・ベンベニステが、バリャドリーにカスティーリャ全域のアルハマ代表を集め、ユダヤ人代表者会議を開いた。コルテスにならって招集された全国ユダヤ人代表者会議は、アルハマの再建をめざし、教育規定を含む全五章からなるユダヤ人共同体条令《タッカノート》を採択した。一時的な小康状態が一四四九年に終わると、食糧危機と物価高騰、政治的混乱を背景に、トレードでキリスト教徒民衆による大規模な反コンベルソ暴動が発生した。改宗後に高位聖職者や国王役人となり、あるいは都市官職を獲得して都市寡頭支配層の一翼を担ったコンベルソへの憎悪、コンベルソが「隠れユダヤ教徒(マラーノ)」であるとの不信感が、その根底にあったことはまちがいない。トレードの反コンベルソ暴動は、フアン二世によって鎮圧されるものの、暴動の過程でキリスト教徒を「汚染」するコンベルソの「血」が問題となり、コンベルソを主要な都市官職から排除する「判決法規」が制定されたことの意味は大きい。これは「血の純潔規約」(ユダヤ人やモーロ人を祖先にもつ者を特定団体から排除)につながっていくからである。こうした前提のうえに、カトリック両王は異端審問制度を導入し、ユダヤ人追放令を発してユダヤ人問題の最終的解決をはかるのである。

西ヨーロッパ貿易の拡大

十四世紀後半~十五世紀前半の危機のなかで、経済構造は調整をよぎなくされ、あらたな産業部門が台

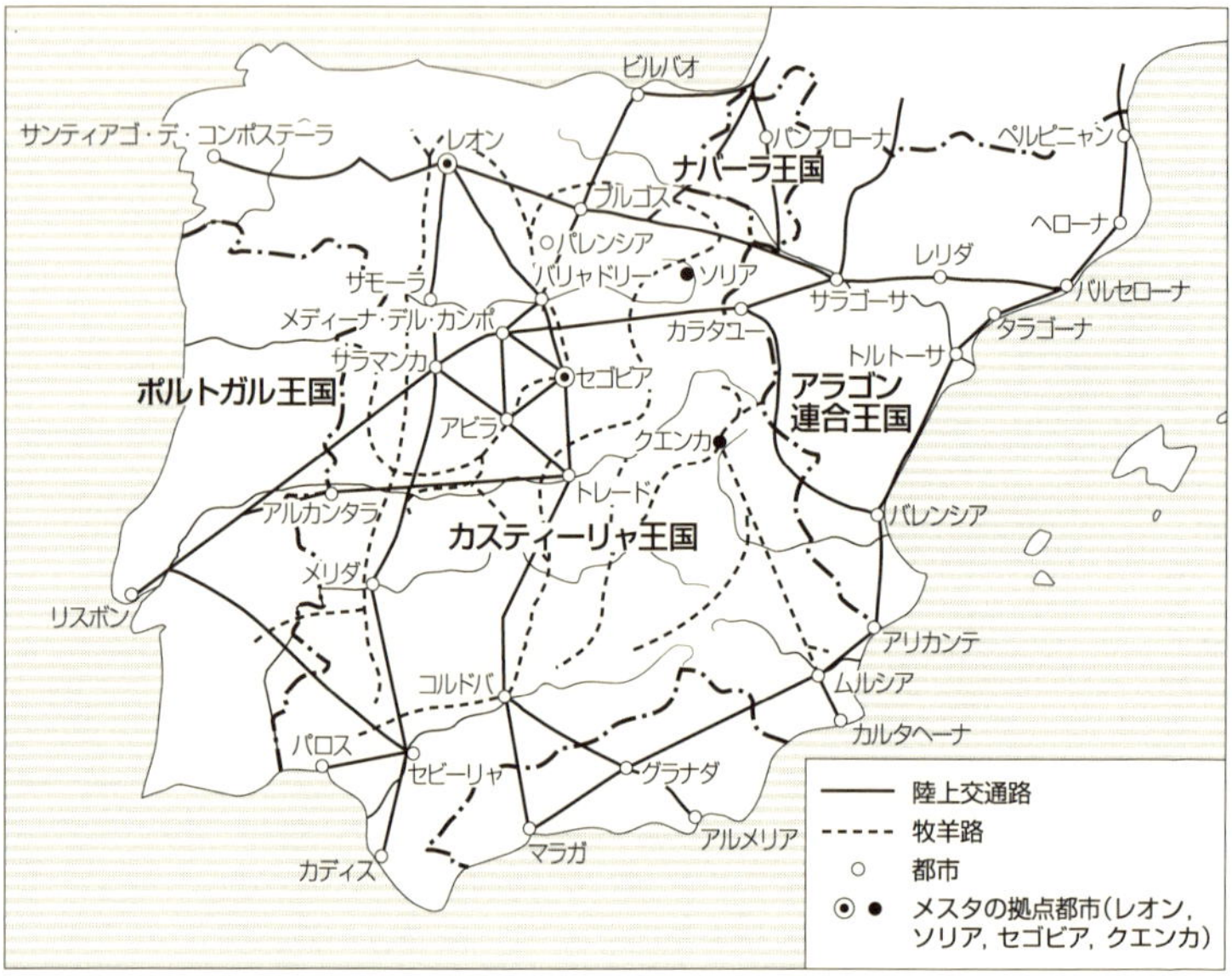

14〜15世紀の主要都市と牧羊路

頭し、経済軸が移動した。十五世紀なかばまでにはカスティーリャ王国のほとんどの地域で、人口が増加に転じ、生産力の上昇や都市の拡大もみられ、カスティーリャ経済は上昇局面にはいった。その経済の牽引力となったのは、フランドル地方への羊毛輸出とアンダルシーア地方の商品作物であった。

カスティーリャ王国では、王権の保護やフランドル向け羊毛輸出の増大を背景に、有力貴族や教会機関を担い手とする移動性牧羊業が一層発展した。こうした羊毛の主要集荷地となったのはブルゴスであり、この商人はバスク人海運業者を介して、大量の羊毛をビルバオなどからフランドル地方に輸出した。その過程でブリュージュはもとより、アントワープ、ナント、ルーアン、ロンドンにカスティーリャ商人の居留地が構築された。最大のブリュージュ商人居留地にあっては、コンスラードが組織され、艦隊の艤装や羊毛の販売にも関与した。ブルゴスと西ヨーロッパ諸都市の商人居留地間には、情報網が整備され、各市場の商品価格や海上保険にかんする商業情報、政治情報が交換された。これによって商品の輸送期間やコストの削減、国際市場での信用強化がもたらされ、カスティーリャ商人の優位が支えられた。

ところでフランドル貿易は、多額の資本と海上保険を必要とし、資金調達と為替取引のための金融業の発展もうながした。その中心となったのが、十五世紀後半のメディーナ・デル・カンポの大市であり、多数の外国人商人が参加した同大市では、大規模な羊毛取引と国際的な為替取引が展開された。羊毛につぐ輸出品目を構成したのは、豊富な鉄鉱石と森林、水資源を利用して生産されたビスカーヤ産の鉄ないし鉄製品であり、カンタブリア地方では造船業の発展もみられた。

カスティーリャ経済の第二の推進力となったのは、早くも十五世紀初頭に回復傾向を示し始めたアンダルシーア地方であった。セビーリャとブリュージュに大きな居留地をもつジェノヴァ商人が、アンダルシーア産の商品作物(ワインやオリーブ油)や羊毛の輸出を主として担った。ジェノヴァの有力商人が定住したセビーリャは、金融業の中心となったばかりか、造船業や石鹸《せっけん》製造業の発展も顕著であった。他方十五世紀のメセータ(中央台地)都市トレード、クエンカ、セゴビア、そしてアンダルシーア地方のコルドバでは羊毛工業が発達し、一部はマグレブ地方へ輸出された。十五世紀のコルテスによる羊毛輸出量の制限要請は、国内の毛織物工業の発展とかかわっていたとみてよい。

毛織物工業や造船業の発展が一部にみられるにしても、カスティーリャ経済は主として、羊毛と商品作物といった一次産品の輸出に依存しつつ、十五世紀なかばまでにほぼ危機を脱却し人口も回復した。カスティーリャ経済の主軸は、サンティアゴ巡礼路からセビーリャ、トレード、メディーナ・デル・カンポ、ブルゴス、ビルバオを結ぶ南北軸に移動し、カスティーリャ王国の人口は、十五世紀末には約四五〇万人に達した。十五世紀末でセビーリャの人口は約四万人、トレード約三万人、メディーナ・デル・カンポ約二万人、ブルゴスは約一万人であった。地域差をかかえながらも、危機を克服する過程でカスティーリャ王国では、国王行政機構の整備と王権の強化が進んだ。これと対照的にアラゴン連合王国にあっては、深刻な危機が持続した。中世末期はカスティーリャ王国の優位とアラゴン連合王国の衰退が、決定的となった時代でもあった。

3　沈滞するアラゴン連合王国

トラスタマラ朝の成立へ向けて

アルフォンソ四世を継承したアラゴン王ペドロ四世(在位一三三六〜八七)は、ジェネラリタートを安定的な制度とし、バルセローナに常置させるかたわら、国王裁判所を再編して王権の強化につとめた。地中海貿易も十四世紀には頂点に達した。こうしたなかでペドロ四世はトラスタマラ朝の内乱に介入し、エンリケ・デ・トラスタマラ支持を表明した。バレンシア南部の都市アリカンテの帰属問題をめぐるカスティーリャ王ペドロ一世との確執《かくしつ》が、ペドロ四世によるエンリケ支持の最大の原因であった。地中海政策にかんしては、傍系の手に委ねられていたマジョルカ島とアルモガバレスの樹立したアテネ公国を併合し、地中海支配を一層安定させたのであった。エイヒメーニス（アシメーニス）が政治権力の契約的起源を主張したのも、ペドロ四世時代であるし、ペルピニャン大学の創設も同王の時代である。その一方で一三四八年ペストに直撃され、大幅な人口減少と生産力の低下を招き、軍事支出の増加にともなう財政悪化も加わって、社会・経済危機が胚胎《はいたい》していたことも否定できない。十四世紀末〜十五世紀初頭のフアン一世とマルティン一世時代になると、オスマン帝国の進出やアテネ公国の喪失、一三九一年の反ユダヤ運動、金融危機などを背景に、社会・経済危機は深刻さを増した。一四一〇年にマルティン一世が継嗣《けいし》なく没し王位の空白が生ずると、社会・経済危機に政治的危機が重層化して、アラゴン連合王国は解体の危機に直面した。

王位継承問題を討議するため一四一二年カタルーニャ、アラゴン、バレンシアから各三名、計九名の代表者が参加して、カスペ会議が開催された。国王候補者とされたのは、ペドロ四世の孫にあたるフェルナンド・デ・アンテケーラ、ウルヘル伯などであり、内乱の気配もただよい始めていた。だが、この会議に参加したドミニコ会士ビセンテ・フェレールをはじめとする代表者の大多数は、アラゴン連合王国の解体と内乱回避のため、カスティーリャ王国摂政フェルナンド・デ・アンテケーラを推し、教会もカスペ会議を正当と認めた。フェルナンド・デ・アンテケーラは、フェルナンド一世として即位し、アラゴン連合王国でもトラスタマラ朝が創始されたのである。

社会・経済危機が続くなかで即位したフェルナンド一世（在位一四一二〜一六）は、当初貴族や「都市貴族」への譲歩をよぎなくされ、ジェネラリタートの政治介入を甘受せざるをえなかった。だが長子アルフォンソを王太子（ヘローナ公）として、王権が安定すると、これを拒否した。「アラゴンの王子たち」を保護したため、カスティーリャ王フアン二世との関係は緊張したが、危機打開のため積極的な地中海政策を推進した。シチリアを直轄領とし、サルデーニャの反乱を鎮圧したばかりか、ジェノヴァとの休戦協定に署名したのであった。アラゴン連合王国の国際的地位を確保すべく、コンスタンツ公会議の決定を受け入れ、統一ローマ教皇マルティヌス五世を承認したのも、フェルナンド一世であった。

アラゴン連合王国の中枢カタルーニャ地方では、十四世紀後半〜十五世紀を通じ人口の減少と生産力の低下が著しく、商業も低迷し深刻な危機が続いた。この時期にカタルーニャは、ペストなどにより人口の三五〜四〇％を失ったといわれ、バルセローナ市の人口も、二〇％近く減少した。十四世紀なかばの高品位フローリン金貨の発行は、金貨の海外流出を招き、ペドロ四世の積極的な対外政策にともなう軍事支出や公共支出の増大とあいまって、王室財政とバルセローナの都市財政を加速度的に悪化させた。カタルーニャ経済の混乱、通貨政策をめぐる王権とバルセローナ市当局の対立は、その当然の帰結であった。財政危機を乗りきるため王室とバルセローナ市当局は、内外の銀行家から短期の高利融資を受け、公債の発行にも踏み切った。だが十四世紀末〜十五世紀初頭に支払い不能に陥り、バルセローナの個人銀行が連鎖倒産して、金融危機が表面化した。そこで一四一〇年バルセローナ市当局は、ジェネラリタート財政と都市財政、都市公債をその管理下におき、両替と預金業務もおこなうヨーロッパ最初の公営銀行を開設した。この設立により、さしあたり金融危機を回避し、都市債務を減少させることができたが、安全な投資先とみられた公営銀行に資本が集中し、リスクをともなう商業・手工業への投資が手控えられた。

カタルーニャの地中海貿易も、十五世紀初頭以降急速に縮小し始めた。従来カタルーニャ商人は、地中海各地の商人居留地とバルセローナのコンスラード、海上保険や為替制度などの商業技術に支えられて、活発な商業活動を展開してきた。毛織物製品、金属製品をマグレブ地方に輸出し、そこでえた金を使ってアレクサンドリアなどで香辛料を買いつけ、それをヨーロッパ諸国に再輸出して多大な利益をあげるというのが、カタルーニャ商業の根幹であった。しかし十五世紀にはいるとジェノヴァ商人との競合激化に加えて、カスティーリャ商人やポルトガル商人の進出、ポルトガルのアフリカ西岸南下にともなう伝統的貿易路の変更により、カタルーニャ商人は北アフリカ貿易から排除され始めたのである。十五世紀前半に危機をほぼ脱したカスティーリャ経済と対照的に、カタルーニャ経済の危機は十五世紀前半に一層深化するのであり、それがカスティーリャ優位の一因であった。人口規模の点からみても、中世末期のアラゴン連合王国の人口は約一〇〇万人で、カスティーリャ王国の四分の一以下にすぎなかった。地域差はあるが中世末期のアラゴン連合王国が、深刻な危機の渦中にあったことはまちがいない。

経済危機に対応して、社会対立も激しさを増した。ペストによる大幅な人口減少と都市への人口流出、地代収入の減少に危機感をつのらせた封建領主は、レメンサ農民(保有地放棄のときに領主課税の義務をおう)の土地緊縛を強化し、地代の増額によってこれに対処した。このレメンサ農民は、土地緊縛などの「悪慣習」の廃止を求めて、反領主闘争を激化させつつあった。バルセローナでは十四世紀末以来、「都市貴族」による寡頭政的都市支配への不満が醸成され、商人や手工業者親方層が都市行政機構の改革を求め、やがてブスカという党派を組織していく。一三九一年には反ユダヤ運動がアラゴン連合王国にも波及し、バルセローナやバレンシアのアルハマは壊滅的打撃をこうむった。アラゴン連合王国有数のアルハマを誇ったバルセローナにあっては、都市近郊のレメンサ農民も反ユダヤ運動に加わり、社会・経済危機の深刻さと反ユダヤ運動の社会的拡大を端的に示している。他方、農業労働や建築業などに主として従事し、社会の下層に位置したムデハルは、キリスト教徒との接触を規制されたものの、ユダヤ人のようなポグロムの対象とはほとんどならなかった。

「ルネサンス君主」アルフォンソ五世

フェルナンド一世に継ぐアルフォンソ五世(在位一四一六〜五八)は、「アラゴンの王子たち」を支援しカスティーリャ王フアン二世と敵対する一方で、危機からの脱却をめざして積極的な地中海政策を展開した。一四四三年、フランス王権やローマ教皇に支援されたルネ・ダンジューを破り、念願のナポリ王国を継承したのであった。この「地中海帝国」をオスマン帝国から防衛するため、アルフォンソ五世は政治の中心を東方に移動させてナポリに宮廷を構えるとともに、アルバニアのスカンデルベグとの外交関係も樹立した。地方行政にかんしては、国王が自由に任免できる副王や総督に各地方を委ね、そのうえに国王役人や法曹から構成される国王顧問会議を配置した。カタルーニャ艦隊を駆使して王令を携えた国王役人を船で定期的に派遣し、海上ネットワークを基礎に「地中海帝国」の維持をはかったのである。だが対カスティーリャ政策や「地中海帝国」建設にともなう膨大な軍事支出は、「都市貴族」を中心とする市参事会やジェネラリタートとの対立をうながし、アルフォンソ五世はカタルーニャ総督レケセンスに命じて市政改革を断行させた。

当時バルセローナでは、オリエントからの香辛料輸入貿易や金融業にたずさわり、都市内外に多くの土地を集積した「都市貴族」が、市当局とジェネラリタートの主要官職をほぼ独占し、ビガという党派を組織していた。ビガ市政下にあっても商業の不振は相変わらず持続し、国際収支は悪化の一途をたどった。都市財政も膨大な累積債務に苦しみ、金融危機を再燃させかねない情勢であった。しかも「都市貴族」は、レメンサ農民問題をかかえた下級貴族とも密接な社会関係を維持していたのである。これにたいし毛織物産業をはじめとする輸出関連の商人や手工業者は、市政改革と通貨政策の変更、毛織物工業の保護、都市課税の削減を目的にブスカに結集し、ビガとの抗争を激化させつつあった。一四五三年総督レケセンスは、商人・手工業者代表を中核にブスカ市政を実現させ、そのもとで通貨の切下げ、外国産毛織物製品の輸入禁止、カタルーニャ関連の輸出入商品をカタルーニャ船に独占させる「航海条例」などの保護主義的経済政策が矢継ぎ早に打ち出された。なかでも通貨切下げは、香辛料価格の高騰、地代収入の減少や預金の目減りを意味したため、ジェネラリタートを拠点としたビガの強い反発を招いた。通貨切下げのニュースが伝わると、「都市貴族」は公営銀行から預金を引き出し、都市財政をさらに悪化させたばかりか、公債の発行にも支障が生じ始めた。カタルーニャの政治改革の必要を痛感するアルフォンソ五世が、レメンサ農民組合の結成を認めたため、王権と下級貴族との対立も表面化し、ブスカとビガとの党派抗争は、レメンサ農民も巻き込んで一気に拡大した。

こうした緊迫した社会・経済情勢のもとにあっても、「ルネサンス君主」アルフォンソ五世は人文主義

15世紀半ばの市参事会員を描いた宗教画　都市寡頭支配層が市参事会員をほぼ独占していた。ルイス・ダルマウの作。

運動に多大な関心を示し、その拡大に中心的役割をはたしたのであった。ナポリの宮廷にイタリアの人文主義者や側近を集め、ヴェルギリウスの読書会を主宰し、リウィウスやキケロ、セネカを愛読した。カエサルの『ガリア戦記』やプトレマイオスの「世界地図」などの古代作品を組織的に収集して、図書館も造営した。それを人文主義者たちのサロンとし、ロレンツォ・ヴァラをはじめとするイタリアの人文主義者を保護したのである。アルフォンソ五世はこれらの人文主義者を利用して、自己のナポリ王位継承権の正当化をはかった。ダンテやペトラルカの影響を受けて創作活動に従事したサンティリャーナ公ロペス・デ・メンドーサ、ダンテの『神曲』を翻訳したアンドレウ・フェブレールも、その側近であった。さらに同王は絵画や彫刻にも関心をよせ、ファン・アイク兄弟やギベルティ、ドナテルロの作品を収集したし、ナポリ入城の戦勝記念アーチ建設のためドナテルロの弟子を招聘している。ナポリの宮廷はイタリア・ルネサンスが、スペインに浸透する回路として機能したのである。

危機と内乱の二〇年

「アラゴンの王子たち」の一人であったフェルナンド一世の次子フアンは、一四二五年王位継承権をもつブランカと結婚し、ナバーラ王フアン一世となった。一四五八年に兄のアラゴン王アルフォンソ五世が嫡子なく没すると、フアン一世がナポリ王国を除くアラゴン連合王国を相続し、アラゴン王フアン二世（在位一四五八〜七九）として即位した。

アルフォンソ五世時代に開始されたブスカによる一連の改革は、ビガが多数を占めるジェネラリタートやコルテス、「百人会議」の反対で挫折し、いずれも失敗に終わった。そればかりか通貨切下げにともなう経済混乱は、手工業者を直撃し彼らの多くがブスカから離反する原因ともなった。手工業者の支持を失うなかで、一四六二年ブスカは市政を手放し、「改革の七年」に終止符が打たれた。ブスカの市政放棄は、カタルーニャ総督レケセンスの改革路線を踏襲し、一貫してブスカを支持してきたフアン二世にとっても打撃であった。フアン二世と王太子であるビアナ公カルロスとの対立が深まるなかで、ビガはカルロス支持を鮮明にし、民兵を動員して都市特権を蹂躙《じゅうりん》したフアン二世と敵対した。フアン二世はカタルーニャからの脱出をよぎなくされ、ビガが市政をふたたび掌握した。ビガ市政成立後ブスカは、王権と提携してビガ市政の打倒を試みるが敗退し、ブスカの指導者でもあった市参事会員が処刑された。この処刑はカタルーニャ全域に大きな衝撃を与え、各地でビガとブスカ、王権とジェネラリタートの武力抗争を引き起こした。ナバーラに避難したフアン二世は、カタルーニャのアラゴン連合王国離脱を防止するため、ルシヨンとセルダーニュの割譲を条件に、フランス王ルイ十一世の軍事援助を要請した。フランス軍がルシヨン

フアン２世(左)**とビアナ公カルロス**(右)　両者の対立がカタルーニャの内乱にも大きな影響を与えた。

に侵攻すると、バルセローナ民兵軍は、フアン二世の新しい王妃フアナ・エンリケス母子が滞在するヘローナを占拠し内乱が開始された。内乱と並行してレメンサ農民が蜂起し、フアン二世を支持しつつ反領主闘争を再燃させて事態を一層複雑なものとした。ルシヨンでの反フランス暴動がそれに拍車をかけた。しかもバルセローナの「反乱指導者」が、カスティーリャ王エンリケ四世を国王に推挙したことから、カスティーリャ軍がカタルーニャに侵攻し、内乱は国際紛争へと発展する様相さえみせた。だがエンリケ四世がまもなくフアン二世と妥協したため、その国王推挙は撤回された。こののちも事態の推移は予断を許さなかったが、一四六四年フアン二世はレリダを攻略し、六九年には、フアン二世とフアナ・エンリケスの息子で、カルロス没後に王太子となっていたフェルナンドとエンリケ四世の異母妹イサベルの結婚を実現させて、反乱収拾に向けての道筋をつけた。カスティーリャとの同盟を目的とした二人の結婚を機に、状況は変化し始め、一四七二年ついにバルセローナを奪還したのであった。

内乱終結後フアン二世はカタルーニャの特権尊重を誓約したが、一〇年におよぶ内乱の過程でバルセローナから、多くの資本と人口が流出した。その衰退は覆いがたく、バレンシア台頭の一因ともなった。長期にわたる社会・経済危機と内乱で荒廃したカタルーニャの再建事業は、つぎのフェルナンド二世の手に委ねられることになる。

混迷するナバーラ王国

ナバーラ王位を占めたエヴルー伯家は、セーヌ川沿いに戦略上の拠点を含む多数の所領を展開しており、百年戦争の動向に無関心ではいられなかった。フアナ二世のあとを継いだカルロス二世(在位一三四九〜八七)のもとで、ナバーラ王国は百年戦争やトラスタマラ朝の内乱に深く関与することになる。フランスの王位継承権を主張するカルロス二世(カペー朝のルイ十世の孫)は、イングランドと提携、フランス王ジャン二世からノルマンディーの所領を奪還し、ジャックリーの乱鎮圧にもあたった。トラスタマラ朝の内乱が勃発すると、カスティーリャ王ペドロ一世やイングランドと結ぶ一方で、エンリケ・デ・トラスタマラやフランスとの秘密交渉も重ね、外交戦略による所領確保をめざした。人口規模においても、軍事的・経済的にも弱体なナバーラ王権にとって、イングランドとの同盟を基本としながら、フランスとも秘密交渉を重ねる外交戦略は、最大の武器であった。だがエンリケ・デ・トラスタマラの即位とともに、こうした戦略は破綻し、カスティーリャ軍とフランス軍の侵攻を招いた。カルロス二世は苦境に陥り、多数の城塞をカスティーリャに割譲し、フランス領内のほぼすべての所領を喪失したのであった。カスティーリャやフランスとの関係修復につとめたカルロス三世のあと、同王の息女でシチリア王マルティンの寡婦ブランカが、アラゴン王フェルナンド一世の次子フアンと再婚し、ナバーラを共同統治した。この共同統治は、トラスタマラ家がナバーラをも支配したことを意味する。ブランカ没後フアン一世がフアナ・エンリケスと再婚したことから、王位継承を求めるビアナ公カルロスとの対立が表面化し、フアン一世はカルロスの廃嫡に踏み切った。しかしカルロスは、カスティーリャ王やナバーラの有力貴族党派ベアウモンテスに支えられて、フアン一世への対決姿勢を強めた。一四五八年フアン一世がアラゴン連合王国の大部分を相続し、アラゴン王フアン二世として即位すると、カルロスの王位継承問題はカタルーニャの内乱、ナバーラ国内のベアウモンテスとアグラモンテスの有力貴族間の抗争とも連動することとなった。ビガに支持されたビアナ公の突然の死(巷間では毒殺とされた)は、カタルーニャの内乱の直接的契機となったのである。アラゴン王をかねたフアン一世が一四七九年に没すると、同王の娘レオノールが夫のフォア伯ガストンとともにナバーラを共同統治した。ピレネー南部のナバーラ王国がフェルナンド二世によりカスティーリャ王国に併合されるのは、一五一二年のことであった。

第三章　スペイン帝国の時代

1　カトリック両王と「スペイン王国」

「スペイン王国」の成立

前章で述べたように、一四六九年に結婚したカスティーリャ王女イサベルとアラゴン王太子フェルナンドは困難な内戦を克服して、七四年に前者がカスティーリャ女王(在位一四七四〜一五〇四)に、七九年に後者がアラゴン国王(在位一四七九〜一五一六)に即位した。九二年にグラナダ攻略をなしとげ、一五一二年にはナバーラ王国を併合し、この間に王権の権威を高めて「強権的王政」を実現した。カトリック両王(一四九六年に教皇から二人に授けられた称号)はポルトガル以外のイベリア半島を共同統治することになったが、この領域は現在のスペイン国土にほぼ照応し、カトリック両王以後も一つの王朝(ハプスブルク家、ついでブルボン家)に支配されていくことになる。カトリック両王が「スペイン王国《モナルキーア・イスパニカ》」を成立させたといわれるゆえんである。しかし、これを統一国家の出現とみなすことはできない。人的結合とか同君連合にすぎないとも評されるように、カスティーリャ王国とアラゴン連合王国はそれぞれ別個の法、統治制度、議会、貨幣、租税、軍制などを維持しつづけたからである。また、国王顧問会議ではイベリア半島＝イスパニアの大半をおさめるにいたったゆえに「スペイン国王《レイエス・デ・エスパーニャ》」と称するべきだとの議論も生まれたが、両王はその正式肩書をカスティーリャ王、アラゴン王、バルセローナ伯といった諸国のそれぞれの王のままにとどめたのである。

スペイン王国は、時のマキアヴェッリの言葉を借りれば「複合型の君主国」、すなわち「法律や税制に手をつけぬ」まま一つの王権が諸王国に君臨する「複合王政《モナルキーア・コンプエスタ》」として誕生したが、カトリック両王は「言語も風習も制度も異なる」諸地域の統合手段として宗教的一体性を重視した。キリスト教君主として国王教会保護権《パトロナート・レアル》を前面に打ち出し、実質的に王国の高位聖職者推挙権を手にいれて司教たちを王権に従属させた。三大宗教騎士団をその管轄下に組み入れるとともに、シスネーロス枢機卿らを重用して修道院改革を進めさせた。

また、当初から他宗教＝異教の排除をはかったわけではないが、キリスト教共同体内に潜む「異端」には厳しい態度で臨んだ。十五世紀後半にはコンベルソ(ユダヤ教からの改宗者)への反発から民衆暴動が惹《じゃっ》起《き》しており、これが王国の政治的不安定につながることを恐れた両王は、改宗を装う隠れユダヤ教徒《フダイサンテ》の取締りを主眼として異端審問制を創設した。一四七八年に教皇から設立許可をえて、八〇年のセビーリャを皮切りにカスティーリャ王国の各地に異端審問所を設置し、教皇権という普遍的権威を支えとして、カタルーニャなどの強固な反対を押しきってアラゴン連合王国にもこの制度を導入した。この近世異端審問制は、教会に審問権の委ねられた中世異端審問制とは異なって、王権主導のもとに機能する、「あらゆる諸国特権《フエロス》から独立した」唯一の全国的制度であり、時に応じて王権の有効な社会・政治統制の道具となった。すべての異端者が取締り対象となるが、初期にはその大半が隠れユダヤ教徒であり、火刑の犠牲となる者も多かった。一五三〇年までに六万件以上の審理がおこなわれたと推計され、バレンシア管区審問所ではこの間に二三五四人が処罰されているが、その九一％が隠れユダヤ教徒の罪状で裁かれ、四〇％が死刑に処された。そのなかには『学問論』などで高名な、エラスムス、トマス・モアらとも親交のあった人文主義者フアン・ルイス・ビーベスの家族も含まれていた。

宗教的統合と並行して、カトリック両王は王権強化と統治機構の整備につとめた。アラゴン連合王国を

カトリック両王の肖像を描いた円形浮彫　サラマンカ大学の正面ファサードには,「スペイン王国」を築いたイサベルとフェルナンドの肖像が刻まれている(1515〜25年頃)。

構成するアラゴン、カタルーニャ、バレンシアの諸国ではそれぞれに王権を制約する統治契約主義《パクティスモ》の伝統が根強く、経済的には中世後期の危機を脱することができず、人口もカスティーリャ王国の五分の一にすぎなかった(面積は約四分の一)。したがって、カスティーリャ支配に力を注ぐ王権は、ここでは異端審問制の設置を除いてはあまり集権化の努力をはらわなかった。各国に滞在する機会が減ったために、副王《ビレイ》を任命し、一四九四年に設置したアラゴン顧問会議を通じて統治した。カタルーニャにかんしては、フェルナンドは八六年にグアダルーペの裁定を発して、レメンサ農民反乱にたいして農民と領主との妥協的解決をはかることに成功した。また、都市参事官選出に「くじ引き制度」を導入するなど、都市統治機構の改編を進めて、都市諸階層の政治的対立を緩和した。

「複合王政」の要であったカスティーリャ王国にかんしては、まずは王国秩序の回復がはかられた。一四七六年マドリガルでコルテス(王国議会)を開催し、市町村自警組織サンタ・エルマンダーを組織した。八〇年のトレードのコルテスでは、王室財政強化の一環として、六四年以降に国王が与えた「恩寵《メルセー》」を無効として、それらの世襲年金、租税徴収権、王領地などを王室に取り戻した。もっともこの年以前の「恩寵」は再確認されたわけであり、この措置は有力貴族には大きな打撃とはならなかった。国王顧問会議は、議決権を奪われて有力貴族が徐々に出席しなくなり、官僚的な最高統治機関として整備された。あわせて、異端審問会議、宗教騎士団会議、インディアス会議など専門の顧問会議がつくられていった。都市にたいしてはコレヒドール(国王代官)の恒常的派遣が決められ、やがて六四のコレヒドール管区が設けられた。コルテスにかんしては、代表派遣都市を一七に限定し(一四九二年以後はグラナダを含めて一八)、八〇年以後は召集回数もできるかぎり少なくして、さらにその政治力をそいだ。王国の裁判制度も改革され、高等法院《チャンシリエリア》はバリャドリーに固定され、タホ川以南を担うもう一つの高等法院がシウダー・レアル(のちにグラナダに移転)に設けられた。

四つの出来事

一四九二年には、カトリック両王の新しいスペイン王国を象徴する四つの出来事が起こった。グラナダ王国の陥落、ユダヤ教徒追放、コロンブスのアメリカ到達、そしてネブリーハの『カスティーリャ語文法』の出版である。

前章で述べたように、同年一月二日にカトリック両王はグラナダに入城し、レコンキスタに終止符を打った。これは異教徒の権力がイベリア半島から放逐されたことを意味したが、降伏協定は寛大であり、イスラーム教徒には信仰の自由や独自の習慣の維持が保証されていた。

同年三月三十一日には、四カ月の猶予期間をもってユダヤ教徒にキリスト教への改宗か国外退去を迫る王令が発せられた。これは一般に「ユダヤ人追放」とされるが、正確ではない。「隠れてユダヤ教を信奉する邪《よこしま》なキリスト教徒」が存在するのはユダヤ教徒の悪影響があるためだ、というのが追放理由であった。カトリック両王は、キリスト教への真摯《しんし》な改宗者は厚く遇していたし、このときに改宗した者たちもおおむね歓迎された。最近の研究では、退去者の数は一〇万人をこえなかったとされ、ユダヤ教徒有力者層は十四世紀末にすでにコンベルソとなっており、追放の経済的影響もそれほどではなかったとされる。

しかし、ユダヤ教徒追放を契機に、異教徒の存在を許さないという風潮が強まった。一五〇二年にカスティーリャ王国のイスラーム教徒に改宗勅令が公布され、二六年にはアラゴン連合王国に拡大された。こうしてカトリック王国《モナルキーア・カトリカ》という言葉がスペイン王国《モナルキーア・イスパニカ》と同義に使われることになり、異端審問制は宗教的国家統合の要になった。だが、キリスト教共同体に容易に同化しないコンベルソ、モリスコ（イスラームからの改宗者）が数多く存在したのは事実であり、彼ら少数者《マイノリティー》と多数者《マジョリティー》たる古くからのキリスト教徒との摩擦・軋轢《あつれき》はカトリック両王期のあとも存続する。

同年十月十二日には、コロンブスが現在のバハマ諸島のサン・サルバドール島に到達した。彼はアジアの一部であると信じて疑わなかったが、この地はインドではなくインディアスないしアメリカと呼ばれる新世界《ヌエボ・ムンド》であった。コロンブスと彼を支援したカトリック両王らは、黄金の発見という物質的な動機とあらたな地にキリスト教を伝えるという強い宗教的使命感とをあわせもっていた。しかしアメリカ「発見」とその後の征服と植民の一〇〇年間に、先住民の人口はおおよそ七割も減少することになる。福音とともに虐待や酷使、そしてなによりも疫病が旧世界《ビエホ・ムンド》からもたらされたからであった。いずれにしろコロンブスの新大陸到達により、スペイン王国は、一四九四年のトルデシーリャス条約でポルトガルと世界を二分して、「太陽の沈まぬ帝国」となっていく。

一四九二年にはさらに、人文主義者ネブリーハが、近代ヨーロッパ諸言語の文法書の先駆けとして『カスティーリャ語文法』を著わして、女王イサベルに献本した。スペイン王国のなかでカスティーリャ語（スペイン語）が支配的言語になった証であり、カスティーリャ語は、同書のはじめに書かれた「言語は帝国の朋友である」という言葉のとおりに、スペイン帝国に広く浸透していく。これはまた、やがておとずれる「黄金世紀」のスペイン文学隆盛を予告するものでもあった。なおネブリーハは、国王フェルナンドの紋章「くびき」のモットー「タント・モンタ」(多くの辞書に「〈イサベルとフェルナンドは〉同権である」の意と説明されるが、これは誤り。「〈結び目を〉ほどくも断つも同じである」という意味で、ゴルディアスの結び目の故事になぞらえて、フェルナンドの英断を称えたもの)をつくったことでも知られる。

「スペイン王国」の動揺

国内の王権強化を背景にして、カトリック両王は積極的な対外政策を展開した。フェルナンドは巧みな地中海政策を進めて、一四九三年のバルセローナ条約でフランスにルシヨンとセルダーニュを返還させ、一五〇四年にはナポリをスペイン支配下においた。北アフリカ遠征隊も組織され、メリーリャの征服(一四九七年)などがおこなわれた。

両王は対外関係に利するために四人の娘をヨーロッパ諸国の宮廷に嫁がせた。しかし一人息子フアンが死去し、ポルトガルに嫁いだ長女イサベルも没したために、カスティーリャとアラゴンの継承権は、神聖ローマ皇帝の息子フィリップと結婚した次女フアナにまわることになった。しかしフアナは精神疾患のために統治能力を欠いており、一五〇四年、イサベルは死去に際して、カスティーリャ女王となる娘フアナの摂政に夫フェルナンド(妻イサベルの死去によりカスティーリャ王の称号を失う)を指名した。フェルナンドは一五〇五年、トロのコルテスで諸都市の支持を取りつけ、家産の限嗣相続制《マヨラスゴ》度を認めるなど貴族家門に有利な政策もおこなった。だが、有力貴族の「強権的王政」への反発は強く、一五〇六年四月に新女王フアナをつれてフランドルからやってきたフィリップが共同統治王フェリーペ一世となった。だが彼は、同年九月に急死し、ふたたびフェルナンドが娘フアナの摂政に復帰した。

フェルナンドは、精神障害の娘フアナに自分のアラゴン連合王国は継承させまいとして、一五〇九年にフランス国王の姪と結婚するが、世継ぎを設けることができなかった。彼は一六年一月に没し、カトリック両王の領土はすべて狂女王フアナに継承されることになった。フアナの息子には、フランドルで養育された長男カルロス(カール)と、カスティーリャで養育された次男フェルナンドがおり、カスティーリャ貴族の多くは次男に共感をいだいていた。祖父フェルナンドは、母フアナの存命中の摂政としてカルロスを指名していたが、彼を取り巻く廷臣たちの進言を受けて、カルロスは一六年三月にブリュッセルの宮廷でカスティーリャとアラゴンの国王、すなわち「スペイン王国」の国王カルロス一世(在位一五一六〜五六)となることを宣言した。こうしていわばクーデタが、あらたなハプスブルク王朝スペインの開始を告げたのである。

2　カルロス一世の普遍帝国

コムニダーデス反乱の鎮圧

一五一七年九月、十七歳のカルロスははじめて母の故郷スペインの地を踏んだ。この間に臨時の摂政を務め、若い国王の助言者となるはずだったシスネーロス枢機卿が、十一月に死去した。シエヴルらのフランドル人側近に取り囲まれ、スペイン語も話せないカルロスにたいする人々の不信は高まり、一八年のバリャドリーのコルテスは、外国人への官職授与の禁止、国王のスペイン語の修得とスペイン国内居住を請願した。

一五一九年、カルロスの祖父マクシミリアンが没して神聖ローマ皇帝選挙がおこなわれると、カルロスは国際金融業者フッガー家の資金援助を受けて(スペインの宗教騎士団領・鉱山などの収入を担保とした)、対立候補フランス国王フランソワ一世をおさえることに成功した。翌年カルロスは皇帝戴冠のためにスペインを離れるが、選挙資金の返済を含めた王室経費を捻出するためにコルテスを召集してあらたな上納金《セルビシオ》を可決させたことで、諸都市の憤激を決定的なものにした。トレード、セゴビアなどの都市住民は、防衛の誓約団体《コムニダー》を結んで、やがてコムニダーデスと呼ばれる反王権反乱に踏み切った。国王がフランドル人側近を優遇し、国王不在中の総督《ゴベルナドール》にハドリアン・フォン・ユトレヒト(のちの教皇ハドリアヌス六世)を任命したことから、カスティーリャ貴族は事態を冷ややかに眺めていた。

「ミュールベルクの戦いのカール５世」
スペイン国王カルロス１世は，神聖ローマ皇帝カール５世として，キリスト教普遍帝国再興の夢を追いつづけた(ティツィアーノ画，1548年，プラド美術館蔵)。

反乱者コムネーロスは、カスティーリャ中央部の諸都市をほぼ結集し、狂女王フアナの居住するトルデシーリャスを占領した。当初は、中間諸身分による政治革命という色彩をおび、諸都市の結成した聖会議は、上納金の撤回に加えて、帝国よりもスペイン王国の利害を優先させること、コルテスが王権制約の権限をもつことなどを要求した。だが、一五二〇年秋にはいると、農民の反領主運動が活発となった。動揺した大貴族は、王権による社会秩序の回復を望んで、国王支持にまわった。その後、コムネーロス側の内部分裂もあり、翌年四月二十三日ビリャラールの戦いに国王軍が勝利して三人の軍事指導者(パディーリャ、ブラボ、マルドナード)を処刑すると、反乱は終息した。以後、スペイン国王カルロス一世は神聖ローマ皇帝カール五世として、ハプスブルク家の利害の絡んだ帝国政策を推し進めるが、諸都市とコルテスにはそれをおさえる力はなかった。

この反乱には、毛織物製造業と羊毛輸出業の対立という要素も含まれていた。コムネーロスは諸都市の手工業擁護の立場から、メスタ(移動牧畜業者組合)の上質羊毛の輸出を制限してそれを国内毛織物業者にまわすことを要求していた。これにたいして大牧羊群を所有する貴族・修道院とメリーノ種羊毛輸出にたずさわるブルゴス大商人は既存の利益に固執し、フランドル毛織物業者はカスティーリャからの羊毛輸入をぜがひでも確保しようとした。当初は王権の制約に同調していたブルゴスが、こうした羊毛輸出大商人の利害の前に国王側へと寝返ったのであった。したがって、コムニダーデス反乱の鎮圧後も王権の経済政策は、国内毛織物業の利益に立って羊毛輸出を制限することはなかった。すでにカトリック両王期に特権を保障されていたメスタは、西ヨーロッパへの羊毛輸出に刺激されてますます発展し、一五二六年には三五〇万頭の羊群を擁するにいたっている。

コムニダーデス反乱と同じころ、バレンシアではヘルマニアスの乱が起こっている。都市手工業者たちを中心としたこの反乱は、より社会的でメシア待望的な性格をおびて、多くの死者をだした。領主への攻撃は、領主所領の労働力であったイスラーム農民にたいするキリスト教への改宗強制をともなった。マジョルカでも同じような反乱が生じた。しかし、カタルーニャにはこれらの反乱に同調する動きはなく、カスティーリャ、バレンシア、そしてマジョルカの反乱者たちに相互の連絡は生まれなかった。いまだスペイン王国内部の諸国のあいだにはいささかの連帯性もなかったのである。

経済の発展

こうした諸反乱が鎮圧されると、スペイン王国の安定が実現した。カルロス一世の治世は四〇年におよぶが、王がスペインにとどまったのはわずか一六年間であった。カルロスの帝国政策はとくにカスティーリャに重い財政負担を強いたが、にもかかわらず目立った反王権の動きは生まれなかった。コムニダーデス反乱をへて統治制度が強化されたのも事実だが、一五八〇年代まで続くカスティーリャの経済発展が、国内安定の大きな支えとなっていた。

一五三〇年と九一年の人口推計をみると、この間にスペイン全体で約四〇％の増加がみられ、とくに中央部とアンダルシーアでそれは顕著であった。しかも農村部よりも都市部の成長が大きく、人口一万人以上の都市は三〇年には一五だったのが、九一年には二五にふえている。こうした人口の増加に加えて、一

都　市	1530年頃	16世紀末	17世紀半ば	17世紀末	1797年
バリャドリー	30,000	36,000	17,000	18,000	21,000
ブルゴス	7,000	12,000	3,000	8,000	9,000
メディーナ・デル・カンポ	19,000	12,000	3,000	4,000	
セゴビア	13,000	25,000	10,000	7,000	
トレード	32,000	65,000	20,000	23,000	25,000
マドリード	15,000	90,000	135,000	130,000	188,000
ムルシア	12,000	16,000	20,000	26,000	40,000
マラガ		11,000		30,000	50,000
グラナダ		40,000			40,000
コルドバ	26,000	43,000	36,000	31,000	
セビーリャ	65,000	160,000	120,000	105,000	96,000
カディス	3,000	5,000	7,000	40,000	70,000
バルセローナ	30,000	35,000	60,000	45,000	115,000
バレンシア	50,000	60,000	50,000	50,000	80,000
サラゴーサ		25,000	30,000	30,000	40,000

スペインの主要都市の人口推移

四九二年以後の新大陸アメリカの需要によって、スペインの農業と手工業の生産は大きな刺激を受けた。

農業の面では、小麦生産のため未開墾地や放牧用共有地の耕地転化が進んだ。しかし、オリーブやブドウといった作物への需要も大きくなり、リオハやラ・マンチャではブドウ栽培への特化が生じた。また諸特権を享受するメスタは、移牧路や牧草地の維持のために農耕地拡大の動きを警戒した。したがって、人口増にかなう小麦量を確保するには輸入にも頼らざるをえなかった。農産物価格の上昇が続き、これが十六世紀インフレの大きな要因になった。手工業の面では、コルドバの皮革、トレードの武具、グラナダやレバンテの生糸生産、コルドバやトレードの各種絹織物が有名となった。毛織物製造はカスティーリャ中央部諸都市に広がり、とくにセゴビアでは都市の織り元問屋《アセドール・デ・パニョス》が農村の労働力を活用する問屋制度を大きく展開した。そうしたなか、十六世紀なかばには原料の羊毛を確保しようとする声が改めて強まった。

商業の中心は、一つは中世末からひきつづいて、フランドルへの羊毛輸出を軸にしたブルゴス―ビルバオであった。ブルゴス商人はブルッヘ(ブリュージュ)、アントウェルペンに商務館を設置しておおいに活動したが、一五五〇年代にはいると北ヨーロッパの羊毛需要が減少し始め、六〇年代には低地地方(ネーデルラント)――フランドルとのちのオランダ――の反乱が起こって交通が困難となり、この商取引は縮小に向かった。

もう一つの中心は、やはり中世末からひきつづいてジェノヴァ商人の活躍するセビーリャであった。インディアス交易が開かれたことで同市は飛躍的に発展し、人口は三〇年の六万五〇〇〇人が世紀末には一六万人にふえている。王権は一五〇三年に通商院を設けてインディアス交易を管理しようとしたが、商人たちの利害とは食い違った。四三年、彼らは王権への献金とひきかえに同交易にかかわるコンスラード(ギルド兼商業裁判所)の設立を認められた。新大陸との交易は、王権の庇護のもとセビーリャ大商人による独占状態で発展していった。

新大陸の富

コロンブスに続く発見者・征服者たちも香辛料、真珠、貴金属を追い求めた。コルテスは一五二一年までにアステカ帝国を制圧した。これに刺激されてあらたな黄金の国を求める数多くの遠征がなされ、ピサロは三三年にインカ帝国の首都クスコを占領した。遠征は王権の許可をえて個人の事業としておこなわれたが、獲得財宝の五分の一は王室のものとされた。また征服領土の統治のために、二四年にインディアス会議が本国に設けられ、ヌエバ・エスパーニャ(メキシコ)とペルーに副王が任命され、さらに新大陸各地には司法行政機関として聴訴院《アウディエンシア》がおかれ、都市には市参事会《カビルド》が設けられた。

王権は先住民インディオの奴隷化を禁じたが、植民者の要求に応えて、彼らにインディオが委ねられた。エンコミエンダ(委任)と呼ばれたこの制度のもとで、先住民のキリスト教化と保護という名目のもとにその労働力搾取が正当化されたのである。先住民の大量死と植民者による酷使の現実を前に、ラス・カサスらの修道士たちは本国の国王に向けてインディオの保護を執拗に訴えた。これは一五四二年に、先住民奴隷化の禁止とエンコミエンダの廃止を定めたインディアス新法となって結実した。しかし、エンコミエンダ所有者が反乱を起こすと、王権は簡単に譲歩した。

インディアス交易には春と秋の二回、輸送船団が組織された。インディアスからはタバコ、コチニールなどの特産物がもたらされたが、なかでも重要なのは貴金属であった。当初は金がほとんどであったが、一五四〇年代にペルー副王領でのポトシ銀山の発見などがあり、銀の比重が高まった。しかも、五〇年代には水銀アマルガム法による製錬技術が導入されて、莫大な銀が産出されることになった。鉱山労働力を確保するためにミタ(賦役)制が利用された。

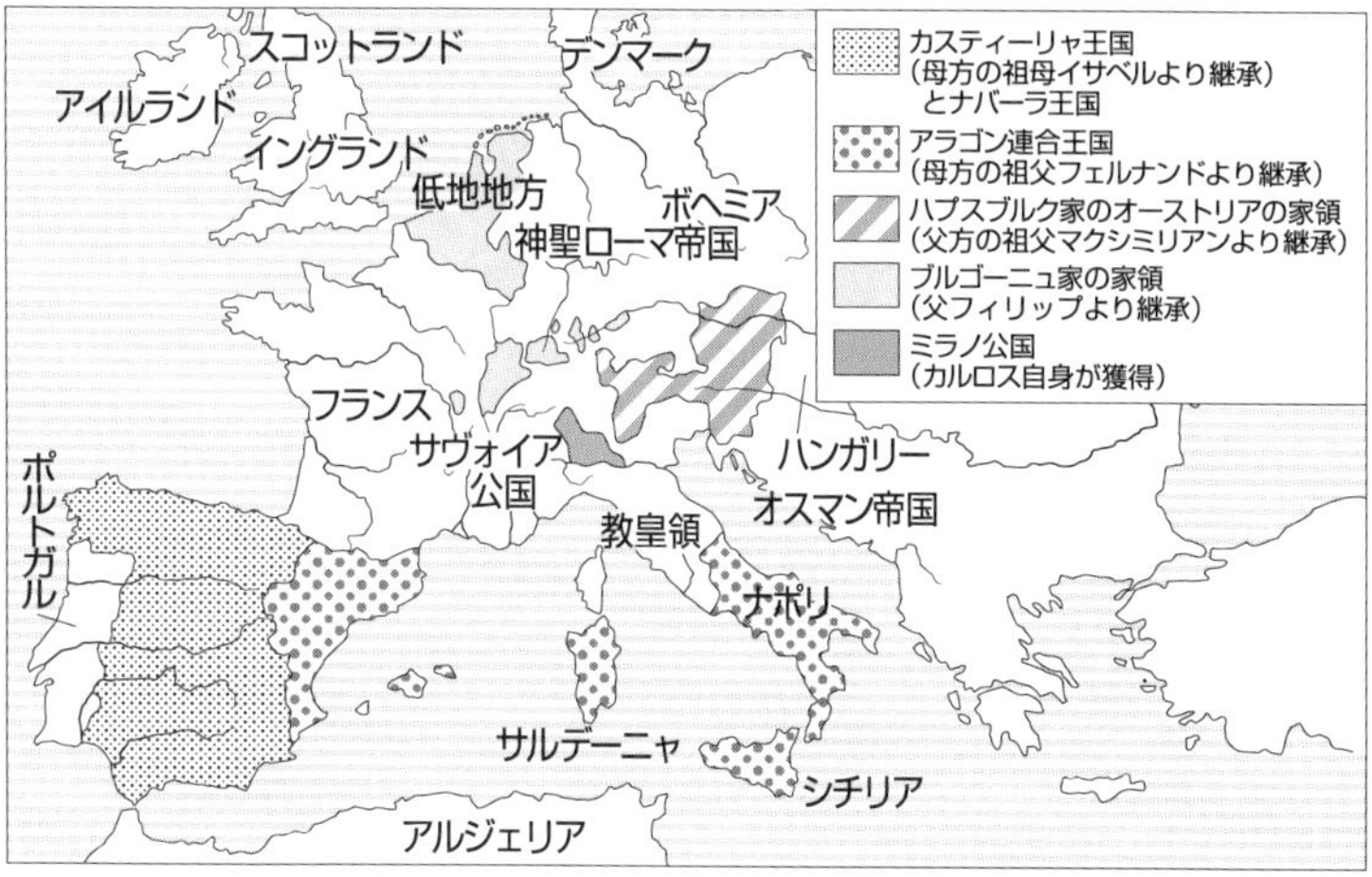

カルロス１世の帝国

キリスト教普遍帝国への固執

広大な領土を手にいれたカルロス一世は、「普遍王政の道」を歩むようにとの大法官ガッティナラの助言に従って、キリスト教普遍帝国を再興しようとし、この理念に敵対する勢力には戦いを挑んだ。それらは、キリスト教世界を脅かすイスラーム勢力、帝権を認めようとしないフランス王権、そして帝国内部のプロテスタント勢力であった。

スレイマン一世治下のオスマン帝国は、一五二九年にウィーン包囲をおこなうなどヨーロッパにとって直接の脅威となった。オスマン軍はハンガリー方面では退却したものの、長いあいだ「キリスト教徒の湖」であった地中海に積極的に進出し、北アフリカではバルバローハを首領とするベルベル人海賊と手をくんだ。カルロスは三五年にチュニス遠征をおこない勝利をおさめたが、四一年のアルジェ攻略は失敗に終わった。四六年にはバルバローハ、そしてトルコとの休戦をよぎなくされた。

カルロスと神聖ローマ皇帝の座をめぐって争ったフラン

スのフランソワ一世は、その後もカルロスの覇権にことごとく対抗した。一五二五年、イタリアのパヴィアの戦いでカルロスはフランソワ自身を捕虜にした。翌年、釈放されたフランソワに教皇クレメンティウス七世が加わってコニャック同盟を締結すると、皇帝軍はローマを脅かして略奪をおこなった(二七年の「ローマの劫掠《ごうりゃく》」)。フランソワは二九年、カンブレー和約を結んでカルロスのイタリア支配を認めた。しかし、その後も対抗をやめず、カルロスをおさえるためにはオスマン帝国との同盟も辞さなかった。四四年にはクレピー和約が結ばれるが、フランスの新王アンリ二世は五一年に戦闘を再開して、トゥール、メッツ、ヴェルダンを奪取した。

ルーヴァン司教ハドリアン・フォン・ユトレヒトから訓育を受けたカルロスは、自らをキリスト教会の守護者であると意識し、教会を分裂させるルターの改革運動にたいしては妥協しなかった。しかし政治状況の悪化から、一五五五年のアウクスブルク宗教和議で、「領土の属する者に宗教も属す《クユス・レギオ・エユス・レリギオ》」の原則を認めざるをえず、プロテスタント諸侯領ではルター派信仰が認められた。各君主がそれぞれの宗旨をとることが合意されたわけで、ここにヨーロッパを一つのキリスト教＝カトリック普遍帝国とするカルロスの夢はついえたのである。翌年カルロスは、失意のなかで退位し、息子フェリーペ(フェリーペ二世)には神聖ローマ帝国以外のすべての領土を継承させ、神聖ローマ皇帝の帝位は自分の弟フェルナンド(フェルディナント一世)にゆずった。カルロスは隠遁場所にエストレマドゥーラのユステ修道院を選んだ。

ところでカルロスの宗教的態度は最初から不寛容だったわけではなかった。ガッティナラだけではなくカルロスの秘書官アルフォンソ・デ・バルデス、異端審問長官アロンソ・マンリーケも福音を重視したエラスムスの信奉者であり、エラスムスの著作は数多くスペイン語に翻訳された。しかし、ガッティナラやバルデスが死去し、ドイツでプロテスタント諸侯の動きになやまされ、一方でスペイン国内でも照明派といった異端的運動が生まれると、状況は悪化した。形式主義的な信仰を批判し個人の内面を重視する点で、エラスムス派とルター派は重なり合っており、トリエント公会議(一五四五～六三年)で教会と信仰とを不可分とする正統派的立場が強まると、異端審問制はエラスムス主義者に嫌疑をかけ始めた。一五五八年にバリャドリーとセビーリャでルター派グループの存在が発覚すると、カルロスは異端の芽をつみとるよう激しく勧告し、同年五月には一五人が火刑に処された。五八年九月にカルロスは没したが、スペインと低地地方(ネーデルラント)では、信仰の統一をゆるがす動きにたいして厳しい弾圧が続いていく。

3　スペイン帝国の展開

帝国の内情

フェリーペ二世(在位一五五六～九八)は、カルロスから広大な領土を継承したが、帝国政策の結果生まれた莫大な借金も受け継いだ。王室は財源不足から、年金支払いによる長期公債《フロ》(額面の七％を上限に、毎年の通常収入から年金のかたちで支払われた)を売りにだし、この年金支払いが一五六六年には通常収入の三分の二に達した(二一年には通常収入の三分の一)。さらに不足する財源は、ドイツやイタリアの国際金融業者からの短期借款《アシエント》に頼っていた。この利子は年々高まり、二〇年代には一七・六％であったが、五〇年代

「フェリーペ2世」　フェリーペ2世は，1580年にポルトガル併合をおこない，「太陽の沈まぬ帝国」に君臨した(アントニオ・モロ画，1556年，プラド美術館蔵)。

には四八・八%に達した。フェリーペは、一五五七年に最初の破産宣告《バンカロータ》(国庫支払い停止宣言)をおこなって、ほとんどの債務をその額の五%の年金支払いとする長期公債にきりかえた。しかし、後述するフェリーペの対外政策は、国家の借財をさらにふやした。このような支払い停止措置は、六〇年、七五年、九六年と繰り返されて、五七年から九八年に公債の総額は三六〇〇万ドゥカードから八五〇〇万ドゥカードへとふくれあがった。

国家財政の窮迫からフェリーペは、従来からの租税の徴収を強める一方、さまざまな手段で収入をえようとした。コルテスに臨時の上納金を求めたほか、教会からの援助金《スブシディオ》の増額を要求し、一五九〇年にはミリョネス税(四種類の食料品に課せられた消費税)が導入された。さらに、貴族位、官職、王領地、村落領主権の売却などがおこなわれた。こうしてフェリーペ二世の治世期に税収は約三倍にふえたが、これは人々に重い負担を強いるものであった。しかも一五七〇年代以後、これまで拡大してきたカスティーリャ経済にかげりがみえてきた。十五世紀なかばから羊毛取引と金融取引の中心であったメディーナ・デル・カンポの国際的定期市は、七五年の破産宣告によって痛手を受けた。さらに北ヨーロッパへの羊毛輸出減少が重なって、九六年の再度の破産措置で崩壊に向かった。人口増加に刺激されて肥沃でない土地を耕作していた農業は、生産性の低下を示した。八〇年代から不順な天候が続き、農業生産の落込みは明らかとなった。九六年から一六〇二年にかけては深刻な疫病に襲われて、この間に人口の約一割が減少した。

セビーリャを独占港として大西洋交易はひきつづき繁栄した。とくに新大陸で銀の生産が飛躍的に伸びたことが交易の拡大につながり、セビーリャとインディアスを航行した船舶の総トン数は、一五五〇年代から九〇年代にかけて三倍以上となった。しかし新大陸における自給化が進行してスペインからの農産物需要は減り、手工業製品の需要に応えるためにはヨーロッパ諸国の商品を再輸出しなければならなかった。一五七一年にトマス・デ・メルカードは、「外国人が商業をおこない、富は王国から消えている」と告発したが、セビーリャはインディアス向け外国商品の中継港となっていた。また、インディアスからの貴金属の流入は、世紀前半からの物価上昇に拍車をかけて、いわゆる「価格革命」を引き起こし、賃金は物価ほど上昇しなかったので

租　税	1561年	1580年	1595年	1621年
アルカバーラ税	12	33	33	38
上納金とミリョネス税	9	4	19	27
関税収入	7	11	14	12
専売収入	0.5	4	5	3
教会援助金	4	13	14	14
インディアスからの税収	5	18	26	13
合　計	37.5	83	111	107

カスティーリャ王国の租税収入(単位：百万レアル)

民衆の生活は悪化した。

　王室が手にいれるアメリカ銀は、盛時で国庫収入の五分の一にすぎなかった。しかし、対外戦争を進めるフェリーペ二世にとって、これはカスティーリャ国内からの収入とならぶきわめて重要な収入源であった。この時代、国家の対外政策遂行能力は王権の戦費調達能力と直接にかかわっていた。スペイン王権は広大な帝国の各地に軍隊を駐屯させ、必要に応じて資金を調達しなければならなかったが、毎年セビーリ

年	スペインへの着荷	年	全ヨーロッパへの着荷
1503-1510	1.2		
1511	2.2		
1521	1.2		
1531-1540	5.6		
1541	10.5		
1551	17.9		
1561	25.3		
1571	29.2		
1581-1591	53.2	1580-1589	55.2
		1590	65.6
1591	69.6		
1601-1610	55.8	1600-1609	64.8
		1610	55.1
1611	54.6		
		1620	55.7
1621	52.0		
		1630	65.5
1631-1640	33.4		
		1640	49.4
1641	25.5		
1651-1660	10.6	1650-1659	54.6
		1660	76.2
1670-1679	11.7	1670-1679	103.5
		1680	78.2
1681	10.0		
1691	40.0	1690-1699	88.3

単位：百万ペソ（1ペソ＝450マラベディ）

スペイン領アメリカからスペインおよびヨーロッパへの貴金属の年ごとの着荷

ャに着荷する正金としてのアメリカ銀は、国際金融業者からの資金借受けの信用《クレディト》として機能したのである。

カトリックの盟主

広大な版図の統治のために「遍歴の国王」であった父カルロスとは対照的に、フェリーペ二世はほとんどスペイン王国から離れることはなく、カスティーリャ語しか話さなかった。一五六一年に宮廷をマドリードに定め、六三年からエル・エスコリアルに修道院兼王宮を建設する(八四年に完成)と、国王の行動範囲は離宮のあったセゴビア、アランフエスとマドリード、エル・エスコリアルに限られた。フェリーペは「書類王」とも「慎重王」とも称され、ひたすら執務室で「太陽の沈まぬ帝国」の統治実務に腐心したとされる。

「異端者に君臨するくらいなら命を一〇〇度失うほうがよい」と述べたフェリーペは、カトリックによる国家統合をもっとも重視した。プロテスタント的動きは告発されて、一五五九年、六〇年、六二年と火刑が実施された。また正統派の圧力の前に、トレード大司教カランサですら異端の嫌疑をかけられた。五九年にはスペイン異端審問制によって「禁書目録」が公布され、そこにはエラスムスの著作、カランサの説教も含まれていた。一時的措置に終わったが、同年には指定された以外の外国の大学でスペイン人が学ぶことも禁じられた。こうした統制が学問を萎縮させたことは、想像にかたくない。当代のヘレニズム学者ペドロ・フアン・ヌニェスもまた、人文学の研究で異端として告発される恐れを書簡に書き残している。

このころ、異端審問制は、コンベルソや異端的教義信奉者を監視するだけでなく、もともとのキリスト教徒住民すなわち旧キリスト教徒《クリスティアノ・ビエホ》にたいする精神的・道徳的統制へとその活動を広げていた。取締り対象は、民衆による冒瀆・瀆神の言動から、姦通や重婚、魔術行為《ブルヘリア》、さらに聖職者の求愛行為《ソリシタシオン》にまで向けられた。しかし隠れユダヤ教徒の弾圧の時期を過ぎて、火刑犠牲者の数は大きく減少した。一五五〇年から一七〇〇年にかけて異端処罰者数は約五万人であったが、生きたまま火刑に処された者はその一％であったとされる。しかし、諸都市の中央広場で盛大に催された異端判決宣告式《アウト・デ・フェ》、それに続く処刑場での火刑は、正統派信仰逸脱の結果を民衆に広く知らせる教訓劇であった。各市町村に異端告発に協力する世俗取締官《ファミリアル》をかかえた異端審問制は、有効な社会統制装置として機能していたのである。

さらに王権は、モリスコ（キリスト教に改宗したイスラーム教徒）にたいして、実質的なキリスト教化をめざして、アラビア語や特有の風俗・習慣を禁圧する措置をとった。異端審問制は、とくにグラナダ、バレンシア、サラゴーサでモリスコへの監視を強めた。これに反発するグラナダのモリスコは、一五六八年に大規模な反乱を起こし、アルプハーラス山地で二年間にわたって抵抗した。敗北後、グラナダのモリスコは、カスティーリャ諸地方へ強制移住させられた。しかしこれは、モリスコと旧キリスト教徒住民の軋轢《あつれき》を各地に生み出すことになった。

王権は、法的に認可することはなかったものの、「血の純潔《リンピエサ・デ・サングレ》」規約の各種団体への広がりを容認した。宗教的統一後も、旧キリスト教徒の新キリスト教徒《クリスティアノ・ヌエボ》への差別や偏見はやむことがなく、十五世紀末から信徒会、修道会、学寮、大学、各種団体の入会要件には祖先に「ユダヤ教徒やモーロ人の血が混じらな

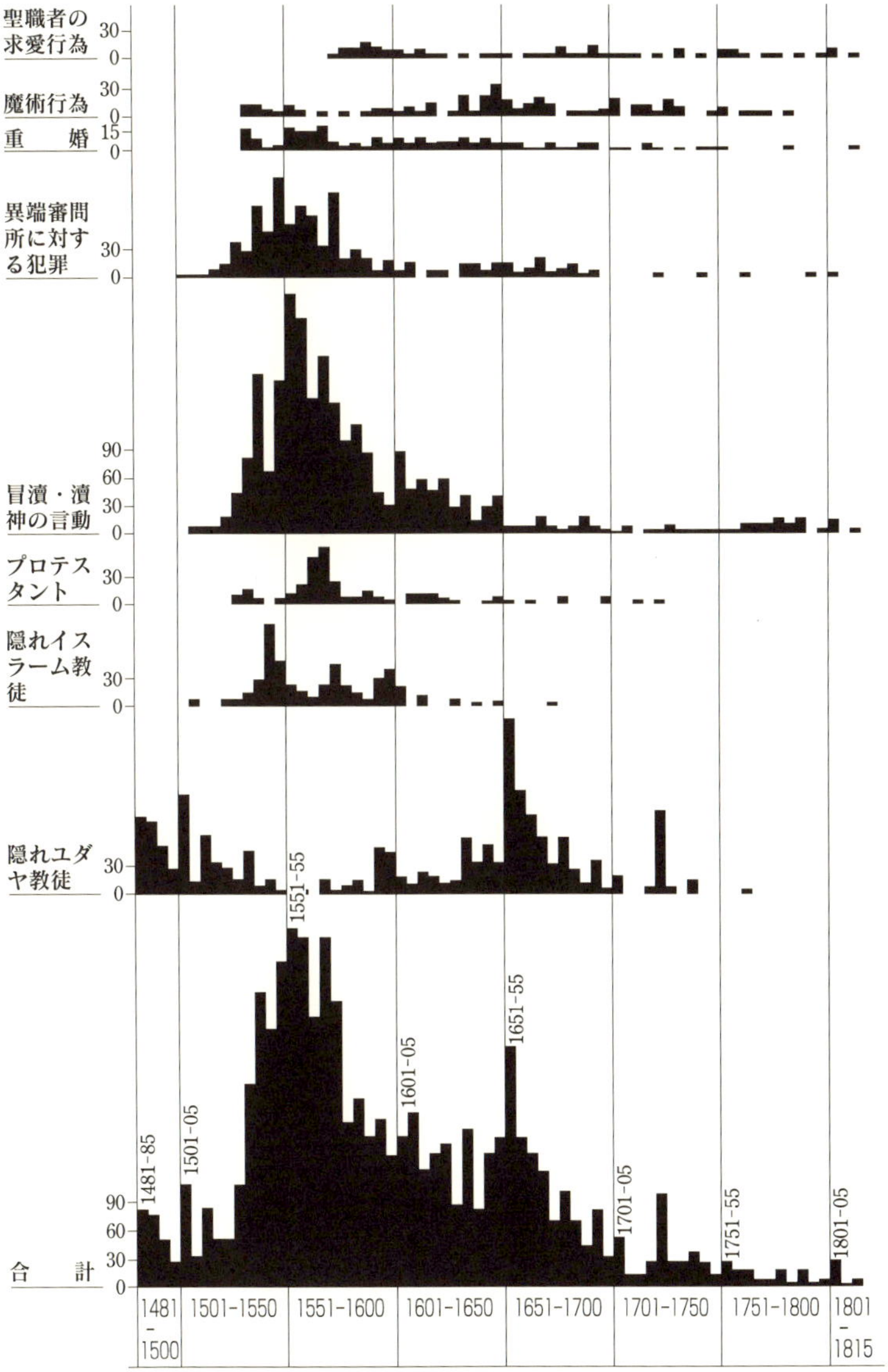

トレード管区審問所　５年ごとの審理件数とその種類(１目盛は５年単位)

い」という規定が含まれるようになり、それは一五四〇年代から五〇年代にかけて一般化した。宮廷ではエラスムス主義者が影響力を失い、野心的なフェルナンド・バルデスが異端審問長官（在任一五四七〜六六）をつとめた時期である。一五四七年、トレード大司教シリセオがトレード大聖堂参事会への入会に「血の純潔」規約を含めると、教会が「血」によってキリスト教徒を差別することの是非をめぐる論議が巻き起こったが、五六年にフェリーペ二世はこれを正式に認めた。その後も批判の声は根強かったが、「血の純潔」規約は伝統社会の「名誉」意識と重なって、十九世紀前半のアンシャン・レジーム解体まで存続する。

スペインの優位とポルトガル併合

十六世紀後半、アメリカ銀の産出のおかげでフェリーペ二世は、多くの傭兵をかかえて強力なスペイン歩兵連隊《テルシオス》を組織し、ヨーロッパを舞台にスペイン優位の時代を築いた。フランスにたいしては、一五五七年のサン・カンタンの戦い、五八年のグラヴリーヌの戦いに勝ち、五九年のカトー・カンブレジ和約でフランスのイタリアにたいする要求を放棄させた。その後フランス国内が新旧両派間のユグノー戦争（六二〜九八年）に陥ると、カトリック側を支援して干渉した。

オスマン帝国は、一五七〇年にヴェネツィアからキプロス島を奪い、マルタ島をも攻撃した。これにたいしてスペインは、教皇庁、ヴェネツィアとともに神聖同盟を結成して、七一年のレパントの海戦でトルコ艦隊を破った。これはトルコにたいする決定的勝利ではなかったが、地中海におけるイスラーム勢力の

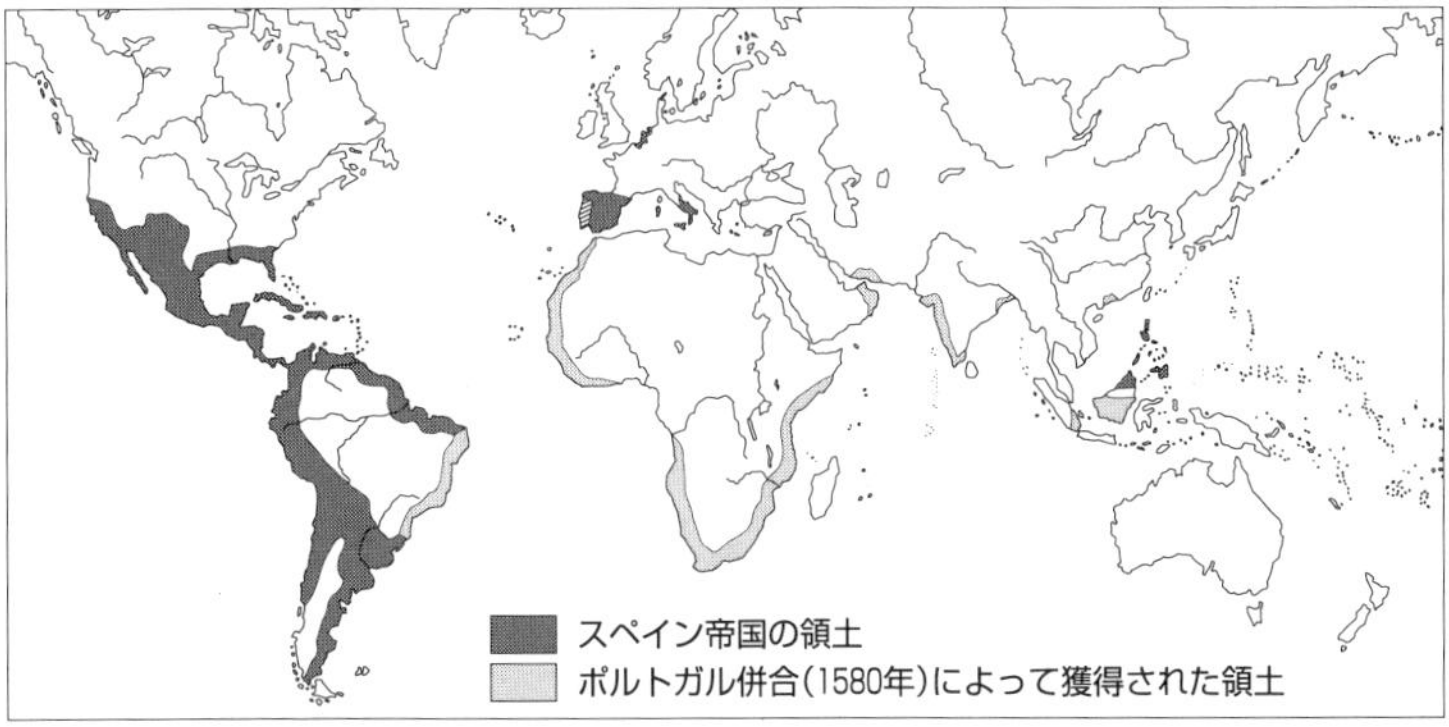

フェリーペ２世の支配地域

脅威をやわらげた。八〇年にはオスマン帝国とスペインのあいだに協定が結ばれ、長年の戦いに終止符が打たれた。ヨーロッパの目は、ますます地中海から大西洋に向けられることになった。

一五七八年、ポルトガル国王セバスティアンが無謀なアフリカ遠征をおこなってアルカセル・キビルで戦死した。高齢の叔父ドン・エンリケが王位を継ぐが、すぐに後継者問題がもちあがった。フェリーペは、カトリック両王以来の婚姻政策の結果、もっとも有力な候補者であったが、ポルトガル国内にはスペインへの反発が強かった。八〇年、ドン・エンリケが死去すると、アルバ公の指揮する軍隊がポルトガルに侵攻した。結局、翌年四月にポルトガル議会はフェリーペの王位継承を認め、七月にフェリーペはリスボンに入城した。いわゆるポルトガル併合が実現したが、これはフェリーペがポルトガル王位をかねるという同君連合にすぎず、ポルトガルの自治や制度は尊重された。しかしスペイン・ハプスブルク家としてみれば、アジア、アフリカ、アメリカへと海外領土を拡大し、つねに領土のどこかに太陽がのぼっている、「太陽の沈まぬ帝国」を実現したのである。また対外的にみると、ポルトガルの権益は、スペイン帝国の一員として擁護されるとともに、スペインを敵とする諸国からの攻撃にさらされることにもなった。

オランダ独立戦争

こうした勝利とは逆に、フェリーペ二世は、父カルロスの故地である低地地方(ネーデルラント)の統治には苦しんだ。低地地方では、フランドルを中心に毛織物工業が発達し、中世から諸都市の発展も著しく、なかでもブルッヘ、ついでアントウェルペンが国際的中継港となった。この地方には、ドイツからルター派と再洗礼派、フランスからカルヴァン派が浸透した。カルロス一世は、これらの異端を攻撃し、帝国政策のために大きな財政負担を強いたが、フランドルに生まれ育った君主であったため、諸身分から敬意をはらわれていた。しかし一五五五年から始まったその息子フェリーペ(翌年にフェリーペ二世となる)の統治は、そのスペイン的政策によって住民の大きな反発を招いた。異端審問制によって新教徒を激しく弾圧する一方、低地地方の政治をグランヴェルその他の外国人に委ねて性急な集権化をおこなったからである。

一五六六年にカルヴァン派民衆が聖画像破壊運動を起こすと、フェリーペに派遣されたアルバ公は「血の評議会」を設けて、暴動参加者への過酷な弾圧をおこなった。こうした状況のなかで六八年、ドイツに逃れていたオランイェ公ウィレムがオランダに進攻した。ここに「八十年戦争」ないし「オランダ独立戦争」(一五六八〜一六四八年)が始まるが、最初からオランダの独立が意図されていたわけではなく、低地地方の特権回復が求められていた。旧教徒の多い南部諸州は、一時は反乱に参加したものの、七九年に離脱した。同年、北部七州はユトレヒト同盟を結んで戦いを続行し、八一年にはフェリーペ二世の統治権を否認した。これは、事実上のオランダ独立宣言であった。この戦争は、十七世紀なかばまでスペインを苦しめつづけ、やがてその国際的優位を瓦解させるものになっていく。

この戦争を正当化するために一五八一年にオランイェ公ウィレムが著わした冊子は、スペインを攻撃する「黒い伝説《レイエンダ・ネグラ》」のもとになった。フェリーペは息子ドン・カルロスの暗殺者で妻イサベル・デ・ヴァロワの毒殺者であり、国王を含めてスペイン人は狂信的であり、さらに新大陸先住民の虐殺者であるという非難が、その後何世紀もスペインにあびせられることになる。

スペインは、オランダの反乱を鎮圧するために、これを支援するイギリスをたたく必要に迫られた。フェリーペは一五八七年、前スコットランド女王でカトリック教徒のメアリが処刑されたのを機に、イギリス侵攻を決意した。八八年、強力な「無敵艦隊《アルマーダ・インベンシブレ》」を派遣したが、ドーヴァー海峡での海戦で敗北し、海上権力に大きな打撃を受けた。その後スペイン艦隊は再建されるが、この敗北はなによりも「太陽の沈まぬ帝国」の威信の失墜につながった。

この間にスペインの宮廷では、フランドルの反乱鎮圧と統治の仕方をめぐって確執が生まれていた。事態を打開するためにフェリーペの秘書官アントニオ・ペレスは、一五七八年、時の低地地方総督ドン・フアン・デ・アウストリアの秘書フアン・デ・エスコベードを殺害させた。フェリーペは自らがこの暗殺を黙認したことが発覚するのを恐れて七九年、ペレスを投獄した。だが九〇年、ペレスはアラゴン国への逃亡に成功し、この国の特権を盾にカスティーリャ王国の追及をまぬがれようとした。フェリーペは、諸国特権《フエロス》に拘束されない異端審問制によってペレスを逮捕しようとしたが、九一年、特権侵害に反発してサラゴーサで暴動が起こった。ペレスはこれに乗じて国外に逃れるが、カスティーリャ軍は越境してこの反乱を鎮圧した。この結果アラゴンの特権は、廃止にはいたらなかったが、王権に有利なかたちに改編させられた。なおペレスは、その後フランスとイギリスの宮廷を渡り歩き、秘書官時代の情報を意図的に流しては「黒い伝説」の形成をうながした。

「黄金世紀」の文化

十六・十七世紀にかけてスペインが政治・軍事、経済、芸術・文学において栄えた時代は、一般に「黄金世紀《シグロ・デ・オロ》」と称されるが、各分野のその時期は必ずしも一致しない。政治・軍事的には一六三〇年代まで覇権を維持するが、経済的には十六世紀末にはすでに衰退の兆しをみせている。文学の面ではフェリーペ三世期（在位一五九八〜一六二一）に数多くの傑作が生まれ、絵画においてはフェリーペ四世期（在位一六二一〜六五）に優れた画家が活躍している。このようなずれをともないつつも、黄金世紀の文化はスペインが優位を保っていた、あるいは危機意識を感じつつもいぜんとして優位を保ちつづけた。繁栄を過去のものとした十七世紀後半も広い意味では黄金世紀とされるが、それはバロック文化としての特徴をもつ。

この時代の文化と切り離せない要素として宗教性があるが、一五五九年を境に知識人の宗教的態度に大きな変化が生まれる。というのも、この年に異端審問制が禁書目録をだし、宗教書を俗語（ラテン語以外の言葉）に翻訳することを禁じたからである。十六世紀前半には、カトリック両王期にシスネーロスが自ら創設し、人文主義の影響を強く受けたアルカラ・デ・エナーレス大学が、知的刷新の中心であった。エラスムスは、ルター派に対抗しつつカトリック信仰を純化しようとする者に大きな影響を与え、スペインでは教化文学の代表にフアン・デ・バルデス、思想家にフアン・ルイス・ビーベスらがあらわれる。しかし四〇～五〇年代、トリエント公会議の開催とエラスムス主義弾圧のなかで、批判的精神よりも強烈な宗教性をもって正統的解釈を擁護する立場が強まった。イグナシオ・デ・ロヨーラの設立したイエズス会は、ローマ教皇への絶対服従を唱えて対抗宗教改革の先頭に立った。またドミニコ会は、サラマンカ大学をはじめとする学問の場で大きな存在であり、異端にたいする攻撃にもっとも熱心であった。

カトリックのなかで霊性を強く求める動きから、スペイン神秘主義《ミスティシスモ》が生まれた。こうした傾向のあるものは宗教的逸脱として弾圧されたが、別のあるものは宗教性の刷新として許容された。テレーサ・デ・アビラ、フアン・デ・ラ・クルスらが後者の代表としてあげられるが、これらの人物のなかにはコンベルソの血筋を引く者が多かった。

この時代の画家としては、クレタ島に生まれトレードに落ち着いたエル・グレコがおり、その神秘的な宗教画は後世に注目される。だが、父カルロスと同じくフェリーペ二世も、官能的なティツィアーノの作品を好み、奇怪なボッシュの「快楽の園」をエル・エスコリアル宮にかざるなど、宮廷芸術では禁欲的な画風はあまり好まれなかった。続く十七世紀前半には、巨匠ベラスケスがあらわれてマドリードの宮廷で重用されるが、彼は虚飾やきらびやかさを排して視覚的な事実を写実的に描いた。

民衆の娯楽であった演劇では、宗教劇や聖餐神秘劇とならんで、にわかづくりの芝居小屋《コラル》で上演される

「ミゲル・デ・セルバンテス」 セルバンテスは，スペインの黄金世紀を代表する作家で，傑作『ドン・キホーテ』を著わした(推定ハウレギ画，1600年，マドリード，スペイン王立アカデミー蔵)。

世俗演劇コメディアが盛んとなった。なかでもロペ・デ・ベガは歴史を題材にして、名誉《オノール》を機軸テーマにした多くの傑作を書いた。小説では、社会の各層を冷笑的に風刺する悪漢《ピカレスク》小説が生まれた。一五五四年にこのジャンルの傑作『ラサリーリョ・デ・トルメスの生涯』が出版されたが、五年後に禁書目録に加えられた。このことは、この時代の葛藤を物語る。さらに、七一年のレパントの海戦にも参加したセルバンテスは、スペイン衰退の兆しのなかで、『ドン・キホーテ』をはじめとする人間心理を深く洞察した数々の作品を著わした。風車に向かって突進する騎士ドン・キホーテの姿は、大義を失ったにもかかわらず戦いつづけるスペイン帝国と重なった。

4 衰退と危機

経済的衰退

十七世紀にはいると、耕作地の放棄や離村など農村の荒廃はさらに進んだ。カスティーリャの穀倉地帯であったティエラ・デ・カンポスでも、一五八〇年と一六四〇年を比べると小麦生産は約四割の落込みをみせた。一六〇六年、一五年、三一年と大きな食糧危機にみまわれ、四七〜五四年にはペストが蔓延した。十七世紀中ごろまでに、カスティーリャは、人口の二〇〜二五%を失い、アラゴンでも一五〜二〇%の喪失があった。そして手工業・商業活動は衰退し、宮廷のおかれたマドリードを除くほとんどの都市で人口が著しく減少した。とくにブルゴス、セゴビア、トレードといった十六世紀に繁栄したカスティーリャ中央都市の衰退ははなはだしかった(一五二ページの表を参照)。

こうした国内的混乱と重なって、新大陸からスペイン本国への銀の流入は、十六世紀末をピークにしだいに減少し、一六三〇年代にはいると激減した。一つには、このころメキシコのサカテカス銀山などが枯渇し始めるとともにアメリカ植民地の自給がさらに進んで、スペインからの農産物や一般製造品を必要としなくなったためである。もう一つには、ヨーロッパ諸国と新大陸との実質的な「直接取引」が盛んになり、セビーリャに陸揚げされることなく銀が北ヨーロッパへ流れるようになったからである(一六〇ページの表を参照)。さらに、オランダやイギリスの私掠《しりゃく》船の活動が強まり、大西洋貿易のルートは頻繁に脅かされた。とくにブラジル北東部沿岸はオランダの略奪に苦しみ、スペイン帝国の一員にとどまることによる損失にポルトガルは大きな不満をいだき始めた。

不足する王室収入を増大させるために政府は、官職や領主権の売却を進める一方、安易な貨幣操作という手段に訴えた。一五九九年、銀と銅の合金であったベリョン貨を銅のみで鋳造し、一六〇三年には、貨幣に二倍の価格を刻印するという措置をとったのである。その後もベリョン銅貨の鋳造が繰り返されて、貨幣価値の混乱からインフレが加速した。それでも財政を確保できなかった王権は、一六〇七年、二七年、四七年、五二年、六二年と破産宣告《バンカロータ》をおこなった。このたび重なる措置に、国際金融業者はスペイン王室から撤退していった。カルロス二世(在位一六六五〜一七〇〇)が即位するときには、疲弊した国土と約二億二〇〇〇万ドゥカードの長期公債《フロ》を受け継ぐことになる。

「スペイン王国」体制の改革へ

一五九八年にフェリーペ三世が王位に就くが、まもなく政治に直接関与しなくなり、国政は国王の信頼をえた側近に委ねられた。十七世紀スペインを特徴づける寵臣《バリード》政治の始まりであった。その最初の人物レルマ公爵は、事実上の独立を達成していたオランダと一二年間の休戦協定を結び(一六〇九年)、続いてモリスコ追放を実現したほかは、自らと家門の私腹を肥やすことにつとめた。

一六〇九〜一四年のモリスコ追放は、十六世紀を通じたモリスコとキリスト教徒住民との軋轢《あつれき》に終止符を打つものであった。たしかにこの措置はカトリックの宗教的一体性を強化したが、約三〇万人の人口を失うという大きな代償をともなった。とくにバレンシアとアラゴンは、それぞれ一二万人と六万人という多くの農民層を失って、経済は深刻な打撃を受けた。

一六二一年に即位したフェリーペ四世も、寵臣に国政を委ねた。最初に実権を握り、二〇年以上にわたって専横的権力をふるったのは、伯公爵《コンデ＝ドゥケ》の肩書で知られるオリバーレスであった。隣国フランスではルイ十三世の宰相リシュリューが絶対王権の確立につとめていたが、オリバーレスもまたスペインの優位を維持しようとして行財政改革に邁進《まいしん》した。しかし、経済的衰退の時期におこなわれた諸改革は、功を奏する前に既存の体制からの激しい反発を招くことになる。

まず彼は、前王時代の寵臣たちの腐敗を糾弾し、一六二三年には官僚の就任時と退任時に資産報告を求めるなど、綱紀粛正につとめた。さらに、臣民の全般的健全化をめざした改革評議会を設置して、奢侈品の禁止、売春宿や劇場の閉鎖などの措置をとった。さらに商業活動活発化のために、北ヨーロッパとの交易をおこなう新キリスト教徒のポルトガル商人・金融業者との関係を重視して、「血の純潔」規約には批判的態度をとった。

「オリバーレス伯公爵騎馬像」　黄金世紀最大の画家ベラスケスは，40年近く宮廷に仕えて王侯の肖像画を数多く残した。ここに描かれたオリバーレスはフェリーペ４世の寵臣として長く権力の座にあった(ベラスケス画，1636～38年頃，プラド美術館蔵)。

租税にかんしては、民衆に不評のミリョネ

アラゴン連合王国	200,000
ナバーラ	40,000
マジョルカとサルデーニャ	その防御に使われるので収入はなし
シチリアとナポリ王国	1,000,000
ミラノ公国	300,000
フランドル	1,800,000
ポルトガル(その海外領土を含む)	2,000,000
合　計	5,340,000

1616年の「王室財政報告」によるスペイン帝国内の各国からの王室収入(カスティーリャを除く)
(単位：ドゥカード)

ス税にかわって塩税への依存を強めたが、疲弊したカスティーリャにこれ以上の人的・物的負担を求めることはできなかった。「スペイン王国」を構成する諸国の負担には大きな格差があり、一六一六年の王室収入をみると、カスティーリャが約一四〇〇万ドゥカードにたいしてアラゴン連合王国は全体で二〇万ドゥカードであった。もともとオリバーレスの政治理念は、ゆるやかな「複合王政《モナルキーア・コンプエスタ》」を廃して、「カスティーリャの形式と法にのっとって」諸国を統合するという中央集権的王政の実現であった。そこでカスティーリャ以外の諸国からの兵員徴募や収入増加がはかられて、一六二六年には「軍隊統合計画」が立案された。

こうした王国改革と並行してオリバーレスは、スペインの「名声《レプタシオン》」維持のために積極的な対外政策を展開した。一六二一年に休戦協定が切れるとオランダとの戦争を再開し、一六一八年に勃発した三十年戦争への介入を強めた。三四年にスウェーデン軍がオーストリアとスペインの連合軍に敗れると、両ハプスブルク家の優勢を恐れたフランスは翌年プロテスタント陣営に与《くみ》して、スペインにたいして宣戦を布告した。三十年戦争は当初の宗教戦争から国際戦争へと発展し、スペインはヨーロッパ各地の領土に軍隊を派遣・駐屯せざるをえなくなった。三八年にはスペイン北部のフエンテラビアの包囲を解くなど初期の戦局は有利であったが、三九年のダウンズの海戦でスペイン海軍はオランダの艦隊によって撃退された。ミラノからブリュッセルにいたる「スペイン街道」に加え、イギリス海峡・ドーヴァー海峡をとおる海路も断たれたことで、スペイン軍はネーデルラントで不利な状況に陥った。四三年、ロクロワの戦いでフランスは、一五〇年間にわたって無敵を誇ったスペイン軍歩兵連隊《テルシオス》に大勝利をおさめた。フランス軍の主力は、槍兵からマスケット銃と大砲に移っていた。

カタルーニャ反乱とポルトガル独立

戦争が長期化し、王室財政はますます逼迫した。アラゴンとバレンシアからは、軍隊統合計画の兵員徴募にかえて上納金拠出を引き出したものの、カタルーニャからはまったく拒絶されてしまった。ビスカーヤに塩税を導入しようとする試みも、一六三一〜三二年に地方反乱を引き起こして失敗に終わった。

一六三五年にフランスとの戦争が始まるとカタルーニャは戦略拠点になった。カタルーニャの諸村落に駐屯するよそ者＝カスティーリャ軍にたいする農民の反発は日に日に高まった。四〇年五月にはサンタ・コローマ・デ・ファルネス村で軍隊に宿泊供与の便宜をはかる国王役人が殺害され、民衆蜂起はヘローナからカタルーニャ農村部に拡大した。同年六月七日キリスト聖体の祝日(のちに「血の聖体の祝日」と呼ばれる)には、バルセローナ市の伝統的宗教行事に参加した刈取り人《セガドーレス》が暴動を起こして、副王を殺害した。これが、カタルーニャ反乱の始まりとなった(「刈取り人」蜂起を讃えた歌が、現在のカタルーニャ自治州歌となっている)。

ジェネラリタート(議会常設代表部)を構成する上層階級は、オリバーレスの派遣するカスティーリャ軍に抵抗する一方で、反乱が社会革命に転化するのを避けねばならなかった。そこで一六四〇年十月にフランスと防衛協約を結び、翌年一月にルイ十三世をあらたな君主に戴いた。しかしフランス王権の専横的振舞いとその軍隊の略奪行為から、フランスへの反発が強まった。長年の戦乱による疲弊に五一年の疫病蔓延が重なって、住民のあいだには厭戦《えんせん》気分が広がった。五二年にバルセローナは降伏し、翌年フェリーペ四世がカタルーニャの諸特権の尊重を表明すると、反乱は終結した。

一六四〇年代には、「スペイン王国」の諸国で反乱や騒擾が巻き起こった。カタルーニャ反乱に続いて、四〇年十二月にはポルトガルでスペイン王国からの離脱の動きが起こり、イギリス、フランスの支援を受けて独立に向かった(六八年のリスボン条約で独立を承認)。この数カ月あとにはメディーナ・シドニア公を打ち立ててアンダルシーアを独立国にしようとする陰謀がくだかれた。さらに四七年から翌年にかけても各地で騒乱が生じ、ナポリやシチリアでは反税運動が盛り上がり、四八年にはアラゴンでイハル公の陰謀が発覚した。四七年から五二年にかけては、スペイン南部の都市・村落で騒擾《そうじょう》や食糧暴動があいついだ。

国内外での失敗が続いたオリバーレスは、一六四三年に失脚した。さらに軍事的敗退を重ねたスペインは、結局、四八年のウェストファリア条約でオランダの独立を承認した。また、五九年のピレネー条約でフランスと講和した。この条約により、カタルーニャ領土の五分の一にあたるルシヨン(ロセリョン)とセルダーニュ(セルダーニャ)の半分が最終的にフランスのものとなった。さらにフランス国王ルイ十四世とフェリーペ四世の娘マリア・テレーサの結婚が取り決められた。ここにスペインの優位は完全に失われ、「フランスの時代」が始まった。

衰退期の文化

レルマ公の意向をくんで宮廷は一時バリャドリーに移されたが(一六〇一～〇六年)、以後はマドリードが帝都の地位を不動のものにした。十六世紀末に人口は九万人に達していたが、十七世紀なかばには一三万五〇〇〇人へとさらに膨張し(一時的滞在者などを加えると約一五万人)、大西洋貿易で栄えたセビーリャをぬいて王国第一の都市になった。宮廷には多くの有力貴族が館を構え、マドリードは政治都市であると同時に一大消費都市となった。

十七世紀前半には、このマドリードの宮廷を中心にしてバロック文化が栄えた。それは、プロテスタント勢力に対抗するカトリック教会とスペイン王室の華麗な自己表現であった。一六三〇年代に着工されたブエン・レティーロ宮には、スペインの威勢を誇示する数々の品がかざられ、なかでも宮廷画家ディエゴ・デ・ベラスケスの作品が好まれた。彼は威風堂々とした国王らの肖像画に加えて、「ブレダの開城」などスペイン軍の勝利をうたった

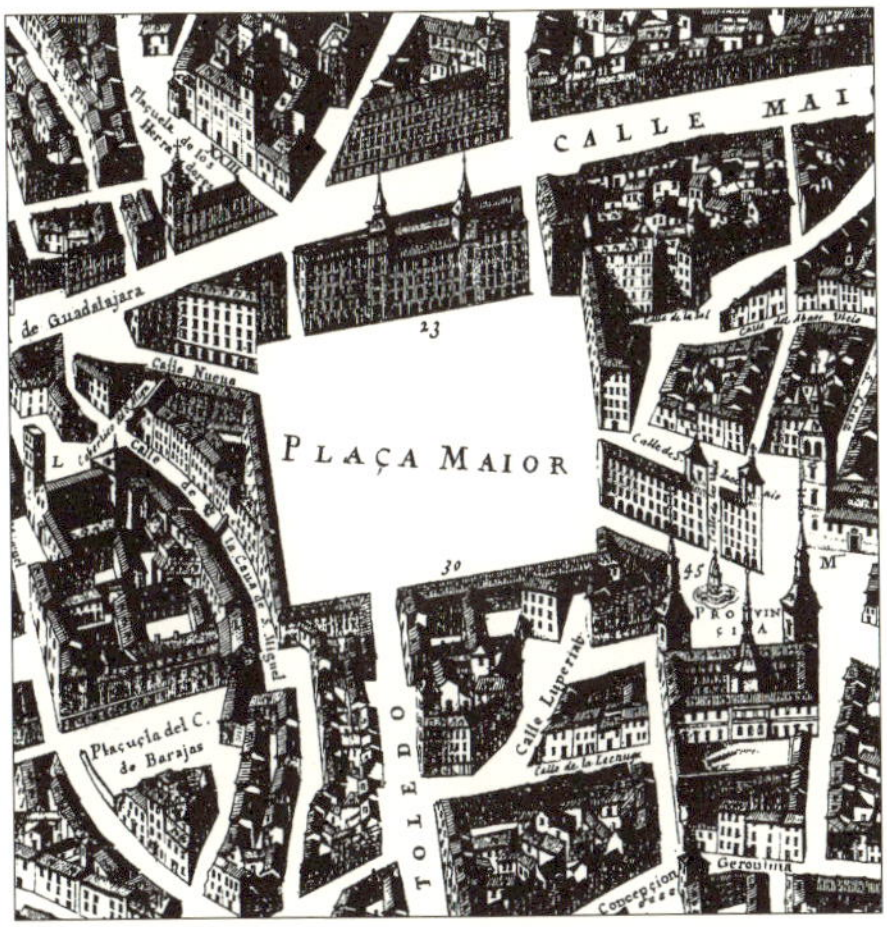

マドリード市街図　商工業活動の中心にとどまらず，さまざまな催しの舞台となったマヨール広場と周辺の建物が立体的に描かれている(ペドロ・テイセイラ製作，1656年，マドリード市立博物館蔵)。

「無原罪のお宿り」 17世紀半ば，頽廃と貧困のなかでセビーリャの有力者は，ムリーリョの描く聖母や子供の絵に束の間の精神的安らぎを求めた(ムリーリョ画，1660～65年頃，プラド美術館蔵)。

戦場画を描いている。演劇にかんしても、宮廷世界の要望に応えて、凝った文体や舞台構成を用いた数々の作品が生まれた。名誉《オノール》を題材とするカルデロン・デ・ラ・バルカの戯曲は、初の常設劇場コリセオで好んで上演された。またマヨール広場では、闘牛、馬上槍試合などの野外行事が催され、宮廷の栄華が人々に顕示された。しかし、こうしたはなやかさの陰で、政治的衰退が進行し、社会の混乱は広まっていった。十七世紀末にはバロック様式は、その伸びやかさを失って重苦しいものになっていた。

ところでマリア信仰、とくに無原罪のお宿り《インマクラーダ・コンセプシオン》の教義(マリアは生まれながらにして原罪をまぬがれていること)は、対抗宗教改革の要となった。トリエント公会議でも公式には認められなかったこの教義(一八五四年に教皇庁は認可)は、スペイン・カトリシズムの正統性の踏み絵となった。官職に就くためには、「貴方は、われらが聖母マリア様の無原罪のお宿りの教義を擁護することを、われらが神と十字の印にかけて誓いますか」という問いに「はい、誓います」と答えねばならなかった。さらに民衆のなかにも、経済的・社会的不安のなかで「癒しの聖母」、「慈愛の聖母」たるマリアへの崇敬の念が高まった。アンダルシーアなどでは、「祝福あれ、いと清らかなマリア様に《アベ・マリア・プリシマ》」にたいして「(その母の胎内に)原罪をまぬがれて宿られた《シン・ペカード・コンセビーダ》」という応答が人々の一般的な挨拶になったという記録が残されている。また、セビーリャに暮した画家ムリーリョは、都市貴族や修道院をパトロンとして宗教的・美的な理想を描いたが、なかでも「無原罪の聖母」への信仰をうたった数多くの作品を残している。ムリーリョの描く聖母は、繁栄を失った都市社会にとってまさに癒しであったろう。

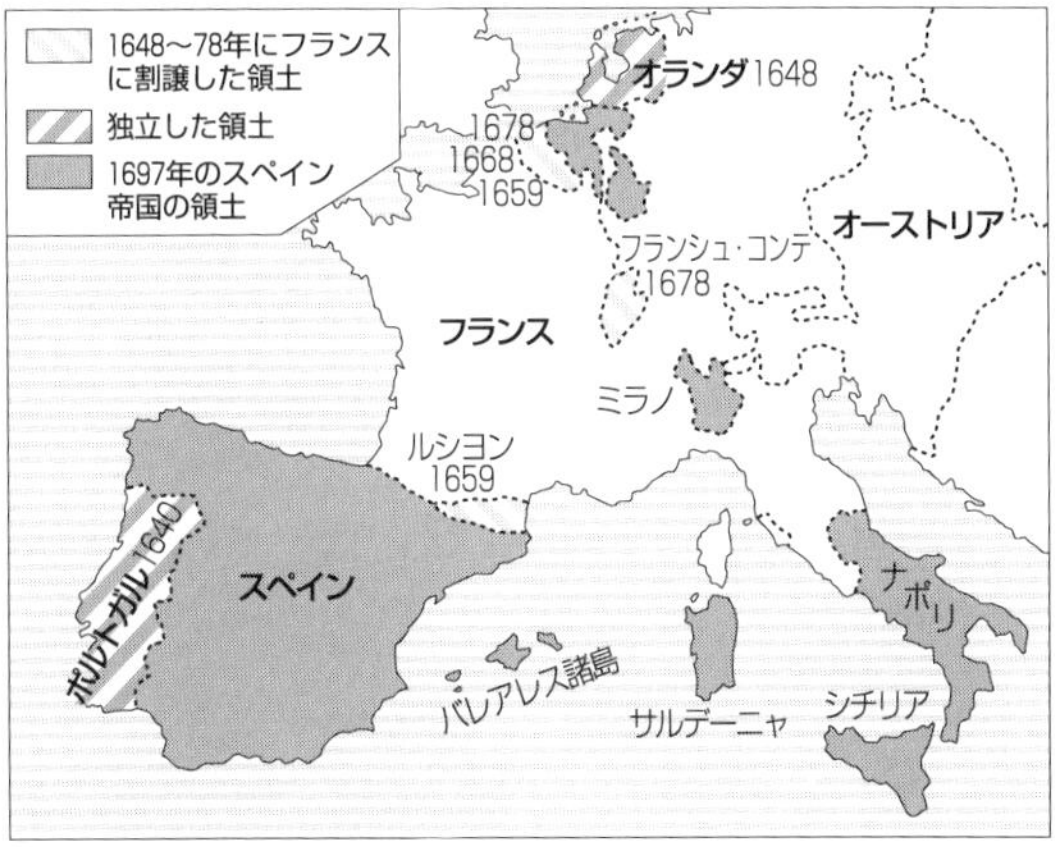

スペイン帝国の領土の喪失

覇権の喪失と経済回復への動き

一六六五年、フェリーペ四世のあとを継ぎ、息子のカルロス二世がわずか四歳で即位した。生前にフェリーペは王妃マリアナを摂政に指名し、カルロスを補佐する有力貴族の統治評議会を設けていた。だがマリアナは自分の聴罪司祭ニタルト、ついでバレンスエラを寵臣として優遇して、統治評議会と対立した。これに、貴族たちの支持をえたフェリーペの庶子ドン・ファン・ホセの野望が絡んで、政治はますます混乱した。七九年に彼が死んだのちもカルロスは、国政をつねに、メディナセーリ公やオロペーサ伯といった大貴族に委ねなければならなかった。しかしマドリード宮廷の権威失墜は、地方には好都合だった。中央からの干渉がうすれて、「ネオフォラリスモ(あらたな諸国特権尊重)」の時代となった。

対外的には、ヨーロッパの覇権を求めるフランスの領土拡大政策の前に、スペイン帝国の領土はつぎつぎと奪われていった。帰属戦争(一六六七~六八年)とオランダ戦争(七二~七八年)の結果、フランドル諸都市とフランシュ・コンテを奪われ、プファルツ戦争(八八~九七年)ではカタルーニャの一部がフランスに占領された。しかし一六九七年に結ばれたライスワイク条約で、ルイ十四世はスペインからあらたな領地を獲得しようとはしなかった。これは、カルロス二世は嗣子《しし》なくして死ぬことが予想され、スペイン王位をフランス・ブルボン家が継承するためにはかった懐柔策であった。

カルロスの王位継承をめぐって、ブルボン家の王を望む一派とオーストリア・ハプスブルク家の王を望む一派との対立が激化した。悪魔払いの儀式もむなしく、嗣子を設けることなく国王の衰弱は進んだ。一六九八年、親ハプスブルク派のオロペーサ伯がふたたび政権の座に就くが、翌年四月に首都に食糧暴動が起こって失脚した。以後は、親ブルボン派の勢力が強まって、一七〇〇年十月、カルロスはルイ十四世の孫フィリップに王位をゆずることを遺言して、その一カ月後に世を去った。しかし、これが列強に承認されるには、一三年間にわたってスペイン継承戦争が繰り広げられる必要があった。

国政の混乱が続く一方で、十七世紀末には経済回復の兆しがみられた。十六世紀末から続いたベリョン貨の大量発行によって激しいインフレが続いていたが、一六八〇年、ベリョン貨について五〇％の平価切下げをおこなった。ついで八六年、銀貨について二〇％の平価切下げを実施して新硬貨の鋳造をおこなった。これらの措置は一時的には深刻な打撃を経済に与えたが、貨幣の信用が回復したことで経済活動は活性化に転じた。このころからカスティーリャでは人口も増加し始め、農業や商工業も回復に向かった。

カスティーリャほどの激しいインフレをこうむらなかった周辺諸地域では、一六六〇年代ころから少しずつ活力を取り戻していった。とくにカタルーニャでは、一六五一～五四年を最後に深刻な疫病にみまわれずに人口を順調に回復させた。ブドウ栽培が盛んとなり、北ヨーロッパへのブランデー輸出を軸に、手工業を拡大させた。バルセローナ商人＝織物業者は都市と農村部を有機的に結びつけた分散的織物製造を本格的に展開し始めた。フェリウ・デ・ラ・ペーニャの著作『カタルーニャのフェニックス』（一六八〇年）は、そうしたバルセローナ商人の自信の現れであった。

しかしながら、ヨーロッパ諸国と比べてスペイン経済の立ち遅れは明らかだった。一六八六年に、カディ

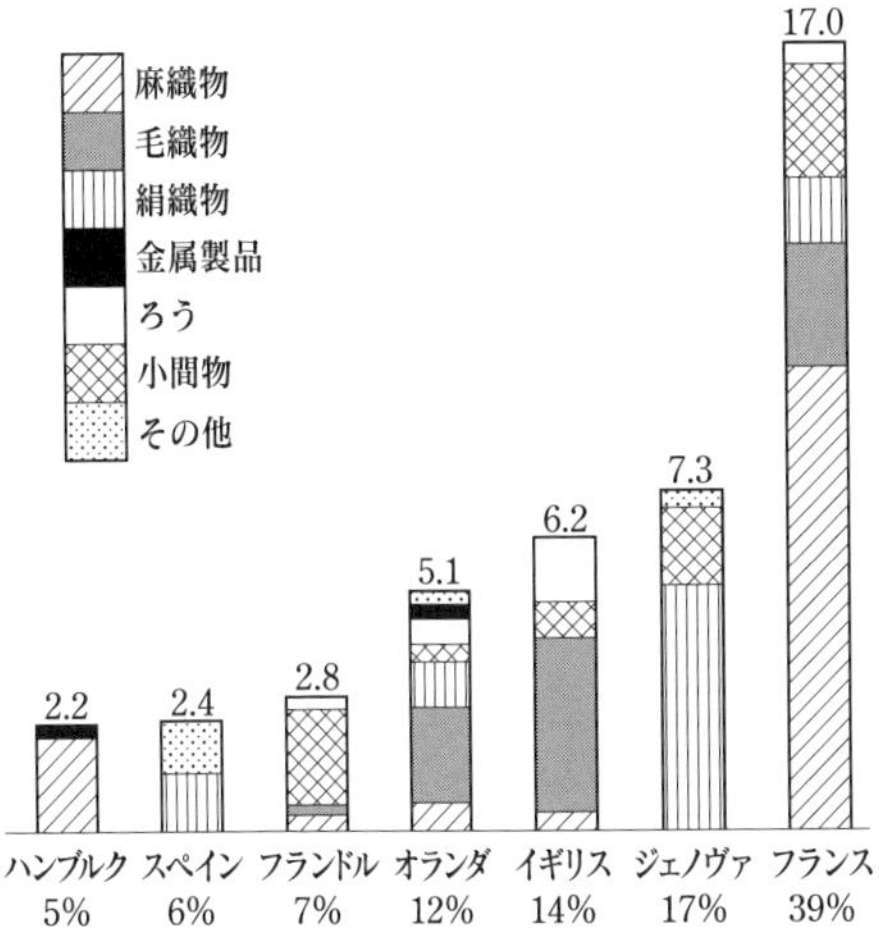

カディスのアメリカ貿易に占めるヨーロッパ諸国の商品（1686年，単位：百万リーヴル）

スからスペイン領アメリカへ輸出された商品の四〇%はフランス製品が占め、スペインのものはわずかに五%であった。この時期には、アメリカ銀のほとんどが荷揚げされずにカディス港からただちにヨーロッパ諸国に送られていた(一六〇ページの表を参照)。帝国という重圧は、スペイン経済にたいしてアメリカからの需要に応えることもアメリカの富を利用することも許さなかったのである。これは、すでに十六世紀中ごろに、トマス・デ・メルカードやルイス・オルティスが憂慮を表明していたことであった。

第四章　啓蒙改革の時代

1　スペイン継承戦争とその結果

国際戦争としてのスペイン継承戦争

カルロス二世の遺言は、当初はさして大きな反対を呼び起こさなかった。カール大公を対立候補者に擁したオーストリアを除いて、各国はルイ十四世の孫フィリップをスペイン国王フェリーペ五世(在位一七〇〇～二四、二四～四六)として承認した。しかし状況を甘くみたルイ十四世は野望をあらわにし、場合によってはフェリーペがフランス国王をかねる可能性があると述べ、さらにフェリーペの名において軍隊を進めスペイン領ネーデルラント(低地地方)を占領した。これに対抗してイギリスとオランダはオーストリアに接近し、一七〇一年九月に「大同盟」を結成し、翌年五月にはフランスとスペインに宣戦を布告した。

実質的には一七〇一年から火蓋を切っていたスペイン継承戦争(一七〇一～一四年)は、伝統的な王位継承戦争をこえてヨーロッパ諸国を巻き込んだ近代最初の世界戦争となった。ヨーロッパでの覇権をめぐる

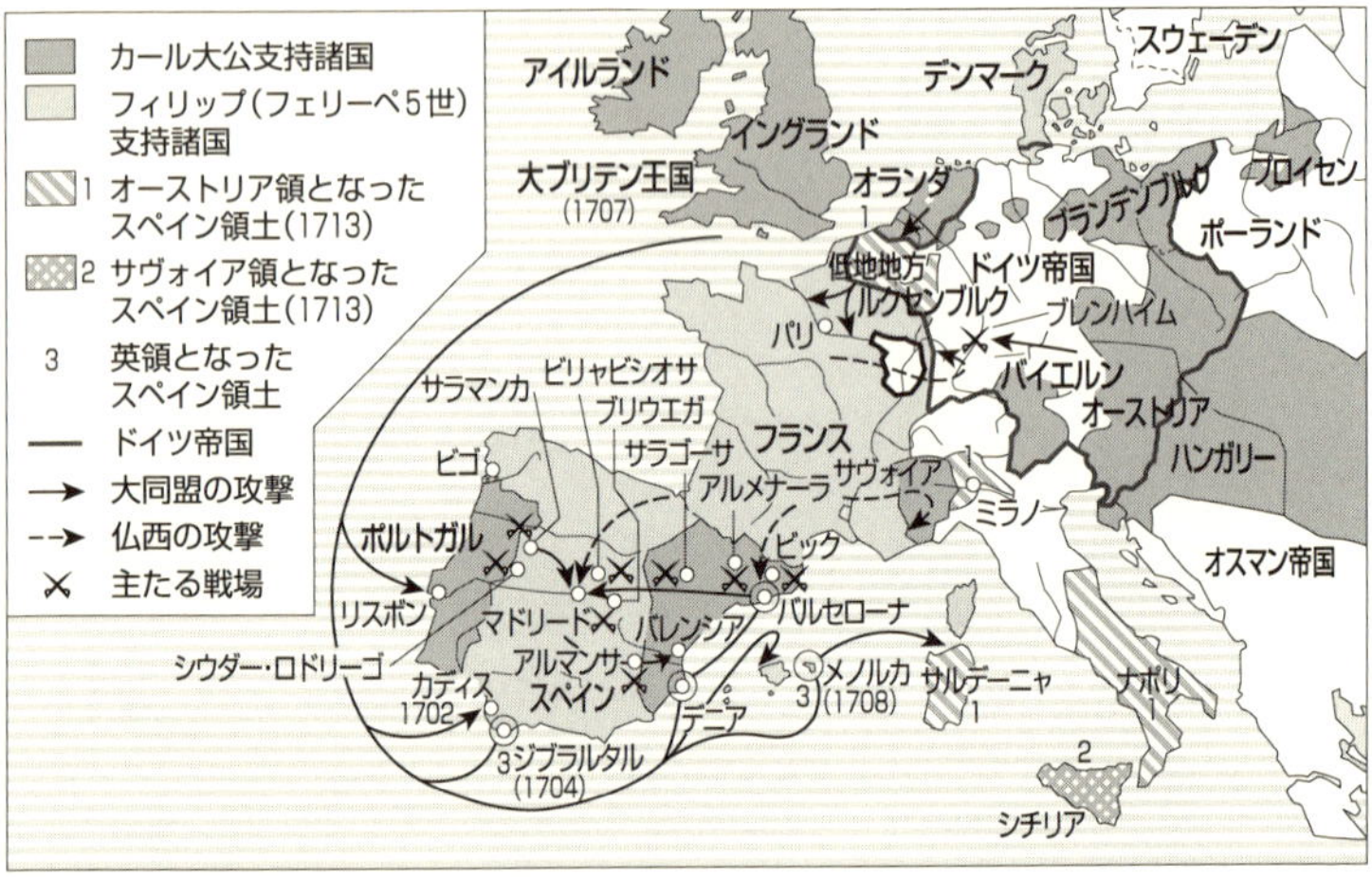

スペイン継承戦争とユトレヒト条約

諸国家の争いにとどまらず、近代国家として発展していく大きな基盤であった海外領土と通商・経済権益の争奪や確保の戦いであったからである。ちなみに北アメリカでのイギリス・フランスの植民地争奪戦は、アン女王戦争(一七〇二〜一四年)と呼ばれる。この国際戦争は、おおかた「大同盟」に有利に展開していったが、オーストリアの推す対抗王カール(カルロス三世と称した)が、一一年四月のヨーゼフ一世の死去によってあらたな神聖ローマ皇帝に選出されるにいたって状況は一変した。ヨーロッパの勢力均衡と海外権益の拡大を望むイギリスは、十六世紀のカール五世時代のようなスペインとオーストリアにまたがるハプスブルク大帝国の出現を許すことはできなかった。結局、一三年のユトレヒト条約、翌年のラシュタット条約で和平は実現した。フェリーペ五世はスペイン国王として列強の承認をえたものの、フランス王冠への権利は放棄した。最大の受益者となったのはイギリスで、戦争中に占領したジブラルタル(ヒブラルタール)とメノルカを保持したうえに、スペイン領アメリカとの交易諸特権を獲得した。十五世紀末以来スペインが鋭意維持しようとしてきた大西洋交易独占体制は大きくゆらぐこととなったのである。さらにスペインは、スペイン領ネーデルラント、ナポリ、ミラノ、サルデーニャなどのヨーロッパ領土をオーストリアに割譲することになった。

内戦としてのスペイン継承戦争

マドリードに入城したフェリーペ五世は、一七〇一年五月にはカスティーリャ王国議会を開催して国王宣誓をおこなった。おおむね民衆はあらたなブルボン朝の統治者を歓迎したが、従来の影響力の喪失を恐れるカスティーリャ大貴族は事態を不信の目で眺めていた。ついでフェリーペは、アラゴン国とカタルーニャ伯領に赴いておのおのの議会で新国王承認をとりつけた。そのために特権諸身分のさまざまな要求に応えたものの、一六四〇年カタルーニャ反乱でのフランス軍の厳しい対応やルシヨン、セルダーニュ割譲の記憶をもつ民衆の反フランス感情をぬぐうことも、フランス製品流入を恐れる手工業者・職人層の不安をしずめることもできなかった。またバレンシアでは、過酷な領主制のもとにおかれた農民層が、フェリーペを支持する貴族への反発からカール大公の統治を期待した。しかもフェリーペは、長引く戦争遂行のためには、徴兵と徴税を強めざるをえず、伝統的に地方特別法《フェロス》(諸国特権)を享受するアラゴン連合王国諸国の反発を招くことになった。

こうした状況下、一七〇五年夏に大同盟の軍隊がカタルーニャ上陸に成功すると、カタルーニャ、バレンシアなどの諸国はあいついでカール大公をスペイン国王として承認した。スペイン王国は二つに分裂し、マドリードとバルセローナのそれぞれに宮廷がおかれることになったのである。しかし国内の戦況は、フェリーペ側に有利に展開した。一七〇六年七月、カールは首都マドリードを脅かしたものの、大同盟の「異端者」にたいするカスティーリャ民衆のゲリラ的抵抗もあってアラゴン方面に退去した。フェリーペ側は、一七〇七年四月、アルマンサの戦いに勝利をおさめ、ひきつづいてバレンシアとアラゴンを征服した。

しかし、「征服権」を盾にした両国の地方特別法廃止の措置は、残るカタルーニャの抵抗を強める結果にもなった。一七一三年四月のユトレヒト条約に従って大同盟軍が撤退したあともひとりカタルーニャは戦争を継続し、最後にはバルセローナだけが拠点となった。バルセローナ市百人会議筆頭参事官ラファエル・カザノーバ率いる都市民兵隊がフェリーペの軍門に屈したのは一四年九月十一日であった。この結果、カタルーニャもまた独自の政体を失うことになった。やがて十九世紀ロマンス主義のなかでカザノーバと九月十一日(オンザ・ダ・サテンブラ)の抵抗は、カタルーニャ復権のために英雄化されることとなる。

新組織王令の施行

バレンシア、アラゴンに続いてカタルーニャにたいしても「征服権」が適用された。ここにアラゴン連合王国のすべての諸国はそれぞれの「地方特別法、諸特権、慣例、慣習」を無効とされて、新組織王令《ヌエバ・プランタ》(新国家基本令とも訳される)に基づいた制度的改編がおこなわれた。スペイン王国はこれまでの「複合王政」と別れを告げて、オリバーレスの夢であったカスティーリャの法制にそったかたちで、国家としての政治的・法的一元化を達成したのである。もっともフェリーペを支持したバスク地方とナバーラは、「免除県」としてひきつづき地方特別法を享受した。

　カタルーニャを例にみると、独自の議会、ジェネラリタート(議会常設代表部)、バルセローナ市百人会議など伝統的自治権のよりどころであった諸機関はすべて廃止された。一七一六年一月公布の「伯領地方法院の設置と新組織《ヌエバ・プランタ》にかんする王令」によって、新組織の根幹には、中央政府の任命した副王にかわる方面軍司令官《カピタン・ヘネラル》と彼が主宰する地方法院《アウディエンシア》が設けられ、軍政的性格の強い司法行政制度がしかれることになった。地方は、地方法院に従属する一二のコレヒドール管区に分れ、諸都市はコレヒドールに服する参事会(国王任命の終身のレヒドールたちからなる)のもとにおかれた。さらに、カタストロと呼ばれるあらたな租税(大きくは不動産に課せられる物的カタストロと所得に課せられる人的カタストロに分れた)が導入されて、カタルーニャからの国庫収入は飛躍的に増大した。

　地域的特殊性の強いカタルーニャでは、バレンシアのように民法の廃止にまではいたらなかったが、司法行政の分野においてカタルーニャ語を使用することは禁じられた。王権の意図は、カタルーニャのコレヒドールへの秘密訓令書(一七一七年)にみられるように、「カスティーリャ語の導入を最大の配慮のもとにおこなう」ことであったが、じっさいに民衆を言語的・文化的にカスティーリャ化する手だてを講じることはできなかった。

　しかし、新組織王令の施行によって旧アラゴン連合王国諸国は、あらたな発展の可能性をつかむことにもなった。制度的一元化が進み、「免除県」を除いて国内関税が廃止されたことは、周辺諸地域商工業ブルジョワジーのスペイン国内とアメリカの両市場への参入を容易にした。とくにカタルーニャは、ブランデー、ワイン、綿プリント地などの域外輸出を本格化していった。十八世紀のあいだにスペイン全体の人口は八〇〇万人から一一〇〇万人と約四〇％の増加を示したが、こうした経済発展に支えられて、カタルーニャは四七万人から九〇万人と人口をほぼ倍増させた。マドリードを拠点とする政治的権力と周辺諸地域の経済的活力との矛盾・対立は、やがて深刻化していくことになる。

王国改革と「家族協定」

ブルボン王朝スペインは、ユトレヒト条約の結果、ヨーロッパの政治的覇権の可能性を断たれたが、「復讐の意図《レバンチスモ》」をすてさったわけではなかった。新国王フェリーペ、続くフェルナンド六世(在位一七四六～五九)のもとで、王国組織の再編強化をはかるとともに、とくにフェリーペ治下では領土回復の野望をあらわにしつづけた。

王国改革としては、すでに述べたように新組織王令によって地方諸特権を大きく削減した。加えて、一七一一年以後、地方の行財政を管轄するために、フランスの制度にならって地方監察官《インテンデンテ》を派遣したが、これは四九年には全国的制度となった。しかし、旧アラゴン連合王国と同様にカスティーリャ王国にカタストロ税制を導入しようとする試みは、五〇～五三年の調査(時の大蔵大臣エンセナーダにちなんでエンセナーダ国富調査と呼ばれる)だけにとどまり、特権諸階層に阻まれて失敗した。

　中央行政にかんしては、カスティーリャ顧問会議をスペイン王国統治の最高決定機関とする一方でそのほかの顧問会議の権限を大幅に削減して、国王つき秘書職の充実がはかられた。これらは、一七二一年には陸軍、海軍＝インディアス、外務、法務、財務の五つの省となり、事実上の大臣制度の確立となった。これらの改革のなかで、従来の大貴族は権力から退けられて、中小貴族や法曹が積極的に登用されたことは、十八世紀後半の啓蒙改革にとっての重要な下地になった。また王国議会は、従来のカスティーリャ議会に旧アラゴン連合王国の代表があらたに参加するかたちでの拡大がおこなわれたが、その形骸化はますます進み、王太子の王位継承権承認と新国王即位の儀式がおこなわれる場にすぎなかった。

　軍隊にかんしては、フランスやプロイセンを範とした常備軍の整備も大きく進み、連隊《レヒミエント》組織が導入され階級制度も整備された。やがてキンタと呼ばれる徴兵制(対象者五人から一人をくじ引きで選ぶ)も施行され始めたが、多くの免除規定をともなっていた。また、残された海外領土であるスペイン領アメリカの維持をはかるために、海軍の近代化と強化もおこなわれた。一七一七年に海軍学校がカディスに設置されたが、四三年から五四年にかけてエンセナーダ侯爵のもとで動きは本格化した。カディス、フェロル、カルタヘーナの造船所が整備され、水夫や船舶の徴用制度も設けられて、スペイン海軍はヨーロッパで有数のものとなった。

　以上のような王国改革の努力と並行して、ヨーロッパの失地回復とアメリカ植民地領有の安定をめざした対外政策が繰り広げられた。一七一四年に二番目の王妃としてパルマのイサベラ・ファルネーゼをむかえたフェリーペ五世は、フランス王家の意に反してもイタリアの旧領土回復をはかろうとし、一七年から

「フェリーペ5世の家族」　この絵には，フェリーペ5世の家族が一堂に会したかたちで描かれている(じっさいにはありえなかった)。左端から3番目にのちのフェルナンド6世，4番目にフェリーペ5世，6番目にその妃イサベラ・ファルネーゼ，7番目にのちのルイス1世，右端にのちのカルロス3世(ルイ＝ミシェル・ヴァン・ロー画，プラド美術館蔵)。

翌年にかけてサルデーニャとシチリアを占領した。これはユトレヒト体制を維持しようとするイギリス・フランスの猛反発を呼び起こし、フランスのバスク地方侵攻をも招いた。その結果、スペインは撤退をよぎなくされて、この間の外交の立役者アルベローニは失脚した。そこでスペインは二五年、リペルダ男爵を介して逆にオーストリアのカール六世に接近して事態の前進をはかったが、ここでもイギリス・フランスなどにその実現を阻まれた。

しかしながら、続く一七三〇年代から四〇年代にかけてヨーロッパの諸列強の対抗が強まるという構図のなかで、スペインはユトレヒト＝ラシュタット条約の結果失ったイタリア領土回復の夢をはたすことができた。三三年、のちに第一回家族協定と呼ばれるエル・エスコリアル条約をフランスと結んだスペインは、ポーランド継承戦争(三三〜三五年)にフランス側に立って参戦した。さらにオーストリア継承戦争(四〇〜四八年)にも、四三年に第二回家族協定(フォンテーヌブロー条約)を結んで同様の行動をとった。これらの結果、スペインはイサベラ・ファルネーゼの二人の息子がシチリアやナポリなどの諸国を相続することを列強に認めさせたのである。

アメリカ植民地にかんしては、ユトレヒト条約後もひきつづき経済権益を拡大しようとするイギリスと、つねに小競り合いを起こしていた。その密貿易と非合法な定住に手を焼いたスペインは、一七三九年から四八年にかけては、「ジェンキンズの耳戦争」と呼ばれた武力衝突を繰り返したが、事態の解決にはいたらなかった。これを契機にスペインは、先述したように海軍の本格的増強に乗り出した。

2　啓蒙的諸改革

七年戦争とエスキラーチェ暴動

十八世紀なかばになると、ヨーロッパ大陸では、フランス、ロシア、オーストリア、そして新興のプロイセンの覇権争いによって七年戦争(一七五六〜六三年)が繰り広げられたが、同時にそれは、イギリスとフランスによる植民地争奪戦争をともなった。

フェルナンド六世のあとを継いだカルロス三世(在位一七五九〜八八)は、最初は父王の政策を継承して王国改革の推進につとめる一方、対外的には「平和外交」を維持しようとつとめた。しかし、七年戦争でイギリスがフランスを圧倒することは、スペインのアメリカ植民地領有にとって最大の脅威であった。一七六一年、フランスの誘いに応じて第三回家族協定を結んで、両国は共通の敵イギリスに挑むことになった。しかしマニラとハバナをただちに占領されるなど戦況はかんばしくなく、六三年のパリ条約で、スペインはフロリダ割譲などイギリスへのさらなる譲歩を迫られた。

七年戦争の結果、イギリスの世界商業における優位は動かしがたいものとなった。これに対抗してスペインがアメリカ植民地を維持していくには、海軍力増強などにとどまらず、従来からの植民地統治制度やカディスによる大西洋貿易独占体制を改めて、本国と植民地のあらたな関係を築くことが不可欠となった。

一方、一七六六年にはエスキラーチェ暴動と呼ばれる全国的諸暴動が惹起《じゃっき》した。これまでの政治行政機構の改編に力点をおいた王国改革から進んで、広く社会経済改革をおこなう必要を認識させた事件であった。こうして内外の事件への危機意識から、スペインは十八世紀後半の啓蒙的諸改革の時代にはいることになる。

さて、エスキラーチェ暴動の発端となったのは、首都マドリードでの状況であった。一七五九年から不作が続き、六一年から六五年にかけて小麦価格は二倍に上昇していたが、カスティーリャ顧問会議検察官カンポマネスの提言を受けた大蔵大臣エスキラーチェは、市場経済が未発達なのにもかかわらず、自由化措置によって現状を打開しようとした。六五年七月、穀物の最高取引価格設定を廃止して取引の自由を宣言して、市場での投機と穀物不足を誘発した。さらに六六年三月十日に首都での不穏な動きに対処するために長外套とつば広帽子を禁止する服装取締り令を布告すると、民衆の怒りはさらに拡大した。三月二十三日枝の主日の日曜日、諍《いさか》いをきっかけに暴徒たちはエスキラーチェの館を襲い、翌日には首都警備兵との衝突も生じた。事態をしずめるために国王カルロス三世は宮廷バルコニーに立って、エスキラーチェの罷免《ひめん》、食糧価格の引下げなどの要求を認めることをよぎなくされた。しかしこの夜半に国王がアランフエスの離宮へと向かったために疑惑をいだいた民衆の暴動は再燃し、二十五日に国王が民衆代表の謁見を許して要求の履行を再確認することでようやく騒ぎがしずまった。

しかし首都での暴動が勝利したとの知らせが地方に伝わると、五月末まで全国にわたって一〇〇以上の市町村で民衆の騒擾や暴動が生じ、都市当局が追及され食糧価格引下げが要求された。

これらのうち、マドリード、サラゴーサ、バスク地方などを除けば流血事件にいたった例は少なく、多くがアンシャン・レジーム(旧体制)に固有の食糧暴動として終わった。だが、カルロス三世と改革派大臣は、これらに守旧派勢力による反政府陰謀の動きを感じとり、ただちに首謀者の調査を始めた。それとともに、いまや脅威と映った民衆の動きをおさえこむために諸方策を立てる必要に迫られた。

イエズス会追放とカトリック的啓蒙

エスキラーチェ暴動が自然発生的なものか陰謀によるものかは、いぜんとして議論の分れるところであるが(少なくとも首都暴動の展開には扇動的要素が捨てきれない)、カンポマネス、法務大臣ロダらの主導した秘密調査委員会は、イエズス会の謀反行為であると断定した。一七六七年四月、五〇〇〇人以上のイエズス会士がスペインとアメリカ植民地から追放されて、少額の終身年金を代償に全財産が国家に没収された。

史料的には関与したことが認められるのは一部の会士にすぎない。だが、このイエズス会士追放の措置には、当時の改革者たちにとって大きな根拠があった。それは、のちに反教権主義《アンティクレリカリスモ》との抗争で教権主義者・伝統主義者が断罪したような根拠、つまり、スペインの啓蒙改革者たちが反カトリック的・反宗教的であったからではない。むしろ、改革者たちは「カトリック的啓蒙《イルストラシオン・カトリカ》」という理念によって立ち、それゆえにイエズス会の影響を断ち切る必要に迫られていたのである。

さて、この理念の特徴は、カトリック信仰からバロック的宗教性といわれた外見的な荘厳さや迷信の甘受(民衆宗教との妥協)を排して、十六世紀の人文主義者エラスムスの提唱したような精神的帰依を重視するものであった。これは十八世紀前半のベネディクト会士フェイホオが強く打ち出した立場であった。したがって迷信や偏見の攻撃という意味ではヨーロッパの啓蒙思想に接近するものの、「祭壇《アルタール》」はけっして攻撃の対象とはならなかった。同時に、社会的遅れからの脱却を「上からの改革」に求める立場をとり、旧来の特権的諸階層の権限を制約して改革を進めるためには、それを庇護する「王座《トロノ》」もまた絶対的な存在であった。したがって、貴族を鋭く揶揄《やゆ》した小説を著わしたカダルソにとっても、国王の権威は絶対のものであった。

これに反してイエズス会は、伝統的諸階層との癒着のなかで、大学などの高等教育に大きな影響力をもち、なによりも「国家内の国家」と非難されたように、ローマ教皇庁との強い結びつきをもち、教皇権至上主義《ウルトラモンタニスモ》に立つ団体であった。暴君放伐論《モナルコマキ》を政治理論として支持し、絶対王権を否定する立場にもあった。したがって、国王教権主義《レガリスモ》と啓蒙絶対主義に立つ君主カルロス三世のもとで、中間的諸団体の諸特権を制限して社会経済的改革を実現しようとするカトリック啓蒙を信奉する改革者たちにとって、イエズス会はその存在を許容できない団体となっていたのである。さらに、教義や地位をめぐる確執から、イエズス会は在俗聖職者やほかの修道会の反感をかっていた。イエズス会士追放は、多くの聖職者からも「教会の健全化」の方策として歓迎されたのであった。

国王教権主義と教会

カルロス三世の治世には、イエズス会士の追放に加えて、国王教権主義に立つさまざまな対教会政策が追求された。長年の懸案であった聖職禄受給者の推挙権《パトロナート》問題は、フェルナンド六世の時代に締結された政教協約(一七五三年)で国王側に有利に解決していたので、国王は、カスティーリャ最高会議《カマラ》を通じて聖職者の人事に強く介入した。さらに、ローマ教皇庁控訴院にかわってスペイン控訴院が設けられて、聖職者係争におけるスペイン教会の独立性が高まった。教皇の教書は、国王の事前許可《パセ・レヒオ》がなければスペインで公にすることは禁じられた。教皇庁による禁書指示も、事前に国王の承認をえないかぎり無効とされた。

異端審問所にたいしては、その権限の縮小がはかられ、一七七〇年の王令で「異端と背教の罪」以外の審理が禁じられた。十八世紀にはいって異端審問所の活動は大きく低下していたが、カルロス三世の治世に火刑に処された者は四人であった。しかし後述の新定住地域開拓の主導者オラビーデを逮捕して異端宣告をくだすなど、異端審問所は、スペインの啓蒙改革者がフランスの啓蒙的哲学者《フィロゾーフ》の影響を受けて大胆な振舞いをおこなうことにたいしてはつねに警告していた。つまりこの制度は「フィロゾーフ的行過ぎ」に

調査年	在俗聖職者	修道聖職者	総数	指標	人口に対する割合(%)
1752	65,878	92,240	158,118	100	1.70
1768	65,687	82,118	147,805	93	1.46
1787	70,170	73,430	143,600	91	1.31
1797	70,840	73,372	144,212	91	1.25

a．18世紀後半の聖職者数

調査年	修道士	修道女	総数
1752	63,302	28,938	92,240
1768	55,453	26,665	82,118
1787	48,065	25,365	73,430
1797	49,365	24,007	73,372

b．修道聖職者数

土地所有者	面積(単位：メディダ)	%	粗生産(単位：レアル)	%
世　俗	71,188,910	85.26	816,666,797	75.88
聖職者(団体)	10,309,464	12.35	209,713,556	19.48
聖職者(個人)	1,994,031	2.39	49,940,854	4.64
総　計	83,492,405	100.00	1,076,321,207	100.00

c．土地と農業粗生産の分布

聖職者の数と財産

たいする守旧派の有効な武器であった。

教会のもつ膨大な財産にたいする批判も大きく高まった。在俗聖職者と修道聖職者を約一四万人かかえるスペイン教会は、エンセナーダ国富調査によればカスティーリャの土地の約一五%を所有し、しかも農業総生産の約二四%を占めていたのである。カンポマネス、ホベリャーノスらは、教会による土地永代所有財産化《アモルティサシオン》を激しく攻撃したが、それは土地市場の拡大という公益《ビエン・コムン》の実現とは相反する制度であると認識していたからである。しかし後述するように、永代所有財産解放《デサモルティサシオン》の措置(教会財産の売却)は、啓蒙改革者の理念提唱によってではなく、十八世紀末の国家の財政的危機という状況に迫られて具体化することになる。

ところでアンシャン・レジームの教会は、蓄積した富の多くを祭祀や建物・装飾品に費やしただけではなく、教会に集う貧民へのパンの配布などの救貧行為にあてていた。しかしエスキラーチェ暴動にもみられたように都市への乞食・浮浪者の流入は、治安をゆるがす社会問題となっていた。啓蒙改革者は、「有用性《ウティリダー》」という立場から、教会の慈善は貧民を怠惰のまま放置するものだと非難し、それにかわって、作業所をかねた救貧院の設立と浮浪者収容を提唱した。一七六六年五月にマドリードに設けられたサン・フェルナンド救貧院はそのモデルとなるものであった。だが、教会の慈善を国家の救貧事業に本格的にかえるには、十九世紀を待たねばならない。

啓蒙的モデル社会の試み

啓蒙改革者は、エスキラーチェ暴動にみられた社会秩序動揺の背景には、まずは市町村の自治体行政とくに食糧供給システムの不備があると判断した。官職売却と家産化によって市参事会は、特定利害のために寡頭的に支配されていたからである。暴動直後、政府は「住民代表委員」と「住民代理人」という住民選出の役職を自治体に設置することを命じ、市参事会の専横的行政の改善を期待した。しかし市参事会そのものに手をつけることはなかった。啓蒙改革は、既存の秩序の変更にはいたらず、過度の特権を是正する対抗措置を生み出すにとどまったのである。

さらに社会秩序の回復にとっての懸案は、農民問題であった。十八世紀前半には人口増加に刺激されて主として耕地面積の拡大によって農業生産が増加したが、スペイン中央部・南部の大半の農民は短期借地契約の借地農民であった。地主たちは借地期間や地代を恣意的に変更し、借地農民の困窮を招いていた。没落した農民が浮浪者として都市へ流出するのを避けるには、安定した農村社会を築くことが急務であった。そこで一七六六年から一連の法律が公布されて、自治体所有耕地の分配にあたっての貧農や小農の優先、地主が直接経営する場合以外の借地農民追放の禁止などが打ち出された。

啓蒙改革者が理想としたのは、耕地と一定数の家畜を保有して農村に暮す自営農民であり、彼らこそが「国家の神経」にほかならなかった。この理念と抵触するのが、スペインの北部と南部で長距離移牧をおこなうメスタ(移動牧畜業者組合)であった。十八世紀にはいって移動牧羊頭数は急増し、広大な土地が牧羊の移動や飼養のために占有されていたからである。カンポマネスらは、小農民の耕地・草地確保を理由にメスタを激しく攻撃し、ポセシオン(牧草地永代利用権)などの諸特権を削減しようとした。

　これらの問題の最終的解決として構想されたのが、小農民保護主義的な「農地法」の制定であった。その審査は一七六六年四月から開始されたが、カンポマネスやオラビーデは、教会の土地取得、限嗣相続制度、メスタ諸特権を制限し、貴族・聖職者の土地を長期分益小作契約によって農民に貸与する規定を盛り込むよう提唱した。しかし審査書類の趣意書の刊行でさえ一七八四年になってからであり、結局、政府内の議論に終わってしまう。しかも十八世紀末には「農地法」制定の試みは、「私的利益の追求」を妨げるものとして経済的自由主義の批判にさらされるようになる。

　カルロス三世の政府は、エスキラーチェ暴動を機に地方自治体や農地をめぐる諸問題への解決を模索したが、特権諸階層の利害に大きく背く改革を進めることはできなかったのである。そこで啓蒙改革者は、既存の地方社会の改革によってではなく、新村落を建設することで「啓蒙の恩恵」を人々に知らしめようとした。一七六七年から着手されたシエラ・モレーナとアンダルシーアの新定住地域開拓事業の目的は、総監督官オラビーデが述べたように「スペインのすべての村落に適用されるモデル」を築くことであった。この事業には、荒蕪《こうぶ》地域の人口と経済的富の増大に加えて、カディスにいたる王道沿いに村落を建設することで通行の安全を確保するといった期待もあった。

　入植は、一七六七年に制定された新定住地域特別法《フエロ》にのっとって進められた。最初は外国人入植者が選ばれて、ドイツ語圏地域から約七二〇〇人が移住したが、開拓の困難から多くの死亡者や逃亡者が生じた。その後、国内他地域からの受入れもあって、一七七六年の統計では、ラ・カロリーナやラ・カルロータな

ラ・カロリーナの町　新定住地域シエラ・モレーナの中心都市ラ・カロリーナには，六角形の広場を手前にして，碁盤目状に街路が設けられている。

ど一五の町が建設され、約二五〇〇家族の定住が実現している。そこでは、貴族・平民による限嗣相続財産の設定、教会・修道院による永代所有財産の設定、教区つき教会以外の宗教施設の設立が禁じられた。自治体役職の売買や世襲も禁じられ、寡頭支配層の形成が阻まれた。共同放牧地を蚕食《さんしょく》する移動牧畜業の特権も排除された。そして農民は、国家への地代支払いとひきかえに一定の分与地を永代保有することが許された。

こうして、国家の家父長的＝温情主義的施策のおかげで入植農民は、没落の危機をまぬがれて安定して暮すことが保障されていた。しかし同時に、彼らの分与地は分割も集積も許されないとされるなど、良きキリスト教徒として一分与地を耕す小農民として、従順な「国家の神経」でありつづけることを期待されていた。このモデル社会は、アンシャン・レジームのかかえた中間的諸団体（土地貴族、教会、メスタ、自治体寡頭支配層）の悪影響をまぬがれた社会であったが、資本主義的発展の契機を欠く社会でもあったのである。十九世紀にはいってもシエラ・モレーナ住民は新定住地域特別法の維持にこだわるが、結局はアンシャン・レジームの解体とともにそれは廃止されることになる（一八三五年三月）。

「民衆的工業」と祖国の友・経済協会

十八世紀前半には、十七世紀にフランスでコルベールが進めた重商主義政策にならい、外国からの輸入をおさえるために、多くの奢侈《しゃし》品製造工場がつくられた。これらの特権を賦与された王立工場には、サンタ・バルバラのタピスリー工場、サン・イルデフォンソのガラス工場、ブエン・レティーロの陶磁器工場などがあった。また、軍事的必要からエル・フェロル、カディス、カルタヘーナの造船所、税収入への期待からセビーリャのタバコ工場、マラガのトランプ製造所などが設けられた。さらに集中工場設立の期待は、グアダラハーラ毛織物工場などの設置につながった。

しかしこれらの工場は、採算のとれるものではなかった。エスキラーチェ暴動をへて国家の商工業振興に深くかかわることになったカンポマネスは、独占権を与えて奢侈品製造業を保護する工業政策を強く批判して、一七七四年の書物で「民衆的工業《インドゥストリア・ポプラール》」すなわち一般品製造業の振興を提唱した。たとえば織物製造にかんしては、紡績工程をできるだけ農村家内工業に委ねようとするもので、工業の振興と農民家族の副次的収入との結びつきがはかられたのであった。

そうした経済活動の活発化、総じて啓蒙改革を各地でうながすためにつくられたのが祖国の友・経《ソシエダー・エコノミカ・デ・アミ》済協会《ゴス・デル・パイス》であった。一七六三年にベルガーラで設立されたバスク協会をモデルにして、七〇年代から八〇年代にかけて、マドリード協会を皮切りに全国で約九〇の協会がつくられた。その後援で紡績学校を設けるなど、協会は、織物をはじめとして産業技術を民衆のあいだに普及することにつとめたのである。し

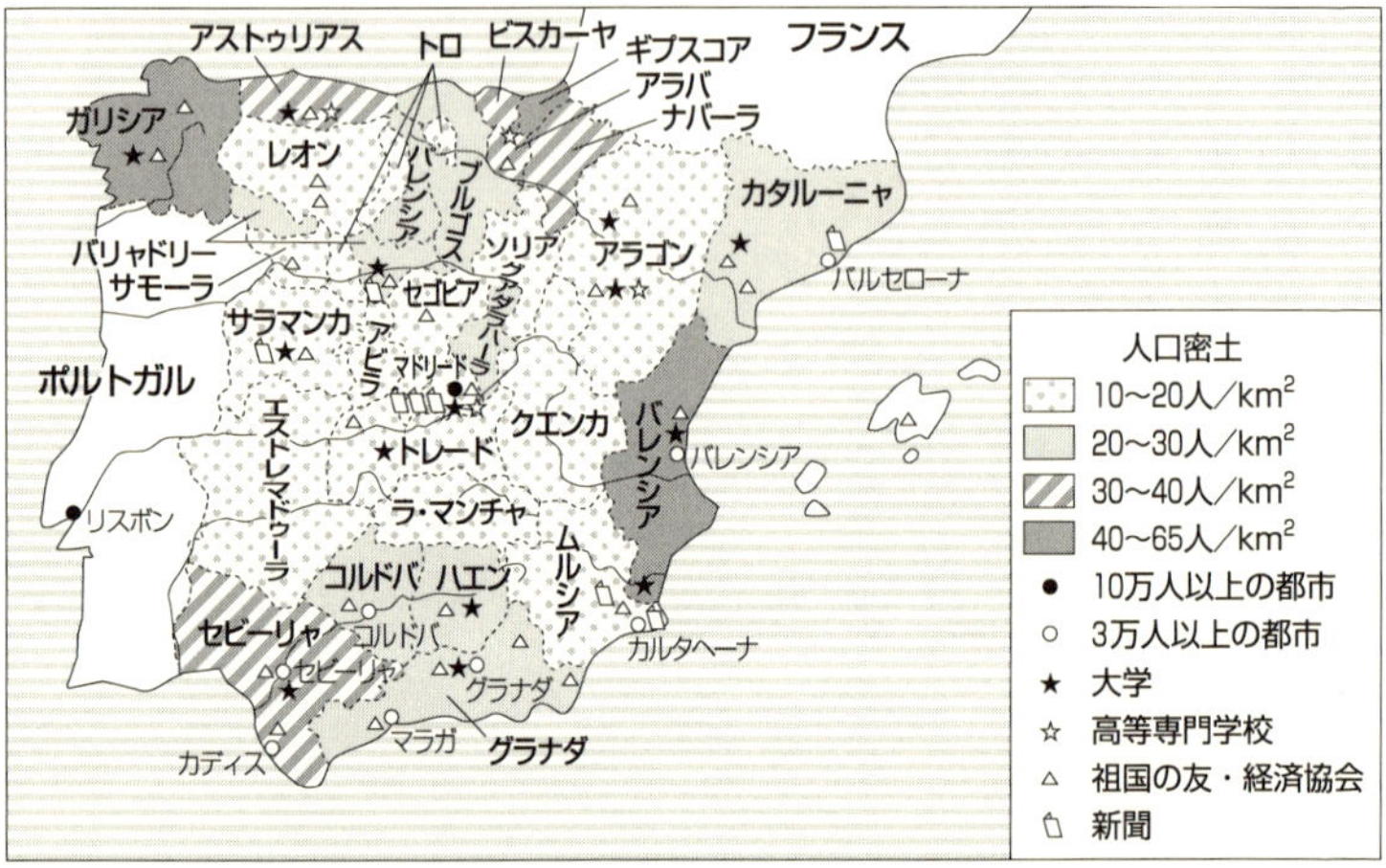

18世紀末スペインの人口と啓蒙の成果

かし「上からの」奨励には限界があった。逆に商工業活動の活発なカディス、ビルバオ、バルセローナといった諸都市には、このような協会は根づかなかった。

ところで、アンシャン・レジームのカスティーリャ社会においては、血の純潔《リンピエサ・デ・サングレ》と絡んで、農業を別とした「手仕事《オフィシオ・メカニコ》」への蔑視《べっし》感情が根強く存在していた。そこで政府は、一七八三年に勅令を発して、すべての手工業活動は「名誉ある」ものであるとうたい、この職業への従事が貴族身分の喪失にはつながらないと言明した。あわせて、手工業者の自治体役職就任を禁じた差別的自治体規約を無効とした。しかし王令によってアンシャン・レジームの社会的価値観を払拭することは困難であり、役職就任をめぐる都市当局と手工業者の係争も続いていった。

結局、カスティーリャでは、遅れた農村社会が桎梏《しっこく》となって工業振興策はさしたる成果をあげることができなかった。これと対照的なのはカタルーニャで、永代ないし長期借地契約に守られて農民はブドウ栽培を拡大し、その商品化で潤った。後述するように一七六五年法令でバルセローナにもアメリカ植民地との交易権が認められると、ワインやブランデーの輸出はおおいに伸びて、ブドウ栽培は一層の拡大をみた。

さらにカタルーニャでは、問屋制家内工業に基礎をおく伝統的な毛織物業にかわって、綿工業が興っていった。一七三七年にバルセローナで綿プリント地(インディアナと呼ばれた)の工場が設立されたが、この製造はアメリカ向け輸出を機軸にして急成長をとげた。八〇年ころにはイギリスの紡績機が導入され始め、家内工業制度を克服して工場制度が展開していった。カンポマネスらの「民衆的工業」の期待を離れて、周辺諸地域では都市と農村に資本主義的諸関係が浸透していったのである。

あらたな植民地政策

十八世紀後半にアメリカ植民地は、ラス・インディアスにかわって海外諸県《プロビンシアス・デ・ウルトラマル》と呼ばれるようになった。それは、七年戦争にいたる危機のなかから、啓蒙改革者が植民地統治制度や本国と植民地間の交易制度を根本的に立て直そうという意識の表れであった。

一七一七年には大西洋貿易の独占港をセビーリャからカディスに移し、二〇年代からカラカス航海ギプスコア会社などの特権的貿易会社の設立に力をいれたが、イギリスなどの密輸横行を阻むことはできなかった。そこで、政府は六五年、「自由貿易《コメルシオ・リブレ》」規則を発表し、カディスに加えてバルセローナなどの本国九港とアンティーリャス諸島との直接取引を許可した。この措置は漸次ほかの地域にも拡大され、七八年王令では、スペイン一三港と一部地域を除くアメリカ植民地二二港との「自由貿易」が確立した。従来の貿易独占体制がくずれたことで大西洋貿易は飛躍的に拡大し、七八年と八二〜九六年の平均とを比較すると、輸出額は四倍、輸入額は一〇倍の増加を示した。

統治制度の改革には、一七六五年にヌエバ・エスパーニャ副王領全権巡察使となり、七五年にはインディアス大臣になったガルベスのあずかるところが大きかった。植民地には本国と同様の地方監察官制度が導入され、各地には巡察官が派遣されて、植民地支配者層クリオーリョの反発を受けながらも行財政改革が断行された。また、ラ・プラタ副王領も新設され、ラ・プラタ川をこえて発展する基盤が築かれた。しかし、植民地行政の腐敗を正したとしても植民地は、ガルベスがいみじくも語ったように「わが王国(スペイン)から独立して生きる」ことのないようにしなければならなかった。本国の利害にかなうような中央集権的改革は、クリオーリョの反動を招き、八一年にはソコーロの反乱が起こった。さらに、植民地官僚やクリオーリョへの先住民の反発は、トゥパク・アマルの大反乱となった。

結局、イギリスの北アメリカ植民地が独立をはたすと、統治制度のより根底的な変革の必要がうたわれた。アランダ伯は、アメリカ植民地を、スペイン王国にゆるやかに従う三つの王国に分割することさえも提言した。だが、十八世紀末にスペインはイギリスとの戦争にはいり、イギリス艦隊に航路をおさえられると、本国と植民地との関係は事実上断たれてしまう。

第五章　アンシャン・レジームの危機と自由主義国家の成立

1　ブルボン王朝の危機

フランス革命の影響

一七八八年十二月にカルロス三世が死去して、その息子がカルロス四世(在位一七八八～一八〇八)として即位した。新国王はすでに四十歳で、「善良だが意志薄弱」であり、その統治は「王妃マリア・ルイサの意向」に大きく左右されたという。もっとも即位当初のカルロス四世は、啓蒙的諸改革の継承を望んでいたと考えられる。父王の宰相フロリダブランカ伯はその地位にとどまり、八九年九月開催の王国議会では、息子フェルナンド(のちのフェルナンド七世)の王位継承権承認にとどまらず、限嗣相続《マヨラスゴ》制度の制限などの諸改革も議論の日程にあがった。一七八〇年代後半も食糧不足にみまわれて、八九年二月にはバルセローナで食糧暴動《ラブンボリス・ダル・パ》が起こり、軍隊と民衆との衝突が生じていた。その意味で、社会経済的改革の推進も新政府の不可欠な課題であった。

しかし、隣国フランスでの大革命の動きが伝わると、いまやスペイン政府の課題は、革命がピレネー山脈をこえてイベリア半島に波及するのを防ぐこととなる。王国議会は十月中旬に解散となり、革命の汚染を防ぐための「防疫線」がフランスとの国境に設けられ、革命的出版物取締りのために異端審問所の検閲権限が強化された。一七九一年には国内の不穏な動きを察知するために秘密委員会が設けられ、外国人登録制度も厳格となった。

しかし、フロリダブランカ伯のフランスへの介入政策は功を奏せず、かわって宰相となったアランダ伯も介入と宥和の政策的揺れ動きのなかで国王の信頼を失ってしまい、一七九二年十一月、王妃マリア・ルイサの寵愛を受けていたマヌエル・ゴドイが事態解決の期待を担って、弱冠二十五歳で宰相に就任した。

ゴドイの登場

このときから一八〇八年春アランフエス暴動で失脚するまでの期間、一七九八年から一八〇〇年にかけての一時期を除いて、ゴドイは国王夫妻の信頼をえて「宰相専制主義《デスポティスモ・ミニステリアル》」と称される絶対的権力を享受した。当時から巷間では、一介の近衛兵士からの抜擢は愛人関係にあった王妃のおかげだと公然と語られ、一時期の権威失墜も王妃との仲が冷えたせいだといわれていた。

だが、こうしたゴドイ像は大きく塗り替えられている。王妃の寵愛を受けていたことにまちがいはないが、司法官たちを基盤としたフロリダブランカ伯と貴族たちの支持をえたアランダ伯の両者を罷免した国王カルロス四世は、これまでの党派によらないあらたな人物を必要としていたのであり、若い啓蒙改革者ゴドイはうってつけの人物であった。フランス革命の波及を恐れる王権は、ゴドイに政治的自由主義を弾圧させるが、その一方で、国家存亡の危機のゆえに「上からの改革」をゴドイに託さざるをえなかったのである。彼の一時期の失墜には、対ポルトガル政策をめぐって対立したフランス総裁政府のスペイン王室への圧力があずかって大きかったとされる。じっさいに一八〇〇年代にはいっても、ゴドイはホベリャーノスらを迫害したものの、他方では一八〇七年にペスタロッチ学院を創立させるなど新しい教育普及の保護者ともなったのである。ちなみに画家ゴヤはこの時期に、ゴドイの庇護のもとに伝統社会を批判し、新しい改革理念を盛り込んださまざまな絵画を描いている。

「カルロス４世の家族」　中央部にカルロス４世とその妃マリア・ルイサを配し，左端から２番目にのちのフェルナンド７世を描いている。ゴヤ自身も，フェルナンドのうしろに控えている（ゴヤ画，1800年，プラド美術館蔵）。

さて、当初のゴドイの対外政策は、なによりもブルボン家の同族利害を代弁してフランスのルイ十六世の命を救うことにあった。しかしさまざまな干渉は功を奏せず、一七九三年一月に国民公会はルイ十六世を処刑した。同年三月からフランスとスペインは戦闘状態にはいり、主としてバスク地方とカタルーニャが戦場となった。スペインで国民公会戦争と呼ばれるこの戦争は、カタルーニャでは大戦争《ゲーラ・グラン》と呼ばれ、「国王と神をもたない侵略者」への熱狂的抵抗が同地方の民衆のあいだに生まれた。一方、革命の理念に同調してフランスに亡命していたマルチェーナらの自由主義知識人は、反スペイン政府宣伝をさかんにおこなった。一八〇八年スペイン独立戦争にみられる錯綜した対立の兆しがすでに生じていたのである。

フランスで恐怖政治が終わりを告げ総裁政府の時代にはいると、戦闘続行の負担に苦しむゴドイ政府は和平に転じて、一七九五年七月にバーゼル平和条約を締結した。結局、この戦争でスペインはなにをうることもなかったが、ゴドイだけは平和公《プリンシペ・デ・ラ・パス》という誉れ高い称号を勝ちとった。しかし、こののちフランスとの積極的同盟関係のもとにスペインと自らの地位を安泰なものにしようとするゴドイの対外政策は、高い代償をはらうことになる。九六年八月のサン・イルデフォンソ条約の締結によるあらたな「家族協定」は、ふたたびスペインをイギリスとの戦争状態に追いやることになった。九七年、イギリス海軍によってスペインとアメリカ植民地の連絡は困難となり、同年十二月には、植民地にたいして中立国との貿易を許可せざるをえなくなった。

一八〇一年、ゴドイは大将軍《ヘネラリシモ》として権力の座に復帰するが、その対外政策はすでにフランスの第一統領となっていたナポレオンの意向に左右された。同年、ポルトガルにたいして「オレンジ戦争」を起こしたが、これはイギリスの同盟国ポルトガルを牽制しようとするナポレオンの野望に応えたものであった。そののち、一八〇二年のアミアンの和平で束の間の平和がおとずれるが、翌年五月には英仏間の戦争が再開され、ゴドイはふたたびナポレオンの野心に巻き込まれた。そして、一八〇五年十月には、フランス・スペインの連合艦隊がカディス近くのトラファルガル岬の沖合でネルソン提督率いるイギリス艦隊に壊滅させられた(いわゆる「トラファルガーの海戦」)。十八世紀なかば以来の海軍再建の努力は水泡に帰し、スペインのアメリカ植民地との連絡は途絶した。

国家財政の麻痺

以上のように対フランス、対イギリスと戦争状態が続くなか、国家財政は極度に逼迫した。国民公会戦争では二七億六七〇〇万レアルの出費をよぎなくされていた。政府は、一七九四年から九九年にかけて三一億五〇〇〇万レアルの国債(バレス・レアレス)発行できりぬけようとしたが、これだけではイギリスとの長期の戦争にたえることはできなかった。しかも、一八〇〇年から一八〇四年にかけては不作が続き、このあいだに黄熱病やコレラの流行にもみまわれ、アメリカ植民地との貿易の途絶はカタルーニャなどの産業に大きな打撃を与えた。

そこで政府は、カルロス三世の啓蒙改革期には理念の提示にとどまっていた永代所有財産解放《デサモルティサシオン》の措置に踏み切ることになった。まず一七九五年に、今後教会が購入する土地と、貴族が限嗣相続財産として設定する土地にたいして一五％の課税をすることが決められた。ついで九八年には慈善宗教団体の土地売却とその収入の国債償却基金への充当が定められた。一八〇五年に教皇庁はカルロス四世に教会財産の一部売却を許可し、結局一七九八年から一八〇八年の一〇年間に、教会関係財産の約六分の一が売却された。しかしイギリスとの戦争の続行により、一八〇八年直前ころには国家の通常収入が五億レアルにたいして支出は九億レアルにのぼり、さらに国債の利子支払いが二億レアルとなり、国家財政は麻痺的状態に陥っていた。王妃の寵愛を受けた成上がり者ゴドイは、伝統的な貴族、財産売却に反発する聖職者、困窮した手工業者、そしてたえざる戦争に疲れた民衆の怨恨のまとになっていた。

ゴドイの失脚

トラファルガーの海戦の敗北後ゴドイは、ナポレオンからの離反をはかるが、一八〇六年十月のイエナの戦いでフランス軍がプロイセン軍に勝利をおさめると、ふたたび追従の道を選んだ。イギリスと対抗するためにナポレオンは「大陸封鎖」を強めるが、その障害となったのがイギリスの同盟国ポルトガルであった。海軍力に劣るフランスは、ポルトガルを制圧するためには陸路、軍隊を派遣する必要に迫られた。

そこでナポレオンは、一八〇七年十月にゴドイとひそかにフォンテーヌブロー条約を結び、スペイン内のフランス軍隊通過権をえた。ポルトガル制圧のあかつきには、三分割されるその国土の一部がゴドイに与えられる約束になっていた。同条約によってナポレオンは、一八〇八年春までに友軍の進駐という口実のもとにフランス軍をスペイン領内に派遣した。だがその目的は、ポルトガルへの進軍にとどまらず、スペイン北部・中央部の要衝をおさえることにあった。ようやくゴドイは、ナポレオンの真の意図がスペイン支配にあることを悟り、アランフエスの離宮に滞在していた王室の南部への退避をはかった。だが、同年三月十七日、反ゴドイ貴族による扇動のもと民衆暴動が起こり、フェルナンドはカルロス四世の退位とゴドイの失脚を勝ちとった。ゴドイの専制に不満をいだく諸階層はこぞって新国王フェルナンド七世(在位一八〇八、一四〜三三)を祝福したが、事態はそれでおさまらなかった。ナポレオンは、政治的混乱に乗じて、スペイン・ブルボン王家の廃位をも決意していたのであった。

2　スペイン独立戦争

ボナパルト王朝の誕生

アランフエス暴動の知らせが伝わるとミュラー将軍率いるフランス軍は急いでマドリードへの駐屯をおこなった。三月二十四日にフェルナンド七世は、民衆の熱狂的歓迎のなか首都に入城するが、フランス勢力はそれを冷ややかに眺め、しかも国王として認知しなかった。父王カルロス四世は退位宣言を撤回し、ナポレオンの支持をえようと画策した。フェルナンドは、ゴドイ専制政治のもとで幽閉されていたホベリャーノスらの釈放を指示するなど啓蒙改革者への妥協もみせるが、権力の掌握にはナポレオンの認知が不可欠であった。ナポレオンは、王冠を争う父子のそれぞれに言葉巧みにバイヨンヌにくるように誘い、四月二十日にフェルナンド七世は国境を離れてこの町に到着し、やがて、カルロス四世夫妻もこれに合流した。

だがナポレオンは、マドリードに残っていたフランシスコ・デ・パウラ王子もフランスに移るよう画策した。五月二日朝に王子は出発するが、宮廷前にはそれを阻もうと多くの群衆が集まり、やがてフランス兵との衝突が市内各所で起こった。モンテレオン砲廠ではダオイスら一部の軍人もこれに同調したが、圧倒的なフランス軍によって鎮圧された。ゴヤの絵「五月三日」に描かれたように、翌日にかけて数百人の住民が銃殺刑に処された。この蜂起は、のちに国民的＝愛国的蜂起として理想化されるが（ちなみに五月二日蜂起を顕彰して一八四〇年に建立された市内の忠誠広場オベリスクは、現在、「祖国への犠牲者」の碑となっている）、じっさいには政府機関、都市当局、教会、異端審問所はこぞってこの蜂起を非難し、上層市民は事態がしずまるのを傍観していたのであった。

この知らせは、五月五日にバイヨンヌに届いた。ナポレオンは最後通告をだして、カルロスとフェルナンドの両者の退位と王位の諸権利放棄を強要した。六月四日には自分の兄ジョゼフをホセ一世（在位一八〇八～一三、ただしスペイン王朝系図では「簒奪王」として省かれる）としてスペイン国王に任命し、ついでバイヨンヌにスペイン人の名士会議を召集して、ボナパルト家の新王朝を承認させたのであった。また、この会議でバイヨンヌ憲法を制定させた。こうして七月七日、ナポレオンの期待する「スペイン」は、穏健的な自由主義改革をめざすフランスに忠実な政府をもつことになった。ウルキーホ、カバルスら啓蒙改革者の一部は、遅れたスペインの再生がホセ一世のもとで実現されるのを期待して新政府に参加した。彼らは親仏派《アフランセサード》と呼ばれ、やがてホセが王位を退くと、一緒に国境をこえてフランスに亡命することになる。

独立戦争の展開

五月から六月にかけて、フランス軍の支配をまぬがれた地域では別の「スペイン」の動きが生じていた。とらわれの身となった「期待された国王《レイ・デセアード》」フェルナンドの名において、いくつもの市町村で抵抗組織とし

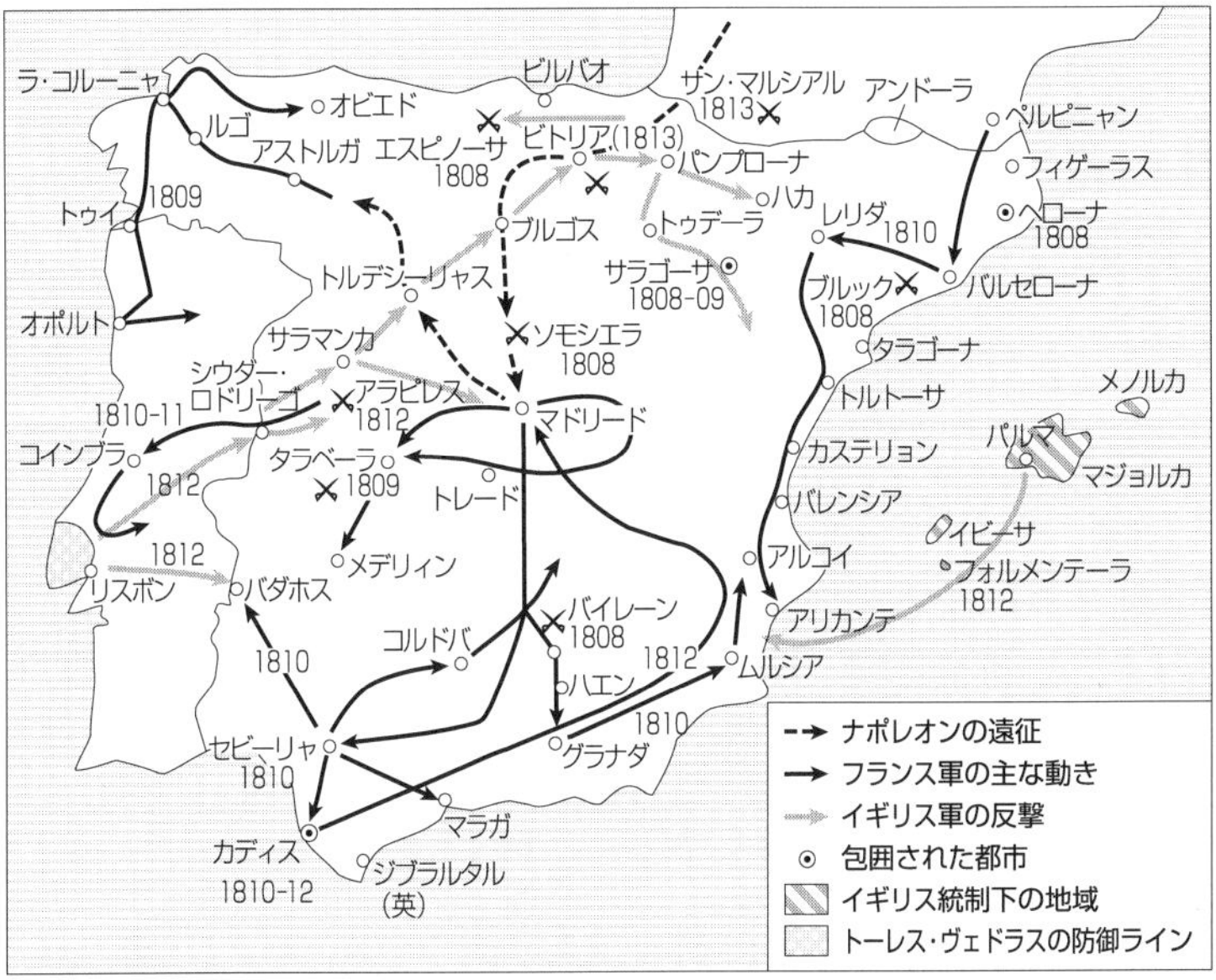

スペイン独立戦争の経過

て地区評議会《フンタ》が結成された。「国王、宗教、祖国万歳！」を叫ぶ民衆が、消極的姿勢をとる当局をゆるがすところもあった。地方ごとにまとまって全土で一三の地方評議会ができあがったが、これらは当初はそれぞれが「至高の権威」をもつと宣言した。やがて九月には、これらの代表による最高機関として中央評議会が組織され、アランフエスにおかれた。しかし、地方評議会や中央評議会はすべて伝統的諸階層によって占められており、自由主義改革や民衆の動きからはかけ離れた存在であった。

一八〇八年の夏から秋にかけてフランス軍は、各地で生まれた抵抗につまずきをみせた。七月十九日のバイレーンの戦いでは一万七〇〇〇名余りを捕虜にされるという大敗北をきっし、ホセ一世はマドリードからの退却をよぎなくされた。そこでナポレオンは、十一月にはいると自ら大陸軍《グラン・ダルメ》を率いてスペインに侵攻した。中央評議会の組織したスペイン正規軍の防御戦線は、ナポレオンの突撃縦隊によってたやすくくずされた。十二月四日にナポレオンはマドリードに入城し、チャマルティン勅令を公布して、異端審問制や封建的諸権利の廃止などを宣言した。続いて彼は、イギリス軍遠征部隊を追ってガリシア地方に転戦するが、オーストリア情勢の悪化から翌年一月に、あとをホセ一世に託してフランスに戻った。

一八〇九年初めから一一年末までの三年間は、スペインの大半をフランス勢力が軍事的に制していた。中央評議会はセビーリャ、さらにカディスへと避難するが、一〇年一月には自ら解散を決定し、あわせて摂政会議の任命と王国議会の召集をおこなった。その後、同年九月に海上補給の有利さとイギリス軍の支援で占領をまぬがれたカディスで近代議会が開かれ、自由主義立法が生み出されるが、スペインの他の地方との連絡は乏しかった。

しかし、ホセ一世がスペインに有効な政治的支配を確立することは困難であった。彼は親仏派の協力をえて、合法的な支配をおこなおうとつとめたが、広大な占領地域維持の軍事的要請からフランス軍は傍若無人に行動して、各地で略奪や破壊を繰り返した。ナポレオンが、一八一〇年二月、エブロ川以北の地域を実質的にフランスに併合するという挙にでたために、ホセ一世政府内の確執も高まった。ナポレオンをアンチキリストないし悪魔の子と罵倒する下級聖職者の声はやむことなく、日常生活を蹂躙《じゅうりん》された民衆の怒りはますます燃え盛った。しかも民衆的抵抗と結合してゲリラ部隊の活動が活発化していった。

戦争を意味するスペイン語のゲラに縮小語尾のついたゲリラという戦闘方法は、このスペイン独立戦争のなかで広く展開された。敵軍を前に潰走した兵士たち、下級聖職者、農民によって組まれた小部隊は、フランス軍占領地域で攪乱行動を繰り返して敵を悩ました。地方住民の支援を受けた数多くの小部隊を掃討するのは困難で、フランス軍は、要所の守備と輸送の警護に貴重な兵士をさかねばならず、正規軍同士の戦闘に動員可能な兵力は、三〇万人にものぼった兵力全体の五分の一にすぎなかった。ところで、スペイン独立戦争を特徴づけた戦争の残酷さの生まれた理由はこのゲリラ戦におうところが大きかった。フランス軍がゲリラ兵を正規兵と同様には扱わず、捕えると賊徒として処刑したことは報復的虐殺を生んだの

ゴヤの版画集『戦争の惨禍』「これはもっとひどい」(上)　**「なぜだろう」**(下)　ゴヤは，正規戦であれゲリラ戦であれ戦争そのものが生み出す不合理と不条理を冷徹な目でみすえている。

である。ゴヤの版画集『戦争の惨禍』はこれをあますところなく冷徹に描いている。

さて一八一二年にはいると、ナポレオンはロシア遠征のために大陸軍を結集する必要から、スペインからも軍隊の一部を呼び戻した。ポルトガルに駐屯していたウェリントン率いるイギリス軍は、この機会を逃さずにスペイン領内に進軍し、七月二十二日アラピレスの戦いで大勝利をおさめた。これには、フランス軍の連絡を妨害したゲリラ隊の活躍もあずかって力があった。一三年春、ロシア遠征に失敗したナポレオンの苦境を前に、ホセ一世はバリャドリーに宮廷を移してその北部支配を立て直そうとするが、ゲリラ活動もイギリス＝スペイン軍の反撃も激しくなった。結局、六月末にホセはフランス国境に逃れて、スペイン国王を退いた。一四年六月、残るカタルーニャ占領地からもフランス軍は撤退した。

カディス議会と一八一二年憲法

一八一〇年九月二十四日にカディスで開かれた議会は、スペインではじめての近代議会となった。議会(コルテス)を構成する議員たちは、当初は身分制に基づく伝統的形式で召集されたが、地域選出の国民代表の資格をもって集うことになり、しかも国民主権の原則が打ち出された。大西洋貿易の港をかかえるこの町はもともと開かれた雰囲気につつまれていた。しかも戦火を逃れて避難していた各地の弁護士、知識人、開明的聖職者・貴族、商人が、フランス軍占領地域選出議員の「代行《スプレンテ》」という資格で議会に参加した。こうした状況のもとで、新興諸階層が政治的ヘゲモニーを握るのに成功したのであった。なお、海外領土は本国と同じく「一つの国民《ナシオン》」を構成すると宣言されて、アメリカ代表もこの議会に参加したが、すでに植民地では独立運動が生まれていた。

カディス議会は、議員たちが「国民を代表する」ものであり、したがって「国民主権は議会に存する」と宣言して、旧体制の廃棄と近代スペインの確立にとって重要な法令をつぎつぎと成立させた。一八一〇年十一月には出版の自由を定め、一一年八月には領主裁判権を廃し、一三年二月には異端審問制を廃止した。しかしこの議会は、議員の三分の一が聖職者によって占められていたように、けっして革命議会ではなかった。宗教にかんする出版は検閲の対象となり、教会十分の一税は廃止されず、領主が所領を私有地化することを有利にしてもいたのであった。一二年三月十九日に公布された憲法(カディス憲法とも一二年憲法とも呼ばれる)は、国民主権、三権分立、三段階の間接選挙などを規定し、立憲君主制をうたったスペインで最初の自由主義憲法であった。しかし、同一二条でカトリックの国教化と信教の自由が否認されているように、「カトリック的啓蒙」を引き継いだスペイン自由主義の限界性をも内包していたことに注意したい。いずれにしろ、自由主義者《リベラレス》は、専制政治に反対し政治的自由を掲げたが、戦争で疲弊し、食糧危機で痛めつけられた民衆の社会的・生存的要求の声に耳を貸そうとはしなかった。一八一二年憲法を自由主義者は「ラ・ペパ」(憲法公布が聖ヨゼフの日にあたり、ヨゼフの愛称ペペの女性形がペパである)と親しみをこめて呼び、反革命の動きにたいする「希望の星」としたが、各地の民衆はフェルナンドを「期待された国王」とみなしてその帰国を待ち望んでいたのである。

3　アンシャン・レジームの解体

フェルナンドの絶対主義復帰

一八一三年十二月のヴァランセー条約によってフェルナンド七世は、ナポレオンから正統なスペイン国王であると認知されていた。一四年一月にマドリードに移って開かれた議会は、帰還するフェルナンドの一八一二年憲法への誓約儀式の準備を進めるとともに、周到な用意のもとに「一八〇八年五月二日」をマドリード住民の自由を求めた愛国的蜂起として記念・顕彰する国民的慰霊祭を五月二日に挙行した。しかし同年三月末にスペインに戻ったフェルナンドは、すぐさま首都には戻らず各地を巡行して「国王万歳！」、「議会と憲法の打倒を！」といった声を集めながら絶対主義的反動を準備した。五月五日にマドリードに入城したフェルナンドは、ただちに自由主義者の弾圧に着手して、同月十一日には一八一二年憲法とカディス議会の行動を無効とする四日付の王令を公にした。

しかし、親仏派や自由主義者を弾圧してアンシャン・レジームの保全を願いながら、十八世紀末からの一連の戦争で深刻化した国家財政と経済の危機からなんらかの脱却を試みることは不可能であった。絶対主義の六年間といわれた一八一四年から二〇年にかけて、五つの大臣ポストは二八人につぎつぎと交替された。事態の深刻さのために、フェルナンドは亡命していたマルティン・デ・ガライを招いて財政改革を立案させるが、結局は宮中側近《カマリーリャ》の反対を受けて彼を罷免した。

合法的反対の道を閉ざされた自由主義者は、陰謀によって政府打倒を画策した。なかには十八世紀なかばから広がっていたフリーメーソン(自己修養と友愛精神を基に社会改良をめざす国際的秘密結社)に夢を託す者もいた。だが、その頼りとなるのは将校であった。スペイン独立戦争以来、軍隊には中・下層出身者が多数入隊していたが、もともとの貴族将校の優遇に反発をつのらせていた。エスポス・イ・ミナ、ポルリエル、ラシー、ビダルと、自由主義将校によるクーデタ宣言《プロヌンシアミエント》が毎年のように繰り返された。

アンシャン・レジームへの復帰は、社会的にも困難であった。スペイン独立戦争の動揺をへてからは、フェルナンドに期待をよせていた農民層も、領主的諸貢租や教会十分の一税の不払いを強めた。とくにバレンシアでは反領主運動の展開がみられ、カスティーリャやエストレマドゥーラではメスタ諸特権を無視して牧草地の開墾がおこなわれた。

アメリカ植民地の独立

十九世紀にはいってなお続く本国の混乱を前に、アメリカ植民地は独自の動きを強めていった。一八〇八年、ナポレオンのスペイン支配が伝わると、本国と同じく各地に新王朝を否認する評議会が結成された。しかし、独立運動を高揚させたのは、一〇年のカディス議会開催の知らせであった。植民地支配者層のクリオーリョ(アメリカ生まれのスペインの子孫)にとって、自由主義諸改革は彼らの伝統的権益の維持に反していたからである。この年、ブエノスアイレスから起こったラテンアメリカ独立運動は、必ずしも自由や平等を掲げる運動とはなりえなかった。

クリオーリョ、メスティーソ（インディオと白人の混血）、そしてインディオの対立もはらんで各地の解放運動は複雑な過程をたどるが、その大きなうねりは一八二〇年から二三年にかけて、本国で自由主義革命が成功した時期であった。さらに二四年のペルーでのアヤクーチョの戦いでスペイン軍が大敗するとラテンアメリカの独立は確定し、スペイン帝国はわずかにキューバ、プエルトリコ、フィリピンを残すのみとなった。一方、植民地に誕生した約二〇の国は、それぞれに国民国家形成に向けて混乱と苦難の道を歩み出した。

植民地の喪失は、スペイン経済に深刻な打撃を与えた。カタルーニャの繊維産業や輸出向け農業は重大な危機に陥り、一八二一年のメキシコ独立で銀の輸入がとだえたためにヨーロッパ諸国との貿易の欠損を補うこともできなくなった。銀の流通貨幣の不足は、スペイン経済のデフレをさらに悪化させた。一二年を一〇〇とする物価指数は、二〇年には五〇、三三年には三五まで下落した。一方、この時期には中世末以来のスペインの伝統的輸出産品であったメリーノ種羊毛の生産が凋落《ちょうらく》した。たび重なる戦争によって移牧が困難になったことと、ドイツのザクセン地方で羊毛業が急速に台頭したことにその原因があった。

こうしたスペイン経済の困難と重なるかたちで、一八二〇年代から三〇年代には政治が大きく激動した。それは、まず二〇年一月、アンダルシーアでのリエゴによるクーデタ宣言から始まった。これに応じてラ・コルーニャ、サラゴーサなどで反乱が起こり、運動の高揚を前にして国王は、三月七日、一八一二年憲法の復活を認めるにいたった。

立憲制の三年間

政権を握った自由主義者は、ただちに出版の自由を認め、役人には一八一二年憲法への宣誓を義務づけた。七月に召集された議会は、自由主義者が多数派を占めた。カディス議会で制定されていた諸法令は復活し、異端審問制の廃止、結社の自由の承認、一部修道院の廃止、行政機構の改編などの措置が実施され、

アメリカ植民地の独立

全国民兵隊《ミリシア・ナシオナル》が組織された。また、五月二日事件を顕彰した国民的慰霊祭など、一八一四年に壊された自由主義シンボルの復活もはかられた。

しかし、この間に自由主義者は、政権を担って穏健的改革を志向する「一二年憲法派」と、これにあきたらない若い世代の「熱狂派」という二つのグループに分かれていた。一八二一年三月に絶対主義的陰謀のかどで収監されていた司祭ビヌエサをマドリード民衆が襲って殺害するという事件が起こると、対応をめぐって分裂は決定的になった。とくに事件扇動者としてリエゴが罷免されると、これに反発する熱狂派と民衆の示威行動が大きく展開した。そこではリエゴを称えた「リエゴ讃歌」(二十世紀まで革命歌として引き継がれる)や、絶対主義者に憲法をのめとうたった「エル・トラガラ」の歌が広くうたわれた。さらにこの間には、各地に約二七〇もの愛国協会《ソシエダデス・パトリオティカス》と総称されるさまざまな革命的クラブが生まれ、政府批判を繰り広げた。自由主義的フリーメーソンのなかにも、コムネーロスといった名称の急進的秘密結社が組織された。一二年憲法派政府は、出版規制などで対抗しようとしたが、逆にこれらの動きを活発にした。最後には政治安定のために二院制採用を試みたが失敗し、二二年八月以後、政権は熱狂派の手に渡った。

しかしこのころには、絶対王政の復活をめざす国王派が各地で武装組織をつくってゲリラ的活動を強めていた。なかでもカタルーニャ北部に勢力を拡大したエロレス男爵らはタラゴーナ大司教クレウスを含めた摂政会議をウルヘル(ウルジェイ)に設けて政治的攻勢も強めた。ガリシアでも、のちに超絶対王政派「使徒派」の由来となる使徒派評議会《フンタ・アポストリカ》(聖ヤコブにちなんだ名称)を結成した。これらの動きは、穀物価格の

「異端審問所の廃止」
絹の織物に描かれた，異端審問所の廃止を要求し聖職者を追及する民衆の姿(1821年制作，バルセローナ織物博物館蔵)。

低落に悩み、あらたな金納による租税負担に苦しむ農民層の支持を受けた。その一方で、とくに都市部では十九世紀を通じて拡大する反教権主義《アンティクレリカリスモ》が民衆のあいだに芽生えていた。絶対王政復活を支持する聖職者たちは、「修道士たちに死を！」という叫びに脅かされるようになっていたのである。

国内の混乱に有効な手だてを講じられない自由主義政府は、さらに外国の干渉にあった。スペインにおける革命の進行とその近隣諸国への波及を恐れたウィーン反動体制下の列強は、一八二二年十月のヴェローナ会議でフランスに軍事干渉を委任し、翌年四月に「聖ルイの一〇万の息子たち」と呼ばれたフランス軍がピレネー国境をこえてスペインに侵攻した。自由主義政府は、強制的に国王フェルナンドを同行して、首都を離れてセビーリャ、さらにカディスへと移って抵抗したが、九月にはフランス軍の攻勢に屈服して国王を解放した。この間、一八〇八年の苦い経験を踏まえたフランス軍は、その食糧調達にはスペイン人商人たちを登用するなど慎重な行動をとった。したがって、農村部民衆の反発を生むことは少なく、目立った抵抗は諸都市における全国民兵隊などに限られていた。またカディスでは、独立戦争期のようにイギリスの海上支援を受けることもできずに終わった。

忌むべき一〇年間

一八二三年十月、フェルナンド七世はふたたび絶対主義的統治に復帰した。それは彼の死まで一〇年にわたって続くことになる。「立憲制の三年間」発端のクーデタを起こしたリエゴは、同年十一月、マドリードの広場で公開処刑された。あらたに設けられた軍事委員会は自由主義に協力した者たちを激しく弾圧し、信仰委員会は異端審問所の役割を担った。フリーメーソンや秘密結社への加入は死罪に値するとされた。二六年、バレンシアの小学校教師リポルは、自然宗教を信奉したかどで最後の火刑犠牲者となった。さらに、国家役人の行動を調査する浄化委員会は、三二年までの一〇年間に二万三〇〇〇人のうちの約一割を罷免した。

だが、すべてを「立憲制の三年間」以前の統治に戻すことはできなかった。アメリカ植民地の大半が独立し、経済的崩壊に直面するなかで、国王は「上からの改革」、なかでも財政改革に踏み切らざるをえなかった。これを担ったのが大蔵大臣ロペス・バリェステーロスで、彼は収入と支出の把握につとめ、一八二八年にははじめて国家予算を打ち出した。また、限られたものであったが、地租にあたる新税を導入するなど、アンシャン・レジームの租税制度とは異なる原理を導入した。こうした政策に、カタルーニャ金融家ガスパル・デ・レミーサらの穏健派ブルジョワは積極的に協力した。

だが、あくまでも伝統と特権に固執し、異端審問制の完全復活をめざす絶対王政支持派＝使徒派の人々は反発した。そして伝統への回帰という政治メッセージは、経済的に貧窮し租税に反発する農民層の支持を引きつけた。一八二七年、使徒派はカタルーニャで「被害者」の反乱と呼ばれる蜂起を起こし約七〇〇〇人の参加者を集めたが、マドリード政府は二万人の軍隊を送って鎮圧した。この結果、フェルナンドは使徒派との関係を断って、かつての親仏派アフランセサードや穏健派自由主義者、そして綿工業を中心に台頭してきたバルセローナの産業家たちへの接近を強めた。もっとも、亡命自由主義者への弾圧は厳しく続けられ、一八三一年には、前年のフランス七月革命に鼓舞されてマラガに上陸したトリーホス将軍とその仲間がただちに処刑され、マリアナ・ピネーダという若い女性も、亡命グループと接触し「法、自由、平等」の言葉を旗に刺繡したという理由で処刑された。

しかしあらたな政治状況によって、王権は自由主義勢力へのさらなる接近をよぎなくされた。一八二九年、国王フェルナンドはナポリ出身のマリア・クリスティーナと四度目の結婚をして、翌年十月にのちのイサベル二世が誕生した。この間に国王は、国本詔勅を発布して、十八世紀初めのブルボン王朝成立時に廃止されていた女子の王位継承権を復活させていた。王弟カルロス・マリア・イシドロにつぎの国王を期待していた絶対主義者たちは、この詔勅を受け入れるわけにはいかなかった。フェルナンドが病の床に伏すなかで、娘イサベルの王位継承を守るためにマリア・クリスティーナは、自由主義勢力を味方に引き入れることを決意して、三二年十月にセア・ベルムデスに穏健派自由主義の政府を組閣させた。ただちに政府は、亡命自由主義者への恩赦を決定し、勧業省を設立してブルジョワ的政策をとることを明らかにした。

一八三三年九月、フェルナンド七世が死去すると、マリア・クリスティーナを摂政として娘イサベルが即位した。しかし、カルロス支持派すなわちカルリスタはこれを黙認できず、ブルボン王家の伝統であるサリカ法典の遵守を求めて武装蜂起した。自由主義政府は、この勢力との七年にわたる内乱のなかで、少なくとも法的・制度的にはアンシャン・レジームと訣別することになる。

第一次カルリスタ戦争

フェルナンドが没すると王弟カルロスは、姪イサベルの王位継承を否認して自らの即位宣言をおこなった(カルロス五世を僭称する)。そのアブランテス声明に呼応してカルリスタ蜂起が各地で起こるが、成功をおさめたのは主として北部農村地域――バスク地方、ナバーラ、カタルーニャ、そしてマエストラスゴ(バレンシア北部)――であった。そのスローガン「神、祖国、国王、そして裁き手」は、一八二七年の「被害者」の反乱と同様に、伝統的な農民層を強く引きつけた。しかもスペイン独立戦争期のゲリラとして活躍したスマラカレギ将軍は各地の武装集団《パルティーダ》を軍隊組織に編成して拠点づくりに成功した。

しかし、一八三九年までカルリスタが勢力を保持しえたのは、マドリードの政府が打ち出した自由主義的諸政策への反動が大きかったからである。三三年十一月の、全国を四九県(プロビンシア)に区分する政令公布に始まった中央集権化と立法統一化への反発は、いまだ地方特別法《フエロス》を享受するバスク地方、ナバーラの住民層を広く伝統的諸特権擁護へと糾合した。また三五年の修道院廃止令や翌年の永代所有財産解放《デサモルティサシオン》令による教会財産の国有化・売却の着手は、自由主義政府への聖職者の敵意を決定的にした。伝統的慣行

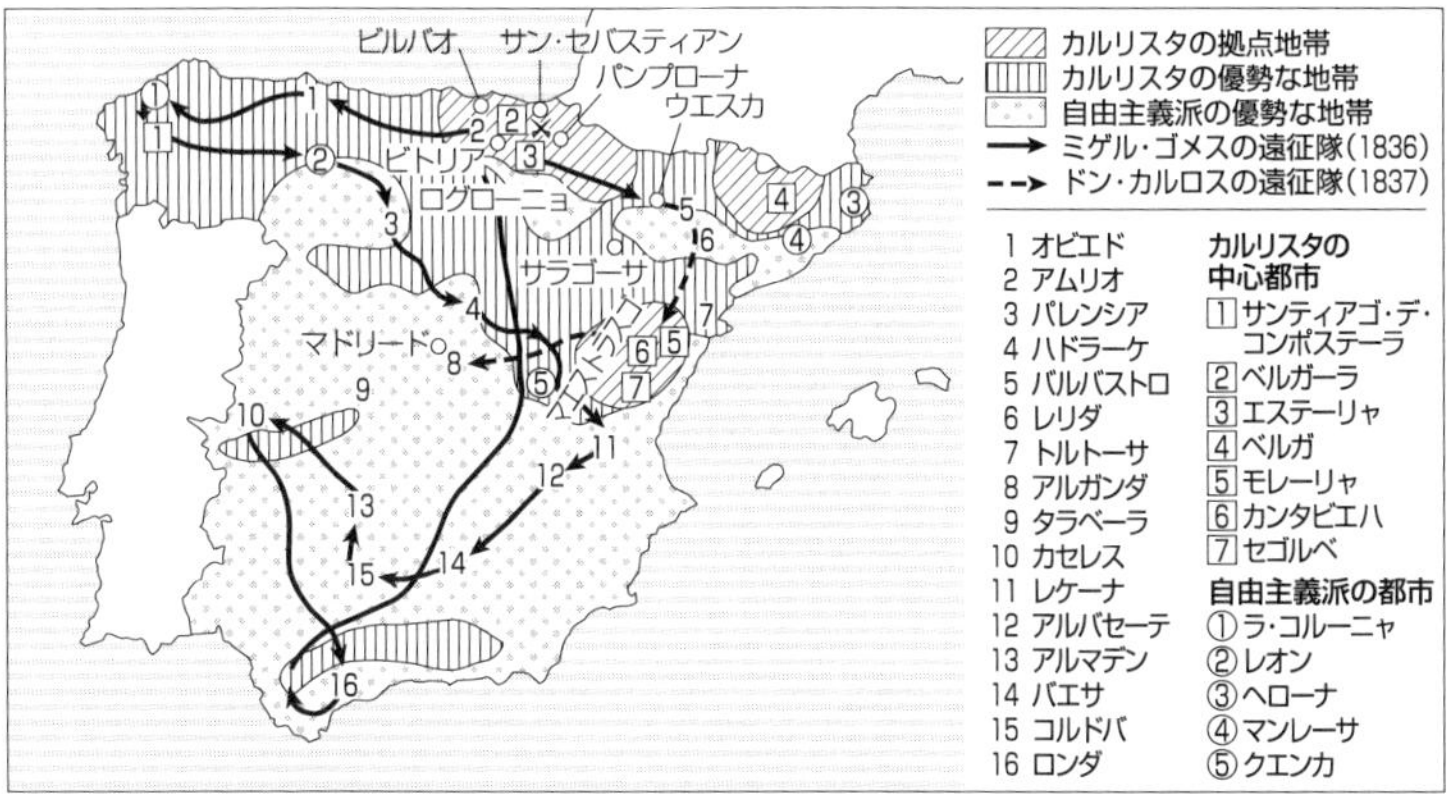

第一次カルリスタ戦争の経過

を維持し、教会の影響力の強い山間部農村地域は、独立戦争のときと同じく、カルリスタ・ゲリラが住民の支持をえて大きく活躍する場となった。加えて戦闘方法も報復をいとわない残酷なものとなった。独立戦争とならんでカルリスタ戦争は、野蛮で残忍なスペインというイメージを当時のロマン主義ヨーロッパに提供した。

ビルバオ攻略に失敗しスマラカレギが死去したものの、北部地域の基盤を固めたカルリスタは、一八三五年夏以後、他地域へ戦争を拡大した。フランスとイギリスがマドリード政府を支持したのにたいして、カルロスは、神聖同盟諸国——オーストリア、プロイセン、ロシア——の支援をとりつけ、またブルボン家正統支持派《レジティミスト》のフランス人義勇兵がカルリスタ軍隊に加わった。三七年九月には、「国王遠征」を組織したカルロスは、マドリードの郊外にまで迫った。しかし同年末には、永代所有財産解放の措置で国庫収入を増した自由主義政府は、軍事力を増強して攻勢に転じた。カルリスタ内部では、妥協派のマロート将軍とかたくなな使徒派のカブレーラ将軍の対立が起こり、同軍隊の士気は弱まった。結局三九年八月、マロートと政府軍のエスパルテーロ将軍とのあいだに「ベルガーラ協定」が結ばれて、バスク地方とナバーラの地方特別法維持を条件にカルリスタの大半は抵抗をやめた。カルロスはスペインを離れるが、カブレーラと一部の勢力は徹底抗戦を掲げ、翌年七月までマエストラスゴを拠点に戦った。

自由主義国家体制の成立

三歳で即位したイサベル二世(在位一八三三〜六八)の摂政マリア・クリスティーナは、カルリスタに対抗するために自由主義穏健派《モデラード》に接近し、一八三四年にはマルティネス・デ・ラ・ロサに政権を委ねた。同年四月に、彼の進言で公布された「王国組織法《エスタトゥート・レアル》」は、一般に欽定憲法といわれるが、国王＝政府に従属した二院制議会の召集規定であった。ここに議会制が導入されて、上院(名士会議)は国王任命で、下院(代議員会議)は間接選挙によって選出されるとした。だが、有権者は約一万六〇〇〇人と人口の〇・一五％にすぎない極端な制限選挙であった。なお、三四年七月に異端審問制度が最終的に廃止され、三五年一月に「血の純潔」証明要求が禁止されるなど、カルリスタとの対抗のなかで、絶対主義の社会的価値からの解放がこの間に進展した。

一八三四年夏、マドリードでコレラが発生すると、イエズス会士が水くみ場に毒をいれたという噂が流れ、激高した民衆が修道院に焼討ちをかけた。民衆の反教権主義《アンティクレリカリスモ》が暴動となってあらわれた最初の大規模な事件であった。そして翌年夏には、カルリスタの攻勢で社会不安が高まるなか、バルセローナやそのほかの都市で、カルリスタに同調しているとみなされた修道院の焼討ち、修道士殺害などの暴動が起こった。バルセローナではこのときから四三年までブリャンガと呼ばれた都市暴動が頻発するが、その背景には、いち早く工業化を進めて機械使用が普及するなかで失業を恐れた伝統的手工業者・労働者の不安と反発があった。三五年にははじめて蒸気機関を利用した近代的綿織物工場ボナプラータが破壊された。

王国組織法に基づく制限選挙に満足する自由主義穏健派にたいして進歩派《プログレシスタ》は、「請願権」を利用して近代議会の徹底を要求するが、いずれも退けられた。一八三五年一月には、これに反発したカルデーロらの進歩派軍人がクーデタ宣言《プロヌンシアミエント》をおこなうが、失敗した。同年夏、諸都市の混乱が続くなか、各地では自由主義進歩派を中心に地方評議会《フンタ》が設けられ、自由主義改革の徹底と一八一二年憲法の復活が叫ばれた。摂政マリア・クリスティーナは事態をしずめるために、同年九月に亡命先ロンドンから帰国したメンディサバルに政権を託した。彼は、矢継ぎ早に近代化の諸措置に着手し、十月には修道会の廃止を決め、三六年二月には永代所有財産解放令を公布した。しかし、五月に摂政がイストゥリスを政府首班に任命して改革後退の姿勢を示すと、進歩派はクーデタ宣言の手段に訴え、七月に反政府運動は全国に拡大した。ついで八月にラ・グランハ離宮で、下士官の反乱(「軍曹の暴動」)が起こった。事態をおさめるために摂政は、一八一二年憲法の復活を許し、進歩派のカラトラーバが政権を委ねられ、メンディサバルは蔵相に就いた。

一八三六年から三七年にかけての進歩派政権下で自由主義改革は本格的に進み、法的・制度的な意味では、アンシャン・レジームの最終的廃棄が実現した。おもな立法をあげれば、移動牧畜業者組合《メスタ》の廃止(一八三六年一月)、限嗣相続制度《マヨラスゴ》の廃止(同八月)、農地の囲い込み・賃貸の自由(同九月)、営業の自由(同十二月）、出版法の制定と事前検閲の廃止（三七年三月）、あらたな選挙法による有権者数の拡大（同七月）、永代所有財産解放令の追加措置（同七月）、教会十分の一税・初穂税の廃止（同七月）、領主制の廃止（同八月）があった。

そしてこの間に、穏健派と進歩派のたがいの譲歩によって、一八三七年六月に新憲法が制定された。この一八三七年憲法は、カディス憲法と比べて国王の権限を強めているが、序文で国民主権をうたい、三権分立や一定の基本的諸権利を規定する一方、政治的安定をめざして二院制を採用するなど、スペインを同時期のヨーロッパ諸国の立憲君主制に近づけるものであった。

4　自由主義国家体制の模索

進歩派政権の成立

自由主義国家体制は一応の成立をみた。そして、上述のようにカルリスタ戦争も一八三九年から四〇年にかけて終息に向かったが、立憲体制の安定にはつながらなかった。国王は絶対王権を放棄したが、できるだけ議会を統制下におこうとして広範な調停権《ポデル・モデラドル》をもつと主張した。議会では、穏健派はできるだけ選挙権を制限しようとし、進歩派はその拡大を提唱した。また都市部を中心に、普通選挙権を求める民主派、さらには共和主義者が勢力を広げつつあった。カルリスタ戦争で影響力を増したエスパルテーロ、ナルバエス、オドンネル、プリム、セラーノなどの軍人たちは、それぞれの立場からこうした動きに呼応して政治に介入した。第一共和政にいたるまで，「将軍たちの治世」とも呼ばれる混乱の時代が続いていったのである。

さて，摂政マリア・クリスティーナは，カルリスタの脅威が弱まると保守的姿勢をあらわにした。これを受けて穏健派は，一八四〇年七月に国王の自治体首長任命を定めた「自治体法」を成立させたが，これは明らかに憲法違反であった。バルセローナやマドリードでは進歩派と民衆の抗議行動が起こるが，これにあずかって力があったのは全国民兵隊《ミリシア・ナシオナル》であった。革命評議会が各地に設置されるのをみたエスパルテーロ将軍は，進歩派に接近してまずは首相の座に就き，マリア・クリスティーナに摂政の座を放棄させ，四一年には自らが摂政となった。

パリに亡命したマリア・クリスティーナは穏健派の政治家や軍人と陰謀を画策し，フランスのルイ・フィリップ一世政府はそれを支援した。だが，エスパルテーロに致命的となったのはカタルーニャ問題であった。政府の進めようとした自由貿易主義と親イギリス的政策は，綿工業の破滅と失業の増大につながるとしてカタルーニャの経営者・労働者双方の反発を招いた。とくにバルセローナ市では激しい反対運動が展開したが，一八四二年十二月，エスパルテーロ自らが乗り出して，同市を砲撃して事態を収拾した。この報復的弾圧には進歩派の多くが反発し，進歩派と穏健派は「立憲制の正常化」を求めて同盟した。翌四三年七月，穏健派将軍ナルバエスがマドリード近くのトレホン・デ・アルドスでエスパルテーロの軍隊に勝利し，やがてエスパルテーロはイギリスへ亡命した。

穏健派政権

マドリードを制圧するにあたってナルバエスは、一八三七年憲法の遵守、全国民兵隊《ミリシア・ナシオナル》の維持などを約束していた。しかし政権を握った穏健派自由主義者は、ただちに反対派の弾圧をおこない、集権的な政治的寡頭支配の装置をつぎつぎに生み出した。一八四三年十一月、十三歳のイサベルの成人宣言がおこなわれたが、五四年までのあいだ、穏健派政治のじっさいの立役者はナルバエスであった。

まずは一八四四年、山賊行為の取締りを目的として治安警察《グアルディア・シビル》を創設し、これによってとくに農村部の治安を強化した。翌四五年には、県市町村行政法の施行によって県令《ゴベルナドル・シビル》(県長官)の権限を強めた地方行政を組織する一方、蔵相モンによって地域的特殊性を無視した税制統一化が進められた。そして、一八三七年憲法を修正した一八四五年憲法では、「正理論派自由主義《リベラリスモ・ドクトリナリオ》」に基づいて国王の調停権が大きく強化され、極端な制限選挙が採用された。また、市民的武装抵抗を可能にしていた全国民兵隊が廃止されて、進歩派の基盤は大きくくずされることになった。こうした政治状況のなかで四八年のヨーロッパの諸革命の影響は、セビーリャやマドリードで騒擾を巻き起こしたものの、全国的にはさしたる運動を生むことはなかった。四六年にはカルリスタがふたたび蜂起したが、カタルーニャ農村部以外にはあまり広がらずに四九年に終結した(第二次カルリスタ戦争、または早起き人戦争)。

一八五一年から翌年にかけてはブラボ・ムリーリョが政権を担当した。五一年三月、ローマ教皇庁と政教協約が締結され、カトリックがスペインの国家宗教であることが確認される一方、これまでの永代所有財産解放令による教会財産売却が承認された。そのかわりに教会の維持費と聖職者の俸給は国家負担となった。こののち五七年九月のモヤーノの公教育法によって教会による初等教育管理が保証されて、保守的国家体制とカトリック教会との同盟は一層進んだ。そして、宗教と政治、宗教と教育の分離は二十世紀スペインにいたるまで大きな課題となった。

さらにブラボ・ムリーリョは、軍人の恣意的介入に歯止めをかけるために政治行政機構の整備につとめ、一八五二年六月には公務員法を制定して官僚制の近代化を意図した。同年十二月には新憲法草案を明らかにしたが、これは強権的な文民政府を規定したもので、ナルバエスや多くの軍人の反感を招いた。結局ブラボ・ムリーリョは辞職に追い込まれ、そののち五四年まで短命の内閣が続くことになった。このころに鉄道建設が始まるが、鉄道法制定と敷設利権をめぐる汚職告発も重なって、政局は混迷した。

進歩派の二年間

一八五四年六月、マドリード近郊の町ビカルバロでドゥルセとオドンネル両将軍は反政府蜂起をおこなったが、これは腐敗した政府の交替を求める古典的なクーデタ宣言《プロヌンシアミエント》であった。だが翌七月、進歩派が「マンサナレス宣言」を発表して政治的刷新、すなわち「自由主義的刷新」を求めると、これに呼応してマドリード、バルセローナ、サラゴーサなどの諸都市は騒然とした状態に陥った。とくにバルセローナでは三九年に第一次カルリスタ戦争が終結したあと、綿工業が急速に発展していたが、近代機械（自動紡績機セルファクティナスなど）の普及によって職を脅かされた伝統的職人層、低賃金と劣悪な労働条件に苦しむ工場労働者は、同時に消費税《コンスーモ》や徴兵制《キンタ》の廃止を求めて激しい街頭示威行動を展開した。女王イサベル二世は事態の収拾をエスパルテーロ将軍に委ねざるをえず、ここに進歩派政権が誕生した。

エスパルテーロ進歩派政権は、当初はオドンネルの率いる自由主義連合《ウニオン・リベラル》(旧穏健派と妥協的進歩派を糾合)の支持もえて、一八三七年憲法を暫定的に復活させたあとに、これに基づいて憲法制定議会を召集した。一八五六年憲法草案は公布にはいたらなかったが、国民主権を明記して立憲君主制をうたっており、進歩派の年来の主張であった全国民兵隊《ミリシア・ナシオナル》の設置、自治体首長の直接選挙などが盛り込まれていた。また、カトリック国教を堅持したものの、「カトリックに反する公的祭祀」はおこなわないという条件のもとに信教の自由を部分的に認めた。さらに進歩派政権は、経済的自由主義の立法を整備して、鉄道法、銀行法などを成立させた。また大蔵大臣マドスの提唱で統一永代所有財産解放令が公布され(一八五五年五月)、未売却の教会財産に加えて自治体所有地《プロピオス》が売却処分の対象に定められた。

このころには、(男子)普通選挙を求める民主派《デモクラタ》があらたな政治勢力として誕生し、やはり生まれたばかりの労働運動がこれに同調してストライキを開始した。とくにバルセローナでの労働争議は激しく、労働者階級指導中央委員会が結成され、一八五五年七月にははじめてのゼネストがたたかわれた。一方、マドス永代所有財産解放令による自治体所有地売却は日雇い農民に土地獲得の期待をいだかせたが、競売方式の採用によってその取得者は地主や新興市民に限られた。アンダルシーアやエストレマドゥーラでは自治体所有地売却反対の激しい抗議運動が起こった。都市および農村の騒擾をいかに統制するかの方法をめぐって進歩派と自由主義連合の対立が強まり、五六年七月、エスパルテーロにかわってオドンネルが政権の座に就いた。いまやオドンネルは、自らがその打倒に加わった穏健派体制の再建に邁進して、一八四五年憲法を復活し、ふたたび全国民兵隊を解散させた。

自由主義連合とその崩壊

一八五六年十月にイサベル二世は、オドンネルよりもさらに保守的なナルバエスに組閣を委ねた。穏健派の政権復帰は、進歩派の二年間のあいだに活躍した官僚の罷免と進歩派の制定した諸法の停止を意味した。五一年の政教協約に反する諸法令は廃止され、五五年のマドス永代所有財産解放令の適用も停止された。しかし政治を五四年の状態に立ち戻らせることはできなかった。ナルバエス、アルメーロ、イストゥリスと続いた穏健派政権はいずれも短命に終わり、五八年にはふたたびオドンネルの自由主義連合政権が誕生し、それは六三年までの長期政権となった。

この長期的安定は、一つには鉄道ブームに代表される経済の発展があったことで、もう一つには対外戦争によって国民の関心を国外にそらすことで達成された。後者についていえば、まず一八五九～六〇年にモロッコ戦争(アフリカ戦争ともいう)が起こされた。アフリカ北部に領有していた都市セウタの境界を

テトゥアン占領の版画　モロッコ戦争で軍を進めたプリム将軍は，1860年2月4日テトゥアンの戦いに勝利した(マドリード，ロマン派美術館蔵)。

めぐる紛争から、オドンネル自ら指揮をとって出兵し、六〇年二月にテトゥアンを占領した。六一年十一月に結ばれたモロッコとの通商条約はスペインをフランス、イギリスと同等の立場においたにすぎず、スペインはこの地域で経済的優位を占めるにはいたらなかった。しかしこの勝利はスペイン国内に大きな熱狂を引き起こし、アラルコン『アフリカ戦争の証言日記』に描かれた軍人の武勇伝などに人々は熱狂した。さらに政府は、六一〜六二年に、フランス、イギリスの対外政策に乗じてメキシコ出兵をおこない、六一〜六五年にはサント・ドミンゴを併合し、六二〜七一年にかけてペルー、チリなどとの係争を続けた。

メキシコ干渉の失敗からオドンネルが辞任すると、イサベル二世は穏健派に頼って強圧的に事態を乗りきろうとした。一八六四年九月から翌年六月にかけて再度ナルバエスが首相となった。彼は、マドリード大学教授らが王政批判をおこなうと、首謀者としてカステラールを教授職から罷免した。学生らがこれに反発して「聖ダニエルの夜」と呼ばれる流血事件に発展した(六五年四月十日)。六三年に選挙運動が厳しく規制されたために、進歩派や民主派は選挙ボイコットをおこない、こうした抑圧的状況のなかクーデタ宣言《プロヌンシアミエント》の道を探ることになった。このころには、腐敗した中央集権的寡頭支配を許す王政への批判として、連邦主義、共和主義の運動も台頭した。

永代所有財産解放と工業化の進展

揺り戻しもあったが、一八三〇年代から六〇年代にかけてスペインでは自由主義が確立した。領主制や教会十分の一税の廃止に加えて封建的土地所有をブルジョワ的土地所有に転換するうえでの基本的措置と

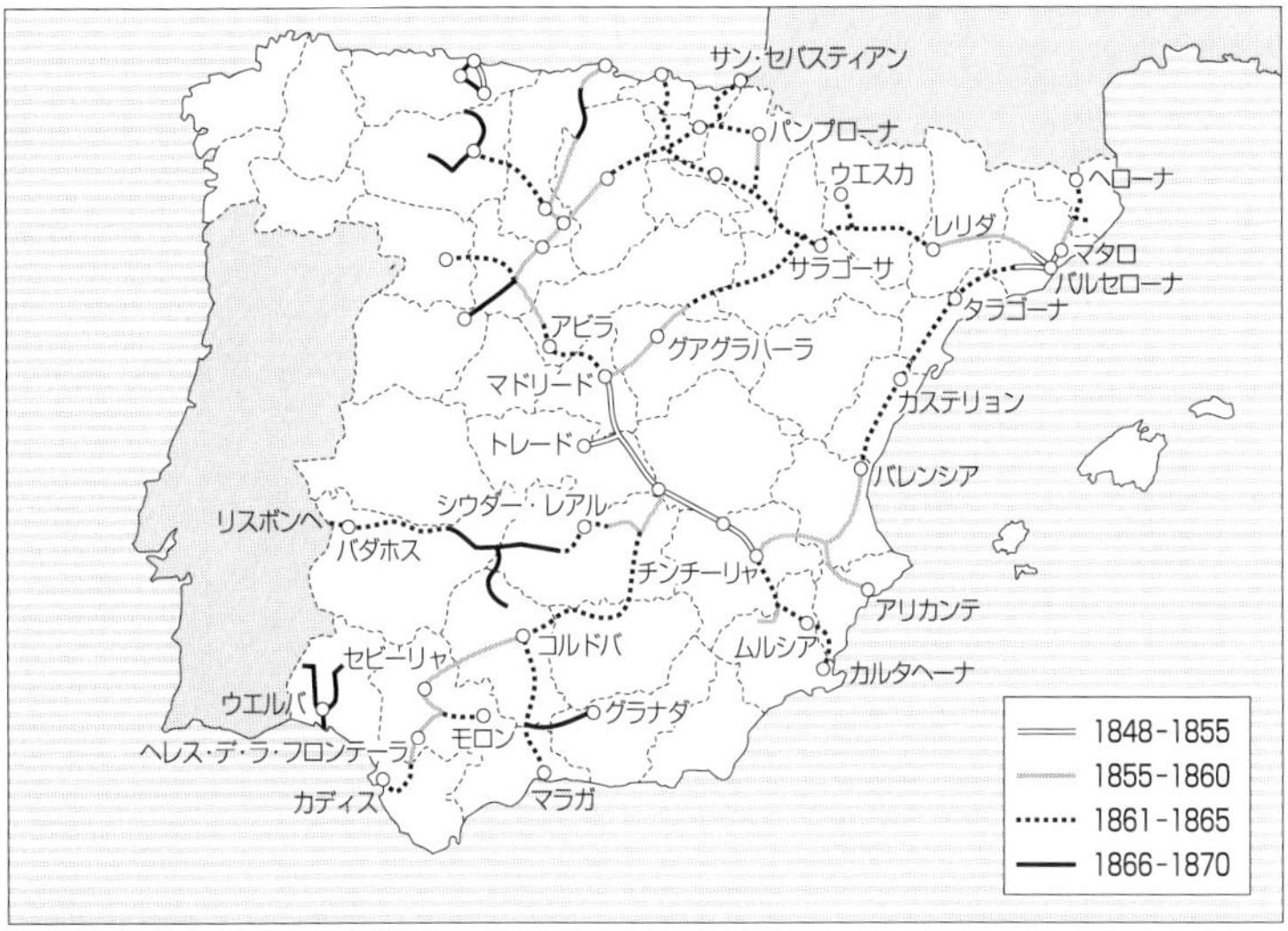

鉄道敷設の拡大

時期	聖職者の地所	市町村の地所	その他の地所	地所の合計	貸付年賦金	売却の合計
1798-1808	1,392,777	—	83,902	1,476,679	150,550	1,627,229
1820-1823	99,900	—	—	99,900	—	99,900
1836-1849	3,820,100	—	—	3,820,100	635,320	4,455,420
1855-1856	323,819	159,773	283,130	766,722	174,684	941,406
1859-1867	1,272,671	2,028,673	911,505	4,212,849	222,300	4,435,149
1868-1895	?	?	?	2,876,384	?	2,876,384
1798-1895	?	?	?	13,252,634	?	14,435,488

競売価格でみる不動産，貸付年賦金の永代所有財産解放の規模(単位：千レアル)

なったのは、限嗣相続制度《マヨラスゴ》などの不可譲渡制度廃止令《デスビンクラシオン》と、教会所有地や自治体所有地の永代所有財産解放《デサモルティサシオン》令、すなわちこれら財産の国有化・売却令であった。後者の売却対象となった土地規模については議論が分れるが、一八三六年から一九〇〇年までに少なくとも国土の約七分の一が対象とされた。これらの土地売却にかんしては、左派自由主義者フロレス・エストラーダのような永代借地制による小農民への分与の主張もあったが、結局は国家財政の必要が前面にだされて競売方式が採用された。その結果、おもな受益者は、従来からの土地所有者＝地主、新興市民層、富裕農に限られてしまい、各地域に特徴的であった土地所有構造をこれまで以上に強化した。アンダルシーアでは大土地所有制度《ラティフンディオ》が一層拡大したのである。しかしいずれにせよ、土地市場拡大の措置は農業への刺激となり、十九世紀の人口増大（一八三四年の一二一六万人が、六〇年には一五六七万人に増加）にかなりみあうような生産拡大がみられた。ちなみに、一八〇〇年を指数一〇〇とした小麦生産は、三〇年には一一七であったが、六〇年には一五七に達している。

　この間に、ギルド廃止や営業の自由も実現し、近代工業の発展もみられた。カルリスタ戦争で北部の製鉄業が停滞すると、マラガを中心に高炉が設立された。しかし、石炭が自給できない立地条件から、一八四〇年代以後は、石炭と鉄鉱石を産出する北部において近代的高炉を導入して鉄工業が成長した。一方、もともと織物業の盛んであったカタルーニャでは、一八四〇年代以後、イギリス製の機械を導入して綿工業が飛躍的な発展をみせた。しかし小規模経営が一般的であり、国際的競争力を欠いていた。カタルーニャの資本家はつねに保護主義的政策を要求せざるをえなかった。

　鉄道は、一八四八年にはじめてバルセローナ—マタロ間に開通したが、五〇年代から六〇年代にかけて飛躍的に発展し、六六年には総延長約五〇〇〇キロに達していた。この鉄道ブームは、資金調達のために銀行制度近代化にも貢献したが、国内諸産業への後方連関効果は乏しかった。資金の大半を諸外国に頼っており、鉄道資材までも輸入せざるをえなかったからである。この背景には、財政基盤を欠くスペイン政府はヨーロッパ主要市場で巨額の外債を発行しつづける必要があり、そのために外国資本に多くの利権や優遇措置を与えねばならないという事情があった。十九世紀なかばから鉛・銅・鉄などの鉱産物の開発も進むが、その鉱業権もおおむね外国企業に譲渡されることになった。スペイン経済は、ヨーロッパ資本主義の発展のなかで従属的地位におかれていたのである。

国民の歴史、国民意識の形成

自由主義確立の時期は、ほかのヨーロッパ諸国と同じようにスペインにおいてもロマン主義の時代にあたった。それは、啓蒙の普遍主義にかわって自国の文化と国民精神を叙情的にうたいあげようとした。詩人ではエスプロンセーダ、劇作家ではソリーリャが、これを代表した。しかし、ロマン主義をもっとも大きく反映したのはおそらく歴史学であった。とくにモデスト・ラフエンテ『スペイン全史』三〇巻（一八五〇～五九年）の歴史叙述は、スペイン自由主義国家の国民意識形成の意図に直接的に応えるものだった。一八〇八年の反ナポレオン蜂起に始まる戦争が「スペイン独立戦争」という愛国的名称を与えられたのもこの時期であった。また、モロッコ戦争をはじめこの時期に繰り返された対外戦争は、人々の愛国的感情を高揚させようとするものであった。

忠誠広場の碑(マドリード市内)　5月2日蜂起を記念・顕彰して，プラド通りの一角に「5月2日オベリスク」碑が建てられた。1840年に完成して，同年5月2日オベリスク下部の石棺にダオイスとベラルデ，民衆犠牲者の遺骸がおさめられた。

ダオイスとベラルデの像(マドリード市内)　5月2日蜂起犠牲者のなかでも，この2人の軍人を「英雄」化する試みは，スペイン独立戦争期から始まった。彼らの戦ったモンテレオン砲廠は「5月2日広場」とされ，中央には2人の大理石像がすえられている。

しかしスペイン国民意識形成の試みは、「回帰的ナショナリズム」であったといわれるように、あらたな国民的価値をつくりあげるよりも、過去の栄光をうたい祖国愛を感情的に求めるものにすぎなかった。一八〇八年五月二日蜂起を顕彰した記念碑(忠誠広場オベリスク)が四〇年に建立されるが、カディス議会や立憲制の三年間に企図された「憲法」や「政治的自由」の象徴は含まれず、たんに「祖国愛《パトリオティスモ》」による犠牲者の弔《とむら》いの碑となってしまった。また、五月二日蜂起の神話化からダオイスとベラルデというあらたな英雄がつくられたが、彼らの像は「愛国者」以上のメッセージを伝えるものではなかった。

スペイン国民形成《ナシオナリサシオン》の脆弱さは、学校教育や軍隊という装置が国民的なものにならなかったことを反映していた。一八五七年にモヤーノ公教育法が制定されたが、一九〇〇年になっても識字率は四割に達せず、学齢期の児童の六割は就学していなかった。したがって、公用語であるスペイン語も普及せず、地域の固有言語(カタルーニャ語、バスク語、ガリシア語など)が根強く残り、一九〇〇年になっても全人口の四分の一がスペイン語を母語としていなかった。また軍隊は、カルリスタ戦争後は体制内化して、たびたび国内治安の維持に動員された。富裕者が徴兵制を免除された《キンタ》ことは、民衆の反軍感情を一層高めた。

スペインの国民形成を妨げたもう一つの要因は、政教一致が堅持されたことにある。カディス議会の脆弱な自由主義は、国家統合の手段としてカトリック国教化を選び、一八五六年憲法草案を除けば、信教の自由容認の動きは、一八六八年革命を待たなければならなかった。国家とカトリック教会の同盟は、保守的・伝統的スペインの統合化に役立った。だがそれは、異端や異教という非難の言説をたえず生み出し、あらたな国民的統合を最初から拒むものであった。国家のあり方は、「宗教問題」と絡みながら二十世紀まで争われていく。そして十九世紀末に台頭するカタルーニャやバスク地方の地域ナショナリズムは、スペイン国民形成をますます困難なものとする。

第六章

第一共和政と復古王政

1　ブルボン王政の崩壊

六八年九月革命

一八六三年以降、政府によって動きが封じられた進歩派は、政権獲得の手段を軍に求め始めた。六六年のプリム将軍による一連のクーデタが、イサベル＝穏健派政権打倒運動の始まりを告げた。加えて、鉄道会社の経営不振に端を発する金融恐慌が発生した。鉄道会社と政治家とのつながりは強く、サガスタ、セラーノなど九月革命の指導者となる政治家は、救済策を講じない政府に不満をつのらせた。唯一の工業地帯カタルーニャも、アメリカ合衆国の南北戦争により綿花価格が上昇して不況にあえいでいた。イサベルは七月に穏健派の大物ナルバエスを首相に任命して、反政府的出版物を取り締まる出版法などの強圧的手段で危機を乗りきろうとした。進歩派は八月に亡命先のベルギーのオステンデで民主派と協定を結び、六七年、穏健派と対立を深めた自由主義連合をも取り込んだ。同年の小麦凶作は各地で食糧暴動を引き起こし、民衆が反政府運動に合流する社会的条件をつくりだした。六八年四月にナルバエスが死ぬと、政治は一挙に革命へと向かった。

一八六八年九月、プリム将軍がカディスでトペーテ海軍少将とともに反乱を宣言した。政府軍はコルドバ県アルコレアで敗北し、イサベルはフランスに亡命した。こうして九月革命は成功し、「革命の六年」の幕が上がった。自由主義連合のセラーノ将軍を首班とする臨時政府は、基本的人権の保障を約束した「国民への声明」を発表し、男子普通選挙制を導入するとともに、県令《ゴベルナドル・シビル》を軸にして革命で混乱した統治機構の回復をはかった。若干の改革で収拾しようとする中央政府にたいして、各都市で結成された革命評議会や民兵組織は、政府に抵抗し徹底した民主化を要求した。これらの組織を構成したのは、都市の政治から排除されてきた中間的階層であった。他方、都市・農村民衆は消費税《コンスーモ》や徴兵制の廃止、市町村公共事業による失業対策、賃金引上げ、出来高制農作業廃止、さらに土地分割を求めた。

政情不安は植民地での民族運動を誘発した。政府は植民地にも革命の恩恵がおよぶことを約束したが効果はなく、キューバでは一八六八年十月に「十年戦争」と呼ばれる長い戦争が始まる。治安強化と植民地戦争のためには兵士と税収を確保せねばならない政府は、民衆の徴兵制や消費税廃止の要求をそのまま受け入れるわけにはいかなかった。

臨時政府を構成したのは自由主義連合、進歩派、民主派からなる「九月連合」であり、彼らは体制の確立を急いだ。一八六九年六月に公布された憲法は、国民主権に基づく立憲王政、二院からなる議会制を定めた。しかし、新国王の決定が難航した。新国王にかんする合意がなかったところに、九月連合の政治的不備があった。国民的英雄エスパルテーロは固辞し、イサベルの妹婿オルレアン家モンパンシエ公など王族が候補となった。進歩派が推薦したイタリア・サヴォイア家アマデオが議会で選ばれ、マドリードに到着したのはようやく七一年一月のことである。セラーノが摂政を務めたそれまでの「暫定期間」は、政治的にきわめて不安定となる。六九年、カルリスタが反乱を試み、民主派から分離した共和派が全国でいっせいに蜂起した。カルリスタは七二年四月に大規模な反乱を開始し、第三次カルリスタ戦争に発展した。教会は、カトリックを国教と定めたものの信教の自由も認めた憲法を批判し、一部の修道院を解散させた政府を非難して、憲法への宣誓拒否を信徒や聖職者に呼びかけた。

一八七一年三月、通常議会選挙がおこなわれ、九月連合が多数を確保した。新国王即位と通常議会開催によって六九年憲法体制は安定するはずであった。しかし、自由主義連合や進歩派が保守的傾向を強める一方、進歩派のルイス・ソリーリャが民主派を糾合して急進派を結成するなど対立と権力闘争が激しくなった。プリム将軍がアマデオ即位直前に暗殺され、九月連合は求心力を失っていたのである。暗殺の背後にいたのは、共和派とも、セラーノとも、モンパンシエ公ともいわれた。共和派蜂起が頻発するさなか、支持基盤を失ったアマデオは、七三年二月に王位を放棄し退位した。在位期間中、六つの内閣が交替した。

上下院合同議会は国民議会の成立と共和政樹立を宣言し、フィゲーラスを大統領に選出した。ここにスペイン史上初の共和政が成立する。しかし、共和政は新王政破綻の結果にすぎず、国内でも植民地でも内乱状態と戦争は続き、共和政の前途は多難が予想された。

第一共和政

共和派は全議席の約四分の一をもつにとどまり、政体と議会構成を一致させるために議会解散を求めた。多数派の急進派はこれをクーデタで阻止しようとして失敗した。この結果、主導権は共和派、なかでも急進的な連邦派に移り一八七三年五月の総選挙で圧勝した。選挙権は二十五歳から二十一歳に引き下げられたが、棄権率は六〇%にのぼった。新議会は六月に連邦共和政を宣言し、連邦派指導者ピ・イ・マルガルを大統領に選出した。しかし、連邦派は政治的民主主義の徹底以外のプログラムをもたず、民衆は問題をローカルな世界で解決しようとして議会政治と距離をおいた。このことが両者を乖離させた。

第一共和政　内乱と戦争にみまわれて短命ではあったが，古い時代の黄昏，新しい時代の夜明けであった。

連邦派の勝利は政情不安を増幅させた。地方分権化の原理は、国家の凝集力を必要とする当時の状況と矛盾したうえ、連邦派は反軍的思想をもっていたからである。分権化に踏み切れない大統領にたいして、地方の連邦派は不満をいだき自治の拡大を求めた。彼らは各地域固有の民衆の要求を絡めて、七月にアンダルシーアやレバンテなどでカントン主義《カントナリスタ》蜂起をおこなった。フランスで小郡、スイスで州をさすカントンは、スペインにない行政単位だが、蜂起者たちはそれを大幅な権限をもった自治体と位置づけ、「カルタヘーナのカントン」というふうに自称した。この運動には連邦派だけでなく、第一インターナショナルに属する活動家や、さらに亡命してきたパリ・コミューンの残党が加わった。労働者たちは共和主義から自立して、バクーニン派の主導で、すでに一八七〇年六月に第一インターナショナル・スペイン連合を結成していたのである。保守派はカントナリスタ蜂起をパリ・コミューンの再現とみなした。左右の批判に挟撃されたピ・イ・マルガルは、七月に大統領を辞任した。つぎの大統領サルメロンは、軍を動員してカントナリスタ鎮圧を試みたが議会の批判をあび九月に辞任し、大統領はカステラールにかわった。

政治的混乱を前にして、進歩派、急進派、中央集権主義共和派からなる「再版九月連合」が誕生し、軍に依拠した革命の収拾が始まる。カステラールは議会を閉会して政令による統治をおこない、軍事力でカントナリスタ蜂起を鎮圧した。一八七四年一月に再開された議会で不信任をつきつけられ大統領は辞任したが、パビア将軍がクーデタをおこなって議会を閉鎖し、セラーノ将軍が新政府を組織した。同月、最後に残ったカルタヘーナのカントンが降伏した。セラーノは議会を開かないまま独裁政治をおこなったが、議会にたいして強い権限をもつ大統領制共和国を構想していたと考えられる。それはちょうど同じ時期にフランスで大統領となった軍人、マクマオン将軍の構想に近かった。

革命の六年は、内外の戦争と反乱にみまわれた混乱期ということができよう。しかし、古い時代の終わりと新しい時代の始まりでもあった。カントナリスタにみられるように、都市民衆が議会と異なる政治の世界を維持していた点で連続性がみられる一方、地域をこえたインターナショナルが組織されたという意味では新しさを示していた。革命の六年以降、クーデタと都市蜂起による政権交替はなくなり、議会制が機能し始めた。こうした変化は、ヨーロッパ全体で起きた国家や社会の変化と対応している。

また革命の六年間に、ペセータが統一通貨となり、銀行法や株式会社法がだされた。蔵相の名をとってフィゲローラ関税と呼ばれる一八六九年の関税法は、近年の研究によれば自由貿易主義に基づくものというよりも、国際貿易を配慮した過度の高関税政策の是正であった。六九年以降、経済は上昇局面にはいった。少年労働を制限した少年労働法はサルメロン大統領のもとで公布されたが、それはスペイン史上はじめての労働法であり、国家が社会問題に取り組み始めたことを示していた。革命の六年は、たんなる混乱期ではなかったのである。

2　復古王政

王政復古

保守派が王政復古をめざしたとはいえ、イサベルの復位は問題外であった。王政復古派の指導者カノバス・デル・カスティーリョは、セラーノ独裁の構想が実現することを恐れて、議会による方法を断念しクーデタを模索した。しかし、あらたな体制をめざすカノバスと、九月革命以前への復帰を求めるイサベルや旧穏健派とが激しく対立した。王政復古が文字どおりの復古とならなかったのはカノバスの功績である。彼は抗争に勝ち、一八七四年十二月、イギリスで帝王学を学ばせていたイサベルの息子アルフォンソに、立憲政治をおこなう旨の宣言をださせた。

王政復古を実現したのは、マルティネス・カンポス将軍による一八七四年十二月のクーデタであった。セラーノはこれに抵抗しなかった。民衆を動員して抵抗することは、たとえ可能であったとしても、政治的混乱を再発させる危険があったからである。カノバスは、七五年一月にアルフォンソ十二世（在位一八七四〜八五）をマドリードにむかえた。彼が直面した課題は、憲法制定による王政の安定化と、第三次カルリスタ戦争およびキューバ十年戦争の終結であった。

カノバスは保守党を結成し、現行選挙法つまり普通選挙制に基づく一八七六年一月の総選挙で圧倒的多数を獲得した。カノバスには法治主義を守ろうとする姿勢が顕著にみられる。七月に公布された七六年憲法は、議会に代表される国民と国王が主権を分有すると規定し、王族、高位軍人・聖職者、学者、高額納税者などからなる上院と、選挙で選ばれる下院の二院制をとった。国王は首相任命権をもち、勅令をとおして政治にかかわれたが、責任を問われなかったかわりに、勅令には当該大臣の副署が必要であった。憲法はカトリックを国教とし、非カトリックの公的宣教を禁じる一方で、個々人の信教の自由を認めた。

続いてカノバスは、一八七六年初頭にカルリスタ戦争を平定し、まもなくカルリスタの一部を保守党に吸収した。残ったカルリスタは武装反乱を断念し、社会的・政治的超保守主義の運動となる。政府は国内戦争の重荷から解放され、キューバに軍を集中することができた。その結果、十年戦争は七八年にサンホンの和約で終了した。キューバにはプエルト・リコと同様に県設置、奴隷解放、本国議会への代表権が認められた。復古王政は、第三次カルリスタ戦争終結でカルリスタに脅かされた地域での支持を、そしてキューバ問題の解決によってマドリードとカタルーニャの商工業者の支持をとりつけることができた。

六九年憲法の復活に固執したセラーノやサガスタは、議会ボイコットなどで抵抗したものの、体制が安定してくるとこれを受け入れ、一八八〇年五月に合同党を結成した。八一年二月、カノバスは合同党に政権を渡す。彼はイギリスの議会政治とエドマンド・バークの思想に学び、体制の安定には政権交替が必要と考えたのである。しかし、合同党は党内左派がサガスタを批判して分裂し、政権を失った。左派は自由化推進を基本方針とすることを条件に八五年に復党し、名称も自由党に変えた。ここに保守・自由の二大政党が誕生する。

アルフォンソ12世のマドリード入城　王政復古はカノバス・デル・カスティーリョの周到な準備のもとにおこなわれた。

順調にみえた復古王政は、一八八五年十一月に国王の病死という思わぬ事件に遭遇した。外国人王妃マリア・クリスティーナの摂政が、自由党の分裂や共和主義の台頭をもたらすことを懸念したカノバスは、パルド宮において自由党とのあいだで政権交替制を確認する協定を結び、政権を自由党の手に渡した。九〇年七月まで続く長期サガスタ政権のもとで、結社法や民法が制定され、陪審制と普通選挙制が復活した。逆説的なことに、国王の死を契機に自由化推進の方向で七六年憲法体制は確立したのであった。

王政復古体制

ここまでの経過のうちに、王政復古の政治体制の特質を読みとることができる。保守・自由の二大政党は、可能なかぎり右翼と左翼を吸収し、体制の支持基盤を拡大することにつとめた。政権がかわると国家や地方自治体の高官も交替したが、交替制はこうした政治階級の利益保障を意味した。政権の移動は機械的におこなわれたのではなく、党内をまとめえた指導者に政権が渡された。党の融和は党内の諸潮流や圧力団体・地方の要求を調整できたことの証しであり、それなりのコンセンサス形成の方法であった。

政権交替は、イサベル治世とは異なりクーデタなしにおこなわれた。軍は祖国の一体性の護持と現体制防衛の任務を与えられたが、憲法は国王を軍の最高指揮官と規定した。国王には軍統率とともに、軍の意向を代弁し軍が政治に介入することを防ぐ役割が期待された。

このようにみてくると、王政復古体制はかつて九月連合がもっていた構想を完成したものといえよう。一八五四年革命に参加し、自由主義連合最後の内閣に入閣したカノバスと、九月革命直後に内務大臣だった進歩派サガスタが、王政復古体制の支柱となったことは象徴的である。逆に共和政は政治的無秩序《アナキー》と私有財産への脅威のシンボル、反面教師とされた。

政権を移譲された野党は、議会を解散して選挙を運営し過半数の議席を確保した。まず選挙を末端で管理する県令《ゴベルナドル・シビル》や市町村庁を交替させ、ついで中央で二大政党をはじめとする諸政党が交渉し対立候補がでないよう調整した。その結果、選挙区と無縁な落下傘候補でも当選できた。一九〇七年選挙法は対立候補のいない場合、無投票での当選を定めたが、無投票議員は全体の一〇～三五％を占めた。そのうえで、カシキスモが有効に働いた。カシキスモとは、中央で作成されたリストに従って、カシーケと呼ばれる県や市町村の政治的ボスが集票するシステムである。カシーケは党ごとに系列化され、票とひきかえに、職の紹介、融資、兵役や納税にかんする裏工作から、道路建設・補修、市場の整備、鉄道建設など地域全体への利益にいたる多様な便宜を供与した。有権者が政治的原理で動かないことが重要であった。

カシキスモの前提は大量の棄権である。便宜供与には限界があり、もし投票者が多ければカシキスモでは票を管理できないからである。一八九〇年に普通選挙制が導入されても、棄権率は三五～五〇％を示し、ときに六〇％をこえた。農村では国政は遠い存在と考えられ、問題は村内で解決可能なのだと意識された。選挙操作の長い歴史ゆえに、人々は選挙を信用しなかったこともある。のちになると議会政治を否定するアナキストの宣伝が、棄権率を引き上げた。暴力的な投票妨害や票の改竄は最後の手段であった。

議席の一～二割を二大政党外の政党が占めた。反体制勢力を非合法活動に追いやらないために、二大政党は完全な議席独占をおこなわず、それを望んでもいなかったのである。

工業化・都市化が進んで多様な利害関係が生まれ、人的関係に依存した便宜供与では対応できなくなり、反体制勢力が民衆を動員したとき、カシキスモは危機に瀕する。それは先のことであり、王政復古体制のシステムは一九一〇年ころまで順調に機能した。

九八年の敗北

サガスタ政権による自由化政策を保守党が受け入れたことは、両党の違いが消滅したことを意味した。一八九〇年代の頻繁な政権交替は時代が平穏だった証拠である。それを破ったのが植民地問題であり、キューバ独立運動と米西戦争での敗北であった。

一八九〇年代は七〇年代なかばに始まる大不況が終局をむかえ、世界が帝国主義段階にはいった時代であり、西欧諸国は保護主義と植民地獲得競争へと向かった。スペインも例外ではない。炭坑開発と金属・機械業を擁したアストゥリアス、繊維産業に始まり金属・機械業を発展させたカタルーニャ、鉄鉱山開発に続いて八〇年代に製鉄業の急成長をみたバスク、穀倉地帯の中心地バリャドリーの利害は保護主義で一致した。たしかに農業部門でオレンジや野菜など輸出向け作物に転換した地域もあったが、全体として経済は内向化した。フィゲローラ関税を九一年に完全に破棄したのち、とびぬけて高い関税率が設定された。

植民地にかんしていえば、世界分割に加われず既得植民地の防衛に専念した。経済力と軍事力の制約があり、ラテンアメリカ植民地を喪失してのち、明確な世界戦略や同盟政策をもたなかったことが背景にある。高関税政策もそれゆえに可能だった。しかし、既存植民地キューバで反乱が再燃した。サンホンの和

期　間	スペイン全体	マラガ	セビーリャ	アストゥリアス	ビスカーヤ	サンタンデール
1861-1865	45.65	12.43	2.22	13.17	11.73	—
1866-1870	42.56	1.91	1.36	19.24	10.73	—
1871-1875	45.53	3.08	1.38	24.90	8.72	—
1876-1880	62.57	3.36	1.43	28.84	17.24	—
1881-1885	131.59	1.51	1.38	40.08	76.71	—
1886-1890	174.22	0	—	33.18	138.97	—
1891-1895	185.49	0	—	44.30	?	—
1896-1900	289.24	0	—	52.10	227.69	—
1901-1905	354.69	28.01	—	61.19	230.07	22.23
1906-1910	395.01	0	—	68.13	277.02	34.68
1911-1913	412.22	0	—	65.68	298.14	41.00

銑鉄の生産(単位：千トン)
ビスカーヤでは製鉄業が急速に発展し，スペイン重工業の中心となった。

約で若干の改善がなされたものの、キューバ人の地位はいぜんとして低かった。一八九三年に自由党政府植民相マウラは、選挙権の拡大とキューバ議会の権限拡充を骨子とする改革案を作成したが、各方面の強い反対を受けてほうむられた。改革失敗はキューバ人を自治権獲得から独立運動へと向かわせた。九五年に反乱が始まり、臨時政府が樹立され、キューバ共和国憲法が制定された。時の首相カノバスは強硬策をとり、ゲリラを孤立させるべく農民の強制集住作戦を展開した。カノバスは独立戦争のさなか、九七年八月にイタリア人アナキストに暗殺される。

合衆国は、キューバ人内の合衆国との併合論も利用しながらキューバ問題に介入し民主化を要求した。キューバが輸出する砂糖の九〇%を輸入し、サトウキビ栽培や精糖業への投資をふやしていた合衆国は、独立運動が解放奴隷の参加によって社会革命に転化することを恐れた。スペイン側に立つ列強はなく、サガスタ政府が司令官を更迭し、大幅な自治権を提案したものの時宜を失していた。フィリピンでも独立戦争が勃発したうえ、一八九八年二月の合衆国戦艦メイン号爆沈事件をきっかけに四月に米西戦争が始まり、スペイン軍は全戦線で完敗した。十二月に植民地代表なしに結ばれたパリ講和条約によって、キューバは独立し、グアムは無償でフィリピンは有償で合衆国に引き渡された。戦争中にハワイを併合した新興帝国主義国家アメリカと、旧帝国スペインとの対照は鮮やかであった。

バスクやカタルーニャのナショナリスト、連邦派、社会党、アナキストを除けば、全政治勢力とジャーナリズムが独立運動にも米西戦争にも強硬策を主張し、教会は対米戦争を神なきヤンキー文化との戦いとみなした。戦わずに屈服することは軍の反発をかい、クーデタを引き起こす危険があった。サガスタは敗戦覚悟で対米戦を決断し、そして敗れた。

敗戦は体制を崩壊させる可能性があり、ナポレオン帝政を瓦解させた普仏戦争(一八七〇~七一年)でのフランスの敗北を想起させた。しかし、一八九八年の敗北は奇妙な敗北であった。敗北は知識人に強い衝撃を与え、ウナムーノ、ガニベーなど「九八年世代」の知識人を生んだものの、彼らにはスペインが負けたのは合衆国である以前に独立運動であったという認識はなく、帝国主義批判の萌芽もなかった。しかも現状批判から出発しながら、しだいに「スペインの本質はなにか」といった現実から遊離した抽象的な分析に傾斜していった。

戦争をあおったジャーナリズムは体制批判に転じ、政治の刷新《レヘネラシオン》を求める雰囲気が社会を覆った。刷新運動を代表するのが、ホアキン・コスタなどが指導した国民同盟の運動である。国民同盟は、地方分権化、試験による公務員採用、労働者保護、農民金融、水利・交通網整備、徴兵制の改革（代理制や免除税廃止）など多くの要求を掲げ、多様なブルジョワジーと、戦後の増税に苦しむ都市中産階級の支持をえた。しかし、反政府色が強まるにつれブルジョワジーは運動から手を引き、多様な利害を調整できずに対立し、税不払いや商店ストライキにたいして軍が弾圧に乗り出すと、運動はこれにたえられずに消滅した。むしろ流行となった刷新主義を利用したのは保守派であった。一八九九年に保守派を総結集したシルベーラ政権は刷新を掲げ、増税と緊縮財政によって国家財政の再建をはたした。

経済危機も到来しなかった。ペセータ切下げが輸出振興効果を生み、ヨーロッパ全体の経済回復がスペインに有利に働いた。さらに植民地に投資されていた資本の帰還が、株式会社形式の普及、産業投資の増加、銀行資本の強化をもたらした。

合衆国戦艦メイン号の爆沈　たんなる事故か，スペインあるいは合衆国による工作か，真相は不明である。

戦病死者をだし、罹病帰還兵の社会復帰も困難だった——伝染病予防のため港にとめおかれて死んだ兵士もいた——にもかかわらず、民衆は静かであった。戦争による物価高騰が食糧暴動を誘発しただけである。一八九五年以降の死者は約四万人であるが、キューバ十年戦争では九万六〇〇〇人にのぼった。民衆は戦争の惨禍に慣れ、さまざまな災厄に諦念をいだいたのだろうか。一九一八年のスペイン風邪（インフルエンザ）は約一五万人の命を奪った。

　反体制勢力は明らかに厭戦的な民衆を、反戦運動に領導できなかった。第一インターナショナルの系譜を受け継ぐ運動は、いく度もの弾圧を受けながら生き延びた。大土地所有制のもと日雇い農民が大量にいる南部が拠点の一つであった。一八八二年に土地共有化をめざす五万人の農民が、アナキストの秘密結社「黒い手」に結集しテロ活動をしていたとされ、数千人の農民が逮捕され、いく人かが死刑に処せられた。事件は冤罪だったが農民が組織化されたのは事実である。しかし、日雇い農民に持続的な運動は期待できなかった。運動を支えるべき近代的な都市労働者層は、当時はまだ薄すぎた。他方、七九年にスペイン社会主義労働者党（ＰＳＯＥ、以下社会労働党とする。この党名は現在まで変わらないが、その性格は大きく異なる）が、八八年に社会労働党系労働者総同盟（ＵＧＴ）が結成されたが、影響力は小さかった。

　植民地問題から解放されて、体制は安定したとさえいえる。とはいえ、体制への脅威とはならなかったものの、スペイン国家の正統性をめぐる根本的問題が提起された。戦争は国民意識の浸透、スペイン・ナショナリズム高揚の機会となるはずであったが、民衆を動員できず、国家の存立根拠を疑わしめ、バスクやカタルーニャのナショナリズム（スペイン・ナショナリズムと区別して地域ナショナリズムと呼ぶ）に正統性を与えた。

　地域ナショナリズムは、中央集権的でカスティーリャ的価値を強制する体制を批判した。一八九二年、カタルーニャ主義同盟がマンレーサ会議で自治権の骨格を示した基本綱領を採択し、バスク・ナショナリズムの父サビーノ・アラーナが、『独立を求めるビスカーヤ』を刊行した。彼がバスク・ナショナリスト党を創立するのは九五年のことである。

　金持ちだけがまぬがれる徴兵制、カトリックに委ねられた公教育、民衆の参加を排除する政治は、民衆が国民意識をもつことを妨げた。地域ナショナリズムとスペイン・ナショナリズムは反比例する。工業化によって「よそ者」が労働者として大量に流入してくるカタルーニャやバスクでは、ナショナリズムが人々を政治的に動員するのに有効であった。カタルーニャ資本は植民地市場を防衛できなかった体制を批判し、一九〇一年に創立されたリーガ（地域主義連盟）との関係を深めた。バスク・ナショナリズムは、中央と直結する独占的な鉄鉱山・製鉄資本と敵対したが、都市中産階級を地盤に勢力を伸ばした。大衆動員型の地域ナショナリズムの運動は、名望家的二大政党の政治への挑戦であった。

年	%	年	%
1895	2.7	1905	10.5
1896	3.6	1907	9.7
1897	4.1	1908	10.5
1898	4.6	1909	10.3
1899	5.6	1910	11.5
1901	7.2	1911	12.8
1902	7.2	1912	18.9
1903	7.2	1913	20.8
1904	11.9	1914	22.1

徴兵忌避率（全適格者にたいする割合）
民衆は逃亡や移民によって兵役を逃れようとした。徴兵制は国民意識の醸成に寄与することはなかった。

アルフォンソ十三世の親政と改革の試み

　一九〇二年に十六歳となり即位年齢に達した王太子は、アルフォンソ十三世（在位一八八六〜一九三一）として親政を開始した。若い国王にとってその任は重かった。カノバスはすでになく、サガスタは即位の翌年に死去し、両党内の派閥抗争が始まった。王政復古の立役者である領袖を前にこれまで国王や摂政が政治に介入する余地は少なかったが、いまや調停者としての国王の役割は大きくなった。調停に失敗すれば、王政そのものに批判が向けられる危険があった。

じっさい、国王は閣議にしばしば介入した。一九〇四年に保守党マウラ政権が倒れたのは、党内抗争と軍人登用をめぐる国王との対立が原因であった。自由党ではサガスタがモンテーロ・リオスを後継者に指名し、結社の自由拡大、消費・生産協同組合推進、労働契約法の制定など新しいプログラムを策定させたものの、党内に右派と左派をかかえていた。党内融和の党が政権を担当するのではなく、派閥が国王の支持を求めて争い国王の介入をもたらした。

自由党の新プログラムが示すように、時代は二大政党に改革を迫っていた。一九〇七年から一九〇九年までのマウラ長期政権が、いわゆる「上からの革命」を試みた。中立的で安定した官僚組織をつくるための公務員試験採用制の導入、一九〇七年選挙法による選挙管理組織と行政との分離、社会保障局の設置、日曜休業制導入、社会改革委員会への労資紛争仲裁機能付与といった改革がおこなわれ、地方分権化、カトリック的コーポラティズム(職能代表制)に基づく市町村議会選挙法改正が検討された。この選挙法案では、労働代表を含む職能団体代表も市町村議会を構成することとされた。行幸《ぎょうこう》を積極的に利用したのもマウラであった。彼には以前にも行幸の利用で成功した経験があった。一九〇四年の国王のバルセローナ訪問は、カタルーニャ・ナショナリズムを混乱させたのである。

しかし、選挙の実質を確保するために対立候補不在の選挙区での無投票当選を定めた新選挙法がカシキスモを強化したように、改革の意図と結果は一致しなかった。またマウラには、改革は「上から」おこなうべきものと考える「権威主義」がつきまとった。労働運動に反テロリズム法で対処しようとしたことは、

悲劇の一週間　モロッコ戦争の拡大，部隊増派に反対してバリケードを築く民衆。1909年の民衆は1898年の民衆ではなかった。

	農林漁業	鉱業	製造業	建設	電力・ガス・水道(1)	運輸・通信	商業(2)	その他のサーヴィス業(3)	分類不能(4)	全就業人口(単位：千人)
1887	65.3	17.3				2.7	3.4	11.3		6,175.7
1900	66.3	1.2	10.7	4.1		2.1	4.5	11.1		6,620.9
1910	66.0	1.4	10.4	4.0		2.2	4.7	11.3		7,091.3
1920	57.2	2.3	15.6	4.1		2.9	5.9	12.0		7,516.2
1930	45.5	2.1	19.2	5.2		4.6	7.6	15.8		8,408.4
1940	50.5	1.4	15.6	5.2		3.9	7.3	16.1		8,957.6
1950	47.6	1.7	18.2	6.6		4.1	9.3	12.5		10,375.2
1960	36.6	1.7	21.2	6.7	0.6	4.7	8.4	15.3	4.8	11,235.1
1970	22.8	1.1	26.0	10.5	0.8	5.7	15.6	16.1	1.4	11,595.7
1981	13.9	26.7		8.8	1.7	6.4	22.2	18.6	1.7	10,492.5

注(1)　1950年までは製造業に分類。
(2)　商業・金融・不動産・保険など。
(3)　軍・公務員・専門職など。
(4)　1950年までは各部門に振分け。

就業人口の構成(農業における女性労働は含まない。「全就業人口」欄以外は，単位：%)
1910年代と20年代は，1960年代の「奇蹟の経済発展」とならぶ工業化の時代であった。

その端的な表れである。マウラの支持者には専門職、商店主、公務員など都市中間層が多かったと考えられる。改革が成果をあげないうちに、権威主義ゆえにマウラ政権は倒れた。きっかけは、ふたたび植民地問題であった。

わずかに残された植民地モロッコで、一九〇九年に民族運動が高まった。政府が予備役を召集し軍増派を決めると、バルセローナで大規模な反対デモが、七月二十六日から三十一日までは社会労働党、アナキスト系労働組合、急進党系組織によるゼネストがおこなわれた。一九〇九年のバルセローナ民衆は、一八九八年の民衆ではなかった。修道院焼討ちなど騒擾をともなうゼネストに、マウラは戒厳令布告と軍投入で応じ、多くの犠牲者がでた。「悲劇の一週間」と呼ばれるこの事件を扇動したとして、アナキストで教育家であったフェレールが処刑されると、国内外からマウラへの批判が起こった。反テロリズム法案もあって、全党派が反マウラに結集した。マウラは国王に信任を求めたが拒否され辞任した。以後、保守党最大の指導者マウラと国王の関係は悪化し、政治を不安定にした。マウラはその後もいく度か首相に任命されるが、それは改革ではなく、彼の権威主義が必要とされたからにすぎない。

一九一〇年から一二年まで政権を担った自由党のカナレーハスは、「悲劇の一週間」政治犯に恩赦を与えてマウラとの違いを示したのち、長期政権のもとで鉱山労働の制限、婦女子労働保護、消費税廃止、兵役代理制や免除税制の廃止、女子への大学の門戸開放を実現した。カタルーニャ県連合体《マンコムニダー》法案――産業基盤整備や文化振興事業をおこなう四県の連合機関設置が認められた――を作成し、修道院設立の制限も試みた。彼は国王の信頼が厚かったといわれるが、党内右派と保守党から強い抵抗を受けた。抵抗を排するには世論、とりわけ体制への統合をめざした労働者の支持が必要となる。しかし、カナレーハスは一二年にアナキストによって暗殺された。暗殺は彼にたいする労働者の象徴的回答だったといえよう。アナキスト系労働組合は一九一〇年大会で全国労働連合(CNT)を創立し、一一年に第一回大会を開催し、一一年秋にUGTとともに物価抑制・賃上げ要求のゼネストをたたかった。カナレーハスは憲法の人権保障条項を停止して弾圧を加え、十月にCNTを非合法化した。彼もマウラと同様に、改革は上から秩序紊乱《びんらん》なしになされるべきだと考えていたのである。マウラとカナレーハスの改革が挫折したのと符合して、王政復古体制が動揺し始める。

工業化の進展と体制延命策

一九一〇年代と二〇年代は、大規模な都市化と工業化をもたらした経済成長の時代である。のちの六〇年代に起きた「奇蹟の経済発展」と比肩しうるこの経済発展は、社会を大きく変えた。都市の膨張はバルセローナやマドリードのほか、セビーリャなど南部でも起こり、工業化は既存の工業地帯にさらに活気を与えた。都市の電力需要増加は電力産業を、ダム建設や道路網・都市整備はセメント業を成長させ、都市生活に対応して新聞・雑誌の発行部数がふえると製紙業が本格的に成立した。植民地キューバの喪失は精糖業発展をうながした。

経済成長を決定づけたのが、第一次世界大戦である。大戦勃発当初、経済は混乱したが、中立を保ったことで交戦国からの需要が拡大し、輸入途絶が輸入代替工業化を進めた。一九一五年から一九年までの貿易収支は、累積赤字を清算するほどの膨大な黒字を記録した。一〇年代に鉱工業が、二〇年代に運輸業・商業が発展した。農業でもオレンジ、オリーブ、ワインの輸出は好調であり、砂糖自給のために甜菜《てんさい》栽培が拡大し、都市向けの乳製品や食肉生産がアストゥリアスやガリシアでの畜産業を刺激した。とはいえ、農業における穀物生産の割合は高く農業の構造転換の足枷となり、低い農民の生活水準が国内市場を制約し、工業発展に限界をもたらした。市場はすぐに飽和状態になり、利潤確保のために独占形成が進んだ。大戦が終了し交戦国が落着きをみせる二〇年になると、戦後不況が始まる。技術革新を進め国際競争力をつけるには、あまりに短い戦時ブームであった。

都市化や工業化が進展すると、社会はますます多様化した。戦時利得税をめぐって、あるいは鉄道・道路建設など基盤整備にかんして、農業利益と商工業利益とが対立した。錯綜する利害を調整し、多様な社会勢力を体制に統合することが不可欠となった。

第一の統合の対象は、先進工業地帯カタルーニャ、とりわけその代表を自任するリーガである。軍を風刺した新聞社を軍人が襲撃するという事件が一九〇五年に起き、翌年に軍にたいする侮辱を軍法会議で裁くことを定めた裁判権管轄法《フリスディクシオネス》が公布されると、リーガや共和派からなる広範な反政府連合「カタルーニャの連帯」が政府批判を展開し、一九〇七年の総選挙に圧勝した。以後、二大政党は地盤を完全に失い、リーガの地位は不動のものとなった。

しかし、この党は自治権を獲得するために体制と協力するのか、反体制勢力として国政改革をめざすのか、動揺していた。一九〇四年のバルセローナ行幸に際して国王に自治の請願をおこない、マウラの地方分権化政策に期待し、一三年のカタルーニャ四県連合体法は、保守党と取引きのうえ、議会を閉会して政令＝法で実現をはたした。つまり体制への協力とひきかえに自らの要求を実現した。しかし、カタルーニャ感情に訴えて選挙に勝つには、中央との対決姿勢も必要であった。また産業界をバックにするリーガは、階級をこえたカタルーニャの一体性を強調する一方で、労働攻勢が強まると中央権力の警察・軍事力に頼らねばならなかった。体制側はリーガのこうした二面性をみぬいていた。一七年にはじめて二名の大臣を内閣へ送り、一八年に党首カンボ自らが挙国一致内閣にはいった背景には、カタルーニャでの労働運動の高揚があったのである。

第二の対象は共和主義勢力である。普通選挙制の導入後、共和派は労働者組織、文化クラブ、娯楽組織に浸透しながら都市を基盤に成長したが、政治路線や主導権をめぐって分裂し、選挙では二大政党の厚い壁にぶつかった。工業化のなかで階級分化して一体性を失った民衆に、十九世紀的な都市蜂起を期待することもできなかった。共和派は体制批判を繰り返す護民官的役割をはたすにとどまった。しかし、それでは改革も権力獲得も望めなかった。ここに共和派の隘路があり、体制はこの隘路を利用した。改革党の軌跡はその典型である。

一九一二年にメルキアデス・アルバレスが創立した改革党は、ほかの政党とは異なり、自由教育院を創設したヒネル・デ・ロス・リオスや哲学者オルテガなど知識人とのつながりが強く、アストゥリアスを地盤に専門職やホワイトカラーの支持を獲得した。社会労働党や共和主義諸派との選挙連合をとおして成果もあげた。しかし、勢力が伸び悩むと体制内改革に転換し、リーガの跡を追いこれと協力しつつ二大政党に接近した。改革党は二二年に政府に参加し、翌年の総選挙後の新議会では議長職をえた。成功といえば成功である。しかし、権力参加の代償は高くついた。リーガは自治権の獲得はおろか県連合体の権限拡大すらできず、党内外から批判をあび分裂した。ラディカルなグループが、独立や自治権獲得、共和政、社会改革の旗を掲げて誕生した。改革党の近代化・改革プログラムは、ほとんど採用されなかった。わずかな遺産といえば、現実政治への関与という経験である。のちに改革党を離党するアサーニャは、改革党で軍改革プランを担当していた。

一九〇八年にレルーが創立した急進党が、比較的大きな反体制政党として残った。カリスマ的な党首のもとに束ねられた連合的党であり、利権をめぐる疑惑のたえない政党であったが、集会や新聞による扇動という新しい側面を備えていた。それゆえに、「悲劇の一週間」で保守化するまでは、バルセローナの労働者のあいだで支持をえていた。一九二〇年に急進党が呼びかけた民主派会議は連邦的共和政、土地改革、各地方の封建的地代廃止、労働者保護、初等教育でのカトリック教育禁止、女性参政権承認といったプログラムを決定した。

リーガと改革党を体制側に吸収した過程は、いかに王政復古体制が自己保存能力のある柔軟な政治システムを備えていたかを示している。体制に協力すれば政権に参加できることは魅力であり、約四〇〇の議席中二〇議席にすぎない改革党が入閣をはたした。しかし、選挙管理と中央での交渉に支えられたことは、体制政党が近代的政党に成長することを妨げた。体制政党はカシキスモとロビー活動で諸社会層の利害を吸い上げただけであり、ついに民衆の政治的能力を評価することはなかった。そして柔軟なシステムは、結果からみれば、体制を改革なしに極限まで延命させ、危機が起きたとき、多少の改革では対応できないという状況をもたらした。第一次世界大戦中から戦後にかけて労働者・農民運動が高揚すると、彼らを統合する術を体制はもっていなかった。

王政復古体制の危機

同盟関係をもたず戦争準備もないスペインは、第一次世界大戦で中立を宣言した。保守派、軍、教会がドイツ側に、進歩派がイギリス、フランスなど協商側に親近感をもったにしても、強力な参戦運動は起こらなかった。しかし、列強が大戦に忙殺される間隙をぬって、鉄鉱山開発をねらう資本の要求とあいまって、軍が戦う場を求めてモロッコでの軍事行動を強化した。

第一次世界大戦が始まると労働組合は急成長した。戦時景気下のインフレーションに賃金が追いつかず(これが戦時利益をふくらませた)、日雇い農民と労働者を苦しめたからである。インフレ抑制と賃金引上げを求める一九一六年のＵＧＴ・ＣＮＴ共同ゼネストは失敗したものの、資本側に余裕があるあいだはストライキの多くが成功し、成功がまた組合を成長させた。社会労働党系ＵＧＴが組織したのは部門別では鉱山部門がもっとも多く、県別ではマドリード、アストゥリアス、ビスカーヤ(バスク地方)の順であった。社会労働党は創立以来、共和主義すらブルジョワ勢力だとして敵対してきたが、二十世紀になると多くの知識人が入党したこともあって、共和派との同盟・選挙連合へと転換し、市町村レヴェルだけでなく、一九一〇年に党首イグレシアスを国会議員に当選させた。これにたいしてＣＮＴは、バルセローナの繊維労働者のあいだで圧倒的な支持をえていたが、マドリードではほとんど組織をもたなかった。二〇年前後の数字をあげれば、UGTは二一万人、CNTは七〇万人を擁した。日雇い農民はUGTでもCNTでも大きな割合を占めたが、農民組合として組織されてはいなかった。

労働争議に始まった社会的動揺は、一九一七年になると社会全体におよび危機の様相を呈した。軍が政治的介入を強め、王政復古体制の枠組みをゆるがした。インフレによる実質給与低下、政府の軍人事干渉・モロッコ部隊優遇に不満をもつ本土の将校団は、軍防衛評議会を結成して諸要求実現と政治の刷新を求めた。一七年六月に自由党政府は倒れ、かわった保守党政府は将校団の要求に譲歩した。軍の動きは将校の利益防衛運動にすぎなかったが、政治刷新のスローガンが改革の機運を高めた。加えてロシア二月革命の成功が、大戦の性格を民主主義対専制の戦争へと変えて民主化要求を顕在化させ、ナショナリズム運動を刺激した。ガリシアやアンダルシーアでも、地域ナショナリズム運動が展開した。

リーガは憲法改正のための新議会招集を政府に要求し、これが却下されると改革派議員会議の開催を呼びかけた。急進党、改革党、社会労働党がこの呼びかけに応じ、七月に議員会議が開催された。そこで設置された委員会は、王権にたいする議会の権限強化、上院の民主化、バスクとカタルーニャへの自治権付与を盛り込んだ憲法案を作成した。

労働者勢力が改革派議員会議の思惑をこえて運動を進めた。CNTとUGTが生活防衛、モロッコ戦争反対、社会政策の充実のみならず、体制変革つまり共和政を求めて無期限ゼネストをおこなったのである。メルキアデス首相、イグレシアス労働大臣などからなる臨時政府が構想された。しかし、八月十二日から

1917年8月のゼネスト　共和政を求めるゼネストは，戒厳令のもと軍隊によって鎮圧された。

	1．ストライキ件数	2．賃金が争点となったストライキ件数	3．2の1に対する割合(%)	4．労働者側が勝利したストライキの割合(%)	5．2のうちで労働者側が勝利したストライキの割合(%)
1913	201	100	50	55	60
1914	140	59	42	59	75
1915	91	41	45	58	73
1916	178	128	72	66	70
1917	176	125	71	71	73
1918	256	199	78	84	86
1919	403	328	81	83	86
1920	424	315	74	74	78
1921	233	139	60	66	58
1922	429	200	47	65	65
1923	411	200	49	58	62
1924	155	61	39	54	62

ストライキ運動(データが揃っているストライキのみ)
景気にかげりがみえる1919年を境に，資本の側は強硬な態度に転じた。

始まった全国ストは、約七〇名の死者と二〇〇〇名の逮捕者をだしながら、政府の予防措置と戒厳令下の軍出動により一週間で挫折した。改革党、急進党はゼネスト批判にまわり、リーガは一九一七年十一月に入閣した。この内閣には保守党も自由党も参加し、総結集内閣とされた。このことは交替制の破綻、政治的危機の深刻さを意味したが、議会内の改革派戦線を解体させる効果をもった。

ロシア十月革命のニュースが伝わると、沈黙していた農民が立ち上がった。「ボリシェヴィキの三年」と呼ばれる一九一八年から二〇年まで、南部でCNTを中心に、賃上げや出来高制の廃止を求めて、焼討ちを含む激しい運動が展開した。景気にかげりがみえると資本側は都市でも農村でも強硬な態度に転じ、労働争議は先鋭化した。一九年三月にカタルーニャでたたかわれたゼネストに、政府は激しい弾圧を加え、資本側はゼネラル・ロックアウトと協調主義組合「自由労働組合」の結成で対抗した。弾圧は政治ストを引き起こし、官憲・労働・資本の三者によるテロ行為を誘発した。二一年から二三年のあいだに、首相ダトがアナキストに、CNT指導者セギが自由労働組合員に、枢機卿がアナキストに暗殺された。こうした状況が、カタルーニャ方面軍司令官プリモ・デ・リベーラ将軍にクーデタを決断させることになる。

労働者・農民運動は守勢にまわったが、その主張を急進化させた。一九一九年に社会労働党大会は当面の課題を民主主義革命におきつつも共和派との同盟路線を打ち切り、条件つきながら共産主義インターナショナル(コミンテルン)に加盟した。同時期にCNT大会もバクーニン主義を確認する一方で、コミンテルン加盟を決定した。両者は結局コミンテルンから脱退するが、コミンテルン派のなかから共産党が誕生する。共産党はコミンテルンの介入、路線をめぐる対立、指導権争いゆえに、三六年に始まる内戦までは弱小な党にとどまった。

無投票当選は一九一八年総選挙で一一％までさがったものの、二三年総選挙では三五％に上昇した。改革党の入閣をえて改革を掲げたはずのガルシア・プリエト政府が、選挙をかつてないほどに統制したのである。議会政治への信頼は決定的に低下した。リーガの党首カンボが二三年に政界引退を表明したのは、政治的敗北宣言であるとともに、軍による事態打開に期待してのことであった。国王も憲法によらない統治の可能性を示唆し始めた。

体制崩壊の引き金を引いたのはみたび植民地であり、それは体制のアキレス腱であった。大戦終了後、積極策にでたフランス軍と競うように、モロッコでの軍事行動が強まった。モロッコ人正規軍に加え、フランスにならって外人部隊が組織され、本土からの応召兵も投入された。作戦を推進したのは軍功にはやるアフリカ派と呼ばれる軍人であり、国王の了解をえていたとされる。しかし、一九二一年七月にアヌアルにおいてモロッコ民族運動軍に大敗北をきっし、死者一万二〇〇〇人以上、捕虜多数をだした。このアヌアル事件は軍の威信を傷つけ、反体制派ばかりでなく、体制内からも責任を問う声が強まった。

軍は十分な装備を与えなかった政府・議会に責任を求め、軍法会議で軍人追及が先行することに不満であった。カタルーニャ・ナショナリズムの急進グループが公然と植民地独立を支持したことも軍の神経を逆なでした。さらなる軍事行動を求める軍に譲歩するのか、軍事行動を縮小するのか、政府内で対立が起こり、議会でのガルシア・プリエト首相信任が危うくなった。しかし彼にかわる首相候補はいなかった。ようやく議会に設置された責任追及委員会が、一九二三年十月に議会で報告をおこなうこととなり、政府高官から軍首脳や国王にまで責任が追及されるかもしれなかった。クーデタが唯一の収拾策と考えられた。

プリモ・デ・リベーラは一九二三年九月十二日夜半、カタルーニャに戒厳令を布告し、臨時軍政府を樹立する旨を宣言した。宣言はモロッコ問題を政治的に利用し、テロリズムと社会的混乱と分離主義とを放置した政党や議会を強く非難した。首相はクーデタ参加の軍人を処分しようとしたが、陸軍大臣と国王に拒否された。結局、プリモ将軍が軍政府を組織することになり、ここに王政復古体制は終焉した。共産党やCNTがストライキでわずかに抵抗しただけであった。

3　プリモ・デ・リベーラ独裁

独裁の政治的展開

プリモ将軍は憲法を停止して議会を解散させ、県と市町村のレヴェルにも軍人を配し、戒厳令を全国に拡大して、共産党やCNTの指導者を逮捕した。社会労働党とUGTはクーデタを批判したものの、弾圧を招く無益な抵抗をしないように呼びかけ、独裁を容認した。相互テロ行為は終焉し、ストライキの件数は三分の一、参加者は四分の一に減少した。アヌアル事件については、軍法会議での判決を急がせ、有罪軍人に恩赦をおこなって処理した。プリモ将軍はモロッコ問題も解決した。彼はモロッコ放棄論者であったがそれを撤回し、クーデタ後、フランコ、ケイポ・デ・リャノ、サンフルホなどアフリカ派軍人に説得され積極論に転じた。一九二五年にフランスと共同行動協定を結び、二六年までにモロッコを平定した。

プリモ将軍はこうして諸問題を解決したが、独裁が臨時的措置であることを表明していた。しかし、王政復古体制に代わりうる体制について、構想をもっていたわけではない。独裁は継続していくなかで永続化の動きを示し、コーポラティヴ(職能代表制的)な国家を追求し始めた。

軍政府は一九二四年に市町村組織法を公布して、普通選挙と職能別代表で市町村議会を構成することを定めた。国家顧問会議《コンセーホ・デ・エスタード》は拡充され、従来の軍、教会、大学代表などに加えて労働代表がこれに参加した。またプリモ将軍を党首として結成された愛国同盟には、独裁の政治的支持基盤となることが期待され、将来設置される議会の中心政党となるはずであった。二五年十二月、プリモ将軍が首相となった内閣制が復活し、県・市町村で文民化が進んだ。政府は二六年に愛国同盟と市町村庁を動員して、独裁信任署名運動をおこない、総人口の三割強にあたる約六七〇万の署名を集めた。さらに二七年九月に新体制の準備を任務として国民会議が設置され、軍・司法・教会、市町村・県、愛国同盟、経済団体・労働団体、大学人など各分野の代表がメンバーに任命された。国民会議が二九年七月に発表した憲法案は、議会を普通選挙選出議員、勅任議員、コーポラティヴ代表からなるものとし、議会と王権の調整役として王国評議会をおいた。

しかし、コーポラティズム国家を支持する動きはわずかであった。たしかに経済界は利害を直接に政策へ反映できる体制を歓迎し、独裁がおこなった社会政策、なかでも労資紛争調停委員会(労資同数委員会)は労働者側の関心を少なからず引いた。

ＣＮＴは一九二四年に非合法化されたが、前もって解散を宣言し、自由労働組合への加入戦術と地下活動への転換を決定した。そのＣＮＴで労働者新聞を舞台に調停委員会参加の可否が論じられ、独裁を打倒できない現在、労働者の生活防衛のために参加は許されるとの意見が表明された。しかし、それは多数派の意見とならなかった。アナキスト・グループが強くこれを批判したからである。彼らは二七年にバレンシアで会議を開いてイベリア・アナキスト連盟（ＦＡＩ）を創立し、組合が経済至上主義へ逸脱するのに歯止めをかけた。

社会労働党は独裁への公的協力を拒否したが、ＵＧＴは調停委員会設置を支持し、これを利用して解雇や賃金問題を解決したばかりでなく、労働評議会や国家顧問会議など独裁機関に参加し、八時間労働制や労働災害・疾病保険制度の立案にも関与した。社会労働党とＵＧＴの論理によれば、こうした協力は技術的・行政的なものであって政治的な協力ではなかった。とはいえ、党と組合の指導部は重なっており、社会労働党も独裁に協力したといえる。しかし、コーポラティズム国家を自称するにはＵＧＴの勢力は小さすぎた。党と組合の使い分けは「独裁協力者」という烙印から社会労働党を救い、たえず組合の閉鎖、機関紙の発行禁止などの制限を受けながらもＵＧＴの温存を可能にした。いずれにせよ、ＣＮＴ内でもＵＧＴ内でもコーポラティズムへの支持はなく、調停委員会などへの参加は緊急避難的措置と考えられたのである。

プリモ独裁はファシズムであるとする評価は当時から存在した。コーポラティズムがめざされたことも類似している。しかし、国民的署名運動や開始されたばかりのラジオ放送を使った宣伝に新しさがみられるものの、愛国同盟は旧マウラ派やリーガの一部、旧カルリスタ、カトリック政治勢力を糾合したにすぎず、末端の党員はカシーケが占め、のちに保身的な官僚が大量に入党した。プリモ独裁はその正負両方の点でのちにフランコ独裁に参照され、人的にも担い手の連続性がみられるが、後者との決定的な違いは、前者がまだファシズム時代以前の独裁だったことにある。それは弾圧の水準にあらわれている。共産党は非合法化されず、非合法化されたCNTが新聞紙上で独裁協力にかんして論争をおこない、巧妙に準備されたとはいえ、アナキストがFAI創立会議を開くことができたのであった。

　コーポラティズム国家への支持は少なく、新憲法案もプリモ将軍自身が王国評議会の権限が大きいことに不満をもち、成立の見通しが立たなかった。なにより反独裁・反アルフォンソ蜂起が続いて起こり、新体制の構想どころではなくなっていたのである。

独裁下の経済

　独裁を支えた要因の一つが、独裁下での順調な経済成長であった。プリモ将軍は一九二三年十月の声明で、独裁の目標は経済発展によって祖国に奉仕することであるとうたった。経済審議会を多数設置し、答申作成・政策立案にあたらせた。労資関係を安定させるために社会政策も推進した。さらに関税引上げ、価格や市場統制、独占形成誘導によって国内産業を保護・育成する「経済的ナショナリズム」を強化した。その象徴的事件が諸銀行の出資による石油独占会社(CAMPSA)の設立である。それまで独占的地位にあったシェルやスタンダード・オイルを排除して、CAMPSAに精製・販売独占権を与えた。

　積極的な公共投資もおこなわれた。国道建設が進み、鉄道の電化や複線化がおこなわれ、エブロ川が発電、運河、灌漑など諸目的のために総合的に開発された。こうした事業は関連産業の活況をもたらした。国債発行による労働者住宅の建設は、社会政策であるとともに、公共事業による経済振興策の一環であっ

イベロアメリカ博覧会　博覧会は公共投資の一環としてだけでなく，世界のスペイン語圏に冠たるスペインを誇示するために開催された。

た。観光担当部局を設けての観光事業強化、一九二九年のセビーリャ・イベロアメリカ博覧会、バルセローナ万国博覧会開催も注目に値する。

とはいえ、労働運動抑圧が奏効したのは明らかにしても、経済政策がどの程度まで経済成長に寄与したのかについては議論がある。独裁期は戦後不況の終了とヨーロッパの経済復興期に合致しただけかもしれない。しかも積極的経済策の財政的基盤に問題があった。奢侈品課税や所得税の累進化の計画は頓挫し、軍事費縮小、好況による税収増加のほかは、国債発行に依存せざるをえなかった。このことは赤字財政をふくらませて、通貨危機をもたらす危険があった。コーポラティズム国家構想が挫折した以上、この通貨危機によって経済成長がとまったとき、独裁は自らを正当化する根拠を失うことになる。

独裁の崩壊

臨時的であるはずの独裁が永続化の傾向を示すと、独裁打倒の運動が始まった。一九二六年に共和主義同盟が結成され、急進党、カタルーニャの共和派、アサーニャ率いるアクシオン・レプブリカーナなどがこれに加わった――二九年に急進党の左派が分裂して急進社会党が誕生すると共和政を担う主要な共和主義政党がでそろう――。共和派、あらゆる機会を利用しようとするCNT活動家、旧自由党リーダーや軍内の不満派が結合して、二六年に反独裁蜂起が起きた。六月二十四日に起きたことから、聖ヨハネ祭《サンファナーダ》蜂起として知られるこのクーデタは失敗に終わったが、政治状況を流動化させるに十分だった。しかし、大衆的な運動によってではなく、軍に依拠したところに共和革命運動の弱さがあった。社会労働党・UGTはこの蜂起を批判したが、まもなく共和革命運動へ合流した。

カタルーニャでも反独裁運動が高まった。リーガは労働運動を鎮静化し経済振興政策を実行する独裁を評価したが、プリモ将軍は急進的なカタルーニャ・ナショナリストを厳しく弾圧し、さらに一九二五年に県連合体を廃止した。「一つのスペイン」を信奉する軍の独裁は、県連合体すら容認しなかった。独裁の政策はリーガの地位と名声をほりくずした。リーガから分裂し、独立を唱える政治組織「カタルーニャ国家」は、元軍人マシアの指導のもと、二六年にフランスから義勇兵を率いて遠征をめざした。失敗したマシアにたいする裁判は、国内外に反独裁勢力の存在やカタルーニャ問題の重要性をアピールすることになった。急進的グループの思想的潮流は多様であり、ファシズム的な分子から労働者・農民保護政策をもつ左翼もいたが、二九年十二月以降、結集への動きが始まり、三一年三月にエスケーラ（カタルーニャ共和主義左翼）が結成された。この党はリーガから主導権を完全に奪うことになる。

軍内部にも反独裁の動きが強まった。プリモ将軍は政治を委託されたが、軍のヒエラルヒーのトップに立ったわけではなかった。にもかかわらず、しばしば軍人事に介入し、それが反発を招いた。一九二九年一月の反独裁蜂起には、昇進問題で処分を受けた砲兵隊のほか軍の一部が加わった。蜂起のリーダーは、元首相でマウラのあと保守党の指導者となったサンチェス・ゲラであった。同じころ、カトリック問題をきっかけに大学が揺れ、学生と教授の抗議運動が高まり、オルテガやウナムーノなど知識人が学生を支持し独裁を批判した。

そして通貨危機が一九二九年に到来する。独裁下で上昇を続けたペセータが、財政赤字と強度のインフレゆえに、二七年から下落し始めた。大幅な貿易赤字に加えて、通貨危機は資本流出を引き起こし資本収支を悪化させた。ペセータの信用を独裁の威信と結びつけた政府は、産業界からの通貨切下げの要求を拒んで無理な金融・財政政策をとりつづけた。協力的だった金融界、産業界が独裁への態度を変えた――なお、世界恐慌と独裁の崩壊は関連がない。スペインに世界恐慌の影響がおよぶのは三一年になってからであり、不況は三三年から三四年に底を打った。経済的ナショナリズムの結果、スペイン経済は自律性が強く恐慌の影響は相対的に軽かった――。

反独裁運動の高揚と通貨不安は、国王と軍に危機感を与えた。アルフォンソは旧自由党サンティアゴ・アルバのもとで立憲制を復活することを画策した。反独裁クーデタの風評が広まるなか、プリモ将軍は最後の賭けとして各方面軍司令官に信任を求めた。しかし、答えはノーであった。プリモ・デ・リベーラは辞任し、一九三〇年一月三十日、国王はベレンゲール将軍を首相に任命した。独裁によってつくられた国民会議や愛国同盟は、活躍の場を与えられないままに消滅した。国王は独裁とともに王政が倒れることを恐れたが、それは現実となった。独裁崩壊のわずか一年余りのち、ふたたび共和政が誕生する。

第七章　第二共和政と内戦

1　第二共和政

第二共和政の誕生

ベレンゲールも復古王政期の旧政党指導者たちも、漸進的自由化によって立憲王政への復帰が可能だと考えていた。しかし、旧政党の一部には、王政崩壊が社会革命を引き起こすことを恐れ、先手を打って革命を政治革命にとどめようとする「国王なき王政」をめざす、つまり共和政に政体を変えるものの、社会も国家のあり方も温存しようとする動きがあった。こうして王政派、国王なき王政派、共和主義革命派の三勢力が競合することになったが、ベレンゲールの自由化政策は革命派を勢いづけた。国王なき王政派の一部も革命派に移行し、一九三〇年八月に保守派を含めた共和主義勢力やカタルーニャのナショナリストがサン・セバスティアンに集まり、王政打倒へ向けての合意「サン・セバスティアン協定」を結んで革命委員会を設置した。まもなく社会労働党と労働者総同盟(ＵＧＴ)が委員会に加わり、全国労働連合(ＣＮＴ)

や軍の一部も革命運動に合流した。しかし、十二月のクーデタとゼネスト計画は、ピレネー山麓の町ハカでの拙速な軍反乱の失敗と、マドリードでの革命委員の逮捕によって挫折し、ゼネストは不発に終わった。

オルテガら知識人が「共和政に奉仕するグループ」を結成するなど、十二月行動の失敗は革命運動を後退させなかった。逆に事態の打開に失敗したベレンゲールは一九三一年二月に辞任し、国王なき王政派による革命委員会との妥協の試みも失敗した。それでも王政派は楽観的であり、ベレンゲールにかわった首相アスナール提督は、市町村議会に始まり下院・上院に終わる一連の選挙で立憲政治を回復しようとした。革命派は下院選挙での勝利による共和国の樹立に照準をしぼった。四月十二日の市町村議会選挙では予想どおり王政派が圧勝した。独裁によって旧政党の求心力は低下したが、農村部のカシキスモは消滅していなかった。

しかし、民衆の行動が王政に終止符を打った。革命派はマドリードで五〇議席中三〇議席をとるなど大都市で勝利し、民衆が街頭に繰り出して共和政を求めた。十四日に各地で共和政宣言がだされ、バルセローナでマシアが「イベリア連邦内のカタルーニャ国家」の成立を宣言した。軍も治安警察《グアルディア・シビル》も王政護持を断念した。国王は退位して共和国が誕生した。

共和国臨時政府

革命委員会は臨時政府を組織し、信教と結社の自由など基本的人権の保障と農地改革の実施を公約した。農地改革は待ったなしの課題と考えられた。臨時政府は幅広い政治勢力で構成され、首班アルカラ・サモーラは復古王政最後の内閣で陸軍大臣を務めた人物であった。民衆は共和国が誕生すると街頭から引き揚げ、出国する王族を襲撃するといった行動はとらなかった。共和国指導者と民衆は「プエブロ」の共和国という理念を共有しており、四月十四日をプエブロの革命《レボルシオン・ポプラール》と呼ぶことができる。国民や人民を意味するプエブロは、のちに共和国憲法第一条が「すべての勤労者の民主的共和国」とうたったときの「勤労者」に近い。しかし、各政治勢力はそれぞれ異なるプエブロの具体的イメージをもっていたのである。

臨時政府は革命委員会での討議を土台にすばやく改革を実行した。将校団の削減をねらった軍改革、カ

1931年４月14日のマドリード　民衆は街頭にでて共和政を求め，共和政が宣言されると歓喜をもって祝った(上)。豊穣と多産の女神シベーレスの像にも，共和国のシンボルである赤・黄・紫の三色旗が掲げられた(下)。

タルーニャでの暫定的自治政府《ジェネラリタート》の設置のほか、日雇い農民の雇用確保をめざした村外労働者雇用制限政令《テルミノス・ムニシパレス》、強制力をもった労資紛争調停委員会《フラードス・ミストス》の設置など、社会労働党ラルゴ・カバリェーロ労働大臣の政策が際立った。すべての地域の人々が「スペイン人」意識をもつような国民国家《ネイション・ステイト》は不可能にしても、自治権の容認は諸地域融和の国家の登場を、社会政策実施は国家が民衆にとって身近な存在となることを予想させた。大選挙区制を導入し、多数派に得票以上の議席を配分する選挙法が制定され、カシキスモ根絶と議会での多数派形成の確保がはかられた。六月には一院制の制憲議会選挙で与党連合が圧勝し、議会は象徴的意味をこめてフランス革命でのバスティーユ攻撃の日、七月十四日に開会された。

しかし、不吉な兆候もあった。改革にたいする不安から資本が国外へ流出し、五月にマドリードと南部諸都市で王党派に反発した民衆が修道院を焼討ちした。労働者・農民は組合に結集して賃金引上げを要求し、一部で土地占拠運動をおこなった。政府はプエブロである自分たちの味方のはずだったが、治安をゆるがす場合、容赦はなかった。ＵＧＴは労資紛争調停委員会制度を利用したが、国家の介入を認めないＣＮＴは直接行動で要求実現をめざした。七月のＣＮＴゼネストは、セビーリャで治安警察との衝突に発展し軍によって鎮圧された。共和国に期待をよせたＣＮＴは対決姿勢を強め、急進派ＦＡＩ(イベリア・アナキスト連盟)が力をえた。

新憲法の審議が始まると、与党連合は分解の兆候を示した。自治問題をめぐって各党は対立し、議会第一党の社会労働党も統一見解をだせず、中央政府の改革が自治政府によって反故にされることを恐れて慎重な意見がだされた。事実、バスクではカトリック色の強い自治憲章案が作成されており、共和国の政教分離政策と対立した。結局、共和国の形態は「統合的国家《エスタード・インテグラル》」と規定され、住民投票で投票数ではなく「有権者の」三分の二の賛成をえた場合にのみ自治権が与えられることとなった。カタルーニャだけがクリアできる高いハードルであった。公共益のための所有権制限、いわゆる社会化条項でも、宗教条項でも、与党連合内で激しい対立がみられた。アルカラ・サモーラは社会化条項を社会主義とみなし、政教分離、反国家的修道会の解散と財産没収、宗教団体の商工業や教育への関与禁止を定めた条項を、信教と結社の自由侵害だと非難して辞任した。アサーニャがかわって首班となって以後、墓地や婚姻の非教会化、離婚の自由が憲法に盛り込まれた。憲法案に反対したのはアルカラ・サモーラなどだけではなかった。カトリック右翼も抗議の意をこめて議会をボイコットした。十二月九日、憲法は全議員数四七〇のうち賛成三六八、反対〇で可決された。ついで改革的憲法の可決とバランスをとるかのように、議会はアルカラ・サモーラを初代大統領に選出した。憲法制定と大統領選出で臨時政府の任務は終了した。

アサーニャの二年

大統領は各党への諮問の結果、アサーニャを首相に任命した。彼は左翼共和派と社会労働党の連立内閣を組織した。社会労働党を野党にすればＵＧＴとの対決を迫られる可能性があったからである。急進党との連立もありえたが、急進党は社会化条項に反対し、農地改革法審議で保守的立場を鮮明にした。しかも急進党の金権的体質は知識人のアサーニャとあわなかった。「アサーニャの二年」と呼ばれる二年が始まる。政府与党連合はアルカラ・サモーラらの保守派に続いて第二党の急進党を失い議会基盤を狭くしたが、それを議会外の支持で補完する必要があった。政権の安定は、改革が国民を満足させるか否かにかかっていた。

経済面でいえば世界不況の影響は相対的に軽く、一九三二年の小麦豊作が農業生産と農民の収入を押し上げて繊維部門などでの需要を拡大した。社会政策により賃金が上昇し労働者・農民の生活は改善された。しかし、失業者は恩恵にあずからなかった。就業人口で大きな比重をもつ日雇い農民が失業者の六〇％以上を占めた。組合運動と対峙するのは軍人からなる治安警察《グアルディア・シビル》などであり、民衆との衝突の危険がつねにあった。警察に限らず官僚組織は王政下と変わりなく、改革のブレーキとなった。それは共和国が無血革命によって誕生した結果であった。三一年十二月末にカスティルブランコ村でスト中のUGT農民が治安警察の隊員を殺害し、翌一月初めにアルネード村では農民が治安警察に殺された。同月、労資紛争を契機としたカタルーニャでのCNT蜂起は厳しい弾圧を受けた。治安問題がアサーニャの躓《つまず》きの石になり、社会労働党は困難な立場に追い込まれた。

治安問題で失点したアサーニャ政府は、イエズス会を憲法でいう反国家的修道会とみなして解散させるなど、教会問題を積極的に取り上げた。信仰の度合はミサへの参加率などを手掛りにすると、南部で低く北部で高いという相違があったが、こうした政策はカスティーリャ、レオンなどの農民をカトリック右翼に向かわせたにちがいない。しかし、社会問題の解決に取り組むべきことを訴えた教皇回勅『レルム・ノヴァルム』すら定着しなかった保守的なスペインの教会を前に、アサーニャは非カトリック化を社会の近代化、自立した個人の育成に不可欠と考えた。

部　門	階　層	対就業人口比(%)	人　数
農林漁業	大土地所有者・大経営農ほか	1.02	86,220
	中小土地所有者・小作農ほか	27.09	2,278,036
	労働者(日雇い農民ほか)	17.39	1,462,254
	小　計	45.50	3,826,510
鉱工業・建設業	大経営者	0.94	78,843
	中小経営者・職人	8.18	687,797
	労働者	17.40	1,462,703
	小　計	26.52	2,229,343
サーヴィス業	大経営者・高位官僚・高位軍人・専門職	1.49	125,000
	中小経営者・公務員・軍人・事務職員	15.62	1,313,031
	労働者(従業員・召使い)	10.88	914,491
	小　計	27.99	2,352,522
合　計			8,408,375

1930年の就業人口階層別構成
日雇い農民の割合はかなりの比重を占めたが，彼らがもっとも失業問題に苦しんだ。

共和国にたいする最初の暴力的攻撃が、一九三二年八月に起きた。セビーリャにいたサンフルホ将軍が、共和国を祖国と軍とカトリックに敵対するものと非難して、右翼の協力のもとクーデタをおこなったのである。しかし、クーデタは労働者のゼネストで失敗した。クーデタが復活し暴力が政治に浸透したのは、プリモ独裁の遺産である。彼のクーデタ成功は軍にその価値を再確認させ、独裁がおこなった自警団《ソマテン》組織の全国化は市民の武装化に道を開き、カルリスタや地域ナショナリズム組織の武装化をうながした。また反独裁運動での蜂起の頻発がＣＮＴを武装蜂起に誘った。しかし、クーデタ参加者やＣＮＴ指導者に厳しい処分がなされたように、クーデタや蜂起は成功しなければ引き合わないものとなった。それは共和国になって、スペインが近代国家の条件を整えていったことの証明であった。

皮肉にもサンフルホのクーデタは、さめつつある共和政への支持を再燃させ、保守派の抵抗で停滞していたカタルーニャ自治憲章と農地改革法の審議をうながした。両法案は九月に可決され、大きな課題の処理を終えて、アサーニャ政府は安定するかに思われた。しかし、自治憲章はカタルーニャが要求したものよりも後退し、自治政府への権限の移管は遅れた。国家が大所有地を有償で収用し、日雇い農民に貸与することを骨子とする農地改革法は、多くの抜け道があっただけでなく、予算が少なくほとんど成果をあげなかった。恩恵を受けるべき農家八五万戸にたいして、「アサーニャの二年」で土地を供与されたのは四五〇〇戸であった。農民は失望し、ますます雇用と賃金引上げを求めてたたかわざるをえなくなった。またガリシアの零細経営《ミニフンディオ》など、多くの農業問題が手つかずのままで残った。改革はそれを必要とするプエブロを満足させなかったのである。

経済界と右翼の反撃

労働者や農民にとって不十分な改革でも、経済界の反発を生むには十分だった。政治の急展開に対応が遅れていた経済界は、一九三一年十一月に全国経済同盟を結成して、労働運動にたいする厳しい対処、農地改革の停止、労資紛争調停委員会の廃止、内閣からの社会労働党の排除を政府に要求し、経営者に労働政策や農地改革をサボタージュするように呼びかけた。三三年になると守勢から攻勢に転じ、政府や労働側と全面対決する姿勢を固めた。三三年のスト参加者数は前年の二倍を上回ったが、その主たる原因は資本側の攻勢にあった。CNTとUGTは三三年から三四年にかけて最大となり、組合員数はそれぞれ一〇〇万人をこえた。資本側の頑強な対応の裏には、賃金コストの上昇を技術革新でカバーできない経済的脆弱性があったが、先にふれた農民の収入増加が繊維業の需要拡大をもたらした例のように、長期的に考えれば改革は国内市場拡大につながったはずである。しかし、長期的展望をもたない資本の保守性は明らかであった。経済的利害はただちに政治に結びつけられ、経済界は右翼や急進党との協力関係を強めた。また、経済界の攻勢的態度が右翼の質的変化をうながすことになった。

制憲議会選挙で惨敗した右翼は一九三三年までに態勢を立て直し、カルリスタ（伝統主義）、王党派、カトリック右翼にまとめられた。三者は「神、祖国、家族、所有権、社会秩序」を掲げる点で共通し、政教分離や宗教団体の教育への関与を禁止した憲法の宗教条項を、より具体的に定めた三三年六月の宗教団体法に結束して反対した。しかし、サンフルホ・クーデタの失敗が強硬派のカルリスタや王党派よりも、合

カサス・ビエハス村の惨劇　検死のために並べられた農民たちの死体。

法路線のカトリック右翼を勢いづけた。カトリック右翼のスペイン独立右翼連合(CEDA)は、ヒル・ロブレスを党首に三三年二月末から三月初めに開かれた大会で諸政党を糾合して創立され、青年組織や婦人組織をもち、教会と大土地所有者の指導下にあるカトリック農民組合を擁した。党員数は自称七〇万人をこえ、名望家的政党ではなく大衆政党となった。三三年秋にはプリモ・デ・リベーラの子供、ホセ・アントニオがファシスト政党ファランへを結成した。ファランへは翌年二月、別のファシスト組織国家サンディカリスト攻撃評議会(JONS)と合同した。

しかし、アサーニャを追いつめたのは治安問題であった。一九三三年一月、カタルーニャとアンダルシーアでCNTは蜂起を敢行し、治安警察や軍の兵舎を攻撃し、いくつかの村で「アナキズム的共産主義」を宣言した。蜂起は鎮圧されたが、カサス・ビエハス村で治安側に三名、農民側に二二名の死者がでた。政府は急進党や右翼から治安能力の欠如を、左翼から過剰な弾圧を批判され、社会労働党では政府離脱を求める動きが強まった。アサーニャへの支持が低下すると、大統領は首相更迭の工作をおこない、与党の急進社会党では社会労働党との連立を疑問視する声があがった。市町村議員団を主たる選挙人とする最高裁判所判事選挙が九月におこなわれ、反政府派が圧勝したのをみて、大統領はアサーニャにかえてレルーを首相に任命し、レルーは社会労働党を排除して左翼共和派と連立内閣を組織した。しかし、反改革を鮮明にしたレルーは議会の信任をえられず辞任した。大統領は議会を解散した。

右翼の対応はすばやく、非カトリック化や農地改革への反対、サンフルホ・クーデタ参加者への恩赦を共通政策として、CEDA、王党派、カルリスタが選挙連合を結成した。急進党やアルカラ・サモーラのグループは、いくつかの選挙区でこの連合に加わった。不利となるにもかかわらず、左翼は選挙連合を形成しなかった。社会労働党は改革失敗の責任を共和派に求め、レルー組閣時の共和派の態度に不信感をもった。また党内ではラルゴ・カバリェーロを指導者とするグループが、農民組合や青年部の圧力を受けて急進化していた。十一月に第一回、十二月に第二回投票がおこなわれ、CEDAが一一五議席、急進党が若干ふえて一〇二議席、社会労働党は半分近く減らし六四議席で第三党となった。左翼共和派諸党は合計でも四〇議席に達しなかった。この選挙ではじめて女性が投票したが、予想と異なり女性票はカトリック右翼に大量には流れなかった。左翼の敗北に影響したのは、CNTの「選挙ではなく蜂起による革命を」との棄権キャンペーンであり、UGTを含む民衆の棄権であった。CNTは十二月の議会召集日にアラゴンで蜂起し、七〇名以上の死者をだして敗北した。

暗い二年とスペイン十月革命

十二月に首相となったレルーはほぼ急進党単独の内閣を組織したが、議会で支持をえるために、CED

Aに迎合した政策をとった。教育の非カトリック化停止、村外労働者雇用制限法の廃止などがつぎつぎとおこなわれ、左翼が「暗い二年」と呼ぶ反改革の二年が始まった。サンフルホ・クーデタ参加者への恩赦をめぐって大統領と対立し、一九三四年四月にレルーは辞任したが、レルーにかわった急進党サンペール内閣の政策に変化はなかった。右翼はさらに攻勢にでて、CEDAは政権参加を要求し、カルリスタや王党派は共和国打倒を公言した。右翼は議会制を時代遅れとみなし、個々人が政治代表を選ぶのではなく、職能団体の代表が政治をおこなうコーポラティヴな国家を主張した。これはイタリア・ファシズムの協同体国家に類似していた。またCEDA青年部はヒル・ロブレスを指導者《ヘフェ》と呼び、街頭行動を繰り返した。CEDAには多様なグループが存在したが、青年部の行動はCEDAがファシズム政党であるとの印象を与えた。

こうした状況に危機感を強めたのが社会労働党左派である。ドイツの社会党はたたかわずして敗れ、オーストリアの社会党はたたかったが遅きに失して、ファシストの政権掌握を許した。この教訓をいかさねばならず、反ファシズム闘争を梃子《てこ》にして社会主義革命に移行すべきだと主張した。左派は党とUGTの指導部を独占し、青年部は武装組織化して治安警察や右翼と衝突した。カタルーニャに始まった反ファシズム戦線「労働者同盟」は社会労働党を媒介に全国化し、共産党も参加した。UGTは戦闘性を強め、十数名の死者と約七〇〇〇人の逮捕者をだして敗北したものの、小麦収穫を目前にした六月、その農民組合がCNTの一部を巻き込んで労働法規の遵守と雇用の確保、機械の使用制限を求めて南部でストライキをおこなった。

階級対立に地域と中央の対立が加わった。カタルーニャではリーガ(一九三三年一月にカタルーニャ地域主義連盟は名称をリーガ・カタラーナ〈カタルーニャ連盟〉に変えて再編された)の反撃にもかかわらず、エスケーラ(カタルーニャ共和主義左翼)が自治州議会で圧倒的多数を占め、小作農民保護の法律を可決した。そしてこの法律を違憲だとするリーガ、カタルーニャ地主団体、中央政府と対立した。それまで右翼と協力関係を結んでいたバスク・ナショナリスト党は、この紛争で明確にカタルーニャを支持した。

騒然たる雰囲気のなか、CEDAに妥協的政策を批判されたサンペールは十月一日に辞任した。四日、レルーがCEDA三名を含む内閣を組閣すると、社会労働党は全国蜂起を指令した。スペイン十月革命の開始である。社会労働党は武器を準備したが、治安警察と軍の前では無力に等しく、マドリードほか各地で敗北した。アストゥリアスだけが例外であった。労働者の組織率は高く、ほかの地域では参加しなかったCNTが労働者同盟に加わっていた。武器工場から武器を持ち出し、ダイナマイトも豊富にあった。蜂起側は炭坑地域を制圧してコミューンを形成するとともに、県都オビエドで軍を追いつめた。しかし、二週間もちこたえたものの、フランコ総指揮下の二万の鎮圧軍に勝つことはできなかった。死者は蜂起側が一〇〇〇人以上、政府軍側が三〇〇人以上にのぼった。カタルーニャでは、前年末に死去したマシアにかわって自治政府首班となったコンパニスが、「スペイン連邦共和国内カタルーニャ国家」成立を宣言し中央政府に反旗をひるがえした。しかし、ただちに政府軍に鎮圧された。十月革命後、全国で約四万人が投獄され、弾圧の嵐が吹きあれた。

十月革命の敗北は、反改革政策を加速させた。カタルーニャ自治権は停止され、社会立法の改悪は続いた。CEDAは一九三五年四月にレルー内閣を離脱したが五月に復帰し、ヒル・ロブレスが陸軍大臣になるなど六名が入閣した。フランコは中央参謀本部長に任命され、没収されたイエズス会財産が返還され、農地改革改正法、いわゆる反農地改革法が成立した。

しかし、事態は逆転した。弾圧と反改革政策が左翼を統一に向かわせ、アサーニャが一九三五年春に呼びかけた左翼統一戦線は、党内左派にかわって中央派が指導部を掌握した社会労働党の支持を受け、共産党もコミンテルンの人民戦線戦術に従って賛成した。逆に、急進党・CEDA政権は動揺し始めたのである。ヒル・ロブレスは、政局運営で妥協をよぎなくされ、王党派から軟弱さを批判された。王党派は三四年末に、プリモ独裁で大蔵大臣だったJ・カルボ・ソテーロを党首とする「国民ブロック」を結成していた。レルーは経済団体や労働組合に組織されない声なき大衆＝プエブロの代表を自任してきたが、反改革政策への加担と、三五年秋に発覚したストラペルロ(ルーレット)導入をめぐる疑獄事件によって威信を失った。レルーの権威失墜で急進党は解体した。レルーは九月に首相を辞任し、無所属のチャパプリエタが首相となったものの政権は安定せず、十二月、大統領は自らに近い無所属のポルテーラ・バリャダーレスを首相に任命した。中道派ブロックの形成が狙いであったが、CEDAの支持がない内閣は続かなかった。大統領は三六年一月七日に議会を解散した。

左翼は議会解散が決まるとすぐに広範な勢力を結集して、いわゆる人民戦線協定を締結し、改革政策の骨子を決めて選挙連合を組んだ。カタルーニャでも同様であった。人民戦線に不参加のCNTも協定で明記された政治犯恩赦に期待して、棄権を呼びかけなかった。他方、強力な中道派ブロックは形成されず、右翼は政策で一致できずに選挙連合結成に失敗し、中道派と右翼は選挙区ごとに異なった組合せで選挙に臨んだ。二月十六日に第一回投票がおこなわれ、左翼が二五七議席をえて、社会労働党が第一党となった。右翼は一三九議席、中道派は五七議席であった。急進党は壊滅的となり一〇議席にも満たなかった。得票数はおおよそ、左翼が四七〇万票、右翼と中道派の合計は四三〇万票であった。

人民戦線政府の成立

選挙結果が明らかになると、軍部と右翼はクーデタを画策したが失敗した。改めてモラ将軍らがクーデタ準備を始め、選挙敗北によってむしろ力をえた王党派、カルリスタ、ファランヘがこれに協力した。CEDA青年部の多くがファランヘに移行し、カルボ・ソテーロがヒル・ロブレスにかわる右翼指導者となった。他方、急進化した民衆は獄中政治犯を実力で解放し、都市でストライキを、農村で土地占拠運動を再開した。混乱の収拾のために、第二回投票を待たずにアサーニャが首相に任命された。しかし、アサーニャは状況を鎮静化できなかった。社会労働党は閣外協力にすぎず、また中央派と左派に分裂してUGTによる統制は不可能であった。政府は南部での土地占拠を事後承認せざるをえなかった。街頭では右翼のテロ行為が左翼の対抗テロを生み、そのなかでファランへ指導者のホセ・アントニオが逮捕された。右翼は状況を革命前夜とみて糾弾したが、労働者勢力は革命計画をもっていたわけではない。社会労働党左派は民衆の行動を圧力に改革を進めようとしたにすぎず、CNTは蜂起による革命が困難なことを学んでいた。共産党は民衆行動の抑制と人民戦線政府支持を訴えた。

四月に議会がアルカラ・サモーラを解任したことは、政局をさらに不安定にした。翌月、アサーニャが大統領に選出された。彼は社会労働党中央派プリエトを首相に望んだが左派の反対にあって実現せず、カサレス・キローガが首相となった。社会労働党の協力を確保できないままアサーニャが実質的権力のない大統領となったことは、政府の主導性を低下させた。

その間、クーデタ計画は進行していた。政府は情報に基づいてフランコをカナリア諸島に、モラをナバーラに異動させて右翼的軍人を中心から遠ざけ、共和主義者ミアハをマドリードに配した。しかし、政府も左翼もクーデタ計画を過小評価していた。サンフルホ・クーデタとちがい、今度はゼネストで対応できるようなクーデタではなかった。フランコをカナリア諸島からモロッコへ運ぶ飛行機が七月十一日にイギリスを飛び立ち、計画は始動した。十三日にカルボ・ソテーロが突撃警察によって暗殺されると、社会的無秩序の印象は強まり、クーデタやむなしとの雰囲気を醸成した。七月十七日、植民地モロッコで反乱が始まった。

2　内　戦

クーデタの失敗と内戦の勃発――初期の局面

七月十八日から十九日にかけて本土各地で反乱が起きた。カサレス首相は辞任し、後任のマルティネス・バリオも反乱軍との和解を試みたが失敗して、辞任した。ついで首相となったヒラルが労働者への武

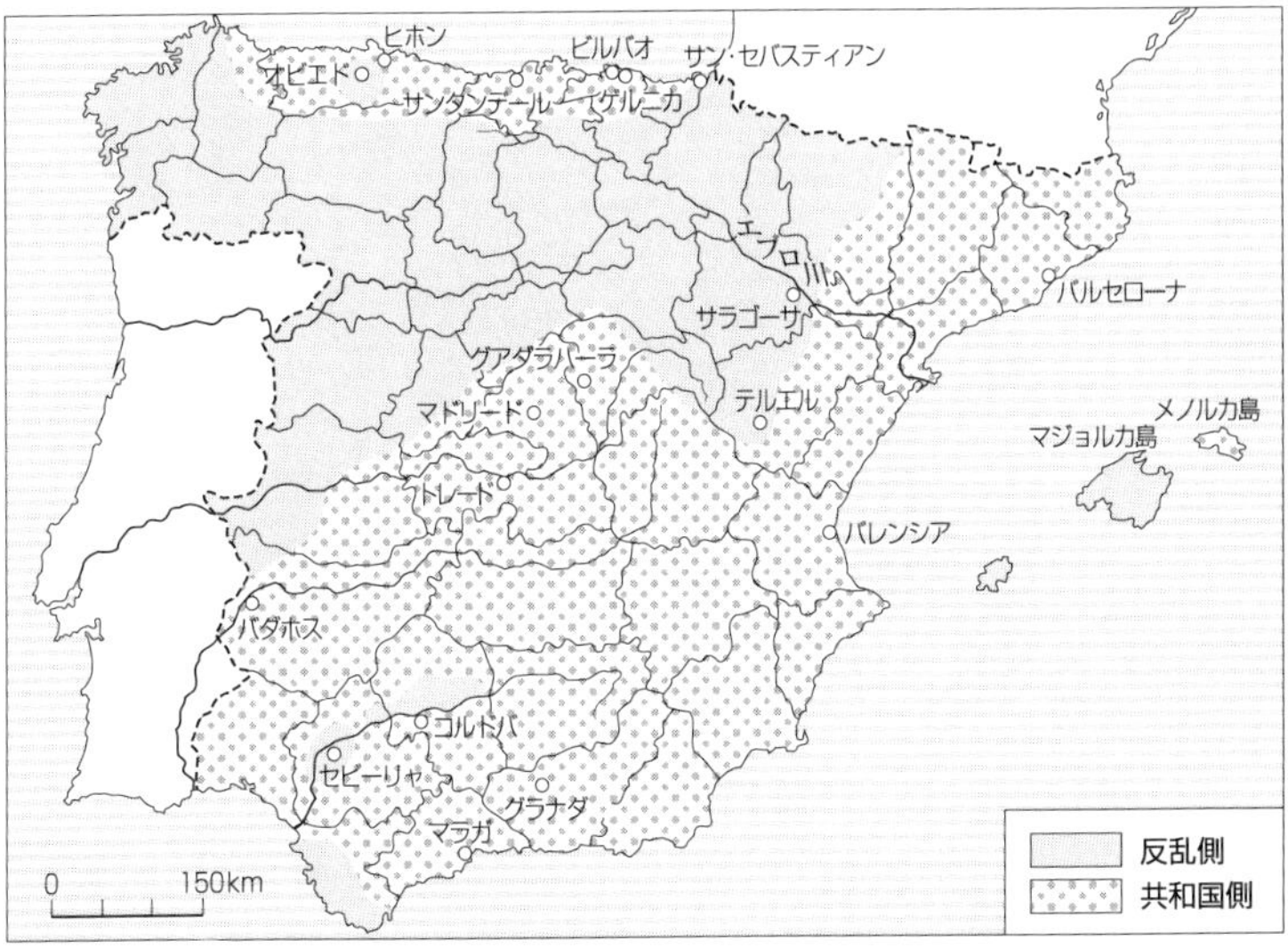

戦局の推移 1936年7月　おおむね共和国側が鉱工業・都市部を，反乱側が農村部を支配した。

器配布を認め、ようやく戦う姿勢を示した。二十日、マドリードの反乱を政府軍部隊、治安部隊、武装労働者が制圧した。クーデタは失敗に終わり内戦へと転化し、スペインは二分された。政府の予防措置はある程度奏効し、重要な鉱工業都市部を政府側が支配した。しかし、大都市でもセビーリャ、サラゴーサなどは反乱軍の手に落ちた。

モロッコ軍を指揮したフランコは、ヒトラーとムッソリーニから航空機の援助をえて部隊を本土に輸送した。またサラザール独裁下のポルトガルは、南から進撃するモロッコ軍に中央部とつなぐ回廊を提供した。これにたいして政府はフランスに武器売却を求めた。しかし、フランス人民戦線政府は右翼や資本家の反対により大規模な武器輸出ができず、そのかわりに独・伊・ポルトガルの支援を中止させるため、武器輸出や内政干渉を禁じる協定を呼びかけた。英・仏、独・伊・ポルトガル、ソ連など二七カ国は、九月初め、ロンドンに不干渉委員会を設置した。不干渉政策は正当な共和国政府と反乱側を同等にあつかい、共和国政府の武器購入の権利を侵害しただけでなく、協定違反にたいする罰則をもたず、独・伊・ポルトガルの反乱軍支援を阻止できなかった。委員会の主導権を握ったイギリスは、共和国誕生からスペイン情勢に不安をもっていたが、内戦が始まると動乱が周辺諸国に波及することを恐れ、内戦が世界戦争につながることを恐れた。不干渉協定は革命と戦争をスペインに封じ込めることが目的であった。それまでスペインは列強と同盟関係をもたず、国際政治から距離をおいていた。この外交的孤立が内戦にいたらしめた。もし同盟国があれば介入し内戦を防止したにちがいないからである。しかし、ファシズム台頭と世界戦争の危機のなか、内戦下のスペインは否応なく国際政治に巻き込まれていった。

不干渉協定は共和国に打撃を与えたが、まだ大規模な武器援助や部隊の派遣は始まっていなかった。両陣営では予備役の召集がなされたが本格化するのは秋以降であり、当面は政府側が労働者民兵部隊、反乱側がモロッコ軍という手持ちの勢力で戦われた。スペイン最強のモロッコ軍を擁した反乱側はこの点でも有利であった。

両陣営における戦争体制の構築

反乱側は内乱直後に防衛評議会を設置し、戒厳令を布告して軍政をしき、反乱側独自の「スペイン銀行」設立によって金融・財政組織を整えた。しかし、最高指導者に予定されていたサンフルホが内戦直後に事故死したこともあって、軍事指揮すら一本化されず、フランコも当初は評議会に加わらなかった。九

共和国側の民兵たち　内戦初期においては，民兵たちがクーデタによって解体した軍隊にかわって戦った。

共和国側の女性民兵たち　銃後だけではなく前線でも女性の活躍がみられ，内戦はある意味で文化革命の場にもなった。

月末の防衛評議会でフランコが総司令官と政府首班に指名されて、ようやく戦争体制確立への歩みが始まった。国家専門評議会が防衛評議会にかわって設置され、政府機能をもつにいたった。フランコが最高指導者にのしあがったのは独・伊とのパイプを独占し、戦果の著しいモロッコ軍を指揮したことによる。モロッコ軍は八月なかばにバダホスを占領して反乱地域をつなげ、首都への進撃の先頭に立っていた。またフランコは、九月末に包囲されたトレードの反乱軍を救出して名声を高めてもいた。

戦争体制構築に大きな役割をはたしたのがカトリック教会であった。教会は宗教的大義を表明していなかった反乱軍を秩序・祖国・カトリシズム防衛の十字軍と評価し、反乱側にイデオロギー的支柱を提供した。のちの一九三七年七月の司教団司牧書簡や、三八年六月のローマ教皇庁による政権承認は、内政でも外交でもフランコを助けた。フランコはカトリック教育や聖職禄の復活などで教会にむくいた。体制を固めつつフランコは、三六年十月十九日に首都総攻撃を指令した。首都占領は戦局を左右するだけでなく、政権の国際的承認に不可欠であった。

共和国側でも事情は同じであった。民兵は連携を欠いたまま戦い、各地方に組織された評議会は相互の協力関係をもたなかった。軍と国家機構の再建という課題に取り組んだのが、九月初めに成立したラルゴ・カバリェーロ政府である。共和派単独であったヒラル政府と異なり、ラルゴ政府には社会労働党、共産党、共和主義諸党、バスク・ナショナリスト党、エスケーラが参加し、十一月初めにはCNTとFAIが入閣した。政府はアラゴンやアストゥリアスなどの評議会を法的に認知するとともにその統制下におき、市町村の革命委員会を市町村庁に再編した。また軍人を登用する一方で民兵指導者を昇格させ、兵士の政治教育や規律維持にあたる政治委員《コミサリオ》制を導入して、人民軍と呼ばれる軍を再建した。カタルーニャでも諸政党が自治政府に加わり、民兵中央評議会が解散した。初期にみられた無軌道なテロ行為は、設置された人民裁判所が機能するにつれ減少した。十月初めには議会が機能を回復し、バスク自治憲章を可決してバスク・ナショナリストの協力を確保した。同月、反乱者を処罰し農民の支持をえるために、反乱支持者の土地を国有化し農民に貸与する政令がだされた。

こうした政策は、内戦後に現出した革命を承認しつつ共和国の法的枠組みにおさめようとしたものであり、「革命防止のためのクーデタが革命を引き起こした」という逆説の産物であった。クーデタによる軍の解体が民兵を生み、国家の解体が革命的機関を誕生させたのである。経営の労働者管理や農業の集団化は、資本家や大土地所有者が逃亡するなかで、生産と耕作を継続すべくとられた措置という側面が強い。

戦局の推移 1936年11月　南部と中央部の反乱軍がつながり，反乱軍はマドリード攻撃に移った。

食糧調達を容易にするために民兵部隊が集団化をうながした。貨幣の廃止はアナキズム思想の表れなどではなく、通貨不足と流通機構麻痺の結果であった。いずれの党派も共和国的秩序を疑うことなく、共和国防衛の戦争と革命を一体のものとみなし、多様な階級と政治勢力の存在を前提とした。しかし、軍主導の反乱側と比べて、共和国の戦争体制構築はコストのかかる困難な作業であった。

マドリード攻防戦（一九三六年十月〜三七年三月）

十月に始まったマドリード攻防戦のなかで、戦争の条件は変化していった。第一に独・伊の援助が拡大した。両国は十一月十八日にフランコ政権を承認したが、それゆえに威信をかけてフランコ側に加担した。ドイツは航空機、戦車部隊に加えて、十一月から十二月にかけて空軍部隊「コンドル兵団」を送り、そのあとイタリア地上軍部隊

「義勇兵団」が到着した。内戦を通じてイタリアは約七万人、ドイツは約一万五〇〇〇人を送り、イタリアの援助額はドイツの二倍以上に達した。ドイツは内戦を世界戦争に向けた兵員訓練や武器・爆弾・航空機の実験場、国際世論を自国の再軍備からそらすための機会と位置づけた。

第二に共和国へのソ連の援助が始まった。対独安全保障体制を追求するソ連は、共和国を援助して英・仏と対立することも、共和国が敗北し親独政権ができることも望まなかったが、反ファシズムの盟主を自負する以上、共和国の要請を無視できなかった。またスペイン連帯運動は、スターリンの粛清で沈むソ連国内の士気高揚に役立った。ソ連は十月初めに不干渉協定に拘束されない旨を宣言し、援助物資の輸送を開始した。しかし、ソ連の支援は英・仏の態度を硬化させ、対共和国政策をより厳しいものとした。共和国が安全のためマドリードからモスクワに輸送し、ここで保管したスペイン銀行の金で支払ったのにたいして、手持ち資金のないフランコはクレジットで援助を受けた。その結果フランコは多額の債務をおい、ドイツには一九四八年に債務解消の合意ができるまで支払いを続け、イタリアにたいする支払いは六七年にようやく完了した。

国際義勇兵が共和国側で戦ったことが第三の条件である。共産党が中心だったとはいえ、多様な党派の人々が内戦をファシズム対反ファシズムの戦いとみて参加した。たしかに義勇兵の数は合計四万人前後にすぎず、軍事力として過大評価はできないものの、マドリード攻防戦に参加して共和国の人々を勇気づけた。最大の義勇兵を送ったフランスの場合、「スペインを救え」という運動は、自国での人民戦線運動の行詰りの代償行為でもあった。

十一月初旬、マドリードは危機に瀕し、共和国政府はバレンシアに移った。しかし、ソ連からの武器・弾薬が届き、国際旅団やドゥルーティ率いるCNT民兵部隊が到着する一方で、市民の協力で塹壕線が建設されて、マドリードは猛攻にたえた。近代兵器の援助を受けたことで、戦闘は歩兵同士の戦いから近代戦に変貌した。十一月下旬、フランコは総攻撃を断念し、マドリードを孤立させる作戦に変更した。十二月から一月にかけてのコルーニャ街道をめぐる戦闘、二月のハラーマ川の戦いでは、双方で戦車・航空機と対戦車砲・対空砲が活躍した。三月にはイタリア軍を主力に空軍と機甲部隊が、グアダラハーラで電撃戦を展開した。しかし、共和国は守りぬき、戦争体制構築の進展を印象づけた。

長期戦・消耗戦への移行(一九三七年四月〜三八年四月)

フランコはその後もマドリードに圧力を加えたが、一九三七年春、攻撃の矛先を北部に変えた。独・伊とソ連の援助が軍事力の均衡を生み、内戦が消耗戦に移行したのにあわせて、北部を占領して軍需産業を強化し長期戦に備えようとしたのである。しかも孤立している北部は攻撃しやすかった。バスク攻撃は三月末に始まり、四月二十六日にはコンドル兵団とイタリア空軍が聖都ゲルニカを爆撃し全壊させた。ピカソがこれに抗議して「ゲルニカ」(口絵参照)を描いたことはあまりに有名である。フランコ軍は六月中旬にビルバオ、八月下旬にサンタンデール、十月二十一日にヒホンを占領し、北部全域を制圧した。

共和国側は座視していたわけではない。直接に支援できない北部を側面支援すべく、七月初めにマドリード西部のブルネーテで攻勢にでた。フランコは予想どおりサンタンデール攻撃を中断して増援部隊を投入して反撃した。さらに共和国は八月下旬、サラゴーサ攻略作戦を開始したが、ベルチーテを激戦のすえ占領するなど支配地域を拡大したものの、サンタンデール占領後にフランコ軍が反撃に転じたため、当初の目的を達成できなかった。戦局は共和国に不利であった。ソ連の援助は独・伊とほぼ拮抗したが、その効果は異なった。独・伊が部隊と兵器をあわせて迅速に送ったのにたいして、ソ連の人員は軍事顧問が中心であり、物資の輸送は輸送路が長くイタリア潜水艦の攻撃もあって不安定だった。

ネグリン政府の成立

長期戦は戦争体制の拡充を迫った。共和国側ではネグリン政府がその役割を担った。戦局の悪化による閉塞感は、ラルゴ首相への批判を生み政党間の対立を高じさせたが、その焦点はカタルーニャであった。CNTとエスケーラ・カタルーニャ統一社会党(PSUC、コミンテルン加盟)との対立に、非コミンテルン系共産主義政党マルクス主義統一労働党(POUM)と、POUMをフランコへの協力者であるトロツキストと批判する共産党との対立が重なった。ついに五月初め、バルセローナでCNT・POUMと治安部隊・PSUCとの武力衝突が起き、一週間近い戦闘で約五〇〇名の死者がでた。この「五月事件」の背景には、失業、大量の難民流入、食糧価格の暴騰のなかで鬱積した人々の不満があった。バルセローナはマドリードとはちがって前線から遠く、不満を抑制する緊迫感にも欠けていた。また内戦初期の活動家たちが戦死し、あるいは国家機関や軍に登用されて、銃後を支える活動家層が薄くなっていた。五月事件直後、カタルーニャの軍事と治安は中央政府に移管された。

戦局の推移 1937年10月　フランコ軍は北部全域を制圧した。

爆撃で焼け出された母と子供
消耗戦となった内戦では，敵の銃後の士気をくじくことも重要であった。

事件の責任追及とPOUMの非合法化を提案した共産党と、これを拒否するラルゴ首相が対立すると、大統領は社会労働党のネグリンに組閣を命じた。社会労働党ラルゴ派もCNTも入閣しなかった。ネグリンは八月なかばにアラゴン評議会を解散し、十月末に共和国政府をバルセローナに移してからはカタルーニャの軍需工業の統制を強化した。また関税や土地税の確実な徴収によって財政を立て直し、電力産業を国防省管理下においた。ネグリンはこうした政策を共産党と協力して推進したが、それは共産党が決然たる内戦の遂行を主張しただけでなく、党組織の機能が統治に有益だったからである。社会労働党は分裂を重ね、共和主義諸党やCNT・FAIでは指導部の決定が末端に浸透しなかった。共産党は共和国を援助するソ連の威信を利用しながら、ネグリンとの協力関係によって組織を拡大した。

共和国は一九三七年十二月中旬、テルエル攻略作戦を開始した。低下した士気を高揚させ、北部陥落後に圧力が強まったマドリードを側面支援することが狙いだった。一月初めにテルエルを占領し共和国の士気はあがったが、二月下旬に奪回された。共和国軍の消耗は激しかった。フランコ軍は三月初めにアラゴンを席捲して、四月十五日、地中海に到達し共和国を二分した。共和国政府内に失望感が広がり、ネグリンは敗北主義者プリエト国防大臣を更迭し、再編した内閣にCNTを加えたが、支持基盤が狭くなったことはいなめなかった。

フランコ新国家のはじまり

支配地域を拡大したフランコは、内戦後をみすえながら戦争体制の拡充にあたった。クーデタ計画では共和政にかわる構想は曖昧で、そのことが多様な勢力の参加を可能にしたが、内戦の力学が新国家の方向を決定づけた。CEDAは後退し、民兵を組織して初期の戦闘に貢献したカルリスタとファランへ(党首ホセ・アントニオは一九三六年十一月に共和国側で処刑された)が発言力を強めた。とはいえ、軍の主導権は明らかであり、軍に対抗すべく両党は合同を模索した。フランコはこの動きを利用し、ファランへの内紛に乗じて両党の合同を決定した。三七年四月十九日の政党統一令によって、フランコを党首とする「伝統主義とJONSのファランへ」が誕生し、それ以外の政党は禁じられ、新国家は統一党に基づく全体主義国家であると宣言された。独・伊の支援がファシズム色を強めるのに寄与した。しかし、さまざまな潮流をかかえた統一党に、大衆動員や国家建設の中心的役割を期待することはできなかった。フランコが意図

フランコ新国家の始まり　フランコ将軍は軍と政府と政党の全権を掌握した。

したのは、組織の一元化によって政治勢力を統制することであった。こうしてフランコは軍、政府、党を掌握し、新国家は個人独裁の様相を強めた。ライバルとなるはずのモラが六月初めに事故死したこともフランコにとって幸運であった。

外交では一九三七年十一月にイギリスの通商代表を大使待遇で受け入れ、事実上の政権承認をとりつけた。三八年一月になると、臨時的性格を残す専門評議会を廃して最初の内閣を組織した。三月上旬に制定した労働憲章は反資本主義、反マルクス主義、カトリシズムの社会正義の実現が新国家の目標であることをうたい、国家が労働条件を決定すること、階級的＝水平的組合を禁止して労資が参加する協調的「垂直組合」を組織することを定めた。ムッソリーニの「労働憲章」の影響と、カトリシズムの原理をそこに読みとることができる。結婚した女性の退職が規定されるなど、カトリックの性的分業観も明確に示されていた。

共和国の抵抗（一九三八年五月〜十一月）

敗北主義者を排除しつつ、ネグリンは和平の道も模索し始めた。戦争目的を明らかにした五月の一三項目綱領は外国軍隊の撤退、国民投票による政体決定、信教の自由保障、農地改革などを内容としたが、穏健な政策を強調して英・仏に対スペイン政策の転換をうながし、フランコに和平の条件を提示したものであった。しかし、英・仏もフランコも提案に反応せず、戦争目的の明確化は共和国内の団結も強化しなかった。むしろラルゴ首相が党派間の合意を重んじたのとは異なり、強い指導力を発揮するネグリンの手法

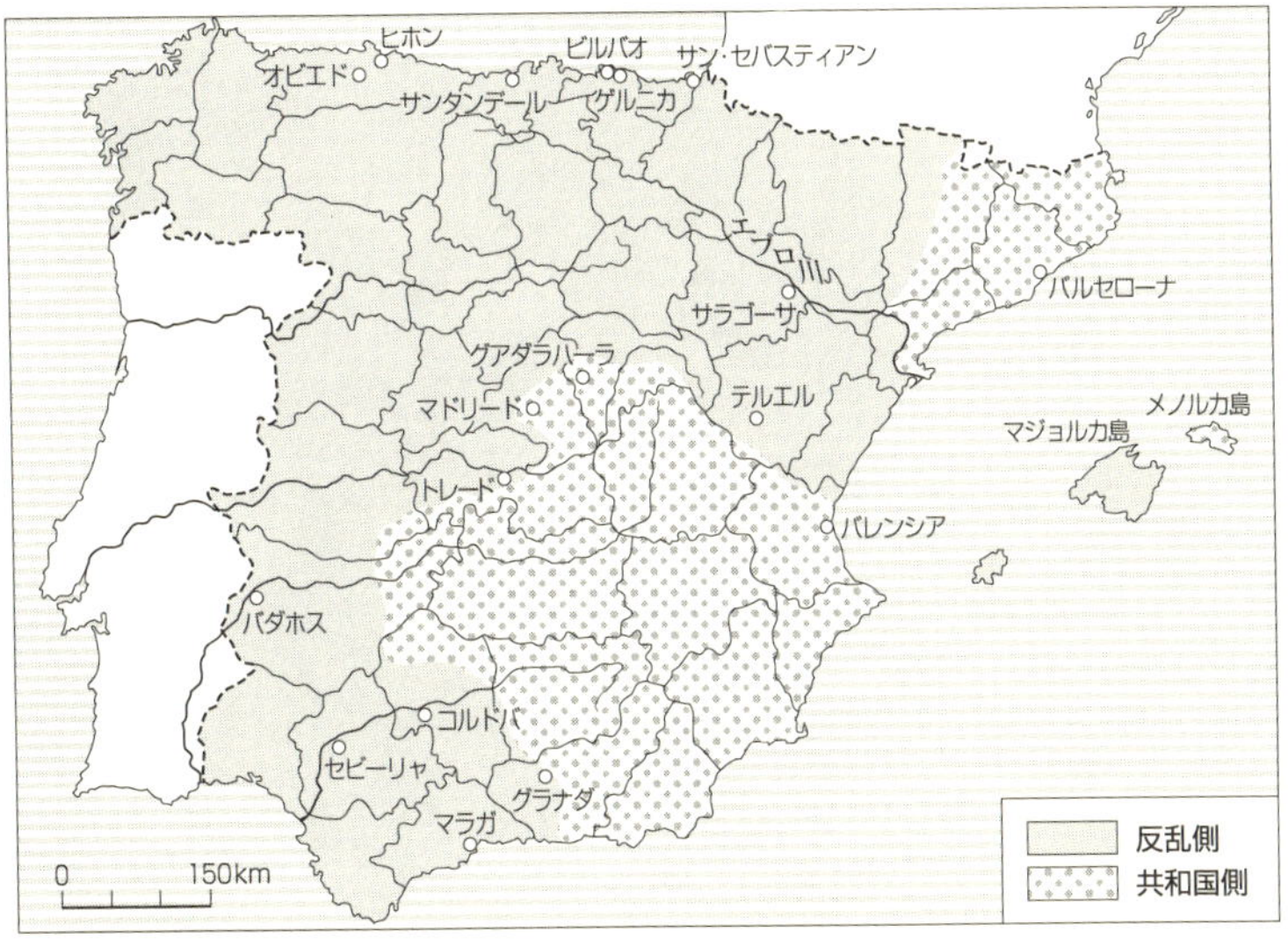

戦局の推移 1938年７月　共和国側は戦争継続能力を内外に示すべく，エブロ川渡河作戦を試みた。

は諸党派の反発をかった。カタルーニャへの統制強化をきっかけに、八月中旬にエスケーラとバスク・ナショナリスト党が内閣から脱退し、中央政府とカタルーニャ自治政府の関係も悪化した。

ネグリンはその後も和平を求めたが失敗した。彼に残された道は勝利ではなく、世界戦争勃発まで抵抗することであった。世界戦争が始まれば独・伊にフランコ支援の余裕はなくなり、英・仏が不干渉政策を変更するにちがいなかった。三月にドイツがオーストリアを併合し、世界戦争は現実味をおびてきていた。ネグリンは七月下旬に、危機にあるバレンシアを側面支援するとともに、戦争継続＝抵抗能力を内外に示すべく、エブロ川で大規模な攻勢をかけた。共和国軍はエブロ川渡河を敢行して右岸を占領したが、戦線は八月初めに膠着し、十一月なかばに撤退をよぎなくされた。共和国軍が六万人、フランコ軍が三万人の戦死者をだす激戦であった。しかし、そのあいだに、共和国にとって致命的なミュンヘン会談が開かれた。九月のミュンヘン会談で英・仏の対独宥和政策継続が明らかになり、世界戦争が遠のいたのである。国際旅団は十月末から解散を始めた。世界戦争が勃発した場合の外交政策を苦慮していたフランコは会談の結果に安堵し、改めて独・伊に援助の追加を求めることができた。世界戦争に賭けたネグリンの期待が現実的であったかどうか、ヒトラーがスペイン内戦をかかえながら世界戦争を開始したかどうかは、歴史の仮定《イフ》の域に属する。確かなことは内戦終了五カ月後に世界戦争(第二次世界大戦)が始まったことである。

内戦の終結(一九三八年十二月〜三九年四月)

十二月下旬、フランコは約三〇万の部隊をもってカタルーニャ攻撃を開始した。エブロ川の戦いのあと、ネグリンもソ連に援助を要請した。スペイン銀行の金はつきていたために、ソ連はクレジットで援助物資を送った(共和国が消滅したので、結果的にソ連に返済されなかった)。しかし物資はフランスにとどめられてスペインに届かず、加えて共和国側は展望を失って士気が低下し、政治的対立が激しくなっていた。共和国軍はなだれをうって後退し、一月二十六日にバルセローナが陥落した。フィゲーラスで開かれた議会はスペインの主権保障、国民投票による政体決定、無報復の和平三条件をフランコに提示したが無駄であった。二月十一日に軍、政府・政党要人、非戦闘員約四〇万人が国境をこえてフランスにはいった。ネグリンと共産党は中央部での立直しを決め帰国したが、ほかの人々はスペインに戻らなかった。ネグリンは動かすべき軍も組織ももたず、徹底抗戦を主張する共産党は孤立した。二月二十七日に英・仏がフランコ政権を承認すると、アサーニャ大統領が辞任した。共和国政府が解体したために、フランコと降伏交渉をおこなう主体が必要となった。三月五日、中央部方面軍司令官カサードがマドリードでクーデタをおこない、反ネグリン・反共産党諸派からなる防衛評議会を結成した。評議会は正統性を失ったネグリンにかわって共和国権力を掌握したことを宣言した(カサードはネグリンによって将軍に昇格されていたが認めず大佐を自称した)。共産党部隊の抵抗はCNT部隊によって鎮圧され、ネグリンや共産党指導者は出国した。評議会は報復なき和平、要人の出国保障などを条件として戦争終結をめざしたが、フランコは総攻撃で脅しながら、あくまでも無条件降伏を求めた。二十二日に評議会はこれを受け入れ、二十八日、フランコ軍は抵抗なしにマドリードに進駐した。

四月一日、フランコは勝利を宣言した。「本日、アカの軍隊を捕虜とし武装解除した。国民軍は最後の目標を達成した。戦争は終わったのだ」。戦死者、爆撃による死者、テロ行為や飢餓による死者、亡命者など膨大な人的損失をスペインに与えた内戦は終わった。しかし、共和国側についた人々に平和はこなかった。フランコが二月なかばに公布した政治責任法は、一九三四年十月以降の左翼的活動を対象とする特別裁判所の設置を定め、左翼組織名を列挙し、フリーメーソンも対象に含めた。階級闘争は根絶され、祖国は精神的・物質的に再建されるはずであった。プリモ・デ・リベーラ独裁を遥かにしのぐ、厳しいフランコ独裁の到来が予告されていた。

第八章　現代のスペイン

1　フランコ体制の成立

第二次世界大戦とフランコ独裁――一九三九～四五年

フランコ体制は個人独裁の性格を強めつつあったが、軍主導という点でプリモ・デ・リベーラ独裁に類似していた。フランコはプリモ独裁を参考にし、独裁に参加した軍人や政治家を登用した。しかし、独裁を永続化するためのモデルとしてファシズムをもち、内戦という対立をへて成立したために、反体制派への抑圧はプリモ独裁よりも格段に厳しかった。フランコは内戦後ただちに教員の粛清、左翼政党や労働組合の財産没収、カトリック教会の地位復活などをおこない、新国家完成への歩みを始めた。だが、息つく暇もなく非常事態のなかにおかれた。一九三九年九月にヨーロッパ大戦が始まったからである。

フランコは防共協定に参加し、ドイツと友好条約を結ぶなど枢軸側に立っていたが、大戦では中立を宣言した。一九三九年五月の食糧配給制導入が示すように、内戦で国土が疲弊し参戦の余裕はなかった。とところがドイツが破竹の勢いで進撃すると、四〇年六月、中立にかえて非交戦国宣言をおこない、ドイツ・イタリアに便宜を供与するとともに、国際自由港タンジールを占領した。さらに、食糧と武器の援助、ジブラルタルの奪還、北アフリカでのスペインの権益拡大を条件に、ドイツに参戦の意思があることを伝えた。フランコの要求は過大であり、イタリアの権益と衝突したために、四〇年十月にフランスのアンダーイでフランコと会談したヒトラーは明確な言質を与えなかった。フランコもできるかぎり参戦の対価をつりあげようとした。四一年二月のムッソリーニとの会談でも、フランコの態度は変わらなかった。交渉が

アンダーイでのヒトラーとフランコ(上)**と対ソ戦線に出発する青い師団**(下)　内戦に勝利したばかりのフランコ・スペインは，外交政策ばかりでなく内政も，第二次世界大戦におけるヨーロッパ戦線の戦局に大きく左右された。

長引くうちにドイツの方針が変化した。ムッソリーニのギリシア侵攻失敗によってドイツの負担が増大したために、ヒトラーは負担増をともなうスペインの参戦を強く要求しなくなった。今度はフランコが枢軸側に協力する機会をさがした。その絶好の機会が四一年六月に始まった独ソ戦であった。合計約五万人にのぼる義勇兵団「青い師団」――青はファランへのシンボルである――を対ソ戦線に送り、八月には労働力不足のドイツに一〇万人の労働者を派遣することを約束した。正式な参戦を回避しながら、勝利の分け前にあずかろうとしたのである。しかし、四二年十一月の連合軍の北アフリカ上陸、四三年二月のスターリングラードでのドイツ軍降伏が状況を一変させた。フランコは、連合軍の攻撃を怖れて一部動員態勢をとるとともに、ヨーロッパ戦線では中立、対ソ戦線では反共十字軍への参加、太平洋戦線では反日本という、「三つの戦線」論を展開して自らの立場を諸外国に説明した。連合軍の作戦を妨害しなければスペインを攻撃しないとの約束をアメリカ合衆国からとりつけ、イギリスと同盟関係にあるポルトガルと、四二年十二月に相互防衛協定を締結して事態に対応した。青い師団も四三年末から撤兵を開始した。

大戦の戦局とそれへの対応がフランコ体制の性格に影響を与えた。当初はファシズム的色彩が強かった。一九四〇年一月の組合統一法はイタリアの「協同体」を範にとって垂直組合の基本的枠組みを定め、四一年九月設立の国家産業公社(INI)は、イタリア産業復興公社(IRI)を模倣した経済振興を目的とする国家持ち株会社であった。INIは軍需関連産業、鉱山、電力、化学工業などに投資をおこなった。しかし、戦局が連合国側に有利になると、連合国に受け入れられるようにファシズム色を薄めた。四二年七月に国会設立法が制定されて議会制の形式が整えられた。ただし、普通選挙制に基づくものではなく党、組合、県都の市長、大学総長、法曹界代表などからなる「有機体的議会」とされた。同年九月の内閣改造で外務大臣に任命されたホルダーナ伯将軍は親英派であり——彼もプリモ独裁政府に参加した——、四三年十月に非交戦国から中立国に戻る政策転換を推進した。四四年秋には垂直組合労働代表の選挙が実施された。ファシズムにかわってカトリシズムが強調された。四四年になるとファランヘを「政党」ではなく「国民運動《モビミエント・ナシオナル》」と呼ぶことが通例となった。とはいえ、方向転換の効果はすぐにはあらわれなかった。それゆえにヒトラーが死んだとき、ファランヘの新聞が反ボリシェヴィズム戦士の死として悼んだりもした。大戦後の国際環境がスペインにとって厳しくなることは疑いなかった。四五年のポツダム会談で、スターリンはスペインにたいする枢軸国なみの処分を求めたのであった。

国際的孤立——一九四五～五〇年

一九四五年五月のドイツの敗北は、スペイン政府部内に大恐慌を引き起こした。しかし、連合国といえども理由なしにフランコ政権を武力攻撃できなかった。また、スペインでの政治的動乱を望まなかった合衆国やイギリスは、平和的な政権交替への期待を表明するにとどまった。四五年四月に始まったサンフランシスコ会議では、亡命中の共和派政治家たちの働きかけにもかかわらず、国際連合からの排除だけが決定された。フランコはファシズム色の払拭《ふっしょく》を急いだ。四五年七月に国民憲章が制定され、法の前の平等、言論の自由などがうたわれた——いつでも停止できるとの条件つきであった——。同月に成立した新内閣ではカトリック保守派が重用され、なかでも外務大臣アルターホはヴァティカンを介して国際政治への働きかけを活発におこなった。九月になるとファシスト式挨拶が禁止され、十月には国民投票法が制定された。こうした努力にもかかわらず、四六年二月の国連総会は枢軸国の援助で成立し、国民の意思を代表していないとしてフランコ政権を非難する決議をおこない、十二月の総会もドイツ・イタリアとの協力、青い師団派兵、タンジール占領などの大戦中のスペインの行動を批判して、各国大使の召還勧告と国連機関からの排除を決議した。

国連総会決議は反体制運動を勢いづかせた。王政復古を企てるアルフォンソ十三世の子ドン・ファンと王党派の動きが活発になり、大戦中に南フランスでの対独レジスタンスに加わった共産党、CNT、バスクのナショナリストなどが国境をこえてゲリラ(マキ)闘争を展開した。国内にとどまったグループも山岳地帯や都市でゲリラに加わった。その勢力はアンダルシーア、レバンテ、アラゴン、ガリシアを中心に約六〇〇〇人を数えた。一九四七年のメーデーにはバスクで、労働条件の悪化と食糧不足に抗議するゼネストがおこなわれた。しかし、左翼諸勢力は内戦中の対立を引きずって共同行動をとれず、共和国亡命政府も有効な活動をおこなえなかった。ゲリラ闘争は四七年をピークに鎮静化し、共産党は翌年にゲリラ戦術を放棄した。また、四七年のバスクのストライキでは、約四〇〇〇人が逮捕された。厳しい弾圧体制のもと、内戦に疲れた民衆を反体制運動に引き入れることはきわめて困難だった。反体制運動を担ったのは第二共和政以来の古参活動家であったが、フランコは反体制運動の一時的高揚を活動家摘発に利用し徹底的に弾圧した。反体制運動の側は国連による外圧を過大評価しており、国連が排斥以上の制裁に踏み切らないことが明らかになると勢いをなくした。新しい反体制運動の登場は五〇年代後半まで待たねばならない。

オリエンテ広場に群衆を集めて演説するフランコ　国連による制裁は，スペイン・ナショナリズムの感情を高揚させ，むしろフランコ体制の強化に利用された。

フランコは国際的孤立を逆手にとって体制固めに利用した。国連総会が開かれているさなかの一九四六年十二月、マドリードのオリエンテ広場で一〇〇万人の集会を開き、外国の干渉を拒否せよと呼びかけ、スペイン・ナショナリズムをあおった。国家元首継承法の国民投票は、四七年七月、「フランコか、共産主義か」を問うものとして国家、党、教会などあらゆる手段を通じて宣伝され実施された。この法律はフランコに終身元首の地位を保証し、彼に後継者指名権を与えた。この時期ほどフランコが大衆を政治的に動員したことは、あとにも先にもなかった。結局、国連決議は政治的危機をもたらさず、フランコに独裁体制確立の機会を提供した。フランコにとって国際的孤立は内戦と世界大戦という非常事態の継続にすぎなかった。三六年にだされた戒厳令は、四八年まで続いたのである。

国際的孤立下の経済――アウタルキーア体制

危機は政治ではなく経済にあった。内戦による破壊とドイツ、イタリアへの負債支払いが重くのしかかり、第一次世界大戦の場合とは異なって、第二次世界大戦での中立は経済の建直しに役立たなかった。国際的孤立がこれに加わった。この時期にとられたのがアウタルキーア(自己充足的経済)政策である。それは国際的孤立が強いた政策というよりも、内戦の経験から経済を軍事的にとらえるフランコの経済観の結果であり、国際的孤立にたいするナショナリスティックな反応であった。内戦中に始まった国家小麦局による耕地面積、買入価格、販売価格の統制を継続しただけでなく、大戦中におこなわれた鉄道国有化や電力の統制にならって、輸入や為替の厳格な管理、商品流通の許可制導入、原料や食糧の配給制がとられた。こうした制度によってアウタルキーアは可能だと考えられた。

しかし、この政策は失敗に終わった。工業の回復は遅れ、農村に人口が逆流し労働力が増加したにもかかわらず、農業の不振は著しく小麦の自給もできなかった。農業機器や化学肥料の輸入はままならず、内戦で役畜が減少した影響をカバーできなかった。加えて、農民は低い買入価格をきらって小麦以外の自己消費作物をふやし、大経営者は統制を逃れて闇市で小麦を売った。一九四五年は飢餓の年として記憶されたが、天候不順が影響したとはいえ、アウタルキーア政策による人災だった。その打撃を受けたのは、農村の日雇い農民や都市労働者である。四二年十月の労働基本法は国家が産業別・地域別に賃金を決定することを定めたが、決められた賃金水準は内戦前の五〇〜六〇%にすぎず、配給ではたりない食糧を闇市で高く買わねばならなかった。農業大経営者、国家の助成を受ける基幹産業資本家だけが、アウタルキーアの受益者であった。それはフランコ体制の性格を如実に示している。アルゼンチンのペロン大統領がフランコに救いの手を差し伸べた。国連決議を無視して四七年一月に大使を着任させ、六月にエバ・ペロン夫人を訪問させた。彼女は大歓迎を受けた。また、四六年十一月の通商協定以降、大量の小麦をスペインに輸出した。それでも食糧不足は続いた。

2　国際社会への復帰

冷戦とフランコ体制——一九五〇年代前半

アウタルキーア政策にもかかわらず、工業は緩慢ながら回復し、一九五〇年前後に内戦以前の水準に戻った。そのかわり貿易赤字が累積した。工業化に必要な資本財や原材料の輸入が増大したのにたいして、農産物や鉱物資源の輸出が伸びなかった。割当制の導入、代替鉱油の開発、アルコール自動車生産などで対応したものの、石油輸入の増大を抑制できなかった。非石油産出国スペインでアウタルキーアを試みることは無謀だった。こうしてフランコ体制は経済的危機に直面した。しかし、「冷戦」の進行がフランコ体制を救った。

合衆国はスペインを西ヨーロッパ、地中海、大西洋にかかわる戦略的要地とみなし、西側への統合を模索した。下院は一九四八年にマーシャル・プランのスペインへの適用を可決し、上院は四九年に五〇〇〇万ドルの軍事援助案を可決した。いずれも大統領の判断で実現しなかったが、その障害となったのは国連の排斥決議であった。合衆国が働きかけた結果、国連総会は五〇年十一月、ソ連、イスラエル、メキシコなどが反対し、イギリス、フランスが棄権するなか、スペイン排斥決議を撤回した。フランコは自由主義陣営の防衛に協力することを明らかにし、朝鮮戦争への参加をほのめかした。スペインは続いて国連食糧農業機関や世界保健機構に加盟し、各国との外交関係を回復した。西側への統合は経済援助と対になっていた。合衆国政府や合衆国輸出入銀行からの経済援助が五一年に実現し、石油は円滑に輸入された。五三年八月のローマ教皇とのコンコルダート(政教協約)調印、九月の合衆国との経済援助、基地貸与、相互防衛の三協定締結、五五年一月のヨーロッパ経済協力機構(ＯＥＥＣ、のちに経済協力開発機構〈ＯＥＣＤ〉に発展)への準加盟、十二月の国連加盟によって国際社会への復帰がはたされた。五二年に食糧配給制が廃止され、後進地域バダホス県の開発計画が立案されたことは、フランコ体制が経済的窮地を脱したことを示した。

フランコ体制が国際社会で認知されたことで、国連や国際的な圧力に期待した反体制運動は展望を失った。一九五六年八月に国外で開催された共産党中央委員会総会は、内戦で二分された国民の和解を呼びかけ、平和的手段による独裁打倒へと路線を転換した。フランコ体制は安定し、反体制運動の側はあらためて国内を土台に再建することを迫られたのである。

脱ファランヘ化過程——一九五〇年代後半

自由主義陣営への帰属に対応して、一九五〇年代後半は体制の脱ファランヘ化が進んだ。ドン・ファアンと王党派が王政復古の画策に動いたために、フランコは五一年の内閣改造でファランヘを重用したが、五四年にドン・ファアンの子フアン・カルロスをスペインに引き取ってからは、フランコと王党派の関係は改善された。そのため内閣へのファランヘの登用はしだいに少なくなった。危機感をつのらせたファランヘが抵抗し、フランコも諸勢力を対抗させて自分の権威を維持するという手法をとったために、脱ファランへの過程は一直線ではなかった。とはいえ、ファランへの後退は明らかであった。ファランへ内の「純粋派」は、五五年十一月の党創立者ホセ・アントニオ死去記念日に、「フランコは裏切り者だ」と叫んでデモをおこなった。

しかし、大部分のファランへ党員は、肥大化していく党や垂直組合の組織、行政の末端に登用されたことで満足した。オプス・デイのメンバーが一九五七年二月に内閣に加わったことは、テクノクラート台頭とファランへの後退を印象づける事件であった。オプス・デイとはラテン語で「神の御業《みわざ》」を意味し、スペイン人神父によって二〇年代に創立され、世界的組織に成長したカトリック団体である。オプス・デイは職業や労働のうちに各人がキリスト教精神を実現すべきことを唱えた。思想のうえでは保守的だったが、効率や技術を重視し、政財界や大学に浸透して、経済と行政の合理的運営を主張した。

脱ファランへ化を加速させたのは経済成長である。一九五〇年代に経済の中心は農業から工業へと移行し、農村から都市への人口移動が始まった。国家が低水準の労働条件を決定し労働者を「兵営的」に管理する体制は、勤労意欲を減退させ、ストライキを引き起こして経営にとってマイナスとなった。それは多様になる労働に応じて労働者を雇用しようとする経営者の要請と衝突した。そのうえ国家の過剰な経済への介入は障害となった。資本の側は経済的自由化を要求したのである。垂直組合でさえ五五年の会議で、物価スライド制による最低賃金の保障と八時間労働制を政府に求めた。五六年五月に国際労働機関(ＩＬＯ)加盟がおこなわれ、六月に賃金についての規制が緩和された背景にはこうした状況があった。五八年四月の団体労働契約法は、労働条件の決定を労資の協議に委ねた。ストライキは目的のいかんを問わず反乱罪の対象とされたままであったが、団体労働契約法は政府と資本の許容範囲内で労働者が組織的に行動することを前提としていた。

新しい反体制運動の展開

一九五〇年代後半は反体制運動が大きな変化を示した時期でもあった。労働者は労働条件の改善を求めてたえずストライキをおこない、その度に弾圧を受けてきたが、五六年のストライキは新しい特徴をもっていた。運動が政党色をもつことを避けながら、職場単位で垂直組合の組織を利用してストを展開したのである。労働運動にカトリック組織が加わったことも新しい点であった。大学でも反体制運動が激しくなった。五五年十月におこなわれたオルテガ追悼デモは、学問の自由や政治的自由を求めるデモとなった。五六年一月に始まった官製学生組織スペイン学生組合(ＳＥＵ)代表選挙の自由化要求は、体制を担うべきエリートが体制批判を強めたことを意味した。労働運動と同様に、学生運動を担ったのは内戦を知らない世代であり、反体制運動の質的な変化はこのことにも起因した。

とはいえ、社会がかかえる問題がそのまま反体制運動の高揚につながったわけではない。体制にとって安全弁となったものの一つが移民であった。国外への移民は内戦後に禁止されたが一九四六年に解禁され、五〇年代後半に急増し、行き先は十九世紀以来のラテンアメリカから西ヨーロッパへと変わった。高度成長をとげる西欧諸国、とくにフランス、西ドイツ、スイスへと大量の移民がでていった。彼らはそこに永住することは少なく出稼ぎに近かったが、政府はこうした状況に対応すべく五六年に移民局を設置した。移民は主としてアンダルシーア、エストレマドゥーラ、ガリシアから流出したが、前二者はラティフンディオ地域であり日雇い農民の失業問題をかかえ、ガリシアはミニフンディオ地域として近代化に取り残されていた。こうした地域からの人口流出は社会問題の顕在化を防いだばかりでなく、彼らの送金が残された家族の生活を支え、のちにふれるように国際収支の改善に寄与した。フランコ体制の安定には、西ヨーロッパの経済成長も大きくかかわっていた。

ジブラルタルとモロッコ——植民地問題

一九五〇年代後半の外交問題の焦点はジブラルタルとモロッコであった。イギリスが領有するジブラルタルの返還は永年の要求であったが、五四年二月にエリザベス女王がここを訪問すると各地で抗議運動が起こり、五七年にスペイン政府は返還を求めて国連に提訴した。しかし、イギリスは戦略的要地を手放すつもりはなく、スペインの要求は自らのモロッコなどアフリカ植民地領有と矛盾するものであった。スペインは植民地独立運動に直面していた。必死の工作にもかかわらず、五六年三月にフランスがモロッコの独立を承認し、続いて独立モロッコがスペインに領土の返還を求めるとこれを拒むことはできなかった。翌四月、セウタやメリーリャを除いて、スペイン領モロッコを放棄することで合意がなされた。モロッコはその後もセウタなどの返還を求めている。ジブラルタルにかんしていえば、六七年九月に住民投票がおこなわれ、イギリス残留が圧倒的支持をえたが、同年十二月に国連の非植民地化委員会はジブラルタル領有を植民地主義だとしてイギリスを批判した。モロッコ放棄は国内政治に思わぬ影響を与えた。軍にとって植民地は重要な活躍の舞台であり、独立承認は軍の不満をこうじさせた。しかし、内戦期の将軍たちはあいついで死亡し、軍を代表してフランコに異議を唱える大物軍人はいなかった。当時、内戦中に下級士官として登用された軍人が高位にあったが、彼らは政治への不満をもち、極右派の一翼をかたちづくることになった。のちにスペイン領ギニアなども手放すことになったが、フランコの植民地放棄の決断は、スペインを植民地問題と植民地軍が引き起こす諸問題から解放することになった。それは植民地維持に固執したポルトガルの独裁と対照的であった。

一九五八年五月に公布された国民運動原則法は、五〇年代のスペインを反映していた。第一原則は「自由で偉大で一つのスペインに貢献することがスペイン人の義務である」とうたい、第七原則はスペインが「伝統的、カトリック的、社会的、代議制的王政」であることを改めて定めた。国民運動は政党としての性格を失い、国家の諸機関を補完する官僚組織に変質した。五〇年代の国民総生産は年五％という高い成長率を示し政治的安定をもたらしたが、この経済発展には限界があった。それを突破することが、フランコ体制のつぎの課題となる。

3　経済成長の時代

「奇蹟の経済成長」——一九六〇年代

一九五〇年代の経済成長は構造的な弱点をもっていた。移民による送金が赤字補塡に役立ったものの、輸入が増大し輸出が伸び悩んで国際収支の悪化を招いた。今回は成長率が高かっただけに赤字は膨大となり、五九年には外貨準備の不足から対外債務が支払えなくなった。またインフレによって賃金上昇が物価上昇に追いつかず、ストライキを頻発させた。対外債務返済の延期には国際資本の同意が不可欠であり、

年	農産物 食料加工品	原料	工業製品
1940	57.8	20.6	21.6
1945	45.6	32.5	21.9
1950	49.8	32.3	17.9
1955	55.3	22.1	22.6
1960	53.2	18.2	28.6
1965	45.4	9.4	45.2
1970	28.0	16.5	55.5
1975	21.7	6.9	71.4
1980	16.8	8.0	75.2
1985	12.9	14.3	72.8
1986	15.1	10.8	74.1
1987	16.2	11.4	72.4
1988	15.6	10.2	74.2

（全輸出額に占める各部門の割合〈%〉）

輸出品の構成

貿易構造は大きく変化し，輸出の中心は伝統的な農産物や食料加工品と鉱産物から，外資系産業による工業製品へと移った。

貿易収支	−1,635	財・サーヴィス収支 ＝ −519	経常収支 ＝ +10	基礎収支 ＝ +468
輸入	−3,591			
輸出	+1,956			
観光収入	+1,116			
移民からの送金	+529			
長期資本流入	+458			

「奇蹟の経済成長」期国際収支の構造

大幅な貿易赤字を補ったのが，西ヨーロッパ先進国からの観光客，西ヨーロッパへの移民による送金，外国資本の流入であった。

国際資本もスペイン経済の破綻を望まなかった。五九年に国際通貨基金(IMF)とヨーロッパ経済協力機構(OEEC)は覚書をだし、支払猶予と経済支援とひきかえに、財政健全化と金融引締めによるインフレ抑制、貿易と資本の自由化などを求めた。フランコに選択の余地はなかった。これらは「経済安定化計画」として五九年夏から実施された。アウタルキーア政策は完全に破綻した。

安定化計画はデフレ政策であり、短期的に不況をもたらしたが、物価上昇は鎮静化し外貨準備も増加して、国際収支の不均衡は是正された。賃金が抑制されたため、労働者はよりよい条件を求めて国外に移民した。安定化計画に続いて、一九六二年八月の世界銀行報告に基づいて経済・社会発展計画(六四〜六七年)が策定された。これは産業基盤整備、輸出産業育成、開発拠点を指定して地域開発をおこなうことなどを内容としていた。この計画がどれほど経済成長に貢献したかはわからないが、スペインは六〇年代に日本につぐ年率七・三%の「奇蹟の経済成長」を実現した。

低賃金が魅力となって合衆国、西ドイツ、イギリスの順で外国資本の投資が増加し、自動車、化学、電機、機械といった先端産業に向けられた。資本流入は基礎収支を改善し、外資系輸出産業の成長が貿易収支改善に役立った。輸出の中心は農産物や鉱産物から工業製品へと移った。一九六〇年代の経済成長も輸入を急増させたが、石油は安価で供給され、六〇年代なかばをピークとする移民の送金もふえ、西ヨーロッパや北アメリカからの観光客が莫大な観光収入をもたらした。六〇年に六〇〇万人にふえた観光客は、六五年に一四〇〇万人を記録し、スペインは観光立国となった。その結果、五九年のような国際収支の危機は生じなかった。スペインは西ヨーロッパの経済成長の波にのることができた。しかし、発展計画が掲げた完全雇用や所得の平準化などは達成されず、地域間の格差は拡大し、外資系大企業と地元スペインの中小企業の格差も開いた。また、福祉・衛生や教育部門の投資は計画を下回り、建設ブームが地価高騰をもたらした。「奇蹟の経済成長」が、負の遺産を残したことを忘れてはならない。

社会の変容

高度成長は社会を大きく変えた。農村から都市への人口移動が激しくなった。就業人口は第一次産業が急速に減り、第二次・第三次産業がふえ、マドリードとバルセローナへの人口集中が激しくなった(第六章二五九ページ、表参照)。経済政策の重点も商工業へ移動し、輸出向け部門のほかは農業についてなんの方策もとられなかった。農村では過疎化が始まり、小規模経営の多い地方では兼業化や老齢化が進んだ。かつては土地をもっていることが経済的安定を保証し、社会的威信を与えたが、いまや土地に縛られて農村に残る農民は、嫁不足や後継者不足になやまされた。文化的要因が経済的要因以上に農村の青年男女を都市に引きつけた。一九五六年十月に始まったテレビ放送は、都市の消費文化を農村に流布させるのに決定的役割をはたした。テレビ所有はステイタス・シンボルとなり、六〇年代前半の普及率は三〇%をこえた。また小型農耕機器や家庭電化製品の購入が、農家の現金収入の必要を増加させ兼業化をうながした。ラティフンディオ地域での日雇い農民は相変わらず過剰であったが、それでも大量の離村が賃金水準を押し上げ、六〇年代に実質賃金は八〇%以上も上昇した。大経営は機械化、化学肥料投入、省労働作物の導入でこれに対応した。労働集約的で遅れた農業の象徴であったラティフンディオ農業は、近代的な経営へと姿を変えた。農村にとどまった日雇い農民は失業に苦しんだものの、日雇い農民の減少は土地問題の意義を低下させた。第二共和政と異なり、農地改革は政治課題とならなくなった。

反独裁運動の展開

社会の変容は反体制運動にも影響をおよぼさずにはいなかった。商工業部門で厚い労働者層が形成され、農村からはいった労働者も労働運動に参加するようになった。労働運動の中心となってきた鉱山や製鉄部門、地域でいえばアストゥリアスやバスクに加えて、マドリードやバルセローナで展開した自動車産業などでも組織化が進展した。一九五〇年代後半から始まった合法的組合への浸透が進み、大規模で長期的なストライキのほか、短期ストライキやサボタージュなど正面からの対決を避ける戦術もとられた。内戦以前に強かったCNTは実質的に解体し、カトリック系組合が誕生したことも社会変容と無縁ではない。なかでも共産党系の労働者委員会が着実に組織を拡大し、共産党が歴史上はじめて組合運動の主導権を握った。労働者委員会の指導者カマーチョがマドリードの金属・機械工場代表だったことは象徴的である。共産党は六五年のパリ大会でソ連型一党独裁制の放棄や、民主化に向けたカトリック派の運動との協力を決定した。移民先の西ヨーロッパでの生活体験は、多くの労働者に民主化の必要性を実感させた。組合運動は独裁打倒を直接の目的としたわけではないが、ストライキをおこなうことはこれを厳しく制限する独裁との対決を意味した。

学生運動もまた体制批判を強めた。経済成長はあらたな質の労働力を必要としたために、経済学部や理工系学部の大学生が飛躍的にふえたが、大学生たちはスペイン学生組合(SEU)の民主化といった一九五〇年代の要求をこえて、SEUそのものの廃止を求めた。六五年四月にSEUが廃止され、あらたな公認組織がつくられたが、もはや学生を統制する力はなかった。六五年のアンケート調査では八割近い大学生が体制に批判的であった。大学教員も世代交代し、留学や外国人研究者との交流をとおして体制変革の理論を準備しつつあった。彼らは逮捕され教職を追放されるなど弾圧を受けたが、フランコ末期とフランコ以後に政治や研究の場で活躍することになる。高度成長は職人や建設業、運送業、商業の自営業者といった旧中間層にかわって公務員、技術者、ホワイトカラーなどの新中間層を生み出した。彼らは近代的価値観をもち、検閲をこえてはいってくる外国の情報から、独裁体制ゆえにますます西ヨーロッパの孤児になるスペインの現状を批判の目で見ていた。

一九六二年六月に開催されたヨーロッパ統一運動「ミュンヘン会議事件」は、反体制運動の状況を映し出す事件となった。ミュンヘン会議は議会制民主主義、基本的人権の尊重などをヨーロッパ経済共同体(EEC)加盟の原則とすること、スペインにもこの原則を適用すべきことを確認した。会議直前にスペイン政府がEEC加盟を申請したが、会議には亡命中の社会労働党指導者から、国内から参加のキリスト教民主主義派まで、反体制派の政治家や知識人が参加した。それは多様な社会層が体制批判に加わったことを示した。参加者の三分の二が国内からだったことは体制にとって衝撃であったが、反体制運動の主軸が国内に移ったことを意味していた。

反体制運動のなかで国際的に注目をあびたのは、バスク・ナショナリスト組織バスク祖国と自由(ET

A)のテロ活動であった。この組織は一九五九年にバスク・ナショナリスト党(PNV)青年部から分離したグループなどが結成したものであり、当初は武装闘争路線をとってはいなかった。しかし、労働運動との交流のなかでマルクス主義に接近し、国内にも植民地的地域があるのだとする内国植民地論、毛沢東の第三世界革命論の影響を受けた。ヴェトナム民族解放戦線の戦いも彼らにヒントを与えた。その結果がバスク・ナショナリズムを民族解放革命とする綱領であり、武装闘争も辞さない戦術であった。六一年の鉄道破壊に始まり、六八年には治安警察隊員を標的とするテロを実行した。こうした路線に反対するグループは、途中でETAから脱退した。ETAの背後には、バスク語やバスクの民族性を抑圧する独裁に反発した大衆の支持が存在した。また、ETAの登場は、保守的なPNVによって独占されてきたバスク・ナショナリズム運動の状況を変えた。

各地のナショナリズム運動でも担い手の交替がみられた。第二共和政の時代に強かったエスケーラ(カタルーニャ共和主義左翼)や、自治憲章作成に功あったガリシア主義党が主導権を失い、カタルーニャでは保守的ナショナリズムが、ガリシアでは社会主義的ナショナリズムが台頭した。ナショナリズムの条件はそれぞれ異なり、バスクとカタルーニャは経済成長によりバスク語やカタルーニャ語を母語としない国内移民が流入したのにたいして、ガリシアでは工業化が進まなかったという違いがあった。ビゴが開発拠点に指定され外資シトローエンの自動車工場が設立されたものの波及効果は小さかった。しかし、ナショナリズム組織が反体制運動の一翼を担ったという点では共通していた。

「フランコなきフランコ体制」の準備

フランコ体制の内部から民主化につながる動きはなかった。一九五九年四月一日、修道院兼霊廟「戦没者の谷」が完成した。三九年から共和派政治犯の強制労働を利用して建設が始められたが、ホセ・アントニオをはじめ内戦の戦士たちがここに埋葬された。内戦勝利二〇周年、「戦没者の谷」完成にあたって、フランコはつぎのように演説した。内戦の勝利が祖国の平和と発展をもたらした。内戦に倒れた戦士の遺志を継ぎ、十字軍と国民運動の精神をもって、共産主義という祖国の敵と戦いつづけなければならない。

「戦没者の谷」　マドリードの北西，エル・エスコリアル近くにある巨大な修道院兼霊廟は，内戦の敗者にとっては痛ましい記憶を呼び起こすモニュメントである。

この立場は六〇年代をとおして一貫していた。六二年にストライキ運動がアストゥリアスから拡大し、フランコ体制下最大の労働争議に発展すると非常事態宣言をもって弾圧した。前述のミュンヘン会議参加者には、帰国すれば流刑に処すことを明らかにした。そのために参加者の多くが亡命をよぎなくされた。六三年四月には、国内外の非難にもかかわらず、共産党国内指導者グリマウを処刑し、その後もアナキストの処刑などを続けた。六五年の刑法改正で経済目的のストライキは反乱罪の対象からはずされたが、政治的ストライキの扱いは変わらなかった。六七年三月、労働者委員会は裁判所によって非合法とされた。

独裁は民主化を考えるどころか、フランコ死後の「フランコなきフランコ体制」を準備し始めた。一九六一年末に当時六十九歳のフランコが狩猟中に負傷して手術を受けるという事件が起き、持病のパーキンソン病の症状があらわれたために、その準備が急がれた。六二年七月の内閣改造では、あらたに設置された副首相にムニョス・グランデス将軍が任命された。内閣にはカレーロ・ブランコ海軍少将とテクノクラートがいた。カレーロもムニョスも内戦の盟友であり、後者は青い師団を指揮して対ソ戦線で戦った経歴をもっていた。フランコは組閣ののち「私のなきあともすべてがしっかりと結びつけられ、継続の保証ができた」と語った。六五年の新内閣にはオプス・デイの大物ロペス・ロドが入閣した。こうした人選はフランコ体制がいかに政治的に時代錯誤であるかを示し、政治改革なしに経済だけを円滑に運営しようとしたことの表れであった。六六年十二月に国民投票にかけられた国家組織法は、国家元首が全権を掌握すること、フランコが病気となった場合は王位継承者が臨時元首となることのほか、フランコ後の国王が国民運動《モビミエント・ナシオナル》の最高指導者となることも明記された。独裁を緩和しようとする情報観光大臣フラガなどいわゆる開放派もいた。しかし、フラガが作成した六六年三月の「フラガ出版法」は、わずかな自由化を認めたものでしかなかった。

フランコが死後の準備を進めることができたのは、合衆国がフランコなきあとも反共の砦としてスペインを支えるだろうと考えたからである。それだけに合衆国との関係を重視した。一九六六年一月に水爆を搭載した米軍機がパロマーレス(アルメリア県)沖に墜落するという事件が起きたが、政府は大捜索が始まり隠しおおせなくなるまで事件の報道を検閲で禁じ、爆弾が回収されたあとは影響がないことをことさらアピールした。対米感情、対米関係の悪化を怖れたのであり、地域住民やマドリードの学生の抗議運動を力でおさえこんだ。

教会のゆるやかな変化

しかし、体制にほころびがみえたのも事実である。カトリック教会はイデオロギーを提供し、教育、思想、モラル、ミサから服装までの日常生活を統制して独裁を支えてきた。その教会が一九六〇年代になると体制から距離をおくようになった。それは労働運動の周辺から始まった。司祭たちのあいだで社会正義にかなうとして労働運動に理解を示す動きが広がり、布教手段として四六年に組織されたカトリック・アクション労働者兄弟団(HOAC)や、四七年創立のカトリック労働青年団(JOC)は、六〇年代になると労働者を支持した。六〇年五月にバスクの司祭たちが言論・出版の自由を求める文書をだしたことも大きな反響を生んだ。労働者委員会は六六年六月に労働大臣に賃金引上げ、スト権の承認、組合選挙の自由化といった一一カ条要求を提出したが、共産党や左翼知識人とともにHOACとJOCがこれを支持した。とはいえ、教会ヒエラルヒー(高位聖職者)はこうした動きに批判的であり、労働者に集会の場を提供する司祭を批判し、HOAC指導部を粛清した。そのためHOACやJOCは活力を失った。

教会ヒエラルヒーを動かすには、一九六二年十月に始まる第二回ヴァティカン公会議という外からの圧力が必要であったが、その効果がスペインに浸透するには時間がかかった。しかし、なにより教会を動かしたのは、青年や労働者のカトリック離れについての危機感であった。七一年に開催された司祭・司教合同会議では言論・出版の自由、少数民族の権利擁護、内戦の敗者との和解に努力しなかったことの謝罪を内容とする決議が過半数の賛成をえた——三分の二に達せず可決はされなかった——。教会の変化は緩慢だったとはいえ、独裁ほどには社会の変化に鈍感ではなかった。

4　独裁の終焉と民主化の開始

独裁の末期——一九六七～七三年

反体制運動が高まるなか、労働者委員会は第一回全国会議を開催し、一九六七年十月二十七日に民主化を求めて全国統一行動をおこなうことを決定した。しかし、各地でおこなわれたデモとストライキは、多くの逮捕者と解雇者をだして失敗に終わった。非合法化された労働者委員会は十分な準備をおこないえず、政府は司法のお墨つきで合法的に弾圧をおこなうことができた。労働者委員会は状況を見あやまった。高度成長は民衆のフランコ離れをうながしたが、大部分の階層に享受された消費文化が政治的無関心と脱政治化を生んでもいたのである。政治に関与しないかぎり平穏な生活を送ることができた。労働者委員会と共産党の運動はしばらく停滞をよぎなくされた。「パリ五月革命」が示すように、六八年は西ヨーロッパで学生運動が高揚した年であった。十月行動ののちも学生運動が反体制運動を支えた。学生が反独裁運動の前面にでたのはこれが最後であり、しだいに党派対立が持ち込まれていった。六九年と七〇年に立直りをみせた労働運動は、全国非常事態宣言下で弾圧された。

フランコは体制継続の仕上げに移った。一九六九年七月、フアン・カルロスが後継者に指名され、議会で「神の名において、国家元首フランコと国民運動原則法ほか基本諸法に忠誠」を誓った。同年十月には、カレーロとロペス・ロドの選考により、古参ファランへをほぼ一掃して、若い財界人を登用して組閣がなされた。国家運営を行政技術とみなし、イデオロギーの終焉を唱えるテクノクラートに政治が任されたのは、体制継続の政治的基盤が完成したと考えられた結果であった。しかし、独裁はすでに末期症状を示していた。六九年の内閣改造のきっかけはスペイン北部織機会社(MATESA)疑獄事件であったが、ここにその典型をみることができる。MATESAは輸出好調で業績を伸ばし、政府金融機関より輸出振興の融資を受けたにもかかわらず、融資金の使途が不明であることがわかった。このことは国家と私企業の癒着を意味し、事件の発覚はスキャンダルにより政敵を追い落とそうとする権力争いのあることを社会にあらわにした。権力を監視する民主主義なき体制が必然的に腐敗を生んだのである。ブルゴ

フランコと議会の前で宣誓するフアン・カルロス
（左端がフランコ，右端がフアン・カルロス）　国家元首後継者に指名されたフアン・カルロスは，フランコとフランコ体制を支える基本諸法への忠誠を誓った。

ス裁判が体制に追討ちをかけた。ＥＴＡメンバーを対象にブルゴスに設置された軍法会議は、七〇年十二月二十八日、六人に死刑判決をくだした。各国政府やローマ教皇が助命・恩赦や判決への抗議をおこない、ヨーロッパ各地で激しい抗議運動が展開すると、政府は減刑を決定した。国外の圧力に屈したかたちとなったが、国内では非常事態を宣言し、国民憲章第一八条「令状なき逮捕の禁止」を停止して対応した。独裁末期を特徴づける強圧的政策がこうして展開した。

反体制運動は一九七〇年代にはいると組織化を進めた。共産党は国内組織を建て直し、カタルーニャではキリスト教民主主義派、カタルーニャ統一社会党(ＰＳＵＣ)、エスケーラなどが「カタルーニャ会議」に結集した。バスクではＰＮＶが保守層の支持のもと組織を拡大した。亡命指導部のもとで長く内戦の後遺症になやまされた社会労働党やＵＧＴも、国内組織が亡命指導部にたいして優位に立った。民主化を担う勢力がこのころにほぼでそろった。

カレーロ・ブランコ提督が、一九七三年六月、国家元首と首相を分離することを定めた国家組織法に従って首相に任命された。五〇年代初頭からフランコの右腕となってきた彼は、一九〇三年生まれであり若くはなかったが、彼には権力内部の対立をおさえ、フランコ死後もフランコ体制が堅持されるよう、ファン・カルロスを補佐する役割が期待された。

カレーロ・ブランコとフランコの死――一九七三〜七五年

大役を任されたカレーロは、首相就任半年後の一九七三年十二月、ＥＴＡによってマドリードで爆殺さ

カレーロ・ブランコ爆殺　衝撃的な爆殺事件は，スペインにおけるバスク問題と反フランコ独裁運動の存在を，世界に明らかにした。

れた。彼の死はフランコのもくろみを破綻させた。政治的大事件に経済的激変が加わった。第一次石油危機がスペインを襲ったのである。エネルギー源のなかで石油への依存率が西ヨーロッパの平均を上回ったスペインでは、その打撃は大きかった。経済危機は国民の私生活優先主義をほりくずす危険があった。経済的危機が容易に収拾できないとなれば、独裁はなんらかの改革をおこなわざるをえない。カレーロのあとを継いだアリアス・ナバーロは、保守派であるオプス・デイを排除して、開放派グループを結集して組閣し、議会で改革路線をとる方針を明らかにした。しかし、演説の日をとって「二月十二日の精神」と呼ばれるこの政策は、限定的な新結社法の制定を骨子とするものにすぎなかった。七四年四月に起きたポルトガル革命も大きな衝撃を与えた。内戦以来のフランコの盟友サラザールが七〇年に死去したあと、ポルトガルでは「サラザールなきサラザール体制」が維持されていた。それが国軍運動(MFA)によって倒された。

ついで七月、フランコがついに病に倒れ、フアン・カルロス

フアン・カルロスの即位　かつてフランコに忠誠を誓った新国王のもとで，スペインの政治体制はどうなるのか。のちの迅速な民主化を予想できた人はいなかったであろう。

が臨時元首となった。加えて、モロッコ国王ハッサン二世がスペインの混乱をみてスペイン領西サハラの返還を求め、モロッコ国民に西サハラへの行進「緑の行進」を呼びかけた。西サハラではポリサリオ戦線が独立を求め、モーリタニアも領有権を主張していた。フランコの死の直前、スペイン、モロッコ、モーリタニアのあいだでマドリード協定が結ばれ、西サハラの分割、モロッコとモーリタニアへの併合が合意されたが、ポリサリオ戦線はサハラ・アラブ民主共和国樹立を宣言して武装闘争を展開した。問題は現在も未解決のままである。危機は改革をうながすのではなく、極右派や軍人の反動を呼んだ。彼らは改革路線に反発してアリアスに圧力をかけ、新結社法の内容を後退させ、内閣や軍から開放派を追放させた。たしかにフランコの入院は反体制運動を活気づけ、七月にパリで共産党などが民主評議会を結成し、極左やETAのテロが頻発し、経済危機による労働紛争が激化したが、体制内開放路線を断ち切ったのは極右派の巻返しであった。九月に国家元首に復帰したフランコは、最期のあがきのように、一九七五年九月、国内外の批判に抗して、ETAと反ファシズム愛国革命戦線(FRAP)の活動家五人を処刑した。

翌十月にふたたび倒れたフランコは、十一月二十日に死んだ。「自分にたいすると同様の忠誠をもってフアン・カルロスを支えよ、祖国の敵に警戒せよ」との国民への遺書が残された。民主評議会に対抗して社会労働党、キリスト教民主主義派、PNVなどが一九七五年六月にパリで民主勢力結集綱領という共闘組織を結成していたが、民主評議会と結集綱領は九月に共同宣言をだし、フランコの死の前に全国行動によって独裁を打倒せよと呼びかけた。しかし、フランコは独裁者のままで天寿をまっとうした。フランコの死が確実になっても大衆的反体制運動は生まれなかった。革命後のポルトガルで起きた混乱をみて、国民は急激な変革を怖れたのであろう。フランコなきフランコ体制が確立されていれば、変革には相当の犠牲も覚悟せねばならなかった。また、政治対立から内戦にいたったという歴史的記憶が、積極的な政治参加にブレーキをかけた。十一月二十二日、フアン・カルロス一世が即位した。国民運動の精神に基づく体制が続くのか、民主主義が復活するのか、この時点では予想がつかなかった。

フランコ体制の崩壊と民主化の開始

一九七五年十二月にアリアス首相が再任されたが、政治的安定を重視して大物政治家を登用した。そのためにイニシアティヴを発揮できず、積極的な民主化を期待する国王との関係も悪化したが、普通選挙制に基づく二院制議会の設置、限定的な政党の合法化を議会で承認させた。民主化の第一歩は踏み出された。反体制の側では民主評議会と結集綱領が七六年三月に合同し、限定的な改革の拒否、広汎な政治犯恩赦、王政の廃止を要求したのにたいして、政府内開放派のフラガは反体制各政党と接触して切崩しをはかった。各政党は共同行動よりも政府との交渉による合法的地位の獲得に向かった。改革は少しずつ前進するかに思われたが、政党結成の自由を定めた刑法改正問題で極右派や軍人の強い抵抗を受けた。アリアス首相は七六年七月に辞任し、アドルフォ・スアレスが首相に任命された。

スアレスは前国民運動《モビミエント・ナシオナル》書記長でありフラガよりも保守的と考えられ、改革を期待する人々は失望感をもった。ところが、総選挙の実施を公約し、反体制側と対話をおこない、政治犯の恩赦を段階的に実施して改革を進めた。反体制派が十一月に民主的政府の樹立、全政党の合法化を求める全国ゼネストをおこなうとこれを放置した。スアレスが怖れたのはむしろ極右派であり、軍にたいして選挙が政府の統制のもとでおこなわれること、共産党を合法化しないことを約束するとともに、極右派軍人を巧みに軍中枢から遠ざけた。十一月に二院制議会設置を骨子とする政治改革法案が議会の承認をえた。フランコの設置した議会がこれを承認したことは自己否定に等しく、フランコ体制の崩壊が始まった。反体制派の棄権キャンペーンにもかかわらず、政治改革法は十二月の国民投票で投票率七八％、賛成九四％の高い支持をえた。王政か共和政かを問う機会もつくれないまま、反体制各党の関心は組織の確立と総選挙の準備に向かい、新王政はなしくずし的に正統性を獲得した。民主化の主導権はスアレスにあった。スアレスは一九七七年四月に国民運動を、六月に垂直組合を解散した。

スアレスのつぎの課題は共産党合法化問題だった。共産党合法化なしには民主主義が到来したとはいえなかったが、極右派が最後の一線としてこれに反対した。皮肉なことに、合法化にはずみをつけたのは極右派のテロであった。一九七七年一月、共産党系弁護士が殺害された事件で共産党は冷静に対応し、このことが共産党のイメージを変え、極右派非難の世論を高めた。スアレスは事実上共産党の存在を認めて党書記長カリーリョと会談し、三月にスペイン、イタリア、フランスのユーロコミュニズム三党の書記長会談がマドリードで開催されても妨害しなかった。共産党は四月に合法化された。スアレスには共産党が総選挙に参加すれば、左翼の票が社会労働党と共産党に分散するにちがいないという計算もあった。海軍大臣が抗議して辞任したものの、スアレスは政府危機を乗りきった。民主化は外交にも反映され、東欧諸国と国交を樹立し、ソ連とその準備を進めた。

一九七七年六月に四一年ぶりに実施された総選挙では、数えきれないほどの政党が候補団を立てたが、主要な政党はつぎのグループに分けられる。第一グループはスアレスが率いる民主中道同盟(UCD)であり、中道派諸党を総結集した連合党であった。与党であること、民主化の旗手スアレスを擁していることが強味だった。第二グループは左翼であり、社会労働党が共産党を圧倒した。若き社会労働党指導者フェリーペ・ゴンサレスの清新なイメージは、内戦以来の共産党指導者カリーリョと対照的であった。さまざまな社会主義政党が社会労働党との選挙連合を望んだが、社会労働党はこれらを吸収する方針で臨んだ。第三グループがフラガの国民同盟(AP)である。フラガは民主化の主導権をスアレスに奪われてから保守層の支持を求めて右傾化し、ロペス・ロドなどフランコ体制を支えた政治家を結集した。第四のグループが、カタルーニャ民主集中やPNVなど保守派から、バスク左翼やガリシア人民民族会議などの社会主義派までの地域主義、地域ナショナリズムの諸政党である。

政党名	候補団を立てた選挙区の数	得票数	%	議席	%
民主中道同盟(UCD)	51	6,309,991	34.0	165	47.1
社会労働党	52	5,371,466	28.9	118	33.7
共産党—PSUC(1)	51	1,709,870	9.2	20	5.7
国民同盟	50	1,488,001	8.0	16	4.6
人民社会党	48	816,582	4.4	6	1.7
カタルーニャ民主協定(2)	4	514,647	2.8	11	3.1
バスク・ナショナリスト党	4	314,272	1.7	8	2.3
UCDCC(3)	4	167,654	0.9	2	0.6
エスケーラ	4	143,954	0.8	1	0.3
バスク左翼	2	64,039	0.3	1	0.3
CAIC(4)	1	37,641	0.2	1	0.3
CICC(5)	1	30,107	0.2	1	0.3

注(1)　カタルーニャ統一社会党
(2)　カタルーニャ民主集中を含む選挙連合
(3)　カタルーニャ中道キリスト教民主連合
(4)　アラゴン中道派
(5)　カステリョン中道派

1977年6月総選挙(下院)の結果
100をこえる政党が候補団を立てたが，1県1選挙区比例代表制(ドント方式)のもとで，多数派政党に議席は過大に配分され，小党分立にはならなかった(死票が多くでたために，得票率の合計は100%とならない)。なお，資料が異なるので，358頁の図表と，得票率に若干の違いがある。

選挙の結果はＵＣＤが第一党、社会労働党が第二党となり、両党で総議席三五〇のうちの八割を占めて二大政党制の様相を呈した。両党はバスクやカタルーニャでもかなりの票を集めた。世論は地域ナショナリズムの台頭によるスペインの分解を好まなかった。共産党は二〇議席にとどまった。共産党は大きな犠牲をはらいながら反独裁運動の先頭に立ち、組合では労働者委員会に影響力をもっており、指導者カリーリョはユーロコミュニズムの旗手として際立っていた。それにもかかわらず共産党が伸びなかったのは、世論全体の中道志向もあったが、フランコ独裁がおこなった反共産主義宣伝や、内戦時の共産党についての宣伝が社会に根深く定着していたからである。勝利したものの、スアレスは下院で絶対多数を確保することができず、スアレス内閣はＵＣＤ単独の少数派内閣となった。そのために、野党とりわけ社会労働党との協議のうえで政治を運営せざるをえなくなった。

スペインが進む方向は決まった。フランコなきフランコ体制でもなく、反独裁勢力が主張した王政廃止でもなく、独裁の制度を利用しながら、反体制派と体制内開放派との妥協によってフランコ体制は清算された。反体制運動に参加しなかったものの、独裁の後半には独裁から離れていった幅広い社会層は、ファン・カルロスとスアレスのもとで、社会的混乱なき政治改革が可能であることを確認して、民主化を支持していったのである。

一九七八年憲法の制定

議会は憲法制定議会として選出されたわけではなかったが、極右派を除くすべての政党が新憲法の必要性を認めていた。一九七七年八月初めに主要政党議員からなる起草委員会が議会に設置され、そのもとにおかれた小委員会が原案作成をおこなった。この小委員会の特徴は非公開であるという点にあった。それは憲法案が各政党内や政党間の対立を生み、議会外の大衆行動を引き起こすことを避けるためであったが、政党間での合意が可能であると判断された結果でもあった。共産党は四月の党大会でレーニン主義の放棄、複数政党制の承認などとともに王政の承認を決定した。共和政にこだわった社会労働党もこれを取りさげた。各党はあとでふれるモンクロア政治協定で基本的一致をみていた。小委員会は七八年五月に起草委員会に原案を提出し、討議は公開の場に移った。しかし、合意形成は委員会ではなく、議会外でのスアレスと社会労働党指導者の会談・談合によっておこなわれ、教育における私立学校——ほとんどがカトリック系であった——の位置づけ、妊娠中絶、自治権といった懸案が項目ごとに検討された。非公開での原案作成やこうした「合意(コンセンサス)の政治」と呼ばれた方法は、効率的ではあったが、国民の広汎な参加を抑制したという意味で問題があった。他方、もっとも大衆的政党だった社会労働党でさえ党員は一万人程であり、労働組合の組織率も二〇%以下という、大衆の脱政治化の状況を反映してもいた。

憲法草案は起草委員会、下院、上院での修正をへて、十月に上下院合同会議で圧倒的多数で可決され、十二月の国民投票では八九%の賛成をえて承認された。しかし、投票率は総選挙を一一ポイント下回る六七%であり、バスク各県では五〇%前後にとどまった。民主化は完了したと考えられて政治熱が冷却し始め、大幅な自治権が認められなかったことに反発するPNVやバスク左翼などの棄権宣伝が一定の成功をおさめたのである。国民投票宣伝期間中にETAはテロ活動をおこなっていた。憲法は主権在民、基本的人権の尊重、国王を国民統合の象徴とすることを定めたが、政教分離を明示する一方でカトリック教会との協力をうたい、死刑を廃止としつつ戦時を例外とするなど折衷的であった。また、憲法改正に大きな歯止めが設けられた。とくに政体や国王の地位、基本的人権の規定を改正するには、上下院それぞれの三分の二以上の賛成、改正可決後ただちに議会を解散し新議会でも三分の二以上の賛成が必要であった。立法者たちが一抹の不安をいだいていたことがわかる――第二共和国憲法では制定後四年をすぎれば、議会過半数の賛成で改正が可能であった――。憲法の末尾には労働憲章、国民憲章、国民運動原則法など、フランコ体制を支えた「七つの基本法」の廃止が明記された。憲法制定でフランコ体制の清算は完了した。

タラデーリャスの帰国　亡命カタルーニャ自治政府の首班である彼の帰国は，カタルーニャで大歓迎された。カタルーニャ自治権の処理は，バスクと比較して問題が少なかった。

自治問題については、緊急課題として憲法制定以前に暫定的な措置がとられていた。カタルーニャやバスクでは、内戦敗北以後も存続した亡命自治政府が正統なものと認知されていた。スアレスはナショナリズムが高揚する前に先手を打って、カタルーニャ亡命政府首班タラデーリャスと交渉し、一九七七年九月に暫定的自治政府の設置を認めた。しかし、バスク亡命政府首班レイサオラとの交渉には失敗し、七八年一月に誕生したバスク暫定自治政府首班は社会労働党のルビアルであった。はじめからバスクにかんして処理のまずさが目立った。ガリシアにも七八年三月に同様の措置がとられた。ガリシアでは三六年六月に住民投票で自治憲章案が承認されていた。以上の三地域については、ほとんどの政党が自治権を付与することで一致し、スアレスも自治権を三地域に限定しようとした。しかし、暫定的自治権承認は同じ扱いを求める各地域の運動を誘発し、スアレスはアラゴンやアンダルシーアなどにも暫定自治を承認することをよぎなくされた。各地の地域主義者は、特定の地域にだけ自治権を与えた第二共和政の方法を、不平等なものと考えたのである。暫定自治権の付与という既成事実は憲法に反映され、自治権の可能性はすべての地域に開かれることになった。

モンクロア協定

経済危機への対策は憲法制定と併行し、これと連動しておこなわれた。憲法制定という政治課題は経済の安定と社会問題の緩和なしには実現しえなかった。石油危機は西ヨーロッパでも不況を引き起こし、帰国する移民数が増加してでていく移民数を上回るようになった。これが失業問題を悪化させた。労働者は賃上げと失業対策を求めてストライキを展開した。スアレスは一九七七年七月にペセータ切下げをおこなったが、輸出促進などの効果は短期的なものにすぎなかった。経済政策でもコンセンサスの手法が使われた。十月に主要政党代表を招集し、モンクロア協定――首相官邸モンクロア宮の名前からとられた――を結んだ。協定は政治協定と経済協定からなり、政治協定では言論・出版の自由、基本的人権の尊重を保障する体制の構築がうたわれ、政治協定は憲法で実体化された。経済協定では、金融引締めの方針と、インフレと賃上げの悪循環を断ち切るために、賃金決定システムの変更が明記された。前年度のインフレ率を基準に賃金を決定するのではなく、予想されるインフレ率の限度内に賃上げ水準を限定しようとするものである。また、財政再建のための財政支出抑制、間接税にたいする直接税の強化、徴税の厳格化、所得税・法人税における累進制導入も合意された。実質的な増税策であったが、税制の民主化を意味したので、労働組合を含めて世論は大きな反対を示さなかった。労働組合は協定に参加しなかったが、労働者委員会は共産党、UGTは社会労働党をとおして協力の意向を示した。

失業率はさがらず経済成長率が鈍化したものの、協定は国際収支を改善しインフレを抑制する効果を生んだ。協定で示された長期的構造改革はほとんど実現せず、のちの政権に委ねられることになった。失業問題が解決されなかったために、ストライキ運動は鎮静化しなかったが、一九七九年七月にUGTとスペイン経済団体連合との労使協定が締結されてから下火になり、対決姿勢をとった労働者委員会も八一年の労使協定に参加してストライキの波はおさまった。スアレスの手腕は国内だけでなく、国外からも高く評価された。彼は憲法制定と経済危機の回避によって改革の一段階が終了したと考え、過半数獲得をめざして議会を解散した。

5　現在のスペイン

スアレス政権の終了

一九七九年三月におこなわれた総選挙の結果は、解散前とほとんど変化がなかった（三五八〜三五九ページ図表参照)。目立ったのはカナリア諸島やアラゴンの地域主義政党、大幅な自治権を求めるアンダルシーア社会党、ETAの政治部門であるバスク人民統一(HB)が議席をえたことである。当選したものの、HBは現憲法体制の正統性を否認して議会に出席しなかった。議会は全国的二大政党と地域主義政党の並存という構成になった。スアレス政権はいぜん単独少数派政権だったが、安定するかに思われた。しかし、議会選挙に続く統一市町村選挙では、社会労働党が都市部において勝利をおさめ、マドリードやバルセローナなど多数の自治体で首長の座を獲得した。スアレスは自治問題の処理でも躓《つまず》いた。バスクなど三地域には憲法暫定規程第二項が適用され、住民投票をへて自治憲章が制定されることになったが、バスクとカタルーニャの自治憲章案は七九年十月に住民投票で承認されたものの、棄権率が四〇%をこえた。ガリシアの住民投票は八〇年十二月におこなわれ、棄権率は七二%にのぼった。しかも八〇年三月の自治州議会選挙でUCDは惨敗し、バスクではPNVが、カタルーニャでは「集中と統一」が第一党となった。八〇年二月におこなわれたアンダルシーアの住民投票にあたって、スアレスは棄権を呼びかけた。アルメリア県で「有権者」の過半数の賛成をえられなかったために、自治憲章は承認されなかった。自治問題で方針が揺れ動くスアレスにたいして、他党だけでなく党内からも批判が巻き起こった。

スアレスはETAのテロにかんしても有効な対策をとれなかった。ETAのテロ活動は、民主化と自治州設置で終息するとの期待に反して増加した。PNVがバスク独立の権利を否定せず、ETAの活動を政府との交渉に利用したことがETAの活動の余地を大きくしたが、それだけでなく政府治安当局の無思慮な弾圧がテロを正当化した。一九七九年と八〇年の二年間で二四二人が犠牲となった。ETAの組織は小さいが、その活動は孤立したものではなかった。

経済危機の再来がスアレスを不利な立場に追い込んだ。七三年の石油危機から立ち直りかけた七九年、第二次石油危機が襲った。第一次石油危機のあと、スペインは省エネ技術の開発、石油依存からの脱却など先進諸国が進めた政策をおこなっていなかったのである。

私立学校への国家助成や離婚の問題は、憲法で細部について決めず先送りにされた。スアレスはこれらの問題について、党内カトリック派と社会民主派の調整に失敗した。連合政党であるＵＣＤの弱点を改善すべく、スアレスは党首主導の本格的な政党に再編しようとして一層の反発をかった。一九八一年一月、党運営のやり方に批判が高まると首相辞任を表明した。党内事情を知らない人々には、突然の辞任表明と思われた。スアレスは自ら議会制をつくりながら、それにみあうようにＵＣＤを再編成できなかったのである。民主化という重い課題に直面しているあいだ、スアレスのもとに結束していた党が、民主化を完成したと考えたときに規律がゆるんだ。ＵＣＤは後継首相にＬ・カルボ・ソテーロを指名し国王の承認をえた。しかし、二月二十一日の下院では信任をえられず、第二回投票にもちこされた。

一九八一年二月二十三日クーデタ

二月二十三日、第二回投票のさなか、のちに二三‐Ｆ(Ｆは二月の頭文字)と呼ばれるクーデタが起きた。テヘーロ中佐率いる二〇〇人以上の治安警察部隊が国会を占拠し、軍事政権の樹立を求めた。バレンシアでは方面軍司令官ミランス・デル・ボッシュ将軍が、非常事態宣言をだしてバレンシア市を掌握した。ク

国会で拳銃を掲げるテヘーロ　与党UCDや諸政党ばかりでなく，世論も民主化は完成したと考えていたころ，クーデタが起こった。民主化が完成するのは社会労働党政権のもとにおいてである。

ーデタはスアレス辞任という権力の空白をついておこなわれた。UCDが、そして広く国民が考えたのとは異なり、民主化はまだ完成されてはいなかったのである。軍の一部は不満を鬱積させていた。共産党合法化問題で軍の意向は無視され、ETAのテロの標的となりながら治安活動から排除された。一九七七年と七八年にはクーデタ計画が未然に発覚した。テヘーロ中佐は七八年の計画に参加して有罪判決を受けた人物であった。そうした人物が再度クーデタを起こしえたことは、軍や治安警察に民主主義が完全には浸透していなかったことを示している。とはいえ、二三‐Fクーデタで動いた軍はほとんどなく、このことはクーデタ準備のお粗末さとかなりの民主主義の定着を意味してもいた。クーデタ派は、フアン・カルロス王政を否定して、あらたな政権を打ち立てる構想などもたず、国王のクーデタ支持に期待した。それゆえ国王がミランス将軍に部隊の撤退を命じ、各地の司令官に平静を保つよう伝え、国民向けテレビ放送でクーデタをけっして認めないことを明らかにすると、クーデタ成功の可能性はなくなった。翌二十四日、テヘーロ中佐は投降した。事件後、ミランス将軍ほか、関与を疑われた高位軍人が逮捕された。二十五日、下院はカルボ・ソテーロを信任した。彼が三六年七月クーデタ直前に暗殺されたJ・カルボ・ソテーロの甥にあたったことは不思議な歴史のめぐりあわせであった。クーデタを頓挫させたのが国王個人の決断であったとすれば、民主主義の未成熟を示すものというべきだろう。しかし、二十七日に民主主義と憲法体制擁護を訴える約三〇〇万人のデモが全国を覆った。マドリードではデモの先頭にフラガ国民同盟党首からカリーリョ共産党書記長までがいた。七八年憲法体制はこの大デモンストレーションによって、その正統性を最終的に獲得した。

カルボ・ソテーロ首相は、クーデタにかんして、主要な役割を演じた三三人に限定して軍法会議にかけ、翌年、軍法会議が軽微な判決をくだすと最高裁判所に控訴した。被告たちが裁判で責任転嫁に終始したため、クーデタ派軍人の威信は低下した。自治問題では、社会労働党との協議のうえ、住民投票による方式をアンダルシーアにだけ適用することで合意した。アンダルシーアでは一九八一年十月にふたたび住民投票がおこなわれ、自治憲章が承認され、そのほかの地域には、憲法第一四三条と第一四六条に基づき、議会の承認だけで自治憲章が制定された。住民投票をへて成立した四自治州にたいしてほかの自治州よりも大きな権限が付与された。八二年七月には自治プロセス調整組織法(LOAPA)が制定され、LOAPAに基づいて自治問題が処理されることとなった。八三年二月までに全自治州政府が成立し、スペインは一七の自治州とセウタ、メリーリャからなる国家となった。自治州のなかには、マドリードが一県一自治州となったように、民族主義あるいは地域主義の歴史をもたない例があり、民族的権利の保障であるのか、行政的な地方分権化であるのか、自治権の意味は曖昧となった。カルボ・ソテーロはNATO加盟も決断した。スペインの戦略的重要性ゆえにNATO加盟を求める合衆国の強い要請もあって、党内の慎重論や、社会労働党と共産党の加盟の可否を問う国民投票実施の要求を押しきり、八二年五月、NATOに加盟した。

自治州	国内総生産に占める割合(%)			全国平均を100とした場合の1人当りの国内総生産指数		
	1962	1975	1987	1962	1975	1987
アンダルシーア	13.1	12.5	12.5	68.4	72.4	71.6
アラゴン	3.8	3.3	3.5	106.7	101.1	112.3
アストゥリアス	3.4	3.3	2.9	105.0	106.9	98.0
バレアレス	1.9	1.9	2.5	127.0	116.1	143.3
カナリア	2.3	2.8	3.7	74.0	77.0	98.2
カンタブリア	1.7	1.4	1.3	120.7	104.9	94.3
カスティーリャ＝ラ・マンチャ	4.2	3.6	3.5	66.5	78.4	80.0
カスティーリャ・イ・レオン	7.6	6.1	6.3	83.4	86.2	92.5
カタルーニャ	19.9	20.3	19.4	150.2	128.5	123.3
エストレマドゥーラ	2.5	1.8	1.9	57.0	58.7	65.5
ガリシア	5.5	5.6	6.0	65.6	74.9	82.2
マドリード	13.8	15.6	15.3	154.5	128.2	121.2
ムルシア	1.9	2.1	2.3	73.1	85.1	87.4
ナバーラ	1.5	1.5	1.6	114.8	113.5	116.9
バスク	7.4	7.9	6.3	158.5	137.9	110.8
リオハ	0.8	0.7	0.8	105.2	103.5	112.6
バレンシア	8.7	9.6	10.5	104.5	101.6	107.8

自治州間の経済格差
自治州には独自の財源が保障されて経済格差の解消が期待されたものの，いぜんとして格差は大きい。

カルボ・ソテーロはスアレスが残した問題を処理し成果をあげたが、党の建直しには失敗した。議会では離婚法案が党内カトリック派の反対を受け、社会労働党の賛成で通過するという奇妙な事態が生じた。カトリック派は中央政府の権限強化や治安・国防の強化といった方針を掲げ、国民同盟との選挙連合や連合政権を主張し、他方で左派が社会労働党に接近した。一九八一年後半から党は分解し始め、脱党して国民同盟に入党したり、新党を結成するグループがあいついだ。スアレスも八二年七月に脱党し、翌月に社会民主中道(CDS)を結成した。カルボ・ソテーロは政権維持が困難とみて八二年八月に議会を解散し、キリスト教民主主義政党として路線を純化して総選挙に臨んだ。しかし、勝利の見込みはなかった。

一九八二年十月総選挙で社会労働党の勝利は確実視された。左翼において競合する共産党が、七九年総選挙以後に内部対立で党勢を失っていた。路線対立に加えて世代間の対立が強まり、カリーリョら古参幹部が内戦以来の経歴を楯に権威的に振舞ったことが、若い世代に反感をもたれた。カリーリョが党規律で反対派をおさえこむと、反対派は脱党した。しかし、社会労働党の政権への道は平坦ではなかった。社会労働党は八〇年前後に一〇万人の党員を擁し、七九年三月の選挙に自信をもって臨んだが、勝利することができなかった。書記長フェリーペ・ゴンサレスはこれを機に党改革に踏み切った。問題の第一は党組織であった。市町村の支部を土台とし、支部代表が全国大会に参加するという構造をもっていたが、この構造が指導部のイニシアティヴ発揮を妨げた。第二は綱領と現実の矛盾であった。共和政樹立をめざし、マルクス主義に基づく社会主義の実現を綱領に掲げながら、現実は王政を前提として政治活動をおこなった。この矛盾は党の活動を制約しただけでなく、政敵からの攻撃目標となった。七九年選挙でスアレスは、仮面をかぶったマルクス主義の危険を大々的に宣伝した。フェリーペは七九年五月の党大会で、この二つの問題の解決を試みた。しかし、綱領からマルクス主義を削除するという提案は、古参党員の反対にあって可決されなかった。フェリーペが辞任したために大会は混乱し、九月に臨時大会が開かれることとなった。だが、第一の組織構造の変更に成功し、大会代議員は県連盟代表に限定されることになった。フェリーペは臨時大会までに県指導部の梃子《てこ》入れをおこない、マルクス主義の削除と自らの再選をはたした。社会労働党の党改革は政権党になるために必要だったとはいえ、マルクス主義にかわる理論構築をともなわない、現実追従への危険をはらんでいた。また、党内反対派をおさえつつ、党外の国民の人気を集めるというねじれた関係を生み出した。ともあれ、アンダルシーアで八二年五月におこなわれた自治州議会選挙での圧勝は、フェリーペのイニシアティヴ発揮の結果であり、内紛で解体するUCDと好対照をなした。

社会労働党の勝利が確実であるにしても、UCDやスアレスのCDSがどこまで票を維持できるか、国民同盟がUCDの保守票をどれだけ獲得できるかも注目された。国民同盟は党改革をおこない、政治家個人に依拠した党を大衆的政党に変えつつあった。

一九八二年十月二十八日、投票がおこなわれ、社会労働党が二〇二議席の絶対多数を獲得した(三五八〜三五九ページ参照)。党のシンボルである「赤いバラを握った拳《こぶし》」の旗やプラカードをもった支持者が街に繰り出して、お祭り騒ぎの様相を呈した。国民同盟は九議席から一〇六議席へと大躍進し、UCDとCDSは惨敗をきっした。共産党は四議席にとどまり、その責任をとってカリーリョは書記長を辞任し、これを契機に党の分裂が始まった。共産党は八六年に選挙連合「統一左翼」を結成して、環境保護運動や女性解放運動などと幅広く共闘するまで立ち直れなかった。前回総選挙で議席をえた地域主義政党は議席を失った。社会労働党が勝利すればクーデタが起こるという風説が流れ、実際に選挙直前にクーデタ計画が発覚したが、このことはいぜんとして軍部極右派の脅威があることを示していた。社会労働党は「変革のために」をスローガンに一〇〇項目にわたる政策を打ち出していた。雇用創出、原子力発電の抑制、国営企業の効率化、社会保障の拡充、ＥＣ加盟の早期実現、ＮＡＴＯ残留の国民投票実施などである。国民はこうした公約とともに、フェリーペのもとで軍改革、民主主義が完成するのを期待した。八〇％という高い投票率は期待の大きさを示していた。獄中から立候補し当選の可能性もあるとされたテヘーロが、わずかな票しか集められずに落選したことは象徴的であった。

社会労働党の勝利　1982年10月総選挙におけるポスター　「変革のために」というスローガンとともに，党は書記長フェリーペの清新なイメージをアピールした。

フェリーペ社会労働党政権

一九八二年十二月に誕生したフェリーペを首相とする社会労働党内閣は、ＵＣＤ政権とは異なり、与党内の調整も諸党派指導者との談合も必要としなかった。そのことが四十歳前後の若い人々が大臣に登用されたこととならんで、新政権の清新さを印象づけた。軍改革では士官・下士官の人員を削減し、内閣から独立し国王に直属していた参謀本部を、文民たる国防大臣のもとにおいて文民統制を強化した。また、ＥＴＡのテロ対策ではまず交渉による解決を試み、これが決裂すると取締りを強化し、フランスとテロリスト引渡しで合意に達した。医療サーヴィスをはじめ、社会保障制度は格段に充実した。しかし、政権獲得とともに妥協的姿勢が顕著になった。妊娠中絶の合法化や私立学校への助成金問題では、従来の主張を取り下げた。ＮＡＴＯ問題と経済政策は、妥協をこえた路線の転換であった。

伝統的に反戦平和主義と中立外交の立場に立ってきた社会労働党は、政権獲得以前はＮＡＴＯからの離脱を主張した。ＮＡＴＯ加盟によって核戦争に巻き込まれる危険もあった。さらに加盟は進行しつつあった東西の緊張緩和の流れに逆行することも考えられた。しかし、総選挙では離脱を掲げず国民投票で是非を問うというかたちに後退し、政権獲得後にはＮＡＴＯ残留へと変更した。フェリーペは、東西関係の悪化という状況の変化だけでなく、ＮＡＴＯ残留とＥＣ加盟を結合することでこの転換を正当化した。ＥＣとスペインの経済的つながりは強く、対ＥＣ諸国輸出が総輸出額の半分以上を占め、スペインへの投資もＥＣ諸国の比重が高まっていた。なにより世界経済で生き延びるにはＥＣ加盟が不可欠であった。のみならず、フランコ独裁の時代に西ヨーロッパから排除されたスペインにとって、ＥＣ加盟はヨーロッパの一員たる証しと考えられ、経済的利害をこえた文化的問題であった。そのＥＣ諸国がアイルランドを除いてＮＡＴＯに加盟していた。ＮＡＴＯ加盟とＥＣ加盟は同じ意味をもっているとされたのである。ＥＣ加盟交渉の停滞を打開する意味もこめられた。加盟交渉はフランスの反対にあって進んでいなかったが、ＮＡＴＯ残留を強く希望する西ドイツとの関係を強化してフランスへの圧力としようとした。

一九八四年末に軍事機構への不参加、非核化、合衆国駐留軍の削減などを条件に、NATO残留を党大会で、ついで議会で承認させ、八六年一月にEC加盟が実現すると国民投票に踏み切った。フェリーペは残留が否決されれば辞任することを明らかにしていたので、三月の国民投票はフェリーペ政権にたいする信任投票の意味ももっていた。結果は世論調査の予想をくつがえして、残留賛成五三％、反対四〇％であった(投票率五九％)。国民同盟はフェリーペ不信任の立場から、NATO残留支持にもかかわらず棄権宣伝をおこなったが、保守層がかなり支持票を投じた。NATO残留が決まったとはいえ、八六年四月の合衆国によるリビア爆撃に協力せず、八八年に核搭載可能な米空軍機F－一六をトレホン基地から撤去させたように、自主的外交を放棄したわけではなかった。またNATO加盟が軍の近代化をうながしたことも事実である。しかし、NATO残留でスペインの国際政治上の位置は確定し、国内政治はこの位置に制約されることになった。独裁や軍事政権へのあと戻り、民主化の逆コースはもはやありえなかったが、同時に西側資本主義陣営に帰属することも明らかとなった。このことは社会労働党が民主化初期にもっていた反帝国主義と中立主義の原則を完全に放棄したことを意味した。とはいえ、それは西側社会民主主義政党の共通の問題であり、現存社会主義諸国のゆきづまりの結果でもあった。

社会労働党の社会主義離れは経済政策にもあらわれた。経済は困難な状況にあった。フェリーペはまずペセータを切下げ、ついで金融引締めをおこない、企業の投資を促進するために優遇税制を導入した。これらの政策とともに、一九八五年の石油価格の下落、八六年のEC加盟による観光収入増加、ECによる開発援助、外国資本の投資拡大、国際的な好況が経済の回復に寄与した。八七年の経済成長率はECのなかでもっとも高かった。さらに先送りにされてきた、いわゆる「構造調整」に踏み切った。造船や製鉄など不況部門の設備と人員の整理、技術開発投資などをおこない、賃金抑制や労働市場の規制緩和を実行した。国際競争力をつけるために必要だったとはいえ、その負担は労働者に課せられた。政権の末期、九四年には人材派遣の承認、残業手当の割増制廃止がおこなわれた。ＵＧＴと労働者委員会は八三年に経済団体連合と賃金協定を結んだものの、八四年には期限つき雇用・臨時的雇用を制度化した政府に反発して協定締結を拒否した。フランコ独裁が組合の自由とひきかえに導入した雇用保証制度が「労働市場の硬直化」の原因とされ、社会労働党政権のもとで廃止されたのである。

政府が景気回復後も実質賃金切下げ政策を続けると、社会労働党とＵＧＴの関係は悪化した。創立以来一世紀にわたって行動をともにしてきたＵＧＴと社会労働党の緊密な関係はここで途絶えた。一九八八年十二月に経済政策の変更を求めて、労働者委員会とＵＧＴが二四時間の全国ゼネストをおこない、約八〇〇万人が参加した。八九年総選挙ではＵＧＴは社会労働党支持をやめ特定政党を支持しない方針で臨んだ。社会労働党は労働者の党から国民的政党へと変身をとげた。公約した雇用の創出は実現せず、失業問題は若年層と社会進出を望む女性のあいだで深刻となった。財政についていえば、徴税の厳格化、国家産業公社（ＩＮＩ）傘下の会社の合理化と民営化を推進して改善をはかった。ドイツのフォルクスワーゲン社への自動車会社ＳＥＡＴ売却は象徴的事件であった。社会保障と教育の拡充、とくに失業保険の給付増大が財政を圧迫した。ＥＣ加盟と同時に導入された付加価値税が税収を増加させたものの、財政再建は未解決の問題として残った。

支払った代償は大きかったが、社会労働党政権において民主化は完成した。社会労働党はその成果をもって一九八六年と八九年の総選挙を乗りきった。しかし、九〇年に石油価格が高騰し、世界経済が後退し始めると経済は悪化した。九二年のバルセローナ・オリンピックとセビーリャ万国博覧会は、期待されたほどの経済効果をもたらさなかった。しかも、長期政権のなかで、社会労働党の清新さを失わせる事件が起きた。社会労働党は公約どおりに公務員の綱紀粛正につとめ、はじめは清潔な社会労働党というイメージを維持した。しかし、国家、自治州政府、市町村で権力を掌握し、党員一五万人のうち約三分の一がなんらかの公職に就き、それが長期にわたるにつれて腐敗が党をむしばんだ。副首相アルフォンソ・ゲラの弟フアン・ゲラ、中央銀行総裁ルビオが引き起こした不正事件は、長期化したという理由だけでなく、党員数が絶対的に少なく公職に就くものが多いという社会労働党の性格と関連していた。また、数多くのETAメンバーを殺害したテロ組織反テロリズム解放グループ(GAL)に、社会労働党政府が資金と情報を提供していたことも明らかになった。GAL問題は社会労働党のイメージを失墜させた。九三年総選挙で社会労働党は過半数をわり、カタルーニャの「集中と統一」の閣外協力によって政権を維持した。プジョルが率いる「集中と統一」は、自治州議会に強い基盤をもち、八三年の言語正常化法によってカタルーニャ語教育を強化するなど、カタルーニャのカタルーニャ化を推進してきた。社会労働党は政権維持のために譲歩したが、保守的な「集中と統一」との協力は党内外の批判を受けた。他方でプジョルも、自治拡大を唱え、スペイン国家をこえてカタルーニャをECに結合するといった構想を宣伝していただけに、中央政府との協力は党内対立を引き起こした。プジョルは九五年末に社会労働党との協力を打ち切った。議会は解散され、九六年三月に総選挙がおこなわれることになった。

国民党政権

社会労働党の後退にともなって台頭してきたのが国民同盟(AP)であった。国民同盟は一九七七年と七九年の総選挙で敗北したが、その後、党組織の改革をおこない、社会労働党に対抗する党として経済界による支援を受けた。その結果が八二年総選挙での躍進だった。しかし、弱体化したUCDにかわる位置に就いたことは、国民同盟をより中道に導くことになった。八九年一月の国民同盟党大会は党の近代化と中道化をさらに進め、党名を国民党(PP)に変更し、フラガにかわって若いアスナールを党首に選び世代交代をおこなった。九三年総選挙で社会労働党に迫り、九五年五月の統一市町村選挙で得票において社会労働党を上回った。

一九九六年の総選挙では予想どおり国民党が第一党となり、一四年にわたる社会労働党政権に終止符を打った。この選挙では、統一左翼が若干議席を伸ばしたこと、ガリシア人民民族会議の系譜を引く社会主義組織ガリシア・ナショナリスト・ブロック(BNG)が二議席を獲得したことが注目される。ガリシアでは伝統的に保守政党が強く、党首を退いたフラガが自治州政府首班となっており、保守系のナショナリズム政党は生まれなかった。国民党は念願の政権を手にいれたものの、単独過半数にいたらず、プジョルの党に閣外協力を求めざるをえなかった。中央政府の権限維持を主張する国民党とプジョルの距離は大きかったが、ほかの選択肢はなかった。プジョルが社会労働党とも国民党とも協力できたことは、社会労働党と国民党の政策的な違いが少なくなったことを意味している。社会労働党は選挙戦で国民党が政権をとれば福祉政策が後退すると主張したが——九三年選挙ではこの宣伝は功を奏した——、国民党政権は基本的に福祉政策を継承した。違いをあえて指摘するとすれば、経済政策や労働政策において経営者寄りであること、イベリア航空をはじめ国営企業の民営化と公務員の削減を積極的に進めたことである。

国民党政権誕生以来、経済は回復し、財政赤字の幅も縮小してEUマーストリヒト条約の条件をクリアした。一九九九年からはユーロが導入された。しかし、独自の技術開発力の不足、多国籍企業への依存、情報産業の未発達などの従来からの脆弱さを克服していない。ETAのテロ問題も未解決である。九八年九月に、北アイルランド和平の進展の影響もあって、ETAが一方的な停戦を宣言し、政府も対話の方向に向かったが、九九年十二月にETAは武装闘争を再開した。

二〇〇〇年三月、任期満了にともなって総選挙がおこなわれた。社会労働党はアルムニア書記長のもとで選挙戦を戦い、最低賃金や年金の引上げ、労働時間の短縮と雇用拡大を掲げて統一左翼と選挙協定を結んだ。一種の左への揺り戻しともいえた。またETAと関係の深い政治組織は棄権キャンペーンを展開した。しかし、EUのなかでも高い成長率を達成したことが国民党アスナール政権の支持率を高め、予想を上回る票をえて国民党が下院議席の過半数を獲得した。

今後、スペインは政治、社会、経済においてさまざまな変化を経験するであろう。ETAのテロ、いぜん高い失業率、経済の構造的脆弱性などが当面の解決すべき課題である。しかし、かつての内戦やフランコ独裁のような劇的な変動が起きることはあるまい。

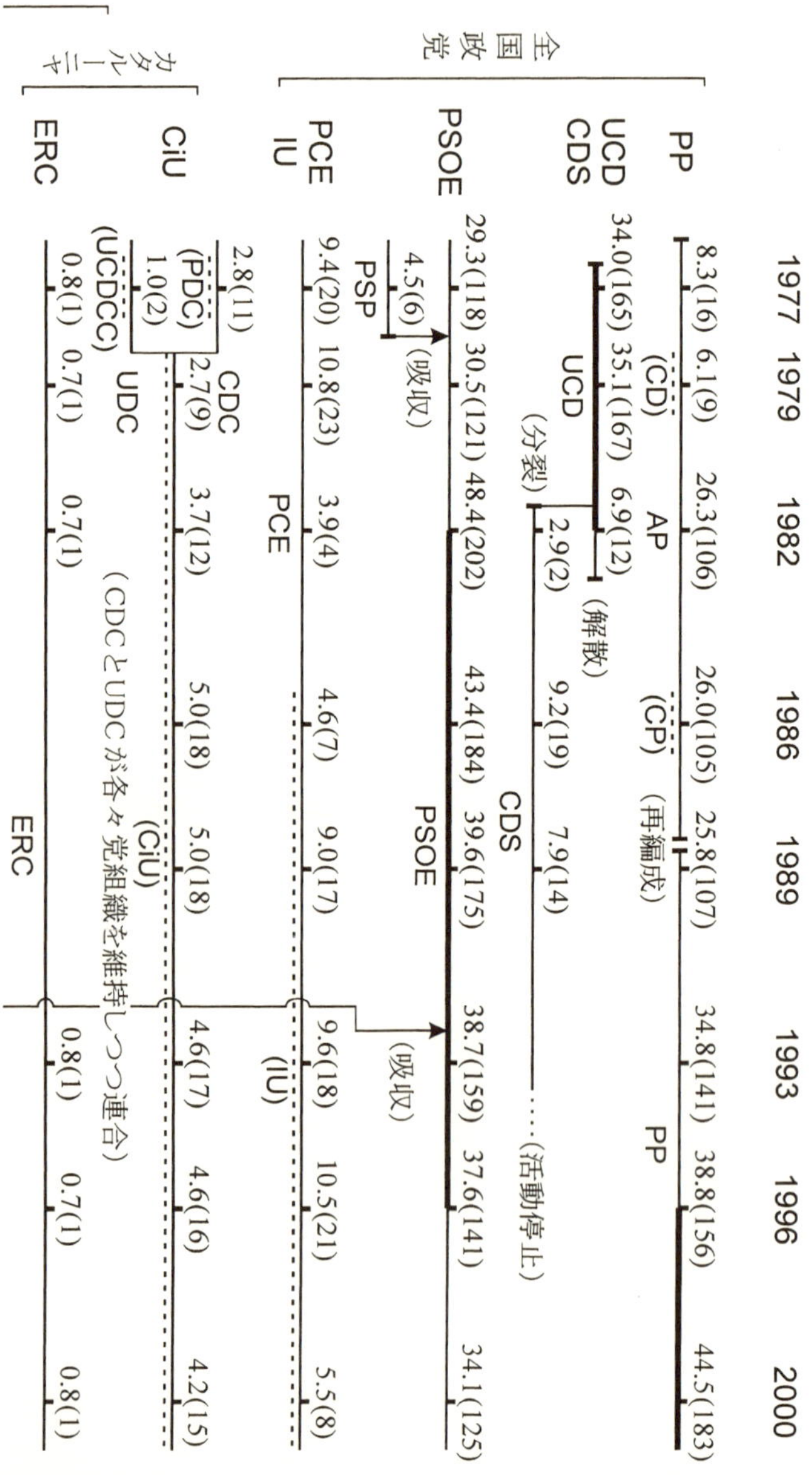
1977
1979
1982
1986
1989
1993
1996
2000
全国政党
PP
8.3(16)
6.1(9)
(CD)
26.3(106)
AP
26.0(105)
(CP)
25.8(107)
(再編成)
34.8(141)
PP
38.8(156)
44.5(183)
UCD
CDS
34.0(165)
35.1(167)
UCD
(分裂)
6.9(12)
(解散)
2.9(2)
9.2(19)
CDS
7.9(14)
(活動停止)
PSOE
29.3(118)
30.5(121)
48.4(202)
43.4(184)
PSOE
39.6(175)
38.7(159)
37.6(141)
34.1(125)
4.5(6)
PSP
(吸収)
(吸収)
PCE
IU
9.4(20)
10.8(23)
3.9(4)
PCE
4.6(7)
9.0(17)
9.6(18)
(IU)
10.5(21)
5.5(8)
カタルーニャ
CiU
2.8(11)
(PDC)
1.0(2)
(UCDCC)
CDC
2.7(9)
UDC
3.7(12)
5.0(18)
(CiU)
5.0(18)
(CDCとUDCが各々党組織を維持しつつ連合)
4.6(17)
4.6(16)
4.2(15)
ERC
0.8(1)
0.7(1)
0.7(1)
ERC
0.8(1)
0.7(1)
0.8(1)

総選挙結果(下院，定数350)からみたスペイン政党の変遷(1977～2000年)

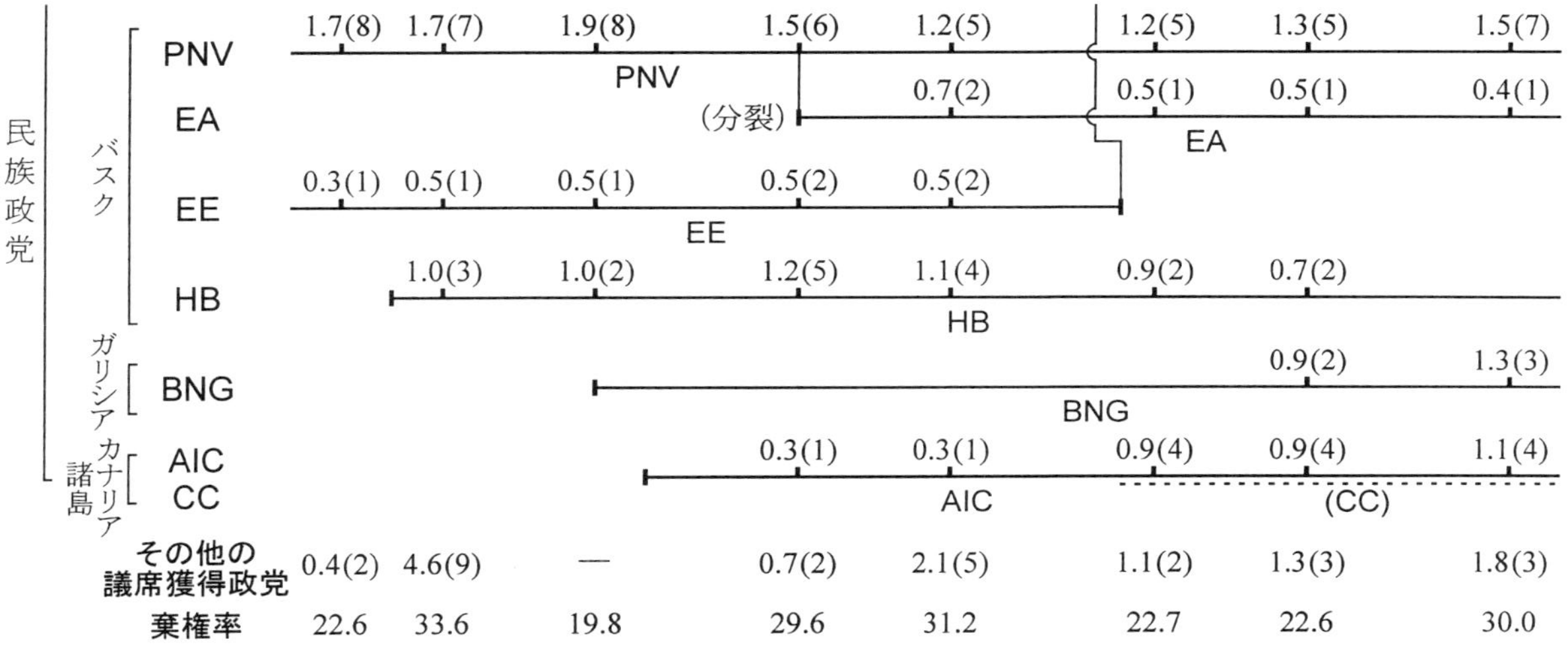

数字は得票率(%)，括弧内の数字は議席数を表す。破線は実線で示された党を中心とする選挙連合を表し，括弧内にその略称を示した。また，太線は政権党であることを示す。

【名称一覧】AICカナリア諸派集合, AP国民同盟, BNGガリシア・ナショナリスト・ブロック, CCカナリア連合, CD民主連合, CDCカタルーニャ民主集中, CDS社会民主中道, CiU集中と統一, CP国民連合, EAバスク連帯, EEバスク左翼, ERCエスケーラ(カタルーニャ共和主義左翼), HBバスク人民統一, IU統一左翼, PCE共産党, PDCカタルーニャ民主協定, PNVバスク・ナショナリスト党, PP国民党, PSOE社会労働党, PSP人民社会党, UCD民主中道同盟, UCDCCカタルーニャ中道キリスト教民主連合, UDCカタルーニャ民主同盟

【資料】Ediciones El País, *Anuario El País.*

作図：竹中克行氏（愛知県立大学外国語学部）

第二部　ポルトガルの歴史的歩み

第一章　ポルトガルの誕生

1　ボルゴーニャ朝ポルトガル王国

レコンキスタ

　ポルトガル王国は、ほかのキリスト教諸国家と同様、レコンキスタの過程から生まれた。その礎《いしずえ》はモンデーゴ川以北の二つの辺境伯領、ポルトゥカーレ伯領とコインブラ伯領であった。十一世紀末に両伯領はカスティーリャ＝レオン国王アルフォンソ六世からアンリ・ド・ボルゴーニャ（ブルゴーニュ）に委譲された。アンリの子アフォンソ・エンリケスは一一三九年、伝説的なオーリケの戦いに勝利すると、国王を自称し、主君のカスティーリャ＝レオン国王に独立の戦いを挑んだ。一一四三年、アフォンソ・エンリケスはついにアルフォンソ七世から国王の称号を認められ、ボルゴーニャ朝が開かれた。だが、諸王国への宗主権をもった「皇帝」を名乗るアルフォンソ七世は国王を臣下とすることができた。そこで、初代ポルトガル国王アフォンソ一世(アフォンソ・エンリケス、在位一一四三〜八五)はカスティーリャ＝レオン国王と対等な立場をえるため、ローマ教皇と封臣関係を結んだ。教皇アレクサンデル三世から国王として正式に認められたのは一一七九年である。

アフォンソ一世はブラガ大司教などの教会勢力を利用して国内の基盤を固めるとともに、コインブラを拠点としてレコンキスタを大きく前進させた。モンデーゴ川以北ではプレスリア(カスティーリャのプレスーラに相当)すなわち無主地や荒蕪《こうぶ》地の占拠から多くの自由小土地所有者が生じた。そのなかでもとくに富裕な自由農民は平民騎士《カヴァレイロ・ヴィラン》としてさまざまな特権とひきかえに自前の馬と武器で国王のために軍役についた。この平民騎士がレコンキスタの主力となった。彼らはのちにオーメン・ボンと呼ばれ、自治共同体コンセーリョ(カスティーリャのコンセーホに相当)を寡頭的に支配した。コンセーリョは辺境の防衛組織あるいは征服地における植民の共同体として形成されていた。その他の自由小土地所有者は歩兵《ペオン》と呼ばれ、コンセーリョの防衛や略奪目当ての遠征《フォサード》に加わった。

他方、モンデーゴ川以南、とりわけ十二世紀なかば以降に急速に進展したアレンテージョ(テージョ川のかなた)の征服と植民ではプレスリアは影をひそめ、レコンキスタはより大規模かつ組織的におこなわれた。南進のあらたな担い手として戦線に加わったのは十字軍騎士と宗教騎士団であった。パレスティナへ向かう途中の十字軍艦隊は一一四七年のリスボン征服、八九年のシルヴェス征服、一二一七年のアルカセル・ド・サル征服など六回にわたって要所でポルトガル人のレコンキスタに協力した。その背景には「西方十字軍」の意識の高揚があった。イベリアにおける対イスラーム戦は聖地奪還の戦いと同等とみなされた。しかし、それ以上に重要なのは宗教騎士団の働きである。テンプル騎士団を手始めに他国から、ホスピタル、カラトラヴァ、サンティアゴの各騎士団がつぎつぎとポルトガルに導入され、アレンテージョのレコンキスタが組織的に一気に推し進められた。一一六八年までにアルガルヴェを除くアレンテージョ全域がアフォンソ一世の支配下にはいった。

「西方十字軍」としてのレコンキスタにおいてキリスト教諸国家の軋轢《あつれき》は回避することが暗黙の前提であったが、ポルトガルとカスティーリャ＝レオンの南方に明確な自然の境界は存在しなかったため、膨張の過熱は隣国との衝突を招いた。一一六九年、ポルトガルの「恐れ知らずのジェラルド」が現スペイン領のエストレマドゥーラへ侵攻すると、アフォンソ一世はジェラルドと連携してバダホス攻略をはかった。だが、東への拡大は成功しなかった。アフォンソ一世はムワッヒド朝のイスラーム軍と結んだレオン国王フェルナンド二世(カスティーリャ＝レオン王国は、一一五七〜一二三〇年まで再分裂していた)に敗れて捕えられ、エストレマドゥーラのみならずガリシアへの権利要求も放棄させられた。後継のサンショ一世(在位一一八五〜一二一一)は、ベイラ東部のコヴィリャンやグアルダの植民を推進して、対レオン王国の辺境拠点としたうえで、一時イスラーム支配下のイシビーリャ(セビーリャ)にまで迫ったが、略奪以上の成果をあげなかった。これにたいしてムワッヒド朝は一一八四年と九〇年に大攻勢をかけて北進したため、キリスト教国陣営はふたたびテージョ川まで後退した。

ふたたび流れを変えたのは、一二一二年のラス・ナバス・デ・トローサの戦いである。アフォンソ二世(在位一二一一〜二三)が加わったキリスト教諸国同盟軍はムワッヒド軍を大破した。これ以降、アラゴン、カスティーリャ、ポルトガルは南下膨張を加速した。サンショ二世(在位一二二三〜四八)のもとでレコンキスタの主力となったポルトガルの各騎士団はアレンテージョとアルガルヴェ東部を攻め落とし、国王ア

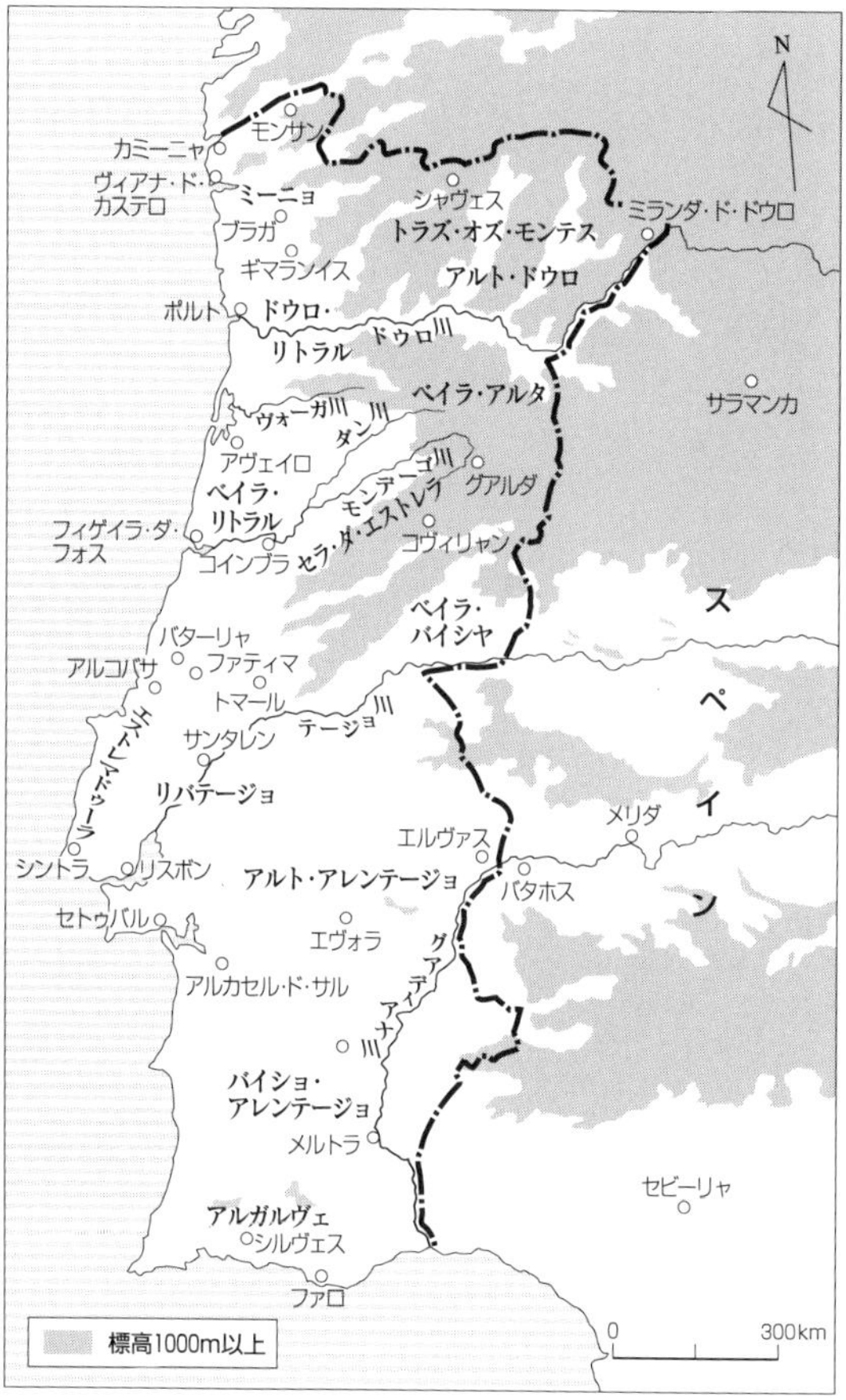

ポルトガルの地勢

フォンソ三世(在位一二四八〜七九)は一二四九年、アルガルヴェ南端のファロを落としてレコンキスタを完了させた。カスティーリャに先行することおよそ二世紀半である。以後もアルガルヴェにかんしてはカスティーリャ国王(一二三〇年に再統合されたカスティーリャ＝レオン王国をカスティーリャ王国とする)がその領有権を主張したため係争が続いたが、六七年までにポルトガルがその権利を確保した。さらに一二九七年にはアルカニセス条約によってカスティーリャとの国境が画定された。これは現在まで存続する国境としてはヨーロッパ最古である。ポルトガル王国が成立した十二世紀中ごろまで四〇万人程度であった人口は、十三世紀に八〇万ないし一〇〇万人まで増大していた。十三世紀末の時点で人口が稠密であったのは北西部で、とくにリマ川―ドウロ川間はアレンテージョの一七倍の密度を誇っていた。

国家統合と中世の最盛期

レコンキスタ国家群の一つであったポルトガルが、その個性を熟成させるのはレコンキスタ完了後の一世紀間すなわち十三世紀なかばから十四世紀なかばにかけてである。それはモンデーゴ川以北の、かつての王国の核とイスラーム文化の影響が濃厚なモンデーゴ川以南、とりわけテージョ川以南に広がるアレンテージョとアルガルヴェとが王権によって統合されていく過程でもあった。ほかの西欧諸国に比べてポルトガルの王権は強力で、直属家臣の数が比較的多く、最高裁判権を保有していたとはいえ、聖俗貴族もあなどりがたい富と権勢をもっていた。ブラガ大司教をはじめとする教会勢力は、建国期に国王から支援と寄進《コウト》をえたために、莫大な富と所領を蓄積し、十三世紀初頭には王権にとって大きな脅威となっていた。

修道会も初期にはベネディクト会、十二世紀なかばからシトー会、十三世紀初頭からフランシスコ会とドミニコ会が力を伸ばしていた。貴族もレコンキスタ従軍の恩賞として国王から譲渡された土地を加えてミーニョ川・ドウロ川間でその所領を拡大し、王権の介入を阻む力をみせていた。

これら聖俗貴族にはじめて正面から挑戦した王はアフォンソ二世である。彼は一二一六年以降、聖俗貴族に相続領地の安堵《あんど》を申請させる所領確認制《コンフィルマサン》を始め、さらに一二二〇年、役人を派遣して検地《インキリサン》をおこなわせた。ブラガ大司教と教皇庁は国王を破門して検地に抵抗した。つぎのサンショ二世は教会への寄進と遺贈を禁止し、教皇から廃位を告げられたが、聖職者たちの支持で即位したアフォンソ三世もまもなく検地を再開し、多くの高位聖職者と貴族を屈服させた。とりわけ国王ディニス（在位一二七九〜一三二五）は一二八四年以降、検地をさらに徹底しておこない、北部全域にわたって土地台帳を作成した。また、貴族の裁判権の乱用を取り締まり、封建的諸特権の証明を義務づけた。これによって領主権の発展が抑制されるようになった。

ドウロ川以南で展開していたコンセーリョも国王の集権の対象となった。多くの都市や村落のコンセーリョは国王や領主からフォラルと呼ばれる特許状を与えられた。そこには租税や裁判にかんする権利・義務が盛り込まれていた。人口が過疎であったベイラ内陸部とエストレマドゥーラでは移住者をつのるために小さな集落にもフォラルが付与されたが、大型のコンセーリョはアレンテージョとアルガルヴェに集中していた。コンセーリョはオーメン・ボンからなる議会をもち、裁判官《アルカルデ》や財務官《アルモタセ》が選出された。役人の名称にはイスラーム時代の痕跡がみられる。コンセーリョは限定的ながらも自治権を保持し、一二五四年レイリアで開催されたコルテス(王国の身分制議会)ではじめて有力なコンセーリョから代表が送り込まれた。これにたいして王権はコンセーリョの裁判行政を監察する名目で、十三世紀なかばからメイリニョ(国王代官)、十四世紀にはいるとコレジェドール(カスティーリャではコレヒドールに相当)を派遣してしだいに裁判行政を占有していった。

モンデーゴ川以南、とりわけテージョ川以南では、国王がコンセーリョとして掌握した主要都市を除いて、テンプル、カラトラヴァ、サンティアゴ、ホスピタルの各宗教騎士団に広大な領域が譲渡され、大土地所有制度が発展していた。ディニスは一二八八年、サンティアゴ騎士団をカスティーリャから切り離して独立させた。また一三一二年に廃止されたテンプル騎士団は王国の枠をこえた組織であったため、その富が流出する恐れがあった。ディニスは長年の教会勢力との闘争にいったんピリオドを打つと、一三一九年、ローマ教皇から「キリスト騎士団」新設の認可をえてテンプル騎士団の財産を移転し、王権の支配下においた。キリスト騎士団はのちに海外進出の重要な資金源となる。

以上のように十三世紀末から十四世紀初めにかけてのディニス王の治世に、王権の強化は一つの頂点に達したが、経済面でもこの時期ポルトガルは中世の最盛期を迎えていた。「農夫王」ディニスは農業の振興のために植民や干拓を奨励した。多くの入植地に定期市の開設を許可する特許状を発布して、地域間交易を刺激した。また、レイリアで植林を推進して造船業の発展をはかった。沿岸部では漁村が成長し始め、遠隔地貿易も発展した。禁令にもかかわらず、イスラーム世界との交易はさかんにおこなわれ、イスラームの金貨・銀貨が流通した。カスティーリャからは穀物や織物などが輸入された。とくに活況を呈したのが、フランドル、イギリス、フランス向けの海外貿易である。ワイン、オリーブ油、コルク、塩、乾果物（イチジク、ブドウ）などが輸出され、織物や木材などが輸入された。ポルトガル商人は一三〇三年、イギリスのエドワード一世からイギリス諸港における貿易特権を獲得した。

海上貿易の中心となったのは、一二五五年にコインブラにかわって首都となったリスボンおよびポルト

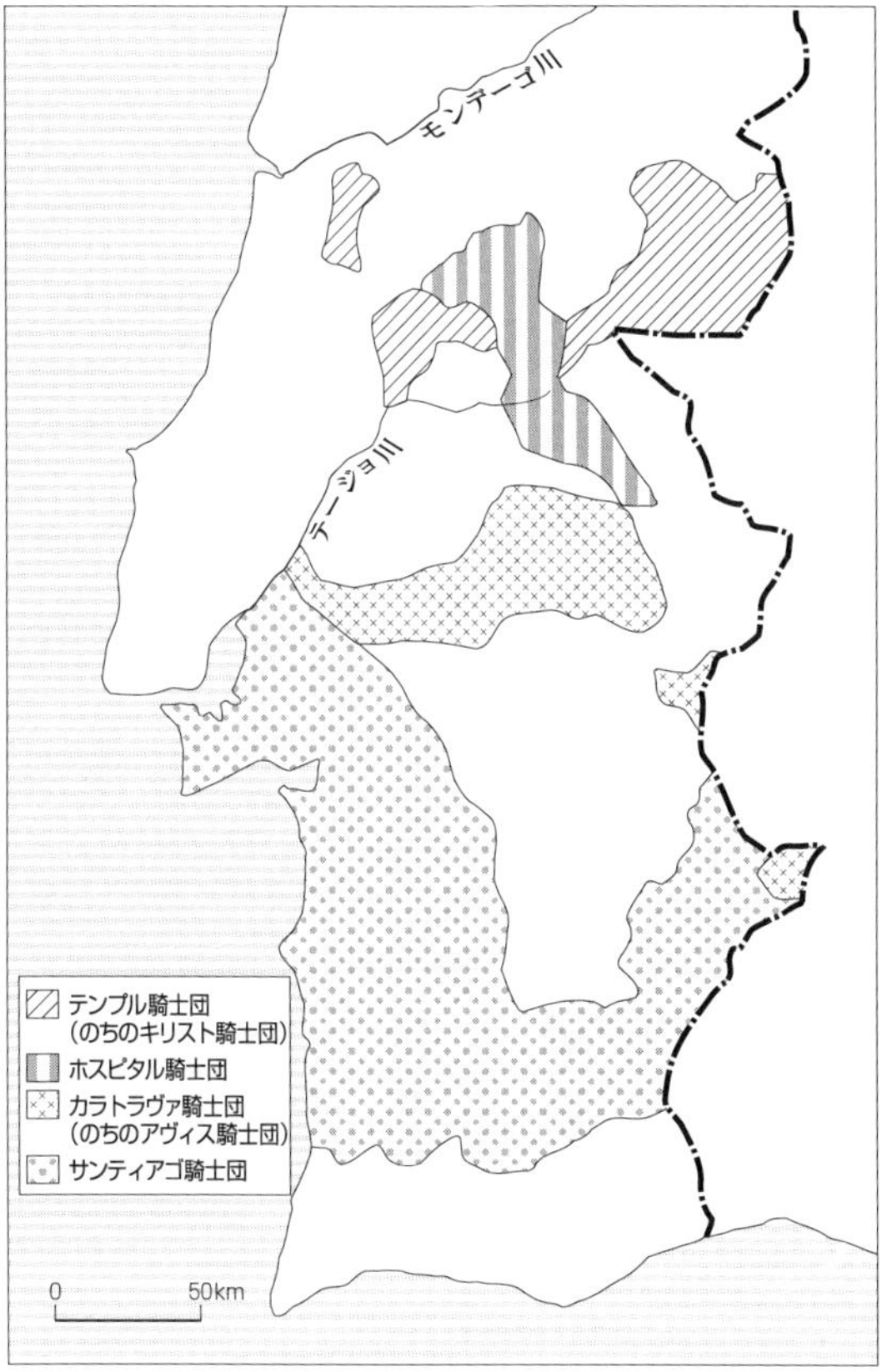

中・南部における宗教騎士団の所領

の商人たちである。とりわけ地理的利点と良港をもつリスボンは、この時期以降南北統合と経済発展の核として急成長していく。一一四七年の征服以前のリスボン(アルウシュブーナ)は五〇〇〇人程の都市であったが、十三世紀なかばで一万四〇〇〇人、十四世紀末には三万五〇〇〇人の人口をもつようになった。リスボンの成長はイタリア人による北欧貿易の活性化とも連動していた。一二四八年、セビーリャ征服でジブラルタルから大西洋への出口が確保され、十三世紀後半にイタリアとフランドルのあいだで定期航路が開設されると、イタリア諸都市、とくにジェノヴァの商人は格好の中継地点にあるリスボンに進出し、居留区をえるようになった。陸路の幹線もリスボンを中心に、北はミーニョから南はアルガルヴェまで連絡した。沿岸航海と河川交通も急速に活発化していったが、海賊の横行も目立っていた。一三一七年、ディニスは海賊対策のためにジェノヴァからエマヌエレ・ペサーニョを世襲提督として招聘し、海軍を創設した。ジェノヴァ人のもつ貿易、金融、航海の知識と資本は、辺境国ポルトガルにとって貴重であり、のちの海外進出で重要な貢献をすることになる。だが、自国商人の成長が阻害された面があったことも否めない。

2　危機の時代とアヴィス朝の成立

黒死病の影響

十三世紀なかば以降成長を続けてきたポルトガル経済は、アフォンソ四世(在位一三二五〜五七)の治世からかげりをみせ始め、一三四八年秋の黒死病の到来とともにヨーロッパ全体の危機のなかに沈下していく。黒死病の猛威によってポルトガルは総人口のおよそ三分の一を失ったと推測されている。とくにリスボン、コインブラなどの都市における被害が甚大であった。農村人口も激減し、結果として農業労働力が不足した。所領の働き手を確保しようとあせる貴族・地主は、国王に迫って農村から移動の自由を奪う法令(一三七五年のセズマリア法など)をださせたが、その効果はなかった。零細農民は都市に流入し、農村では荒蕪地が増大して穀物の生産量が減少した。さらにワイン・オリーブ油は収益率がよいことから穀物畑を犠牲にして増産された。他方、都市の穀物需要は増大したため、穀物の需給バランスがくずれた。ポルトガルはこの時代以降慢性的に穀物不足になやまされ、外国からの輸入に頼らざるをえなくなった。

黒死病の脅威は土地の所有にも影響を与えた。多くの貴族・地主が恐怖にかられて教会や修道院に財産の寄進・遺贈をおこなったからである。聖職者のもとに土地が集積され、国王の税収は減少した。貴金属の不足も深刻であった。国王は貨幣の悪鋳で急場を乗りきろうとしたが、それは都市下層民の生活を直撃した。危機のなかで一部の都市ブルジョワジーはワイン・オリーブ油などの輸出で利益をえた。国王はこうした都市ブルジョワジーとりわけリスボン商人の資力を政治基盤の一つとして取り込むために、コルテスを頻繁に開催するようになった。固定地代によっていたために貴族の経済力が低下するなか、王権は相対的に強化されつつあった。

対カスティーリャ戦争と一三八三～八五年の動乱

レコンキスタ終盤以降、安定していたカスティーリャとの関係は、すでに黒死病の到来前から険悪になっていた。アフォンソ四世の継承者ペドロ、のちのペドロ一世(在位一三五七～六七)のロマンスが両国間に生じる軋轢を予感させた。ペドロ王子は妻の女官イネス・デ・カストロと恋に落ちたが、アフォンソ四世は王子がカスティーリャ貴族の娘イネスに操られていると考え、一三五五年、イネスを殺害させたのである。ポルトガルとカスティーリャが本格的な交戦状態に陥ったのは、ペドロ一世の長子フェルナンド一世(在位一三六七～八三)の治世からである。フェルナンド一世はトラスタマラ朝を開いたエンリケ二世に対抗してカスティーリャの王位継承権を主張した。その背後には長期低落傾向に歯止めをかけたい貴族層の思惑があった。この戦争は一三六九～七一年、七二～七三年、八一～八二年と断続的に三回おこなわれたが、フェルナンドが王位継承権をイギリス国王エドワード三世の息子でランカスター公のジョン・オブ・ゴーント(カスティーリャ前国王ペドロの娘婿)にゆずり、カスティーリャがフランスと同盟を結んだため、イベリア半島の戦いはイギリス・フランス間の百年戦争と連動することになった。結果はポルトガルの大敗北であった。国土は荒廃し、海軍はほぼ全滅した。和約によりカスティーリャ国王フアン一世はフェルナンドの唯一の娘ベアトリスと結婚した。ポルトガルは併合される恐れがでてきた。

戦争に倦《う》み疲れ、物価高騰で困窮する都市下層民や職人層は、この間にリスボンをはじめ各地でたびたび反乱を起こしていた。一三八三年十月、フェルナンドが死去すると、ベアトリスが即位し、その母レオノール・テレスが摂政となったが、戦争で利益をえた大貴族メネゼス家出身のレオノール・テレスとその寵臣でガリシア貴族のオーレム伯アンデイロは、かねてより悪政の元凶として都市下層民と一部貴族の怨《えん》嗟《さ》の的になっていた。同年十二月、カスティーリャ国王フアン一世がレオノール派擁護のためポルトガルに侵攻しグアルダを占領すると、ペドロ、フェルナンド両王に仕えた大法官アルヴァロ・パイスは一部のリスボン市民と連携のうえ、ペドロ一世の庶子でアヴィス騎士団長のジョアンに説いてアンデイロを殺害させ、ジョアンを「王国の統治者、防衛者」に推戴した。この知らせはたちまち全国に波及し、アレンテージョをはじめ各地で民衆暴動が広がった。

一三八四年一月、サンタレンまで侵攻してきたフアン一世にレオノールがポルトガルの統治権を委譲すると、国内は親カスティーリャ派の大貴族と独立アヴィス派の下層民・ブルジョワジー・中小貴族に二分され、内乱に発展した。当初、独立アヴィス派は劣勢であったが、長期のリスボン包囲をたえぬくと、戦局は独立アヴィス派の優勢に転じた。翌八五年五月、コインブラで開催されたコルテスで、アヴィス騎士団長ジョアンが国王に選出された。法曹ジョアン・ダス・レグラスは偽の教皇書簡を用いて、アヴィス騎士団長より年長のペドロ一世とイネスの二人の息子、ジョアンとディニスの王位継承権を退けた。八月、フアン一世は大軍を率いて再度侵入してきたが、イギリス弓兵の助力をえた新王ジョアン一世(在位一三八五〜一四三三)はリスボン北方のアルジュバロータで迎え撃ってこれを撃破した。ここに王国の独立は確保された。

一三八三〜八五年の動乱は政治と社会の構造を変革する二つの意味をもっていた。一つは反カスティーリャ・独立擁護の名目で政治的再編成が進んだことである。これにより、旧大貴族を排して新興貴族が権

ジョアン1世とランカスター公ジョン・オブ・ゴーントの末娘フィリーパの結婚(1387年2月，ポルト)　この結婚とウィンザー条約(1386年5月9日)によってイギリスとの結びつきが強まった。

バターリャ修道院　アルジュバロータの戦勝記念としてジョアン1世によって建立が命ぜられ，1388年から15世紀なかばまでにほぼ完成した。ゴシック様式の代表。

力を握った。また、カスティーリャとの対抗上フェルナンド治世以来のイギリスとの同盟が強化され、これが以後の外交の基軸となった。もう一つは民衆蜂起と反乱が成功し、コルテスが国王を選出したことである。これはポルトガル史のうえのみならず、同時代の他国で頻発した民衆蜂起がことごとく失敗に終わったことを考慮すると、ヨーロッパ史においてもきわめて異例な事態であった。リスボンやポルトのブルジョワジーは財政支援で民衆蜂起の勢いを王朝革命につなげた。その功によって彼らはアヴィス朝の政策決定に参画する権利をえた。

中世の社会と文化

レコンキスタの進展は中世の身分社会に流動性を与えた。貴族層はリコ・オーメンと呼ばれる大貴族、インファンサンと呼ばれる農村の中貴族、小貴族の騎士(カヴァレイロ)と従士(エスクデイロ)の三つに大別できる。リコ・オーメンは国外から移住してレコンキスタで功績をあげた家門と国王の寵臣が多く、小貴族を家臣として従属させて勢力を扶植した。大小貴族のあいだで古い血統を誇るインファンサン(のちにフィダルゴと呼ばれた)は零落傾向にあった。聖職者も均一の階級ではなかった。司教や騎士団長は大領主としてリコ・オーメンと同等であったが、小貴族や下層に属する聖職者もいた。レコンキスタの主力であった第三身分の富裕自由農民すなわち平民騎士の一部はしだいに小貴族の範疇に取り込まれていき、騎士階層が形成された。聖俗貴族の所領内で領主直営地《パソ》を耕作していた農奴の多くは解放されるか逃散し、征服地に入植したり、都市で職人になる者もいた。

他方、レコンキスタ終盤の急速かつ非寛容な進展のために多くのイスラーム教徒は国外に逃れた。アレンテージョとアルガルヴェには相当数のイスラーム奴隷が存在していたものの、十四世紀のうちに急速に姿を消した。ユダヤ教徒はアフォンソ四世の時代に居住地区を固定され、十四世紀には三二の共同体を数えたが、十五世紀末まで総人口の四%を上回ることはなかった。結果的にレコンキスタ完了後のポルトガルでは少数のユダヤ人を除くと、エスニック・サブグループがほとんどみられなかった。この点が同時期のカスティーリャ、アラゴンとの差異の一つである。

国王と教会は所領と裁判権をめぐって激しく争っていたが、ポルトガルの文化と民衆の生活は深くローマ・カトリックによって支配されていた。見るべき建造物は、戦略要地に建てられた国王の城塞を別とすれば、ほとんどすべて教会、修道院、騎士団のものであった。その様式はサンティアゴ・デ・コンポステーラ大聖堂やフランスのクリュニーおよびシトー修道会の影響を受けた北部のロマネスクと、遅れてレコンキスタ終盤以後にフランシスコおよびドミニコ修道会の影響下で導入された南部のゴシックに大別できるが、ロマネスクの構造にゴシックの装飾やアーチをあわせたものも多く見られる。十二世紀なかばのコインブラのサンタ・クルス修道院はロマネスク様式の代表であり、十二世紀後半から十三世紀なかばにかけてつくられた巨大なアルコバサ修道院は折衷様式、ジョアン一世の発願で十四世紀末から十五世紀にかけて建造された壮麗なバターリャ修道院はゴシック様式の傑作である。ただし、メルトラの主教会やエヴォラのサン・ブラス教会のようにイスラーム教会から改装、粉飾されたものも相当数見受けられる。

ローマ・カトリックの力は教育の世界でも巨大であった。司教座教会付属の学校やアルコバサやサンタ・クルスの修道院は聖職者の育成のみならず、公教育にも貢献した。一二九〇年には教会からの出資をえてコインブラ大学の前身がリスボンで創設され、有力な法曹や医師を輩出した。だが、大学の水準はほかの西洋諸国に比してけっして高いとはいえず、十四世紀にその所在地をリスボン―コインブラ間で数回移転し、衰退を招いた。

宮廷ではサンショ一世の治世以降、詩と音楽の文化が花咲いた。その担い手は貴族の詩人兼作曲家のトロヴァドール(トルバドゥール)と遍歴する楽師《ジョグラル》であった。その起源については、南部におけるイスラームの伝統も見落とせないが、もっとも重要なのはフランスの文化的影響である。元来、ポルトガルにはブルゴーニュ出身の王家をはじめ多くの騎士がフランスから渡来していた。ブローニュ・シュル・メール伯としてフランスに滞在していたアフォンソ三世の即位(一二四八年)以降は、フランス文化の影響が強まった。トロヴァドールの活躍は自国語としてのポルトガル語の成立に少なからず影響した。その母語はドウロ川以北のガリシア＝ポルトガル語である。ポルトガルのみならずレオンやカスティーリャのトロヴァドールは好んでガリシア＝ポルトガル語で作詩した。カスティーリャ国王アルフォンソ十世もその一人である。モンデーゴ川以南のモサラベ(イスラーム支配下のキリスト教徒)は、アラビア文字を用いてラテン語方言を表記していたが、ガリシア＝ポルトガル語はレコンキスタの過程でこのルシタニア＝モサラベ語と融合し、十三世紀にガリシア＝ポルトガル語からポルトガル語が分化した。公用語としての採用はほかのヨーロッパ諸国と比して早い。十三世紀末には公文書は教会文書も含めてラテン語にかわってポルトガル語で書かれるようになった。散文では、騎士道のロマンスが流行した。とりわけ十四世紀の『アマディス・デ・ガウラ』は広く読まれ、大航海時代の心性に影響を与えた。

トロヴァドールと楽師の図　アジュダ図書館蔵(13世紀)。

第二章 海洋帝国の時代

1 交易拠点帝国の形成

西アフリカからインド洋へ

ポルトガルは十五世紀初めからおよそ一世紀半にわたって海外へ進出し、西洋史上はじめてアジア、アフリカ、アメリカにまたがる海洋帝国を形成した。当時人口一〇〇万ないし一五〇万人程のこの小国がなぜ大航海時代の先駆けをはたしえたのであろうか。進出の技術的条件すなわち航海術や造船術はヨーロッパでは十三世紀から十四世紀にかけて急速に進歩していた。羅針盤やポルトラーノ海図が地中海で実用化され、北欧の船尾材舵と地中海の三角帆を備えた帆船がカンタブリア沿岸で発達していた。しかし、大航海時代前夜で技術的に先行していたのはカタルーニャ人やイタリア人であった。ポルトガル人は彼らから知識と技術を取り入れたが、ポルトガル独自のカラヴェラ船や天文航法が長足の進歩をとげたのは拡張が第二段階に進む十五世紀後半以降である。

したがって、早期の進出を可能にした要因としては、ヨーロッパの南西端で大西洋に臨み、北アフリカに近い地理的利点を第一にあげるべきであろう。第二にレコンキスタの経験と精神がある。南下膨張の国是はカトリックの聖戦意識によって正当化された。ただしこれはイベリアのキリスト教諸国家に共通であるから、第三にあげるべきはカスティーリャ、アラゴンとの比較である。カタルーニャ＝アラゴン（アラゴン連合王国）は十三〜十四世紀に地中海に進出して海洋帝国を形成していたが、十五世紀初頭には衰退し始めていた。カスティーリャは国内に争乱の種をかかえていた。ほかの西欧諸国も同様であった。これに

復元された15世紀のカラヴェラ船　逆風に強い三角帆を備え，船体が軽く（100t前後）喫水が浅いので，沿岸での踏査検分に優れていた。

比してポルトガルは、十四世紀末に政治的再編成をとげ、新生アヴィス朝のもとで統合の度合をむしろ強めていた。第四にあげられるのは一四一一年にカスティーリャと和約を結び、十四世紀後半に高まった緊張関係をいったん解消したことである。隣国からの脅威が消え、外征への懸念がはらわれた。

しかし他国に比べ利点があったとはいえ、アヴィス朝の成立によって中世末の危機が克服されたわけではない。この点は拡張の動機を考えるうえで重要である。黒死病の時代以後の一世紀間で国家の収入は半減していた。貨幣価値の下落は地代収入に頼る貴族を苦しめていたが、その主因は貴金属とくに金の深刻な不足であった。その乏しい金および銀をヨーロッパから吸いよせていたのはアジアの物産である。一方、北アフリカ沿岸のイスラーム商人との通商によってサハラ越えのキャラバン・ルートが金をもたらすことは、ヨーロッパではすでによく知られていた。しかも、北アフリカのモロッコは土地が肥沃で、サトウキビの生産地でもあった。また、ジョアン一世は新興貴族の台頭に直面して潜在的な脅威を回避する必要があった。こうしてポルトガルは対外進出によって内部の危機を乗りきる道を選んだ。

侵略の第一歩はモロッコの港町セウタの攻略である。当初、遠征地としてグラナダが取り沙汰されたが、カスティーリャの反発を考慮して断念した。一四一五年、ポルトガル艦隊によるセウタ攻略は周辺諸権力の分裂もあって容易に達せられた。しかし、セウタは交易ネットワークの末端にすぎなかったため、これを維持するだけでは物産の流れを掌握できなかった。以来、対外膨張にかんするアヴィス朝の方針は、セウタの後背地モロッコで軍事的拡大・領域支配をもくろむ派閥と、西アフリカ沿岸部において商業的拡大、拠点支配を推進する派閥とのあいだで揺れ動くことになる。ブルジョワジーの利害は後者にあったが、八〇年ころまで遠征事業の重心は、土地貴族の利害を強く反映して、モロッコにおける軍拡路線にあった。レコンキスタの経験と精神がこれを支えていた。教皇庁からの援護もあった。ジョアン一世の後継王ドゥアルテ(在位一四三三〜三八)は、三七年、「十字軍」の名のもとにタンジールへ遠征隊を派遣した。しかし遠征は失敗し、アヴィス騎士団長のフェルナンド親王を失う羽目に陥った。続くアフォンソ五世(在位一四三八〜八一)は五八年自ら指揮をとってアルカセル・セギールを征服した。六〇年代にもモロッコ遠征は継続されたが、この路線はポルトガルの国力を消耗させ、のちにアヴィス朝を断絶させる要因の一つになる。

他方、西アフリカ沿岸部の踏査と遠征は一四三四年、難所とされたボジャドール岬の回航ではずみがつき、とくにアフォンソ五世治世の初期にあたるペドロ親王の摂政期(在任一四三九〜四九)にペドロとキリスト騎士団長で「航海者」の異名をとるエンリケ親王(エンリケ航海王子)の主導でさかんにおこなわれ、金と奴隷の獲得で収益は増大した。すでにイタリア人やカスティーリャ人はカナリア諸島やアフリカ西岸での貿易に乗り出していたが、カスティーリャ国王が征服と貿易に強い関心を示すようになると、ポルトガル国王アフォンソ五世は五五年および五六年、ローマ教皇から大勅書を獲得した。これはキリスト教の布教を大義名分として、すでに「発見」され、さらに将来「発見」される非キリスト教世界における征服と貿易の独占権と聖職叙任権をポルトガル国王に「贈与」するもので、以後の「布教保護権《パドロアード》」の原型となる。アフリカ西岸におけるカスティーリャとの競合はカスティーリャ王位継承戦争と連動して激化したが、七九年のアルカソヴァス条約によってカナリア諸島とその対岸はカスティーリャが、その他の大西洋諸島とヴェルデ岬以南の沿岸部はポルトガルが確保した。八二年にはギニア湾岸にサン・ジョルジェ・ダ・ミ

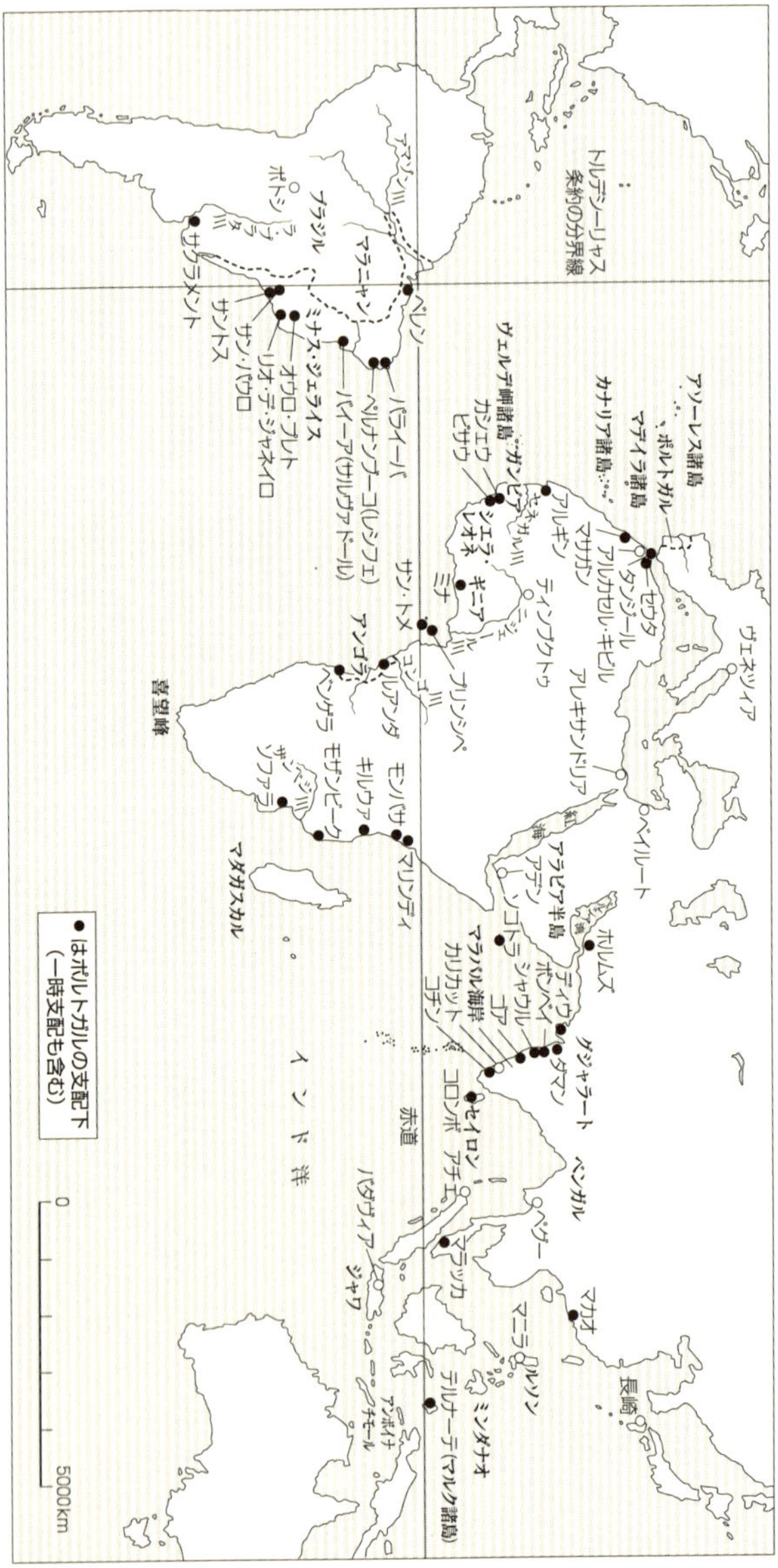

ポルトガル海洋帝国の拠点

ナ商館＝要塞が建設され、ミナを拠点とする金、奴隷、マラゲタ胡椒、象牙の貿易が発展した。金の流入は年平均八〇〇キロに達した。大西洋諸島ではとくにエンリケに譲渡されたマデイラ島で入植が進み、サトウキビ農園が成長した。

西アフリカ沿岸部における商業的拡大の延長線上に目的地として明確にインドを設定したのは、一四七四年に実権を握った王子ジョアン、のちのジョアン二世(在位一四八一〜九五)である。ジョアン二世は八〇年代前半にインド到達をにらんでアフリカ西岸の踏査検分を推進した。このころリスボンをおとずれたジェノヴァ人コロンブスは西回りでのアジア航海案を国王ジョアン二世にもちかけたが、バルトロメウ・ディアスがアフリカ南端・喜望峰廻航の知らせをもって八九年、帰還したため、西回り案は消えた。

コロンブスはスペインのカトリック両王のもとに移り、一四九二年に航海を実現し、新大陸に到達した。翌九三年、カトリック両王は教皇アレクサンデル六世から勅書を引き出し、アソーレス諸島の西一〇〇レグアの子午線から西方で発見される土地の独占権をえた。だが、これに反発するポルトガル国王ジョアン二世とのあいだで九四年六月、トルデシーリャス条約が締結された。あらたにヴェルデ岬諸島の西三七〇レグアの子午線で線引きがおこなわれ、非キリスト教世界の独占的分配が談合された。分界線から東の領域はポルトガルに、西はスペインに与えられた。

だが、膨張の実体は分界よりも発見と占有の速度争いに左右されていた。コロンブスは「インド」に達したと信じたが、じっさいにインドへ先着したのはヴァスコ・ダ・ガマのポルトガル艦隊であった。一四九八年、インド西岸のカリカットで遠来の目的をたずねられたガマ一行は「香辛料とキリスト教徒を求めて」と答えた。しかし魅力ある商品をもたないポルトガル人にとって、グジャラート人をはじめとするイスラーム商人が支配的なインド洋の交易ネットワークに平和裏に有利な条件で参入することはむずかしいと思われた。ポルトガルは軍事的威圧を用いてこれを達成する道を選んだ。

アジア貿易

ポルトガルは当初からアジアにおける領域的支配は不可能であることを認識しており、一五〇五年以降、インド領(エスタード・ダ・インディア)の副王フランシスコ・デ・アルメイダ(在任一五〇五〜〇九)および総督アフォンソ・デ・アルブケルケ(在任一五〇九〜一五)のもとインド洋沿岸で交易拠点帝国の樹立をもくろんでいた。その目的は高価な南アジア産の香辛料の生産と流通を掌握し、かつ西インド洋からペルシア湾、紅海を経由してアレクサンドリア、ベイルートへいたる既存の交易ルートを遮断して、自らの喜望峰航路で独占的にヨーロッパ市場へ香辛料を供給することにあった。そのために海軍力を用いて交易・戦略上の重要拠点をつぎつぎに落として商館ないし要塞を建設した。

まず、胡椒生産の中心地マラバル海岸のゴアを一五一〇年に征服してインド領の首府とし、東進して東南アジア最大の交易拠点マラッカを一一年に攻略して要塞化し、もっとも高価な香辛料クローブの原産地マルク(モルッカ)諸島のテルナテ島にも二二年に要塞をおいた。シナモンの産地セイロン島のコロンボも重要な拠点となった(一五一八年)。西では紅海の要衝アデンの攻略は失敗したが、一五〇三年アラビア半島の沖ソコトラ島に要塞を構えて紅海への出入りをにらみ、一五年に商業都市ホルムズの実権を握ってペルシア湾を支配した。こうしてポルトガルはインド洋の制海権を握った。既存の香辛料ルートは寸断され、そのルートの末端に位置したヴェネツィアの中継貿易は大きな打撃を受けた。フッガー家やヴェルザー家などのヨーロッパの大商人はこぞってリスボンに拠点を求めた。

遅れをとったスペインは一五一九年、ポルトガル人マガリャンイス(マゼラン)指揮下の艦隊をマルク諸島に向けて西回りの航路で派遣した。二二年、スペイン艦隊のビクトリア号はマルク諸島から高価な香辛料をもち帰った。この結果、ポルトガルとのあいだにマルク諸島の領有権問題が生じたが、二九年のサラゴーサ条約によってスペインは三五万ドゥカードとひきかえにマルク諸島への領有権主張を放棄した。以後ポルトガルは半世紀にわたって、ほかのヨーロッパ諸国から挑戦を受けることなく交易拠点帝国のもたらす利益を享受した。

インド領を支えたポルトガル人移民は年平均でおよそ二四〇〇人、当初は南部のアルガルヴェから供給されていたが、十六世紀には人口密度の高い北部のエントレ・ドウロ・イ・ミーニョが主たる供給源となった。数の不足を補うため、総督アルブケルケは現地人との混血を奨励した。一五四〇年までにインド洋の重要拠点にとどまったヨーロッパ人とその子孫の数は一万人に達した。ポルトガル人の進出はキリスト教の布教活動と連動していた。ポルトガル国王の布教保護権は一四年、教皇レオ一〇世の勅書によって東アジアにまで拡充された。ゴアなどの重要拠点には司教座がおかれ、セミナリオ(初級・中級の神学校)やコレジオ(上級の学院)が設立された。とりわけフランシスコ・ザビエルをはじめとするイエズス会士はポルトガル国王の支援のもとでアジアにおける布教に邁進した。

ポルトガル王室はリスボン王宮内の「インド商務院《カザ・ダ・インディア》」を通じて海外交易を統括していた。香辛料、金、砂糖などがフランドルの商館でヨーロッパ市場向けに売却され、銀、銅や工業製品が輸入されて交易拠点へ供給された。とくに金、銀、香辛料の取引は王室独占とされ、莫大な収益をもたらした。一五一九年までに海外交易による収益は国家収入の六割をこえていた。

もっともポルトガル人によるアジア交易の実態は「王室の独占」という名目からほど遠いものであった。まず、香辛料の生産の掌握が容易でなかった。ヨーロッパのみならず、アジアにおいても需要が増進したため、胡椒の生産地は東南アジアに拡大し、その掌握は一層困難になった。ポルトガル人がヨーロッパへもたらしたクローブは生産量の八分の一以下にすぎなかった。また、インド領は支配下の諸港における交易を現地の商人に奨励して関税を徴収し、海軍力を盾に通行証《カルタ》を発布して強制保護を押しつけた。これらはインド領の重要な収入源となったが、反面シリアにつながる西アジアの隊商路に香辛料を供給することになったため、既存の交易ルートの遮断という当初の目的の一つと齟齬《そご》をきたした。しかも、ポルトガルは結局アデンを落とせなかったため、紅海ルートは生きつづけた。十六世紀なかばまでに中近東経由の旧ルートは交易量で喜望峰航路と匹敵するまでに回復した。

また、ポルトガル国王は一五五〇年代以降王室貿易の一部を、特権として大貴族や騎士団に譲渡するようになった。インド領の役人や王室船の乗員は船内にスペースを与えられ、自費で香辛料を購入してインド領の経費でそれを輸送した。ポルトガル人の私貿易はとくにベンガル湾と東南アジア島嶼部において目立っていたが、しだいに東アジアへと拡大していった。短期の譲渡益は長期的にみて王室貿易に損失をもたらした。数千クルザードで売却された貿易権の価値は約二〇〇万クルザードに相当したからである。喜望峰航路による王室の香辛料貿易は十六世紀なかば以降しだいに減退するが、インドやペルシアの宝石・ダイヤモンド・絹、インドのグジャラートやベンガルの綿織物、中国の陶磁器などの取扱いがふえたため、アジア貿易自体は十七世紀なかばまで好調を維持した。ヨーロッパ・アジア間の貿易に加えてポルトガル人はアジア内の地域間交易に積極的に介入した。とくに一五四三年、日本の種子島に漂着し、五七年、明からマカオを賃借すると、中国の生糸・金と日本の銀を取引きする中継貿易で多くの収益をあげるようになった。

王権の強化と大航海時代の文化

アヴィス朝の国王たちは権力強化への道を歩み始めていた。ジョアン一世は身分にかかわりなく全臣民に租税シザを課すことに成功した。アフォンソ五世の摂政ペドロ親王も一四四六年「アフォンソ法典」を発布して法制面で国内の統合をはかった。だが、十五世紀なかばのアフォンソ五世の親政期には貴族の反抗を許し、モロッコ遠征や対カスティーリャ戦への参加の報償として多くの王領地が貴族に譲渡された。爵位の数も四倍に急増した。

国王が中央集権化に成功し絶対王政の名に値するようになるのはジョアン二世以降、とりわけマヌエル一世(在位一四九五〜一五二一)とジョアン三世(在位一五二一〜五七)の治世である。むろんその財政的基盤は海外交易による莫大な収益であった。ジョアン二世はブラガンサ公ら大貴族の力をそぎ、多くの中小貴族に本国や拠点帝国の官職を与え宮廷貴族としてその庇護のもとにかかえ込んだ。マヌエル治世の宮廷人は約四〇〇〇人にまでふくれ上がっていた。中央の行政・裁判機関として「宮廷控訴院《デゼンバルゴ・ド・パソ》」が新設された。地方の行政・裁判の管区としては六つの州(北からエントレ・ドウロ・イ・ミーニョ、トラズ・オズ・モンテス、ベイラ、エストレマドゥーラ、エントレ・テージョ・イ・グアディアナ〈アレンテージョ〉、アルガルヴェ)が定着した。マヌエルは州長官(コレジェドール)の権限を強化し貴族の所領への立入りを認めさせた。コンセーリョごとに異なる特許状(フォラル)は改定・統合され、コンセーリョはかつての自治権を奪われた。

一五二一年に公布された「マヌエル法典」には国王の中央集権化政策の成果が誇示された。コルテスはアフォンソ五世の治世には毎年開催されていたが、ジョアン二世以後その頻度は低下し、一五〇二年から四四年のあいだわずか三回召集されたにすぎない。国王はコルテスに課税の承認を求める必要がなくなっていた。さらにマヌエル一世の即位時にキリスト騎士団が、ジョアン三世の治世にサンティアゴ騎士団とアヴィス騎士団が王室に統合され、南部の広大な領域が掌握された。王領地ははじめて国土の半分以上を占めるようになった。

王権の伸張を受けて一五二七〜三二年、初の国勢調査が可能になった。ポルトガルの総人口はおよそ一四〇万人で、人口分布上の特徴は、南部および沿岸部よりも北部および内陸部で人口稠密であること、そしてリスボンの一極集中である。首都リスボンは海外貿易と行政の中心として急速に拡大し、十六世紀なかばに一〇万人に達してセビーリャをぬき、イベリア半島最大の都市となっていた。ポルト、コインブラ、エヴォラなどの地方都市はリスボンに大きく水をあけられ、二万人以下の規模であった。

交易拠点帝国がもたらした富と経験は、美術と学芸のいくつかの領域で特徴的な痕跡を残した。ガマの航海を記念してリスボン郊外に建立されたジェロニモス修道院やベレンの塔、トマールのキリスト修道院は船具や天球儀など航海にかかわるさまざまなモチーフで過剰にかざられたマヌエル様式の代表である。絵画ではヌーノ・ゴンサルヴェス作とされる「聖ヴィセンテの多翼祭壇画」が傑出している。

リスボン近郊ベレン地区のサンタ・マリア・ドス・ジェロニモス修道院　国王マヌエルの命で1502年から１世紀を費やして建造された。ガマの柩が安置されている。

テージョ川河口部に建つベレンの塔（1515～20年）　外敵の遡行を阻む砦。当初はリスボンの守護聖人の名をとって，サン・ヴィセンテの塔と呼ばれた。

「聖ヴィセンテの多翼祭壇画」（6連のうちの「王子のパネル」。15世紀後半。リスボン国立美術館蔵）　フランドル派の影響を受けた当代の傑作。アフォンソ5世に仕えていた宮廷画家ヌーノ・ゴンサルヴェスの作とされる。中央に聖ヴィセンテ，その右で手を合わせている黒衣の人物が「航海者」エンリケ親王とされているが，異論もある。

イタリアやフランドルからはルネサンスの人文主義運動が波及し、ダミアン・デ・ゴイスらがラテン語で著作活動をおこなったが、自国語を重視する傾向も強まっており、フェルナン・デ・オリヴェイラは、ネブリーハの『カスティーリャ語文法』にならって、一五三六年『ポルトガル語文法』を出した。「ポルトガル演劇の父」とされるジル・ヴィセンテは、作品の多くをポルトガル語のみならずスペイン語でも著わした。ルイス・デ・カモンイスの叙事詩『ウズ・ルジアダス』（一五七二年）は古代からガマ航海までのポルトガル史をうたいあげヨーロッパで広く読まれた。十五世紀なかばのゴメス・エアネス・デ・ズララ（アズララ）の『ギネー踏査征服史』、ペロ・ヴァス・デ・カミーニャのブラジル「発見」の書簡、十六世紀初頭のトメ・ピレスの『東洋諸国誌』などに代表されるアフリカ、アメリカ、アジアにかんする地誌的叙述は経験知でルネサンスがもたらした古典古代の枠をこえようとしていた。ガルシア・デ・オルタはインド領での経験をいかして『インド香料薬草論』(一五六三年、ゴア)を著わし独自の薬物学を切り開いた。ペドロ・ヌネスはインド領副王であったジョアン・デ・カストロや現場の航海者たちと協同して航海学・天文学・数学に先駆的業績を残した。

オルタとヌネスはともに改宗したユダヤ教徒の子孫すなわち「新キリスト教徒」である。一四九二年スペインから追放されたユダヤ教徒は大挙ポルトガルに入国していた。マヌエル一世はカトリック両王に配慮してユダヤ教徒の追放を表明したものの、彼らの多くがポルトガル社会のなかで商人、金融業者、知的専門職、職人として重要な役割を担っていたため、一四九七年強制的にキリスト教に改宗させてポルトガルにとどめおいた。名目上ユダヤ教徒は存在しないことになったが、改宗者たちは新キリスト教徒と呼ばれて一般のキリスト教徒から区別されていた。大航海を支えた天文航法や海図作成などの技術的領域においてもユダヤ教徒や新キリスト教徒の貢献は無視できない。

2　大西洋帝国の確立

同君連合

イベリア統一の夢は建国以来のポルトガル史のなかで繰り返しあらわれていた。十五世紀後半以降ポルトガル王室はカスティーリャ、そしてスペイン王室との血縁関係を一層緊密化した。宮廷のみならず上層階級ではスペイン文化の影響力が増大し、統一の可能性が高まっていた。統一が可能性の段階をこえて実現したのにはポルトガル側からみて二つの理由があるが、それらは十五世紀初頭以来の海外進出の選択肢と関連していた。一つはアジアに交易拠点を築いた海洋帝国の経済的要因である。香辛料をはじめとするアジア貿易は決済のために大量の銀を必要としていたが、ヨーロッパの供給量には限界があった。おりしもスペイン領のペルーとメキシコから産出し始めた銀はポルトガル人にとって垂涎《すいぜん》の的となった。また、一五六〇年代に開設された太平洋越えのマニラ―アカプルコ航路はスペイン帝国が提供する交易機会の拡大を予期させた。インド領はスペイン帝国と連携せざるをえなくなっていた。

もう一つの、より直接的な要因はモロッコにおける軍拡路線の破綻である。ジョアン三世の後継王セバスティアン(在位一五五七～七八)は十字軍としてのモロッコ征服の夢に取りつかれていた。セバスティアンは一五六八年からの親政期にこの夢を内外に説いて資金と軍勢を寄せ集め、七八年自ら一万七〇〇〇人の兵士を率いてアルカセル・キビルへ遠征し、スルタン・アブデルマリク軍に挑んだ。だが、その結果は史上最悪の大敗北であった。約八〇〇〇人もの貴族・兵士が失われ、セバスティアン自身も戦死した。残りはほとんど捕虜となった。

セバスティアンは未婚であったため、大叔父にあたる高齢の枢機卿ドン・エンリケが後継王となった。ドン・エンリケは莫大な身代金を捻出して多くの捕虜を救出したものの、後継を指名できないまま一五八〇年一月死去した。数名の後継候補者のなかで大貴族ブラガンサ公の妻カタリーナと民衆に人気のクラト修道院長ドン・アントニオ(ともにマヌエル一世の孫)が有力と目されていたが、両候補を力でしのいだのがマヌエル一世の娘イザベルを母にもつスペイン国王フェリーペ二世であった。フェリーペ二世は、戦費と身代金の負担で貧窮するポルトガルの貴族や聖職者を買収してブラガンサ公を屈服させ、ポルトガル国王を名乗るドン・アントニオの軍勢を一蹴して一五八〇年のうちに(アソーレスを除いて)ポルトガルを平定した。翌八一年四月、フェリーペ二世はトマールのコルテスでポルトガル国王フィリーペ一世(在位一五八一～九八)として即位した。

その後ドン・アントニオはフランスとイギリスの支援をえたにもかかわらずスペイン王権による併合をくつがえしえなかった。新大陸の銀の威力やポルトガル軍の壊滅もさることながら、イベリア統一への最後の決め手となったのは、フィリーペ一世がトマールのコルテスでポルトガルに大幅な自治を約束し、それを実行したことである。ポルトガルのコルテスはポルトガル人のみによって構成され、コルテスの同意なしにあらたな租税は課されないとされた。行政と司法の官職もポルトガル人によって占められた。フィリーペ一世は国王の代理として総督職を設け甥のアルベルトを任命したが、総督を補佐する評議会のメンバーはすべてポルトガル人とされた。アルベルトがマドリードへ召還されたあとは総督のかわりに摂政会議がおかれたが、そのメンバーもリスボン大司教以下ポルトガル人であった。海洋帝国の統治もポルトガル人に委ねられた。財政と通貨も分離されていた。公用語はひきつづきポルトガル語であった。ポルトガルは重荷となっていた宮廷の維持から解放されて財政状況は好転した。国境沿いの関税障壁が撤廃され、慢性的に不足していた小麦の輸入が円滑におこなわれるようになった。ブルジョワジーは新しい市場が開かれたことを歓迎した。

再独立とブラガンサ朝の成立

フェリーペ二世の死後、息子のフェリーペ三世がポルトガル国王フィリーペ二世(在位一五九八～一六二一)として即位した。フィリーペ二世はポルトガルの大貴族や高位聖職者を懐柔することによってひきつづきポルトガル統治を安定させたが、他方で中央集権の強化をもくろんで一六〇〇年以降財政の監査役や評議会にカスティーリャ人を送り込むようになった。これは明らかに前王の言質《げんち》に反していた。マドリード政府はオランダやフランスとの戦いで、財政規模の拡大に直面していた。一六一一年からはポルトガルの中間層に重税が課せられるようになった。

民衆のあいだにしだいに独立の喪失をうれうる気分が広がり、なき国王セバスティアンはじつはモロッコで生き延びており、母国に帰還して王位を回復するはずだというセバスティアン信仰が高まった。スペイン統治への反感はフェリーペ四世すなわちポルトガル国王フィリーペ三世(在位一六二一～四〇)の治世にさらに強まった。フェリーペ四世から国政を委ねられたオリバーレス伯はヨーロッパにおけるスペインの威信回復、スペイン内の中央集権化、海洋帝国の維持をはかろうとした。一六二〇年代から三〇年代にかけてポルトガルに増税、軍制改革、徴兵が強いられた。

一方で、同君連合の成立によってもたらされた経済的恩恵の多くは失われつつあった。スペイン領アメリカの銀は減産に転じていた。経済危機に陥ったスペイン帝国はペルーやメキシコに浸透していたポルトガル人を排斥し始めた。ポルトガル国内でもこの時期経済状況が悪化しており、スペイン統治の変化は下層民の生活を直撃した。一六三七年、新たな増税に反対する民衆暴動がエヴォラで起こり、アレンテージョとアルガルヴェに波及した。暴動はカスティーリャ軍によって鎮圧されたが、上層階級のあいだに苦境の責任をスペインの統治に帰する考え方が強まった。スペインを敵視するフランスのリシュリューも同君連合からのポルトガルの離脱を支援する姿勢をみせていた。しかし、再独立の指導者と目されていたポルトガル最大の領主ブラガンサ公ドン・ジョアンは決断をためらっていた。逡巡を断ち切り反乱への導火線に火をつけたのはカタルーニャであった。一六四〇年六月、カタルーニャが反乱を起こし、その鎮圧に手を焼いたオリバーレスはブラガンサ公にポルトガル軍の指揮権を与えカタルーニャに送り込もうとした。同年十二月一日、ついに一部の貴族がブラガンサ公の担ぎ出しに成功し、リスボンの王宮を占拠した。五日後にリスボン入りしたブラガンサ公はポルトガル国王ジョアン四世(在位一六四〇〜五六)として即位し、翌四一年のコルテスで反乱は正当化された。

ブラガンサ朝ポルトガルは独立を宣言したが、内外に不安要因をかかえており、再独立を確固たるものとするまでに以後三〇年近い歳月を要した。下層民は再独立を支持したが、アヴィス朝革命のときと違い、ブルジョワジーは反乱に関与していなかった。革命の主体は一部の貴族にすぎず、多くの貴族や高位聖職者はスペインを支持していた。異端審問所も新政権に敵対し、教皇庁は独立の承認を拒んでいた。ジョアン四世はスペインの敵から支援を引き出そうとした。だが、オランダは一六四一年にポルトガルと一〇年間の休戦条約を結びヨーロッパ海域では交易関係を確立したものの、インド洋や大西洋ではポルトガルに

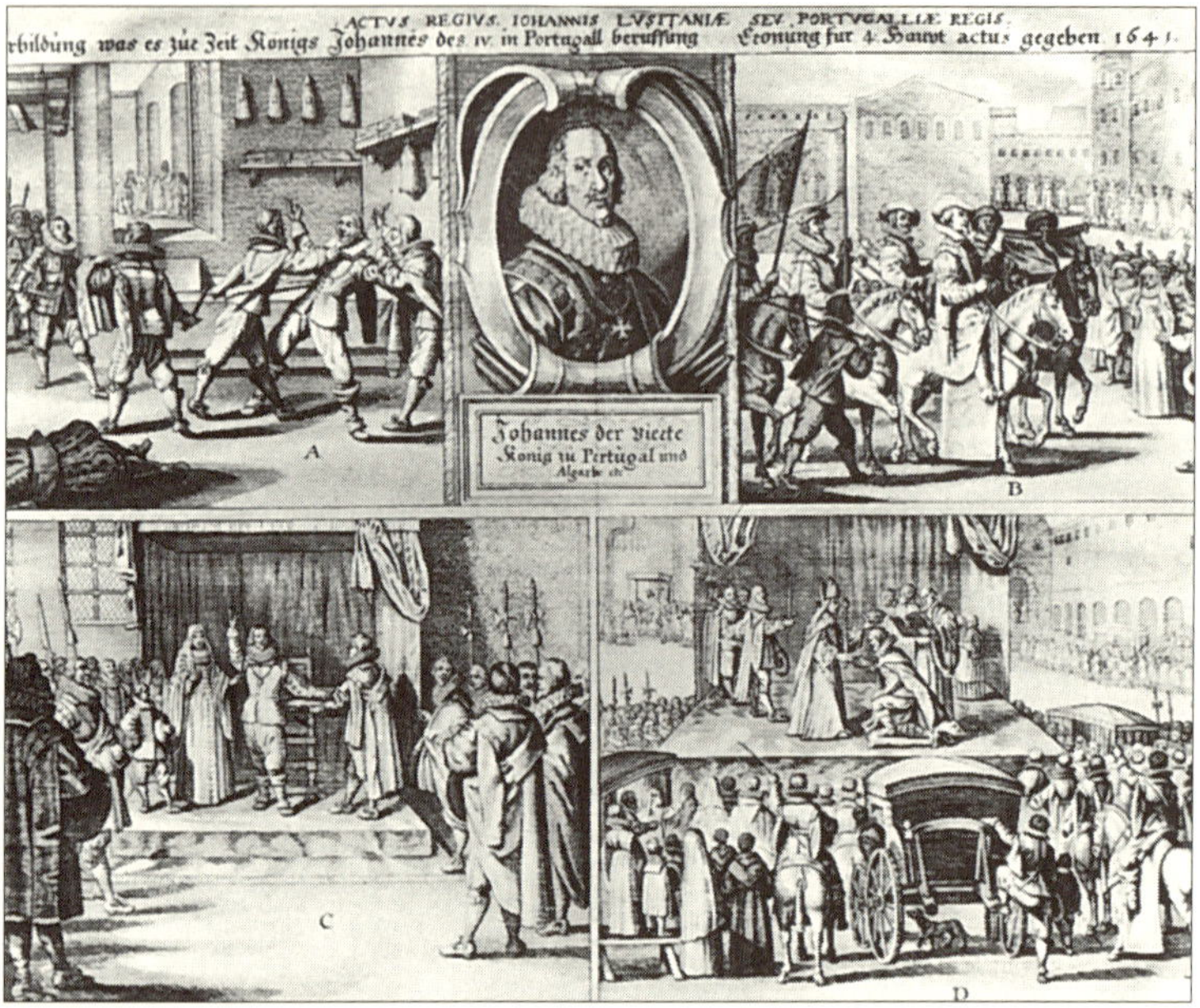

ブラガンサ朝革命　〔上段左より〕オリバーレスの手先とみられた国務秘書官ミゲル・デ・ヴァスコンセロスの暗殺(A)，ブラガンサ公ジョアン像，ブラガンサ公のリスボン入城(B)，〔下段左より〕国王としての宣誓(C)，載冠式(D)。ポルトガル副王マルガリータ(フィリーペ３世の従兄妹)はヴァスコンセロスの暗殺後，逮捕された。当時の版画。

挑戦し、つぎつぎとその拠点を奪っていた。クロムウェルのイギリスとは一六五〇年から交戦状態にあった。フランスは支援の約束を守らなかった。窮地に陥ったジョアン四世を救ったのは新キリスト教徒であった。彼らは親スペイン派の異端審問所から目をつけられており、ジョアン四世に多額の資金を提供し、その保護をえようとした。ジョアン四世は対スペイン戦争に巨費を投じることができた。

他方、スペインは内外の戦争で力をそがれていたが、一六五二年にカタルーニャ反乱を鎮圧し、五九年にフランスと和約を結ぶと、ポルトガルへの攻勢を強めた。ジョアン四世は支援をあおぐためイギリスに譲歩した。一六五四年、クロムウェルと和約を結んで植民地貿易をイギリスに開放し、後継アフォンソ六世(在位一六五六～八三)も、六一年、ジョアン四世の娘カタリーナをタンジールとボンベイの領地つきでチャールズ二世に嫁がせた。六二年に実権を握ったカステロ・メリョール伯はポルトガル軍を再編し、六三年から六五年のスペイン軍の侵攻にたえきった。カステロ・メリョール失脚後に摂政となったドン・ペドロ親王は六八年、イギリスの仲介によってスペインと平和条約を締結、ついにポルトガルはスペインから独立の承認をえた。海外の領土もセウタを除いて保全された。長期にわたった再独立の戦いを支えたのはユダヤ資本やイギリスだけではない。その背景には、十六世紀後半から十七世紀にかけて急成長をとげた植民地ブラジルの存在があった。

アジアからブラジルへ

同君連合の時代、アジアにおけるポルトガルの海洋拠点帝国はスペインの敵と戦うことをよぎなくされた。一五九六年以降オランダ人が、一六〇二年にはイギリス人がインド洋に進出し、ポルトガルの交易独占に挑戦した。オランダとイギリスの攻撃はとくに一六三〇年代以降激化した。本国からの支援はポルトガルであれスペインであれほとんど期待できなかった。インド領の財政はすでに危機に瀕していた。拡大した交易拠点帝国の商館・要塞およびそれらを支援する巡洋艦の維持には多大な経費が必要であった。インド領は関税と強制保護による収入ではまかないきれず、行政機構は非効率化した。小国ポルトガルの人的資源にも限界があった。とくに専門技術者が不足していた。再独立後のオランダとの休戦期間を除けば、インド領は衰退に歯止めをかけられなくなった。一六三〇～六〇年代、ポルトガル人はマラッカ、セイロン、インドの多くの拠点、インドネシアの大部分を失い、ペルシア湾や日本から追われ、六五年ころ、わずかにゴアなどのマラバルの一部の拠点、マカオ、東ティモールを保有するにすぎなくなっていた。リスボン当局はアジアにおける権益を守るよりも、ブラジルを中心に大西洋で足場を固めるほうが得策であるという認識を深めた。

　ブラジルはガマに続いてインドをめざしたペドロ・アルヴァレス・カブラルの艦隊によって一五〇〇年四月に発見・踏査され、一四九四年のトルデシーリャス条約によってポルトガル領となっていた。ポルトガル人は沿岸部でトゥピ・グァラニ族と接触し、紅い染料剤になるパウ・ブラジル(蘇芳《すおう》)という樹木が採取された。しかし、金・銀などのめぼしい産物がえられなかったために植民は遅れていた。だが、フランス人がパウ・ブラジルをねらって頻々と沿岸部に出現するようになると、これを阻むために一五三二年、王室主導で植民が着手された。沿岸部を一五のカピタニアに分割して、その開発と統治の権利を一部の臣下に譲渡するカピタニア制度が導入されたが、充分な成果は上がらなかった。

植民が本格化するのは十六世紀なかばころからである。それを促進したのは大西洋諸島から持ち込まれたサトウキビを栽培し製糖する農園(プランテーション)であった。当時ヨーロッパでは急速に砂糖の需要が増大していた。サトウキビ農園はペルナンブーコとバイーアを中心に展開し、その数は一五七〇年の六〇から、一六二九年には三四六に達した。ブラジルの砂糖生産量は世界最大になった。王室の独占貿易という建前でリスボンの一部の特権商人に巨利をもたらしていたアジアの香辛料貿易と異なり、粗製された砂糖の貿易は国王に一〇%の租税をおさめるだけでよい自由貿易であったため、リスボン以外の地方都市から比較的小資本だが広範な参入がみられた。そのほかにも綿花とタバコの栽培がブラジルの経済的発展を支える兆しをみせていたし、パウ・ブラジルもひきつづき収益をもたらしていた。十六世紀末から十七世紀初頭にかけてブラジルへ流入した移民は年間三〇〇〇ないし五〇〇〇人を数えた。ブラジルにおけるポルトガル人の人口は十六世紀なかばのおよそ二〇〇〇人から十六世紀末の二万五〇〇〇人へと急増した。

入植者たちは農園における労働力としての先住民を獲得し、あわせて金・銀を探索しようと、ブラジルの奥地にバンデイラとよばれる探検隊を派遣した。だが、キリスト教宣教師たちは宮廷における影響力を行使して先住民の奴隷化を禁止する法令を発布させた。とくにイエズス会士は先住民の教育と保護のために「教化集落《アルディア》」を形成し、入植者たちの先住民狩りに対抗した。しかしながら、かわりにアフリカ人を労働力として供給することには非難の声はあがらなかった。アフリカからの奴隷輸入は一五七〇年代以降増大し、主としてギニア、のちにアンゴラ、コンゴ、モザンビークから搬入された。その総数は一五七〇年

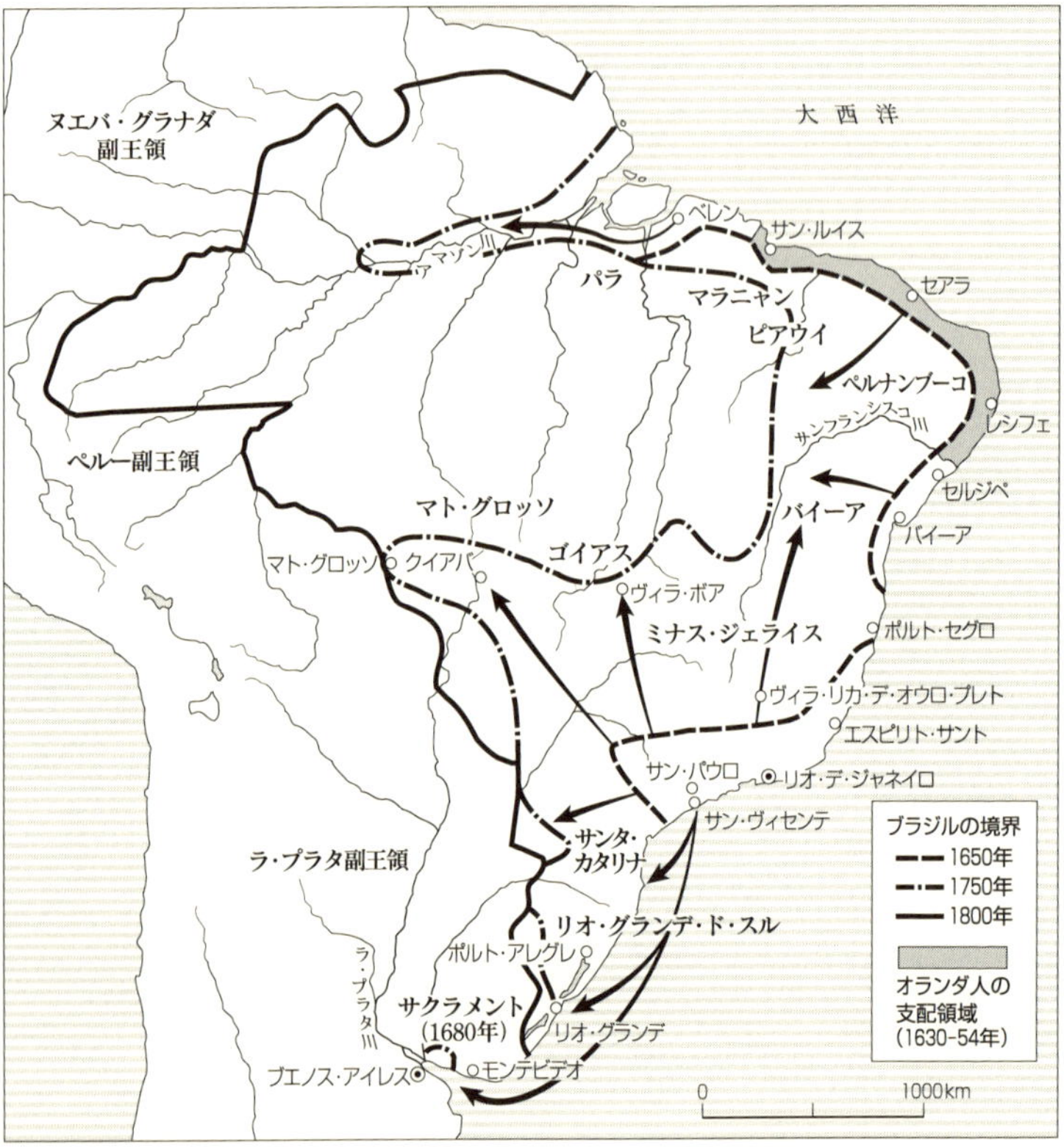

大西洋
ヌエバ・グラナダ副王領
ペルー副王領
ラ・プラタ副王領
アマゾン川
ベレン
サン・ルイス
パラ
マラニャン
ピアウイ
セアラ
ペルナンブーコ
レシフェ
サンフランシスコ川
セルジペ
バイーア
バイーア
マト・グロッソ
マト・グロッソ
クイアバ
ゴイアス
ヴィラ・ボア
ミナス・ジェライス
ポルト・セグロ
ヴィラ・リカ・デ・オウロ・プレト
エスピリト・サント
サン・パウロ
リオ・デ・ジャネイロ
サン・ヴィセンテ
サンタ・カタリナ
リオ・グランデ・ド・スル
ポルト・アレグレ
リオ・グランデ
サクラメント（1680年）
ラ・プラタ川
ブエノス・アイレス
モンテビデオ
ブラジルの境界
1650年
1750年
1800年
オランダ人の支配領域（1630-54年）
0
1000km

ブラジルの発展（17～18世紀）

から一六七〇年までに四〇万人を上回ったと推測されている。奴隷貿易は国王に契約料をはらうポルトガル人によって独占的におこなわれた。奴隷労働に支えられたサトウキビ農園はブラジルに大土地所有制度をもたらし、農園主は封建領主のような存在となっていた。国王は一五四八年ブラジルに総督府をおき、いくつかのカピタニアを王領地として取り込んで、しだいに世襲のカピタンの権力を奪っていった。国王の収入は一五八八年から一六四〇年までに一〇倍以上に増大した。

むろん莫大な収益を生むブラジルに惹きつけられたのはポルトガル人ばかりではなかった。まず、フランス人が一五五五年に入植を開始し、十六世紀末からイギリス人、オランダ人がやってきた。とくにオランダ人はすでに開発の進められた地域の征服をめざして攻撃を加え、一六三〇年以降ペルナンブーコなどブラジル北東部を掌握する勢いをみせた。ポルトガル人入植者たちは一六四五年レシフェを手始めに反攻に転じ、本国からの支援もえて、五四年までにオランダ人を駆逐した。十六世紀末からブラジルへの奴隷供給源として成長していたアンゴラにもオランダ人は進出し、一六四一年アンゴラの首府ルアンダを征服したが、四八年にリオ・デ・ジャネイロから派遣された艦隊がルアンダを奪回し、ポルトガルはアンゴラからオランダ人を追放した。こうしてポルトガルは大西洋帝国の足場を固めた。

3　バロックの時代

ワインと金とイギリス

ポルトガルは独立戦争の終結後、一六七〇年代に不況の時代をむかえた。その主因はブラジル砂糖産業の衰退であった。西インド諸島でオランダ人が、ついでフランス人、イギリス人がサトウキビの農園を急成長させたため、ブラジル産の価格は低落し輸出は減少した。本国では輸入超過のため貿易収支は暗転し、赤字を補う貴金属は払底した。一六七五年、摂政ペドロ親王、のちのペドロ二世(在位一六八三〜一七〇六)のもとで財政権を握ったエリセイラ伯はドゥアルテ・リベイロ・デ・マセードの唱えるコルベール流の重商主義政策を採用し、貿易収支を均衡させるために国内工業の保護育成にあたった。フランスやイギリスから熟練工が招聘《しょうへい》され、コヴィリャン、エストレモス、フンダン、トマールなどで各種の繊維工場が拡充ないし新設された。国産品を保護するために輸入品の使用を禁止する法令がだされた。コヴィリャンの工場は数年のうちに四〇〇〇人余りの織工が従事するまでに成長した。工業化政策は芽を伸ばしつつあった。だが、一六九〇年エリセイラ伯が自殺し、まもなく不況が終焉すると、その芽はつみとられた。そして、「ブドウ」と「金」とイギリスが工業化を蹉跌《さてつ》させることになる。

スペインとの和約(一六八年)後、戦争によって荒廃した農地にブドウとオリーブが増産された。ワインの生産はとくに北部やマデイラ島でさかんとなり、十七世紀末までにポルトガルの主力輸出品となった。年平均の輸出量は一六七八～八七年の六三二バレルから一七一八～二七年の一万七六九二バレルへと急増した。なかでもドウロ川流域で生産されたワインはポルトから搬出されたためポートワインとして知られるようになった。その輸出先としてはブラジルや北欧諸国、とりわけイギリスが重要であった。経済関係は政局と連動した。エリセイラ伯なきあと統治の実権はブドウ栽培の権益をもつカダヴァル公ら地主貴族たちが握っていた。一七〇〇年スペイン国王カルロス二世の死去にともない王位継承戦争（一七〇一～一四年）が起こると、当初ポルトガルはブルボン朝を支持していたが、対英ワイン輸出の増大を背景に、一七〇三年五月ポルトガルは路線を転換してイギリスと同盟を結び、イギリスとオランダの推すハプスブルク家のカール大公をスペイン国王として認めた。さらに同年十二月、アレグレテ侯と駐リスボン英大使ジョン・メシュエンは通商条約に署名した。

イギリス大使の名をもつこの有名なメシュエン条約によって、ポルトガルは国産品保護のため禁止していたイギリス毛織物の輸入を認め、イギリスはポルトガル産ワインをフランス産より三分の一低い税率で輸入することになった。好況にのってポルトガル産ワインは急速にイギリス市場向けに輸出を伸ばし、市場の七〇ないし七五％を占めるようになった。しかし、輸入の伸びはそれ以上であった。十八世紀前半、イギリス産の毛織物のみならず、他のヨーロッパ諸国から各種工業製品や穀物が大量に輸入された。貿易収支は恒常的に入超となり、赤字幅は不況時よりも拡大した。とくに対英貿易の輸入額は輸出額の二・五倍から三・五倍に達した。莫大な赤字をうめたのはブラジルの金であった。

ブラジルではバンデイラによる奥地探検にもかかわらず、十七世紀末まで貴金属はほとんど発見されていなかったが、一六九三年ミナス・ジェライスでついに金鉱が発見された。ゴールド・ラッシュはマト・グロッソやゴイアスにも広がった。リスボンに運び込まれた金は一六九九年に七二五キロであったが、以後増加の一途をたどり、二〇～四二年には年平均三〇トンに達した。以後、搬入量は減退しながらも五五年まで一二～一七トンを維持した。このほかにも密輸された金は相当の量であったろう。金の生産量は七〇年代以降激減し、十九世紀初頭に鉱脈はほぼ枯渇した。生産総量は一〇〇〇トン以上と推測されている。一七二七年以降ダイヤモンドもミナス・ジェライスで大量に発見された。王室は金とダイヤモンドから五分の一税を徴収した。一七一六年までに財政収入は一六八〇年の二倍にまで増大、その後も十九世紀初頭まで増加しつづけた。

この間に即位したジョアン五世(在位一七〇六～五〇)の治世はブラジル金の威力をもって文字どおりポルトガル近世の黄金期を現出した。ブラガンサ朝成立当初の国王は貴族の第一人者にすぎず、貴族は顧問会議をつうじて王権を制約できたが、ジョアン五世治世までに顧問会議の権限は縮小され、国王の信任をえた少数の秘書官や寵臣が長期にわたって実権を掌握する傾向が強まった。ジョアン五世は国内ではフランス国王ルイ十四世を模して絶対君主として振る舞い、リスボンにヨーロッパ有数の歌劇場を開設したり王立歴史学アカデミーを創設するなど学芸を保護奨励した。リスボンに飲料水を供給する大水道の建設という社会基盤工事もこの時代に(ただし、市民の税によって)おこなわれた。

国外ではスペイン継承戦争への参加によってアマゾン川両岸とラ・プラタ川東岸(サクラメント)を獲得して金を産み出すブラジルの周辺がかたまった。ジョアン五世は晩年スペインとマドリード条約(一七五

マフラの宮殿兼修道院(1717〜50年)　スペインのエル・エスコリアル宮を意識したものとされる。ドイツ人ヨハン・F・ルートヴィヒによる設計。

〇年)を締結し、サクラメントをゆずるかわりにトルデシーリャス条約の分界線をこえて西側へ大きくふくらんでいた領土を認めさせた。これによって現在のブラジルの境界線がほぼ画定した。スペイン継承戦争以後はヨーロッパの係争には深入りせず中立の立場を保持することに腐心し、およそ五〇年間の安寧をえた。

ただし、再独立で喪失していたローマ教皇庁の信頼を取り戻すための戦いは例外であった。一七一六〜一七年、ジョアン五世は教皇クレメンス十一世の要請に応えてアドリア海防衛のキリスト教徒軍に加わり、マタパンの海戦でオスマン軍を破った。その見返りにリスボン総大司教区が創設され、枢機卿の地位が総大司教に与えられた。のちにジョアン五世は「いと忠実なる」という称号も受けた。

ポルトガルの絶対王政はカトリックの権威を必要としていた。その象徴はリスボンの北方マフラに宮殿をかねて造営された巨大な修道院である。その工事には三三年の歳月が費やされ、のべ五万人以上の人員が投入された。大量のブラジル金はマフラ修道院をはじめとする多くの壮麗な建築物や輸入品の対価として、他のヨーロッパ諸国とりわけイギリスに流出した。総じて国内工業の育成は忘れ去られた。こうして十八世紀前半のポルトガルはワイン貿易とゴールドラッシュによって外見上繁栄の極みに達しながらイギリスへの経済的従属の度を深めることになった。

近世の社会と文化

近世のポルトガルも聖職者・貴族・平民の三身分からなる身分制社会であったという点では中世と相違ないが、カトリック世界の牙城、対抗宗教改革の舞台にあって、教会と聖職者の力はかつてないほど強まった。教会は王室の歳入のうち一〇分の一を受領する中世以来の権利を保持していた。ほとんど義務化した寄進や海洋帝国における資産もその財産を拡大させた。十八世紀初めまでに教会の所領は国土の四分の一ないし三分の一におよんでいた。世俗聖職者と修道士の数は十七世紀なかばの五万五〇〇〇人から一七五〇年までに二〇万人に達していた。総人口は一六四〇年ころ二〇〇万人、十八世紀なかばで二五〇万人であったから、この間に聖職者は人口比でおよそ三倍増である。修道院の増加はとくに著しく、十五世紀末の二〇三から一七五〇年には五三八を数えた。全体の三分の一はフランシスコ会が占め、シトー会、ドミニコ会、イエズス会などが続いた。なかでもイエズス会は、数に比して社会の上層に強い影響力をもっていた。

その攻撃の対象となったのは異端とユダヤ教徒であった。プロテスタントはほとんど存在しなかった。十六世紀なかばに約六万人いた新キリスト教徒は十七世紀初頭までに半減し、旧キリスト教徒に同化する傾向をみせていた。それにもかかわらず、同化をあえて阻止しようとことさらに攻撃の手を加えたのが一

リスボン王宮前におけるアウト・デ・フェ(1741年の図版)

五三六年ジョアン三世によって設立された異端審問所であった。ドミニコ会に支えられた親スペインの異端審問所は一六二〇年代にポルトガル再独立を支持するイエズス会と袂をわかち、組織力を強めて社会のすみずみまで告発者《ファミリアル》の網を広げ、文字どおり国家内国家と化した。異端審問所長官の罷免権はローマ教皇のみが有した。異端審問所は公開の裁判と処刑の儀式(アウト・デ・フェ)で多くの異端者を火刑に処した。その数は十六世紀なかばから十七世紀末まで年平均一〇人におよんだ。火刑数はその後十八世紀なかばにかけて年平均二ないし三人に減少したが、末期の一七五〇年代には一八人が火刑に処せられた。

絶対王政期にありながら貴族も近世を通じてその力を保持した。十六世紀末までに爵位をもつ大貴族(グランデ)や軍と行政の高官からなる宮廷貴族、その下に位置する官職保有者・裁判官・教授などの法服貴族、フィダルゴと呼ばれる農村貴族の三層に区分され、その構造は十八世紀まで基本的に変化しない。スペイン併合の前に二五であった爵位の数はポルトガル人貴族をつなぎとめようとするマドリード政府の意向で増加し、一六四〇年までに六九となっていた。再独立後、爵位の数は半減したが、独立確保の戦いで貢献した法服貴族と農村貴族からの昇進で減少分は一六七〇年までに相殺された。後者は各種の顧問会議を通じて国政に参与した。貴族はさまざまな特権を有し、租税をまぬがれていた。大司教や司教などの富裕な高位聖職禄は貴族の次男や庶子が占めていた。しかも、海洋帝国の重要官職を独占し、その職権を利用して貿易で巨富をえていた。商業を蔑視する風潮は弱まりつつあったが、貿易でえた富がふたたび貿易に投資されることは珍しく、多くは土地の取得に向かった。

アヴィス朝成立期に萌芽しつつあった国内ブルジョワジーの成長は近世に歯止めがかかった。一四八〇年代以降、ポルトガル王室は重要な遠征事業をイタリアなどの外国からの資本でまかなっていた。一五〇四年以降は海外交易への国家の介入を一段と強めたが、交易拠点帝国の維持のためにふたたび外国の資本に大きく依存せざるをえなくなった。王室貿易や外国商人との競合に加えて貴族の商人化も逆風となった。成功した富裕なブルジョワジーの多くは新キリスト教徒であったため、異端審問所の迫害を受けていた。同君連合の時代、多くの新キリスト教徒は資本の提供とひきかえにマドリード政府から保護を受け、ポルトガルを去った。さらに再独立の戦いで外国の支援をえるために結ばれたいくつかの条約によって外国商人はリスボンに拠点を確保し、ワイン貿易が興隆するとポルトにも拠点を構えた。十八世紀にはいると、ブラジル貿易や北欧貿易の活況と政府の保護政策にのって一部の富裕ブルジョワジーが台頭してきた。だが、彼らは好んで土地や官職を購入して貴族化した。こうして階層としてのポルトガルのブルジョワジーは衰退へ向かった。この間、他国における動きとは逆に手工業者の世界ではギルド支配が強まっていた。コルテスは独立戦争のさなかに力を発揮していたが、ペドロ二世の治世に王権を制約する力を失い、一六九八年の開催以後、十八世紀を通じて一度も召集されなかった。

大航海時代の富を背景に十六世紀なかばに発展しヨーロッパの知に貢献したポルトガルの学芸は以後先細りの運命をよぎなくされていた。近世のキリスト教会と国家は対抗宗教改革で連携し、教育と検閲を通じて文化活動にたいする支配力を強め、学問の進歩を妨げたからである。唯一の大学、コインブラ大学は十六世紀なかばから十八世紀にかけて国家の管轄下におかれていた。イエズス会は一五五九年創設のエヴォラ大学の監督権をえてコインブラ大学に挑戦し、コルテスの抵抗にもかかわらず多数のコレジオを支配するようになった。人文主義運動の拠点となっていた王立の「コレジオ・ダス・アルテス」は異端審問所の弾圧を受け、一五五五年にイエズス会に支配された。印刷物にたいする検閲も一五四〇年から異端審問所によって本格化した。イタリアとスペインにならって十六世紀なかばから十七世紀なかばまでつぎつぎに禁書目録がつくられ、国王や高位聖職者も検閲に手をそめた。連合王国時代における宮廷の消失もポルトガル文化から活力を奪った。

このような文化全般の閉塞状況にあって、ブラジルの金は建築の分野に装飾過多ともいえるバロック様式を開花させた。その特徴は教会や貴族の館の内部をかざった金泥木彫(ターリャ・ドラーダ)と絵タイル(アズレージョ)である。ターリャ・ドラーダは祭壇から壁面・天井にいたるまで教会の内部を金色でおおいつくした。リスボンのサン・ロケ教会やポルトのサンタ・クララ教会はその代表である。世俗建築では、コインブラ大学の図書館をかざるターリャ・ドラーダがみごとである。

アズレージョはイスラーム時代に起源をもち、とくに十五世紀後半にセビーリャやグラナダから大量に輸入されて壁面の装飾に用いられるようになっていた。十六世紀半ばからはリスボンでもさかんに製造さ

コインブラ大学(1290年創立)**の図書館**　ジョアン5世の命で1716～28年に建設された。ポルトガル・バロック様式の代表。「黄金」時代を反映して，ターリャ・ドラーダで壁面と本棚が覆われている。木彫はフランス人クロード・ラプラードによるとされている。

れるようになった。当初は多色のものが多く，今日のポルトガル建築物に涼味をそえる白地に青のアズレージョが主流になるのはオランダの影響を受ける十七世紀後半からである。その絵柄は幾何学的模様から聖書の物語、動植物にいたるまで多岐にわたっていた。

第三章　ブルジョワジーの世紀

1　ポンバルの改革

イエズス会士追放と教育改革

ポルトガルが海洋帝国のもたらす恩恵を享受していた最中《さなか》の一七五五年十一月一日、突如未曾有の激震がリスボンを襲った。地震とそれに続く津波と大火災は約一万五〇〇〇人の命を奪い、首都に甚大な被害をもたらした。このとき秩序の回復とリスボン再建に辣腕《らつわん》をふるったのがジョゼ一世（在位一七五〇〜七七）から統治の全権を委ねられていた下層貴族出身のセバスティアン・ジョゼ・デ・カルヴァーリョ・イ・メロ、のちのポンバル侯爵である。ポンバルがめざしたのは廃墟と化したリスボンの復旧ではなく、まったく新しい都市の構築であった。テージョ河口の王宮広場はコメルシオ（商業）広場と名を変えてここに官庁が集められ、そこを起点に街路が碁盤目状に整備された。建築物の高さに制限が加えられ、所有者の地位を示す紋章は取り付けを禁じられた。

初代ポンバル侯爵像　スツールと床面に広げられているのはリスボン再建図案。さし示す手の先，テージョ河口には船が浮かび，右手にはジェロニモス修道院がみえる。フェリーペ５世の宮廷画家であったルイ・ミシェル・ヴァン・ローの作品（1766年，オエイラス市議会所蔵）。

合理的かつ強引なリスボン再建のあり方はポンバルの「上からの改革」を象徴している。ポンバル体制はさまざまな伝統的特権を有する中間的諸権力をくじいて国王の専制支配を実現するという点で絶対王政の完成であり、特権身分に抑圧されていた第三身分や下層の貴族・聖職者に力を付与した点で来るべきブルジョワジーの世紀の序曲となった。その改革の根拠はピレネーの彼方から到来した啓蒙思想に求められた。スペイン文化の影響力は急速に減退し、学芸の主流はフランス流の新古典主義へ移った。第二言語もフランス語にかわり、フランスやイタリアを範とする各種アカデミーも創設された。ポルトガルの衰退を認識し、西欧に学んで自国の政治や文化を改善したいと考える人々は「エストランジェイラード（外国かぶれ）」と呼ばれ、教育・統治・外交の舵取りに助言を求められた。駐オランダ、フランス大使を務めたルイス・ダ・クーニャは、聖職者の過多や異端審問所による抑圧に衰退の要因を認め、故エリセイラ伯の工業育成策を称揚し、ポンバルの後援者ともなった。ポンバルも駐ロンドン、ウィーン大使としての経歴を有し、オーストリア人を妻にもっていたが、ウィーン時代には異端審問所の迫害から逃れていた新キリスト教徒の医師リベイロ・サンシェスと親交があった。

改革の好機となったのはジョゼ一世殺害未遂事件(一七五八年九月)である。一七五九年一月ポンバルは最有力の貴族アヴェイロ公やタヴォラ侯ら多くの爵位貴族を首謀者として処刑した。ポンバルの弾圧は、十八世紀前半から始まっていた貴族層の世代交代を加速させ、ポンバル体制下でおよそ三分の一の貴族がいれかわった。ポンバルが失脚したとき釈放された政治犯は約八〇〇人を数えたほどである。国王暗殺の陰謀に参画したという嫌疑は教皇権至上主義に立つイエズス会にもかけられた。ほとんどのイエズス会士は本国および海外領土から追放され、その財産は没収された。この処分はイエズス会の存在に不満をもつほかのカトリック諸国に影響を与え、スペインやフランスでもイエズス会士が追放された。一七六〇年にはローマ教皇の使節が追放され、一〇年間教皇庁との関係が途絶した。また、イエズス会同様に「国家内国家」と化していた異端審問所も、七四年までに国家の統制下に組み込まれ、火刑は廃止された。新キリスト教徒にたいする差別も撤廃された。

教育界を掌握していたイエズス会士の追放は、ジョアン五世時代から課題視されていた教育改革の好機となった。改革の原則はエストランジェイラードのオラトリオ会士ルイス・アントニオ・ヴェルネイの『真の学問の方法』(一七四六年)が提供した。イエズス会のエヴォラ大学は廃止され、唯一残ったコインブラ大学は一七七二年にカリキュラムと組織が二世紀半ぶりに抜本的に改定された。多くの外国人が招聘《しょうへい》され、自然科学や医学の研究教育が強化された。初等・中等教育でも学制が確立し、自国語の教育に力点がおかれた。都市下層民や農民にその恩恵はおよばなかったものの、中間層の識字率は向上した。

注意を要するのは、これらの変革が反カトリックを明確に意図したわけではないことである。イエズス会士追放は同会にたいする高位聖職者やほかの修道会の反感を背景としていた。下層民に絶大な支配力を有する世俗聖職者は年金や特権とひきかえに国王への従属を強め、繁栄を約束された。一七七〇〜七四年にかけてあらたに五つの司教区が設立された。また、中間権力の排除は王権による抑圧装置の強化と並行しておこなわれていたことも見落としてはならない。六〇年、治安組織が再編され強大な国家警察が誕生した。六八年には検閲会議が設立され、出版物にたいする統制権が一元化された。イギリス、フランスの啓蒙思想を容れながら、そこに由来する自由主義は排除されたのである。

経済政策の成果

外交はイギリスとの同盟が基軸であった。七年戦争(一七五六〜六三年)ではブルボン家が「家族協定」への加入と対イギリス宣戦をポルトガルに迫ったが、ポンバルはこれを拒否したため、一七六二年スペインとフランスに侵略の口実を与えた。ポンバルはドイツ、イギリス、スイスの支援をえて短期間で軍の再編と強化をこなし、侵略者を駆逐した。

イギリスとの関係を重視する一方で、ポンバルは経済面においては対英従属からの脱却を重要なテーマとしていた。「貿易評議会」(一七五五年)を通じておこなわれたその初期の特徴は、重商主義に基づいて一握りの独占会社に貿易上の特権を付与したことである。まず本国で一七五六年「アルト・ドウロ葡萄栽培会社」が創設された。この会社は対英輸出の増大で広がりすぎたポートワインの生産地を制限して値崩れを防ぎ、ポルトガル人大規模生産者と輸出業者の競争力を強化する狙いをもっていたが、小規模生産者・商人の反発を招いて五七年にポルトで暴動を引き起こした。ポンバルはこれを厳しく弾圧し、会社を存続させた。植民地貿易でもイギリス商人の排除と国内ブルジョワジーの育成のために、五三年以降ブラジル貿易の会社が二つ、アジアとアフリカ貿易の会社がそれぞれ一つ設立された。なかでもブラジルの「グランパラ・イ・マラニャン会社」と「ペルナンブーコ・イ・パライーバ会社」は貿易のみならず農業とくに綿花とカカオの生産を促進し、大西洋帝国と植民地貿易の発展に寄与した。

だが、一七六九年からの不況が経済政策にあらたな段階をもたらした。植民地貿易が不振に陥り、とりわけブラジルの砂糖輸出量が一七六〇〜七六年に四割も急落した。七〇年のリスボン港における船舶取扱量は二〇年前の三分の一に減退していた。さらに致命的なのは赤字を補塡していた金の生産も七〇年代以降、急速に減少したことであった。十七世紀末にエリセイラ伯のもとで頓挫した国内工業の育成がふたたび急務となった。貿易評議会は優遇税制などの保護政策やギルドの一部廃止、資金援助を打ち出して起業を奨励し、六九年から一〇年間でリスボンとポルトを中心に七一の小工場を設立させた。とくに綿織物と絹織物の生産が増加し、国内と植民地の市場へ供給された。六〇年代にイギリスからの輸入は五割も減少しており、しだいに貿易赤字は縮小していった。

一七七七年にジョゼ一世が死去し、マリア一世(在位一七七七〜一八一六)が即位すると、前王の信任によったポンバルの専制政治は終焉した。だが改革の基本は保持され、とくに九〇年以降、国王による裁判権の一元化へ向けて法整備が進んだ。もっともこれは実施面で困難をかかえていた。十八世紀末まで農村(とくに北部)の構造はほとんど変化しなかった。都市ブルジョワジーや官僚、南部の中小地主からなる上

ケルス宮殿　「ポルトガルのヴェルサイユ」と呼ばれる。ジョアン5世がペドロ王子のために建築を命じた。マフラ宮の設計者ルートヴィヒの助手マテウス・ヴィセンテ・デ・オリヴェイラの設計により1747年から86年にわたって建造された。マリア1世の即位からリオへ遷都するまでの30年間，ポルトガルの主たる王宮であった。

層中産階級はようやく成長し始めていたが、上からの改革によってこの階級の力は「旧体制」に取り込まれていた。

体制の延命を可能にしたのは十八世紀末～十九世紀初頭のポルトガルに訪れた束の間の繁栄である。対英貿易はポンバル失脚後の一七八〇年、およそ一世紀ぶりに黒字に転じ、以来ナポレオンの侵攻まで貿易収支はほぼ黒字を維持する。一八〇四年の国家歳入は十八世紀初頭のおよそ三倍に増大していた。ポンバルの経済政策の成果であるとともに、アメリカ独立戦争およびフランス革命の勃発という大西洋世界の激動がブラジル貿易に有利に働いたからであった。一七九二年、マリア一世が精神に支障をきたすと、息子のジョアン(のちのジョアン六世)が摂政位に就いた。リスボン近郊のケルス宮殿では、のちに反革命のリーダーとなる摂政妃カルロータ・ジョアキーナ(ホアキーナ)が退廃した文化をつむいでいた。体制を転覆する契機は内からではなく外からもたらされた。

2　立憲王政の成立

ナポレオンの侵略

　フランス革命以降の半世紀間、ポルトガルの政局はヨーロッパ列強に振り回される。マリア一世と摂政ジョアンは革命フランスにたいしてスペインおよびイギリスとの三国同盟をめざしていたが成功せず、一八〇一年にはフランスと結んだスペインが侵攻してきた。ポルトガル軍はアレンテージョで大敗し、スペインにオリヴェンサを割譲し賠償金を呈した(「オレンジ戦争」)。一八〇六年末、ナポレオンは大陸封鎖令を発した。翌一八〇七年七月、当時西欧大陸側で唯一フランスの支配をまぬがれていたポルトガルにたいしてナポレオンは同盟国イギリスとの断交を迫った。スペインの宰相ゴドイはアルガルヴェとアレンテージョを割譲するというナポレオンの言質でポルトガル征服に乗った。フランスの将軍ジュノーが率いるフランス・スペイン連合軍は一八〇七年十月、ついにポルトガルに侵攻した。

　ポルトガルの上層部にまったく抵抗の意思はなかった。十一月二十九日、かねてから計画されていたとおり、ポルトガル王室は一万人をこえる随行員とともに、イギリス海軍に護衛されながらリスボンを離れ、ブラジルのリオ・デ・ジャネイロに首都を移した。アブランテス侯の摂政政府があとを託されたが、ジュノーはただちにこれを解散させた。一八〇八年、国王に見捨てられた民衆は、スペインにおける反フランス蜂起(「スペイン独立戦争」)に刺激されて、北部の諸都市で立ち上がりフランス軍に抵抗した。同年八月、ウェルズリー卿(のちのウェリントン公爵)のイギリス軍はこの機をとらえてモンデーゴ河口に上陸し、ポルトガル軍と合流してフランス軍を破った。一八〇九年三〜五月と一〇年六月〜一一年四月にもイギリスの将軍ウィリアム・ベレスフォードが率いるポルトガル・イギリス連合軍はフランス軍を退け、ポルトガルはようやく独立を回復した。

しかし、ポルトガルは深手を負っていた。四年間の対仏戦争で一〇万人以上の人命が失われ、フランスとそれに同調したスペインの兵士は略奪・陵辱行為をほしいままにした。国土と産業は極度に疲弊した。列強への負債は巨大で、年度返済額は歳入の四分の三におよんでいた。戦中ポルトガルは経費および装備の両面でイギリスに大きく依存していたため、イギリスの影響力は異常に強まっていた。ベレスフォードは戦後も摂政政府の統治に強い指導力を発揮し、事実上ポルトガルを支配した。しかも、ジョアンはブラジル到着の直後からブラジルの諸港を開放し、自由貿易を許可した。対仏戦争前、ブラジル貿易はポルトガルの全貿易の四分の三を占めていただけに影響は大きかった。本国の関税収入は激減した。大きな利益をえたのはやはりイギリスであった。イギリスの物産はブラジル市場を支配した。植民地体制は事実上崩壊した。王室は一八一三年末に帰国要請を受けていたが、復古をうたう列強のウィーン会議(一八一四〜一五年)後もブラジルに居残り、帰国の気配をみせなかった。一五年、「ポルトガル＝ブラジル＝アルガルヴェ連合王国」が成立し、ブラジルは植民地から本国と対等の王国に昇格した。翌一六年マリア一世が死去すると、ジョアンはリオ・デ・ジャネイロでジョアン六世(在位一八一六〜二六)として即位した。ブラジルの人口はすでに本国を上回っており、王室や貴族は本国から地代や貢租を送らせていた。植民地と宗主国の立場は逆転した感があった。

自由主義革命とブラジルの独立

貿易の衰退に苦しみ、国王から見捨てられたと感じるポルトガルの民衆と中間層はイギリス人による支配への反感を強め、しだいにフランス革命のジャコバン主義やイギリスから浸透していたフリーメーソンの自由主義に共鳴するようになっていた。ポルトガルのフリーメーソンは一八一二年までにリスボンだけで一三支所を数えるまでに成長していた。一七年三月、スペインの将校と連携した軍人による反乱計画が露見し、その首謀者でポルトガル・フリーメーソンの頭目ゴメス・フレイレ・デ・アンドラーデ将軍らが処刑された。だが、これはかえって自由主義とナショナリズムに火をつける結果となった。

一八二〇年一月、スペインのカディスで自由主義者が反乱を起こすと、ポルトガルでこれに呼応する気配を察知したベレスフォードは三月、直接ジョアン六世を説得するためブラジルに渡った。これを好機とみたポルトガル軍将校は自由主義者と結んで八月二十四日にポルトで「革命宣言《プロヌンシアメント》」を発した。その中核となったのは、一八年にポルトでマヌエル・フェルナンデス・トマスによって組織されたジャコバン主義の結社「シネドリオ」である。反乱はただちに北西部・中部の諸都市に波及した。二〇年九月十五日、リスボンの軍隊も決起し臨時政府が成立した。カダヴァル公ら有力貴族もこれを支持した。革命は成功した。その報はブラジルに伝えられ、二一年一月以降反乱がパラからバイーア、リオへ波及した。ベレスフォードは再入国を拒否されイギリスへ去った。

1820年８月24日ポルトにおける革命直後を描いた版画　左は「刷新広場」，右は「立憲広場」。マヌエル・コレイア・ジュニオルによる。

臨時政府は一八二〇年十二月に間接選挙を組織し、二一年一月、初の立憲議会(コルテス)が召集された。議員の大半は自由主義者であった。立憲議会はあらたにサンパイオ伯の摂政政府を選出し、憲法草案の作成にとりかかった。革命の主力は穏健な立憲政をめざす軍人であったが、立憲議会は当初、官僚・法律家などの知的専門職からなる急進派の自由主義者たちが主導権を握っていたため、国民主権・三権分立・直接選挙・一院制を基軸に封建的諸特権の撤廃や異端審問所の廃止、出版の自由など抜本的な改革が打ち出された。そのモデルはスペインの一八一二年憲法であった。帰国を要請されていたジョアン六世は長男ペドロを摂政としてブラジルに残し、二一年七月リスボンに到着、憲法草案に忠誠を誓った。憲法の正式発布は翌二二年九月である。

しかし、この「一八二二年憲法」でうたわれていた自由主義はブラジルの自由を認めるものではなかった。ブラジルからも議員は送り込まれていたが、少数派であった。本国ブルジョワジーの利害にそって自由貿易は否定され、ブラジルを対等の王国から植民地の地位へと引き戻すことが決議された。ブラジルでは反ポルトガル感情が高まり、急速に分離運動が広まった。さらに一八二二年一月、摂政ペドロの召還命令もくだったが、ペドロはこれを拒否した。ブラジルの地主や軍人・官僚などからなる穏健派自由主義者はブラジル分離運動の急進化が共和政の樹立と求心力の喪失につながることを恐れ、立憲王政による独立を求めてペドロをかつぎだした。二二年九月七日、サン・パウロにてブラジルの独立が宣言され、同年十月にペドロはブラジル「皇帝」ペドロ一世として即位した。二五年八月、イギリスはポルトガルに迫ってブラジルの独立を認めさせ、その代償として、通商特権の維持と奴隷貿易の停止をブラジル政府に確約させた。

内戦

最大の植民地ブラジルの喪失は本国の政局に大きな影響を与えた。革命政府にたいする民衆の過剰な期待は急速にしぼみ、特権の喪失で危機感を強めていた貴族・聖職者の期待を背に反動勢力が台頭した。ジョアン六世のスペイン人王妃カルロータ・ジョアキーナは新憲法への忠誠を拒否して市民権を剥奪されたが、ラマリャン宮にたてこもって反動勢力の擁護者となった。スペインで王妃の弟フェルナンド七世の反動体制が成立したこともこれに棹《さお》さした。ロシア、プロイセン、オーストリアも革命政府を承認していなかった。アマランテ伯ら反動勢力は一八二三年二月、絶対王政の復活をもくろんで保守的なトラズ・オズ・モンテスに拠点を築き、ジョアンの次男ミゲルを擁して二三年五月にヴィラ・フランカーダの反乱、翌年四月にはアブリラーダの反乱を起こした。ジョアン六世はイギリスの支援をえて反乱を鎮圧し、ミゲルを亡命させたが、他方で二二年憲法を停止させるなど、自由主義者と反動勢力のあいだで揺れ動いていた。

一八二六年三月、ジョアン六世が死去すると、反動勢力は独立国ブラジルの皇帝ペドロにポルトガル王位継承権はないと主張し、国王としてミゲルを推戴した。これにたいしてペドロはイギリスの支持をとりつけたうえで、ミゲル派の抱き込みをはかった。ペドロはポルトガル国王ペドロ四世として即位を宣言したのち、ただちに幼少の娘マリア・ダ・グロリア(マリア二世、在位一八二六～五三)に譲位し、条件つきでミゲルに摂政位を約束したのである。条件とは姪のマリアとの婚約、そして二二年憲法にかわってあらたに発布された「一八二六年憲章」に忠誠を誓うことであった。この憲章はフランスの一八一四年憲章とブラジルの一八二三年憲法をモデルにしたもので、二二年憲法に比して王権の強化が目立つ。国王には三権を統御する権利と内閣の任免権が与えられ、国会は国王によって任命される終身・世襲の上院と間接選挙で選出される議員からなる下院で構成された。以来ポルトガルの政局は二十数年間にわたって、この二六年憲章を擁する穏健派自由主義者を軸に、左に二二年憲法への復帰をめざす急進派自由主義者、右に反動的絶対主義のミゲル派、の三つ巴の争いとなる。

一八二六年十月、ミゲルはペドロの条件を容れて憲章に忠誠を誓い、二八年二月に亡命先のウィーンから帰国した。だが、取り巻きの教唆に乗ってミゲルはまもなく態度を豹変させた。同年三月に議会を解散し、六月に復活させた身分制のコルテスによって「絶対君主」として王位継承を宣言したのである。自由主義者はポルトで評議会を組織して抵抗したが、弾圧は苛烈であった。数千人の逮捕者がでた。パルメーラ公ら多くの自由主義者はイギリスへ亡命した。しかし、民衆は自由主義者に同情をよせず、ミゲルの政府を歓迎した。スペインも二九年十月ミゲル政府を承認し、復古王政は定着するかにみえた。

流れをかえたのは、またしても外国の情勢であった。一八三〇年、フランスに七月革命が起こり、ヨーロッパの反動体制は退潮し始めた。三一年初め、ブラジル議会とそりのあわないペドロは、皇帝位を息子のペドロ二世に譲らざるをえない状況に追い込まれたが、これによってかえって反ミゲルの闘争に専念する自由をえた。ペドロはマリア二世とともにイギリス、フランスの支援を求めながら、唯一ミゲルに服さないアソーレス諸島のテルセイラ島で勢力を扶植した。三二年六月ペドロ率いる自由主義陣営の遠征隊はポルト近郊に上陸し、内戦が始まった。ペドロ軍はポルト奪取に成功したが、その兵力はイギリス人傭兵を含めてもミゲル軍の一〇分の一にも満たず、長期のポルト包囲で苦戦を強いられた。転機となったのは翌三三年六月イギリス艦隊の支援をえたテルセイラ公のアルガルヴェ強襲である。大敗したミゲル軍は士気を落として総崩れとなり各地で敗北を重ねた。三四年五月、ついにミゲルは降伏した。

模索する自由主義体制

内戦は終わったが、対仏戦争以降のうち続く戦火で国土は疲弊の極みに達していた。また、両陣営とも戦費調達に列強から多額の借款をえていた。ミゲルの債務は履行を拒否したが、自由主義陣営だけで六〇〇〇コントをこえる負債は年率二〇%の利息がついてポルトガル経済に重くのしかかっていた。さまざまな矛盾を棚上げにしてくれた植民地ブラジルの富が失われた以上、ポルトガルは国内に収入源を求めざるをえなかった。十九世紀の自由主義者や重農主義者は、第一の収入源すなわち農業の発展には封建的な束縛からの解放が不可欠であるという認識をもっていた。そのための抜本的変革はすでに一八二二年憲法を生んだコルテスで着手されたが、その後の保守反動で反古《ほご》同然となっていた。内戦開始の前、ペドロはアソーレスでモウジーニョ・ダ・シルヴェイラを大蔵大臣・法務大臣に任じ、一八三二年四月に十分の一税の廃止、限嗣相続財産の一部廃止、王領地の国有化などの法令を公布した。内戦後これらの法令は確認され、さらにすべての修道院の廃止が打ち出された。政府はミゲル派や修道会の土地・財産を没収し、国有財産として競売に付した。上層ブルジョワジーは安値で土地を獲得し、保守派の地主貴族に接近した。しだいに支配的となるのは彼ら「土地ブルジョワジー」である。

だが、政局はいぜんとして安定しなかった。自由主義者は権力闘争で左右分裂の度を深め、摂政ペドロは求心力を失ってまもなく死去した。マリア二世は中道右派のパルメーラ公に組閣を命じたが、内戦の勝利に貢献しながらその恩恵にあずかれなかったと感じる中小の商人・工業家や失業した軍人は不況のあおりを受けて不満をつのらせていた。一八三六年の選挙で政府は勝利をおさめたものの、ベイラやアルガルヴェでの野党急進派の進出は著しく、とくにポルトでは二八議席中二七が野党の手に渡った。同年八月にスペインで進歩派クーデタが成功すると、これに刺激を受けたポルト急進派の代表は九月にリスボンに到着、リスボンの急進派は民衆を動員して反乱を起こし軍部はこれを支援した。これが「セテンブリスタ(九月党)の乱」である。内閣は総辞職し、マヌエル・ダ・シルヴァ・パソス(パソス・マヌエル)を首班とする内閣が発足した。内戦後成長し始めていた工業家ははじめて政権に参与した。パソスは二六年憲章を停止して二二年憲法を復活させた。

これにたいして憲章を擁護する穏健派自由主義者は一八三六年十一月から三七年なかばにかけて何度も

セテンブリスタの体制に挑んだ。この結果、三八年四月、あらたに二六年憲章と二二年憲法のあいだをとった妥協的な憲法が公布されたが、セテンブリスタは分裂し、憲章派の圧力がしだいに強まっていった。四二年一月、法務大臣ベルナルド・ダ・コスタ・カブラルはクーデタによって政権を奪取し、ポルトで二六年憲章の復活を宣言した。コスタ・カブラルは強権を発動して治安の回復と行財政改革を推し進めた。ドウロ川の架橋や幹線道路の建設といった社会基盤の整備にも積極的であった。

「マリア・ダ・フォンテ」の寓意画(1846年)

だが、改革の矛先が農村の生活に向けられると、人口の八割を占めながらそれまで自由主義運動から疎外されていた農民はこれに強く反発した。一八四六年四月、凶作・穀物価格の騰貴という状況のなか、ミーニョ地方に民衆蜂起が発生し、トラズ・オズ・モンテスとベイラへ波及した。この民衆蜂起は農婦が指揮をとっていたという噂から「マリア・ダ・フォンテの乱」と呼ばれた。直接の原因はカブラル政府が教会内での遺体の埋葬を禁じたことにあった。自由主義革命に恨みをもつ聖職者やミゲル派のみならず、セテンブリスタから一部の憲章派にいたるまでカブラル体制に不満をもつさまざまな勢力がこの乱を利用し煽動した。五月、マリア二世がカブラルを罷免しパルメーラ公に組閣を命じると、反乱は一時下火になった。だが十月、パルメーラ内閣はクーデタで倒され、マリア二世が憲章派のサルダーニャ公爵に組閣させたため、反乱はポルトを起点にふたたび北部一帯へ燃え広がり、南部やアソーレスにも飛び火した。「パトゥレイアの乱」と呼ばれたこの第二段階の反乱では憲章派の左右の敵、セテンブリスタとミゲル派が手を結んだ。争乱は八カ月間続き、劣勢に陥ったサルダーニャはイギリスとスペインに介入を要請した。両国軍によってポルト近郊に追いつめられた反乱軍は四七年六月に降伏し、グラミド条約が締結された。

パトゥレイアの乱の収束で土地ブルジョワジーに支持された自由主義憲章派は優位を確立した。反動ミゲル派は力を失い、急進セテンブリスタ政府を支えていた工業家は政権から排除された。だが、内戦以降の動乱において要所でイギリスの介入に頼らざるをえなかった事実は、近世以来の対英従属が一層強化されたことを物語っている。

3　成長と挫折

二大政党制とフォンティズモ

反乱の終結後は、しだいにカブラル派が復活をとげ、一八四九年六月、サルダーニャにかわってコスタ・カブラルが首相としてふたたび政権を掌握した。コスタ・カブラルは五〇年二月、検閲を強化して独裁体制への批判の芽をつみとろうとしたが、下野したサルダーニャは有力な知識人を集めて五一年四月に

リスボンのロシオ公園(パセイオ・プブリコ)の「文明祭」(1851年 夏)
刷新運動の初期に救貧院寄付の名目でおこなわれた。実用化されて間もないガス灯のイルミネーションに惹かれて，数千人の市民が三夜連続で集った。重要な社交場でもあったこの公園は1879年に廃止され，リベルダーデ通りがその役割を継いだ。

反乱を起こした。この反乱はポルトガル自由主義の「刷新運動《レジェネラサン》」と呼ばれた。ポルトの軍部もこれに呼応して決起したため、コスタ・カブラル内閣は総辞職した。マリア二世はサルダーニャに組閣させた。五二年六月の追加法によって二六年憲章は一部修正され、下院に直接選挙が導入された。これによって憲章は多くの人にとって立憲王政の柱として認められるようになった。自由主義路線の模索の時期は終わりを告げた。

半世紀間にわたる動乱に倦み疲れた国民は憲章派を中心に左右の勢力を糾合したサルダーニャの与党「刷新党《レジェネラドレス》」に政治的安定を期待した。穏健化したセテンブリスタなどの野党勢力は、ロレ公を党首とする「歴史党《イストリコス》(七六年改革党と合同して進歩党となる)」へ統合され、一八五六年にはじめて政権をとった。歴史党はよりリベラルな色彩が強かったとはいえ、両党の綱領に大差はなかった。以来、マリア二世の後継ペドロ五世(在位一八五三〜六一)とルイス(在位一八六一〜八九)の治世において刷新党と歴史党の二大政党が交互に内閣を構成する「ロタティヴィズモ(政権交代)」が定着した。

ただし、代議制の実態は民主主義による下支えを欠いていた。下院に直接選挙が導入されたとはいえ、年収制限が厳しく被選挙人はわずか四

ポルトのドウロ川に架かるD.マリア・ピア橋　「エッフェル塔」の技師A.G.エッフェルの作（1875～77年）。

五六九人、有権者も総人口のおよそ一%を占めるにすぎなかった。このわずかな有権者もリスボンとポルトを除けば政治意識はきわめて低く、選挙は腐敗の温床となった。選挙に勝利した政党が政権をになうのではなく、国王に組閣を命じられた政党が地方の有力者(カシーケ)や地方行政官、聖職者を通じて選挙を操作し、容易に下院の過半数を確保したのである。このような体制(カシキズモ)は当時から揶揄《やゆ》と批判の対象になっていたが、それにもかかわらず結果的に十九世紀後半の政局はほかのヨーロッパ諸国に比して安定を誇ることができた。政争の季節は終わり、経済発展の土台づくりが急務となった。

もっとも重要な土台づくりは社会基盤を整備する事業であった。刷新党政府は大規模な借款を財源に通信・運輸網の拡充をはかったのである。この公共事業は、推進役となったサルダーニャ内閣の大蔵大臣(のちに公共事業大臣、首相)A・M・デ・フォンテス・ペレイラ・デ・メロの名をとってフォンティズモと呼ばれた。まず一八五六年、リスボン―カレガード間に最初の鉄道が開通した。六〇年代には二〇倍以上に拡充されてスペインにつながれ、八〇年代なかごろには一五〇〇キロ以上に達した。道路と橋の建設も並行して推進された。五二年に二〇〇キロ余りにすぎなかった舗装道路は一九〇〇年までに一万四二〇〇キロをこえていた。ドウロ川の二つの大橋をはじめとする橋梁の架設は南北の鉄道・道路網の連結に不可欠であった。電信・電話網の敷設も急ピッチで進められた。電信は五七年に導入され、ただちにスペインにつながった。海底ケーブルは五〇年代にはじめてリスボン―アソーレス間に敷設され、七一年にブラジルに延伸した。八二年にはリスボンに電話が導入された。

通信・運輸網の拡充は、土地制度の改革による相乗効果をともなって、社会経済の構造にさまざまな影響をおよぼした。内戦後の没収地や王領地の競売によって多くの荒蕪《こうぶ》地や休耕地が利用されるようになっていたが、さらに限嗣相続財産制の全面廃止(一八六三年)および共有地の廃止(六七年)で開墾と生産増に拍車がかかった。耕地は内戦後の半世紀間に四倍も増加した。中世以来恒常化していた小麦の輸入が減少して三八～五五年にはわずかながら輸出できるまでになった。耕地を集積した土地ブルジョワジーはワイン、オリーブ油、コルクなどの輸出向け農産物を増産した。商品化された農産物は、輸送システムの改善と拡充によって国内市場にも効率的に供給され、農村は都市との結びつきを強めた。商業への波及効果も著しかった。三三年の自由主義的商法の公布以来、自由貿易の障害となっていた物品税・通行税・取引税や独占会社の特権などがつぎつぎに廃止され、六七年以降株式会社の設立に拍車がかかった。

国内工業も一八三四年以降、ギルドや監督機関の廃止が進んで自由化の恩恵に浴したが、資本と熟練労働者の不足、機械化の遅れなどの要因をかかえ、ポルトガルの工業化への歩みはほかのヨーロッパ諸国に比してけっして迅速ではなかった。一九一〇年時点でも一〇人以上を雇用する工場に勤務する労働者は工業労働者全体のわずか二〇％を占めるにすぎなかった。産業資本家はセテンブリスタの敗北で政権から排除されたばかりか、産業革命が進展するヨーロッパ列強、とくにイギリスがもたらす工業製品に圧倒され成長を阻害されていた。一八七〇年代以降は有力業種で外国資本（とくにイギリス）の流入が激化した。九一年独占企業となったタバコ工業の資本は大部分外国からのものであった。

社会基盤の整備によって国内資源の開発が進展したため、ポルトガルの国家歳入は一八五〇年代以降着実に増加し、二十世紀初頭には大西洋帝国全盛時の五倍にまで増大した。この点でたしかにフォンティズモはブラジル喪失を埋め合わせてあまりある成果をあげた。だが、歳出はそれ以上に増大していた。動乱期以来の莫大な債務をかかえ外資への依存が強く、歳入に占める関税収入の比率が伝統的に高かったため、ポルトガルは経済のみならず政局においても外部の情勢に左右されやすい危《あや》うさをもっていた。ブラジルにかわって植民地帝国の支柱たることを期待されたポルトガル領アフリカをめぐる外交問題はその典型である。

最後通牒事件と立憲王政の危機

十八世紀を通じてアフリカのギニア、アンゴラ、モザンビーク沿岸部におけるポルトガルの拠点はもっぱらアメリカとくにブラジル向けの奴隷貿易のために存在していたといっても過言ではない。だが、奴隷制に抗する内外世論の高まり、とりわけイギリスの圧力を受けて、一八四二年、海外領の奴隷貿易は全面的に廃止された。じっさいに、奴隷の輸出が終わるのはブラジルの奴隷制が廃止された一八八〇年代末であるが、世紀なかばには奴隷貿易の経済的重要度は低下していた。

一八七〇年代にはいると、ヨーロッパ列強は市場および原料供給地としての権益を求めてアフリカ沿岸から内陸部へ浸透し始めた。モザンビークでは南部のロウレンソ・マルケスが係争地となっていたが、七五年にポルトガルの主権はヨーロッパ列強に承認された。だが、アンゴラの北部は、列強とくにベルギーとフランスの関心が集中していたコンゴ川(ザイール川)流域に交接していたため、紛争は容易に収束しなかった。八四年、イギリスは航海・貿易の権利とひきかえに、コンゴ川河口部にポルトガルの主権を認め、流域への進出をはかった。これに反発する列強はビスマルクの主導のもとベルリンで国際会議を開いた。八五年二月の大会決議はポルトガルが十五世紀にさかのぼって主張する「歴史的権利」ではなく「実効的占拠」をアフリカ分割の原則として定めた。

軍事力と資力で劣るポルトガルにとって内陸部における実効的占拠の実現が沿岸部よりも困難であることは明白であった。それにもかかわらず一八八六年、進歩党内閣の外相エンリケ・デ・バロス・ゴメスは、ドイツ、フランスの内諾をえたうえで、アンゴラからモザンビークへ横断し、現ザンビアやジンバブエ(ローデシア)までも含む「ポルトガル領南アフリカ」の地図を携えて大植民地帝国の構想を下院に呈示した。この地図はポルトガル領がすべてバラ色で塗られていたため、「バラ色地図」と呼ばれた。だが、この構想はセシル・ローズが打ち上げたカイロからケープタウンへ縦断するイギリスの拡張政策と真っ向から対立す

年	債務額
1822	38
1834	61
1855	94
1865	201
1890	592
1910	878

立憲王政期における国家の累積債務額(単位：千コント)

るものであった。長年同盟を保ってきたイギリスとの関係は急速に悪化した。九〇年一月十一日、ソールズベリーはポルトガルに最後通牒を発し、モザンビークに接する現ジンバブエ、マラウイからのポルトガル軍の即時撤退を要求した。進歩党内閣は期待したドイツ、フランスの支援も仲介もえられず、イギリスの圧倒的武威に全面的に屈服せざるをえなかった。

国内世論は政府の弱腰外交を強く批判し、反英感情を高ぶらせた。進歩党のジョゼ・ルシアノ・デ・カストロ内閣は責任をとって総辞職し、刷新党のセルパ・ピメンテルが組閣した。しかしながら、議会はイギリスとの条約の批准を拒んだため、政権交代による政局運営は困難となった。この世論と一八九〇年に始まった長期の不況を背景に急速に台頭してきたのが共和主義勢力である。共和主義者はパリ・コミューン、スペイン共和政の成立(一八七三年)をへた一八七〇年代に成長して結党し、七八年にはじめて議会に代表を送り込んだ。共和党の支持の中核となったのはポルトとリスボンで力をつけていた中間層であった。彼らのなかには、植民地喪失が国益を大きくそこね、ひいてはふたたびスペインによる併合を招くのではないかと恐れる者もいた。また、大都市への人口集中は労働運動と社会主義勢力を成長させ、王政にたいする攻撃を強めていた。九一年一月ポルトで初の共和主義者による反乱が起きた。

だが、これはただちに鎮圧され、ポルトガル領アフリカも列強間の対立・牽制のために分割の危機は当面回避された。この結果、一八九三年からヒンツェ・リベイロの刷新党とカストロの進歩党による政権交代がふたたび機能し始めた。立憲王政の危機は回避されたかにみえた。

十九世紀の社会と文化

一八二〇年に始まった自由主義革命は貴族と聖職者が支配的であったアンシャン・レジーム(旧体制)を終焉させた。貴族は封建的諸特権を失って権威を落としたが、地主としての資力を商工業に投下して糊口《ここう》をしのぎ、憲章によって上院の世襲代議権をえて国政における発言力を保っていた。貴族に比して聖職者の失墜ははるかに劇的であった。憲章派は聖職者勢力を分断することによってその力を大きく削ぐことに成功した。すなわち在俗の高位聖職者に上院への道を開いて優遇しながら修道士を議会と選挙から排除した。近世に肥大化していた修道会勢力は、内戦で反動ミゲル派に与《くみ》してこれに抵抗したが、敗れて財産を没収された。優遇されたとはいえ在俗聖職者も官吏として政府の監督下に組み込まれ、四〇年までに数を六割近く減少させた。ただし、世紀後半に政府は一部修道会勢力の復権を許したため、世紀末には反教権主義を標榜する共和主義者の攻撃を受けた。

貴族と聖職者にかわって支配的となったのは内戦を勝ち抜いたブルジョワジーである。とくに土地の集積と商品農作物の増産で富裕化した土地ブルジョワジーは、農作物の輸出と工業製品の輸入で利益をえた都市の商業・金融ブルジョワジーと連携して寡頭《かとう》支配層を形成した。国王は彼らに男爵・子爵位を数多く授与して立憲王政の擁護者たらしめた。一八二〇年に五つであった男爵位は五六年には一〇六を数えた。だが、一八二〇年以降の半世紀間に、人口比で倍増したブルジョワジーは階級意識を成熟させ、しだいに高位貴族と一線を画するようになった。七〇年代以降爵位閣僚は激減し、ブルジョワジーは小貴族と手を組んで政権を掌握した。

「アフリカ」をたいらげる大食漢のジョン・ブル(イギリス人)の背後で，移民の過多を嘆くポルトガルの農夫
ラファエル・ボルダロ・ピニェイロの風刺画(1889年)。

ポルトととりわけリスボンではブルジョワジーの比率が高まり、土地ブルジョワジーや地主貴族も不在地主として首都に居住したため、世紀後半、経済と政治の両面でリスボンの比重は著しく増大した。リスボン市街地は大きく変貌した。アズレージョ(彩色タイル)を多用しながらも近代的様式をとりいれた建造物が生み出され、今日の景観に近づいた。リスボンの人口は十八世紀に停滞してマドリードに抜かれていたが、十九世紀後半増加に転じ、一八七八年の二二万人から一九一一年に四三万人と三〇年余りのあいだに倍増した。大都市への労働者の流入はきわめて顕著であった。しかしながら、つねに余剰の未熟練および半熟練の労働者が存在したため、一八六〇〜一九一〇年の半世紀間、都市労働者の実質賃金は停滞ないし下落していた。

農村では土地改革が打ち出されていたものの、内戦中に土地ブルジョワジーは地主貴族と妥協して農民の土地保有を有償としたため、地主の土地所有が拡大し、事実上領主制が強化された。しかも、下層農民は共有地の喪失で一層貧窮して都市に流出したが、未発達の工業は彼らを充分に吸収できなかった。さらに一八七〇年代の不況が農産物価格の下落を引き起こすと、とくに北部農村の余剰人口は海外へ機会を求めて移住した。そのおもな移住先は、奴隷貿易の廃止でコーヒー農場における代替労働力を大量に必要としていたブラジルであった。移民数は七三年からの四〇年間でおよそ一〇〇万人に達した。大半の移民は単身の出稼ぎであったが、帰国率はわずか五％で、長期にわたって本国に残した家族へ送金を続けた。送金は財政赤字の補塡に大きく寄与した。また、送金を扱うために多くの銀行が設立された。銀行は五八年にわずか三行であったが、七五年までに五一行に急増し、預金量はこの間に八倍に膨らんだ。

ポルトガルの人口は十九世紀を通じて増大した。とくに一八七〇年代以降は大量の移民にもかかわらず、その傾向は一層顕著である。一八二一年におよそ三〇二万人であったのが、六四年三八二万人、九〇年四六六万人、一九〇〇年には五〇一万人を上回っている。九〇年時点でも工業人口が一九％余りであったのにたいして農業人口は六一％を占めていた。ブルジョワジーの世紀にあってもヨーロッパ列強に比すと農業国としての立場は変わっていない。

文化における発展は、教育の拡充、出版の自由、交通の発達を基盤としていた。識字率の向上はポンバル体制以来の初等教育の課題であったが、一九一一年でもようやく二五％に達したにすぎなかった。自由主義者がとくに力をいれたのは商工業の育成につながる中・高等の技術教育であった。パソス・マヌエルやフォンテスらによってリスボンとポルトに理工系の学校が創設された。言論と出版の自由化は、それら以上に直接的に文化の発展に貢献した。とくに世紀末に大量に出版された新聞・雑誌は文芸活動を助長し、政治運動を活性化した。フォンティズモによる交通・運輸網の拡充、とりわけ鉄道の敷設は西欧との距離を縮め、ピレネー以北とくにフランスからの文化的影響はかつてないほど強められた。

ポルトガルに到来した当代ヨーロッパの文芸思潮はロマン主義であった。その初期の代表のひとりアルメイダ・ガレットは『修道士ルイス・デ・ソウザ(四四年)』などの戯曲を発表してポルトガル演劇の水準を向上させた。アレシャンドレ・エルクラーノは史料の収集整理に裏打ちされた実証史学を確立する一方で、中世に題材を求めた『伝説集(五一年)』などの歴史小説を著して人気を博した。両者はともに自由主義のために反動ミゲル派と闘った。

世紀なかばの先駆的な共和主義者エンリケ・ノゲイラは、中世のコンセーリョをよりどころとするエルクラーノの地方分権主義や、フーリエ、ルイ・ブランの社会主義を取り入れて、イベリア連邦主義(すなわちスペインとの統合)を唱導した。

世紀後半には外来思想の浸透に抗して伝統的価値を擁護する知識人グループが台頭したが、ノゲイラの著作やスペインの六八年革命に刺激を受けたコインブラ大学の学生グループは、共和主義を志向し写実主義や実証主義を掲げて保守派と対峙した。学生たちは一八七〇年に二十歳前後であったことから「七〇年の世代」と呼ばれた。その代表は、詩人アンテロ・デ・ケンタル、文学史家テオフィロ・ブラガ(のちの共和国大統領)、作家エサ・デ・ケイロス、歴史家オリヴェイラ・マルティンスらである。ケンタルらは七一年五〜六月、リスボンのカジノで五回の講演を組織して、衰退したポルトガルの近代化＝「ヨーロッパ化」を訴えかけた。

しかしながら、次代のいくつかの選択肢のうち、イベリア連邦主義とヨーロッパ化は、まもなくナショナリズムの潮流に飲み込まれる。

第四章 現代のポルトガル

1 第一共和政の成立

立憲王政の終焉

一八九〇年代の危機をいったんしのいだ立憲王政であるが、二十世紀初頭、それを支える二大政党はともに求心力を失って内部分裂を起こした。両党の一部を吸収した共和党は中小ブルジョワジー、知的専門職、官僚、軍人、一部の中小地主からなる上層中産階級に支持されて勢力を拡大し、議会外では急進共和派の秘密結社「カルボナリ党」が下層中産階級の支持をえて急成長していた。労働運動は一九〇三年以降組織化され、インフレに苦しむ都市労働者はストライキを頻発させた。

強い危機感を覚えた国王カルロス(在位一八八九〜一九〇八)は一九〇六年、刷新党のヒンツェ・リベイロを強引に辞任させ、刷新党から分れて右派自由刷新党を結成したジョアン・フランコに組閣させた。ジョアン・フランコ政権はいったん議会で過半数をえたにもかかわらず、国王の信任を背に専制的性格を露呈して国民の支持を一挙に失った。さらに、王室の財政スキャンダルが明るみにでると、一九〇七年四月、コインブラ大学のストライキが発火点となって全国に反政府・反王政運動が広がった。政治犯を植民地に流刑する法律が公布された直後の一九〇八年二月一日、国王カルロスと王子ルイス・フィリーペがリスボンで共和主義者によって殺害された。

生き延びたもう一人の王子マヌエルは、マヌエル二世(在位一九〇八〜一〇)として即位すると、ジョアン・フランコを罷免してフェレイラ・ド・アマラル提督に融和的な連立内閣を成立させた。政局はなおも安定せず、一九〇八年二月以降の二二カ月間で六つの内閣が交代した。もっとも、一九〇八年四月の選挙および一〇年八月の選挙でも共和党はリスボンで大勝しながら地方では不人気をかこつという極端な審判をえた。いぜんとして議席の大多数はカシーケの影響下にある王党派諸政党が占めており、この間、共和党の議席増はわずか三にすぎなかった。突出した首都における情勢はポルトガルの政局に大きな影響力を有していたとはいえ、代議制によるかぎり共和党の政権獲得は当面困難にみえた。

ところが一九一〇年十月四日、リスボンでカンディド・ドス・レイス将軍を指導者とする共和派が反乱を起こした。政府軍はロシオに集結したが、ロトゥンダに陣どる海軍中尉マシャード・サントス配下のカルボナリ党反乱軍精鋭を殲滅《せんめつ》できないうちに、逡巡《しゅんじゅん》していた海軍が革命陣営に加わって情勢は一気に傾いた。十月五日、宮廷への砲撃におびえた国王マヌエル二世は国外に逃亡しジブラルタルをへてイギリスに亡命した。ブラガンサ朝の王政は終結し、テオフィロ・ブラガを臨時大統領に戴く共和党の臨時政府が成立した。

1910年の革命直後リスボン・ロトゥンダのバリケード前に立つ市民たち

共和政府の挑戦

第一共和政の成立は十九世紀自由主義の帰着点であり、左右へ大きくぶれる二十世紀政治史の出発点であった。臨時政府は貴族院を廃止し、ストライキ権を認めたが、その一方で、急速な左傾化を恐れるあまり勝利の立役者マシャード・サントスら急進派を政権から排除した。そのため共和政府は当初から分裂要因をかかえていた。

一九一一年の選挙法によって納税額による選挙資格の制限は撤廃され、二十一歳以上の識字能力がある市民に選挙権が付与された。ただし、立候補者の自由は抑圧され、立候補者はあらかじめ共和党によって決められていた。一一年五月の制憲議会選挙における投票率は約六〇%にすぎなかったが、リスボンは例外でじつに八六%をこえていた。この結果、議席は共和党が独占し、王党派の政党は消滅した。議員は軍人・官僚・医師・弁護士といった都市の上層中産階級が大半を占めた。

一九一一年八月に採択された共和国憲法は立法府優位のもとで三権分立の原則を掲げた。任期四年の大統領は国会から選出されるが、解散権は有しない。国会は二院制で議員は直接選挙で選出される。憲法の採択に続いて大統領マヌエル・デ・アリアーガが選出された。

だが、激しい権力闘争から共和党内に分裂が生じ、アントニオ・ジョゼ・デ・アルメイダが「改進党」を、ブリト・カマーショが「統一党」を結成した。共和党の多数派を掌握したアフォンソ・コスタは「民主党」を結成し、一三年一月統一党の支持をえて組閣した。

アフォンソ・コスタは選挙権の拡大は農村における保守勢力の台頭につながりかねないという危惧をいだいていたため、一九一三年の選挙法改正によって読み書きのできない戸主(農村に多い)と現役の軍人は参政権を奪われた。有権者数は一一年の約八四万人から約四〇万人へ減少した。以後、共和政の政治は人口の十数%を占めるにすぎないリスボンとポルトによって牽引される。アフォンソ・コスタは都市中小ブルジョワジーの利害にそって税制改革をおこない、王政期以来の財政赤字を解消した。一二〜一四年には黒字を計上して全国的に支持基盤を拡大した。

しかしながら、この間労働争議は政府の予想以上に激化していた。一九一〇年末以降、賃上げと労働時間の短縮を求めるストライキが都市から農村にまで波及し、一一年におけるストの件数は一六二、うち七三の勝利をえた。一二年一月にははじめてゼネストが敢行され、リスボンに戒厳令がしかれるにいたった。アフォンソ・コスタはストライキとデモを厳しく弾圧したため、都市労働者の支持を失った。

参戦と軍事政権への傾斜

一九一四年、第一次世界大戦が始まった。ポルトガルの参戦は、以後の経済的苦境と政治的混乱の時代をもたらすことになった。当初、世論は親英派と親独派に分れていた。民主党内閣は連合国側について参戦する意思をみせていたが、それは第一にイギリスとの関係を重視し共和政府にたいする列強の認知をえるためであり、第二にドイツが野心を示していた植民地を守るためであった。しかし、アリアーガ大統領は一五年一月、ピメンタ・デ・カストロ将軍に組閣させ、反民主党勢力を糾合した独裁体制が形成された。その背後には王党派と教会勢力があった。

これにたいして民主党は一九一五年五月十四日、一部の軍人や民兵組織「共和国護衛隊《グアルダ・ナシオナル・レプブリカナ》」を動員してリスボンで決起し、カストロ政権を打倒した。民主党は総選挙に勝利し、八月ベルナルディノ・マシャードが大統領に選出された。ふたたび組閣を命じられたアフォンソ・コスタは翌一六年二月、イギリスの要請に従ってテージョ河口に停泊中の多くのドイツ商船を没収した。ドイツは宣戦を布告した。

アフォンソ・コスタは、すでにアンゴラとモザンビークへ派遣されていた遠征隊のほかに、フランスの戦場にも部隊を送り込まなければならなくなった。召集された兵士数は二年間で二〇万人をこえた。小国における戦争の負担は財政を悪化させ、一九一七〜一九年の赤字幅は最大になった。食糧の不足は深刻化し、都市下層民の生活を直撃した。一七年夏以降は農村にも混乱が広がった。

一九一七年十二月五日、統一党に属する陸軍少佐シドニオ・パイス配下の部隊が士官学校生と民衆の支援をえてリスボンで反乱を起こした。三日間の戦闘で軍主力の不在をねらったクーデタは成功した。シドニオ・パイスは全権を掌握すると、憲法を改正して、一八年四月、初の男子普通選挙で自ら大統領に就任した。「新共和政」の看板を掲げながら、シドニオ・パイスは王政への復帰をめざす右翼「ルジタニア《インテグラリズモ・》統合主義《ルジタノ》」の成員に囲まれていた。統一党は野にくだり、共和派の三大政党はいずれもシドニオ体制に反目した。シドニオ・パイスはそのカリスマ性で民衆から英雄視されたものの、旧共和派の政党を敵にまわしたため、権力基盤を王党派、教会勢力、上層ブルジョワジーに求めざるをえなくなった。有能なブレーンを欠いた軍事独裁は行政上の多くの混乱と恐怖政治を招いた。民衆のあいだに失望が広がった。一八年十月、軍部の民主党派がコインブラで決起し、争乱はエヴォラ、リスボンへ波及した。十二月十四日、シドニオ・パイスは共和主義者によって殺害された。

大統領の死以前から王党派は左派の反乱を鎮圧する名目で北部と南部で「軍事評議会」を結成しており、一九一九年一月十九日、ポルトとリスボンで王政への復帰を宣言した。リスボンの民衆は共和政の護持に熱心であったため南部の反乱は容易に鎮圧された。北部の王党派はヴォーガ川以北を制圧して一カ月間もちこたえたが、二月十三日ついにポルトを明け渡した。内戦は終結し、共和政の危機はいったん回避された。

一九一九年三月民主党は政権を掌握し、六月の総選挙にも勝利した。八月の大統領選では改進党のアントニオ・ジョゼ・デ・アルメイダが選出された。十月、改進党と統一党は統合され、民主党に対抗しうる保守派の共和政党「自由党(のちの国民党)」が結成された。すでに大戦は終結しており、パリの講和会議でポルトガル代表団は損害賠償を勝ちとり、植民地の領有を確保した。

共和政の危機

しかしながら、国内の政治は一向に安定しなかった。その一因はシドニオ体制以降、「救世主」を期待する世論の後押しで多くの軍人が政治に介入するようになったことにある。民主党が反体制運動に備えて共和国護衛隊を強化したこともその傾向を助長した。一九一八～二六年の二六内閣のうち一二の内閣で軍人が首相を務めた。元首相で共和国護衛隊長であったリベラト・ピントの反乱(二一年五月)は自由党内閣を成立させる契機となった。だが、十月十九日リスボンの「流血の夜」で自由党のアントニオ・グランジョ首相らが殺害され、保守政権は壊滅した。二二年一月の総選挙で勝利した民主党は共和国護衛隊の力を大幅に削《そ》ぐことに成功したが、その民主党も左右の分裂で求心力を失いつつあった。

戦後、経済状況も悪化していた。一九一九～二〇年度の財政赤字は王政末期における平均の約一二倍になった。物価は一四～二〇年のあいだに四五二%高騰した。通貨エスクードの対ポンド価値は一八年の七・九から二三年の一〇九・四へと急激に低落し、資本の国外流出を助長した。二〇年代なかばには国外のポルトガル人の預金総額は国内流通量の六倍以上に達していた。二二年には一四の銀行が閉鎖された。

政府にとって問題なのは経済状況の悪化が階級間の分裂を拡大させたことである。都市労働者の週労働時間は一九一九年に四二～四八時間以内に設定され、生活水準は相対的に向上した。それはひとつには通貨下落で高騰した輸入品の代替製造業の成長のためであり、また「国民労働者組合《ウニアン・オペラリア・ナシオナル》」(一四年に結成)にとってかわったアナルコ・サンディカリスト主導の「労働総同盟《コンフェデラサン・ジェラル・ド・トラバリョ》」(CGT、一九年に結成)の組

年	工場労働者	下級官僚	中級官僚
1915	125.6	89.7	89.6
1916	131.3	72.9	72.9
1917	138.6	61.6	61.6
1918	92.2	39.2	36.8
1919	100.0	36.2	34.0
1920	72.5	43.5	25.6
1921	91.8	54.2	32.6
1922	79.8	72.3	50.8
1923	95.9	83.0	61.7
1924	84.5	63.8	47.3
1925	101.9	74.0	54.9
1926	95.8	——	——

各階層の購買力の変化　1915〜26年(1914年＝100)

織力やストライキの成果でもあった。強い不満をつのらせていたのは共和政の基盤たる中産階級、とくに上層中産階級であった。彼らには増税の負担も重かった。二〇年の中級官僚の購買力は一四年の二五・六%にまで下落していた。

もっとも、ポルトガルの経済は一九二三年から好転し、財政は均衡を取り戻しつつあった。エスクードの価値は二四年に下げ止まった。二四年時点で債務も一〇年の半分にまで縮小していた。しかしながら、政府が打ち出す社会主義的政策はしだいに労働者以外の諸階層を離反させた。とりわけ二五年にジョゼ・ドミンゲス・ドス・サントス内閣の農相エゼキエル・デ・カンポスが提出した農地改革案は、ポルトガル産業の構造的欠陥を是正しうるものと一部に期待されたが、多くの不在地主ブルジョワジーが政権を支えていただけに、結果的には共和政の寿命を縮めた。

一九二五年四月十八日、リスボンで軍事蜂起が起こった。この反乱はまもなく鎮圧されたが、支援したのは右翼勢力ばかりではなかった。反乱者は商工業者と地主によって二四年に結成された「経済同《ウニアン・ドス・インテレセ》友会《ス・エコノミコス》」の資金援助をえていた。

反教権主義とナショナリズム

階級間の対立が激化するなか、国家統合の理念として共和政府が掲げていたのは反教権主義とナショナリズムである。

二十世紀初頭、イエズス会をはじめとする修道会は宗教活動を許され、かつての勢いを取り戻しつつあった。カトリシズムを近代化の障壁とみなしていた共和主義者は反教権主義を掲げてこれに強く反発した。一九一〇年の革命後ただちに臨時政府は修道会の追放・解散、教会財産の没収を実施した。翌一一年四月には政教分離令が発布され、聖職者が教職につくことの禁止、宗教教育の停止、カトリック祭日の廃止など当時のヨーロッパでは異例なほど厳しい政策が施行された。ローマ教皇庁との関係もたたれた。これに抵抗する聖職者を政府は弾圧し、一二年までにすべての司教が追放された。

しかしながら、反教権主義は人口の八割を占める農村部、とくに保守的な北部では歓迎されなかった。まもなくカトリック陣営は反撃に転じた。一九〇一年にコインブラ大学で創立された「キリスト教民主主義アカデミー・センター《セントロ・アカデミコ・ダ・デモクラシア・クリスタン》」は一二年再興され、一五年「カトリック中央党」が議席をえた。一六年以降一部の修道会が戻ってきた。一七年五月の、ファティマにおけるマリア「顕現」とシドニオ・パイスの勝利はカトリック復権に弾みをつけた。罷免された司教が復職し、翌一八年、ヴァティカンとの関係が修復された。民主党復権後もこの流れは変わらず、共和主義はその支柱のひとつを失った。

他方、ナショナリズムは共和主義者の意図を超えるほどの高まりをみせた。一八八〇年、共和党は詩聖カモンイスの没後三〇〇年を記念する祭典を企画し、四万人以上の市民を動員した。この行事を称揚したテオフィロ・ブラガは『百年祭と近代社会における情緒的統合(八四年)』のなかで、国家的祭典とシンボルの創出を論じた。九〇年の最後通牒事件以後、ナショナリズムは植民地主義と結びついて一層強化され、「ヨーロッパ化」を求めた七〇年の世代さえも国粋主義に傾斜した。九四年、「航海者エンリケ親王生誕五百年記念祭」の開催および九五年、大航海時代群像を描いた「聖ヴィセンテの多翼祭壇画」の発見は、傷つけられた海洋帝国の誇りを国民に取り戻させる契機となった。共和政政府も視覚芸術をナショナリズム昂揚の手段ととらえ、多くの美術館を開設したり、大航海時代の栄光をとどめる建築物を文化遺産に指定した。新しい国家の表象の創出にも留意した。王政期の青と白の国旗は緑と赤に変更され、帝国再建の夢をうたう新国歌「ポルトゥゲーザ」が制定された。

もっとも、二十世紀初頭における「ポルトガルらしさ」創出はこのような上からの押しつけにとどまるものではなかった。建築ではラウル・リノがアズレージョや白壁などによって地域差を超克した「ポルトガル風家屋」を演出し、音楽でもルイ・コエーリョが交響曲「カモンイス」を発表した。一九一二年、歴史家ジャイメ・コルテザンらによって始められた「ポルトガル・ルネサンス」運動からは、文化ナショナリズムの担い手が多く輩出された。その一人で詩人のテイシェイラ・デ・パスコアイスは過去への執着や哀愁の感情をにじませた「サウダーデ」という言葉でポルトガル人の心性を表現した。二一年以降、共和政擁護の知識人集団として名をはせる「セアラ・ノーヴァ」もポルトガル・ルネサンスが母体である。

セアラ・ノーヴァと対極の立場から文化ナショナリズムを論じたのは、アントニオ・サルダーニャの「ルジタニア統合主義」(一四年創設)である。キリスト教民主主義アカデミック・センターと同様に、フランスの右翼「アクシオン・フランセーズ」に惹かれるコインブラ大学法学部卒の知的エリート層が担い手となった。王政復古にこだわり大衆基盤を欠いたため、第一共和政下では短命であったが、のちに「新国家」体制のイデオロギーに影響を与えた。

2 「新国家」体制

軍事クーデタと財政再建

一九二六年五月二十八日、大戦の英雄ゴメス・ダ・コスタ将軍がブラガで革命宣言を発して、リスボンへ進軍を開始した。軍部にこれを阻止する動きはなく、むしろ多くは合流した。革命を担った指導層のなかには民主党体制に批判的な共和主義者も多く、一九一一年憲法は否定されていなかったため、王党派や右翼のみならず反民主党の共和主義者や社会主義者も反乱を歓迎した。各党派は自らの目的に反乱を利用できると考えていた。一六年間で四五の内閣交代を数えた第一共和政期の不安定な政治に失望して変化を期待する声も多かった。ブラガからリスボンへの進撃は中央＝大都市によって支配されていた地方＝農村・小都市の巻返し運動をも象徴していた。

五月三十日、民主党のマリア・ダ・シルヴァ内閣は総辞職し、マシャード大統領は共和派との妥協を期待してメンデス・カベサダス将軍に全権を委ねて辞任した。軍部を掌握したコスタ将軍は六月十九日、カベサダスから政権を奪ったが、コスタもまた失政から七月九日、権力の座を追われ、オスカル・カルモーナ将軍が軍部の代表として選ばれた。十一月、臨時大統領についたカルモーナは秩序の回復を名目に、強権政治を断行した。

当初革命宣言に賛同していた人々は新聞の検閲や議会の解散、人権の抑圧に直面してようやく自由主義と議会制民主主義の危機を認識した。一九二七年二月ポルト、ついでリスボンで一部の軍人と共和主義者が反乱を起こしたが、政府軍に鎮圧され、反乱者は厳罰に処せられた。軍事政権から排除されフランスに亡命した政治家はパリで「共和国防衛同盟」を結成して反体制運動を支援したが、二八年七月に起こった反乱も失敗に終わった。

勝利をおさめたカルモーナ政権は、しかしながら、財政再建に失敗して窮地に陥った。政府は国際連盟に借款を求めたが、共和国防衛同盟が独裁政権への支援を阻止せんと働きかけたため、国際連盟はポルトガルの財政管理という条件を提示した。政府はこの条件を拒否した。カルモーナは一九一一年憲法を一部改正して大統領の直接選挙を決定し、二八年三月、大統領に選出された。カルモーナ大統領はヴィセンテ・デ・フレイタス大佐を首相に任じ、財政問題の解決のためにコインブラ大学の財政学教授アントニオ・デ・オリヴェイラ・サラザールを蔵相として招聘《しょうへい》した。サラザールは財政支出の拒否権をもつという条件をつけてこれを受諾した。反教権主義に挑む「カトリック・センター《セントロ・カトリコ》」およびキリスト教民主主義アカデミー・センターの指導者であったサラザールの登用は教会勢力の本格的な復権を明示していた。

サラザールは増税と厳しい歳出削減によって就任の初年度から二七万五〇〇〇コントの黒字を計上してその手腕を評価され、一九二九年七月イヴェンス・フェラス内閣にかわっても蔵相として留任した。二九年の世界恐慌はポルトガルにも波及したが、経済的に大きく依存していたのはアメリカ合衆国ではなくイギリス、フランスであったため、破滅的な影響をまぬがれた。大規模な公共事業も失業者の増大をくいとめた。サラザールは一躍「救世主」として大きな威信をえた。三〇年一月、カルモーナ大統領はサラザールの蔵相留任を条件に右翼勢力に近いドミンゴス・デ・オリヴェイラ将軍に組閣させた。蔵相の立場をこえて国政に指導力を発揮し始めたサラザールは「すべては国家のために」というモットーのもとに七月、唯一の議員立候補母体となる「国民同盟《ウニアン・ナシオナル》」を結成した。

サラザールの独裁

一九三二年七月、ついにオリヴェイラは首相の地位をサラザールに譲った。軍事政権の流れは終結し、文官を中心とする内閣が成立した。同年、マヌエル二世が後継者を残さずイギリスで死去したため、王政への復帰という選択肢は消滅した。軍部を掌握し王党派をおさえたサラザールは三三年二月、「新国家《エスタード・ノヴォ》」体制の憲法案を公表した。翌三月の棄権を賛成とみなす国民投票をへて、四月に新憲法が公布された。一九一一年憲法との大きな相違は、行政権が立法権よりも圧倒的に優位に立っていたことである。大統領は国民投票で選ばれ、立憲王政期の国王に匹敵する権限が付与された。だが、実際には元首たる大統領の立場は脆弱《ぜいじゃく》で、実権を握ったのは三六年間首相の地位を保ったサラザールであった。

一九三三年憲法のもうひとつの特徴はイタリア・ファシズムの影響下で「組合主義《コルポラティヴィズモ》」を掲げていたことである。組合主義は階級闘争を必然とする共産主義を否定して雇用者と労働者の調和を説く点でサラザールの思想的バックボーンであった社会カトリシズムと通底しており、十九世紀に「輸入」された自由主義を退けて「有機的な」つながりをもった伝統的社会へ回帰しようとうながす点ではルジタニア統合主義と結びつく。同業組合《コルポラサン》、労働者組合《シンディカート》、雇用者組合《グレミオ》、農業組合《カザ・ド・ポヴォ》などさまざまな範疇《はんちゅう》で形成された組合の代表は、地方自治体や教会などの代表とともに「組合議会《カマラ・コルポラティヴァ》」を構成して立法府に参与できる。

しかしながら、組合議会は諮問機関にすぎず、国政上の役割はきわめて小さかった。しかも最初の同業組合が設立されたのは一九五六年である。組合主義の理念は政策上の狙いと乖離《かいり》していた。サラザールの当面の目的は、組合主義の名目で既存の労働組織を解体させ、左翼大衆運動の芽をつみとることにあった。三三年九月、「国民労働規約《エスタトゥト・ド・トラバリョ・ナシオナル》」が制定され、労働者は政府が監督する労働組合への加入を義務づけられた。ストライキも禁止された。三四年一月、アナルコ・サンディカリストの労働総同盟はゼネストを敢行してこれに抵抗したが、失敗に終わった。以後アナルコ・サンディカリスト運動は急速に衰退し、労働運動の主たる担い手としては共産党だけが残った。

他方、右翼ファシスト勢力との関係は転機をむかえていた。ムッソリーニのファシズムやスペインにおけるプリモ・デ・リベーラの独裁は共和政末期以降のポルトガルの政治に強い影響を与えていた。サラザール自身も権力の階段をのぼる過程で右翼ファシスト勢力と連携していたし、政権掌握後も組合主義をはじめ、検閲の強化、政治警察による弾圧など、ファシズムの手法が数多く用いられた。

ただし、サラザールの「権威主義」体制は共和派地方有力者(カシーケ)、教会、軍部高官、王党派などのさまざまな守旧派の均衡のうえに成り立っており、カリスマ的指導者のもとで大衆を動員して体制を変革せしめるというファシズムの要件のひとつは、少なくとも三五年までは否認されていた。それゆえ、一九三二年以降、ナチズムの影響のもと、ロラン・プレト率いるファシスト集団「ナショナル・サンディカリスト運動《モヴィメント・ナシオナル・シンディカリスタ》」が「革命」を標榜して急速に勢力を増大すると、サラザールは三三年九月に宣伝活動を禁じ、三四年七月にはプレトを追放してファシスト集団を国民同盟に吸収させた。

こうして左右の大衆運動を禁圧したサラザールは一九三六年一月、首相・蔵相のほかに外相・陸海軍相を兼任して独裁体制を確立した。第一共和政の場合と異なり、二六年以降の軍事政権にとってもサラザー

スポーツ大会に臨む「ポルトガル青年団」

オリヴェイラ・サラザール
(1935年の写真)

ルの独裁体制にとっても諸外国からの認知をえることはむずかしくなかった。最初に軍事政権を承認したのはプリモ・デ・リベーラである。

しかし、一九三六年二月のスペイン人民戦線の勝利はサラザールに大きな脅威を与え、ファシズムの階《かい》梯《てい》を一段のぼらせる契機となった。共和主義を共産主義と同一視するサラザールは同年十月、スペイン共和国と断交し、内乱期を通じてフランコの反乱軍を支援した。港湾・鉄道・資金・兵器が供与されたばかりか、多くの義勇兵《ヴィリアトス》が送り込まれた。さらに、それまで封印されていた大衆運動のための組織が創出された。民兵組織「ポルトガル軍団《レジアン・ポルトゥゲーザ》」と青少年の組織「ポルトガル青年団《モシダーデ・ポルトゥゲーザ》」の結成である。軍団と青年団のリーダーは、軍部または政界の指導的立場についた。三八年四月、サラザールはフランコ政府を承認し、三九年三月にはフランコと相互不可侵条約を締結した。サラザールはこの「イベリア同盟」を長年の対英従属から脱却する契機ととらえた。四〇年五月にはローマ教皇庁と協約を結び、教会との関係を修復した。ただし、第一共和政期に没収された教会財産は返還されなかった。同年六月、建国八〇〇周年と再独立三〇〇周年を記念して、「ポルトガル世界博覧会」が開催され、独裁体制と植民地帝国の絶頂が内外に誇示された。

第二次世界大戦が勃発すると、サラザールはフランコともども中立を宣言したが、枢軸側に好意的であった。だが、しだいに戦況が連合国側に傾き始めると、連合国側にすり寄るしたたかさをみせた。四三年八月にイギリスにアソーレス基地の利用を認め、十一月にはアメリカ合衆国にも日本軍が進駐していた東ティモール奪回への支援とひきかえに基地の利用を認めたのである。

第二次世界大戦前後の社会

ポルトガルの人口は一九二〇年の約六〇八万人から、三〇年の約六八〇万人、四〇年の約七七五万人、五〇年の約八五一万人へと急増したが、その間も農村部の人口は全体のおよそ八割、また第一次産業の就業者は全体のおよそ五割を占める点でほとんど変化がない。第二次産業の就業人口は全体の二一％(四〇年)で、労働者二〇人以下の工場がなかば以上を占めていた(三八年)。いぜんとしてポルトガルは農村社会、農業国家であった。三〇〜四〇年代、移民は世界的不況やブラジルの入国制限で減少し、二九年から始まった小麦増産キャンペーンが過剰人口を吸収した。南部の大土地所有制と北部の零細農という農地所有の構造は保持されていた。そのため、購買力をもった農村の中間層が創出されず、近代的工業部門の成長を支えるべき国内市場が狭隘《きょうあい》であった。サラザールも工業化による経済成長は階級対立を激化させ社会的騒乱の種になると考えていたため、農業重視の政策を維持した。

だが、スペイン内戦と第二次世界大戦がポルトガル経済に刺激を与えた。輸入の減少と市場の拡大を受けて代替工業が成長し、輸出が急増した。一九三三〜四五年の工業全体の成長は平均で年四・四％に達した。なかでも著しい成長をみせたのが、北部の伝統的小規模工業(綿織物、冶金、食品加工、靴製造など)、そして一部の寡占企業(タバコ、造船、化学肥料の「連合製造会社《コンパニャ・デ・ウニアン・ファブリル》」、電力の「サコール」など)である。前者は農業だけでは生計を維持できない零細農が切り売りした低賃金の労働力(大多数が女性と子供)に支えられていた。後者は金融業および輸出入業と連結しており、政府の保護育成策と公共事業の拡大によってその形成が促進された。

また、両者ともに植民地支配の恩恵を受けていた。一九三〇年七月の植民地条例によって、植民地は本国の綿織物、ワイン、タバコの独占的市場となることを強制され、砂糖、綿花、コーヒーなどの原料を安価で本国に輸出する義務をおっていたからである。植民地貿易を扱った輸出入業者も巨利をえた。商業資本は大戦中、中立の立場を利用して両陣営との貿易で大きな利益をえた。とりわけ枢軸陣営への錫とタングステンの輸出が目立っていた。

したがって、一九三〇～四〇年代の産業構造と国際情勢によって利益をえていたのは、農村地主、金融・商業資本の大ブルジョワジー、それに一部の工業家であった。これら勢力の支持をえるためにサラザール政権がなすべきことは低廉な労働力と植民地の確保であった。四一～四四年、インフレや物資の不足に苦しむ労働者が共産党の指導のもと賃上げを求めてストを頻発させたが、政府は頑として賃金凍結を解除せず、労働運動を徹底的に弾圧した。しかしながらもうひとつの条件、植民地の確保は容易でなかった。

植民地戦争

戦後、独裁体制の変革を求める勢力は「民主統一運動《モヴィメント・デ・ウニダーデ・デモクラティカ》」を結成したが、一九四五年十月の総選挙で選挙妨害にあい不戦敗をよぎなくされた。四九年二月の大統領選挙ではノルトン・デ・マトス将軍を擁して善戦したが、やはり投票直前に立候補を取り下げ、カルモーナの四選を許した。カルモーナ死去後の大統領選挙(五一年七月)でもサラザールが擁立したクラヴェイロ・ロペス将軍の無投票当選を阻めなかった。国際情勢もサラザールに味方していた。東西の冷戦構造が明確になり、ポルトガルは反共陣営の一翼を担う国家として北大西洋条約機構(NATO、四九年)、国際連合(五五年)、そしてヨーロッパ自由貿易連合(六〇年)への加盟を認められた。サラザールの独裁体制は民主化に向かう国際社会のなかで反共ゆえに存続を容認された。

時代の変化をサラザールに知らしめたのは、一九五八年六月の大統領選挙である。非共産党系左翼勢力が推すウンベルト・デルガード将軍はカリスマ性を発揮して国民の熱狂的支持を受けた。結果はサラザール派のアメリコ・トマス提督の「勝利」であったが、デルガードは当選者は自分であると主張して地位を追われ、ブラジルへ亡命した。危機感をいだいたサラザールは大統領選挙を間接選挙に変更(六一年)し、政治警察を再編強化して反体制運動の徹底的弾圧に乗り出した。多くの共産党員が検挙され、アントニオ・セルジオやマリオ・ソアレスらが逮捕された。体制批判の公開状を送ったポルト司教も国外へ退去させられた。

「サンタ・マリア号」の乗っ取り　DRILは「イベリア解放革命評議会」の略。船の名が「聖なる自由(サンタ・リベルダーデ)」に変えられている。

だが、アフリカ領の惨状を告発して投獄されていたエンリケ・ガルヴァン大尉の決起は封殺できなかった。一九六一年一月、一人のスペイン人を含む「イベリア解放革命評議会《ディレクトリオ・レヴォルシオナリオ・イベリコ・デ・リベルタサン》」がカリブ海で客船サンタ・マリア号を乗っ取り、サラザール政権の抑圧体質を告発した。これに呼応するように同年二月、アンゴラの首都ルアンダで「アンゴラ人民解放運動(MPLA)」が蜂起した。

ガルヴァンらはアメリカ軍に拘束され、ブラジルに亡命したが、世界から厳しい非難をあびたのはむしろ「最後の植民地帝国」に固執するサラザールであった。同年三月の国連の安全保障理事会では、アジア・アフリカ諸国のみならずアメリカ合衆国もポルトガルの植民地支配に反対票を投じ、植民地解放の勧告が発せられた。前年六〇年は「アフリカの年」であった。旧英・仏のアフリカ植民地がつぎつぎと独立を達成していた。だが、サラザールは植民地を本国と一体の「海外州」であると強弁して独立を認めなかった。

アンゴラの反乱は他のアフリカ植民地に波及した。一九六三年にギニア・ビサウで「ギネ・ビサウ＝カボ・ヴェルデ独立アフリカ人党（PAIGC）」が、六四年にはモザンビークで「モザンビーク解放戦線（FRELIMO）」が決起した。インド政府は六一年十二月にポルトガル領のゴア、ディウ、ダマンを武力で解放した。ポルトガルはなすすべなくインドから全面撤退したが、アフリカ領は死守しようと国力を傾注してゲリラの鎮圧に臨んだ。しかし、戦争は長期化した。年平均の動員兵力は一〇万人に達した。戦費は増大し、六一～七四年の平均で国家予算の約四〇％におよんだ。

国力の消耗を強いるこの植民地戦争にたえるために、サラザールは工業化への歯止めを解除する必要を認めた。すでに一九五三年から進められていた第一次経済振興五カ年計画では輸入代替工業の育成と社会基盤の整備がほぼ国内資本によって実施されたが、五九年からの第二次計画では財政難のために、大幅な国際借款によって工業化を進めざるをえなかった。また国際競争力を高めるために企業の合併吸収が進められ、七〇年代初頭までに「連合製造会社」「シャンパリモ」など七つの財閥が本国と植民地の経済を支配するようになった。その結果、六〇年代から七〇年代初頭にかけて工業生産は平均で年七％の成長を示した。

成長の下支えとなっていたのはやはり労働者に強制された低賃金である。繊維工業労働者の賃金はイタリアの三分の一にすぎなかった(七一年)。低賃金は好況にわくヨーロッパ先進諸国からの投資の呼び水となった。六六年、外国資本はすでに民間投資総額の四分の一を占めていた。外資の導入と工業化の進展はアフリカ植民地でもみられた。とりわけアンゴラでは石油・鉄鉱石などの天然資源が開発され、コーヒー・砂糖などの農産物生産も伸張した。アンゴラは「第二のブラジル」と呼ばれた。しかしながら、外貨にたいして示された好条件すなわち利益移転の承認と低い税率はまもなく財政収支を悪化させた。

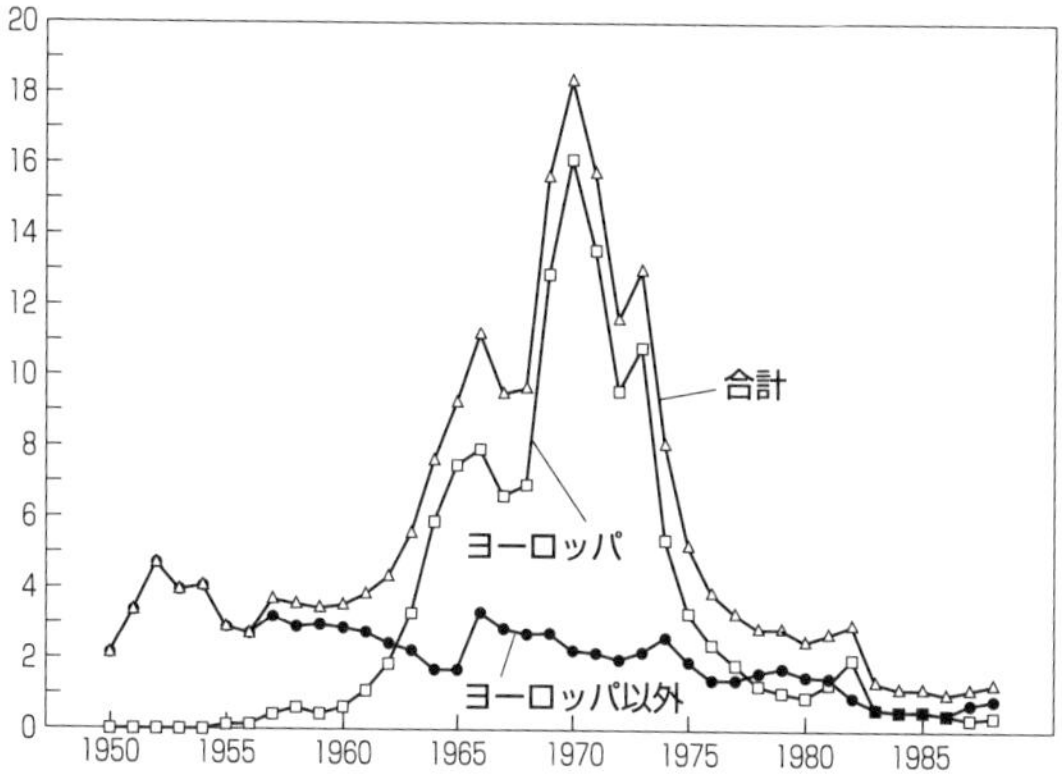

ポルトガルの移民　1950〜88年(単位＝万人)

　他方、国内の農業はGDP比で、一九五〇年の三一%から七〇年の一六%へ急速に生産力を減退させており、就労人口も六四年をさかいに第二次産業に抜き去られた。農業の低迷はふたたび移民を急増させた。六一〜七三年の移民数は約一四四万人、年平均で約一一万人を記録した。その結果、ポルトガルの総人口は六〇〜七〇年の一〇年間で二二万人以上減少した。おもな移住先はブラジルから賃金水準の高いヨーロッパ先進工業国とくにフランスへ変わった。パリ周辺には多くのポルトガル人が住みついた。七〇年ごろ、すでにポルトガル第二の都市はパリといわれた。出稼ぎ移民の送金は貿易収支の慢性的赤字を大きく補填した。だが、移民の急増は農業の衰退をさらに深刻化させた。

以上のような一九六〇年代の変化は、植民地帝国の維持に固執する独裁体制の矛盾を限界まで拡大させることになる。また、ヨーロッパとの関係の緊密化という選択肢をポルトガルに与えた点も注目に値する。

3　第二共和政の成立

「カーネーション革命」

一九六八年九月、執務能力を失ったサラザールが引退し、新首相にリスボン大学教授マルセロ・カエターノが就任した。カエターノはポルト司教の帰国を認め、検閲を緩和するなど抑圧の政治に改善の道を開いた。しかしながら、こと植民地問題にかんしては軍事的解決以外の方途を認めなかった。六九年四月以降、学生の反戦運動が激化すると、カエターノは弾圧を強めた。

しかし、経済界にも泥沼化した植民地戦争に見切りをつけるべきだという意見が強まっていた。一九六九年の軍事費は植民地貿易における黒字幅の三・五倍をこえていたのである。戦争(および出稼ぎ)で流出した低賃金の労働力を取り戻す狙いもあった。植民地に権益をもつ企業は植民地の自治領化や「エスクード経済圏」の樹立を求めた。軍部にも和平派が生まれていた。最前線の若手将校のなかには解放勢力の革命思想にふれて植民地支配の矛盾に思いいたる者があらわれた。主戦場のひとつ、ギニア・ビサウでは七三年一月指導者アミルカル・カブラルを暗殺されたPAIGCが猛然と反攻し、ポルトガル軍は苦境に立たされていた。ギニア総督兼総司令官のアントニオ・デ・スピノラ将軍は勝ち目のない戦争の継続を強いる軍首脳に反発を強め、和平を求める若手将校の信望を集めていた。

本国では一九七三年九月、エヴォラ近郊で陸軍の大尉を中心とする若手将校が「大尉運動《モヴィメント・ドス・カピタンイス》」を結成した。当初の主たる目的は待遇改悪につながる七月の政令を廃止させることにあったが、十月、選挙期間中のみ活動を許された野党「民主選挙委員会」の即時停戦・植民地解放の主張に接して大尉運動は明確に政治化した。翌七四年三月、大尉運動は「国軍運動《モヴィメント・ダス・フォルサス・アルマダス》（MFA）」として拡大再編され、植民地戦争の平和解決を説く『ポルトガルとその将来』（七四年二月出版）で国民の広範な支持をえたスピノラ将軍が指導者に選出された。

一九七四年四月二十五日零時二十五分、民間のラジオ局から流された反戦歌を合図に、サンタレン機甲部隊が南下してリスボン市街に到着、主要放送局を占拠し、四時二十分、最初のコミュニケを放送した。オテロ・サライヴァ・デ・カルヴァーリョ大尉の筋書きどおりだった。反乱軍は、放送を耳にした多くの民衆に囲まれながら、カエターノがこもる共和国護衛隊本部へ進行した。政府軍はほとんど抵抗できなかった。夕刻、カエターノはスピノラに全権を委譲し、翌朝トマス大統領とともにマデイラへ送致された。無血革命は成功をおさめ、四八年間の独裁体制は終焉した。

ただちに三軍の首脳七名からなる「救国軍事評議会《ジュンタ・デ・サルヴァサン・ナシオナル》」が結成され、スピノラが議長に選出された。翌二十六日、一年以内の制憲議会選挙などを定めた「国軍運動綱領」が発表され、政治犯の釈放や秘密警察の廃止が実施された。解放された政治犯を赤いカーネーションを手にした群衆がむかえた。

五月十五日、臨時大統領に就任したスピノラは、無党派のリスボン大学教授パルマ・カルロスを首相に指名し、亡命先から帰国した社会党書記長マリオ・ソアレスや共産党書記長アルヴァロ・クニャル、旧体制下の野党「ポルトガル民主運動《モヴィメント・デモクラティコ・ポルトゥゲス》」のペレイラ・デ・モウラからなる挙国一致内閣を形成した。政府が早急に取り組むべき課題はアフリカ植民地問題、深刻化していた経済危機と労働問題であったが、その舵取りをめぐってまもなくスピノラと国軍運動のあいだに激しい権力闘争が生じ、政府は分裂の危機に陥った。七月、パルマ・カルロス内閣は総辞職した。国軍運動はヴァスコ・ゴンサルヴェス大佐を首相に推して勝利し、革命の立役者たちを中心に社会党・共産党・人民民主党(中道左派)を加えた内閣が成立した。

政府は海外領を本国と不可分とする憲法第一条を廃棄して、植民地戦争の終結と植民地解放を一気に推し進めた。八〜九月、ギニア・ビサウとモザンビークの独立協定が調印された。サン・トメ＝プリンシペとカボ・ヴェルデも十一〜十二月に独立の協定が調印された。アンゴラでは解放勢力が「アンゴラ人民解放運動」、「アンゴラ完全独立民族同盟」、「アンゴラ解放民族戦線」の三派に分裂していたため交渉は難航したが、一九七五年一月、三組織と独立の協定が結ばれた。ようやくアフリカ植民地は解放された。だが、東ティモールの解放は長期化した。政府は国民投票による民族自決を提示したが、即時独立をめざす「東ティモール独立革命戦線」、ポルトガルの自治州にとどまろうという「ティモール民主連合」、インドネシア併合を容認する「ティモール民主人民協会」の三派が抗争して七五年八月以降内戦の様相を呈した。ポルトガルは統治能力を失い、一時独立革命戦線が優勢となったが、十二月、インドネシアが武力介入し、七六年七月、東ティモール併合を宣言した。マカオは七六年二月に大幅な自治が認められた。

この間、本国では政府の急速な左傾化に危機感をいだいたスピノラ大統領が反共勢力と結んで全権を掌握しようと再三挑んだが、いずれも敗北し、一九七四年九月三十日に辞任、翌年三月十一日にスペインに逃亡した。勝利をえたのは国軍運動左派と共産党であった。スピノラ派を排除した救国軍事評議会はコスタ・ゴメス参謀長を新大統領に任命し、七五年三月十四日、国政の最高機関「革命評議会《コンセーリョ・ダ・レヴォルサン》」が創設された。革命評議会はただちに基幹産業の国有化に着手し、続いて近代化のための不可避の措置とみなされていた農地改革を断行した。

だが、大多数の国民は、革命一周年の四月二十五日におこなわれた投票率九二％の制憲議会選挙で、このような急進路線に反対を表明した。それにもかかわらず国軍運動左派は複数政党制を否定する「人民議会」構想を打ち出した。これにたいして第一党となった社会党と第二党の人民民主党は七月十日に閣僚を引き上げて、内閣を総辞職に追い込んだ。地方でもカトリック教会が国軍運動を非難する声明を発し、反共暴動が起こっていた。国軍運動自体も穏健派、左派、極左派に三分され、共産党は孤立化した。八月三十日、ついにゴンサルヴェス首相は罷免され、主導権は社会党と国軍運動穏健派に移った。さらに十一月二十五日、極左派軍人が反乱を起こすと、ラマーリョ・エアネス陸軍中佐はこれを鎮圧し、左派を徹底して弾圧した。以後、政局は急速に右傾化していく。

「正常化」

一九七六年二月、民政移管が決定された。革命評議会は権限を縮小され大統領の諮問機関となった。四月二日に発布された新憲法は「社会主義国家の建設」をめざし、西ヨーロッパでもっとも急進的といわれる内容をもっていたが、右旋回の実態に変化はなかった。四月二十五日、第一共和政期以来の自由な選挙がおこなわれ、社会党、人民民主党(十月、社会民主党に改称)に続いて、第三位に農地改革と新憲法に反対する民主社会中央党が躍進した。六月二十七日の大統領選ではラマーリョ・エアネス将軍が当選した。大統領に組閣を命じられた社会党のマリオ・ソアレスは、経済の再建を最優先課題として掲げた。

すでに一九七三年の石油危機で大きな打撃をこうむっていたポルトガル経済は革命の二年間できわめて危機的な状況に陥った。独裁体制下で低賃金を強制されてきた労働者は賃上げを求めてストライキを頻発させた。革命直後に最低賃金制が施行され、七五年の賃上げ幅は平均で七割に近かった。投下されていた外資は政情不安から引き揚げられ、移民は送金を見合わせた。植民地戦争の終結で軍事費が一気に削減された点はプラス要因であるが、安価な原料供給地であり特権的な輸出市場であった植民地の喪失は脆弱《ぜいじゃく》な工業にとって大きな痛手であった。エスクードの価値は急落し、外貨は七六年までに払底した。七五年の国内総生産は四％以上のマイナス成長となった。

これに追い打ちをかけたのが基幹産業の国有化と農地改革である。国有化の対象となったのは、七財閥の主力産業(銀行、保険、造船、製鉄など)や運輸、サービス、放送などの業種である。業種ごとに独占企業が形成され、競争がなくなった。多くの有能な経営者が排除され、企業は軒並み赤字に転落した。農地改革は十九世紀初頭以来なんども試みられ挫折してきた近代化の骨子であった。革命の過程で共産党は大土地所有制が支配的な南部で不在地主の土地を占拠していたが、革命評議会は全農地のおよそ二割を国有地として没収し、労働者によって設立されていた四二一の集団農場に分与した。しかし、経営に不慣れな労働者は生産性を落とし、やはり赤字に陥った。

一九七六年のソアレス政権成立から八六年のEC加盟までの一〇年間は、以上のような急進路線による経済と社会のひずみを是正するための期間であった。七八年七〜八月、政府は合衆国や国際通貨基金を通じて七億ドルの借款をえて財政危機を切り抜けると、緊縮財政と増税、賃金引下げ、通貨切下げを断行した。その結果、七九年から輸出が大幅に伸長し、国有化をまぬがれた伝統工業は立ち直り始めていた。移民の送金も革命前の水準に戻った。だが、八〇年時点でも労働者五人以下の工場が七割を占める小規模工業にポルトガル経済を持続的に牽引するだけの力はなく、景気はまもなく悪化した。八四年の失業率は一〇％をこえ、インフレは三〇％に達した。「離陸」のために必要とされたのはまたしても外部、ECの力であった。

ヨーロッパへの統合

すでに一九七七年マリオ・ソアレス内閣はEC加盟を正式に申請し、以後の政府も外交の最優先課題として交渉してきたが、ポルトガルがスペインとともに加盟条約に調印できたのは八五年六月十二日（発効は八六年一月一日）である。ポルトガルにとって魅力であったのはEC本部からの莫大な援助資金である。

相手国	輸出 1985	輸出 1990	輸入 1985	輸入 1990
イギリス	14.6	12.1	7.5	7.5
西ドイツ	13.7	16.7	11.5	14.3
フランス	12.7	15.5	8.0	11.5
スペイン	4.1	13.3	7.4	14.4
イタリア	3.9	4.0	5.2	10.0
その他	13.5	12.1	6.3	11.4
EC 合計	62.5	73.7	45.9	69.1
アメリカ合衆国	9.2	4.8	9.7	3.9
旧「エスクード圏」*	3.9	3.4	1.2	0.4
OPEC	2.5	0.6	17.3	6.8
その他	21.9	17.5	25.9	19.8
総合計	100.0	100.0	100.0	100.0

外国貿易　1985，90年（単位%）

＊　アフリカの旧ポルトガル植民地。

援助資金はECに比して著しく遅れていた社会基盤の整備や産業の保護育成、教育の向上のために投下された。九二年までの援助資金は総額で一兆一七八六億エスクードにのぼった。外国からの直接投資もEC諸国を中心に急速に拡大した。外資の投下は対GDP比で八六〜九〇年に六倍増となった。刺激を受けたポルトガル経済は一九八六、八七年に一〇%もの高い成長率を示した。むろん、九〇年までの五年間にヨーロッパとの貿易規模は拡大したが、伝統的に重要であったイギリスとの取引は減退し、かわってフランス、ドイツ、とりわけスペインとの交易が急伸した（表参照）。好況にのって実質賃金は年五%向上し、失業率は九〇年まで四・六%とEC平均の半分以下であった。

EC加盟をはたした社会党のマリオ・ソアレスは一九八六年二月の大統領選挙で左翼陣営の支持をえてからくも勝利をおさめ、九一年一月に大差で再選された。他方、八七年七月と九一年十月の総選挙ではいずれもカヴァーコ・シルヴァ率いる社会民主党が過半数を制して圧勝し、ともに中道ながら左派の大統領と右派の首相が並び立つことになった。カヴァーコ・シルヴァ内閣は八八年三月、国営企業の段階的民営化を開始した。九月には農地改革法の改正によって多くの集団農場が解散させられ、没収地が旧地主に返還された。八九年六月にはついに憲法が全面的に改正され、社会主義の理念を盛り込んだ条項の多くは削除された。七四年革命はすでに過去のものとなっていた。

ヨーロッパへのさらなる統合を求めて、一九九二年十二月議会はマーストリヒト条約を批准した。だが、九一年以降は世界的不況を背景に、自由化への試練、すなわちＥＣ援助資金の打ち切り、ＥＣ加盟時に工業にたいしてとられた保護措置の解除(九三年)が重なって、ポルトガル経済は減速をよぎなくされた。九五年十月、一〇年ぶりに社会党が第一党に返り咲き、翌九六年一月、社会党の前リスボン市長ジョルジェ・サンパイオが大統領に選出された。九九年四月、インドネシアとの合意で東ティモールの住民投票をお膳立てしたアントニオ・グテーレスの社会党は、十月の総選挙でも第一党を保持した。ポルトガルはグテーレス政権のもとでＥＵ統合市場の自由競争に立ち向かおうとしている。

現代の社会

一九六〇年代に激増して総人口の減少をもたらした移民流出は、石油危機と七四年革命以後激減し、逆に、旧植民地から五〇万人以上もの引揚げ者《レトルナード》の還流があって、七〇年から八一年までに総人口は一一〇万人以上増大した。人口増に貢献した新しい要因としてあげなければならないのは旧植民地からの移民である。とりわけカボ・ヴェルデとブラジルからの出稼ぎが多く、ＥＣ加盟後に増加した公共事業や建設業に低廉な労働力を提供した。

この間、産業構造も激変した。第一次産業の就業人口は約一一%にまで落ち込み、逆に第三次産業は急速に拡大して五五%に達した(一九九二年)。第三次産業の成長の一因となったのが八〇年代以降に急増したヨーロッパからの観光客である。移民の流出は衰えたとはいえ、八〇年代前半には年平均一万人が主としてアメリカ大陸へ流出していたし、工業化の進展する国内の大都市は労働者を吸引していた。その結果、内陸部の過疎化が進行し、沿岸部の大都市圏すなわちリスボン、セトゥバル、ポルト、ファロとその周辺に人口が集中した。

一九七四年革命とそれ以後の経済成長と社会的変動はポルトガルの文化に大きな変化をもたらした。抑圧の政治から解放され言論の自由をえた人々は、声高に政治を語り始めた。七五年、教会結婚にかんして離婚が認められ、七六年憲法で男女平等の原則が打ち立てられるなど、家父長的なモラルに縛られていた女性の地位も向上の気配をみせている。だが、左右への振幅が大きかったポルトガル近現代史を顧みるとき、民主化とヨーロッパへの統合という戦後の趨勢が今後も維持されるかどうかは明言できない。一九九九年十二月二十日にマカオが中国に返還されて海洋帝国の残滓《ざんし》は解消されたが、九八年リスボン国際博覧会のテーマ設定など、折にふれてかいまみられる大航海時代への執着は、EUの大国のはざまで埋没することを恐れるナショナリズムの反映である。ポルトガルと旧植民地七カ国からなる「ポルトガル語諸国共同体」の創設(九六年七月)は、移民や貿易による関係の強化だけが背景ではあるまい。戦後「発見」され、今日なお最高の詩人として高い評価をえているフェルナンド・ペソアが、大きな空間的広がりをもつポルトガル語のなかに「祖国」をみいだしていたことも付記しておく。

付　　録

■索　引

人名索引

●アーオ

アウグストゥス　36, 37
Augustus　前63-後14
アサーニャ　264, 281, 284, 286, 291, 307
Azaña Díaz, Manuel　1880-1940
アスナール・カバナス　278
Aznar Cabanas, Juan Bautista 1860-1933
アスナール・ロペス　356
Aznar López, José María　1953-
アフォンソ1世(アフォンソ・エンリケス)　98, 360, 362
Afonso I (Afonso Henriques) 1109?-85(位1143-85)
アフォンソ2世　363, 365
Afonso II　1185-1223(位1211-23)
アフォンソ3世　363, 365
Afonso III　1210-79(位1248-79)
アフォンソ4世　368
Afonso IV　1291-1357(位1325-57)
アフォンソ5世　379, 385
Afonso V　1432-81(位1438-81)
アフォンソ6世　395
Afonso VI　1643-83(位1656-83)
アブド・アッラフマーン1世(後ウマイヤ朝)　67, 68
'Abd al-Raḥmān I　734-788(位756-788)
アブド・アッラフマーン2世(後ウマイヤ朝)　68
'Abd al-Raḥmān II　790-852(位822-852)
アブド・アッラフマーン3世(後ウマイヤ朝)　69
'Abd al-Raḥmān III　891-961(位912-961)
アブド・アルムーミン(ムワッヒド朝)　88
'Abd al-Mu'min　?-1163(位1130-63)
アブール・ハサン・アリー(ナスル朝)　117
Abūl-Hasan 'Alī (Muley Hacén) ?-1485(位1464-82, 復位1482-85)
アマデオ1世　244
Amadeo I　1845-90(位1870-73)
アランダ伯爵　206
Aranda, Conde de (本名Pedro Pablo Abarca de Bolea y Ximénez de Urrea)　1719-98
アリアーガ　438, 439
Arriaga, Manuel de　1840-1917
アリアス・ナバーロ　333-335
Arias Navarro, Carlos　1908-89
アリー・ブン・ユースフ(ムラービト朝)　87
'Alī b. Yūsuf　1082-1143(位1106-43)
アルカラ・サモーラ　278, 281, 292
Alcalá-Zamora y Castillo, Niceto 1877-1949
アル・ハカム2世　70
al-Ḥakam II　915-976(位961-976)
アルフォンソ1世(アストゥリアス王)　73
Alfonso I de Asturias　?-757(位739-757)
アルフォンソ1世(アラゴン＝ナバーラ王)　87, 94, 104
Alfonso I de Aragón y Navarra 1073-1134(位1104-34)
アルフォンソ2世(アストゥリアス王)　73
Alfonso II de Asturias　759-842(位791-842)
アルフォンソ2世(アラゴン王)　96, 108, 112
Alfonso II de Aragón　1154-96(位1162-96)
アルフォンソ3世(アストゥリアス王)　74, 77
Alfonso III de Asturias　848-910(位866-910)

アルフォンソ5世(レオン王)　75
Alfonso V de Léon　994-1028(位999-1028)
アルフォンソ5世(アラゴン王)　123, 134-136
Alfonso V de Aragón　1394-1458(位1416-58)
アルフォンソ6世(カスティーリャ＝レオン王)　87, 94, 360
Alfonso VI de Castilla y León　1040-1109(レオン王1065-1109, カスティーリャ王1072-1109)
アルフォンソ7世(カスティーリャ＝レオン王)　95, 98, 107, 112
Alfonso VII de Castilla y León　1105-57(位1126-57)
アルフォンソ8世(カスティーリャ王)　88, 95, 96, 108, 112
Alfonso VIII de Castilla　1155-1214(位1158-1214)
アルフォンソ9世(レオン王)　95
Alfonso IX de León　1171-1230(位1188-1230)
アルフォンソ10世(カスティーリャ王)　89, 99, 102, 110, 375
Alfonso X de Castilla　1221-84(位1252-84)
アルフォンソ11世(カスティーリャ王)　101, 114, 119
Alfonso XI de Castilla　1311-50(位1312-50)
アルフォンソ12世　247, 248
Alfonso XII　1857-85(位1874-85)
アルフォンソ13世　257, 276, 312
Alfonso XIII　1886-1941(位1886-1931)
アルブケルケ　382
Albuquerque, Afonso de　1453-1515
アル・マンスール　71, 75
al-Mansūr (本名 Muḥammad Ibn Abī ʻĀmir)　940-1002
アルムニア　357
Almunia Amann, Joaquín　1948-
アルメイダ, アントニオ・ホセ・デ　438, 440
Almeida, António José de　1866-1929
アルメイダ, フランシスコ・デ　382
Almeida, Francisco de　1450-1510
アントニオ　391
Dom António　1531-95
アンリ・ド・ボルゴーニャ ⟶ エンリケ・デ・ボルゴーニャ
イサベル1世　116, 124, 138, 141
Isabel I　1451-1504(位1474-1504)
イサベル2世　225, 232, 235, 236
Isabel II　1830-1904(位1833-68)
イシドルス(聖イシドーロ)　56, 62, 63
Isidorus (San Isidoro)　570?-636
イニゴ・アリスタ(ナバーラ王)　81
Iñigo Arista　?-852(位820頃-851)
イネス・デ・カストロ　370
Inés de Castro　1320?-55
イブン・ルシュド(アヴェロエス)　91
Ibn Rušd (Averroes　1126-98
ウェリントン公爵　416
Wellington, Duke of　1769-1852
ヴェルネイ　411
Vernei, Luís António　1713-92
ウナムーノ　254, 276
Unamuno, Miguel de　1864-1936
ウラーカ(カスティーリャ＝レオン王)　94, 105
Urraca de Castilla y León　1080-1126(位1109-26)
エアネス　13, 459, 460
Eanes, António dos Santos Ramalho　1935-
エウリック(西ゴート王)　44
Euricus (Eurico)　?-484(位466-484)
エスキラーチェ侯爵　192
Esquilache, Marqués de (本名 Leopoldo de Gregorio　1741-85
エスパルテーロ　230, 231, 234, 244
Espartero, Baldomero　1793-1879
エスプロンセーダ　239
Espronceda, José　1808-42
エドワード2世　367
Edward II　1284-1327(位1307-27)
エラスムス　14, 157, 169
Erasmus, Desiderius　1465-1536
エリセイラ伯爵　400

Ericeira, Conde da (本名 Luís de Meneses　1632-90
エル・シッド　94, 104
El Cid (本名 Rodrigo Díaz de Vivar) 1043?-99
エンセナーダ侯爵　188, 189
Ensenada, Marqués de la (本名Cenón Somodevilla Bengoechea)　1702-81
エンリケ　165, 390
Dom Henrique　1512-80 (位1578-80)
エンリケ2世(エンリケ・デ・トラスタマラ)(カスティーリャ王)　115, 120, 130, 139, 370
Enrique II de Castilla (Enrique de Trastámara)　1333?-79 (位1369-79)
エンリケ3世(カスティーリャ王)　122
Enrique III de Castilla　1379-1406 (位1390-1406)
エンリケ4世(カスティーリャ王)　123, 138
Enrique IV de Castilla　1425-74 (位1454-74)
エンリケ親王「航海者」　379, 444
Henrique o Navegador 1394-1460
エンリケ・デ・ボルゴーニャ(ポルトゥカーレ伯)　94, 97, 360
Henrique de Borgonha　?-1112
オドンネル　234-236
O'Donnell, Leopoldo　1809-67
オラビーデ　196, 199
Olavide y Jáuregui, Pablo Antonio de　1725-1803
オランイェ公ウィレム　166, 167
Willem I　1533-84
オリバーレス伯公爵　173, 176, 392
Olivares, Conde-duque de (本名 Gaspar de Guzmán y Pimentel)　1587-1645
オルテガ　263, 276, 278, 318
Ortega y Gasset, José　1883-1956
オルドーニョ2世(レオン王)　74
Ordoño II de León　?-924 (位914-924)
オーレム伯爵　371
Conde de Ourém (本名 Fernandes Andeiro, João　?-1383

●カーコ

カヴァーコ・シルヴァ　462
Cavaco Silva, Aníbal António 1939-
カエターノ　456, 457
Caetano, Marcello José das Naves Alves　1904-80
カサード　307
Casado López, Segismundo　1893-1968
カザノーバ　186
Casanova, Rafael　1660?-1743
カサレス・キローガ　292
Casares Quiroga, Santiago　1884-1950
カステラール　246
Castelar y Pipoll, Emilio　1832-99
カステロ・メリョール伯爵　395
Castelo Melhor, Conde de　1636-1720
カタリーナ　395
Catarina de Bragança　1638-1705
カトリック両王(カスティーリャ王イサベル1世とアラゴン王フェルナンド2世)　116, 125, 141, 143, 145, 381
Los Reyes Católicos
カナレーハス　260
Canalejas y Méndez, José　1854-1912
ガニベー　254
Ganivet, Ángel　1865-98
カノバス・デル・カスティーリョ　247, 248, 250, 253, 257
Cánovas del Castillo, Antonio 1828-97
カブラル　396
Cabral, Pedro Álvares　1467-1520
ガマ，ヴァスコ・ダ　15, 381
Gama, Vasco da　1469-1524
カマーチョ　324
Camacho, Marcelino　1918-
カモンイス　12, 388, 443
Camões, Luís Vaz de　1525?-80
カリーリョ　337, 339, 350
Carrillo, Santiago　1915-

カール大公(神聖ローマ皇帝カール６世)
183-186, 401
Karl VI　1685-1740(神聖ローマ皇帝位1711-40)
ガルシア１世(レオン王)　74
García I de León　?-914(位910-914)
ガルシア３世(ナバーラ王)　112
García III de Navarra　?-1054(位1035-54)
ガルシア・サンチェス(カスティーリャ伯)
77
García Sánchez　?-1029(位1017-29)
ガルシア１世(ナバーラ王)　81
García I de Navarra　?-970(位926-970)
ガルシア・フェルナンデス(カスティーリャ伯)　77
García Fernández　?-995(位970-995)
ガルシア・プリエト　269
García Prieto, Manuel　1859-1938
ガルシア・ラミレス(ナバーラ王)　112
García Ramírez de Navarra　?-1150(位1134-50)
カルデロン・デ・ラ・バルカ　178
Calderón de la Barca, Pedro
1600-81
ガルベス　204
Gálvez, José de　1720-87
カルボ・ソテーロ，ホセ　290-292
Calvo Sotelo, José　1893-1936
カルボ・ソテーロ，レオポルド　345, 346
Calvo Sotelo y Bustelo, Leopoldo
1926-
カルモーナ　445-447, 452
Carmona, António Óscar de Fragosa　1869-1951
カルロス(ポルトガル王)　435
Dom Carlos　1863-1908(位1889-1908)
カルロス１世(神聖ローマ皇帝カール５世)
148, 150, 151, 155
Carlos I (Karl V)　1500-58(位1516-56，神聖ローマ皇帝位1519-56)
カルロス２世(ナバーラ王)　139
Carlos II de Navarra　1322-87(位1349-87)
カルロス２世　172, 179, 183, 401
Carlos II　1661-1700(位1665-1700)
カルロス３世(ナバーラ王)　140
Carlos III de Navarra　1361-1425(位1387-1425)
カルロス３世　191
Carlos III　1716-88(位1759-88)
カルロス４世　205
Carlos IV　1748-1819(位1788-1808)
カルロス・マリア・イシドロ(カルロス５世と僭称)　225
Carlos María Isidro　1788-1855
カルロータ・ジョアキーナ(ホアキーナ)
414
Carlota Joaquina　1775-1830
カレーロ・ブランコ　328, 331, 332
Carrero Blanco, Luis　1903-73
カンポマネス　192, 193, 198, 199, 201, 203
Campomanes y Pérez de Sorribas, Pedro Rodríguez　1723-1802
グテーレス　463
Guterres, António Manuel Oliveira
1949-
クラヴェイロ・ロペス　452
Craveiro Lopes, Francisco Higio
1894-1964
グランジョ，アントニオ　441
Granjo, António　1881-1921
グリマウ　327
Grimau, Julián　1911-63
グレコ(エル・グレコ)　169
Greco, El (本名 Domēnikos Theotokopoulos)　1541-1614
クロムウェル　395
Cromwell, Richard　1626-1712
コスタ，アフォンソ　438, 439
Costa, Afonso　1871-1937
コスタ・カブラル　423, 424
Costa Cabral, António Bernardo da
1803-89
コスタ・ゴメス　459
Costa Gomes, Francisco da
1914-
コスタ，ホアキン　254
Costa y Martínez, Joaquín　1846-1911

ゴドイ　206-208, 210, 415
Godoy, Manuel　1767-1851
ゴメス・ダ・コスタ　445
Gomes da Costa, Manuel　1863-1929
ゴヤ　207, 212, 216
Goya y Lucientes, Francisco　1746-1828
コルテス　153
Cortés, Hernán　1485?-1547
コロンブス，クリストファー(スペイン語名 コロン，クリストバル)　15, 145, 146, 381
Columbus, Christopher (Colón, Cristóbal)　1451-1506
ゴンサルヴェス　458, 459
Gonçalves, Vasco　1921-
ゴンサレス，フェリーペ　337, 349, 352
González Márquez, Felipe　1942-
コンパニス　289
Companys i Jover, Lluis　1883-1940

●サーソ

サガスタ　242, 249, 251, 254, 257
Sagasta, Práxedes Mateo　1825-1903
サラザール　15, 20, 293, 333, 446-454, 456
Salazar, António de Oliveira　1889-1970
サルダーニャ公爵　424
Saldanha, Duque de (本名 Saldanha Oliveira e Daun)　1790-1876
サルメロン　246
Salmerón y Alonso, Nicolás　1838-1908
サンショ1世　362, 375
Sancho I　1154-1211(位1185-1211)
サンショ2世　363, 365
Sancho II　1207-48(位1223-48)
サンチェス・ゲラ　276
Sánchez Guerra, José　1859-1935
サンチョ1世(ナバーラ王)　81
Sancho I de Navarra　?-925(位905-926)
サンチョ3世(ナバーラ王)　75, 77, 81
Sancho III de Navarra　992?-1035(位1000-35)
サンチョ4世(ナバーラ王)　112
Sancho IV de Navarra　?-1076(位1054-76)
サンチョ7世(ナバーラ王)　113
Sancho VII de Navarra　1154-1234(位1194-1234)
サンチョ・ラミレス(アラゴン=ナバーラ王)　104, 112
Sancho Ramírez de Aragón y Navarra　1043-94(アラゴン王位1063-94, ナバーラ王位1076-94)
サントス，マシャード　436, 437
Santos, Machado　1875-1921
サンパイオ　463
Sampaio, Jorge　1939-
サンフルホ　282, 294
Sanjurjo y Sacanell, José　1872-1936
サンペール　288, 289
Samper, Ricardo　1881-1938
ジェラルド　362
Geraldo (Geraldo, Sem-Pavor)　?-1173
シスネーロス　142, 168
Cisneros, Francisco Jiménez de　1436-1517
ジョアン1世　121, 371, 378, 385
João I　1357-1433(位1385-1433)
ジョアン2世　381
João II　1455-95(位1481-95)
ジョアン3世　385, 405
João III　1502-57(位1521-57)
ジョアン4世　393
João IV　1605-56(位1640-56)
ジョアン5世　402
João V　1689-1750(位1706-50)
ジョアン6世　414
João VI　1767-1826(位1816-26)
ジョゼ1世　409
José I　1714-77(位1750-77)
ジョン・オブ・ゴーント　370
John of Gaunt　1340-99
シルヴァ　445
Silva, Maria da　1872-1950

シルベーラ　255
Silvela, Francisco　1843-1905
スアレス　336, 337, 339, 341-346, 349
Suárez González, Adolfo　1932-
スピノラ　457-459
Spínola, António Sebastião Ribeiro 1910-96
セネカ　38
Seneca, Lucius Annaeus　前4-65
セバスティアン　165, 390
Dom Sebastião　1554-78(位1557-78)
セラーノ　242-244, 246, 249
Serrano y Domínguez, Francisco 1810-85
セルバンテス　170
Cervantes Saavedra, Miguel de 1547-1616
ソアレス　453, 458, 460-462
Soares, Mário Alberto Nobre Lopes 1924-

●ター ト

ダト　268
Dato Iradier, Eduardo　1856-1921
タラデーリャス　341
Tarradellas, Josep　1899-1988
チャパプリエタ　290
Chapaprieta, Joaquín　1871-1951
チャールズ２世　395
Charles II　1630-85(位1660-85)
ディアス　381
Dias, Bartholomeu　1450?-1500
ディニス　365, 366
Dom Dinis　1261-1325(位1279-1325)
テオバルド１世(ナバーラ王)　113
Teobaldo I de Navarra　1200-53 (位1234-53)
テオバルド２世(ナバーラ王)　113
Teobaldo II de Navarra　?-1270 (位1257-70)
テヘーロ　345, 346, 351
Tejero Molina, Antonio　1932-
テレーサ・デ・アビラ　170
Teresa de Ávila (Santa Teresa de Jesús)　1515-82
ドゥアルテ　378
Dom Duarte　1391-1438(位1433-38)
トゥパク・アマル　204
Túpac Amaru (本名José Gabriel Condor-Cauqui)　1738-81
トマス，アメリコ　453, 457
Tomás, Américo de Deus Rodrigues 1894-1987
ドミンゲス・ドス・サントス　442
Domíngues dos Santos, Joše　1885-1958
トラヤヌス　38
Trajanus, Marcus Ulpius　53-117
ドン・アントニオ ⟶ アントニオ
ドン・エンリケ ⟶ エンリケ
ドン・フアン ⟶ フアン
ドン・フアン・ホセ ⟶ フアン・ホセ

●ナーノ

ナポレオン　208, 211, 415
Napoléon Bonaparte　1769-1821
ナルバエス　231, 232, 235, 236, 242
Narváez, Ramón María　1800-68
ネグリン　300, 302, 304, 306
Negrín López, Juan　1892-1956
ネブリーハ　145, 146, 388
Nebrija, Antonio de　1444-1522

●ハーホ

パイス　439, 440, 443
Pais, Sidónio　1872-1918
ハイメ(ジャウマ)１世(アラゴン王)　99, 100, 109
Jaime I de Aragón　1208-76(位1213-76)
パビア　246
Pavía y Rodríquez de Alburquerque, Manuel　1827-95
ピ・イ・マルガル　245, 246
Pi y Margall, Francisco　1824-1901
ピカソ　299
Picasso (本名 Pablo Ruiz y Picasso) 1881-1973
ピサロ　153
Pizarro, Francisco　1475?-1541
ヒシャーム２世(後ウマイヤ朝)　71
Hišām II　965-1013?(位976-

1009)
ヒトラー　293, 309
Hitler, Adolf　1889-1945
ヒネル・デ・ロス・リオス　263
Giner de los Ríos, Francisco 1839-1915
ビーベス，フアン・ルイス　143, 169
Vives, Juan Luis　1492-1540
ヒラル　292
Giral y Pereira, José　1879-1962
ヒル・ロブレス　286, 288, 290, 291
Gil Robles y Quiñones, José María 1898-1980
フアナ　124
Juana (la Beltraneja)　1462-1530
フアナ(狂女王)　147, 148
Juana la Loca　1479-1555(カスティーリャ王位1504-55，アラゴン王位1516-55)
フアナ１世(ナバーラ王・フランス王フィリップ４世妃)　113
Juana I de Navarra　1273-1305 (位1274-1305)
フアナ２世(ナバーラ王)　113
Juana II de Navarra　?-1349(位1328-49)
フアン　312, 316
Don Juan (Juan de Borbón)　1913-93
フアン１世(カスティーリャ王)　121, 131, 370
Juan I de Castilla　1358-90(位1379-90)
フアン２世(アラゴン王)(ナバーラ王としてはフアン１世)　123, 137-140
Juan II de Aragón(Juan I de Navarra)　1398-1479(アラゴン王位1458-79, ナバーラ王位1425-79)
フアン２世(カスティーリャ王)　116, 123, 132, 134
Juan II de Castilla　1405-54(位1406-54)
フアン・カルロス１世　316, 331-333, 335
Juan Carlos I　1938-　(位1975-　)
フアン・デ・ラ・クルス　170
Juan de la Cruz　1542-91
フアン・ホセ　179
Don Juan José de Austria　1629-79
フィゲーラス　244
Figueras y Moragas, Estanislao 1819-82
フィリップ(カスティーリャ共治王フェリーペ１世)　147
Philippe (Felipe I)　1478-1506 (位1506)
フィリップ４世(フランス王)(ナバーラ王としてはフェリーペ１世)　113
Philippe IV (Felipe I de Navarra) 1268-1314(フランス王位1284-1314, ナバーラ王位1284-1305)
フェイホオ　194
Feijóo, Jerónimo Benito　1676-1764
フェリーペ２世(ポルトガル王としてはフィリーペ１世)　156-158, 161, 166, 391
Felipe II (Filipe I)　1527-98(位1556-98，ポルトガル王位1581-98)
フェリーペ３世(ポルトガル王としてはフィリーペ２世)　168, 172, 392
Felipe III (Filipe II)　1578-1621 (位1598-1621)
フェリーペ４世(ポルトガル王としてはフィリーペ３世)　168, 173, 392
Felipe IV (Filipe III)　1605-65(位1621-65，ポルトガル王位1621-40)
フェリーペ５世　180, 183, 185
Felipe V　1683-1746(位1700-24, 24-46)
フェリーペ・ゴンサレス──→ゴンサレス
フェルナン・ゴンサレス(カスティーリャ伯)　76, 77
Fernán González　?-970(位932-70)
フェルナンド１世(カスティーリャ=レオン王)　75, 77, 82, 93, 96
Fernando I de Castilla y León 1016-65(カスティーリャ王位1035-65, レオン王位1037-65)
フェルナンド１世(ポルトガル王)　370
Fernando I de Portugal　1345-83 (位1367-83)
フェルナンド１世(フェルナンド・デ・ア

ンテケーラ)(アラゴン王)　116, 123, 131
Fernando I de Aragón　1379-1416 (位1412-16)
フェルナンド2世(レオン王)　362
Fernando II de León　1137-88(位1157-88)
フェルナンド2世(アラゴン王)(カスティーリャ共治王としてはフェルナンド5世)　116, 124, 138-141, 147
Fernando II　1452-1516(位1479-1516, カスティーリャ共治王位1474-1504)
フェルナンド3世(カスティーリャ王)　89, 96, 99
Fernando III de Castilla　1139?-1252(位1217-52, レオン王位1230-52)
フェルナンド6世　188
Fernando VI　1713-59(位1746-59)
フェルナンド7世　205, 210, 211, 218, 224, 419
Fernando VII　1784-1833(位1808, 1814-33)
フェレール　260
Ferrer Guardia, Francisco　1859-1909
フォンテス・ペレイラ・デ・メロ　426
Fontes Pereira de Melo, António Maria de　1819-87
プジョル　355, 356
Pujol i Soley, Jordi　1930-
フラガ　328, 337, 356
Fraga Iribarne, Manuel　1922-
ブラガ　434, 436, 444
Braga, Joaquim Teófilo　1843-1924
ブラボ・ムリーリョ　232
Bravo Murillo, Juan　1803-73
ブランカ(ナバーラ王)　140
Blanca de Navarra　?-1441(位1425-41)
フランコ，ジョアン　435
Franco, João Ferreira　1855-1929
フランコ，フランシスコ　15, 289, 292-294, 299, 302, 306, 308-317, 320, 322, 327, 328, 330-339, 450
Franco Bahamonde, Francisco　1892-1975
フランソワ1世　149, 156
François I　1494-1547(位1515-47)
プリム　242-244
Prim y Prats, Juan　1815-70
プリモ・デ・リベーラ，ホセ・アントニオ　286, 291, 303, 327
Primo de Rivera y Sáenz de Heredia, José Antonio　1903-36
プリモ・デ・リベーラ，ミゲル　20, 268, 270, 272, 273, 276, 286, 448, 450
Primo de Rivera y Orbaneja, Miguel　1870-1930
フロリダブランカ伯爵　205, 206
Floridablanca, Conde de (本名 José Moñino)　1728-1808
ベアトリス　370
Beatriz　1372-1409
ベガ　170
Vega Carpio, Lope Félix de　1562-1635
ペソア　464
Pessoa, Fernando António Nogueira　1888-1935
ペドロ1世(カスティーリャ王)　115, 119, 130, 139
Pedro I de Castilla　1318-69(位1350-69)
ペドロ1世(ポルトガル王)　370, 419
Pedro I de Portugal　1320-67(位1357-67)
ペドロ2世(アラゴン王)　108
Pedro II de Aragón　1177-1213 (位1194-1213)
ペドロ2世(ポルトガル王)　395, 400, 406
Pedro II de Portugal　1648-1706 (位1683-1706)
ペドロ2世(ブラジル皇帝)　421
Pedro II, imperador do Brasil　1825-91(位1831-1889)
ペドロ3世(アラゴン王)　110
Pedro III de Aragón　1240-85(位1276-85)
ペドロ4世(アラゴン王)　115, 120, 130, 132

Pedro Ⅳ de Aragón　1319-87(位1336-87)
ペドロ４世(ポルトガル王)(ブラジル皇帝としてはペドロ１世)　419
Pedro Ⅳ (Pedro Ⅰ, imperador do Brasil)　1798-1834(位1826, ブラジル皇帝位1822-31)
ペドロ５世(ポルトガル王)　425
Pedro Ⅴ　1837-61(位1853-61)
ペドロ親王　379, 385
Pedro　1392-1449(摂政位1439-49)
ペトロニーラ(アラゴン王)　106, 107
Petronila de Aragón　1136?-?(位1137-62)
ベラ(バルセローナ伯)　79
Bera　?-820(位801-820)
ベラスケス，ディエゴ・デ　169, 177
Velázquez, Diego de　1599-1660
ペラーヨ(アストゥリアス王)　72
Pelayo de Asturias　?-737(位718-737)
ベルムード３世(レオン王)　75, 82
Vermudo Ⅲ de León　?-1037(位1028-37)
ヘルメネギルド　51
Hermenegildus(Hermenegildo)　579-585
ペレス，アントニオ　167
Pérez, Antonio　1540-1611
ベレスフォード　416, 417
Beresford, William Carr　1768-1854
ベレンゲール　276-278
Berenguer, Dámaso　1878-1953
ベレンゲール・ラモン１世(バルセローナ伯)　81
Berenguer Ramón Ⅰ　?-1035(位1017-35)
ペロン　314
Perón Sosa, Juan Domingo　1895-1975
ホセ１世(ジョゼフ・ボナパルト)　212
José Ⅰ (本名 Joseph Bonaparte)　1768-1844(位1808-13)
ホセ・アントニオ ──→ プリモ・デ・リベーラ
ホベリャーノス　197, 207, 211
Jovellanos, Gaspar Melchor de　1744-1811
ホルダーナ伯爵　311
Jordana, Conde de (本名 Francisco Gómez Jordana y Sousa)　1876-1944
ポルテーラ・バリャダレス　290
Portela Valladares, Manuel　1867-1952
ポンバル侯爵　409, 412
Pombal, Marquês de (本名 Sebastião José de Carvalho e Melo)　1699-1782

●マ—モ

マイモニデス　90
Maimónides (本名 Ibn Maymūn)　1135-1204
マウラ　258
Maura y Montaner, Antonio　1853-1925
マガリャンイス(マゼラン)　383
Magalhães, Fernão de　1480-1521
マシャード　439, 445
Machado Guimarães, Bernardino Luís　1851-1944
マドス　234
Madoz, Pascual　1806-70
マヌエル１世　385, 389
Manuel Ⅰ　1469-1521(位1495-1521)
マヌエル２世　436, 447
Manuel Ⅱ　1889-1932(位1908-10)
マリア１世　413, 415
Maria Ⅰ　1734-1816(位1777-1816)
マリア２世　420, 422-424
Maria Ⅱ　1819-53(位1826-53)
マリア・クリスティーナ(フェルナンド７世妃)　225, 226, 228, 229, 231
María Cristina　1806-78
マリア・クリスティーナ(アルフォンソ12世妃)　250
María Cristina　1858-1929
マルチェーナ　208
Marchena, José　1768-1821
マルティネス・カンポス　248

Martínez Campos, Arsenio　1831-1900
マルティネス・バリオ　292
Martínez Barrio, Diego　1883-1962
マルティン1世(アラゴン王)　123, 131
Martín I de Aragón　1356-1410(位1396-1410)
ミゲル　419
Dom Miguel　1802-66(ポルトガル王位簒奪1828-34)
ムッソリーニ　293, 309, 448
Mussolini, Benito　1883-1945
ムニョス・グランデス　328
Muñoz Grandes, Agustín　1896-1970
ムハンマド1世(ナスル朝)　89, 99
Muḥammad I　1194-1273(位1232-72)
ムハンマド3世(ナスル朝)　114
Muḥammad III　?-1309(位1302-09)
ムハンマド5世(ナスル朝)　115
Muḥammad V　1338-91(位1354-59, 復位1362-91)
ムハンマド8世(ナスル朝)　117
Muḥammad VIII　1409-31
ムハンマド9世(ナスル朝)　117
Muḥammad IX　?-1454?
ムハンマド12世(ボアブディル)(ナスル朝)　117
Muḥammad XII (Abū ‘Abd Allāh) (Boabdil)　1460-1527(位1482, 復位1486-92)
ムハンマド・アンナーシル(ムワッヒド朝)　88
Muḥammad al-Nāṣir　?-1213(位1199-1213)
ムリーリョ　179
Murillo, Bartolomé Esteban　1617-82
メンディサバル　229
Mendizábal, Juan Álvarez　1790-1853
モウジーニョ・ダ・シルヴェイラ　422
Mouzinho da Silveira, José Xavier　1780-1849
モラ　291, 304
Mola Vidal, Emilio　1887-1937
モンテーロ・リオス　258
Montero Ríos, Eugenio　1832-1914

●ヤ―ヨ

ヤークーブ・アルマンスール(ムワッヒド朝)　88
Ya‘qūb al-Manṣūr　?-1199(位1184-99)
ユースフ1世(ムワッヒド朝)　88
Yūsuf I　?-1184(位1163-84)
ユースフ1世(ナスル朝)　114
Yūsuf I　1318-54(位1333-54)
ユースフ・ブン・ターシュフィーン(ムラービト朝)　86
Yūsuf ibn Tāšufīn　1009-1106(位1061-1106)
ユリアヌス(聖フリアン)　63
Julianus (San Julián)　?-690

●ラ―ロ

ライムンド　101
Raimundo de Toledo　?-1152
ラス・カサス　154
Las Casas, Bartolomé de　1474?-1566
ラミーロ1世(アラゴン王)　104
Ramiro I de Aragón　1000?-63(位1035-63)
ラミーロ2世(レオン王)　74
Ramiro II de León　?-951(位931-950)
ラミーロ2世(アラゴン王)　106
Ramiro II de Aragón　?-1157(位1134-37)
ラモン・ベレンゲール1世(バルセローナ伯)　81, 106
Ramón Berenguer I　?-1076(位1035-76)
ラモン・ベレンゲール3世(バルセローナ伯)　107
Ramón Berenguer III　1082-1131(位1096-1131)
ラモン・ベレンゲール4世(バルセローナ伯)(アラゴン共治王)　106, 107

Ramón Berenguer IV　1113-62(位1131-62, アラゴン共治王位1137-62)
ラルゴ・カバリェーロ　280, 287, 296
Largo Caballero, Francisco　1869-1946
リエゴ　220, 222, 224
Riego y Núñez, Rafael de　1785-1823
リベイロ　435
Ribeiro, Hintze　1849-1907
ルイ14世　176
Louis XIV　1638-1715(位1643-1715)
ルイス　425
Dom Luís　1838-89(位1861-89)
ルイス・フィリーペ　436
Luís, Filipe　1887-1908
レイサオラ　341
Leizaola Sánchez, Jesús María de 1896-1989
レイス　436
Reis, Cândido dos　1852-1910
レオヴィギルド(西ゴート王)　49
Liuvigildus(Leovigildo)　?-586(位568-586)
レオノール・テレス　370
Leonor Teles　1350?-86
レカレド1世(西ゴート王)　52
Reccaredus I (Recaredo I)　?-601(位586-601)
レケスウィント(西ゴート王)　57
Reccesvinthus(Recesvinto)　?-672(位649-672)
レルー　264, 287, 289, 290
Lerroux, Alejandro　1864-1949
レルマ公爵　172
Lerma, Duque de (本名 Francisco Gómez de Sandoval y Rojas) 1553-1625
ロデリック(ロドリーゴ)(西ゴート王)　64, 65
Rodericus (Rodrigo)　?-711(位710-711)
ロペス・ロド　328, 331, 338
López Rodó, Laureano　1920-
ロペ・デ・ベガ ⟶ ベガ
ロヨーラ　169
Loyola, Ignacio de　1491-1556

事項索引

●ア―オ

●カ―コ

●サ―ソ

●タート

●マーモ

●ヤ―ヨ

●ラ―ロ

●ワ

■年　表

〔略号〕 S：スペイン　P：ポルトガル　I：イベリア半島
スペイン内戦時：【共】共和国陣営　【反】反乱軍

年代			事項
前50万	I		半島に人類居住
前20万	I		ネアンデルタール人居住
前1万5000頃	I		アルタミーラなど洞窟壁画
前5000	I		新石器時代
前3000	I		イベル人(イベリア人)居住。銅器時代の始まり
前1500	I		アルメリアのエル・アルガールを中心とする青銅器文化
前1000	I		ケルト人，半島到来。鉄器時代，ハルシュタット文化
前 800	I		フェニキア人，ガディール(現カディス)建設
前 700	I		タルテッソスの繁栄
前 580	I		ギリシア人，エンポリオン(現アンプリアス)建設
前 540頃	I		カルタゴ，アラリアの戦いでジブラルタル征圧
前 227	I		第1次ポエニ戦争に敗れたカルタゴのバルカ家，カルタゴ・ノヴァ(現カルタヘーナ)建設
前 205	I		ローマ，イベリア半島に属州ヒスパニア設置
前 201	I		ローマ，第2次ポエニ戦争でカルタゴに勝利
前 154	I		ルシタニア人ウァリアトゥス，ローマ人に抵抗(～前138)
前 138	I		フェリキタス・ユリア・オリシポ(リスボン)が記録に現れる
前 133	I		ローマ，半島北東部ヌマンティア攻略
前 19	I		カンタブリアを征服し，ローマのイベリア半島支配完成
前 16/15	I		アウグストゥス，ヒスパニアを3属州に再編
1世紀頃	I		半島にキリスト教伝来
98	I		ヒスパニア出身のトラヤヌス，ローマ皇帝に即位(～117)
297？	I		ディオクレティアヌス，ヒスパニアを5(一説では6)属州に再編成
313	I		ヒスパニアにおけるキリスト教公認
409	I		ヴァンダル族，アラン族，スエヴィ族，半島に侵入
411	I		スエヴィ族，半島北西部に王国建国
415	I		西ゴート族，半島に侵入
418	I		西ゴート王国建国(～711)。首都トロサ(現トゥールーズ)
507	I		西ゴート，ヴイエの戦いでフランク王国に敗北。支配地域をイベリア半島に限定
555	I		東ローマ軍，半島南部制圧。アタナギルドの反乱
568	I		レオヴィギルド王即位。王国の首都をトレードに確定
579	I		ヘルメネギルドの反乱(～585)
585	I		西ゴート，スエヴィ王国併合
589	I	***5***-*8*	レカレド王，第3回トレード公会議を召集。アリウス派の放棄と王国のカトリック改宗を宣言
625	I		この頃までに半島南部から東ローマ領消滅

630	I		この頃から西ゴート王権とカトリック教会の提携強まる
654	I		「西ゴート法典」公布
694	I	*11-9*	第17回トレード公会議で，ユダヤ人の財産没収と奴隷化を決定
711	I	*4-27*	イスラーム教徒の半島侵入。*7-1* 西ゴート王国滅亡
718	S		ペラーヨが即位し，アストゥリアス王国成立
722	I/S	*5-28* ?	コバドンガの戦い。レコンキスタ運動開始
732	I	*10-25*	トゥール・ポワティエ間の戦いでイスラーム軍敗退
756	I	*5-14*	アブド・アッラフマーン１世即位し，後ウマイヤ朝成立
778	S		カール大帝のサラゴーサ遠征とロンスヴォーの戦い
785	I		コルドバの大モスク建設開始
797	S		アストゥリアス王アルフォンソ２世，カール大帝に使節派遣
801	S		フランク軍のバルセローナ攻略。スペイン辺境領成立
814	I		この頃サンティアゴ・デ・コンポステーラで聖ヤコブの墓発見(伝承)
820	S		この頃ナバーラ王国成立
844	I	*8*	大西洋沿岸とセビーリャにノルマン人来襲(〜*11*)
868	P		アストゥリアス王アルフォンソ３世，ポルトゥカーレ(ポルト)攻略
880	I		イブン・ハフスーンの反乱(〜928)
910	S		レオン王国成立(〜1037)
929	I	*1-16*	アブド・アッラフマーン３世，カリフを宣言
961	S		カスティーリャ伯領，レオン王国より自立
978	I		この頃，アーミル家のアル・マンスール，後ウマイヤ朝で権力掌握
1000	S		ナバーラ王サンチョ３世即位
1009	I	*3*	アーミル家のサンチュエロ暗殺。後ウマイヤ朝，内乱状態に
1017	S		この頃「レオンの都市法」成立(20年説もあり)
1031	I	*11-30*	後ウマイヤ朝滅亡。第１次ターイファ(諸王国)時代始まる
1035	S		ラミーロ１世，初代アラゴン王として即位。バルセローナ伯ラモン・ベレンゲール１世即位
1037	S		フェルナンド１世の下で，カスティーリャ＝レオン王国成立
1064	P	*7-9*	フェルナンド１世，コインブラを再征服
1076	S		アラゴン王国のナバーラ併合(〜1134)
1085	S	*5*	カスティーリャ＝レオン王アルフォンソ６世，トレード再征服
1086	I	*6*	ムラービト朝，半島に上陸。*10-23* アルフォンソ６世，サグラハスの戦いでムラービト軍に敗北
1094	S	*6-15*	エル・シッド，バレンシア領有(〜99)
1096	P		ポルトゥカーレ伯領とコインブラ伯領が統合され，アンリ・ド・ボルゴーニャへ譲渡
1100	P		ブラガ教会の大司教座教会昇格
1108	I	*5-30*	ムラービト朝，ウクレスの戦いでアルフォンソ６世に勝利
1112	S		バルセローナ伯ラモン・ベレンゲール３世，プロヴァンス伯領併合
1116	S		サンティアゴ・デ・コンポステーラでコミューン運動発生
1118	S	*12*	アラゴン王アルフォンソ１世のサラゴーサ再征服
1128	P	*6-25*	アフォンソ・エンリケス，サン・マメーデの戦いで勝利
1131	P		アフォンソ・エンリケス，コインブラに遷都
1134	S		アラゴン王国とナバーラ王国分離

1137	S		バルセローナ伯ラモン・ベレンゲール4世とアラゴン王女ペトロニーラの結婚。アラゴン連合王国成立
	S/P		カスティーリャ＝レオン王アルフォンソ7世とアフォンソ・エンリケス，トゥイ条約締結
1139	P		オーリケの戦い。アフォンソ・エンリケス，ポルトガル王を自称
1143	P		サモーラ条約でアフォンソ・エンリケス(アフォンソ1世)の王位承認。ポルトガル王国成立
1146	I		ムラービト朝解体へ向かい，第2次ターイファ時代始まる。ムワッヒド軍，半島に侵入
1147	P		アフォンソ1世，リスボン再征服
1148	S	*12-31*	ラモン・ベレンゲール4世，トルトーサを再征服
1151	S	*1-27*	アルフォンソ7世，ラモン・ベレンゲール4世とトゥディリェン条約締結
1155	S		カラトラーバ騎士団創設
1156	P		ムワッヒド軍，ポルトガル南部を征服
1157	S		カスティーリャ＝レオン王国，カスティーリャ王国とレオン王国に再分裂
1168	P		この頃までに，アレンテージョ全域(アルガルヴェは除く)がアフォンソ1世の支配下に
1169	P		ジェラルドのエストレマドゥーラ侵攻
1170	S		サンティアゴ騎士団創設
1179	P		ローマ教皇，ポルトガル王国を正式に承認
1184	I/P		ムワッヒド軍の大攻勢(次いで90)。レコンキスタがテージョ川まで後退
1185	P	*12-6*	サンショ1世即位
		——	エヴォラ大聖堂の建立(～1204)
1188	S		レオン王アルフォンソ9世，レオンで初のコルテス(身分制議会)開催
1195	I	*7-19*	ムワッヒド軍，アラルコスの戦いでカスティーリャ王アルフォンソ8世に勝利
1209	S		第2回アルビジョワ十字軍開始
1211	P	*3-26*	アフォンソ2世即位。コインブラのコルテス開催
1212	S/P/I	*7-16*	カスティーリャ，アラゴン，ナバーラ，ポルトガルなどの連合軍，ラス・ナバス・デ・トローサの戦いで，ムワッヒド軍に大勝
1213	S	*9-12*	アラゴン王ペドロ2世，ミュレの戦いで戦死
1214	S		アラゴン王ハイメ1世，レリダのコルテス開催
1216	S		ドミニコ会の創設認可
	P		この頃からアフォンソ2世，所領確認制開始
1217	P		アルカセル・ド・サルの再征服
1218	S		サラマンカ大学創設(～19)
1220	P		アフォンソ2世の検地
1226	P		サンショ2世，アレンテージョ再征服開始
1228	I		ムワッヒド朝解体へ向かい，第3次ターイファ時代始まる
1229	S		アラゴン王ハイメ1世，マジョルカ島再征服
1230	S		フェルナンド3世の下で，カスティーリャ王国とレオン王国が再統合

			され，カスティーリャ王国成立
1232	P		ベージャの再征服
1234	S		ナバーラ王国にシャンパーニュ朝成立
1236	S	*6-29*	フェルナンド3世，コルドバ再征服
1238	I		ナスル朝のムハンマド1世，グラナダを支配
	S	*9*	ハイメ1世，バレンシア再征服
1244	S	*3-26*	カスティーリャとアラゴン間でアルミスラ条約締結
1248	S	*12-22*	フェルナンド3世，セビーリャ再征服
1249	P		アフォンソ3世，ポルトガル王国のレコンキスタを完了
1254	P	*2～3*	レイリアのコルテス開催
1255	P		コインブラからリスボンに遷都
1256	S		カスティーリャ王アルフォンソ10世，『七部法典』編纂開始(～63)
1257	S		この頃からアルフォンソ10世，神聖ローマ皇帝位をうかがう
1262	S	*9*	アルフォンソ10世，カディス再征服
1264	S		アンダルシーアとムルシアでムデハル反乱(～66)
1265	S		バルセローナで「百人会議」創設
1273	S		アルフォンソ10世，メスタ(移動牧畜業者組合)に特権付与
1276	P		ペドロ・イスパーノ，ヨハネス21世としてローマ教皇に即位
1279	P	*1*	ディニス即位。この頃ポルトガル語の公用語化
1282	S		「シチリアの晩鐘」事件で，アラゴン王ペドロ3世，シチリア王位を継承
1284	P		ディニス王の検地開始
1288	P		ディニス王，サンティアゴ騎士団をカスティーリャから切り離して独立させる
1290	P		ディニス王，コインブラ大学を創設
1293	P		北欧貿易に従事する商人に対し海上保険制度開始
1297	S/P		アルカニセス条約。カスティーリャとポルトガルの国境確定
1303	P		ディニス王，イギリスのエドワード2世と貿易協定
1305	S		ナバーラ王国にカペー朝成立
1311	S		アルモガバレス(カタルーニャ人傭兵)，アテネ公国を簒奪
1317	P		ジェノヴァ人エマヌエレ・ペサーニョ，ポルトガル海軍提督に就任。イスラーム教徒の海賊に対抗
1319	P		キリスト騎士団の創設
1328	S		ナバーラ王国にエヴルー朝成立
1340	S/P	*10-30*	カスティーリャ・ポルトガル連合軍，サラードの戦いでマリーン朝・ナスル朝連合軍に勝利
1341	P		カナリア諸島への航海
1344	S		カスティーリャ王アルフォンソ11世，アルヘシーラスを征服
1348	I		この頃ペスト流行。大幅な人口減少
1354	S		カスティーリャ王ペドロ1世と異母弟エンリケのあいだで内乱勃発
1355	P		イネス・デ・カストロの処刑
1357	P		リスボン在住のジェノヴァ人に特許状を付与
1369	S		ペドロ1世，モンティエールの戦いで戦死。エンリケ2世即位し，カスティーリャ王国にトラスタマラ朝成立

	P		対カスティーリャ戦争(～82)
1371	S		エンリケ2世，国王裁判所を再編し高等法院(アウディエンシア)開設
1375	P		セズマリア法の公布。農民の移動を厳しく制限
1381	S		バルセローナで銀行が連鎖倒産
1383	P	***12***	アヴィス騎士団長ジョアンを支持する民衆蜂起。「1383～85年の動乱」
1385	P	***4****-6*	コインブラのコルテスでジョアンを国王に選出(ジョアン1世)。アヴィス朝成立
	P/S	***8****-14*	アルジュバロータの戦いで，ポルトガル軍がカスティーリャ軍に勝利
1386	P	***5****-9*	イギリスとウィンザー条約締結
1387	S		カスティーリャ王フアン1世，国王顧問会議を改革しレトラード(文官)を重用
1391	S		セビーリャで大規模な反ユダヤ暴動。半島全域に拡大
1400	S		この頃からメディーナ・デル・カンポで大市開催
1410	S		バルセローナで公営銀行(タウラ・デ・カンビ)開設
1411	P/S	***10****-31*	カスティーリャと和平条約締結
1412	S	***6****-28*	カスペ会議でトラスタマラ家のフェルナンド，アラゴン王に選出(フェルナンド1世)。アラゴンにもトラスタマラ朝成立
1415	P	***8****-21*	北アフリカのセウタを攻略。ポルトガル大航海時代の始まり
1420	P		「航海者」エンリケ親王，キリスト騎士団長に就任
1427	S		カタルーニャ金融市場の混乱
	P		アソーレス諸島に到達し植民開始
1428	I		この頃からグラナダ王国で貴族間抗争と王位継承争い激化
1430	S		この頃からカタルーニャの地中海貿易縮小
1432	S		バリャドリーでユダヤ人代表者会議開催
1434	P		ジル・エアネス，ボジャドール岬迂回に成功
1437	P		ドゥアルテ王，タンジールへ遠征隊を派遣
1441	P		この頃から西アフリカ沿岸踏査が活発化。アフリカから最初の奴隷
1443	S		ブルゴス商人組合設立。アラゴン王アルフォンソ5世，ナポリ王位継承(～58)
1446	P		「アフォンソ法典」公布
1447	S		カタルーニャでレメンサ農民組合結成
1449	S		トレードで反コンベルソ(改宗ユダヤ人)暴動。「判決法規」制定
	P	***5****-20*	アルファロベイラの戦い，摂政ペドロ死去
1455	P	***1****-8*	アフォンソ5世，ローマ教皇から大勅書を獲得(次いで56)。アフリカでの布教と貿易の独占権を得る
1458	S		ナバーラ王フアン1世，アラゴン王フアン2世としてアラゴン王位継承
	P		アフォンソ5世，アルカセル・セギールを征服
1461	S		バルセローナでビガとブスカの党派対立激化
1462	S		カタルーニャでレメンサ農民運動が激化し，内乱状態へ(～72)
1468	S	***9****-18*	ロス・トロス・デ・ギサンド協定で，カスティーリャ王エンリケ4世，異母妹イサベルの王位継承を承認
1469	S	***5****-17*	カスティーリャ王女イサベルとアラゴン王太子フェルナンド(のちのカトリック両王)結婚

	P		フェルナン・ゴメス，ギニア湾沿岸の商業開発に着手(～74)
1474	S	***12**-11*	エンリケ4世没。***12**-13* イサベル1世即位
1475	S	***1**-15*	セゴビア協定締結。***5**-30* エンリケ4世の王女，フアナ・ラ・ベルトラネーハの即位宣言。カスティーリャ王位継承戦争開始
1476	S	***4***	サンタ・エルマンダー創設
	S/P	***3**-2*	イサベル1世，トロの戦いでフアナ派貴族に勝利。ポルトガル王アフォンソ5世は，フアナ派に参加
1479	S	***1**-19*	アラゴン王フェルナンド2世即位
	S/P	***9**-4*	アルカソヴァス条約締結
1480	S		トレードでコルテス開催。カトリック両王，王室財政，国王顧問会議，コレヒドール制，コルテスの改革に着手。***9*** セビーリャに異端審問所開設
1481	P	*8-28*	ジョアン2世即位
1482	P		ギニアにサン・ジョルジェ・ダ・ミナ商館を設立
	S/I	***2***	カトリック両王，グラナダ戦争開始
1484	S		カタルーニャで第2次レメンサ農民戦争勃発(～85)
1486	S	***12***	フェルナンド2世，グアダルーペの裁定によりレメンサ農民を人格的に解放
1488	P		バルトロメウ・ディアス，喜望峰迂回に成功
1492	S	***1**-2*	カトリック両王，グラナダ王国を滅ぼし，レコンキスタ終結。***3**-31* ユダヤ教徒にカトリックへの改宗令公布。***10**-12* コロンブス，イサベル1世の支援を得てアメリカ大陸へ到達
		——	ネブリーハ，『カスティーリャ語文法』を発表
1493	S	***1**-19*	フランスとバルセローナ条約締結
1494	S/P	***6**-7*	トルデシーリャス条約で，スペイン・ポルトガルの海外領土境界線が確定
1495	S	***3**-31*	第1次神聖同盟
	P	***10**-25*	マヌエル1世，即位と同時にキリスト騎士団長に。海外領の所有権を確保
1496	P		ユダヤ教徒へ改宗令
1497	S		北アフリカのメリーリャを占領
1498	P	***5**-20*	ヴァスコ・ダ・ガマ，インドのカリカット到達
1500	S		グラナダでムデハル(残留イスラーム教徒)反乱(～01)
	P	***4**-22*	カブラル，ブラジルに到達
1502	S	***2**-12*	カスティーリャのムデハルに追放令
	P		ジェロニモス修道院建設に着手
1504	S	***11**-12*	イサベル1世没。フアナ1世即位
1505	S	***1～3***	トロでコルテス開催。「トロ法令」公布(限嗣相続制の確立)
1506	S	***4***	フアナの夫フィリップが共同統治王フェリーペ1世として即位(***9*** 死去)
	P		リスボンで反ユダヤ暴動
1509	P		「インド・ミナ商務院規約」公布
1510	P	***3***	インドのゴアを占領しポルトガル領インドの首都に
1511	P	***8***	マラッカ征服

1515	S	7	ナバーラ王国，カスティーリャへの帰属が決定
	P		ホルムズの実権を握り，ペルシア湾支配を確立
1516	S	3-14	カルロス１世即位。ハプスブルク朝スペイン成立
1519	S	6-28	カルロス１世，神聖ローマ皇帝に選出(翌年カール５世として戴冠)。9-20 マゼラン，世界一周へ出発(～22)
		——	バレンシアでヘルマニアスの乱(～22)
1520	S	6	カスティーリャ諸都市でコムニダーデスの反乱(～21)
1521	S	8-13	コルテス，アステカ帝国を征服
	P		「マヌエル法典」の公布
1524	S	8	「インディアス会議」設立
1526	S	7-7	アラゴンとバレンシアでムデハルに改宗令
1527	P		初の国勢調査(～32)
1529	S	8-5	カルロス１世，フランス王フランソワ１世とカンブレー和約を締結。イタリア覇権を確立
	S/P	4-22	サラゴーサ条約締結。ポルトガルの香料諸島領有確定
1532	P	1	ブラジルの植民開始
1533	S	11	ピサロ，インカ帝国を征服
1534	S	8-15	イグナシオ・デ・ロヨーラ，イエズス会創設
1536	P		ジョアン３世，異端審問所を導入
1540	P		ジョアン３世，イエズス会を招聘
1542	S		「インディアス新法」公布
1543	S		セビーリャで，インディアス交易を管理するコンスラード設立
	P	8-25	３人のポルトガル人，種子島に漂着(一説では42)
1545	S		ペルー副王領ポトシで銀の大鉱脈発見
	S/P	12-13	トリエント公会議開始(～63)
1547	P		「禁書目録」公布
1549	S	7-3	フランシスコ・ザビエル，鹿児島上陸
	P		ブラジルに総督府設置
1550	S		バリャドリー論争(～51)。カルロス１世，新大陸征服の是非を審議
1555	S	9-25	アウクスブルク宗教和議で，プロテスタントを容認する決議
1556	S	1-16	フェリーペ２世即位
1557	S	6	フェリーペ２世の第１回国庫支払い停止宣告(次いで60,75,96)。8-10 サン・カンタンの戦いでフランス軍に勝利
	P		中国明王朝よりマカオを賃借
1559	S	4-3	カトー・カンブレジ和約締結
		8-17	「禁書目録」公布
	P		エヴォラにイエズス会の大学創設
1561	S	5	マドリードに宮廷を固定
1563	S	4	エル・エスコリアル宮殿の着工(～84)
1565	S	4	フィリピンの征服開始
1568	S	5-5	スペイン領オランダで独立戦争開始(～1648)。12-26 グラナダでモリスコの反乱(～71)
1570	P		この頃からブラジルでアフリカからの奴隷輸入増大
1571	S	10-7	レパントの海戦でオスマン軍に勝利

	P		長崎，ポルトガル商船の寄港地に
1572	P		カモンイスの叙事詩『ウズ・ルジアダス』出版
1578	P	*8-4*	モロッコのアルカセル・キビルの戦いで大敗。セバスティアン王戦死
1579	S	***1**-23*	ネーデルラント北部7州，ユトレヒト同盟を結成し，スペインから事実上の独立を達成
1580	S/P	***9**-11*	フェリーペ2世，ポルトガル王フィリーペ1世として即位宣言(翌年承認)
1582	S/P	***1**-28*	天正少年使節，ヨーロッパに出発(〜90)。***10**-15* ユリウス暦に代わりグレゴリオ暦導入
1588	S	*8*	スペイン「無敵艦隊」，イギリス海軍に大敗
1590	S	***4**-4*	ミリョネス税導入
1591	S	***9〜11***	アントニオ・ペレス事件にともなうアラゴンの反乱
1596	S		ペスト流行(〜1602)
1598	S	***9**-13*	フェリーペ3世即位。寵臣レルマ公爵，実権掌握
1599	S		ベリョン銅貨鋳造開始で17世紀の経済混乱始まる
	P		サン・トメ島，プリンシペ島の戦い。オランダとの戦争開始(〜1661)
1601	S	***10**-10*	宮廷をバリャドリーに一時移動(〜06)
1605	S		セルバンテス，『ドン・キホーテ』前編を発表
1607	S		フェリーペ3世の国庫支払い停止宣告
1609	S	***4**-9*	オランダと12年間の休戦協定締結。***9**-22* モリスコの国外追放開始(〜14)
1618	I	***6**-2*	三十年戦争開始(〜48)
1621	S	***3**-31*	フェリーペ4世即位。寵臣オリバーレス伯公爵，実権掌握。***4*** オランダとの戦争再開
1622	P		イギリスにホルムズを奪われる
1624	S	***3**-24*	日本，スペイン船の来航を禁止し国交断絶(〜1868)
1627	S	*1*	フェリーペ4世の国庫支払い停止宣告(次いで47, 52, 62)
1628	P	*8*	東インド商業会社の設立(〜33)
1630	S		この頃から新大陸の銀産出量激減
1635	S	***5**-19*	フランス，スペインに宣戦布告
1637	P	*8-21*	エヴォラでスペインの増税政策に対する民衆暴動
1639	S	***10**-21*	スペイン海軍，ダウンズの海戦でオランダ海軍に敗北
	P		徳川幕府の鎖国政策によりポルトガルと日本の国交断絶(〜1860)
1640	S	***6**-7*	カタルーニャの反乱(〜52)
	P	***12**-1*	ポルトガルの独立反乱でブラガンサ公爵即位(ジョアン4世)。ブラガンサ朝成立
1641	P	***1**-14*	オランダにマラッカを奪われる
1643	S	***1***	オリバーレス失脚。***5**-19* ロクロワの戦いでスペイン陸軍敗北
1647	S		ペスト流行(〜54)
1648	S	***10**-24*	ウェストファリア条約でオランダ独立を承認
1649	P	***3**-10*	ブラジル総合会社設立(〜1720)
1650	P		この頃からアジアの貿易拠点を喪失
1654	P	*7-20*	ジョアン4世，イギリスのクロムウェルと和約締結。イギリスとの連携強化

1659	S	11-7	フランスとのピレネー条約でルシヨンとセルダーニュ割譲
1661	P	7-3	王女カタリーナ，イギリス王チャールズ2世と結婚。嫁資としてタンジールとボンベイをイギリスに譲渡
1662	P		カステロ・メリョール伯爵，実権掌握
1665	S	9-17	カルロス2世即位
1667	P		オランダと和平条約締結
1668	S/P	2-13	リスボン条約でポルトガルの独立承認
1675	P		エリセイラ伯の改革
1678	S	9-17	フランスにフランシュ・コンテ割譲
1680	S	2-10	ベリョン貨の50%の平価切下げ実施(次いで86)
1693	P		ブラジルで金鉱発見
1700	S	11-1	カルロス2世死去。ハプスブルク朝スペインの断絶。11-24 アンジュー公フィリップ，フェリーペ5世として即位。ブルボン朝スペイン成立
1701	S	2-6	スペイン継承戦争勃発(～14)
1703	P	12-27	メシュエン通商条約調印
1704	S	8-2	イギリス，ジブラルタルを占領
1705	S		スペイン継承戦争において，カタルーニャ，アラゴン，バレンシアが反フェリーペの立場を表明し内戦に
1706	P	6-28	イギリスに協力し，マドリードに侵入。12-9 ジョアン5世即位
1707	S	4-25	アルマンサの戦いでフェリーペ5世軍が勝利。次いでバレンシアとアラゴンを制圧
1711	S	4	地方監察官(インテンデンテ)の派遣開始
1713	S		ユトレヒト条約で，フェリーペ5世がスペイン国王として承認される
1714	S		9-11 カタルーニャがフェリーペ5世軍に陥落。内戦としての継承戦争も終了。10-3 王立言語アカデミー創設
1716	S	1-16	カタルーニャに「新組織王令」施行。旧アラゴン連合王国の地方諸特権はすべて廃止
1717	S		国内関税の廃止。インディアス貿易の中心港，セビーリャからカディスに移動
	P	4~7	ローマ教皇の要請により，マタパンの対オスマン海戦に参加
		——	マフラ修道院の建設開始(～50)
1720	P	12-8	王立歴史学アカデミーの創設
1724	S	1-19	ルイス1世の即位(8-31)。9-8 フェリーペ5世復位
1727	P		ブラジルにコーヒー栽培伝わる。ブラジルでダイヤモンドの鉱脈発見
1728	S	12	カラカス航海ギプスコア会社設立
1731	P		リスボンでアグアス・リヴレス(水道橋)建設開始(～99)
1732	P	3-10	ブラジルへの渡航禁止令の公布
1733	S	11-7	フランスと第1回家族協定締結(引き続き43,61)
1738	S	6-17	王立歴史アカデミー創立
1740	S		ハバナ会社設立
1743	S	5	エンセナーダ侯爵，海軍の近代化に着手
1746	S	7-9	フェルナンド6世即位
1750	S		エンセナーダ侯爵，国富調査開始(～53)

	P	*7-31*	ジョゼ1世即位。ポンバル侯爵の啓蒙専制主義的改革開始(～77)
	S/P	*1-13*	ブラジル領に関してマドリード条約締結
1753	S	*1-11*	ローマ教皇庁と政教協約
1755	P	*6-7*	ブラジル貿易に携わる「グランパラ・イ・マラニャン会社」設立。*9-30*「貿易評議会」の設立。*11-1* リスボン大震災。ポンバル侯爵，リスボン再建に着手
1757	P	*2*	ワイン売買をめぐりポルトで民衆暴動
1758	P	*9*	アヴェイロ伯による反乱計画，発覚
1759	S	*8-10*	カルロス3世即位。啓蒙的諸改革に着手
	P	*1-19*	イエズス会士追放
1760	P		ローマ教皇の使節追放。教皇庁との関係途絶(～69)
1765	S	*7-11*	エスキラーチェ侯爵，穀物の国内取引自由化を宣言。*10-16* インディアス諸都市との貿易一部自由化
1766	S	*3～5*	全国各地で「エスキラーチェ暴動」
1767	S	*4-2*	スペインおよびインディアスからイエズス会士追放。*6* オラビーデ，シエラ・モレーナ植民事業に着手
1768	S		アランダ伯爵による人口調査
1770	S		この頃から全国に「祖国の友・経済協会」開設
	P		この頃からブラジルの金産出量激減
1774	P		異端審問所の再編。国王裁判所としての機能強化
1777	P	*2-24*	マリア1世即位。ポンバル侯爵失脚
1778	S	*10-12*	スペインとインディアスの自由貿易確立
1779	P	*12-24*	「王立リスボン科学アカデミー」創設
1780	S		この頃カタルーニャにジェニー紡績機導入
1782	S	*6-2*	サン・カルロス銀行設立
1787	S		フロリダブランカ伯爵による国勢調査
1788	S	*12-14*	カルロス4世即位
1789	S	*9～12*	フランス革命の波及を防ぐため，異端審問や検閲を強化
	P		「ミナスの陰謀」発覚。ブラジルにおける反植民地主義運動の始まり
1792	S	*11*	マヌエル・ゴドイ，宰相に就任
1793	S	*3-7*	フランス革命政府，スペインに宣戦。国民公会戦争開始(～95)
1795	S	*7-22*	バーゼル平和条約でフランスと講和。*9* デサモルティサシオン(永代所有財産解放)開始
1796	S	*8-19*	カルロス4世，フランスとサン・イルデフォンソ条約締結
1797	S		ゴドイの国勢調査
1801	S/P	*5-19*	オレンジ戦争勃発
1805	S	*10-21*	トラファルガーの海戦で，スペイン・フランス連合艦隊，イギリス軍に大敗
1807	S	*10-27*	フォンテーヌブロー条約で，ゴドイはナポレオンとポルトガル分割を約す
	P	*11-29*	フランス軍の侵入に対し，王室，ブラジルのリオ・デ・ジャネイロに退避
1808	S	*1～3*	フォンテーヌブロー条約によるフランス軍の駐留。*3-17～19* アランフエス暴動。フェルナンド7世即位。*5-2* マドリードの民衆蜂起。

			スペイン独立戦争勃発。5-5～6 カルロス4世とフェルナンド7世，王位をナポレオンに委譲。6-4 ナポレオンが兄ジョゼフをスペイン王に任命(ホセ1世)。7-7 バイヨンヌ憲法公布。7-19 バイレーンの戦いでフランス軍敗北。9 フランスへの抵抗組織として，アランフエスに中央評議会結成。12-4 ナポレオン，マドリード入城
	P	1-23	王室，リオ・デ・ジャネイロに到着。ブラジルの2港を開港。6～7 ポルトで民衆の反ナポレオン蜂起。全国へ波及。8～9 ウェルズリー卿率いるイギリス軍の上陸。フランス軍からリスボンを奪回
1809	P	3～5	ベレスフォード将軍率いるポルトガル・イギリス連合軍，フランス軍に勝利(次いで10.6～11.4)
1810	S	9-24	カディス議会開催
	P		イギリスと通商友好条約締結
1811	S	8-6	カディス議会，領主裁判権などの封建的諸権利廃止
	P	4	フランス軍，ポルトガルより撤退
1812	S	3-19	カディス議会でスペイン初の「1812年憲法」公布。7-22 ウェリントン率いるイギリス軍，スペイン領内アラピレスの戦いでフランス軍に大勝利
1813	S	6-21	フランス軍，ビトリアの戦いで敗北し，北部数拠点を残しスペインより撤退。12-11 ナポレオン，フェルナンド7世に王位返還
1814	S	3-22	フェルナンド7世帰国。5-4 フェルナンド7世，「1812年憲法」の破棄を宣言
1815	P	12-16	「ポルトガル＝ブラジル＝アルガルヴェ連合王国」成立。ブラジル，植民地から王国に昇格
1816	P	3-20	ジョアン6世，リオ・デ・ジャネイロで即位
1817	S	6-4	「神聖同盟」に加盟
	P	3	アンドラーデ将軍による反乱計画発覚
1819	S		プラド美術館創立
	S	2-22	アメリカ合衆国にフロリダ譲渡
1820	S	1-1	リエゴ大佐のクーデタ。3-7 フェルナンド7世，「1812年憲法」の復活を承認
	P	8-24	反英派軍人，ポルトで革命宣言。9-15 リスボンに臨時政府樹立
1821	P	1-26	リスボンで初の立憲議会招集。7-4 ジョアン6世，ブラジルから帰国
1822	P	9-7	サン・パウロにてブラジル独立宣言。10-12 摂政ペドロ，ブラジル皇帝ペドロ1世として即位(25承認)。9-23 ブラジルで「1822憲法」公布
1823	S	4-7	「聖ルイの10万の息子たち」と呼ばれるフランス軍，スペインに侵入。10-1 フェルナンド7世の絶対王政復活。11-7 リエゴ処刑
1824	S		ペルーのアヤクーチョの戦いでスペイン軍大敗。ラテン・アメリカの独立確定
1826	P	3-10	皇帝ペドロ1世，ポルトガル王に即位宣言(ペドロ4世)後，マリア2世に譲位(5-2)。「1826年憲章」の公布
1828	P	6-23	摂政ミゲルのクーデタ。王位に就き「1826憲章」破棄。自由主義者の弾圧

1831	S	9-10	マドリード証券取引所開設
1832	P	4	モウジーニョ・ダ・シルヴェイラの改革。6 ブラジルから帰国したペドロ4世とミゲル派の内戦開始
1833	S	9-29	イサベル2世即位。母后マリア・クリスティーナ，摂政に就任。10-21 フェルナンド7世の弟カルロスを支持するカルリスタ，トレードで反乱。第1次カルリスタ戦争開始(～39)。11-30 地方行政改革。全国を49県に区分
	P	6	テルセイラ公爵率いる軍がアルガルヴェ占領
1834	S	4-10	王国組織法(1834年憲法)の公布　7 異端審問制度の最終的廃止
	P	5-26	ミゲル，降伏条約に調印し内戦終結。「1826年憲章」復活。9-24 マリア2世統治開始
1835	S	10-11	修道会廃止令
1836	S	1-31	メスタ廃止。2-19 メンディサバル蔵相，永代所有財産解放令を公布。8 限嗣相続制廃止。9 囲い込みと借地契約の自由化
	P	9-8	九月党(セテンブリスタ)のクーデタ。「1822年憲法」復活
1837	S	6-18	「1837年憲法」公布
1838	P	4	「1838年憲法」公布
1841	S	5-10	エスパルテーロ，摂政就任。穏健派の反乱頻発
1842	P	1-27	テルセイラとカブラルのクーデタ。「1826年憲章」復活
		——	イギリスとの条約で海外領の奴隷貿易を全面廃止(実質的には80年代末まで継続)
1843	S	7-30	エスパルテーロ，イギリスへ亡命。11-8 イサベル2世の親政開始
1844	S	3-28	治安警察創設。5-3 ナルバエス，政権掌握
1845	S	6-18	穏健派による「1845年憲法」公布
1846	S	10	第2次カルリスタ戦争開始(～49)
	P	4	「マリア・ダ・フォンテの乱」。10-6「パトゥレイアの乱」開始(～47.6)
1848	S	3-27	マドリードで反ナルバエス反乱。10-28 バルセローナとマタロ間に初の鉄道開通
1849	P	6	カブラル政権再掌握
1851	S	3-18	ローマ教皇と政教協約締結。カトリックを国家宗教として確認
	P	5-15	「刷新運動」により，サルダーニャ，政権再掌握。以後1899年まで刷新党と歴史党(76年に改革党と合同し進歩党と改名)の政権交代制
1854	S	2-3	通貨政策。複本位制の導入。7-17 進歩派の「マンサナレス宣言」。各都市で民衆暴動。7-28 エスパルテーロ政権掌握
1855	S	5-1	マドス蔵相の統一永代所有財産解放令公布。7-2 カタルーニャで初のゼネスト
1856	S	1-28	サン・フェルナンド銀行，スペイン銀行に改組。7-14 オドンネル，政権掌握。9-15「1845年憲法」の復活。10-12 ナルバエス政権掌握
	P	10	リスボンとカレガード間に初の鉄道開通
1857	S	9-9	モヤーノの公教育法公布
1858	S	6-30	オドンネル政権再掌握
1859	S	10-22	モロッコ戦争開始(～60.4)

1860	P	***6***	日葡修好通商条約締結
1861	S	***6〜7***	ロハの農民蜂起。***12*** メキシコ出兵(〜62.***4***)
1863	P	***5***-*19*	土地相続法公布。限嗣相続財産制の全面廃止
1864	S	***9***-*16*	ナルバエス政権再掌握
1865	S	***4***-*10*	「聖ダニエルの夜」事件
1866	S	***2***-*2*	プリムのクーデタ失敗。***6***-*22* サン・ヒル兵営の下士官蜂起
1867	S	***11***〜	経済危機の深刻化(〜68.***6***)
1868	S	***9***-*18*	プリム，トペーテ，セラーノによる軍事クーデタ。***9***-*30* イサベル2世，フランスへ亡命。九月革命。***10***-*8* 臨時政府の樹立。***10***-*10* キューバとの「十年戦争」開始。***10***-*19* 通貨改革。貨幣単位をペセータとする
1869	S	***6***-*6*	「1869年憲法」公布。***6***-*15* セラーノ摂政，プリム首相で組閣
1870	S	***6***-*19*	バルセローナで第一インターナショナル・スペイン連合結成。***11***-*16* アマデオ1世即位。***12***-*30* プリム暗殺
	P		この頃から，ブラジルへの移民急増
1872	S	***5***-*2*	第3次カルリスタ戦争開始(〜76)
1873	S	***2***-*11*	アマデオ1世退位。第一共和政成立。初代大統領にフィゲーラス。***6***-*11* ピ・イ・マルガル，大統領に就任。***7***-*12* アンダルシーアとレバンテでカントナリスタの蜂起(〜74.***1***)。***7***-*18* サルメロン，大統領に就任。カントナリスタを弾圧。***9***-*7* カステラール，大統領に就任
1874	S	***1***-*3*	パビア将軍のクーデタ。セラーノ，大統領に就任。第一共和政崩壊。***12***-*29* マルティネス・カンポス将軍のクーデタ成功。復古王政体制へ。***12***-*31* カノバス，首相に就任
1875	S	***1***-*14*	アルフォンソ12世，マドリード入り。ブルボン朝復古
		——	カノバス，保守党を結成
	P	***1***	「社会労働党」の結成
1876	S	***7***-*2*	「1876年憲法」公布。***10***-*29*「自由教育学院」開校
1878	S	***2***-*12*	サンホンの和約締結。キューバとの「十年戦争」終結
1879	S	***5***-*2*	「スペイン社会労働党」(PSOE)創立
1880	S	***5***-*23*	サガスタ，合同党(85年創立となる自由党の中軸)結成
	P	***6***-*10*	共和党，カモンイス没後300年記念式典開催
1881	S	***9***-*23*	「スペイン労働者連盟」結成
1882	S	——	アナキスト秘密結社「黒い手」事件発覚(〜83)
1884	P	***11***-*15*	ベルリン国際会議開催(〜85.***2***)。アフリカ分割に関し，ポルトガル不利に
1885	S	***11***-*24*	パルド宮協定で，保守党と自由党の二大政党制確立。***11***-*25* アルフォンソ12世没。王妃マリア・クリスティーナの摂政体制開始(〜1902.***5***)
1886	S	***5***-*17*	アルフォンソ13世誕生。ただちに即位
	P	——	南アフリカ植民地帝国の構想「バラ色地図」を公表
1888	S	*8-13〜14*	「労働者総同盟」(UGT)結成
1890	S	***6***-*9*	新選挙法。男子普通選挙制の導入
	P	***1***-*11*	現ジンバブエ，マラウイからのポルトガル軍即時撤退を要求するイギリスの最後通牒に屈服。バラ色地図構想断念

1891	S	12-31	新関税法。高関税政策の明確化
	P	1-31	ポルトにおける共和主義者の反乱，失敗
		——	国庫の危機(～92)
1892	S	3-27	カタルーニャ主義同盟，マンレーサ基本綱領採択
1893	S	9-29	北アフリカのメリーリャに出兵(～94.3-15)
1895	S	2-24	キューバで反乱。独立運動の激化。7-31「バスク・ナショナリスト党」(PNV)結成
1896	S	8-30	フィリピンで独立反乱(97.3 フィリピン革命政府樹立)
1897	S	8-8	カノバス首相暗殺
1898	S	2-15	ハバナ港でメイン号爆破事件。4-25 米西戦争開始。7-3 スペイン軍，キューバのサンティアゴで米軍に敗北。12-10 パリ講和条約でキューバの独立を承認
1899	S	2-12	ドイツにカロリン諸島割譲
1900	S	3-13	婦女子の労働制限法公布。10時間以上・10歳以下の子供の労働禁止
1901	S	5-24	「リーガ(カタルーニャ地域主義連盟)」結成
	P	12-2	第1回植民地大会の開催
1902	S	5-17	アルフォンソ13世の親政開始
1904	S	10-3	モロッコの共同統治について，フランスと協定締結
1906	S	2-11	「カタルーニャの連帯」結成
		——	ラモン・イ・カハル，ノーベル医学賞受賞
	P	5-17	ジョアン・フランコ，首相に就任
1907	S	1-25	保守党マウラ，政権掌握。8-3 カタルーニャで「労働者の連帯」結成
	P	5-10	コインブラ大学の反政府ストライキ，全国に波及
1908	P	2-1	国王カルロスと王太子ルイス・フィリーペの暗殺。マヌエル2世即位。アラマル提督の連立内閣成立
1909	S	2	モロッコのメリーリャで鉱山労働者のストライキ。スペイン軍増派。7-26～31 バルセローナでモロッコ戦争に反対するゼネスト。「悲劇の一週間」。10-13 アナキスト教育者フェレル・グアルディア処刑
1910	S	2-9	カナレーハス自由党政権成立。10-31～11-1「全国労働連合」(CNT)創立大会
	P	10-4	リスボンで共和派軍人の反乱。10-5 マヌエル2世亡命。テオフィロ・ブラガ，臨時大統領に就任。第一共和政成立
1911	S	8-1～2	軍艦ヌマンシア号の反乱
	P	4-20	「国家と教会を分離する法」公布。8-21「1911年憲法」公布。8-24 マヌエル・デ・アリアーガ，初代大統領に就任。10-5 コウセイロの王党派反乱
1912	S	8～10	鉄道労働者の全国的ストライキ。11-12 カナレーハス暗殺。11-27 モロッコ分割に関しフランスと協定締結
	P	1-28～31	リスボンで初のゼネスト
		——	ジャイメ・コルテザンの「ポルトガル・ルネサンス運動」開始
1913	S	10-27	ダト保守党政権成立。12-18「カタルーニャ四県連合体(マンコムニダー)」設置法成立
	P	1-9	アフォンソ・コスタの民主党内閣成立

1914	P	***4***	「ルジタニア統合主義」創設
		——	「国民労働者組合」(UNO)創立
	S/P	***7**-28*	第一次世界大戦開始。スペインとポルトガルは中立を宣言
1915	S	***12**-9*	ロマノネス自由党政権成立
		——	この頃第一次世界大戦にともなう経済発展
	P	***1**-23*	ピメンタ・デ・カストロ，首相就任。***3**-4* 議会停止。カストロ独裁。***5**-14～15* 民主党，軍人と民兵組織を動員し，リスボンで決起。カストロ独裁終焉。***5**-27* テオフィロ・ブラガ，臨時大統領に就任。***8**-6* ベルナルディノ・マシャド，大統領に選出
1916	S	***12**-18*	UGTとCNTの共同ゼネスト
	P	***3**-9*	ドイツ，商船の拿捕に対し，ポルトガルに宣戦布告。***3**-15*「神聖同盟」の成立
1917	S	***6**-19*	軍防衛評議会の宣言。***7**-16* リーガ，バルセローナで憲法制定議会開催要求。***8**-12～19* CNTとUGTによる全国ゼネスト。***11**-3* ガルシア・プリエト総結集政権成立
	P	***5**-13*	ファティマの聖母マリア「顕現」。***12**-5* シドニオ・パイスのクーデタ成功
1918	S	***3**-22*	マウラ挙国一致政権成立。***11**-9* ガルシア・プリエト自由党政権成立。***11*** ガリシアで地域主義運動激化
		——	アンダルシーアで農民運動拡大。「ボリシェヴィキの3年(～20)」
		——	この年，スペイン風邪(インフルエンザ)大流行。15万人死亡
	P	***4**-28*	シドニオ・パイス，大統領に就任。***10**-12～13* 民主党派軍人の反乱。コインブラを一時制圧。***12**-14* シドニオ・パイス，暗殺
1919	S	***2～4***	「エブロ川電力開発(俗称ラ・カナディエンセ)」に始まるバルセローナでのゼネストでCNT勝利。***4**-3* 1日8時間労働の法制化
	P	***1**-19*	ポルトで王党派反乱(～***2**-13*)。王政復帰を宣言。***8**-6* ジョゼ・デ・アルメイダ，大統領に就任。***9**-13*「労働総同盟」(CGT)創立。***10**-1*「自由党」結成
1920	S	***5**-5*	ダト保守党政権成立
1921	S	***3**-8*	ダト首相暗殺。***7**-21* モロッコでスペイン軍の大敗北。「アヌアル事件」。***8**-14* マウラ挙党政権成立。***4**-15*「スペイン共産党」(PCE)創立
	P	***3**-6*	「ポルトガル共産党」創立。***10**-19* リスボンで「流血の夜」事件。自由党のグランジョ首相暗殺
1922	S	***3**-15*	スペイン共産党第1回大会
	P	——	経済状況の悪化により14の銀行が閉鎖
1923	S	***2***	モロッコでリフ共和国成立。***9**-12* プリモ・デ・リベーラのクーデタ。独裁開始(～30)
1924	S	***3**-8*	市町村組織法公布。***4**-14* 独裁下の単一政党「愛国同盟」設立。***7**-14* ラジオ放送開始
	P		「経済同友会」の結成
1925	S	***6**-4*	モロッコでスペイン・フランス軍の共同作戦開始。***12**-3* プリモ・デ・リベーラ体制における文民化の進行
	P	***4**-18*	リスボンで王党派の軍事蜂起，失敗

1926	S	***2***	「共和主義同盟」結成。***5****-27* モロッコのアブデル・クリーム，降伏。***6****-24*「聖ヨハネ祭蜂起」失敗
	P	***5****-28*	ゴメス・ダ・コスタ将軍の軍事反乱。第一共和政の崩壊。***7****-9* コスタ将軍を追放したオスカル・カルモーナ将軍の軍事独裁。***11****-29* カルモーナ，臨時大統領に就任
1927	S	***7****-25*	「イベリア・アナキスト連盟」(FAI)結成。***9****-12* 憲法制定のための国民会議招集(公布にいたらず)
	P	***2****-3～7*	ポルト，リスボンで軍人と共和主義者が反乱，失敗
1928	S	***10****-2*	オプス・デイ創設
	P	***3****-25*	カルモーナ，正式に大統領に就任。***4****-27* ヴィセンテ・デ・フレイタス内閣の蔵相にコインブラ大学教授アントニオ・デ・オリヴェイラ・サラザール就任
1929	S	***1****-29*	サンチェス・ゲラのクーデタ失敗。***3～4*** マドリード大学とバルセローナ大学で学生運動高揚。***5****～* セビーリャでイベロアメリカ博覧会，バルセローナで万国博覧会開催
1930	S	***1****-28*	プリモ・デ・リベーラ辞任。***1****-30* ベレンゲール将軍の政権成立。***8****-17* 共和主義諸派，サン・セバスティアン協定締結。***12****-12* ハカでガラン大尉蜂起，失敗
	P	***7****-8*	植民地条例公布。***7****-30* サラザール，全政党を糾合する「国民同盟」を結成
1931	S	***2****-18*	アスナール政権成立。***3****-19*「エスケーラ(カタルーニャ共和主義左翼)」創立。***4****-12* 全国で市町村議会選挙。大都市を中心に共和派勝利。***4****-14* アルフォンソ13世亡命。アルカラ・サモーラ，臨時政府首班に。第二共和政成立。***5****-8* 暫定カタルーニャ自治政府(ジェネラリタート)成立。***6****-28* 憲法制定議会選挙。***8****-2* カタルーニャ自治憲章案，住民投票で承認。***10****-14* マヌエル・アサーニャ政権成立。***12****-9*「1931年憲法(第二共和政憲法)」制定。***12****-10* アルカラ・サモーラ，大統領に選出。首相にアサーニャ任命
	P	***4～5***	マデイラ，アソーレスで反政府運動
1932	S	***1****-23*	イエズス会に解散命令。***8****-10* サンフルホ将軍のクーデタ，失敗。***9****-9* カタルーニャ自治憲章成立。***9****-15* 農地改革法成立
	P	***7****-2*	イギリスに亡命中のマヌエル2世死去。ブラガンサ朝の断絶。***7****-5* サラザール，蔵相のまま首相就任。サラザール独裁の開始
1933	S	***1****-12*	CNT蜂起によるカサス・ビエハス事件。***3****-5*「スペイン独立右翼連合」(CEDA)結成。***10****-29* 右派政党「ファランヘ」創立。***11****-5* バスク自治憲章案，住民投票で承認。***12****-16* レルー政権成立
	P	***4****-11*	「1933年憲法(「新国家」憲法)」公布。***9****-23* ストライキを禁止する「国民労働規約」制定
1934	S	***4****-28*	サンペール政権成立 ***6****-4* 南部で農民ストライキ。***10****-4* CEDAを加えたレルー政権成立。***10****-4* 各地でVGTの蜂起開始(スペイン十月革命)。***12****-14* カタルーニャ自治の停止
	P	***1****-18*	CGTのゼネスト，失敗。***5****-26* 国民同盟第1回大会。***7****-12* サラザール，「ナショナル・サンディカリスト運動」の代表ロラン・プレトを追放

1935	S	8-1	農地改革改正法(いわゆる反農地改革法)公布。9-25 チャパプリエタ政権成立。12-14 ポルテーラ・バリャダーレス政権成立
	P	2-14	カルモーナ大統領，再選
1936	S	1-15	人民戦線協定締結。2-16 総選挙で人民戦線派勝利。2-19 アサーニャ政権成立。2-26 カタルーニャでジェネラリタート復活。【反】7-17～ スペイン領モロッコで軍人の反乱。フランシスコ・フランコ将軍指揮。戦闘はスペイン全土に拡大。【共】7-23「カタルーニャ統一社会党」(PSUC)創立。【反】7-24 ブルゴスに防衛評議会設立。ドイツ・イタリアの援助開始。9-9 ロンドンでスペイン内戦不干渉委員会の初会合開催(39.5-19 解散)。【共】9-4 第1次ラルゴ・カバリェーロ政権成立(11-4 第2次)。【反】9-27 トレード占領。【共】10-1 バスク自治憲章承認。【反】10-1「新国家」宣言。国家元首にフランコ。【共】10-7 ソ連が不干渉協定に拘束されないことを宣言。【反】10-19～ フランコがマドリード総攻撃を指令。【共】10-23 国際旅団の創設承認。【共】11-6 政府をバレンシアへ移転。11-18 ドイツ・イタリア，反乱軍政府を承認
	P	1	サラザール，首相・蔵相・外相・陸海軍相を兼任し，独裁体制を確立。9-9「ポルトガル軍団」創立。10「ポルトガル青年団」結成。10-24 ポルトガル政府，スペイン共和国政府との関係破棄。フランコ側を支援
1937	S	3-8～18	グアダラハーラの戦い。【反】4-19 政党統一令で「伝統主義とJONSのファランヘ(新ファランヘ)」創立。4-26 ドイツ軍によるゲルニカ爆撃。【共】5-3～8 バルセローナで銃撃事件(五月事件)。【共】5-17 ネグリン政権成立。【反】6-19 ビルバオ占領。【反】8-25 国家小麦局設立。【反】10-21 ヒホン占領。北部地方を制圧。【共】10-31 政府，バルセローナに移転。11-21 イギリス，反乱派政府との通商関係開始。11-29 日本，反乱派政府承認
	P	7-4	サラザール暗殺未遂事件
1938	S	【反】1-31	フランコ，ブルゴスで最初の政権発足。【反】3-9 労働憲章公布。【反】4-15 反乱軍，地中海岸に達し，共和国政府支配地域を二分。【反】4-22 セラーノ・スニェル出版法公布。新聞検閲を法制化。【共】5-1「ネグリンの13項目綱領」発表。7～11 エブロ川の戦闘。【共】10 国際旅団解散
	P	4-28	ポルトガル政府，フランコ政府を承認
1939	S	【反】1-26	バルセローナ占領。2-27 イギリス・フランス，反乱派政府承認。【共】3-5 カサード，マドリードでクーデタ。反共産党諸派による「防衛評議会」を結成。【反】3-28 日独伊防共協定に加盟。【反】3-28 マドリード占領。【反】3-31 スペイン・ドイツ友好条約締結。【反】4-1 フランコ，内戦の終結宣言。合衆国，フランコ政権承認。5-4 国際連盟を脱退。5-14 食糧配給制開始(～52.5)。
	S/P	3-18	スペイン・ポルトガル相互不可侵条約(イベリア同盟)調印。9-1 第二次世界大戦開始。スペイン，ポルトガルはただちに中立を宣言
1940	S	1-26	組合統一法公布。労資一体の「垂直組合」に統合。3-1 フリーメーソンと共産主義者の弾圧法公布。6-12 枢軸国への接近を示す「非

			交戦国宣言」を発表。6-14 モロッコのタンジール占領(〜45.9)。10-23 スペインの大戦参戦に関し，ヒトラーとフランコのアンダーイ会談
	P	5-7	ヴァティカンとのコンコルダート締結
		——	世界博覧会開催
1941	S	1-24	スペイン国有鉄道(RENFE)設立。2-12 ムッソリーニとフランコのボルディゲラ会談。7-13「青い師団」，ロシア戦線へ。9-25 産業公社(INI)設立
	P	11〜12	コヴィリャンで毛織物工業労働者のストライキ
1942	S	7-17	国会設立法制定。10-1 労働基本法制定
	P	2	日本軍のポルトガル領ティモール占領により日本と国交断絶(〜53)。2-8 カルモーナ大統領，3選
	S/P	12-20	諸外国の干渉に共同であたるための相互防衛協定締結
1943	S	3-8	アルフォンソ13世の息子ドン・フアン，フランコへ王政復古を要請。10-3「非交戦国」から「中立国」への復帰声明。12-12「青い師団」，ロシア戦線より撤兵開始
	P	8-18	イギリスにアソーレス諸島の基地を貸与
1944	S	1-28	スペインのドイツ支援に対し，アメリカ合衆国が石油輸出禁止を宣言。10-16 共産党の反フランコ・ゲリラ，アラン渓谷へ侵入，失敗
	P	2〜5	全国各地で農民暴動
1945	S	4-12	日本軍のフィリピン侵攻により国交断絶(〜52)。7-17「国民憲章」公布。7-17〜8-2 ポツダム会談。最終日に反フランコ宣言発表。10-22 国民投票法公布
	P	10-8	「民主統一運動」(MUD)創立。10-18 総選挙。民主統一運動はボイコット
1946	S	2-28	垂直組合第1回選挙。12-12 国連総会でスペイン排斥決議。各国に駐スペイン大使の召還を勧告
	P	5-30	合衆国とアソーレス空軍基地貸与協定
1947	S	1-16	国連決議を無視してアルゼンチン大使着任。4-19 反体制ゲリラ対策として「匪賊とテロリズム取締法」制定。7-26 国家元首継承法公布
	P	4-10	一部将校のクーデタ未遂事件，失敗
1948	S	8-25	フランコとドン・フアンの会見。ドン・フアンの息子フアン・カルロス王子をフランコのもとで養育することを決定。10-22 共産党，武装闘争放棄決定。12-2 ペセータの複合レート制定
	P	3-15	ヨーロッパ経済協力機構(OEEC)加盟
1949	P	2-13	大統領選挙でカルモーナ，「民主統一運動」推薦のノルトン・デ・マトスに辛勝し四選。4-4 北大西洋条約機構(NATO)に加盟
1950	S	3-2	合衆国，駐スペイン大使を任命。5-10 INIの資本参加でスペイン自動車会社(SEAT)創立。11-4 国連総会，スペイン排斥決議を撤回
	S/P	9-25	フランコ，サラザール会談
1951	S	3-12	バルセローナでストライキ開始(5月までにビルバオ，マドリードなどに波及)
	P	4-18	カルモーナ大統領没。7-22 クラヴェイロ・ロペス大統領に就任。7

			「植民地」を「海外州」として再編。**9**-*6* 合衆国との相互防衛援助条約締結
1952	S	**3**～**4**	食糧配給制度廃止。**4**-*7* 最初の地域開発計画「バダホス・プラン」公表。**12**-*20* 耕地整理法制定
1953	S	**8**-*25*	ヴァティカンとコンコルダート調印。**9**-*26* 合衆国と相互防衛協定，経済援助協定，基地貸与協定締結
	P	**4**	第1次経済振興計画(～58)発表。教育制度改革開始。**6**-*27* 海外領基本法制定
1954	S	**2**-*10*	イギリス女王エリザベス2世のジブラルタル訪問に対し抗議運動。**4**-*12* ソ連抑留者(旧「青い師団」)の引き揚げ開始
	P	**7**	ゴアをめぐるインドとの問題顕在化
1955	S	**1**-*14*	ヨーロッパ経済協力機構(OEECのちにOECDに改組)に準加盟。
	S/P	**12**-*14*	国連に加盟
1956	S	**2**	マドリード大学で学生運動。**4**-*7* フランス領モロッコが独立し，スペイン領モロッコを併合。**5**-*28* 国際労働機関(ILO)に加盟。**10**-*28* 国営テレビ放送開始
	P	**8**-*22*	第2次組合国家推進運動開始
1957	S	**1**-*25*	国連で，ジブラルタル返還を要求。**2**-*25* オプス・デイのテクノクラートが参加した新内閣成立。**4**-*5* ペセータの単一為替レート制採用。**11**-*23*～**12**-*9* スペイン領モロッコのイフニをめぐってモロッコと軍事衝突
1958	S	**4**-*24*	団体労働契約法制定。**5**-*17* 国民運動原則法制定。**5**-*20* 国際通貨基金と世界銀行に加盟
	P	**6**-*8*	大統領選挙でサラザール派アメリコ・トマス，左翼勢力推薦のウンベルト・デルガードに辛勝
1959	S	**6**-*18*	共産党を中心とする全国ゼネスト，失敗。**7**-*20* 経済安定化計画発表。**7**-*31*「バスク祖国と自由」(ETA)結成
	P	**4**	第2次経済振興計画(～64)発表
1960	S	**9**-*21*	反体制運動を対象とした「匪賊とテロリズム取締法」制定。**12**-*14* モロッコ，国連でセウタとメリーリャのスペイン領有に関し初めて抗議
	P	**5**-*3*	「ヨーロッパ自由貿易連合」(EFTA)へ加盟。**5**-*5*～*6* 東ティモール問題に関し，インドネシア大統領スカルノ，ポルトガルを訪問
1961	S	**7**-*28*	ETA，初の列車爆破テロ
	P	**1**-*22*	「イベリア解放革命評議会」，カリブ海でサンタ・マリア号乗っ取り事件。**1**-*31* 野党，共和国民主化綱領を発表。**2**-*4* ルアンダで「アンゴラ人民解放運動」(MPLA)が蜂起。アンゴラ戦争開始。**3** 国連，ポルトガルに植民地解放を勧告。**4**-*13* リスボンで反サラザールクーデタ失敗。**9**-*6* 海外州の同化政策廃止。**12**-*18*～*19* インド政府，ポルトガル領のゴア，ディウ，ダマンを武力で解放
		——	この頃からヨーロッパ先進工業国への移民急増(73年までに約144万人)
1962	S	**2**-*7*	アストゥリアスで長期ストライキ開始(～**4**)。**2**-*9* ヨーロッパ経済共同体(EEC)加盟申請。**4**-*14* スペイン銀行の国有化を規定した銀

			行組織基本法公布。***6***-*5*～*8* ヨーロッパ統一運動ミュンヘン会議に反体制派政治家参加。帰国後弾圧
	P	***1***-*1*	ベージャで軍部反乱。***3*** 大学紛争激化。***4***～***5*** アレンテージョで農民暴動
1963	S	***3***-*9*	映画検閲に関する法律制定。***4***-*20* 共産党幹部フリアン・グリマウ銃殺刑。内外で抗議運動。***6***-*28* GATT に正式加盟。***12***-*28* 社会保障基本法の制定
	P	***1***-*23*	ギニア・ビサウで「ギネ・ビサウ＝カボ・ヴェルデ独立アフリカ人党」(PAIGC)の戦闘開始
1964	S	***1***	第1次経済発展計画開始。***9***-*30* 知識人が報道制限とストライキ弾圧に対する抗議書簡を政府に提出。***10***-*16* 国連非植民地化委員会，ジブラルタル問題をスペイン・イギリス両政府の交渉に委託
	P	***9***	モザンビークで「モザンビーク解放戦線」(FRELIMO)の戦闘開始
1965	P	***4***-*24*	ウンベルト・デルガド，死体で発見。***11*** 野党，総選挙をボイコット
1966	S	***1***-*17*	アルメリア県パロマーレス海岸に米軍水爆搭載機墜落。***3***-*18* 情報観光相フラガ作成の出版法制定。***5***-*11* バルセローナで反体制派司祭のデモ。***9*** 組合選挙で共産党系「労働者委員会」勝利。***12***-*14* 国家組織法が国民投票で承認
1967	S	***3***-*1*	最高裁，労働者委員会を非合法とする判決。***6***-*28* 信教の自由を規定する法律制定。***9***-*10* ジブラルタルで住民投票。住民はイギリス領に留まることを選択
1968	S	***5***	ジブラルタルとの国境を封鎖(～82.***12***)。***6***-*7*ETA のテロ活動により初の死者。***10***-*12* スペイン領ギニア，赤道ギニア共和国として独立
	P	***4***	第3次経済振興計画(～73)発表。***9***-*7* サラザール，脳内出血で首相引退。***9***-*23* マルセロ・カエターノ，首相就任
1969	S	***1***-*4*	フェズ協定によりモロッコへのイフニ返還合意。***1***-*24*～***3***-*21* 頻発する学生運動・労働運動に対し全国に非常事態宣言発令。***7***-*19* 「マテサ事件」発覚。***7***-*22* フランコ，フアン・カルロスを国家元首後継者に指名
	P	***6***	労働組合法の改正。***10***-*26* 国会選挙。「国民同盟」勝利
1970	S	***12***-*18*	ブルゴス軍事裁判でETA活動家6人に死刑判決。内外の抗議を前に，フランコ，死刑を無期懲役に減刑(***12***-*31*)
	P	***7***-*27*	サラザール没
1971	S	***1***	スペインの農産物を運搬するトラックをフランス農民が襲撃。***9*** 司祭・司教合同会議開催
1972	S	***1***-*1*	EC，対スペイン工業製品の関税引き下げ
	P	***10***	国連，FRELIMO と PAIGC を承認。***12*** 海外州に自治権を認めることを公表
1973	S	***6***-*8*	国家組織法にしたがって国家元首と首相分離。カレーロ・ブランコ，首相就任。***12***-*20* カレーロ・ブランコ首相，ETA により暗殺
	P	***1***-*20*	PAIGC 書記長カブラルの暗殺。***9***-*9* エヴォラで陸軍若手将校が「大尉運動」を結成
1974	S	***2***-*12*	アリアス・ナバーロ首相，「2月12日の精神」発表。***7***-*12* フランコの病状悪化により，フアン・カルロスが臨時国家元首就任(***9***-*1*)。***7***

			-29 共産党を中心に，反体制派がパリで民主評議会結成。10-11～13 パリ郊外で社会労働党大会開催。フェリーペ・ゴンサレス，書記長に就任。12-23 部分的自由化を定めた結社法制定
	P	2-13	スピノラ将軍，『ポルトガルとその将来』出版。3-5「大尉運動」が「国軍運動」(MFA)として拡大再編。3-16 カルダス・ダ・ライーニャの反乱。4-25「国軍運動」のクーデタに始まる「カーネーション革命」。「救国軍事評議会」結成。第二共和政成立。4-26「国軍運動綱領」発表。5-15 スピノラ将軍，大統領に就任。パルマ・カルロス挙国一致内閣成立。7-18 ヴァスコ・ゴンサルヴェスの軍人内閣成立。7-24 「1933年憲法」第１条を破棄。植民地解放を推進。8-17 コルポラサンの解散。8-29 ギニア・ビサウ独立に関しPAIGCと協定調印。9-8 モザンビーク独立に関しFRELIMOと協定調印。9-10 ポルトガル領ギニア，ギニア・ビサウ共和国として独立。9-28 スピノラ大統領の「声なき大衆」デモ，左派の圧力で中止。9-30 スピノラ大統領辞任。ゴメス・コスタ将軍，大統領に就任
		——	この頃から海外領土からの引き揚げ者急増(約50万人)
1975	S	6-11	社会労働党を中心に反体制勢力がパリで「民主勢力結集綱領」結成。9-27 ETAと反ファシズム愛国革命戦線(FRAP)活動家５人に死刑執行。内外で非難の声。EC加盟交渉中断。10-21 モロッコ，「緑の行進」を組織。11-14 スペイン・モロッコ・モーリタニアがマドリード協定締結。スペイン領西サハラの返還決定。11-20 フランコ没。11-22 フアン・カルロス１世即位。12-13 アリアス・ナバーロ内閣発足
	P	1-15	アンゴラ独立に関する協定調印。3-11 スピノラ，クーデタ失敗。スペインへ亡命。3-13 救国軍事評議会，「革命評議会」に拡大改組。3-14 外国銀行・農業信託銀行を除く全銀行を国有化。4-15 農地改革法成立。4-16 電力・石油・運輸部門の国有化。4-25 制憲議会選挙実施。社会党が第１党に。5-19 夕刊紙『レプブリカ』紙の経営をめぐり，社会党と共産党の対立激化。7-8「国軍運動」総会で複数政党制を否定する「人民議会」創設を承認。8-8 ゴンサルヴェスを首班とする「非政党内閣」発足。8-11 ポルトガル領東ティモールでクーデタ。インドネシアとの国交断絶。9-19 アゼヴェード内閣成立。11-12 共産党系労働者，賃上げを要求し制憲議会を包囲(～14)。11-25 左派政権樹立を要求する軍人のクーデタ，鎮圧
1976	S	5-31	集会法制定。6-9 政治結社法制定。共産党を除く政党の合法化法承認。7-8 アドルフォ・スアレス内閣発足。9-10 スアレス首相，政治改革案発表。10-21「国民同盟」(AP)創設。12-15 政治改革法，国民投票で承認。12-30 治安裁判所廃止
	P	2-26	民政移管を決定。2- マカオに大幅な自治権を付与。4-2 1976年憲法公布。4-25 国会議員選挙の実施。社会党が第１党に。6-27 ラマーリョ・エアネス，選挙により大統領に就任。7-23 マリオ・ソアレス社会党単独内閣成立
1977	S	3-3	マドリードでフランス・イタリア・スペインの共産党書記長会談。4

			-9 共産党合法化。4-22「民主中道同盟」(UCD)創設 5-27「スペイン経営者団体連合会」(CEOE)結成。6-15 41年ぶりの総選挙実施。民主中道同盟が勝利。7-28 EC 加盟申請，正式に受理。10-24 暫定的カタルーニャ自治政府設置政令公布。10-27 政府と各政党間で「モンクロア協定」調印。11-24「欧州評議会」(CE)に加盟
	P	2	EC 加盟交渉開始。7-22 農業改革法案「バレト法」成立
1978	S	3-11	NATO 加盟交渉開始。12-26「1978年憲法」，国民投票で承認(12-27 制定，79.1-5 発効)
	P	5	国際通貨基金の7500億ドル借款により為替危機を克服。8-9 ダ・コスタ管理内閣成立。10-25 モタ・ピント内閣成立
1979	S	3-1	新憲法下初の総選挙。与党民主中道同盟が勝利。4-3 市町村議会選挙で左派系政党躍進。9-28～29 社会労働党大会で綱領からマルクス主義削除。フェリーペ・ゴンサレス書記長再選。10-25 カタルーニャとバスクで，住民投票による自治憲章承認
	P	7	ピンタシルゴ管理内閣成立。7-5 社会民主党党首サ・カルネイロ，他政党と連携し「民主同盟」結成。総選挙での民主同盟圧勝をうけ，サ・カルネイロ内閣成立(12-29)
1980	S	2-26	国会で労働者憲章承認。2-28 アンダルシーア自治憲章，住民投票により否認。3-9 バスク議会選挙。「バスク・ナショナリスト党」(PNV)が勝利。3-20 カタルーニャ議会選挙。「集中と統一」(CiU)が勝利。6-28 社会労働党が NATO 加盟に関し国民投票を要求。12-20 ガリシアで住民投票による自治憲章承認
	P	10-5	総選挙。民主同盟が再び圧勝。12-4 サ・カルネイロ，飛行機事故死。12-7 エアネス大統領再選
1981	S	1-29	スアレス首相辞任表明。2-23～24 テヘーロ中佐らによる国会占拠事件(23-F 事件)，失敗。2-25 民主中道同盟のカルボ・ソテーロ，首相に就任。6-22 離婚法制定。9-10 ピカソの『ゲルニカ』，スペインに返還。10-20 ガリシア議会選挙。国民同盟勝利
	P	1-9	ピント・バルマセン民主同盟内閣成立
1982	S	5-30	NATO に正式加盟。7-28 スアレス，民主中道同盟脱党し，「社会民主中道」(CDS)創設。7-29 自治州への権限委譲に関する「自治プロセス調整組織法」(LOAPA)制定。10-28 総選挙で社会労働党が圧勝。野党第1党は国民同盟。11-5 共産党書記長カリーリョ辞任。以後党分裂激化。12-1 フェリーペ・ゴンサレス，首相に就任。社会労働党政権成立
	P	8-12	第1次憲法改正
1983	S	2-17	マドリードなどの自治憲章を国会が承認。これにより全国17自治州の設置完了。2-23 ルマーサ財閥グループの国有化。7-6 製鉄業再編成政令公布。産業再編成政策の開始
	P	4-25	総選挙実施。社会民主党が第1党に返り咲く。6-9 ソアレス社会党・社会民主党連立内閣成立
1984	S	1-10	フランス政府，ETA メンバーの国外追放処分。4-29 カタルーニャ議会選挙で「集中と統一」勝利(翌月，プジョル自治政府首班就任)。10-9 政府，CEOE，UGT による経済社会協定。12-13～15 社会

			労働党大会。党の方針がNATO残留に転換
1985	S	12-27	NATO残留を国会が承認
	P	10-6	総選挙で社会民主党勝利。11-6 カヴァコ・シルヴァ社会民主党少数単独内閣の成立
	S/P	6-12	EC加盟条約に調印
1986	S	3-16	国民投票でNATO残留承認。4-29 共産党などが政党連合「統一左翼」(IU)を結成。6-22 総選挙で社会労働党が過半数獲得
	P	2-16	マリオ・ソアレス，大統領に当選。60年ぶりの文民大統領
		——	産業・交通・教育整備に関しECの資金援助始まる(92までに1兆1786億エスクード)。10%の経済成長率
	S/P	1-1	EC加盟
1987	S	1-30	ETAがサラゴーサで軍用バスに爆弾テロ。6-10 初の欧州議会選挙実施
	P	7-19	総選挙。社会民主党大勝し政権安定。第2次カヴァコ・シルヴァ内閣の成立。11 欧州通貨制度(EMS)加入
1988	S	12-1	アメリカと基地協定。12-14 政府の経済政策に対するゼネスト
		——	政府，ETAとの交渉開始を発表
	P	3	国営企業の民営化開始。9 農地改革法の改正。集団農場の解散
1989	S	1-28	国民同盟，「国民党」(PP)に再編。6-29 欧州通貨制度(EMS)加入。10-19 カミノ・ホセ・セラ，ノーベル文学賞受賞。10-29 総選挙で社会労働党辛勝。11-12 共産党のシンボル的古参党員ドローレス・イバルリ没
	P	6-1	改正憲法が議会で可決。10-17 公共部門の産業の民営化を進める法案承認
1990	S	8	湾岸戦争で多国籍軍に艦船3隻派遣。10-3 教育制度総合整備法制定
1991	S	5-25	国営企業労働者約25万人がストライキ。5-29 社会労働党による資金不正調達「フィレサ事件」発覚。10-30〜11-1 マドリードで中東和平会議開催
	P	1-13	ソアレス大統領，圧倒的支持を得て再選。10-6 総選挙で，引き続き社会民主党が過半数を制する
1992	S	4-20	セビーリャで万博開催(〜10-20)。7-25〜8-9 バルセローナでオリンピック開催。10-27 国連の安全保障委員会非常任理事国に選出。11-14 国会，マーストリヒト条約批准を可決
	P	4-3	ヨーロッパ通貨制度を承認。12-10 議会，マーストリヒト条約批准を可決。12-21 ポルトガル中央銀行，資本の完全自由化を承認
		——	南部で今世紀最大の旱魃
1993	S	6-6	総選挙で社会労働党辛勝。「集中と統一」の閣外協力を得て政権を維持
	P	3	新入国管理法公布。EU以外からの外国人入国を規制
	S/P	1-1	EC統一市場発足。11-1 ヨーロッパ連合(EU)発足
1994	S	6-12	国民党，欧州議会選挙で勝利
1995	S	2-22	セウタとメリーリャの自治憲章承認。5-28 州・市町村議会選挙で社会労働党敗北。12-15〜16 マドリードでEU首脳会議。単一通貨

			を「ユーロ」と決定
	P	***10***-*5*	総選挙で社会党が勝利。アントニオ・グテーレス，首相に就任
1996	S	***2***-*14*	ETA，トマス・イ・バリエンテ前憲法裁判所長を暗殺。***3***-*3* 総選挙で国民党が勝利。***5***-*5*「集中と統一」の閣外協力を得てアスナール，首相に就任。国民党政権成立。***10***-*15* 政府の緊縮予算案に対し公務員組合が全国で抗議スト(次いで ***12***-*11*)
	P	***1***-*14*	ジョルジェ・サンパイオ，大統領に就任。***3*** グテーレス首相，東ティモール問題に関し，インドネシア大統領スハルトと会談。***7***-*17* ポルトガルとブラジルなど旧植民地7カ国が「ポルトガル語諸国共同体」創設
1997	S	***1***-*28*	イギリス政府，スペイン政府のジブラルタル共同統治案を拒否。***4*** アルバニアへの多国籍部隊にスペイン軍参加。***7***-*14* ブランコ議員射殺事件に対し，全国主要都市で大規模なETA非難デモ
	P	***11***-*22*	ヴィトリーノ国防相，脱税疑惑で辞任
1998	S	***7***-*24*	「汚れた戦争」疑惑で，バリオヌエボ元内相に禁固10年の実刑判決。***9***-*16* ETA，無期限全面停戦を一方的に宣言。***10***-*25* バスク自治州選挙でPNV勝利。国民党が第2党に躍進
	P	***1~5***	タバコ・電力等，国営企業の大型民営化実施。***10***-*28* ジョゼ・サラマーゴ，ノーベル文学賞受賞
		——	リスボンで国際博覧会開催
1999	S	***6***-*13*	地方選挙で国民党辛勝
	P	***10***-*11*	総選挙で，ひき続き社会党勝利。***11***-*14* インドネシアと外相会談。国交正常化に向けて正式合意。***12***-*20* マカオ，中国に返還
	S/P	***1***-*1*	EUで新通貨「ユーロ」導入(紙幣，硬貨流通は2002年1月から)
2000	S	***1***-*21*	ETA，テロ活動再開。***2***-*5* アルメリアで反移民暴動(エル・エヒード事件)。***3***-*12* 総選挙で国民党が勝利

（増井実子）

■ 参考文献

※ここでは，比較的入手しやすい邦語・英語文献を中心に取り上げた。ほかの言語でも，不可欠の基本書はリストに含めた。より詳しくは，Ⅰの項目に列挙した概説書とⅡの項目に掲げた歴史事典に含まれる文献案内を参照されたい。

Ⅰ　スペイン・ポルトガル史全般に関するもの

A　イベリア全体の歴史に関するもの

⑴　Payne, Stanley G., *History of Spain and Portugal,* 2 vols, Madison : The University of Wisconsin Press, 1973.

⑵　斉藤孝編『スペイン・ポルトガル現代史』山川出版社　1983

⑶　M. ヴィンセント，R. A. ストラドリング(小林一宏監修，瀧本佳容子訳)『図説世界文化地理大百科　スペイン・ポルトガル』朝倉書店　1999

⑷　Torre Gómez, Hipólito de la (ed.), *España y Portugal (siglos IX-XX)*, Madrid : Síntesis, 1998.

⑸　Torre Gómez, Hipólito de la ; Vicente, A. P. (dirs.), *España-Portugal. Estudios de historia contemporánea*, Madrid : Editorial Complutense, 1998.

⑹　Fernández Álvarez, Manuel et al., *Reflexiones en torno a España y Portugal*, Alicante : Diputación de Alicante, 1993.

イベリア半島を構成するスペインとポルトガルを包括的に扱った歴史書は少ない。⑴⑵は，両国を並列的に取り上げるにとどまっている。⑶は標題のようにイベリア地理を主として扱うが，第２部「イベリアの歴史」で両国の歴史過程を大まかながら総合的に描いている。⑷は両国の歴史家の共同作業によるはじめてのイベリア通史であり，これまでの個別的各国史のあり方を批判している。⑸は両国の関係を時代ごとに考察した論文集で，⑹はとくに現代史のなかでの両国の政治・外交関係を考察している。

B　スペイン史に関するもの

⑴　井上幸治編『南欧史』山川出版社　1957

⑵　J. ビセンス・ビーベス(小林一宏訳)『スペイン――歴史的省察』岩波書店　1975

⑶ H. カメン(丹羽光男訳)『スペイン――歴史と文化』東海大学出版会　1976
⑷ J. バルデオン他(神吉敬三・小林一宏訳)『スペイン――その人々の歴史』帝国書院　1980
⑸ 立石博高・若松隆編『概説スペイン史』有斐閣　1987
⑹ P. ヴィラール(藤田一成訳)『スペイン史』(クセジュ文庫) 白水社　1992
⑺ A. ドミンゲス・オルティス(立石博高訳)『スペイン　三千年の歴史』昭和堂　2006
⑻ 立石博高・関哲行・中川功・中塚次郎編『スペインの歴史』昭和堂　1998
⑼ 関哲行・立石博高・中塚次郎編『世界歴史大系　スペイン史』全2巻　山川出版社　2008
⑽ 立石博高「スペイン近現代史研究の諸問題」望田幸男他編『西洋近現代史研究入門〔増補改訂版〕』名古屋大学出版会　1999
⑾ Tuñón de Lara, M. (dir.), *Historia de España*, 13 vols., Madrid : Labor, 1980-91.
⑿ Artola, Miguel (dir.), *Historia de España*, 7 vols., Madrid : Alianza, 1988-94.
⒀ *Historia General de España y América*, 26 vols., Madrid : Rialp, 1981-89.
⒁ *Historia de España / fundada por Ramón Menéndez Pidal*, Madrid : Espasa-Calpe, 1935～.
⒂ *Historia de España*, 30 vols., Madrid : Historia 16, 1995-97.
⒃ Tusell, Javier (dir.), *Historia de España*, Madrid : Taurus, 1998.
⒄ *A History of Spain*, Oxford : Blackwell, 1989～.
⒅ Bennassar, Bartolomé (dir.), *Histoire des Espagnols*, 2 vols., Paris : Armand Colin, 1985.
⒆ Pérez, Joseph, *Histoire d'Espagne*, Paris : Fayard, 1996.

⑴はわが国のスペイン史研究の礎となった概説書で，社会経済的通覧として今なお参照される。その後，欧米の翻訳書が刊行されてわが国のスペイン史研究に大きな刺激となる。それらのなかでも⑵⑶は，好著である。⑷はフランコ体制崩壊後の高等教育歴史教科書の翻訳で，スペインの民主化以後の歴史認識を伝える。⑸はフランコ以後のスペイン史研究の成果を

踏まえた概説書で，近・現代に重点をおいたもの。(6)はフランスのスペイン史家がフランコ時代の正史に挑んだ概説書で，1975年までは発禁とされていた。その歴史の構造的理解は今なお裨益《ひえき》するところが大きい。(7)は，スペイン人碩学の手になる定評ある通史の翻訳。(8)の概説書には，「コラム」欄が設けられており，主要歴史テーマの研究動向もわかる。(9)は古代から現代までの本格的通史である。第2巻ではカタルーニャなどの諸地方の歴史も詳述する。(10)は近・現代史に絞って問題状況とわが国の研究動向を概観したもので，邦語基本文献を知ることができる。(11)〜(16)は，スペインで著された概説書で，それぞれ文献紹介も詳しい。うち(14)は編者メネンデス・ピダルの亡きあとをホベール・サモーラが引き継いで今なお刊行が続く大系である(全体で50巻以上になる予定)。(15)は一般向けのシリーズで，とくに絵や写真がふんだんにある。(16)は1巻の通史として定評がある。(17)はBlackwell社の刊行する優れたアングロ・サクソン研究者によるスペイン通史で，全14巻の予定。(18)(19)はフランスのスペイン史家の手になるもので，(18)は，とくに図版が豊富である。

C　ポルトガル史に関するもの

(1)　A. H. デ・オリヴェイラ・マルケス(金七紀男編訳)『ポルトガル』(全3巻)　ほるぷ出版　1981
(2)　金七紀男『ポルトガル史』彩流社　1996
(3)　Mattoso, José (dir.), *História de Portugal*, 8 vols., Lisboa : Editorial Estampa, 1993-94.
(4)　Livermore, H. V., *A New History of Portugal*, Cambridge : Cambridge University Press, 1969.
(5)　Birmingham, David, *A Concise History of Portugal*, London : Cambridge University Press, 1993.
(6)　Saraiva, José Hermano, *Portugal : A Companion History (Aspects of Portugal)*, Manchester : Carcanet Press, 1997.
(7)　Ribeiro, Orlando, *Portugal, o Mediterrâneo e o Atlântico*, 5ª. ed., Lisboa : Livraria Sà da Costa Editora, 1987.
(8)　Livermore, H. V. (ed.), *Portugal and Brazil : An Introduction*, Oxford : Clarendon Press, 1953.

(1)は日本語で読めるポルトガル通史としてはもっとも詳細。経済と社会構造面の記述が豊富で，近・現代史に重点がおかれている。研究動向につ

いても示唆的。(2)は日本人研究者による優れたポルトガル通史で，必携の入門書。自然条件や文化，スペインや他のヨーロッパ諸国との比較などにも配慮した記述でバランスがとれている。(3)はポルトガル語によるスタンダードな通史で，カラー図版が豊富。(4)は(1)の英語版がでるまでは英語による概説としては代表的なものとされてきた。政治史が中心だが，サラザール時代まで。同じ筆者による類書が数点ある。(5)(6)は，コンパクトな概説で，とくに(6)は付録の地図・地名・人名解説が便利。(7)はポルトガルの地理的特性をとらえた名著。モンデーゴ川に南北の境界線をおく。(8)はポルトガルおよびブラジル文化の入門書で，自然・言語・宗教・文学・美術・歴史など項目ごとに各分野の専門家が簡潔に記述している。アジア・アフリカとの歴史的関係をまとめた論文も収録。

II　事典・地図など

A　イベリア全体に関するもの

(1)　池上峯夫ほか監修『スペイン・ポルトガルを知る事典』平凡社　1992

(2)　田辺裕監修『図説大百科世界の地理10　イベリア』朝倉書店　1997

(3)　Lõpez-Davalillo Larrea, Julio, *Atlas histõrico de España y Portugal. Desde el Paleolítico hasta el siglo XX*, Madrid : Síntesis, 1999.

(1)は百科事典からイベリア両国に関する項目を集めて増補したもので，すべてのジャンルにわたって手軽に検索できる。(2)はイベリアの地理を知るのに便利な書物。(3)は両国をカヴァーした最新の歴史地図帳。

B　スペインに関するもの

(1)　Shields, Graham J., *Spain* (World Bibliographical Series, Vol. 60), 2nd ed., Oxford : Clio Press, 1994.

(2)　Smith, Angel, *Historical Dictionary of Spain* (European Historical Dictionaries, No. 11), London : Scarecrow Press, 1996.

(3)　Kern, Robert W., *Historical Dictionary of Modern Spain, 1700-1988*, London : Greenwood Press, 1990.

(4)　Artola, Miguel (dir.), *Enciclopedia de Historia de España*, 7 vols., Madrid : Alianza, 1988-93.

(5)　Kern, Robert W., *The Regions of Spain. A Reference Guide to History and Culture*, London : Greenwood Press, 1995.

(6)　J. ビセンス・ビーベス(J. ソペーニャ・渡辺哲郎訳)『スペイン歴史地

図帳』桐原書店　1981
(7)　D. J. サンチェス・スルロ，M. マニェロ・モネド(福井嗣子訳)『スペイン――その国土と市場』帝国書院　1975
(8)　原誠ほか編『スペイン・ハンドブック』三省堂　1982
(9)　坂東省次『スペイン・中南米関係文献目録』渓水社　1997

(1)はスペインの全般的文献案内で，主として英語の書物を扱う。(2)(3)は，巻末に詳細な文献リストのついた歴史事典で，とくに近・現代に絞った(3)には項目ごとの参考文献もついている。(4)はスペイン語だが，研究動向，人名事典，項目事典，年表，史料集などが一体となったスペイン歴史百科であり，スペイン史研究者には必携の書といえる。(5)はスペインの諸地域に関する歴史・文化紹介。(6)はやや古いが邦語で読める歴史地図帳。(7)はスペインの地理教科書の翻訳であり読みやすい。(8)も若干古くなったが，歴史・経済・政治・文学・美術などの大項目によるガイドブックであり，便利である。現行のスペイン憲法の翻訳も収められている。(9)はわが国で著された言語・文学・歴史などの著書・論文が網羅的に収められた文献目録である。なお，スペイン史研究邦語文献目録については，「スペイン史学会」ホームページで参照できる(http://wwwsoc.nacsis.ac.jp/sjhe/index.html)。

C　ポルトガルに関するもの

(1)　Serrão, Joel (ed.), *Dicionário de história de Portugal*, 6 vols., Porto : Livraria Figueirinhas, 1981.
(2)　Wheeler, Douglas L., *Historical Dictionary of Portugal* (European Historical Dictionaries, No. 1), London : Scarecrow Press, 1993.
(3)　Santana, Francisco & Sucena, Eduardo, *Dicionário da História de Lisboa*, Lisboa : Carlos Quintas & Associados, 1994.
(4)　Girão, Aristides de Amorim, *Atlas de Portugal / Atlas of Portugal*, 2.ª ed., Coimbra : Instituto de Estudos Geográficos, Faculdade de Letras, 1958.
(5)　Unwin, P. T. H., *Portugal* (World Bibliographical Series, Vol. 71), Oxford : Clio Press, 1987.

(1)はポルトガル語による歴史事典としてはもっとも詳細で重要。全6巻。項目によってばらつきがあるが，現在でもポルトガル史研究において第一に参照すべき基本文献である。項目ごとの文献案内付き。(2)は英語による

コンパクトな歴史辞典で，ポルトガル史概説が付属している。(3)ポルトガル語によるリスボンについての詳細な歴史事典。(4)は大判の詳細な地図帳。ポルトガル語および英語のパラレルテキストによる解説が充実している。少し古いがために，かえって旧海外植民地の地図も豊富。(5)は英語の書物を中心にした全体的文献案内。

III　各章に関するもの

序章　イベリアの歴史

(1)　Casey, James, *Early Modern Spain. A Social History*, London : Routledge, 1999.

(2)　Siguan, Miquel, *España plurilingüe*, Madrid : Alianza, 1992.

(3)　Elliott, J. H., “A Europe of Composite Monarchies”, *Past and Present*, No. 137, 1992.

(4)　Rocamora, José Antonio, *El nacionalismo ibérico, 1792-1936*, Valladolid : Universidad de Valladolid, 1994.

(5)　Molina, César Antonio, *Sobre el iberismo y otros escritos de literatura portuguesa*, Madrid : Akal, 1990.

(6)　Núñez Seixas, Xosé M., *Historiographical Approaches to Nationalism in Spain,* Saarbrücken : Verlag breitenbach Publishers, 1993.

(7)　*España. Reflexiones sobre el ser de España*, Madrid : Real Academia de Historia, 1997.

(8)　宮島喬編『現代ヨーロッパ社会論』人文書院　1998

(9)　立石博高「カタルーニャ・ナショナリズムと『言語』」中嶋嶺雄編『変貌する現代世界を読み解く言葉』国際書院　1997

本章の叙述におけるイベリアの地理と歴史の全体については，前述のＩ，IIに列挙した文献を参照されたい。(1)は近代以前の風土と人間の関係の示唆に富む。(2)は多言語社会イベリアの各言語の歴史的展開と現状を知るうえでの基本書。(3)は近世スペイン王国の歴史的特質を端的に論じる。(4)は国民国家形成との絡みであらわれたイベリア主義を通観したもので，(5)はその文化的所産の紹介である。(6)はとくに諸地域ナショナリズムについての研究動向を明らかにしたもので，この問題についての最良の研究入門書。(7)は地域ナショナリズムの動きに対して，スペインのアイデンティティを歴史的に模索した書物。(8)(9)は，現代の国家と「固有の言語」地域との関係を論じたもの。

Ⅰ　中世イベリア諸国家の誕生まで

第１章　アルタミーラからローマ帝国まで

(1)　J. ビセンス・ビーベス(小林一宏訳)『スペイン――歴史的省察』岩波書店　1975
(2)　角田文衛『沈黙の世界史５　石と森の文化』新潮社　1971
(3)　桜井万里子・本村凌二『世界の歴史５　ギリシアとローマ』中央公論社　1997
(4)　『岩波講座世界歴史４　地中海世界と古典文明』岩波書店　1998
(5)　弓削達『世界の歴史５　ローマ帝国とキリスト教』(河出文庫) 河出書房新社　1989
(6)　弓削達『永遠のローマ』(講談社学術文庫) 講談社　1991
(7)　弓削達『生活の世界歴史４　素顔のローマ人』(河出文庫) 河出書房新社　1991
(8)　C. フリーマン他(小林雅夫監訳)『図説古代ローマ文化誌』原書房　1996
(9)　Coak, S. A. (ed.), *The Cambridge Ancient History*, Cambridge : Cambridge University Press, 1930.
(10)　Fernández Castro, M. C., *Iberia in Prehistory*, Oxford : Blackwell, 1995.
(11)　Richardson, J. S., *The Romans in Spain*, Oxford : Blackwell, 1996.
(12)　Mierse, W. E., *Temples and Towns in Roman Iberia*, California : Mierse, 1983.
(13)　Fear, A. T., *Rome and Baetica : Urbanization in Southern Spain c. 50 BC-AD 150*, Oxford : Oxford University Press, 1996.
(14)　Collins, R., *The Basques*, Oxford : Blackwell, 1986.
(15)　*Encyclopedia Britannica CD*, 1999.

(1)はスペイン史通史の文献だが，先史・古代に関する記述が充実している。原著者は1960年死去で，その後の研究成果は反映できず事項の誤りも少なくないが，データや知識ではなく「歴史」を読もうとするなら今なお必読。他の通史の文献は前項(全般に関するもの)を参照。(2)はヨーロッパ先史時代を概観するもの。70年代初期のもので最新の発掘成果は反映されていないが，アルタミーラ，ハルシュタット文化などの記述がある。古代ローマ史関連では直接ヒスパニアを中心に取り上げたものはないが，一般

的で参照しやすいものを挙げておく。(3)(4)は，定評あるシリーズの近年刊行された新版。(5)(6)は，文庫化されて入手しやすい。とくに(6)はローマ帝国末期を中心にローマ理念を考察する名作。(7)(8)は，ヒスパニアの諸都市でも営まれたであろうローマ的生活の参考に。

英語の文献では(9)は代表的な古代史シリーズ。とくに第8巻以降のローマ史では，各巻にその時代の属州ヒスパニアの概観と地図があり，基本的な情報がえられる。(10)は新しい発掘成果を織り込んで紀元前1千年以降，ローマ登場までのイベリア半島を，(11)はローマによるイベリア半島の征服と統治を述べたもの。(12)はローマ時代のイベリア半島を史跡から紹介・検討する。(13)は都市研究。バエティカの都市での「ローマ化」の実態を検証するもの。(14)は英語圏ではポピュラーで人気もある前近代スペイン史家コリンズの本。12世紀頃までのバスク人の歩みを述べるが，前半はローマ時代の記述が充実している。(15)はブリタニカ百科事典のCD-ROM英語版。Spainの項目のHistory部分に述べられたイベリア半島の先史・古代史は，日本語版でえられるより詳しい。

第2章　西ゴート王国の時代

(1)　P. クルセル(尚樹啓太郎訳)『文学にあらわれたゲルマン大侵入』東海大学出版会　1974
(2)　長友栄三郎『ゲルマンとローマ』創文社　1976
(3)　鈴木康久『西ゴート王国の遺産——近代スペイン成立への歴史』中央公論社　1996
(4)　玉置さよ子『西ゴート王国の君主と法』創研出版　1996
(5)　山田信彦「西ゴート・スペインの社会と法」『法学志林』第79巻 第3号　1982
(6)　安達かおり『イスラム・スペインとモサラベ』彩流社　1997
(7)　トゥールのグレゴリウス(兼岩正夫・臺幸夫訳註)『歴史十巻(フランク史)』東海大学出版会　1977
(8)　上智大学中世思想研究所編訳/監修『中世思想原典集成5　後期ラテン教父』平凡社　1993
(9)　Bury, J. B., *The Cambridge Medieval History*, II, Cambridge : Cambridge University Press, 1922.
(10)　Collins, R. J. H., *Early Medieval Spain : Unity in Diversity, 400-1000*, 2nd ed., New York : St. Martin's Press, 1995.

⑾ Collins, R., *Visigothic Spain, 409-711*, Oxford : Blackwell, 1997.
⑿ Thompson, E. A., *The Goths in Spain*, Oxford : Clarendon Press, 1969.
⒀ King, P. D., *Law and Society in the Visigothic Kingdom*, Cambridge : Cambridge University Press, 1972.
⒁ James, E. (ed.), *Visigothic Spain : New Approaches*, Oxford : Clarendon Press, 1980.
⒂ Fontaine, J., *Isidore de Séville et la culture classique dans l'Espagne wisigothique*, 2ème éd., Paris : Études Augustiennes, 1983.

⑴⑵は，ゲルマン民族移動全体を扱うもの。⑴にはイベリア半島を舞台にした部分は多くないが，同時代の息吹を映しだす名著。⑵はゲルマン民族とローマとの関係を中心にした研究書で，ガリシア定住後のスエヴィ族を取り上げた章の存在を特記したい。西ゴート王国に対する後世の評価は毀《き》誉《よ》褒貶《ほうへん》の落差が著しい。⑶⑷は，イベリア半島定住後の西ゴート王国を取り上げ，⑶は新書で入手が容易，⑷はイスパニア教会の活動を扱う研究書。⑸は西ゴート法典の条文から当時の社会をみる。⑹はイスラーム進出後を取り扱った研究書だが，付録として西ゴート王国時代を述べた年代記の全文訳を所収。⑺は著名な年代記の羅和対訳で，主題はフランク王国だが，隣国のニュースとして西ゴート王国情勢がしばしば語られる。とくに「ヘルメネギルドの乱」が詳しい。⑻はイスパニア教会知識人のうちイシドルスとイルデフォンススの著作の和訳(部分訳)。

英語の書籍では，⑼は基本的な中世史シリーズ。2巻がゲルマン部族王国を扱っている。⑽は中世初期イベリア半島の歩み。⑾は Blackwell 社のシリーズの1冊。⑿〜⒁は，西ゴート王国研究の基本的文献で，なかでも⑿は必ず参照される重要な文献。⒀は西ゴート法典から西ゴート王国の社会を再構成する。⒁は主要な西ゴート王国研究者による論集。⒂はフランス語だが，イシドルス研究の最高峰と評価の高い名著。初版は1959年だが第2版で1巻分の大幅な増補がある。

第3章　アル・アンダルスの優位

⑴ W. M. ワット(黒田壽郎・柏木英彦訳)『イスラーム・スペイン史』岩波書店　1976
⑵ Ch. E. デュフルク(芝修身・芝紘子訳)『イスラーム治下のヨーロッパ』藤原書店　1997

(3) 安達かおり『イスラム・スペインとモサラベ』彩流社 1997

(4) 村田靖子「ムスリムのイベリア半島征服」『講座イスラーム世界 3』悠思社 1995

(5) 佐藤健太郎「10世紀後ウマイヤ朝のファター」『イスラム世界』39, 40 1993

(6) D. W. ローマックス(林邦夫訳)『レコンキスタ』刀水書房 1996

(7) 関哲行「アストゥーリアス・レオン王国における自由小土地所有者問題をめぐって」『スペイン史研究』2 1984

(8) 足立孝「9・10世紀アラゴン地方の農村構造」『史学雑誌』107-3 1998

(9) 佐藤彰一「8・9世紀セプティマニア・スペイン辺境伯領のヒスパニア人をめぐる国制・社会状況 (2)」『愛知大学法経学会法経論集』92 1980

(10) レイチェル・バード(狩野美智子訳)『ナバラ王国の歴史』彩流社 1995

(11) Collins, Roger, *Early Medieval Spain : Unity in Diversity, 400-1000*, London : Blackwell, 1983.

(12) Glick, Thomas F., *Islamic and Christian Spain in the Early Medieval Ages*, Princeton : Princeton University Press, 1979.

(13) O'Callaghan, Joseph F., *A History of Medieval Spain*, New York : Cornell University Press, 1975.

(14) Lévi-Provençal, Evariste, *Histoire de l'Espagne musulmane*, Leiden : E. J. Brill, 1950-53.

(15) García de Valdeavellano, Luis, *Historia de España*, 2 tomos, Madrid : Revista de Occidente, 1973.

(16) Suárez Fernández, Luis, *Historia de España antigua y media*, t. 1, Madrid : Rialp, 1976.

(17) Estepa Díez, Carlos, *Historia de Castilla y León*, t. 3, Valladolid : Ambito, 1985.

(18) Ubieto Arteta, Antonio, *Historia de Aragón*, Zaragoza : Anubar, 1981.

(19) Nadal i Farreras, Joaquim ; Wolff, Philippe (eds.), *Historia de Cataluña*, Barcelona : Oikos-Tau, 1992.

(20) Sobrequés i Callico, Jaume, *Història de Barcelona*, vol. 2, Barcelona : Enciclopèdia Catalana, 1992.

(21) Serrão, Joaquim Veríssimo, *História de Portugal*, vol. 1, Lisboa :

Verbo, 1979.

(1)は政治史を中心としたイスラーム・スペイン史のコンパクトな概説で入門書。(2)ではイスラーム・スペインの異文化コミュニケーションに加え，料理や家族形態，娯楽などの日常生活も描かれる。(3)は8～9世紀の教会組織も含めたモサラベを対象としている。(4)は8世紀のイスラームの征服過程を論じたもの。(5)は宦官でもあった君主側近のスラブ人奴隷サカーリバを扱った論文。(6)はレコンキスタ運動全体を跡づけつつ中世スペイン史を概観したもので必携の基本文献。(7)はアストゥリアス王国，レオン王国の再征服・再植民運動と自由農民の関係を扱ったもの。(8)は自由農民を含むアラゴン地方の多様な農村構造を強調している。(9)はヒスパニと称されたピレネー山麓の住民を国制史のなかに位置づけた論文。(10)は日本語による数少ないナバーラ史の概説である。(11)はイスラーム・スペインを含めた初期中世スペイン史の概説で入門書。(12)も同様だが，科学・技術史などへの言及を含む。(13)はイスラーム・スペイン史を含む15世紀までの中世スペイン史の概説書。(14)は後ウマイヤ朝までのイスラーム・スペイン史研究の古典的名著で必携の基本文献である。(15)(16)は，政治史を中心とした中世スペイン史研究の古典的名著で全体像をえるうえで必携の基本文献。(17)は初期中世スペイン史の概説だが，新しい研究動向が取り入れられている。(18)は政治史を中心としたアラゴン史の概説で基本文献。(19)(20)は，それぞれカタルーニャ史，バルセローナ史研究の基本文献で最近の研究動向が盛り込まれている。(21)はポルトガル史概説で基本文献のひとつ。

II　スペインとポルトガルの形成から現代まで

第1部　スペインの歴史的歩み

第1章　キリスト教諸国家の確立

(1)　私市正年「ムラービト朝研究と2，3の問題」『歴史と地理』399　1988
(2)　余部福三「アル・アンダルス」『スペイン学を学ぶ人のために』世界思想社　1999
(3)　R. フレッチャー(林邦夫訳)『エル・シッド』法政大学出版局　1997
(4)　尾崎明夫「レコンキスタとイベリア半島」『西欧中世史(中)』ミネルヴァ書房　1995
(5)　尾崎明夫「13世紀バレンシア征服にみるレコンキスタの精神の一側

面」『立命館史学』10　1988
(6)　林邦夫「13世紀のセビーリャ」『鹿児島大学教育学部人文・社会科学編』41　1989
(7)　林邦夫「創立期のサラマンカ大学」『鹿児島大学教育学研究紀要』41　1989
(8)　林邦夫「地方メスタとメスタ」『史学雑誌』102-2　1993
(9)　熊倉庸介「12世紀の翻訳活動」『国際短期大学紀要』2　1987
(10)　F. M. ビリャヌエバ(小林一宏・山道佳子訳)「トレード翻訳学派新考」『スペイン文化シリーズ』2　1993
(11)　関哲行「中世のサンティアゴ巡礼と民衆信仰」『巡礼と民衆信仰』青木書店　1999
(12)　関哲行「ヨーロッパのアイデンティティーと非キリスト教世界」『ヨーロッパ文化史』南窓社　1988
(13)　関哲行「11～13世紀のサンティアゴ巡礼路都市サアグーン」『西欧中世における都市＝農村関係の研究』九州大学出版会　1988
(14)　アルフォンス・デュプロン(田辺保監訳)『サンティアゴ巡礼の世界』原書房　1992
(15)　Hillgarth, Jocelyn N., *The Spanish Kingdoms, 1250-1516*, vol. 1, Oxford : Clarendon Press, 1976.
(16)　Suárez Fernández, Luis, *Historia de España antigua y media*, t. 2, Madrid : Rialp, 1976.
(17)　Martín, José Luis, *Historia de Castilla y León*, t. 4, Valladolid : Ambito, 1985.
(18)　Vigura Molins, María Jesús, *Historia de España*, t. 9, Madrid : Historia 16, 1995.
(19)　O'Callaghan, Joseph F., *The Learned King. The Reign of Alfonso X of Castile*, Philadelphia : University of Pennsylvania Press, 1993.
(20)　Sobrequés i Callico, Jaume, *Història de Barcelona*, vol. 3, Barcelona : Enciclopèdia Catalana, 1992.

本章に関しては，[I]の第３章の参考文献(1)(6)(10)(13)(15)(16)(18)(19)(20)が重複して参照される。本章の(1)はムラービト運動とマーリク派法学との関係などを概観したもの。(2)はイスラーム・スペイン文化史について多くの情報を含む概説書である。(3)は叙事詩やイスラーム・スペイン史と絡めたエル・シッドの自叙伝で，11世紀後半のイベリア半島を理解するうえで有益。(4)は

11〜13世紀のレコンキスタ運動を簡潔に概観したものであり，(5)はバレンシアの再征服・再植民運動を，バーンズとギシャールの論争を踏まえて考察した論文。(6)は市域，属域を含めたセビーリャの再植民運動を実証的に考察した好論文である。(7)はアルフォンソ10世などによって付与されたサラマンカ大学への特権の歴史的意義を探った研究。(8)は地方メスタと(全国)メスタの人的連続性と制度的断絶を指摘した論文。(9)は「12世紀ルネサンス」とトレードなどでの翻訳活動の関係を論じたものであり，(10)はトレードでの翻訳活動に関するマルケス・ビリャヌエバの論考。(11)は聖人崇敬や聖遺物崇敬に代表される民衆信仰の視点からサンティアゴ巡礼について考察したもの。(12)はエル・シッドとアラゴン王アルフォンソ１世の概観。(13)はサンティアゴ巡礼路沿いの中小都市サアグンに関する社会・経済史的研究。(14)は全ヨーロッパ的視点からサンティアゴ巡礼の全体像を探ったもの。(15)は政治史を中心としたスペイン史の概説で基本文献。(16)は政治史を中心とした中世後期に関する基本文献。(17)は新しい研究動向を加味した11〜13世紀のカスティーリャ史の概説である。(18)は11世紀以降のイスラーム・スペイン史をコンパクトに概観した入門書。(19)は対外政策を含めた政治史，文化史を中心にアルフォンソ10世時代を論じた研究である。(20)は中世末期を対象としたバルセローナ史の基本文献。

第２章　危機の時代のスペイン

(1)　林邦夫「グラナーダ王国の征服」『鹿児島大学教育学部研究紀要』35　1984
(2)　芝修身「15世紀のカスティーリャ農業」『南山経済研究』7-2　1992
(3)　芝修身「中世末期の低地アンダルシーア地方におけるラティフンディオ形成の要因」『南山経済研究』5-1　1990
(4)　江島明「15世紀カスティリアにおけるコルテスの衰退と王領地の都市」『史学雑誌』92-8　1983
(5)　大内一「14世紀後半〜15世紀前半におけるブルゴス市の都市官職」『大阪外国語大学論集』1　1989
(6)　大内一「15世紀ブルゴス市の少数支配者層に関する一考察」『Estudios Hispánicos』15　1990
(7)　大内一「トラスタマラ内戦とカスティーリャ王権」『Estudios Hispánicos』20　1995
(8)　エリー・ケドゥリー編(関哲行・立石博高・宮前安子訳)『スペインの

ユダヤ人』平凡社　1995
(9)　関哲行・立石博高編訳『大航海の時代——スペインと新大陸』同文舘　1998
(10)　関哲行「中小都市のユダヤ人社会を読む」『歴史を読む』東洋書林　1998
(11)　近見正彦『海上保険史研究』有斐閣　1997
(12)　Hillgarth, Jocelyn N., *The Spanish Kingdoms, 1250-1516*, vol. 2, Oxford : Clarendon Press, 1978.
(13)　Valdeón, Julio, *Historia de Castilla y León*, t. 5, Valladolid : Ambito, 1985.
(14)　Idem, *Historia de España*, t. 10, Madrid : Historia 16, 1995.
(15)　Baer, Yitzhak, *A History of the Jews in Christian Spain*, Philadelphia : The Jewish Publication Society of America, 1971.
(16)　Ryder, Alan, *Alfonso the Magnanimous*, Oxford : Clarendon Press, 1990.
(17)　Casado Alonso, Hilario (ed.), *Castilla y Europa. Comercio y mercaderes en los siglos XIV, XV y XVI*, Burgos : Tabapress, 1995.
(18)　McKay, Angus, *Society, Economy and Religion in Late Medieval Castile*, London : Variorum Reprints, 1987.
(19)　Reilly, Bernard F., *The Medieval Spains*, Cambridge : Cambridge University Press, 1993.

本章に関しては，[I]の第３章の参考文献(1)(6)(13)(19)と，[II]の第１部第１章の参考文献(16)(18)(20)が重複して参照される。本章の(1)は1482年以降のグラナダ戦争と降伏協定の内容まで踏み込んだ実証的研究である。(2)はアンダルシーア地方からの農産物輸出が15世紀のカスティーリャ経済復興の一因となったことを指摘したもの。(3)はアンダルシーア地方の大土地所有の原因を14世紀のペスト，有力者による土地の横領，王権の弱体化，マヨラスゴなどに求めた論文。(4) はカスティーリャのコルテスの衰退と王権の都市支配の強化との関係を論じたもの。(5)(6)は，レヒドール制の導入を契機とした都市寡頭支配層の成立をブルゴス市を例に考察した論文。(7)はトラスタマラ朝成立期の内戦とエンリケ２世による王権強化策を考察したもの。(8)は中世以来のユダヤ人，コンベルソ問題を扱った論文集の翻訳。(9)は中世末期のアンダルシーア地方とグラナダ王国の経済史に関する論文の翻訳を含んでいる。(10)は中小都市サアグンのユダヤ人共同体の実態を分析した

もの。⑾はバルセローナなど中世末期の地中海世界の海上保険に関する実証的な研究である。⑿は15世紀の政治史に関する基本文献。⒀⒁は，最近の研究動向を加味した中世末期カスティーリャ史の概説で入門書。⒂は中世スペインのユダヤ人研究の古典で，今なお学問的価値をもつ。⒃はアラゴン王アルフォンソ５世のナポリ征服，イタリア・ルネサンスとの関係を探ったもの。⒄は中世末期～近世のカスティーリャ・フランドル貿易を対象とした論文集。⒅は中世末期カスティーリャの下級貴族，ポグロム，儀礼などに関する論文集。⒆は政治・制度史を中心とした中世スペイン史の概説である。

第３章　スペイン帝国の時代

⑴　Pérez, Joseph, *Isabel y Fernando. Los Reyes Católicos*, Madrid : Nerea, 1988.
⑵　関哲行・立石博高編訳『大航海の時代――スペインと新大陸』同文舘　1998
⑶　エリー・ケドゥリー編(関哲行・立石博高・宮前安子訳)『スペインのユダヤ人』平凡社　1995
⑷　Kamen, Henry, *The Spanish Inquisition. An Historical Revision*, London : Weidenfeld & Nicolson, 1997.
⑸　J. H. エリオット(藤田一成訳)『スペイン帝国の興亡(1469-1716)』岩波書店　1982
⑹　Lynch, John, *Spain, 1516-1598 : From Nation State to World Empire*, Oxford : Blackwell, 1991.
⑺　Kamen, Henry, *Spain 1469-1714 : A Society of Conflict,* 2nd ed., London : Longman, 1991.
⑻　Haliczer, Stephen, *The Comuneros of Castile : The Forging of a Revolution, 1475-1521*, Madison : The University of Wisconsin Press, 1981.
⑼　藤田一成『皇帝カルロスの悲劇――ハプスブルク帝国の継承』平凡社　1999
⑽　Parker, Geoffrey, *Philip II*, 3rd ed., Chicago : Open Court, 1995.
⑾　フェルナン・ブローデル(浜田優美訳)『地中海』全５巻　藤原書店　1991-95
⑿　五十嵐一成「近世の地中海世界」『中世史講座11　中世における地

域・民族の交流』学生社　1996
(13)　Parker, Geoffrey, *The Dutch Revolt*, London : A. Lane, 1977.
(14)　マイケル・ルイス(幸田礼雅訳)『アルマダの戦い――スペイン無敵艦隊の悲劇』新評論　1996
(15)　R. ケーガン(立石博高訳)『夢と異端審問――16世紀スペイン帝国の一女性』松籟社　1993
(16)　清水憲男『ドン・キホーテの世紀――スペイン黄金時代を読む』岩波書店　1990
(17)　Smith, Bradley, *Spain: A History in Art*, New York : Double Day, 1966.
(18)　Lynch, John, *The Hispanic World in Crisis and Change, 1598-1700*, Oxford : Blackwell, 1991.
(19)　Nader, Helen, *Liberty in Absolutist Spain. The Habsburg Sale of Towns, 1516-1700*, Baltimore : The Johns Hopkins University Press, 1990.
(20)　Stradling, R. A., *Europe and the Decline of Spain, 1580-1720*, London : Allen & Unwin, 1981.
(21)　J. H. エリオット(藤田一成訳)『リシュリューとオリバーレス』岩波書店　1988
(22)　Elliott, John. H., *The Revolt of the Catalans : A Study in the Decline of Spain, 1598-1640*, Cambridge : Cambridge University Press, 1963 ; 1st pbk. ed., 1984.
(23)　芝修身「17世紀スペインの経済危機と地域間格差」『南山経済研究』12-3　1998
(24)　Kamen, Henry, *Spain in the Later Seventeenth Century, 1665-1700*, London : Longman, 1980.

カトリック両王治世については数々の書物が著されているが，(1)はその歴史的脈絡を重視したもっとも定評のある書物。(2)は大航海の時代に関する専門的論文を集めた翻訳書で，とくに時代に通暁したラデーロ・ケサーダのものが重要。(3)は中世末から近世にいたるまでスペイン社会に重くのしかかったユダヤ人問題を扱った基本書。(4)はユダヤ人問題との関わりで成立し，やはり近世を通じて機能したスペイン異端審問制についての研究書。スペイン帝国の時代を概観したものも数多いが，(5)はフランコ時代の帝国礼賛的立場を脱する出発ともなった書物の翻訳で今なお初めに参照す

べきもの。(6)は1970～80年代の成果を汲み取り，経済・政治・社会をカヴァーした16世紀スペインに関する均衡のとれた概説書。(7)は16・17世紀帝国の時代を通観した書物で，内的葛藤をともなう社会であったことにとくに力点をおく。16世紀初め諸都市反乱の鎮圧がハプスブルク家支配の安泰に結びつくが，(8)は同反乱の経過を詳細に検討した書物である。(9)は帝国の支配者カルロス１世の生涯を描いた伝記。(10)はその後継者フェリーペ２世の伝記で，書簡史料を利用した労作。(11)はフェリーペ２世時代の地中海世界を大きく描き出したブローデルの記念碑的著作の邦訳。(12)は帝国と地中海世界の関わりを簡潔に描く。(13)はオランダ独立戦争を詳述した名著であり，(14)は無敵艦隊の敗北を叙述する。(15)はいわゆるミクロ・ヒストリーの成果で，異端審問史料を使って16世紀末の一人の女性と政治との関わりをリアルに描き出しており，この時代の政治文化を知るうえで貴重な研究書である。(16)は黄金世紀の文化を文学者の観点から広く論じている。(17)はスペイン・バロック芸術に関しての手頃な研究書。(18)は(6)の文献と同じ著者が17世紀スペインを扱ったものでやはり基本的概説書である。(19)はスペイン絶対王政特有の構造を地方権力との関係で考察する。(20)はスペインの対外政策をヨーロッパ国際政治のなかにとらえている。(21)はスペイン優位がフランス優位に取ってかわられる時代を描いたエリオットの名著。(22)は同じくエリオットによるカタルーニャ反乱の社会政治的背景を論じた大作で，今なおこのテーマに関する基本書。(23)は衰退期の地域的諸相を紹介した論文で，17世紀経済史の文献を知るうえで便利である。(24)は17世紀末の衰退とあらたな回復の兆しを扱った研究書。

第４章　啓蒙の時代

(1) Domínguez Ortiz, Antonio, *Sociedad y Estado en el siglo XVIII español*, Barcelona : Ariel, 1976.
(2) Lynch, John, *Bourbon Spain, 1700-1808*, Oxford : Blackwell, 1989.
(3) Kamen, Henry, *The War of Succession in Spain, 1700-1715*, Bloomington : Indiana University Press, 1969.
(4) Lluch, Ernest, *La Catalunya vençuda del segle XVIII*, Barcelona : Edicions 62, 1996.
(5) 立石博高「『エスキラーチェ暴動』の解釈をめぐって」『人文学報』(東京都立大学) 154　1982
(6) Sarrailh, Jean, *L'Espagne éclairée de la seconde moitié du XVIIIe*

siècle, Paris : Klincksieck, 1954.
(7) Herr, Richard, *The Eighteenth Century Revolution in Spain*, Princeton : Princeton University Press, 1958.
(8) Domínguez Ortiz, Antonio, *Carlos III y la España de la Ilustración*, Madrid : Alianza, 1988.
(9) Baader, Horst, "Menshheitsdenken und Aufklärung in Spanien", *Studium Generale*, Vol. 14, 1961.
(10) Callahan, William J., *Church, Politics, and Society in Spain, 1750-1874*, Cambridge, Mass.: Harvard University Press, 1984.
(11) 立石博高「アンシャン・レジーム期のマドリード市会」染田秀藤・立石博高・大内一『もうひとつのスペイン史——中近世の社会と国家』同朋舎出版　1994
(12) 立石博高「啓蒙スペインの新定住地域開拓事業」『外国文学研究』（同志社大学）42　1985
(13) Anes, Gonzalo, *Economía e "Ilustración" en la España del siglo XVIII*, Barcelona : Ariel, 1969.
(14) Callahan, William J., *Honor, Commerce and Industry in Eighteenth-Century Spain*, Boston : Harvard School of Business Administration, 1972.
(15) Ringrose, David, *Spain, Europe and the "Spanish Miracle", 1700-1900*, Cambridge : Cambridge University Press, 1996.
(16) Thomson, J. K. J., *A Distinctive Industrialization. Cotton in Barcelona, 1728-1832*, Cambridge : Cambridge University Press, 1992.
(17) Walker, Geoffrey, *Spanish Politics and Imperial Trade, 1700-1789*, Bloomington : Indiana University Press, 1979.
(18) Fisher, John, *Commercial Relations between Spain and Spanish America in the Era of Free Trade, 1778-1796*, Liverpool : University of Liverpool Center for Latin American Studies, 1985.
(19) 立石博高「啓蒙スペインとアメリカ植民地」内田勝敏編『世界経済と南北問題』ミネルヴァ書房　1990

(1)は18世紀スペインの政治と社会を概観した名著で，とくにアンシャン・レジーム末期のモザイク的社会構造を分析。(2)は定評のある18世紀通史で，便利な導入書。(3)はスペイン継承戦争を詳述したもので，いまだにこれを凌ぐ研究書はない。(4)はこの戦争の結果カタルーニャにもたらされ

た諸問題を詳しく分析した研究書。(5)はエスキラーチェ暴動の研究動向を整理したもの。スペイン啓蒙については，(6)(7)がそれぞれに社会思想と政治思想に力点をおいた古典的著作で，(8)は近年の成果を踏まえてバランスよく論じたもの。(9)はカトリック的啓蒙の限界を鋭く指摘した論文。(10)はこの時期の教会と国王教権主義を推し進める国家との関係を詳述したもの。(11)は啓蒙改革の一環としての自治体改革，(12)は新定住地域開拓事業の特質と限界を論じる。(13)は農地法制定や祖国の友・経済協会の動きを分析したアネスの重要な論文を収録。(14)は商工業の展開と手仕事への蔑視感情について論じた小著ながら重要な研究書。(15)は19世紀への展望のなかでこの時期のスペイン経済全体を詳述しており，(16)はとくにカタルーニャ綿工業の台頭について分析している。18世紀を通じた植民地との交易については(17)が概観しており，(18)は自由貿易規則の経済的効果を詳しく分析。(19)は対植民地政策との関係でスペイン啓蒙の限界性を指摘。

第5章　アンシャン・レジームの危機と自由主義国家の成立

(1) Hilt, Douglas, *The Troubled Trinity : Godoy and the Spanish Monarchs*, Alabama : University of Alabama Press, 1987.

(2) Tomlinson, Janis A., *Goya in the Twilight of Enlightenment*, New Haven : Yale University Press, 1992.

(3) Herr, Richard, *Rural Change and Royal Finances in Spain at the End of the Old Regime*, Berkeley : University of California Press, 1989.

(4) 立石博高「炎のイベリア半島——スペイン独立戦争とウェリントン」志垣嘉夫編『ナポレオンの戦争』講談社　1984

(5) Gates, David, *The Spanish Ulcer : A History of the Peninsular War*, London : George Allen & Unwin, 1986.

(6) 立石博高「スペイン独立戦争と『国民意識』」『一橋論叢』110-4　1993

(7) 立石博高「スペインの自由主義とカディス議会」遅塚忠躬他編『フランス革命とヨーロッパ近代』同文舘　1996

(8) Esdaile, Charles J., *Spain in the Liberal Age. From Constitution to Civil War, 1808-1939*, Oxford : Blackwell, 2000.

(9) Anna, Timothy E., *Spain and the Loss of America*, Lincoln : University of Nebraska Press, 1983.

(10) 山道佳子「『自由主義の3年間』のスペインにおける自由主義カトリ

シズム」『スペイン史研究』11　1997
⑾ Holt, E., *The Carlist Wars in Spain*, London : Putnam, 1967.
⑿ Rueda, Germán (ed.), *La desamortización en la Península Ibérica*, Madrid : Marcial Pons, 1993.
⒀ A. M. ベルナル(太田尚樹ほか訳)『ラティフンディオの経済と歴史』農文協　1993
⒁ Marichal, Carlos, *Spain 1834-1844 : A New Society*, London : Tamesis, 1977.
⒂ Cruz, Jesus, *Gentlemen, Bourgeois and Revolutionaries*, Cambridge : Cambridge University Press, 1996.
⒃ Kiernan, Victor, *The Revolution of 1854 in Spanish History*, Oxford : Clarendon Press, 1966.
⒄ 岡住正秀「19世紀スペイン南部の農村騒擾――七月革命期(1854-56年)のアンダルシア」『宇部短期大学学術報告』22　1985
⒅ J. ハリソン(弘田嘉男訳)『スペイン経済の歴史――18世紀から現代まで』西田書店　1985
⒆ Shubert, A., *A Social History of Modern Spain*, London : Unwin Hyman, 1990.
⒇ Borja de Riquer i Permanyer, “La débil nacionalización espanõla del siglo XIX”, *Historia Social*, núm. 20, 1994.
(21) Serrano, Carlos, *El nacimiento de Carmen. Símbolos, mitos y nación*, Madrid : Taurus, 1999.

⑴はブルボン王朝危機の時代を全般的に考察し，これまでのゴドイ評価を見直している。⑵はそうした再評価に立って，ゴヤ絵画の美術史的検討をおこなっている。⑶はアンシャン・レジーム末期の農村構造の詳細な分析である。スペイン独立戦争については，邦語では⑷が基本的概略を追い，英語では⑸が戦争経過を描いている。⑹はそのなかでみられた多様な意識表明を扱い，⑺はカディス議会の動きの一面を史料的に分析する。⑻は19世紀全般と20世紀初めの政治・社会の動きを扱っており，便利な概説書である。⑼はアメリカ植民地の独立にかんして論じた書物であり，⑽は「立憲制の３年間」の自由主義の特徴を論じたもの。⑾は19世紀スペインの動きに決定的な意味をもったカルリスタ戦争を論じたもの。やや古いが英語で書かれたものとしては基本書である。⑿は永代所有財産解放に関するこれまでの研究成果をまとめたもの。⒀はこのような経過のなかでラティフ

ンディオが再編成されていった基本的特徴を述べる。⒁は自由主義国家体制の成立と政治諸党派の形成について概観する。⒂はこうした自由主義革命期のなかで支配諸階層が変容していく様相を具体的に描き出す。⒃は1854年革命について全体的に論じ，⒄はこの時期のアンダルシーア農村の動きを分析する。⒅は近現代経済史の概説だが，19世紀経済の変化の特徴を簡潔に描き出す。⒆も19・20世紀をカヴァーするが，社会史的側面から変化を論じている。⒇はこうして成立した近代国民国家スペインがいかに脆弱であったかを，地域ナショナリズム台頭との関連で指摘した画期的論文。(21)はスペイン国民統合の諸側面をシンボル「創造」の行為を通じて分析する。

第 6 章　第一共和政と復古王政

⑴ Carr, Raymond, *Spain, 1808-1939*, Oxford : Oxford University Press, 1966.
⑵ Piqueras, José Antonio, *La Revolución domocrâtica (1868-1874). Cuestión social, colonialismo y grupos de presión*, Madrid : Ministerio de Trabajo, 1992.
⑶ Espadas Burgos, Manuel, *Alfonso XII y los orígenes de la Restauración*, 2a. ed., Madrid : CSIC, 1990.
⑷ Comellas, José Luis, *Cánovas del Castillo*, Barcelona : Ariel, 1997.
⑸ Kern, Robert W., *Liberals, Reformers and Caciques in Restoration Spain 1875-1909*, Albuquerque : University of New Mexico Press, 1974.
⑹ Offner, John L., *An Unwanted War. The Diplomacy of the United States and Spain over Cuba, 1895-1898*, Chapel Hill : University of North Carolina Press, 1992.
⑺ Juliá, Santos (ed.), *Debates en torno al 98. Estado, sociedad y política*, Madrid : Comunidad de Madrid, 1998.
⑻ Balfour, Sebastian, *The End of the Spanish Empire 1898-1923*, Oxford : Clarendon Press, 1997.
⑼ García Delgado, José Luis (ed.), *España, 1898-1936 : Estructura y cambio*, Madrid: Universidad Complutense de Madrid, 1984.
⑽ Suárez Cortina, Manuel (ed.), *La Restauración, entre el liberalismo y la democracia*, Madrid : Alianza, 1997.

(11) García Delgado, José Luis (ed.), *La Crisis de la Restauración. España, entre la primera guerra mundial y la II República*, Madrid : Siglo XXI, 1986.
(12) Seco Serrano, Carlos, *Alfonso XIII y la crisis de la Restauración*, 2.ª ed., Madrid : Rialp, 1979.
(13) Ben-Ami, Shlomo, *Fascism from Above : The Dictatorship of Primo de Rivera in Spain 1923-1930*, Oxford : Oxford University Press, 1983.
(14) Kaplan, Temma, *Anarchists of Andalusia 1868-1903*, Princeton : Princeton University Press, 1977.
(15) Meaker, Gerald H., *The Revolutionary Left in Spain 1914-1923*, Stanford : Stanford University Press, 1974.
(16) Payne, Stanley G., *Politics and the Military in Modern Spain*, Stanford : Stanford University Press, 1967.
(17) Piqueras, José Antonio ; Chust, Manuel(eds.), *Republicanos y repúblicas en España*, Madrid : Siglo XXI, 1996.
(18) G. ブレナン(鈴木隆訳)『スペインの迷路』合同出版　1967
(19) Nadal, Jordi ; Sudrià, Carles (eds.), *La economía española en el siglo XX : Una perspectiva histórica*, Barcelona : Ariel, 1987.

(1)はフランコ体制が健在でスペインでの研究が制約されるなかで出版され，近・現代史研究を志す者が必ず参照すべき古典となった。(2)は第一共和政を扱った通史であるが，植民地問題や資本家の動きを詳細に追った点に特徴がある。(3)は王政復古を可能にした諸条件を検討した研究であり，(4)は王政復古の立役者となったカノバス・デル・カスティーリョの伝記的研究。(5)は復古王政を支えたカシキスモの分析に力点をおいた政治史。(6)は米西戦争をめぐる外交関係をそれぞれの国内政治と関連づけて論じている。(7)は米西戦争前後のスペインを諸側面から分析したものであり，(8)は米西戦争以後プリモ・デ・リベーラ独裁までを対象として，民衆の戦争への反応，カタルーニャ主義の台頭，政治家による刷新政策の失敗などに焦点を当てている。(9)は復古王政期に社会全体が大きな変容を遂げたことを，さまざまな点から明らかにしている。(10)は欠点の多い政治体制として否定的に評価されがちな復古王政を再評価しようという試み。第一次世界大戦に危機に陥った復古王政の様相を描いたものが(11)(12)であり，(11)はいくつもの個別テーマに即して検討を加えた論文集，(12)はアルフォンソ13世の役割を

中心に分析した政治史である。⒀はプリモ・デ・リベーラ独裁をファシズムとの違いに注目しつつ分析している。以下の文献は特定のテーマに関するものである。スペインではほかのヨーロッパ諸国に比べてアナキズムが強いが，南部アンダルシーアのアナキズム運動を扱ったのが⒁，アナキズムを含め，第一次世界大戦中から戦後にかけて高揚した労働運動や社会主義運動を詳細に追っているのが⒂である。軍の政治介入がスペインの特徴であるが，近現代史における政軍関係を扱ったのが⒃であり，主たる対象は内戦まで。⒄は復古王政に対する批判者であった共和主義を分析したものであり，ある意味で復古王政を裏面から照射している。⒅は1943年に初版が出されたイギリス人による著作の翻訳。内戦の背景を探るべく王政復古から第二共和政までを対象とする。スペインを第二の故郷とした著者ならではの社会観察を反映して社会史としても読め，決して内容は古くなっていない。⒆は20世紀の経済についての論文集である。

第７章　第二共和政と内戦

⑴ Jackson, Gabriel, *The Spanish Republic and the Civil War 1931-1939*, Princeton : Princeton University Press, 1965.
⑵ Payne, Stanley G., *Spain's First Democracy. The Second Republic, 1931-1936*, Madison : the University of Wisconsin Press, 1993.
⑶ Preston, Paul, *The Coming of the Spanish Civil War. Reform, Reaction and Revolution in the Second Republic*, London : Methuen (University Paperback), 1983.
⑷ 若松隆『内戦への道――スペイン第二共和国政治史研究』未来社 1986
⑸ M. S. アレグザンダー， H. グラハム(山口正之監訳)『フランスとスペインの人民戦線』大阪経済法科大学出版部　1994
⑹ Malefakis, Edward E., *Agrarian Reform and Peasant Revolution in Spain. Origins of the Civil War*, New Haven : Yale University Press, 1970.
⑺ Mintz, Jerome R., *The Anarchists of Casas Viejas*, Chicago : University of Chicago Press, 1982.
⑻ 斉藤孝編『スペイン内戦の研究』中央公論社　1979
⑼ Blinkhorn, Martin (ed.), *Spain in Conflict 1931-1939. Democracy and Its Enemies*, London : SAGE, 1986.

(10) Esenwein, George Richard ; Shubert, Adrian, *Spain at War. The Spanish Civil War in Context, 1931-1939*, London : Longman, 1995.
(11) P. ヴィラール(立石博高・中塚次郎訳)『スペイン内戦』(文庫クセジュ) 白水社　1993
(12) H. トマス(都築忠七訳)『スペイン市民戦争』みすず書房　1988
(13) G. ジャクソン(斉藤孝監修・宮下嶺夫訳)『図説スペイン内戦』彩流社　1986
(14) S. G. ペイン(山内明訳)『スペイン革命史』平凡社　1974
(15) B. ボロテン(渡利三郎訳)『スペイン革命——全歴史』晶文社　1991
(16) Preston, Paul, *The Spanish Civil War*, London : Weidenfeld & Nicolson, 1986.
(17) Tuñón de Lara, Manuel et al., *La guerra civil española. 50 años después*, 2a. ed., Barcelona : Labor, 1986.
(18) スペイン史学会編『スペイン内戦と国際政治』彩流社　1990
(19) Malefakis, Edward (ed.), *La Guerra de España (1936-1939)*, Madrid : Taurus, 1996.
(20) Alpert, Michael, *A New International History of the Spanish Civil War*, London : Macmillan, 1994.
(21) Whealey, R., *Hitler and Spain. The Nazi Role in the Spanish Civil War, 1936-1939*, Lexington : University Press of Kentucky, 1989.
(22) S. G. ペイン(小箕俊介訳)『ファランヘ党』れんが書房新社　1982
(23) Mangini, Shieley, *Memories of Resistance : Women's Voices from the Spanish Civil War*, New Haven : Yale University Press, 1995.
(24) Fraser, R., *Blood of Spain. The Experience of Civil War, 1936-1939*, London : Allen Lane, 1979.
(25) H. M. エンツェンスベルガー(野村修訳)『スペインの短い夏』晶文社　1973
(26) M. サイドマン(向井喜典訳者代表)『労働に反抗する労働者』大阪経済法科大学出版部　1998
(27) E. H. カー(富田武訳)『コミンテルンとスペイン内戦』岩波書店 1985
(28) ロバート・キャパ『スペイン内戦』岩波書店　2000

(1)は第二共和政から内戦までを扱った基本的研究。(2)はフランコ独裁が終焉し民主化がおこなわれた時点に立って改めて第二共和政を論じた研究で，第二共和政がなぜ失敗したのかを，フランコ以後との対比を念頭に検

討している。(3)は社会労働党とCEDAの対抗関係において，第二共和政の政治史を分析した点に特徴がある。(4)は通史ではなく，政治システム，スペイン十月革命，カタルーニャ・ナショナリズムなどのテーマに即して分析した論文集。(5)は人民戦線50周年を記念しておこなわれた研究会議の報告集。大土地所有の問題は第二共和政で政治的対立の焦点となったが，それを解決すべく出された農地改革法の制定過程を明らかにしたのが(6)である。農民蜂起に対する治安部隊による弾圧がセンセーションを巻き起こしたカサス・ビエハス事件を，前史から事件後まで扱ったのが(7)であり，文化人類学者によるもので興味深い。(8)〜(10)は，第二共和政から内戦までを多面的に分析した研究書。内戦の全体像を明らかにした研究には(11)〜(19)がある。(11)は「構造」と「状況」という分析概念を駆使した点に特徴がある。(15)は共和国内部での政治対立，とくに共産党が台頭したという事実に焦点を当てている。(18)はスペイン史学会が内戦50周年を記念して開催したシンポジウムの報告集である。内戦をめぐる国際政治を対象とするのが(20)であり，(21)はナチス・ドイツと内戦の関係を分析している。(22)は創立から政党統一令までのファランヘを対象としている。総力戦となった内戦では女性の活躍がみられ，それを扱ったのが(23)である。(24)は内戦に関するオーラル・ヒストリーの白眉というべきもの。(25)は内戦中に謎の死を遂げたアナキスト活動家ドゥルーティの生涯を，著名なドイツの作家がさまざまな著作やインタビューを交じえて再構成したものである。(26)は革命下のバルセローナ労働者と，人民戦線政府下のフランス・パリの労働者の動きを，彼らの労働に対する態度に注目して論じた研究。(27)はロシア革命研究の大家E. H. カーによる著作であり，コミンテルンの政策とスペイン共産党の行動を分析している。共和国側に共鳴しながら内戦を写真で報道したキャパの写真集が(28)である。

第8章　現代のスペイン

(1) Payne, Stanley G., *The Franco Régime, 1936-1975*, Stanford : Stanford University Press, 1987.

(2) Ben-Ami, Shlomo, *La Revolución desde arriba : España 1936-1979*, Barcelona : Riopiedras, 1980.

(3) Grugel, Jean; Rees, Tim, *Franco's Spain*, London : Arnold, 1997.

(4) J. ソペーニャ『スペイン——フランコの四〇年』講談社現代新書 1977

(5) Fontana, Josep (ed.), *España bajo el franquismo*, Barcelona : Crítica, 1986.

(6) Ruiz González, David (ed.), *España franquista. Causa general y actitudes sociales ante la dictadura*, Toledo : Universidad de Castilla-La Mancha, 1993.

(7) García Delgado, José Luis (ed.) *El Primer franquismo. España durante la segunda guerra mundial*, Madrid : Siglo XXI, 1989.

(8) Ellwood, Sheelagh, *Spanish Fascism in the Franco Era*, London : Macmillan, 1987.

(9) Preston, Paul, *The Politics of Revenge. Fascism and the Military in the 20th. Century Spain*, London : Unwin Hyman, 1990.

(10) Ellwood, Sheelagh, *Franco*, London : Longman, 1994.

(11) Payne, Stanley G.(ed.), *Politics and Society in Twentieth-Century Spain*, New York : New Viewpoints, 1976.

(12) Tusell Gómez, Javier, *La dictadura de Franco*, Madrid : Alianza, 1988.

(13) Carr, Raymond ; Fusi, Juan Pablo, *Spain : Dictatorship to Democracy*, 2nd. ed., London : George Allen & Unwin, 1981.

(14) Arango, E. Ramón, *Spain : Democracy Regained*, Boulder : Westview Press, 1995.

(15) Pérez-Díaz, Víctor M., *The Return of Civil Society. The Emergence of Democratic Spain*, Cambridge, Mass. : Harvard University Press, 1993.

(16) Gunther, Richard ; Sani, Giacomo ; Shabad, Golde, *Spain after Franco*, Berkeley : University of California Press, 1986.

(17) Sastre García, Cayo, *Transición y desmovilización política en España (1975-1978)*, Valladolid : Universidad de Valladolid, 1997.

(18) Fishman, Robert M., *Working-Class Organization and the Return to Democracy in Spain*, Ithaca : Cornell University Press, 1990.

(19) Tezanos, José Félix ; Cotarelo, Ramón (eds.), *La transición democrática española*, Madrid : Sistema, 1993.

(20) Gunther, Richard (ed.), *Politics, Society, and Democracy. The Case of Spain, Essays in Honor of Juan J. Linz*, Boulder : Westview Press, 1993.

(21) R. フレーザー(長谷川四郎訳)『壁に隠れて――理髪師マヌエルとスペイン内乱』平凡社　1973
(22) R. フレーザー(高橋敦子訳)『スペイン タホス村繁盛記――飢えと内乱から観光へ』平凡社　1975
(23) 若松隆『スペイン現代史』岩波新書　1992
(24) 楠貞義，ラモン・タマメス，戸門一衛，深澤安博『スペイン現代史――模索と挑戦の120年』大修館書店　1999
(25) 碇順治『スペイン 静かなる革命――フランコから民主へ』彩流社　1990
(26) 戸門一衛『スペインの実験――社会労働党政権の12年』朝日新聞社　1994
(27) J. A. マルティネス・セラーノほか(楠貞義訳)『現代スペイン経済――1960年から1980年まで』新評論　1987
(28) Clare Mar-Molinero ; Smith, Angel, *Nationalism and the Nation in the Iberian Peninsula. Competing and Conflicting Identities*, Oxford : BERG, 1996.
(29) Conversi, Daniele, *The Basques, the Catalans and Spain. Alternative Routes to Nationalist Mobilisation*, London : Hurst, 1997.

(1)はフランコ体制を年代的に追った政治史的研究であり，(2)はフランコ体制を段階区分して，各段階の特徴を明らかにしている。(3)は標準的な研究であり，前半は政治史，後半は経済・文化・外交の諸政策の分析に当てられている。(4)はフランコという人物を中心にした通史。フランコ体制の諸側面を掘りさげて知るには，こうした通史だけではなく，(5)〜(7)のような論文集が有益であり，(7)はタイトル通りに初期のフランコ体制に対象を絞った研究である。また，個別テーマを扱った研究としてはファランヘを論じる(8)，軍の政治的役割を論じる(9)がある。(9)は論文集であり，第二共和政における軍を扱った論文も含まれる。フランコについての本格的な伝記は1990年代に数多く出版されたが，なかでは(10)が手頃な研究書である。フランコ体制をファシズムと規定できるか否かについては長い論争がある。ファシズムとは区別される権威主義体制であるとしたのは政治学者J. J. リンスであったが，その論文が(11)に収められており，(12)の分析は基本的に権威主義体制論に従っている。なお，(11)の論文集は復古王政からフランコ体制まで幅広い時期を対象としている。(13)〜(15)はフランコ独裁から民主化までをひとつの流れとして扱っているが，いずれも単なる政治史にとどま

らず，経済や社会の変化，教会や労働運動の動きにも目を配っている。(16)は諸政党の誕生とその特徴を中心にフランコ以後の政治を分析した研究。フランコ以後の民主化の特徴は，大衆的運動をともなわなかったことであり，それを論じたのが(17)と(18)である。いずれも，国民や労働者の政治参加を抑圧してきたフランコ独裁の負の遺産である点を強調している。(19)(20)は，民主化過程を総合的に分析した論文集である。共和派の人々はフランコ体制のもとで弾圧されたが，弾圧を逃れて隠れ住んだ人もいた。「モグラ」と呼ばれた人々であり，内乱に関する恩赦がなされたフランコ末期に姿をあらわして世間を驚かせた。(21)はそうした一人を扱ったオーラル・ヒストリーであり，著者によるインタビューが土台となっている。同じ著者はこの「モグラ」が住んでいた村を聞き取り調査して(22)をまとめている。内戦での激しい対立を経験した村が，今や観光地となり国外からも客を集めるまでに劇的に変容した様子を描いた著作。(23)は第二共和政以後を扱っている。(24)は王政復古以後，国民党政権までを対象とした詳細な通史である。(25)は民主化過程を克明に追い，(26)は社会労働党政権を分析対象としている。(27)は奇跡の経済成長以降の経済を部門ごとに詳細に分析したもので，現代の経済を知るには必読である。近現代史において重要な役割をはたすナショナリズムについては近年になって多数の研究書が出されているが，スペイン・ナショナリズムと地域ナショナリズムを19世紀以降についてみた(28)と，現代のカタルーニャとバスクを対象とし，ETA についての論考も含む(29)を挙げておく。

第２部　ポルトガルの歴史的歩み

第１章　ポルトガルの誕生

(1)　金七紀男「中世ポルトガルの都市共同体コンセーリョの起源とその類型」『東京外国語大学論集』38　1988

(2)　金七紀男「ポルトガル中世都市のユダヤ人とモーロ人」『文部省特定研究報告』12　東京外国語大学海外事情研究所　1987

(3)　Livermore, H.V., *The Origins of Spain and Portugal*, London : G. Allen & Unwin, 1971.

(4)　Mattoso, José, *A nobreza medieval portuguesa : a família e o poder*, Lisboa : Editorial Estampa, 1981.

(5)　Diffie, Bailey W., *Prelude to Empire : Portugal Overseas before Henry the Navigator*, Lincoln : University. of Nebraska Press, 1960.

(6)　金七紀男「1383～1385年革命とアヴィス王朝の成立――海外進出前夜におけるポルトガルの社会変動」『東京外国語大学論集』37　1987
(7)　Marques, A.H. de Oliveira, *Daily Life in Portugal in the Late Middle Ages*, Madison : University of Wisconsin Press, 1971
(8)　Saraiva, António José, *História da literatura portuguesa*, 15.ª ed., corr. e actualizada, Porto : Porto Editora, 1989.
(9)　池上岑夫『ポルトガル語とガリシア語――その成立と展開』大学書林　1984

中世のポルトガル社会について，第一に参照したい邦語文献は(1)(2)である。(3)は英語による中世概説。(4)は代表的な中世史家による貴族の家系分析に踏み込んだ研究。(5)は中世の海上貿易の発展をあとづけ，のちの海外進出の条件をみいだす。(6)はアヴィス朝革命の背景・過程と研究動向が簡潔にまとめられ示唆的。(7)は中世の生活史・心性史の英訳版。(8)はポルトガル文化史の古典的研究。ポルトガル語の誕生の過程については(9)を参照。

第２章　海洋帝国の時代

(1)　『大航海時代叢書』第Ⅰ期全12巻(特に第1,2,5,8巻)　岩波書店　1965-70，第Ⅱ期全25巻(特に第1,2巻)　岩波書店　1979-92
(2)　Godinho, Vitorino Magalhães, *Os descobrimentos e a economia mundial* 2.ª ed., correcta e ampliada (4 vols.). Lisboa : Editorial Presença, 1981-83.
(3)　Godinho, Vitorino Magalhes, *A economia dos descobrimentos henriquinos*. Lisboa, Livraria Sa da Costa, 1962.〔V. M. ゴディーニョ同書第３，５，６章（金七紀男訳)「ポルトガル歴史叙述における〈発見〉の起源」「感じ方，考え方と経済行動」『文部省特定研究報告』10(1985)，13(1988)，東京外国語大学海外事情研究所〕
(4)　金七紀男「エンリケ伝説の系譜」『南欧文化』５　1978
(5)　生田滋『ヴァスコ・ダ・ガマ：東洋の扉を開く』原書房　1992
(6)　生田滋「ポルトガルの初代インド副王ドン・フランシスコ・デ・アルメイダの行動について」『山本達郎博士古稀記念　東南アジア・インドの社会と文化』(上)山川出版社　1980
(7)　Boxer, C.R., *The Portuguese Seaborne Empire 1415-1825*, 2nd ed., Manchester : Carcanet in Association with the Calouste Gulbenkian Foundation, 1991.

(8) Diffie, Bailey W. ; Winius, George D., *Foundations of the Portuguese Empire, 1415-1580*, Minneapolis : University of Minnesota Press, 1977.

(9) Subrahmanyam, Sanjay, *The Portuguese Empire in Asia, 1500-1700 : a Political and Economic History*, London / New York : Longman, 1993.

(10) M. N. ピアスン(生田滋訳)『ポルトガルとインド――中世グジャラートの商人と支配者』岩波書店　1984

(11) 増田義郎「ポルトガルとアジア(1)(2)」『国際関係紀要』8-2，9-1・2，亜細亜大学国際関係学会　1999

(12) 金七紀男「マヌエル1世期(1495～1521年)におけるポルトガルの香料貿易」『東京外国語大学論集』39，40　1989, 90

(13) 生田滋『大航海時代とモルッカ諸島――ポルトガル，スペイン，テルナテ王国と丁字貿易』中央公論社　1998

(14) 松田毅一『黄金のゴア盛衰記』中央公論社　1977

(15) 東光博英『マカオの歴史――南蛮の光と影』大修館書店　1998

(16) 合田昌史「世界分割の科学と政治――「モルッカ問題」をめぐって」『史林』75-6　1992

(17) Lach, Donald F., *Asia in the Making of Europe*, 3 vols. (9bks), Chicago : University of Chicago Press, 1965-93.

(18) ルイス・デ・カモンイス(小林英夫ほか訳)『ウズ・ルジアダス――ルシタニアの人びと』岩波書店　1978

(19) 荻野恵「ポルトガルの反乱(1640)とセバスティアニズモ――『O Encoberto』の視点から」『紀尾井史学』11　上智大学大学院　1991

(20) 金七紀男「スペインによるポルトガル併合とセバスティアニズモ」金七紀男編『研究報告』76　東京外国語大学海外事情研究所　1992

(21) Oliveira, António de, *Poder e oposição política em Portugal no período filipino, 1580-1640*, Lisboa : DIFEL, 1990.

(22) Mauro, Frédéric, *Le Portogal et l'Atlantique au XVII*[*e*] *siécle* (*1570-1670*), Paris : S.E.V.P.E.N., 1960.

(23) 山田睦男編『概説ブラジル史』有斐閣　1986

(24) Hanson, Carl A., *Economy and Society in Baroque Portugal, 1668-1703,* Minneapolis : University of Minnesota Press, 1981.

(25) 松尾多希子「近世ポルトガル異端審問制度の起源と成立に関する試

論」『東京外国語大学論集』16　1967
(26)　金七紀男「ポルトガルの異端審問制と新キリスト教徒」『Quadrante：四分儀』1　東京外国語大学海外事情研究所　1999
(27)　Smith, Robert C. *The Art of Portugal, 1500-1800,* New York : Meredith Press, 1968.
(28)　Levenson, Jay A. (ed.), *The Age of the Baroque in Portugal*, Washington : Yale University Press, 1993.

(1)は海外進出に関する一次資料の翻訳シリーズ。必携の基礎文献。(2)はアナール派ブローデルの影響下で海洋帝国の経済構造を分析した古典的名著の増補改訂版。研究の出発点。(3)は膨張への初動要因を分析したものとその部分訳で，(2)の前編に相当。(4)は英雄視された「航海者」エンリケ親王像の見直しをせまる。(5)は日本人研究者による初の本格的ガマ伝。(6)はインド領形成期の問題を整理。(7)は古くなったが，英語による海洋帝国研究の草分け。日本や東アジアとの関係を扱った類書多数。(8)は海洋帝国を幅広く通観するのに便利。(9)は(2)に続く世代の代表的研究。アジア貿易については以下四つの邦語文献がある。(10)はポルトガル人のアジア貿易支配を低く評価する通説に挑戦，(11)は16～18世紀の概観，(12)は16世紀初頭のモノグラフ，(13)は香料の原産地をめぐるスペインとの争いを詳述。(14)は日葡交渉史の碩学によるインド領首府の描写。著者による類書多数。(15)は16～17世紀のマカオを拠点とする貿易・宣教活動を扱う。(16)はスペインとの世界二分割の議論を整理。(17)はアジアとの接触がヨーロッパに与えた文化的インパクトを詳述した名著。(18)は16世紀ポルトガル文学の金字塔。(19)(20)は連合王国期の「救世主」待望論を紹介，(21)は研究の乏しい連合王国期の政治的枠組みを分析したもの。(22)は「大西洋帝国」の経済について依然として重要。(23)の第1～3章で植民地ブラジルとポルトガルの関係が概観できる。(24)は17世紀末における工業化の挫折過程を詳述。(25)(26)で異端審問制の成立と研究動向の手がかりがえられる。(27)は16～18世紀の美術・建築史，(28)でポルトガル・バロック文化が概観できる。

第3章　ブルジョワジーの世紀

(1)　Maxwell, Kenneth, *Pombal, Paradox of the Enlightenment*, Cambridge : Cambridge University Press, 1995.
(2)　疇谷憲洋「18世紀ポルトガルにおける大学改革のイデオロギーについて」『史学研究』218　1997

(3) 疇谷憲洋「18世紀ポルトガルにおける反イエズス会イデオロギーについて」『大分県立芸術文化短期大学紀要』36 1998
(4) 住田育法「18世紀ポルトガルの対英従属構造とブラジルの独立運動」『南欧文化』15 1991
(5) Maxwell, Kenneth, *Conflicts and Conspiracies: Brazil and Portugal, 1750-1808*, Cambridge : Cambridge University Press, 1973.
(6) Serrão, Joel, *Do sebastianismo ao socialismo*, Lisboa : Livros Horizonte, 1983.
(7) Caetano, Marcello, *História breve das constituições portuguesas*, 2.ª ed., Lisboa: Editorial Verbo, 1968.
(8) Silbert, Albert, *Le Portugal méditerraneen à la fin de l'ancien régime XVIII- Debut du XIX siècle*, 2 vols. Paris : S.E.V.P.E.N., 1966.
(9) Godinho, Vitorino Magalhães, *Prix et Monnaies au Portugal, 1750-1850*, Paris : A. Colin, 1955.
(10) Serrão, Joel, *A emigração portuguesa*, 3.ª ed. Lisboa : Livros Horizonte, 1977.
(11) Hammond, R. J., *Portugal and Africa, 1815-1910 : A Study in Uneconomic Imperialism,* Stanford : Stanford University Press, 1966.
(12) 横田正顕「ヨーロッパの『ペリフェリー』における寡頭議会政――19世紀ポルトガル政治に関する考察」『思想』863 1997年3月

ポンバル体制下の改革と政治文化について参照したいのは(1)(2)(3)。ポルトガルを間にブラジルおよびイギリス三者間の政治経済関係は(4)(5)。自由主義の導入については(6)。(7)は19世紀憲法史を中心に選挙制度や政党にも言及。旧体制末期から立憲王政期の経済構造については(8)(9)。移民については(10)。(11)は国際関係のなかでアフリカ政策を扱ったもの。(12)はカシキズモと政権交代の政治システムを下部構造にも留意しながら100年にわたって通観。

第4章　現代のポルトガル

(1) Marques, A. H. de Oliveira, *História da Primeira República Portuguesa : as estruturas de base*, Lisboa : Iniciativas Editoriais, 1978
(2) Wheeler, Douglas L., *Republican Portugal : a Political History, 1910-1926*, Madison : University of Wisconsin Press, 1978.
(3) Schwartzman, Kathleen C., *The Social Origins of Democratic*

Collapse : the First Portuguese Republic in the Global Economy, Lawrence : University Press of Kansas, 1989.
(4) 小林真理「近代の『植民地支配』と国民構築――ポルトガルの事例」庄司興吉編著『共生社会の文化戦略――現代社会と社会理論：支柱としての家族・教育・意識・地域』梓出版社　1999
(5) H. マルティンス(赤井彰訳)「ポルトガル」S. J. ウルフ編(斉藤孝監訳)『ヨーロッパのファシズム』(下) 福村出版　1974
(6) 横田正顕「スペイン／ポルトガル」小川有美編『ＥＵ諸国』(国際情勢ベーシックシリーズ６)　自由国民社　1999
(7) 柳沢健『葡萄牙のサラザール』改造社　1941
(8) 森島守人『真珠湾・リスボン・東京』岩波書店　1984
(9) ジェームズ・ダッフィ(浦田誠親訳)『ポルトガルのアフリカ支配』(上)(下) 時事通信社　1964
(10) Clarence-Smith, Gervase, *The Third Portuguese Empire, 1825-1975 : A Study in Economic Imperialism*, Manchester : Manchester University Press, 1985.
(11) Wiarda, Howard J., *Corporatism and Development : the Portuguese Experience*, Amherst : University of Massachusetts Press, 1977.
(12) Salazar, Antonio de Oliveira, *Doctrine and Action; Internal and Fereign Policy of the New Portugal, 1928-1939*, London : Faber, 1939.
(13) Gallagher, Tom, *Portugal : A Twentieth-Century Interpretation,* Manchester : Manchester University Press, 1983.
(14) Machado, Diamantino P., *The Structure of Portuguese Society : The Failure of Fascism*, New York : Praeger, 1991.
(15) Pitcher, M. Anne, *Politics in the Portuguese Empire : The State, Industry, and Cotton, 1926-1974,* New York : Oxford University Press, 1993.
(16) エンリケ・ガルバン(大前正臣訳)『サンタ・マリア号の叛乱』弘文堂　1961
(17) アントニオ・デ・スピノラ(金七紀男訳)『ポルトガルとその将来――国家の状況分析』時事通信社　1975
(18) 野々山真輝帆『リスボンの春――ポルトガル現代史』朝日新聞社　1992
(19) ダニエル・ベンセード，カルロス・ロッシ，チャールス・ウドゥリー

（角山元保, 杉村昌昭訳）『燃え上がるポルトガル革命』柘植書房　1976
⑳　W. G. バーチェット（田島昌夫訳）『ポルトガルの革命』時事通信社　1976
㉑　W. G. バーチェット（吉川勇一訳）『アンゴラの解放』サイマル出版会　1978
㉒　W. G. バーチェット（吉川勇一訳）『モザンビークの嵐』サイマル出版会　1978
㉓　アミルカル・カブラル（白石顕二・正木爽・岸和田仁訳）『アフリカ革命と文化』亜紀書房　1980
㉔　Maxwell, Kenneth, *The Making of Portuguese Democracy*, Cambridge : Cambridge University Press, 1995.
㉕　Graham, Lawrence S. ; Wheeler, Douglas L. (eds.), *In Search of Modern Portugal : the Revolution & Its Consequences*, Madison : University of Wisconsin Press, 1983.
㉖　Corkill, David, *The Portuguese Economy since 1974*, Edinburgh : Edinburgh University Press, 1993.
㉗　Herr, Richard (ed.), *The New Portugal : Democracy and Europe,* Berkeley, University of California at Berkeley, 1992.
㉘　Pinto, António Costa (ed.), *Modern Portugal*, Palo Alto : The Society for the Promotion of Science and Scholarship, 1998.

(1)(2)は第一共和政研究の基礎文献，とくに(1)が最重要。(3)は第一共和政崩壊の要因を階級分裂に求める。(4)は19世紀末以降における「ポルトガルらしさ」の形成過程を考察。(5)は邦語でえられる「新国家」体制の概略。(6)はポルトガル現代史をスペインとの関連および対比に留意して整理したもの。(7)(8)は戦前と大戦中の駐ポルトガル日本大使のみたサラザール。(9)はアフリカ植民地支配の通史。(10)で植民地主義に関する論争が整理されている。(11)は組合主義について英語文献ではもっとも包括的。(12)は英語でえられるサラザール自身の見解。(13)(14)でサラザール独裁体制下の政治・社会・経済が包括的に論及されている。(15)は「新国家」体制下の経済を綿工業を中心に詳述。(16)は世界の注目をあびたシージャック事件。(17)は革命の発火点となった書。訳者による解説が有益。(18)は旧植民地からの引揚げ者を含む聞き取り調査が秀逸。(19)は軍部による「反革命」までの１年間を階級闘争の視点で詳述。(20)(21)(22)はいずれも著名なジャーナリストによるオーラルヒストリー。(23)は73年に暗殺されたPAIGCの創設者の論文集。(24)は

74年革命を国際社会とくに合衆国やヨーロッパ列強との関係のなかに位置づける。文献案内が有益。(25)は「革命」の性格をめぐる論議を集約した論集。(26)は74年革命以後の経済史。(27)(28)は20世紀ポルトガルの政治・植民地・外交・経済・社会・移民・文化などの問題を俯瞰した論集。

■スペイン王朝系図

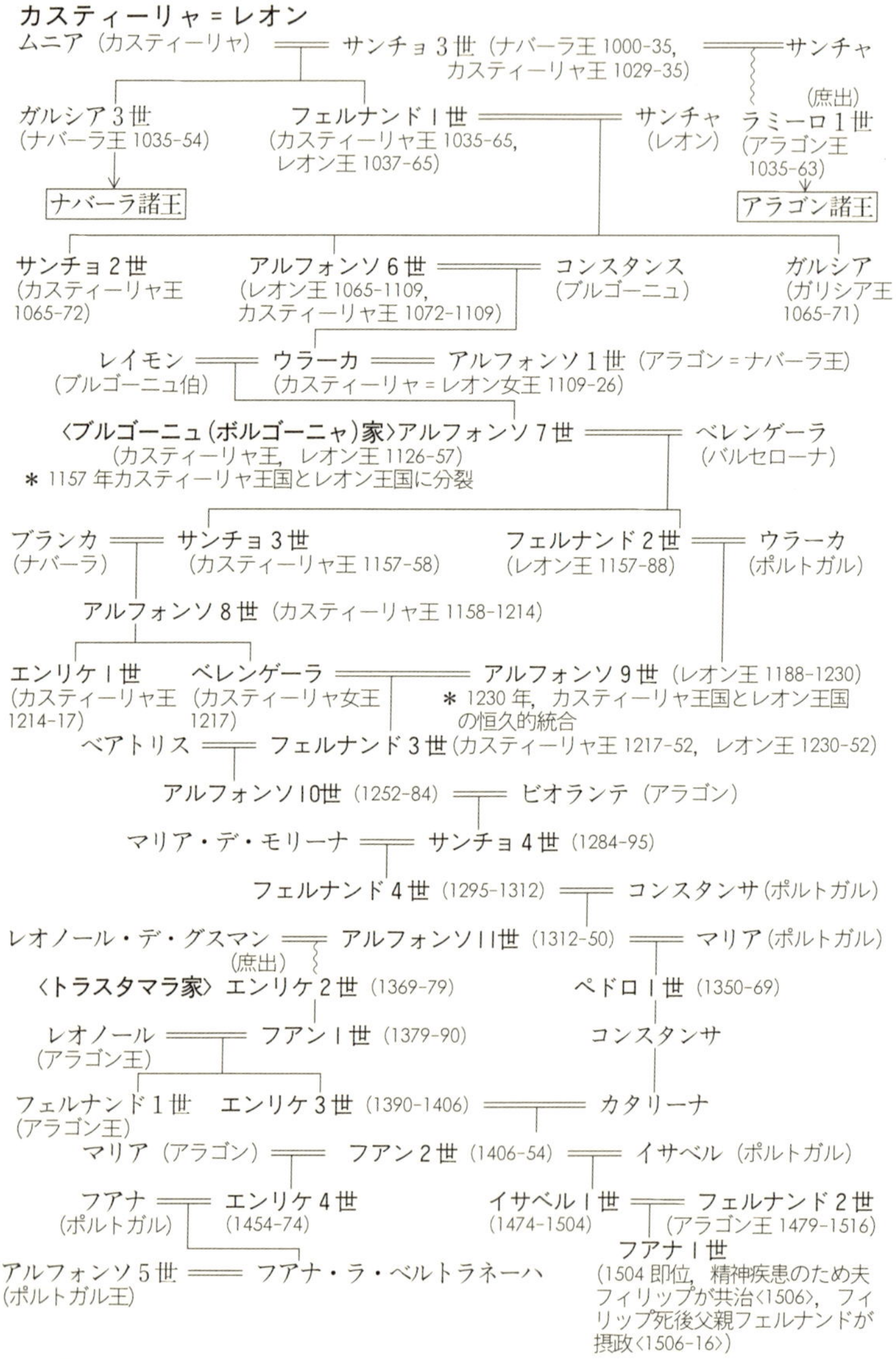
カスティーリャ＝レオン
ムニア（カスティーリャ）
サンチョ3世（ナバーラ王1000-35, カスティーリャ王1029-35）
サンチャ
ガルシア3世（ナバーラ王1035-54）
ナバーラ諸王
フェルナンド1世（カスティーリャ王1035-65, レオン王1037-65）
サンチャ（レオン）
（庶出）
ラミーロ1世（アラゴン王1035-63）
アラゴン諸王
サンチョ2世（カスティーリャ王1065-72）
アルフォンソ6世（レオン王1065-1109, カスティーリャ王1072-1109）
コンスタンス（ブルゴーニュ）
ガルシア（ガリシア王1065-71）
レイモン（ブルゴーニュ伯）
ウラーカ（カスティーリャ＝レオン女王1109-26）
アルフォンソ1世（アラゴン＝ナバーラ王）
〈ブルゴーニュ（ボルゴーニャ）家〉アルフォンソ7世（カスティーリャ王，レオン王1126-57）
＊1157年カスティーリャ王国とレオン王国に分裂
ベレンゲーラ（バルセローナ）
ブランカ（ナバーラ）
サンチョ3世（カスティーリャ王1157-58）
フェルナンド2世（レオン王1157-88）
ウラーカ（ポルトガル）
アルフォンソ8世（カスティーリャ王1158-1214）
エンリケ1世（カスティーリャ王1214-17）
ベレンゲーラ（カスティーリャ女王1217）
アルフォンソ9世（レオン王1188-1230）
＊1230年，カスティーリャ王国とレオン王国の恒久的統合
ベアトリス
フェルナンド3世（カスティーリャ王1217-52，レオン王1230-52）
アルフォンソ10世（1252-84）
ビオランテ（アラゴン）
マリア・デ・モリーナ
サンチョ4世（1284-95）
フェルナンド4世（1295-1312）
コンスタンサ（ポルトガル）
レオノール・デ・グスマン
アルフォンソ11世（1312-50）
マリア（ポルトガル）
（庶出）
〈トラスタマラ家〉エンリケ2世（1369-79）
ペドロ1世（1350-69）
レオノール（アラゴン王）
フアン1世（1379-90）
コンスタンサ
フェルナンド1世（アラゴン王）
エンリケ3世（1390-1406）
カタリーナ
マリア（アラゴン）
フアン2世（1406-54）
イサベル（ポルトガル）
フアナ（ポルトガル）
エンリケ4世（1454-74）
イサベル1世（1474-1504）
フェルナンド2世（アラゴン王1479-1516）
フアナ1世
（1504即位，精神疾患のため夫フィリップが共治〈1506〉，フィリップ死後父親フェルナンドが摂政〈1506-16〉）
アルフォンソ5世（ポルトガル王）
フアナ・ラ・ベルトラネーハ

アラゴン

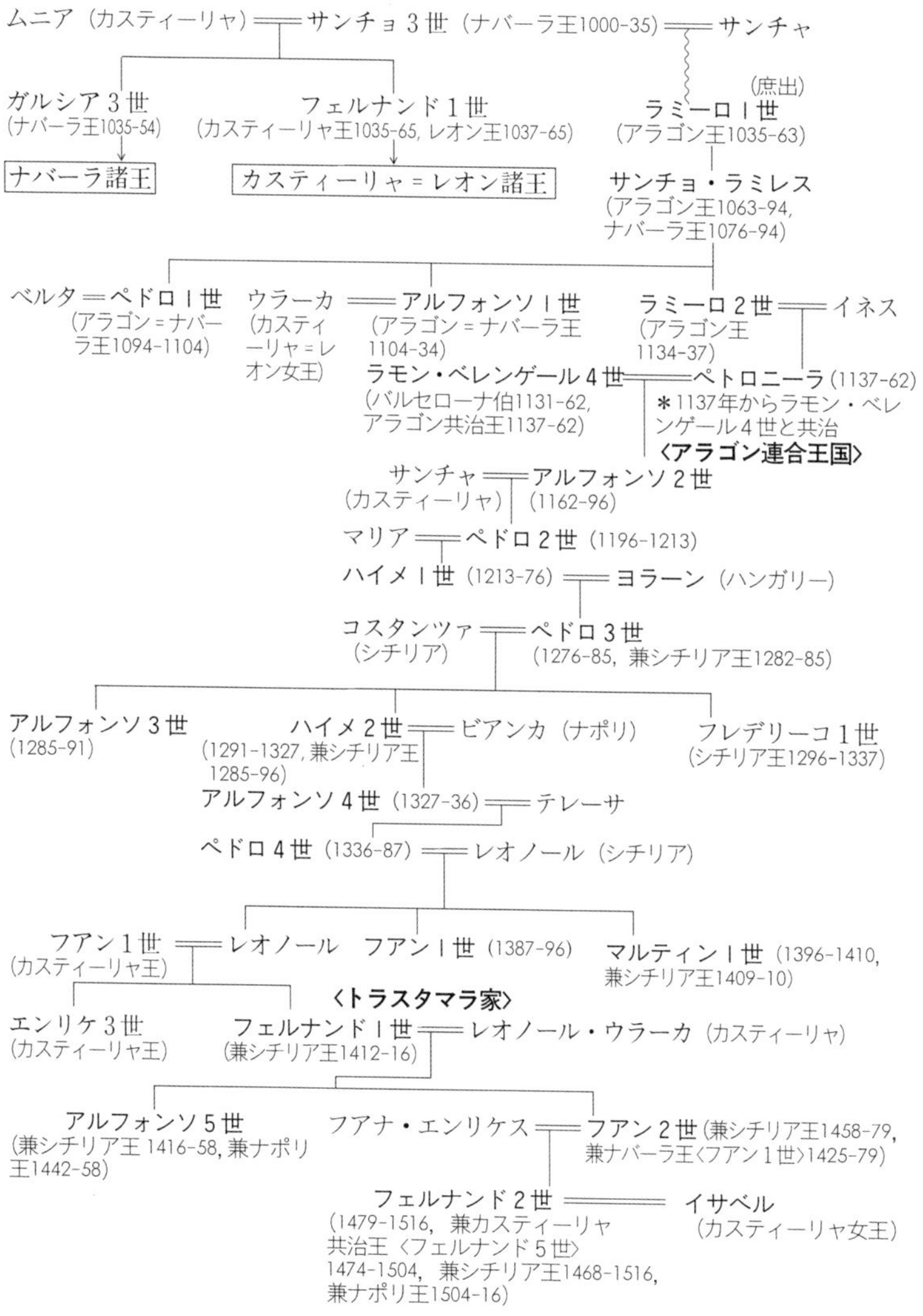
ムニア（カスティーリャ）
サンチョ3世（ナバーラ王1000-35）
サンチャ
ガルシア3世
(ナバーラ王1035-54)
ナバーラ諸王
フェルナンド1世
(カスティーリャ王1035-65, レオン王1037-65)
カスティーリャ＝レオン諸王
(庶出)
ラミーロ1世
(アラゴン王1035-63)
サンチョ・ラミレス
(アラゴン王1063-94,
ナバーラ王1076-94)
ベルタ
ペドロ1世
(アラゴン＝ナバーラ王1094-1104)
ウラーカ
(カスティーリャ＝レオン女王)
アルフォンソ1世
(アラゴン＝ナバーラ王1104-34)
ラミーロ2世
(アラゴン王1134-37)
イネス
ラモン・ベレンゲール4世
(バルセローナ伯1131-62,
アラゴン共治王1137-62)
ペトロニーラ(1137-62)
＊1137年からラモン・ベレンゲール4世と共治
〈アラゴン連合王国〉
サンチャ
(カスティーリャ)
アルフォンソ2世
(1162-96)
マリア
ペドロ2世（1196-1213）
ハイメ1世（1213-76）
ヨラーン（ハンガリー）
コスタンツァ
(シチリア)
ペドロ3世
(1276-85，兼シチリア王1282-85)
アルフォンソ3世
(1285-91)
ハイメ2世
(1291-1327, 兼シチリア王1285-96)
ビアンカ（ナポリ）
フレデリーコ1世
(シチリア王1296-1337)
アルフォンソ4世（1327-36）
テレーサ
ペドロ4世（1336-87）
レオノール（シチリア）
フアン1世
(カスティーリャ王)
レオノール
フアン1世（1387-96）
マルティン1世（1396-1410,
兼シチリア王1409-10）
〈トラスタマラ家〉
エンリケ3世
(カスティーリャ王)
フェルナンド1世
(兼シチリア王1412-16)
レオノール・ウラーカ（カスティーリャ）
アルフォンソ5世
(兼シチリア王 1416-58, 兼ナポリ王1442-58)
フアナ・エンリケス
フアン2世(兼シチリア王1458-79,
兼ナバーラ王〈フアン1世〉1425-79)
フェルナンド2世
(1479-1516，兼カスティーリャ共治王〈フェルナンド5世〉1474-1504，兼シチリア王1468-1516,
兼ナポリ王1504-16)
イサベル
(カスティーリャ女王)

スペイン王国

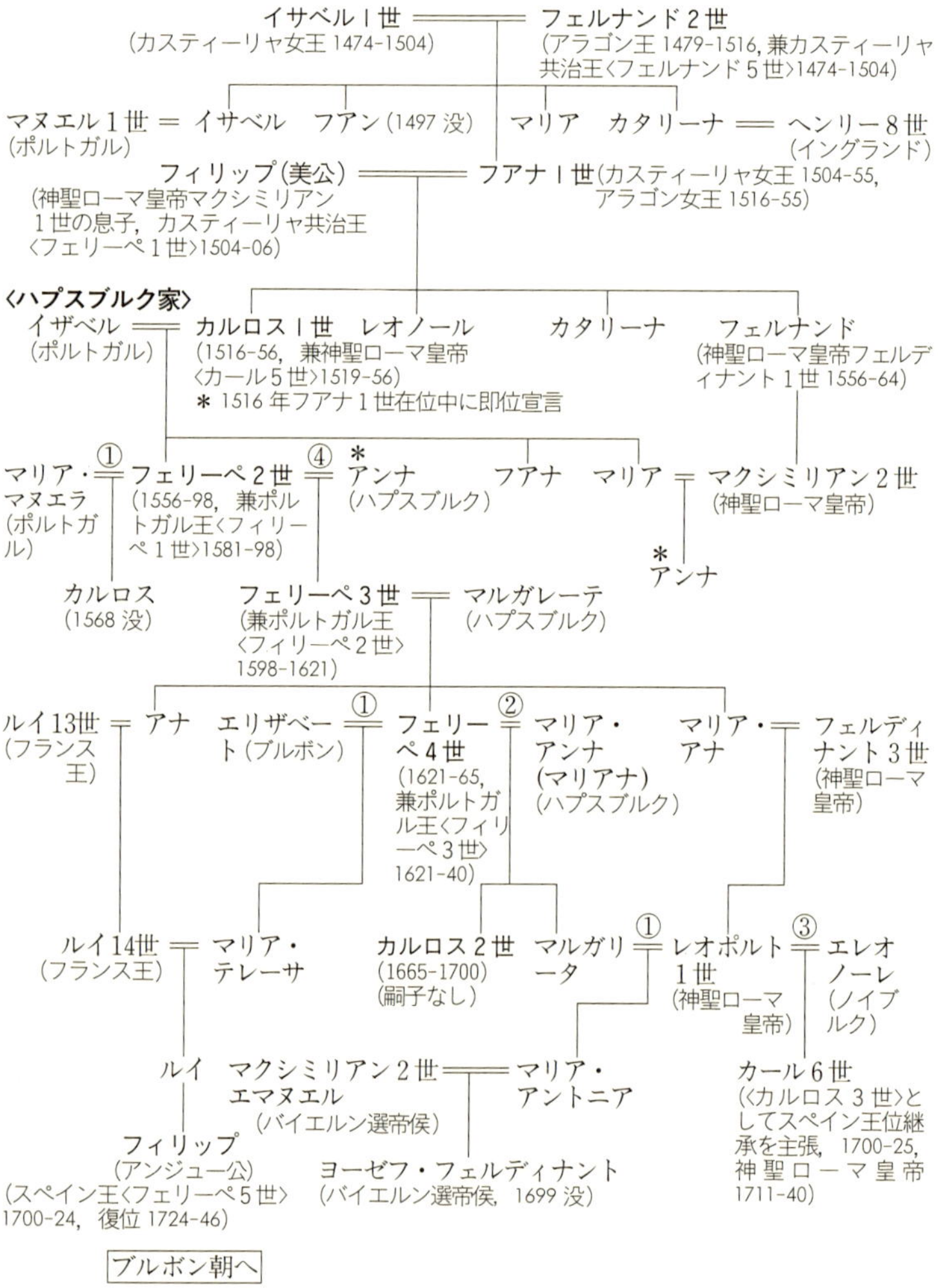
イサベル1世
(カスティーリャ女王 1474-1504)
フェルナンド2世
(アラゴン王 1479-1516, 兼カスティーリャ共治王〈フェルナンド5世〉1474-1504)
マヌエル1世
(ポルトガル)
イサベル
フアン(1497没)
マリア
カタリーナ
ヘンリー8世
(イングランド)
フィリップ(美公)
(神聖ローマ皇帝マクシミリアン1世の息子，カスティーリャ共治王〈フェリーペ1世〉1504-06)
フアナ1世(カスティーリャ女王 1504-55, アラゴン女王 1516-55)
〈ハプスブルク家〉
イザベル
(ポルトガル)
カルロス1世
(1516-56，兼神聖ローマ皇帝〈カール5世〉1519-56)
＊1516年フアナ1世在位中に即位宣言
レオノール
カタリーナ
フェルナンド
(神聖ローマ皇帝フェルディナント1世 1556-64)
① ④
マリア・マヌエラ
(ポルトガル)
フェリーペ2世
(1556-98，兼ポルトガル王〈フィリーペ1世〉1581-98)
＊アンナ
(ハプスブルク)
フアナ
マリア
マクシミリアン2世
(神聖ローマ皇帝)
＊アンナ
カルロス
(1568没)
フェリーペ3世
(兼ポルトガル王〈フィリーペ2世〉1598-1621)
マルガレーテ
(ハプスブルク)
ルイ13世
(フランス王)
アナ
エリザベート(ブルボン)
① ②
フェリーペ4世
(1621-65, 兼ポルトガル王〈フィリーペ3世〉1621-40)
マリア・アンナ
(マリアナ)
(ハプスブルク)
マリア・アナ
フェルディナント3世
(神聖ローマ皇帝)
ルイ14世
(フランス王)
マリア・テレーサ
カルロス2世
(1665-1700)
(嗣子なし)
マルガリータ
① ③
レオポルト1世
(神聖ローマ皇帝)
エレオノーレ
(ノイブルク)
ルイ
マクシミリアン2世エマヌエル
(バイエルン選帝侯)
マリア・アントニア
カール6世
(〈カルロス3世〉としてスペイン王位継承を主張，1700-25，神聖ローマ皇帝 1711-40)
フィリップ
(アンジュー公)
(スペイン王〈フェリーペ5世〉1700-24，復位 1724-46)
ヨーゼフ・フェルディナント
(バイエルン選帝侯，1699没)
ブルボン朝へ

①②…は結婚の順番を示す。
＊印は同一人物。

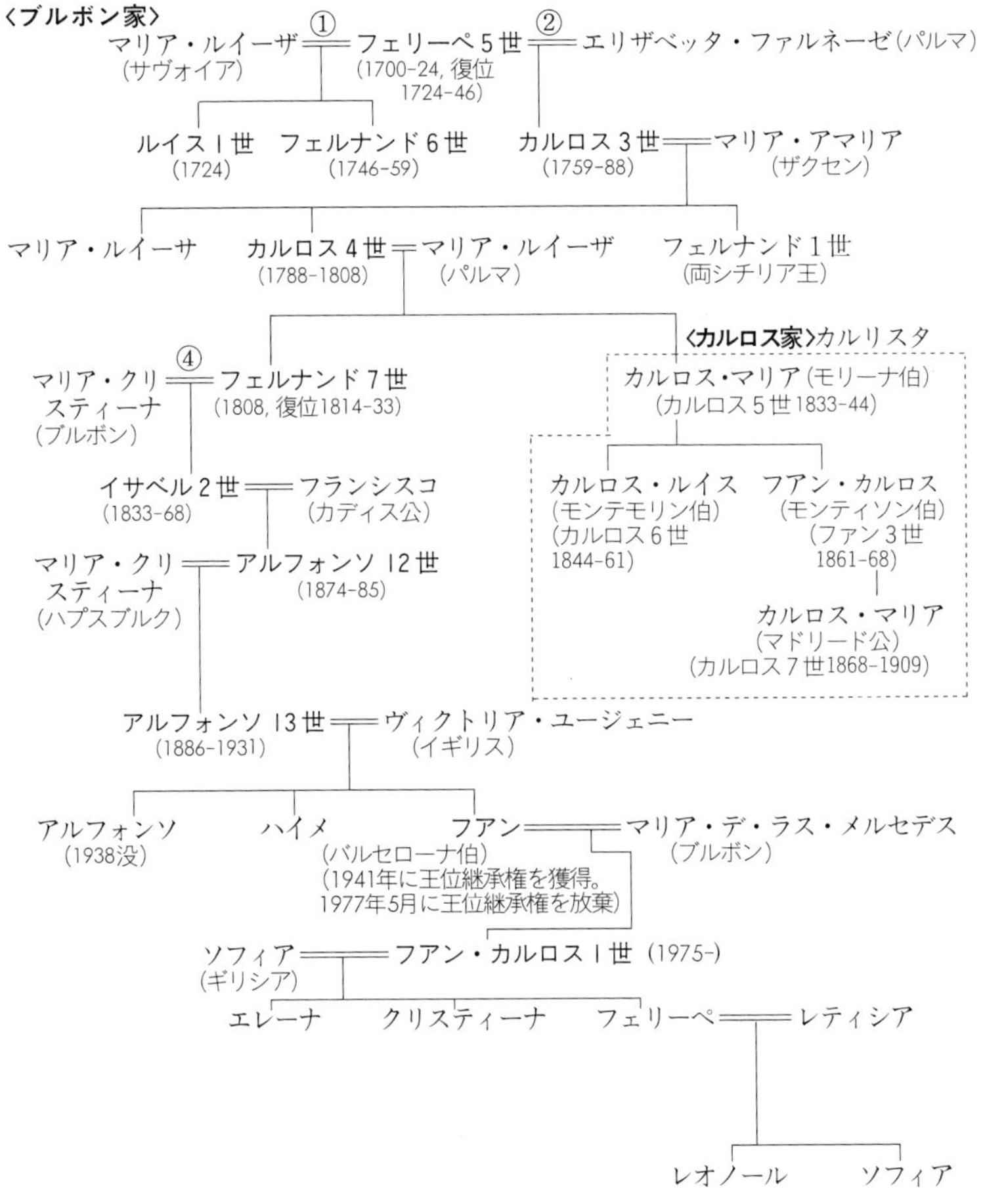

1808-13　ホセ１世(ジョゼフ・ボナパルト)統治

1868-74　第一共和政…空位(内1871-73はアマデオ１世〈サヴォイア家〉)

1931-75　第二共和政，内戦，フランコ独裁期…空位

①②…は結婚の順番を示す。

■ポルトガル王朝系図

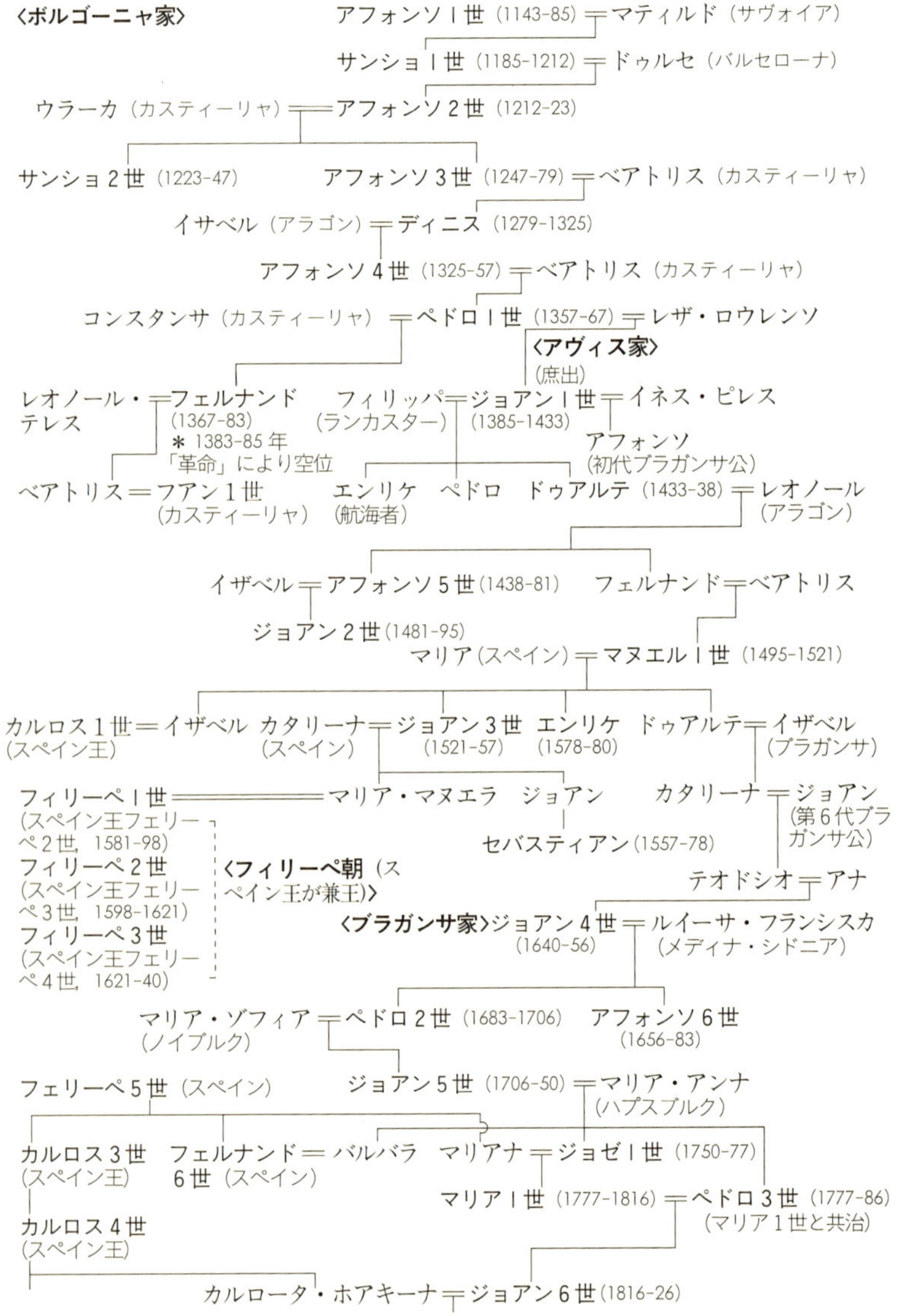
〈ボルゴーニャ家〉
アフォンソ1世（1143-85）＝マティルド（サヴォイア）
サンショ1世（1185-1212）＝ドゥルセ（バルセローナ）
ウラーカ（カスティーリャ）＝アフォンソ2世（1212-23）
サンショ2世（1223-47）
アフォンソ3世（1247-79）＝ベアトリス（カスティーリャ）
イサベル（アラゴン）＝ディニス（1279-1325）
アフォンソ4世（1325-57）＝ベアトリス（カスティーリャ）
コンスタンサ（カスティーリャ）＝ペドロ1世（1357-67）＝レザ・ロウレンソ
〈アヴィス家〉
（庶出）
レオノール・テレス＝フェルナンド（1367-83）
＊1383-85年「革命」により空位
フィリッパ（ランカスター）＝ジョアン1世（1385-1433）＝イネス・ピレス
アフォンソ（初代ブラガンサ公）
ベアトリス＝フアン1世（カスティーリャ）
エンリケ（航海者）
ペドロ
ドゥアルテ（1433-38）＝レオノール（アラゴン）
イザベル＝アフォンソ5世（1438-81）
フェルナンド＝ベアトリス
ジョアン2世（1481-95）
マリア（スペイン）＝マヌエル1世（1495-1521）
カルロス1世（スペイン王）＝イザベル
カタリーナ（スペイン）＝ジョアン3世（1521-57）
エンリケ（1578-80）
ドゥアルテ＝イザベル（ブラガンサ）
フィリーペ1世（スペイン王フェリーペ2世，1581-98）＝マリア・マヌエラ
ジョアン
カタリーナ＝ジョアン（第6代ブラガンサ公）
セバスティアン（1557-78）
フィリーペ2世（スペイン王フェリーペ3世，1598-1621）
〈フィリーペ朝（スペイン王が兼王）〉
フィリーペ3世（スペイン王フェリーペ4世，1621-40）
テオドシオ＝アナ
〈ブラガンサ家〉ジョアン4世（1640-56）＝ルイーサ・フランシスカ（メディナ・シドニア）
マリア・ゾフィア（ノイブルク）＝ペドロ2世（1683-1706）
アフォンソ6世（1656-83）
フェリーペ5世（スペイン）
ジョアン5世（1706-50）＝マリア・アンナ（ハプスブルク）
カルロス3世（スペイン王）
フェルナンド6世（スペイン）＝バルバラ
マリアナ＝ジョゼ1世（1750-77）
マリア1世（1777-1816）＝ペドロ3世（1777-86）（マリア1世と共治）
カルロス4世（スペイン王）
カルロータ・ホアキーナ＝ジョアン6世（1816-26）

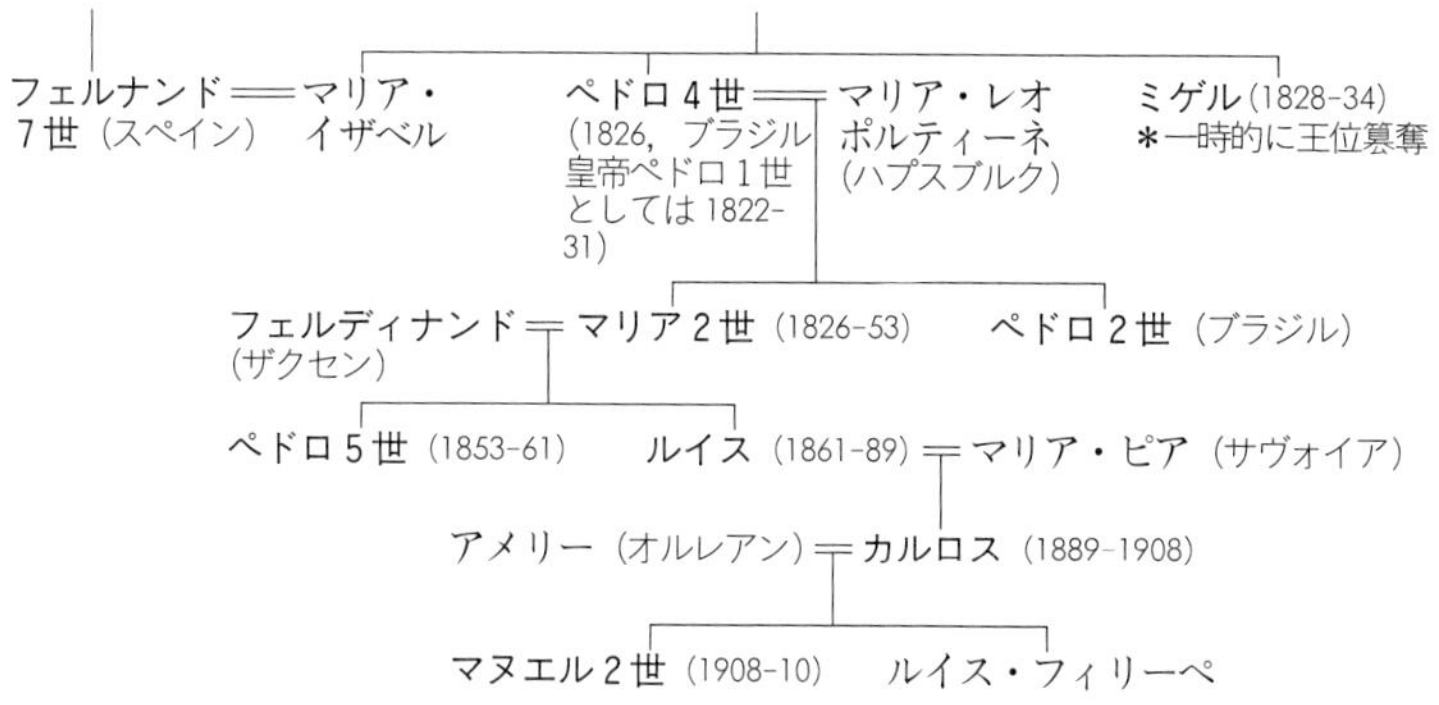
フェルナンド7世（スペイン）
マリア・イザベル
ペドロ4世
(1826，ブラジル皇帝ペドロ1世としては1822-31)
マリア・レオポルティーネ（ハプスブルク）
ミゲル(1828-34)
＊一時的に王位簒奪
フェルディナンド（ザクセン）
マリア2世（1826-53）
ペドロ2世（ブラジル）
ペドロ5世（1853-61）
ルイス（1861-89）
マリア・ピア（サヴォイア）
アメリー（オルレアン）
カルロス（1889-1908）
マヌエル2世（1908-10）
ルイス・フィリーペ

■スペイン統治者表

西ゴート王国

〈トロサ(トゥールーズ)の西ゴート王国　418～507〉

テオドリック(418-451)
トゥリスムンド(451-453)
テオデリック(453-466)
エウリック(466-484)
アラリック2世(484-507)

〈イベリア半島における西ゴート王国　507～711〉

ガイサレイク(507-510)
テオドリック(510-526)
＊テオドリックは東ゴート王，摂政として西ゴート王国を統治
アマラリク(526-531)
テウディス(531-548)
テウディクルス(548-549)
アギラ(549-554)
アタナギルド(555-567)
リウヴァ1世(568-572)
レオヴィギルド(568-586)＊共同王を算入して
レカレド1世(586-601)
リウヴァ2世(601-603)
ウィテリック(603-610)
グンデマル(610-612)
シセブート(612-621)
レカレド2世(621)
スインティラ(621-631)
シセナンド(631-636)
キンティラ(636-640)
トゥルガ(640-642)
キンダスウィント(642-653)
レケスウィント(649-672)＊共同王を算入して
ワムバ(672-680)
エルウィック(680-687)
エギカ(687-702)
ウィティザ(700-710)＊共同王を算入して
ロデリック(ロドリーゴ)(710-711)

後ウマイヤ朝

アブド・アッラフマーン1世(756-788)
ヒシャーム1世(788-796)
アル・ハカム1世(796-822)
アブド・アッラフマーン2世(822-852)
ムハンマド1世(852-886)
アル・ムンディール(886-888)
アブド・アッラー(888-912)
アブド・アッラフマーン3世(912-961)
＊929年カリフを名乗る
アル・ハカム2世(961-976)
ヒシャーム2世(976-1009)
ムハンマド2世(1009)
スライマーン(1009-10)
ムハンマド2世(復位)(1010)
ヒシャーム2世(復位)(1010-13)
スライマーン(復位)(1013-16)
アリー(ハンムード家)(1016-18)
アブド・アッラフマーン4世(1018)
カースィム(ハンムード家)(1018-21)
ヤフヤー(ハンムード家)(1021-23)
カースィム(復位)(1023)
アブド・アッラフマーン5世(1023-24)
ムハンマド3世(1024-25)
ヤフヤー(復位)(1025-27)
ヒシャーム3世(1027-31)

［ハージブ(侍従)］

アル・マンスール(イブン・アビー・アーミル)(978-1002)
ムザッファル(アブド・アルマリク)(1002-08)
シャンジュール(アブド・アッラフマーン，通称サンチュエロ)(1008-09)

ナスル朝グラナダ王国

ムハンマド１世(1237-73)
ムハンマド２世(1273-1302)
ムハンマド３世(1302-09)
ナスル(1309-14)
イスマーイール１世(1314-25)
ムハンマド４世(1325-33)
ユースフ１世(1333-54)
ムハンマド５世(1354-59)
イスマーイール２世(1359-60)
ムハンマド６世(1360-62)
ムハンマド５世(復位)(1362-91)
ユースフ２世(1391-92)
ムハンマド７世(1392-1408)
ユースフ３世(1408-17)
ムハンマド８世(1417-19)
ムハンマド９世(1419-27)
ムハンマド８世(復位)(1427-30)
ムハンマド９世(復位)(1430-31)
ユースフ４世(1431-32)
ムハンマド９世(再復位)(1432-45)
ムハンマド10世(1445)
ユースフ５世(1445-46)
ムハンマド10世(復位)(1446-47)
ムハンマド９世(再々復位)(1447-54)
ムハンマド11世(1451-52)
サード(1454-62)
ユースフ５世(復位)(1462)
サード(復位)(1462-64)
アブール・ハサン・アリー(1464-82)
ムハンマド12世(ボアブディル)(1482)
アブール・ハサン・アリー(復位)(1482-85)
ムハンマド・ブン・サード(1485-87)
ムハンマド12世(ボアブディル)(復位)(1486-92)

アストゥリアス王国(レオンに遷都したガルシア１世以後はレオン王国)

ペラーヨ(718-737)
ファフィラ(737-739)
アルフォンソ１世(739-757)
フルエラ１世(757-768)
アウレリオ(768-774)
シーロ(774-783)
マウレガート(783-788)
ベルムード１世(788-791)
アルフォンソ２世(791-842)
ラミーロ１世(842-850)
オルドーニョ１世(850-866)
アルフォンソ３世(866-910)
ガルシア１世(910-914) ＊レオンに遷都
オルドーニョ２世(914-924)
フルエラ２世(924-925)
アルフォンソ４世(925-931)
ラミーロ２世(931-950)
オルドーニョ３世(950-956)
サンチョ１世(956-958)
オルドーニョ４世(958-960)
サンチョ１世(復位)(960-966)
ラミーロ３世(966-984)
ベルムード２世(984-999)
アルフォンソ５世(999-1028)
ベルムード３世(1028-1037)
＊1037年カスティーリャ＝レオン王国成立

カスティーリャ伯領

フェルナン・ゴンサレス(932-970)
ガルシア・フェルナンデス(970-995)
サンチョ・ガルシア(995-1017)
ガルシア・サンチェス(1017-29)
＊1029年ナバーラ王国に併合

バルセローナ伯領（9～12世紀中頃）表記はカスティーリャ語，〈 〉はカタルーニャ語表記

ベラ〈バラ〉（801頃-820）
ランポン〈ランポ〉（820-826）
ベルナルド・デ・セプティマニア〈バルナット・ダ・セプティマニア〉（826-832）
ベレンゲール〈バランゲー〉（832-835）
ベルナルド・デ・セプティマニア（復位）（835-844）
セニフレード〈スニフレッド〉（844-848）
ギリェルモ・デ・セプティマニア〈ギリェム・ダ・セプティマニア〉（848-850）
アレラン〈アレラム〉（850-852）
オダルリコ〈ウダルリック〉（852-858）
ウンフリード〈ウニフレッド〉（858-864）
ベルナルド・デ・ゴティア〈バルナット・ダ・ゴティア〉（865-878）
ビフレード〈ギフレ〉1世（878-897）
ビフレード〈ギフレ〉2世（ボレール〈ブレイ〉1世）（897-911）
スニェール〈スニエ〉（911-947）
ミロン〈ミロ〉1世とボレール〈ブレイ〉2世（共治）（947-966）
ボレール〈ブレイ〉2世（単独）（966-992）
ラモン・ボレール〈ブレイ〉1世（992-1017）
ベレンゲール〈バランゲー〉・ラモン1世（1018-35）
ラモン・ベレンゲール〈バランゲー〉1世（1035-76）
ラモン・ベレンゲール〈バランゲー〉2世とベレンゲール〈バランゲー〉・ラモン2世（共治）（1076-82）
ベレンゲール〈バランゲー〉・ラモン2世（単独）（1082-96）
ラモン・ベレンゲール〈バランゲー〉3世（1096-1131）
ラモン・ベレンゲール〈バランゲー〉4世（1131-62）
＊1137年アラゴン王国と合同しアラゴン連合王国成立

アラゴン王国

ラミーロ1世（1035-63）
サンチョ・ラミレス（1063-94）＊1076年以降兼ナバーラ王
ペドロ1世（1094-1104）＊兼ナバーラ王
アルフォンソ1世（1104-34）＊兼ナバーラ王
ラミーロ2世（1134-37）
ペトロニーラ（1137-62）＊1137年バルセローナ伯領と合同し，アラゴン連合王国成立

ナバーラ王国

イニゴ・アリスタ（820頃-851）
ガルシア・イニゲス（851-870）
フォルトゥン・ガルセス（870-905）
サンチョ1世（905-926）
ガルシア1世（926-970）
サンチョ2世（970-994）
ガルシア2世（994-1000）
サンチョ3世（1000-35）
ガルシア3世（1035-54）
サンチョ4世（1054-76）
（アラゴン王統治時代1076-1134）
ガルシア・ラミレス（1134-50）
サンチョ6世（1150-94）
サンチョ7世（1194-1234）
〈シャンパーニュ家〉
テオバルド1世（1234-53）
テオバルド2世（1253-70）
エンリケ1世（1270-74）
フアナ1世（1274-1305）
（フランス・カペー家統治時代1305-28）
〈エヴルー家〉
フアナ2世とエヴルー伯フィリップ（共治）（1328-43）
フアナ2世（単独）（1343-49）

カルロス２世(1349-87)
カルロス３世(1387-1425)
ブランカとフアン１世(共治)(1425-41)
フアン1世(1458年以降アラゴン王フアン２世を兼任，単独)(1441-79)

〈フォア家〉
レオノール(1479)
フランシスコ１世(1479-83)
カタリーナとアルブレ伯ジャン(共治)(1483-1512/17)
＊1512年カスティーリャ王国に併合

18〜19世紀

〈ブルボン家〉
フェリーペ５世(1700-24)
ルイス１世(1724)
フェリーペ５世(復位)(1724-46)
フェルナンド６世(1746-59)
カルロス３世(1759-88)
カルロス４世(1788-1808)
フェルナンド７世(1808)

〈ボナパルト家〉
ホセ１世(ジョゼフ・ボナパルト)(1808-13)
〈ブルボン家〉
フェルナンド７世(復位)(1814-33)
イサベル２世(1833-68)
クーデタによる臨時政府(1868-70)
〈サヴォイア家〉
アマデオ１世(1871-73)

第一共和政期

【大統領】
エスタニスラオ・フィゲーラス(1873.2-73.6)
フランシスコ・ピ・イ・マルガル(1873.6-73.7)
ニコラス・サルメロン(1873.7-73.9)
エミリオ・カステラール(1873.9-74.1)
フランシスコ・セラーノ(1874.1-74.12)

復古王政期(ブルボン家)

アルフォンソ12世(1874.12-85.11)
アルフォンソ13世(1886.5-1931.4)
　摂政マリア・クリスティーナ(1885.11-1902.5)
　ミゲル・プリモ・デ・リベーラ将軍の独裁(1923.9-30.1)

第二共和政期

〈臨時政府首班〉
ニセート・アルカラ・サモーラ(1931.4-31.10)
マヌエル・アサーニャ(1931.10-31.12)
【大統領】
ニセート・アルカラ・サモーラ(1931.12-36.4)
ディエゴ・マルティネス・バリオ(臨時)(1936.4-36.5)
マヌエル・アサーニャ(1936.5-39.3)
【首相】
マヌエル・アサーニャ(1931.12-33.9)
アレハンドロ・レルー(1933.9-33.10)

ディエゴ・マルティネス・バリオ(1933.10-33.12)
アレハンドロ・レルー(1933.12-34.4)
リカルド・サンペル(1934.4-34.10)
アレハンドロ・レルー(1934.10-35.9)
ホアキン・チャパプリエタ(1935.9-35.12)
マヌエル・ポルテーラ・バリャダーレス(1935.12-36.2)
マヌエル・アサーニャ(1936.2-36.5)
サンティアゴ・カサレス・キローガ(1936.5-36.7)

スペイン内戦期

〈共和国政府側〉
【大統領】
マヌエル・アサーニャ(1936.5-39.2)
ディエゴ・マルティネス・バリオ(1939.3-39.4)
【首相】
ホセ・ヒラル・ペレイラ(1936.7-36.9)
フランシスコ・ラルゴ・カバリェーロ(1936.9-37.5)
フアン・ネグリン(1937.5-39.4)
〈反乱軍側〉
【国家元首】
フランシスコ・フランコ(1936.10-75.11)
【首相】
フランシスコ・フランコ(兼任)(1938.1-73.6)

フランコ時代

【国家元首】
フランシスコ・フランコ(1936.10-75.11)
【首相】
フランシスコ・フランコ(兼任)(1938.1-73.6)
ルイス・カレーロ・ブランコ(1973.6-73.12)
フェルナンデス・ミランダ(臨時)(1973.12-74.1)
カルロス・アリアス・ナバーロ(1974.1-75.11)

現代

【国家元首】
フアン・カルロス１世(ブルボン家　1975.11-現在)
【首相】
カルロス・アリアス・ナバーロ(1975.12-76.7)
アドルフォ・スアレス(1976.7-81.2)
レオポルド・カルボ・ソテーロ(1981.2-82.11)
フェリーペ・ゴンサレス(1982.12-96.5)

ホセ・マリア・アスナール(1996.5-2004.4)
ホセ・ルイス・ロドリゲス・サパテーロ(2004.4-現在)

(増井実子)

■ポルトガル統治者表

第一共和政期

【大統領】
テオフィロ・ブラガ(臨時)(1910.10-11.8)
マヌエル・デ・アリアーガ(1911.8-15.5)
テオフィロ・ブラガ(1915.5-15.8)
ベルナルディーノ・マシャード(1915.8-17.12)
シドニオ・パイス(1918.4-18.12)
カント・イ・カストロ(1918.12-19.8)
アントニオ・ジョゼ・アルメイダ(1919.8-23.9)
ティシェイラ・ゴメス(1923.10-25.12)
ベルナルディーノ・マシャード(1925.12-26.5)

サラザール体制期

〈臨時政府首班〉
メンデス・カベサダス(1926.5-26.6)
ゴメス・ダ・コスタ(1926.6-26.7)
オスカル・カルモーナ(1926.7(1926.11からは臨時政府大統領)-28.3)
【大統領】
オスカル・カルモーナ(1928.3-51.4)
クラヴェイロ・ロペス(1951.7-58.6)
アメリコ・トマス(1958.6-74.4)
【首相】
ジョゼ・ヴィセンテ・デ・フレイタス(1928.4-29.7)
イヴェンス・フェラス(1929.7-30.1)
ドミンゴス・デ・オリヴェイラ(1930.1-32.7)
アントニオ・デ・オリヴェイラ・サラザール(1932.7-68.9)
マルセロ・カエターノ(1968.9-74.4)

第二共和政から現代

【大統領】
アントニオ・デ・スピノラ(臨時)(1974.5-74.9)
コスタ・ゴメス(1974.9-76.6)
ラマーリョ・エアネス(1976.7-86.1)
マリオ・ソアレス(1986.2-96.1)

ジョルジェ・サンパイオ(1996.1-現在)

【首相】

パルマ・カルロス(1974.5-74.7)
ヴァスコ・ゴンサルヴェス(1974.7-75.8)
アゼヴェード・ピニェイロ(1975.9-76.6)
マリオ・ソアレス(1976.7-78.7)
ノブレ・ダ・コスタ(1978.8-78.10)
カルロス・モタ・ピント(1978.10-79.6)
マリア・ルルデス・ピンタシルゴ(1979.8-79.12)
サ・カルネイロ(1979.12-80.12)
ピント・バルマセン(1981.1-83.6)
マリオ・ソアレス(1983.6-85.10)
アニバル・カヴァコ・シルヴァ(1985.11-95.10)
アントニオ・グテーレス(1995.10-現在)

■ 写真引用一覧

1 ……J. A. Rocamora, *El nacionalismo ibérico 1792-1936*, Valladolid : Universidad de Valladolid, 1994.
2 ……A. Ubieto Arteta, *Historia Ilustrada de España*, vol.1, Madrid : Debate, 1997.
3 ……T. G. Schattner (Hrsg.), *Archäologischer Wegweiser durch Portugal*, Mainz am Rhein : Verlag Philipp von Zabern, 1998.
4 ……S. Teillet, *Des Goths à la nation gotique : les origins de l'idée de nation en Occident du Ve au VIIe siècle,* Paris, Les Belles Lettres, 1984.
5 ……J. Orlandis, *Historia de España 4, Época Visigoda (409-711)*, Madrid : Editorial Gredos, S. A., 1987.
6 ……*Atlas Gráfico de España. Síntesis geográfica, política, histórica y económica,* Madrid : Aguilar, 1980.
7 ……A. Ubieto Arteta, *Historia Ilustrada de España*, vol.2, Madrid : Debate, 1997.
8 ……A. Ubieto Arteta, *Historia Ilustrada de España*, vol.3, Madrid : Debate, 1997.
9 ……M. Llorens, R. Ortega, J. Roig, *Història de Catalunya*, Barcelona : Vicens Vives, 1993.
10……E. Kedourie (ed.), *Spain and the Jews*, London : Thames and Hudson Ltd., 1992.
11……F. Bajo Álvarez, J. Gil Pecharromán, *Historia de España*, Madrid : Sociedad General Española de Librería, S. A., 1998.
12……A. Simón Tarrés, *Historia de España 13, La Monarquía de los Reyes Católicos. Hacia un Estado hispánico plural*, Madrid : Historia 16, 1996.
13……J. Reglá Campistol, *Historia Ilustrada de España,* vol. 4, Madrid : Debate, 1997.
14……J. Reglá Campistol, *Historia Ilustrada de España,* vol. 5, Madrid : Debate, 1997.
15……*Los planos de Madrid y su época (1622-1992)*, Madrid : Museo de la Ciudad, 1992.
16……*Guide to Prado*, London : Scala Ltd., 1993.
17……M. Capel, *La Carolina, capital de las Nuevas Poblaciones*, Jaén : Instituto de Estudios Giennenses, 1970.
18……*Los Desastres de la Guerra de Goya*, Barcelona : Instituto Amatller de Arte Hispánico, 1952.
19……J. M. Jover, G. Gómez-Ferrer, *Historia Ilustrada de España*, vol.6, Madrid : Debate, 1997.
20……J. M. Jover, G. Gómez-Ferrer, *Historia Ilustrada de España*, vol.7, Madrid : Debate, 1997.
21……A. Bahamonde, *Historia de España 23, España en democracia*, Madrid : Historia 16, 1996.
22……C. Dardé, *Historia de España 24, La Restauración, 1875-1902,* Madrid : Historia 16, 1997.
23……G. García Queipo de Llano, *Historia de España 25, El reinado de Alfonso XIII,* Historia 16 : Debate, 1997.
24……F. Díaz-Plaja, *La España política del Siglo XX : En fotografias y documentos*, Barcelona : Plaza & Janes, S. A., 1975.

25……J. Aróstegui, *Historia de España 27, La Guerra Civil, 1936-1939. La ruptura democrática*, Madrid : Historia 16, 1996.
26……S. G. Payne, *Historia de España, El primer franquismo, 1939-1959. Los años de la autarquía*, Madrid : Historia 16, 1997.
27……C. Seco Serrano, *Historia Ilustrada de España,* vol 10, Madrid : Debate, 1998.
28……J. L. Sancho, *Guía de Visita. Santa Cruz del Valle de Los Caídos*, Madrid : Aldeasa, 1996.
29……A. Mateos, A. Soto, *Historia de España 29, El final del franquismo, 1959-1975. La transformación de la sociedad española*, Madrid : Historia 16, 1997.
30……J. Tusell, *Historia de España 30, La transición española. La recuperación de las libertades*, Madrid : Historia 16, 1997.
31……*Història de Catalunya*, Barcelona : Grup Promotor, 1992.
32……J. Mattoso, *História de Portugal*, vol.2, Lisboa : Editorial Estampa, 1993.
33……J. A. Levenson(ed.), *The Age of the Baroque in Portugal*, Washington : National Gallery of Art, 1993.
34……H. V. Livermore, *Portugal*, Edinburgh : Edinburgh University Press., 1973.
35……J. Mattoso, *História de Portugal*, vol.5, Lisboa : Editorial Estampa, 1993.
36……J. Mattoso, *História de Portugal*, vol.6, Lisboa : Editorial Estampa, 1993.
37……J. Mattoso, *História de Portugal*, vol.7, Lisboa : Editorial Estampa, 1993.

口絵 p.1 上——世界文化フォト提供
p.1 下——PPS 提供
p.2 上——PPS 提供
p.2 下——M. Vincent, R. A. Stradling, *Cultural Atlas of Spain and Portugal*, Oxford : Andromeda, 1994, p.86.
p.3 上——WPS 提供
p.3 下——*Los planos de Madrid y su época (1622-1992)*, Madrid : Museo de la Ciudad, 1992, p.78.
p.4 上——オリオンプレス提供, The Second of May, 1808. The Riot against Mameluke Mercenaries, 1814 by Francisco Goya y Lucientes (1746-1828), Prado, Spain/Bridgeman Art Library.
p.4 下——オリオンプレス, Madrid, Centro de Arte Reina Sofía/Giraudon.

p.19——**1**, 表紙
p.21——PANA通信社提供
p.27 上——**2**, p.21
p.27 下——**3**, p.169
p.32——**2**, p.49
p.37——**2**, p.77
p.49——**4**, 表紙
p.58——**2**, p.118
p.63——**5**, 表紙
p.69——**6**, p.39
p.71——**7**, p.23
p.91 上——**8**, p.33
p.91 下——**8**, p.34
p.103——**8**, p.57
p.116——**8**, p.99
p.119——**9**, p.159
p.126 左——**10**, p.98
p.126 右——**10**, p.98
p.136——**11**, p.72
p.138 左——**9**, p.175
p.138 右——**9**, p.175
p.143——**12**, p.7
p.149——**13**, p.107
p.158——**13**, p.76
p.170——**13**, p.94
p.173——**14**, p.24
p.177——**15**, p.94
p.178——**16**, p.69
p.190——**14**, p.62
p.200——**17**, 表紙
p.207——**14**, p.114
p.215 上——**18**, No.37
p.215 下——**18**, No.32

p.223——**19**, p.39
p.235——**20**, p.132
p.240 上——著者(立石)提供
p.240 下——著者(立石)提供
p.245——**21**, p.95
p.249——**22**, p.11
p.255——**22**, p.119
p.259——**23**, p.29
p.267——**23**, p.61
p.274——**23**, p.122
p.279 上——**24**, p.218
p.279 下——**24**, p.218
p.286——**24**, p.345
p.295 左——**25**, p.7
p.295 右——**25**, p.19
p.301——**25**, p.21
p.303——**25**, p.115
p.309 上——**26**, p.33
p.309 下——**26**, p.41
p.313——**27**, p.84
p.327——**28**, p.6
p.331——**29**, p.65
p.333——**29**, p.83
p.334——**30**, p.13
p.341——**31**, p.391
p.346——**30**, p.76
p.351——**30**, p.91
p.372 上——**32**, p.500
p.372 下——**32**, p.521
p.375——**32**, p.195
p.377——**32**, p.390
p.387 上——著者(合田)提供
p.387 下——著者(合田)提供
p.388——**32**, p.439
p.394——**32**, p.446
p.403——**33**, p.36
p.405——**33**, p.121
p.408——**34**, pp.134-135
p.410——**33**, p.185
p.414——著者(合田)提供
p.418——**35**, p.55
p.423——**35**, p.114
p.425——**35**, p.685
p.426——**35**, p.368
p.432——**36**, p.136
p.437——**36**, p.381
p.449 上——**37**, p.242
p.449 下——**37**, p.272
p.453——**37**, p.531

執筆者紹介(執筆順)

立石博高《たていし ひろたか》
1951年生まれ。東京都立大学大学院人文科学研究科博士課程中退
現在，東京外国語大学長
主要著書・訳書：『もうひとつのスペイン史』(共著，同朋舎出版 1994)，『フランス革命とヨーロッパ近代』(共編著，同文館 1996)，『スペインの歴史』(共編著，昭和堂 1998)，『大航海の時代』(共編訳書，同文館 1998)

玉置さよ子《たまき さよこ》
1955年生まれ。奈良女子大学大学院人間文化研究科博士課程単位取得退学。博士(文学)
現在，福岡教育大学教育学部教授
主要著書・論文：『西ゴート王国の君主と法』(創研出版 1996)，『スペインの歴史』(共著，昭和堂 1998)，「西ゴート王国のカトリック改宗について」(関西中世史研究会編『西洋中世の秩序と多元性』法律文化社 1993)

関 哲行《せき てつゆき》
1950年生まれ。上智大学大学院文学研究科博士課程修了
現在，流通経済大学社会学部教授
主要著書：『歴史を読む』(共著，東洋書林 1998)，『巡礼と民衆信仰』(共著，青木書店 1999)，『中・近世西欧における社会統合の諸相』(共著，九州大学出版会 2000)

中塚次郎《なかつか じろう》
1952年生まれ。東京大学大学院人文科学研究科博士課程単位取得退学
現在，フェリス女学院大学国際交流学部教授
主要著書・論文：『歴史のなかの地域』(共著，岩波書店 1990)，「スペイン農村革命の担い手たち」(『歴史学研究』673号 1995)，「アストゥリアスにおける武装蜂起とコミューン」(『史学雑誌』89-8 1980)

合田昌史《ごうだ まさふみ》
1958年生まれ。京都大学大学院文学研究科西洋史学専攻博士後期課程単位取得退学
現在，京都大学大学院人間・環境学研究科教授
主要論文：「ルネサンスの航海と科学——ジョアン・デ・カストロの実験的方法」(『西洋史学』144号 1987)，「海のうえの天地学——16世紀ポルトガルの素人学問」(『科学史研究』II-27 1988)，「世界分割の科学と政治——「モルッカ問題」をめぐって」(『史林』75-6 1992)

新版《しんぱん》 世界各国史《せかいかっこくし》 16

スペイン・ポルトガル史《し》

2000年 6 月30日　1 版 1 刷　発行
2014年 5 月20日　1 版 4 刷　発行

編　者　立石《たていし》 博高《ひろたか》

発行者　野澤伸平

発行所　株式会社 山川出版社
〒101-0047　東京都千代田区内神田 1-13-13
電話　03(3293)8131(営業)　8134(編集)
振替　00120-9-43993
http://www.yamakawa.co.jp/

印刷所　図書印刷株式会社

製本所　株式会社ブロケード

装　幀　菊地信義

　ISBN 978-4-634-41460-0

世界歴史大系　第Ⅱ期 全14巻　　＊は既刊

イタリア史	全3巻	北原 敦・齊藤寛海・松本宣郎 編
スペイン史	全2巻	関 哲行・立石博高・中塚次郎 編
	＊1 古代〜近世	
	＊2 近現代・地域からの視座	
アイルランド史		上野 格・盛 節子 編
ポーランド史		伊東孝之・井内敏夫・小山 哲 編
南アジア史	全4巻	
	＊1 先史・古代	山崎元一・小西正捷 編
	＊2 中世・近世	小谷汪之 編
	＊3 南インド	辛島 昇 編
	4 近代・現代	長崎暢子 編
タイ史		飯島明子・小泉順子 編
朝鮮史	全2巻	李 成市・宮嶋博史 編

世界歴史大系　第Ⅰ期 全19巻　全巻完結

イギリス史	1 先史〜中世	青山吉信 編
	2 近世	今井 宏 編
	3 近現代	村岡健次・木畑洋一 編
アメリカ史	1 17世紀〜1877年	
	2 1877年〜1992年	
		有賀 貞・大下尚一・志邨晃佑・平野 孝 編
ロシア史	1 9世紀〜17世紀	
	2 18世紀〜19世紀	
	3 20世紀	
		田中陽児・倉持俊一・和田春樹 編
フランス史	1 先史〜15世紀	
	2 16世紀〜19世紀なかば	
	3 19世紀なかば〜現在	
		柴田三千雄・樺山紘一・福井憲彦 編
ドイツ史	1 先史〜1648年	
	2 1648年〜1890年	
	3 1890年〜現在	
		成瀬 治・山田欣吾・木村靖二 編
中国史	1 先史〜後漢	
	2 三国〜唐	
	3 五代〜元	
	4 明〜清	
	5 清末〜現在	
		松丸道雄・池田 温・斯波義信・神田信夫・濱下武志 編

新版 世界各国史 全28巻　　全巻完結

1 日本史　宮地正人編

2 朝鮮史　武田幸男編

3 中国史　尾形 勇・岸本美緒編

4 中央ユーラシア史　小松久男編

5 東南アジア史 Ⅰ 大陸部　石井米雄・桜井由躬雄編

6 東南アジア史 Ⅱ 島嶼部　池端雪浦編

7 南アジア史　辛島 昇編

8 西アジア史 Ⅰ アラブ　佐藤次高編

9 西アジア史 Ⅱ イラン・トルコ　永田雄三編

10 アフリカ史　川田順造編

11 イギリス史　川北 稔編

12 フランス史　福井憲彦編

13 ドイツ史　木村靖二編

14 スイス・ベネルクス史　森田安一編

15 イタリア史　北原 敦編

16 スペイン・ポルトガル史　立石博高編

17 ギリシア史　桜井万里子編

18 バルカン史　柴 宜弘編

19 ドナウ・ヨーロッパ史　南塚信吾編

20 ポーランド・ウクライナ・バルト史　伊東孝之・井内敏夫・中井和夫編

21 北欧史　百瀬 宏・熊野 聰・村井誠人編

22 ロシア史　和田春樹編

23 カナダ史　木村和男編

24 アメリカ史　紀平英作編

25 ラテン・アメリカ史 Ⅰ メキシコ・中央アメリカ・カリブ海　増田義郎・山田睦男編

26 ラテン・アメリカ史 Ⅱ 南アメリカ　増田義郎編

27 オセアニア史　山本真鳥編

28 世界各国便覧　山川出版社編集部編

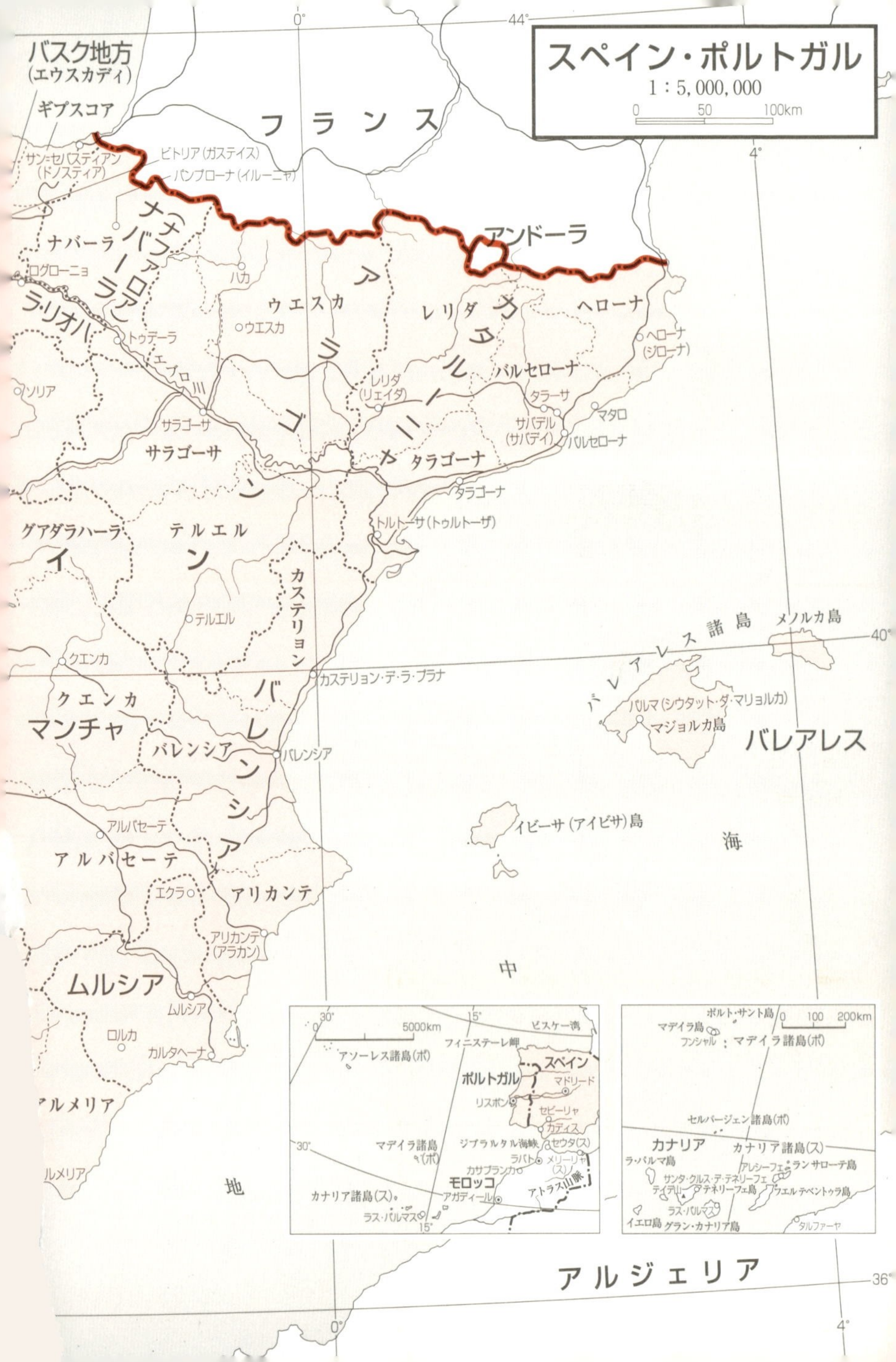
スペイン・ポルトガル
1：5,000,000
0 50 100km
フランス
アンドーラ
バスク地方（エウスカディ）
ギプスコア
サン＝セバスティアン（ドノスティア）
ビトリア（ガステイス）
パンプローナ（イルーニャ）
ナバーラ（ナファロア）
ナバーラ
ログローニョ
ラ・リオハ
トゥデーラ
エブロ川
ソリア
ハカ
ウエスカ
アラゴン
サラゴーサ
テルエル
グアダラハーラ
カタルーニャ
レリダ
レリダ（リェイダ）
ヘローナ
ヘローナ（ジローナ）
バルセローナ
タラーサ
サバデル（サバデイ）
マタロ
タラゴーナ
トルトーサ（トゥルトーザ）
カステリョン
カステリョン・デ・ラ・プラナ
バレンシア
クエンカ
マンチャ
アルバセーテ
エクラ
アリカンテ
アリカンテ（アラカン）
ムルシア
ロルカ
カルタヘーナ
アルメリア
バレアレス諸島
メノルカ島
パルマ（シウタット・ダ・マリョルカ）
マジョルカ島
バレアレス
イビーサ（アイビサ）島
地中海
アルジェリア
44°
40°
36°
0°
4°
30°
15°
5000km
ビスケー湾
フィニステーレ岬
アソーレス諸島（ポ）
スペイン
ポルトガル
マドリード
リスボン
セビーリャ
カディス
マデイラ諸島（ポ）
ジブラルタル海峡
セウタ（ス）
ラバト
メリーリャ（ス）
カサブランカ
モロッコ
アトラス山脈
アガディール
カナリア諸島（ス）
ラス・パルマス
ポルト・サント島
マデイラ島
フンシャル
マデイラ諸島（ポ）
0 100 200km
セルバージェン諸島（ポ）
カナリア
カナリア諸島（ス）
ラ・パルマ島
アレシーフェ
ランサローテ島
サンタ・クルス・デ・テネリーフェ
テイデ山
テネリーフェ島
フエルテベントゥラ島
ラス・パルマス
イエロ島
グラン・カナリア島
タルファーヤ